Ihr Vorteil als Käufer dieses Buches

Auf der Bonus-Webseite zu diesem Buch finden Sie zusätzliche Informationen und Services. Dazu gehört auch ein kostenloser **Testzugang** zur Online-Fassung Ihres Buches. Und der besondere Vorteil: Wenn Sie Ihr **Online-Buch** auch weiterhin nutzen wollen, erhalten Sie den vollen Zugang zum **Vorzugspreis**.

So nutzen Sie Ihren Vorteil

Halten Sie den unten abgedruckten Zugangscode bereit und gehen Sie auf **www.galileocomputing.de**. Dort finden Sie den Kasten **Die Bonus-Seite für Buchkäufer**. Klicken Sie auf **Zur Bonus-Seite/Buch registrieren**, und geben Sie Ihren **Zugangscode** ein. Schon stehen Ihnen die Bonus-Angebote zur Verfügung.

Ihr persönlicher **Zugangscode**

`vd63-ez2y-apus-497b`

Frank Bongers, Michael Hassel, Andreas Stöckl

Einstieg in TYPO3 CMS 6.1
inkl. Einführung in TypoScript

Galileo Press

Liebe Leserin, lieber Leser,

TYPO3 CMS 6.1 ist ein komplexes und leistungsfähiges Content-Management-System, mit dem Sie auch große Websites betreiben können. TYPO3 geht aber auch der Ruf voraus, dass es nicht nur hohe Anforderungen an Hardware und Bedienung stellt, sondern auch schwierig zu erlernen ist.

Unsere Autoren Frank Bongers, Michael Hassel und Andreas Stöckl verfügen über jahrelange Erfahrung mit dem CMS und zeigen mit ihrem Buch, das nun in der 6. Auflage vorliegt, wie Sie unkompliziert Ihre erste Website erstellen. Mit diesem Buch haben Sie den ersten Schritt zum eigenen TYPO3-Projekt getan. Unsere Autoren zeigen Ihnen detailliert, wie Sie TYPO3 installieren und Ihren Webauftritt umsetzen. Einsteigergerecht und anhand vieler Praxisbeispiele erfahren Sie, wie in der neuen TYPO3-Version Seiten und Seiteninhalte aufgebaut sind, wie Benutzer angelegt werden und wie Sie mit Designvorlagen und Templates arbeiten. Wenn Sie bereits fortgeschrittener sind, können Sie mit Erweiterungsmodulen und der TYPO3-eigenen Skriptsprache TypoScript Ihren Webauftritt professionalisieren. Natürlich behandeln die Autoren auch alle Neuerungen von TYPO3 CMS 6.1.

Dieses Buch wurde mit großer Sorgfalt geschrieben, lektoriert und produziert. Sollte dennoch etwas nicht so funktionieren, wie Sie es erwarten, dann scheuen Sie sich nicht, sich mit mir in Verbindung zu setzen. Ihre Fragen und Änderungswünsche sind jederzeit willkommen.

Viel Erfolg bei Ihren Projekten wünscht Ihnen nun

Ihr Stephan Mattescheck
Lektorat Galileo Computing

stephan.mattescheck@galileo-press.de
www.galileocomputing.de
Galileo Press · Rheinwerkallee 4 · 53227 Bonn

Auf einen Blick

1	TYPO3 – ein Open-Source-CMS	21
2	Installation von TYPO3	35
3	Seiten anlegen	83
4	Einstieg in TypoScript	121
5	Seitenlayout mit TypoScript	163
6	Seiteninhalte anlegen	189
7	Backup von Seiten und Inhalten	259
8	Einstieg in Designvorlagen	277
9	Menüs erstellen mit TypoScript	307
10	Templates automatisieren	331
11	Die mehrsprachige Website	351
12	Passwortgeschützte Bereiche	367
13	Integration von Erweiterungen	389
14	Rechtevergabe im Backend	429
15	Layout mit TemplaVoilà	451
16	Übersicht: TYPO3-Backend	483
17	TypoScript – eine Kurzreferenz	495
A	Installation von XAMPP	553
B	TYPO3-Installer	565
C	Backup mit phpMyAdmin	571
D	Online-Ressourcen	585
E	Inhalt der Begleit-DVD	589

Wir hoffen sehr, dass Ihnen dieses Buch gefallen hat. Bitte teilen Sie uns doch Ihre Meinung mit. Eine E-Mail mit Ihrem Lob oder Tadel senden Sie direkt an den Lektor des Buches: stephan.mattescheck@galileo-press.de. Im Falle einer Reklamation steht Ihnen gerne unser Leserservice zur Verfügung: service@galileo-press.de. Informationen über Rezensions- und Schulungsexemplare erhalten Sie von: britta.behrens@galileo-press.de.

Informationen zum Verlag und weitere Kontaktmöglichkeiten finden Sie auf unserer Verlagswebsite www.galileo-press.de. Dort können Sie sich auch umfassend und aus erster Hand über unser aktuelles Verlagsprogramm informieren und alle unsere Bücher versandkostenfrei bestellen.

An diesem Buch haben viele mitgewirkt, insbesondere:

Lektorat Stephan Mattescheck, Erik Lipperts
Korrektorat Friederike Daenecke, Zülpich
Herstellung Kamelia Brendel
Layout Vera Brauner
Einbandgestaltung Barbara Thoben, Köln
Satz III-satz, Husby
Druck Beltz Druckpartner, Hemsbach

Dieses Buch wurde gesetzt aus der TheAntiquaB (9,35/13,7 pt) in FrameMaker. Gedruckt wurde es auf chlorfrei gebleichtem Offsetpapier (90 g/m²).

Der Name Galileo Press geht auf den italienischen Mathematiker und Philosophen Galileo Galilei (1564–1642) zurück. Er gilt als Gründungsfigur der neuzeitlichen Wissenschaft und wurde berühmt als Verfechter des modernen, heliozentrischen Weltbilds. Legendär ist sein Ausspruch *Eppur si muove* (Und sie bewegt sich doch). Das Emblem von Galileo Press ist der Jupiter, umkreist von den vier Galileischen Monden. Galilei entdeckte die nach ihm benannten Monde 1610.

Bibliografische Information der Deutschen Nationalbibliothek:
Die Deutsche Nationalbibliothek verzeichnet diese Publikation in der Deutschen Nationalbibliografie; detaillierte bibliografische Daten sind im Internet über *http://dnb.d-nb.de* abrufbar.

ISBN 978-3-8362-2543-4
6., aktualisierte Auflage 2013
© Galileo Press, Bonn 2013

Das vorliegende Werk ist in all seinen Teilen urheberrechtlich geschützt. Alle Rechte vorbehalten, insbesondere das Recht der Übersetzung, des Vortrags, der Reproduktion, der Vervielfältigung auf fotomechanischem oder anderen Wegen und der Speicherung in elektronischen Medien.

Ungeachtet der Sorgfalt, die auf die Erstellung von Text, Abbildungen und Programmen verwendet wurde, können weder Verlag noch Autor, Herausgeber oder Übersetzer für mögliche Fehler und deren Folgen eine juristische Verantwortung oder irgendeine Haftung übernehmen.

Die in diesem Werk wiedergegebenen Gebrauchsnamen, Handelsnamen, Warenbezeichnungen usw. können auch ohne besondere Kennzeichnung Marken sein und als solche den gesetzlichen Bestimmungen unterliegen.

Inhalt

Vorwort zur 6. Auflage 17

1 TYPO3 – ein Open-Source-CMS 21

1.1 Aufgaben eines Content-Management-Systems 21
1.2 Kommerzielles Produkt vs. Open Source 22
- 1.2.1 Hosting des CMS 23
- 1.2.2 Installation, Wartung und Erweiterbarkeit des Systems 24
- 1.2.3 Dokumentation des Systems 24
- 1.2.4 Unterstützung durch Dienstleister 25
- 1.2.5 Möglichkeit des lokalen Probebetriebs des CMS 25

1.3 TYPO3 als Web-Content-Management-System 26
- 1.3.1 Die Geschichte von TYPO3 26
- 1.3.2 Positionierung von TYPO3 27
- 1.3.3 Technische Hintergründe von TYPO3 28

1.4 Systemvoraussetzungen von TYPO3 29
1.5 Vergleich der Hostingmöglichkeiten für TYPO3 30
- 1.5.1 Einfacher Provider-Account mit PHP und MySQL 30
- 1.5.2 Spezialisierter TYPO3-Hoster 31
- 1.5.3 TYPO3 auf eigenem Server 32

2 Installation von TYPO3 35

2.1 Voraussetzungen für die Installation von TYPO3 35
2.2 Installation von TYPO3 37
- 2.2.1 Entpacken der TYPO3-Archive 37
- 2.2.2 Starten des Installationsvorgangs 38
- 2.2.3 Vorgehen nach Abschluss des Installationsvorgangs 44

2.3 Konfiguration der Testinstallation 46
- 2.3.1 Die Meldungen des Install Tools 48
- 2.3.2 Überprüfung der Grundkonfiguration »Basic Configuration« 50

2.4 Installation von GraphicsMagick 56
- 2.4.1 Den ImageMagick-Pfad an das Install Tool übergeben 57

2.5		Überprüfung von GraphicsMagick	59
	2.5.1	Die Unterstützung der Dateiformate prüfen	60
	2.5.2	Die Grafikerzeugung im GIF- und PNG-Format prüfen	62
	2.5.3	Die Bildskalierungsfunktionen prüfen	63
	2.5.4	Die Funktionen zur Bildkombination prüfen	63
	2.5.5	Die GDLib-Effekte prüfen	64
2.6		Finetuning mit »All Configuration«	65
	2.6.1	Beispiel: Anpassung eines Wertes für ImageMagick	66
2.7		Konfigurationsdateien direkt bearbeiten	66
	2.7.1	Datei in »typo3conf« betrachten oder bearbeiten	68
	2.7.2	Sicherungskopien im Install Tool erzeugen	69
	2.7.3	Ein Blick auf »LocalConfiguration.php«	71
2.8		Fehlerbehebung beim Start des Backends	72
	2.8.1	Das Install-Tool-Passwort ändern	74
	2.8.2	Das Passwort des Administrator-Accounts ändern	76
2.9		Einstellung der deutschen Benutzeroberfläche	77
	2.9.1	Wahl der Backend-Sprache in den Benutzereinstellungen	78
	2.9.2	Download des Sprachpakets über das Modul »Language«	79
2.10		Sprachwechsel auf Benutzerebene	81

3 Seiten anlegen 83

3.1		Der TYPO3-Seitenbaum	83
	3.1.1	Der TYPO3-Seitenbaum als hierarchische Struktur	83
	3.1.2	Anlegen von neuen Seiten über das Kontextmenü des Root-Icons	86
	3.1.3	Neue Seite mit Drag & Drop	89
	3.1.4	Änderungen der Seiteneigenschaften	91
3.2		Kontextmenüs und Shortcut-Buttons	92
	3.2.1	Das Kontextmenü eines Seitenelements	92
	3.2.2	Das Untermenü »Seitenaktionen«	94
	3.2.3	Das Untermenü »Teilbereichsaktionen«	96
	3.2.4	Ein- und Ausklappen von Seitenbaumzweigen	97
3.3		Manipulation des Seitenbaums	98
	3.3.1	Kopieren über das Kontextmenü	99
	3.3.2	Kopieren und Verschieben per Drag & Drop	103
	3.3.3	Löschen per Drag & Drop und Wiederherstellen von Seiten	104

	3.3.4	Löschen per Kontextmenü	105
	3.3.5	Der Bearbeitungsverlauf – Wiederherstellen einer gelöschten Seite	105
	3.3.6	Rekursives Löschen und Kopieren	108
	3.3.7	Kontextmenüs vs. Shortcut-Buttons	111
	3.3.8	Lesezeichen	114
	3.3.9	Pfadangabe zum bearbeiteten Objekt	116
3.4	Filtern der Seitenbaumansicht		117
3.5	Eine Seite anzeigen		118
3.6	Zusammenfassung		119

4   Einstieg in TypoScript   121

4.1	Das Konzept des TYPO3-Templates		121
	4.1.1	Vereinbarungen zur Darstellung	121
	4.1.2	Templates sind auch Datensätze	122
	4.1.3	Anlegen und Verwalten von Templates	122
	4.1.4	Hallo Welt!	124
	4.1.5	Aufbau des Template-Datensatzes	125
	4.1.6	Eingabe eines Titels für die Website	126
	4.1.7	Template-Setup mit dem Konfigurationsfeld	127
	4.1.8	Erste Gehversuche in TypoScript	128
	4.1.9	Die eingebaute TypoScript-Referenz	130
	4.1.10	Das »wrap«-Prinzip des TEXT-Objekts	132
	4.1.11	Mehr Komplexität durch Content-Object-Arrays (COA)	135
	4.1.12	Kopieren, Referenzieren und Löschen von Objekten in TypoScript	137
	4.1.13	Der Quelltext einer TYPO3-Seite	143
4.2	Vererbung eines TypoScript-Templates		144
	4.2.1	Erweiterungs-Templates auf Unterseiten	145
4.3	Der TypoScript-Objekt-Browser		149
	4.3.1	Wechsel in den TypoScript-Objekt-Browser	149
	4.3.2	Arbeit mit dem TypoScript-Objekt-Browser	149
4.4	Einsatz von Konstanten		152
	4.4.1	Was versteht man unter Konstanten?	153
	4.4.2	Einsatz von Konstanten	154
	4.4.3	Der Konstanten-Editor (Constant Editor)	154

4.5	Die Template-Analyse	157
	4.5.1 Die Ansichtsmöglichkeiten in der Template-Analyse	159
4.6	Löschen von Templates oder Erweiterungs-Templates	160
	4.6.1 Löschen über das Modul »Web • Template«	160
	4.6.2 Löschen über das Modul »Web • Liste«	162

5 Seitenlayout mit TypoScript 163

5.1	Einbindung von Grafikressourcen	163
	5.1.1 Upload über die Dateiliste (Fileadmin)	164
5.2	Erzeugen eines »Div«-Layouts	168
	5.2.1 Hinzufügen von CSS-Angaben	170
	5.2.2 Textressourcen – der Inhalt der Fußzeile als externe Datei	172
	5.2.3 Anlegen eines Inhaltselements	173
	5.2.4 Ausgabe des Inhaltselements in der Seite	177
5.3	Erzeugen des Navigationsmenüs	179
5.4	Einsatz von Konstanten zur Konfiguration	184
5.5	Ausblick	188

6 Seiteninhalte anlegen 189

6.1	Erzeugen einer Sitestruktur mit dem Modul »Funktionen«	189
6.2	Einführung in die Seiteninhaltstypen von TYPO3	192
	6.2.1 Seiteninhalt »Normaler Text« (CType: text)	192
	6.2.2 Setzen von Links im Seiteninhalt	201
	6.2.3 Der Seiteninhalt »Aufzählung« (CType: bullet)	207
	6.2.4 Der Seiteninhalt »Text und Bilder« (CType: textpic)	209
	6.2.5 Der Seiteninhalt »Bilder« (CType: image)	219
	6.2.6 Der Seiteninhalt »Tabelle« (CType: table)	224
	6.2.7 Der Seiteninhalt »HTML« (CType: html)	228
	6.2.8 Der Seiteninhalt »Trenner« (CType: div)	230
	6.2.9 Der Seiteninhalt »Dateilinks« (CType: uploads)	231
	6.2.10 Erstellen eines Kontaktformulars	234
	6.2.11 Seiteninhalte sortieren, kopieren, löschen und referenzieren	248
	6.2.12 Referenzen mit dem Seiteninhalt »Datensatz einfügen«	253
6.3	Zusammenfassung und Ausblick	257

7 Backup von Seiten und Inhalten ... 259

7.1	Export eines Seiten-Backups	259
7.2	Import eines Seiten-Backups	263
7.3	Export und Import eines Seiteninhaltselements	266
7.4	Export und Import einer kompletten Site	269
7.5	Sichern und Einspielen einer Site »von Hand«	273
	7.5.1 Erstellen eines SQL-Dumps	273
	7.5.2 Sichern der Projektdaten	273
7.6	Zusammenfassung	275

8 Einstieg in Designvorlagen ... 277

8.1	Von TypoScript zur HTML-Designvorlage	277
	8.1.1 Erzeugen einer HTML-Designvorlage	278
	8.1.2 Einbinden der Designvorlage	280
	8.1.3 Editieren der Vorlage im Fileadmin	284
	8.1.4 Anlegen und Bearbeiten einer Vorlage im HTML-Editor	285
	8.1.5 Platzhalter für Inhalte	286
	8.1.6 Marker – Positionsmarkierungen	286
	8.1.7 Subparts – Bereichsmarkierungen	287
	8.1.8 Subparts vs. Marker	289
	8.1.9 Die Rolle des Templates für die Designvorlage	290
8.2	Einbinden der Inhalte per TypoScript	292
	8.2.1 Ablage der Vorlagendatei im Fileadmin-Bereich	292
	8.2.2 Ein Subpart für den zu bearbeitenden Bereich	293
	8.2.3 Einbinden des Stylesheets in die Designvorlage	295
	8.2.4 Ansprechen der Marker	297
	8.2.5 Zuweisen der Content-Objekte an Subparts und Marker	298
	8.2.6 Einfügen des Menüs in einen Marker	299
	8.2.7 Neues von »CSS Styled Content«	301
	8.2.8 Die Verwendung von »styles.content.get«	302
	8.2.9 Die Inhalte des Seitenfußes zuweisen	303
8.3	Zusammenfassung und Ausblick	305

9 Menüs erstellen mit TypoScript — 307

9.1	Die Websitestruktur des Beispielprojekts anpassen	308
9.2	Das Basisobjekt HMENU	308
	9.2.1 Die Property »entryLevel« von HMENU	309
9.3	Textmenüs mit dem Objekttyp TMENU	310
	9.3.1 Einfaches Textmenü	310
	9.3.2 Textmenü mit Untermenü	311
	9.3.3 Weitere Zustände der Textmenü-Items	315
	9.3.4 Eine Seite aus dem Menü ausblenden	321
9.4	Das Rootline-Menü erzeugen	325
	9.4.1 Die Property »special« von HMENU	325
	9.4.2 Die Property »special.range« von HMENU	326
	9.4.3 Gezielte Darstellung über Optionsplit	328
	9.4.4 Den Link für die aktuelle Seite entfernen	328
9.5	Zusammenfassung und Ausblick	329

10 Templates automatisieren — 331

10.1	Die neue Designvorlage	331
	10.1.1 Die neue Designvorlage in den Dateimanager laden	332
10.2	Installation des »Template Auto-parser«	333
10.3	Einsatz des »Template Auto-parser«	338
	10.3.1 Konfiguration des »Template Auto-parser«	338
	10.3.2 Konfiguration des PAGE-Objekts	339
	10.3.3 Die Quelltextausgabe des »Template Auto-parser«	340
	10.3.4 Zuweisung bestehender Inhalte an die generierten Subparts	341
	10.3.5 Zuweisung weiterer Subparts	341
10.4	Eine Sitemap für die Projektwebsite	343
10.5	Den Doctype der Webseiten steuern	347
10.6	Zusammenfassung und Ausblick	348

11 Die mehrsprachige Website 351

11.1 Einrichtung weiterer Sprachen 351
  11.1.1 Die Sprachvariante in der Website über das Listen-Modul anlegen 351
  11.1.2 Die Sprachvariante einer Seite anlegen 353
  11.1.3 Die Eingabemaske für eine alternative Sprache 354
  11.1.4 Inhalte zweisprachig anlegen 360
  11.1.5 Die Definition der Sprachauswahl im Template 361
11.2 Mehrsprachige Menüs 362
  11.2.1 Konfiguration im Haupt-Template 362
11.3 Zusammenfassung und Ausblick 366

12 Passwortgeschützte Bereiche 367

12.1 Website-Benutzer und -Benutzergruppen 367
  12.1.1 Einrichten eines Systemordners für Frontend-Benutzer 368
  12.1.2 Anlegen von Frontend-Benutzern und Frontend-Benutzergruppen 369
  12.1.3 Erfassungsmaske für Frontend-Benutzergruppen 370
  12.1.4 Erfassungsmaske für Frontend-Benutzer 371
  12.1.5 Ansicht des Systemordners im Modul »Liste« 373
  12.1.6 Konfiguration im TypoScript-Template 373
  12.1.7 Definieren der Zugriffsbeschränkung 374
  12.1.8 Das Login-Formular für Frontend-Benutzer 375
12.2 Einsatz von Untergruppen 379
12.3 Ein Login-Formular auf allen Seiten 383
  12.3.1 Ein Login-Formular in einem SysOrdner 385
  12.3.2 Einfügen des Login-Formulars in das Seitenlayout 386
12.4 Zusammenfassung und Ausblick 388

13 Integration von Erweiterungen 389

13.1 Newsmeldungen mit »tt_news« 389
  13.1.1 Import und Installation des News-Moduls 390
  13.1.2 Anlegen des SysOrdners für Newsbeiträge 391

	13.1.3 Anlegen von Datensätzen im »News«-Ordner	393
	13.1.4 Anlegen eines Newsdatensatzes	393
	13.1.5 Einbindung des statischen Templates	398
	13.1.6 Einfügen des News-Plug-Ins in die Startseite	399
	13.1.7 Seiten für Newsübersicht und Einzelmeldung	404
	13.1.8 Das Newsarchiv für ältere Meldungen	405
	13.1.9 Mehrsprachige Newsmeldungen	410
13.2	**Volltextsuche mit »Indexed Search«**	416
	13.2.1 Die Erweiterung »Indexed Search«	417
	13.2.2 Die Ergebnisseite »Suche« konfigurieren	418
	13.2.3 Die Indexierung im Template einschalten	420
	13.2.4 Das Suchformular der HTML-Designvorlage anbinden	421
	13.2.5 Die Indexierung überprüfen	422
	13.2.6 Spracheinstellung	424
	13.2.7 Die Ausgabe formatieren	424
	13.2.8 Externe Dateien indexieren	426
13.3	**Zusammenfassung und Ausblick**	427

14 Rechtevergabe im Backend — 429

14.1	**Benutzergruppen für das Beispielprojekt**	429
	14.1.1 Erstellung von Verzeichnisfreigaben	431
14.2	**Festlegung der Gruppenrechte**	432
	14.2.1 Einstellungen für die Gruppe »Redakteure«	433
	14.2.2 Die Einstellungen der anderen beiden Gruppen	438
14.3	**Anlegen der Einzelnutzer**	439
14.4	**Zugriff auf den Seitenbaum erlauben**	442
	14.4.1 Untergruppen und die Vermischung von Rechten	445
14.5	**Eine weitere Gruppe für die Seitenbaumrechte**	446
	14.5.1 Eine neutrale Benutzergruppe kommt zu Hilfe	447
	14.5.2 Eigentumsverhältnisse neuer Seiten	448
14.6	**Zusammenfassung und Ausblick**	449

15 Layout mit TemplaVoilà — 451

- 15.1 Installation der Erweiterung »TemplaVoilà« — 451
- 15.2 Einbinden einer HTML-Designvorlage mit TemplaVoilà — 453
  - 15.2.1 Vorarbeiten – Anlegen eines SysOrdners und neuer Seiten — 454
  - 15.2.2 Einbinden von TemplaVoilà ins TypoScript-Template — 455
- 15.3 Mapping der Dokumentvorlage — 456
  - 15.3.1 Mapping des Dokumentkörpers — 458
  - 15.3.2 Erstellen eines weiteren Bereichs — 460
  - 15.3.3 Speichern des Mappings und Betrachten der Datenstruktur — 464
  - 15.3.4 Fortführen des Mapping-Vorgangs — 469
- 15.4 Arbeiten mit dem TemplaVoilà-Template — 472
  - 15.4.1 Die TemplaVoilà-Datenstruktur an die Startseite zuweisen — 473
  - 15.4.2 Einbinden der Stylesheet-Datei — 473
  - 15.4.3 Einfügen der Inhalte — 475
- 15.5 Flexible Content-Elemente — 476
- 15.6 Zusammenfassung und Ausblick — 482

16 Übersicht: TYPO3-Backend — 483

- 16.1 Die Modulleiste — 483
  - 16.1.1 Der modulare Aufbau des Backends — 484
  - 16.1.2 Die Modulgruppe »Web« — 484
  - 16.1.3 Die Modulgruppe »Datei« (File) — 486
  - 16.1.4 Die Modulgruppe »Benutzerwerkzeuge« (User Tools) — 486
  - 16.1.5 Die Modulgruppe »Adminwerkzeuge« — 487
  - 16.1.6 Die Modulgruppe »Hilfe« (Help) — 489
- 16.2 Das globale Menü des Arbeitsbereichs — 490
  - 16.2.1 Logout des aktuellen Nutzers – Wechsel des Nutzerprofils — 490
  - 16.2.2 Verwaltung von Lesezeichen und Shortcuts — 490
  - 16.2.3 Die Cache-Funktionen in der Arbeitsfensterleiste — 492
  - 16.2.4 Das Workspace-Menü in der Arbeitsfensterseite — 493
  - 16.2.5 Das Suchfeld — 494

17 TypoScript – eine Kurzreferenz — 495

17.1 TypoScript – die Grundlagen — 496
- 17.1.1 Ähnlichkeiten und Unterschiede zu Programmiersprachen — 496
- 17.1.2 Operatoren in TypoScript — 497
- 17.1.3 Bedingungen (Conditions) — 498
- 17.1.4 Datentypen in TypoScript — 502

17.2 Die Objektmetapher von TypoScript — 503
- 17.2.1 Einteilung der Objekttypen — 503
- 17.2.2 Wertzuweisung an Objekt-Propertys — 504
- 17.2.3 Bildung von Objektinstanzen — 505
- 17.2.4 Objektzugehörige Arrays — 508

17.3 Seiten definieren – das PAGE-Objekt — 509
- 17.3.1 Benennung der Objektinstanzen — 509
- 17.3.2 Das TL-Objekt PAGE — 510

17.4 Erzeugen von Framesets – FRAME-Objekte — 517
- 17.4.1 Das TL-Objekt FRAMESET — 519
- 17.4.2 Das TL-Objekt FRAME — 520
- 17.4.3 Quelltextbeispiel: Frameset mit TypoScript — 521

17.5 Inhalt einbinden – Content-Objekte — 522
- 17.5.1 Das cObject COA — 523
- 17.5.2 Das cObject FILE — 525
- 17.5.3 Das cObject CONTENT — 526
- 17.5.4 Das cObject TEMPLATE — 529
- 17.5.5 Das cObject FLUIDTEMPLATE — 532
- 17.5.6 Das cObject TEXT — 532
- 17.5.7 Das cObject HTML — 533
- 17.5.8 Das cObject IMAGE — 534
- 17.5.9 Das cObject IMAGE_RESOURCE — 535

17.6 Menüs erstellen – Menüobjekte — 536
- 17.6.1 Das Objekt HMENU — 536
- 17.6.2 Das Objekt TMENU — 540
- 17.6.3 Das Objekt TMENUITEM (NO, ACT, CUR etc.) — 541
- 17.6.4 Quelltextbeispiel: Textmenü mit TypoScript — 547

17.7 Userkonfiguration – das cObject EDITPANEL — 548

Anhang

A	**Installation von XAMPP**		553
	A.1	XAMPP unter Windows	553
	A.2	XAMPP unter Linux	557
	A.3	XAMPP unter Mac OS X	559
	A.4	Konfiguration und Sicherheitseinstellungen	561
	A.5	Dokumentation von XAMPP	564
B	**TYPO3-Installer**		565
	B.1	TYPO3Winstaller (Windows)	565
	B.2	LAMP Testsite (Linux)	567
	B.3	t3[dmg] für Mac OS X	569
C	**Backup mit phpMyAdmin**		571
	C.1	Was ist phpMyAdmin?	571
	C.2	Dump der TYPO3-Datenbank mit phpMyAdmin	573
	C.3	Wichtige Tabellen der TYPO3-Datenbank	578
	C.4	Einlesen eines Datenbank-Dumps bei der Installation	583
D	**Online-Ressourcen**		585
	D.1	Online-Ressourcen zu TYPO3	585
	D.2	Weitere Onlineressourcen	587
E	**Inhalt der Begleit-DVD**		589
	E.1	Installation	589
	E.2	Erweiterungen	590
	E.3	Dateien zum Buch	591

Index 593

Vorwort zur 6. Auflage

Warum gerade jetzt einen Einstieg in TYPO3 wagen? An wen richtet sich dieses Buch, und für wen ist es nicht gedacht? Was ist an diesem Buch neu gegenüber der vorherigen Auflage? Was befindet sich auf der Begleit-DVD?

Dieses Buch soll Ihnen einen Einstieg in TYPO3 bieten, in das faszinierende Open-Source-CMS (Content-Management-System), das auch hochpreisigen kommerziellen Konkurrenzlösungen Paroli bietet. Dem anfänglichen Status des absoluten Geheimtipps ist TYPO3, wie man wohl mit Fug und Recht sagen kann, inzwischen entwachsen: Seit Jahren bewährt sich das System als Rückgrat von mittlerweile Tausenden von Websites.

Warum ein Einsteigerbuch für TYPO3?

TYPO3 gilt als schwierig und komplex. Letzteres ist durchaus richtig, was jeder bestätigen wird, der einmal versucht hat, sich durch mehrere Tausend Seiten Online-Dokumentation und Foren durchzuarbeiten – eine entsprechend vollständige Referenz hätte den Umfang dieses Werkes mehr als verdoppelt. Wirklich schwer ist die Arbeit mit TYPO3 allerdings letzten Endes nicht, was wiederum jeder bestätigen wird, dem bereits ein Einstieg in das Thema gelungen ist. Genau diesen Einstieg soll unser Buch ermöglichen, und obendrein soll es Ihnen als Handreichung dienen, um die unvermeidlichen Klippen und Anfangsschwierigkeiten erfolgreich zu meistern.

Die Version *TYPO3 CMS 6*, die zum November 2012 in endgültiger Fassung verabschiedet worden ist, stellte wieder einmal einen Meilenstein in der Entwicklung dieses Content-Management-Systems dar: Der gesamte Kern wurde überarbeitet, und es wurden neue Schnittstellen für Entwickler geschaffen. Für den Redakteur ist vor allem der Umgang mit Bildern und Download-Dateien neu konzipiert worden. Überhaupt wurde die Bearbeitung von Inhalten per Drag & Drop möglich. Neue Inhaltselemente sind hinzugekommen, veraltete sind entfernt worden. Alles in allem baut TYPO3 seine Position als das mächtigste Open-Source-CMS in der aktuellen Version erneut aus.

Ein guter Grund also, zu diesem Zeitpunkt einen Einstieg in TYPO3 zu wagen – hier haben Sie es mit einer abermals im Handling verbesserten, stabilen Anwendung zu tun, die unbedenklich in Produktionsumgebungen eingesetzt werden kann. Gerade für Letzteres hat die TYPO3-Community durch akribische Kleinarbeit und stetiges Testen und Hinterfragen gesorgt.

Warum dieser Versionssprung von 4 nach 6?

Lange wurde eine TYPO3 »Version 5« (unter dem Namen *Phoenix*) angekündigt, die ursprünglich als vollständig neu konzipierter Nachfolger von TYPO3 4.x geplant war. Die Entwicklung des neuen Systems dauerte letztlich sechs Jahre. Der komplette Programmkern sollte neue Schnittstellen erhalten, und TYPO3 sollte stabiler werden. Das System wurde hierfür auf das ebenfalls neu entwickelte Flow-Framework aufgesetzt. Um letztendlich Verwechslungen mit dem dann doch weiterentwickelten 4er-Zweig von TYPO3 zu vermeiden und drei unterschiedliche Einsatzmöglichkeiten zu bieten, spaltete sich die TYPO3-Welt in drei Unterzweige, wobei die Versionsnummer 5 übersprungen wurde. Aus »Phoenix« wurde *TYPO3 Neos*; der Nachfolger von TYPO3 4.x nennt sich *TYPO3 CMS*, und auch das Flow-Framework wurde unter der Version 6 als eigenes Projekt veröffentlicht. In diesem Buch wird TYPO3 CMS 6.1 behandelt (weiterhin TYPO3 genannt), das die Standardvariante darstellen wird. *TYPO3 Neos* wiederum trägt das CMS-Thema mit dem Anspruch eines Enterprise-Systems für höchste Ansprüche weiter. Last but not least wird *TYPO3 Flow* als Entwicklungsumgebung für Programmierer fungieren, mit der Webapplikationen programmiert werden können. Das klingt kompliziert, ist es aber nicht: Was vorher TYPO3 4.x war, ist eben jetzt *TYPO3 CMS 6.x*.

Einsteiger sollten sich daher in die aktuelle Version von TYPO3 CMS einarbeiten, die für die nähere Zukunft als maßgeblich betrachtet werden kann.

Dieses Buch wurde für die aktuelle Auflage ein weiteres Mal umfangreich überarbeitet und in vielen Passagen ergänzt oder sogar neu geschrieben, um den aktuellen Stand abzubilden.

Erneuert und erweitert wurden gegenüber der letzten Auflage die Kapitel über Installation, Seiteninhalte, Mehrsprachigkeit, Benutzerverwaltung und Frontend-Benutzerbereiche. Auch die Kapitel zur Indexsuche und zu News sowie das Kapitel zu TemplaVoilà wurden ergänzt und an die jeweils aktuellen Versionen dieser Erweiterungen angepasst.

Für wen ist dieses Buch gedacht?

Die Zielgruppe unseres Buches sind ambitionierte Webentwickler, die ein leistungsfähiges CMS privat oder beruflich einsetzen möchten und sich zügig in TYPO3 einarbeiten wollen. Zumindest Grundkenntnisse in HTML und JavaScript sollten Sie mitbringen. Hiermit werden Sie in die Lage versetzt, eigene Projekte mit TYPO3 zu meistern.

Das vorliegende Buch dient als Einführung in TYPO3 CMS in der aktuellen Version 6.1 und ermöglicht es Ihnen, mit dem System ein erstes Projekt von der Installation bis zur Verwendung von Erweiterungsmodulen zu realisieren.

Für wen ist dieses Buch nicht gedacht?

Dieses Buch dient als Einführung in technische Konzepte sowie in Design und Webentwicklung, jedoch nicht in die Redakteursarbeit. TYPO3-Redakteure mögen zwar sicherlich in unserem Buch so manchen nützlichen Hinweis und auch Einblicke in das System finden – als Einführung in die Redakteursarbeit mit einem CMS ist dieses Buch allerdings weder konzipiert noch geeignet.

Wer schreibt dieses Buch?

Die Autoren Michael Hassel, Frank Bongers und Professor Andreas Stöckl bringen weitreichende Erfahrungen in Theorie und Praxis mit. Michael Hassel und Frank Bongers arbeiten in Berlin als freie Webentwickler und Dozenten. Sie verwenden TYPO3 seit längerer Zeit erfolgreich bei verschiedenen Projekten. Andreas Stöckl unterrichtet das Thema Content-Management-Systeme an der Fachhochschule Hagenberg in Linz (*www.fh-hagenberg.at*). TYPO3 setzt er nicht nur hierbei ein, sondern auch im Rahmen seiner Internetagentur Cyberhouse (*www.cyberhouse.at*), in der sich TYPO3 im kommerziellen Wettstreit mit anderen CMS und gegenüber anspruchsvollen Kundenanforderungen erfolgreich bewährt. Nicht zu vergessen: Professor Andreas Stöckl hat mit »Content Management mit TYPO3« das weltweit erste Buch zu diesem Thema geschrieben.

Was befindet sich auf der Begleit-DVD?

Auf der Begleit-DVD finden Sie alle aktuellen Packages und Installer von TYPO3 CMS, den XAMPP-Installer (Apache, MySQL, PHP) für alle derzeit unterstützten Betriebssysteme, hierfür benötigte Zusatzmodule und ausgesuchte TYPO3-Erweiterungen. Beigefügt sind alle Dateien, die zum Nachvollziehen des Beispielprojekts und der restlichen Übungen erforderlich sind.

Danksagungen

Der ausdrückliche Dank der Autoren gilt in erster Linie dem durch die langwierige Arbeit arg strapazierten Familien- und Freundeskreis, der die starke Einbindung durch die Schreibarbeiten geduldig ertrug und die Arbeit an diesem Buch so erst möglich machte. In zweiter Linie gilt ihr Dank Kasper Skårhøj und der TYPO3-Community, ohne die TYPO3 weder existieren würde noch seine heutige, ausgereifte Form erreicht hätte. Weiterer Dank geht von Linz und Berlin nach Bonn, zum Team von Galileo Press und hier vor allem an unseren Lektor Stephan Mattescheck, der mit seinen Anregungen wieder außerordentlich zum Gelingen beigetragen hat.

Der letzte und wohlgemerkt nicht der geringste Dank geht selbstverständlich an Sie, die Leserin bzw. den Leser, der dieses Buch nun in der aktuellen sechsten Auflage in den Händen hält: Ohne Sie wäre dieses Buch nicht entstanden, und es zu schreiben hätte auch nicht viel Sinn gemacht. Wir hoffen, dass es Ihnen gefällt und Nutzen bringt!

Viel Spaß und Erfolg wünschen Ihnen

Frank Bongers, Michael Hassel und Andreas Stöckl
Berlin und Linz

Kapitel 1
TYPO3 – ein Open-Source-CMS

Auf dem Markt für Content-Management-Lösungen finden Sie eine Vielzahl unterschiedlicher Systeme. Primär zu beantworten – und daher Thema dieses Kapitels – ist die Frage, ob man sich für ein kommerzielles Produkt entscheiden soll oder ob eine Open-Source-Anwendung wie TYPO3 eine annehmbare Alternative darstellt.

In der heutigen Zeit werden von allen Seiten stets wachsende Ansprüche an Internetpräsenzen gestellt. Ihr Umfang, ihre Komplexität sowie die Anforderungen an die Aktualität der Inhalte können eine Pflege auf herkömmlichem Wege sehr schnell erschweren bis unmöglich machen. Die zeitgemäße Lösung besteht im Einsatz eines *Content-Management-Systems* (CMS).[1]

1.1 Aufgaben eines Content-Management-Systems

Die Erwartungen an ein CMS sind hoch – zum einen soll die *Verwaltung der Inhalte* vereinfacht und möglichst auf mehreren Schultern (Redakteure) verteilt werden. Da dies nicht zu Chaos und Wildwuchs führen darf, müssen auch der *Workflow* und die *Zugriffsrechte* im System entsprechend geregelt werden. Diese Verwaltungsarbeit und auch die technische Betreuung des Systems übernimmt ein mit allen erforderlichen Rechten ausgestatteter *Administrator*.

Zum anderen sollen auch das Layout und die Corporate Identity einer Site konsistent gehalten werden, dabei aber, beispielsweise im Rahmen eines erforderlichen Redesigns, möglichst einfach anpassbar bleiben. Notwendig hierfür ist eine vollständige Trennung von Inhalten und Darstellung, wobei die Inhalte üblicherweise in einer *Datenbank* abgelegt werden. Die Steuerung der Darstellung erfolgt durch leicht zu modifizierende *Layoutvorlagen* (sog. Templates), die zentralisiert zur Verfügung stehen.

Das gesamte System befindet sich stets auf einem *Webserver*; der Zugriff auf die Inhalte – auch deren Erstellung und Bearbeitung – erfolgt über einen herkömmlichen *Webbrowser*: Die Redakteure müssen lediglich im Besitz eines entsprechenden

---

[1] Für Internetzwecke spricht man, streng genommen, von einem WCMS (Web-Content-Management-System).

Passworts sein und können somit ortsungebunden agieren, ohne spezielle Software installieren zu müssen.

Darüber hinaus kann ein CMS im Internet weitere Aufgaben übernehmen, beispielsweise den Versand von Newslettern, die Durchführung von Online-Umfragen und -Polls, die Verwaltung geschützter Bereiche von Nutzergruppen (wichtig beispielsweise auch für Intranets) sowie die zeitgesteuerte Freischaltung von Inhalten oder deren parallele Vorhaltung in mehreren Sprachen.

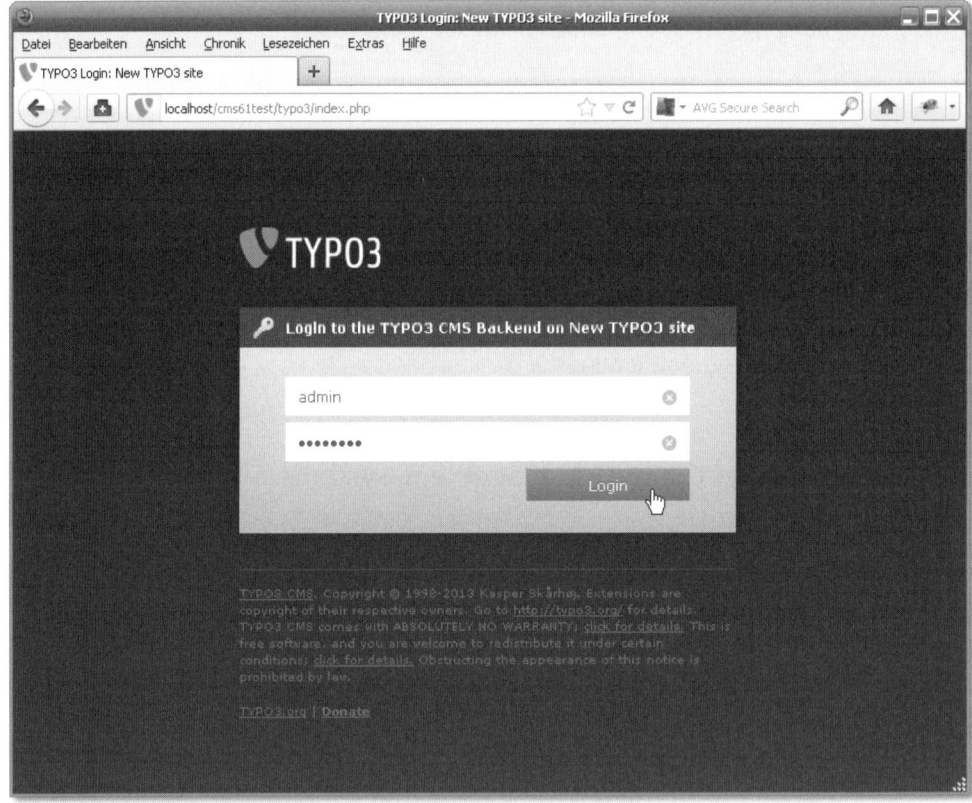

Abbildung 1.1 Benutzerlogin von TYPO3 CMS 6.1 in Firefox

1.2 Kommerzielles Produkt vs. Open Source

Die oben genannten Kernanforderungen werden von eigentlich allen derzeit verfügbaren CMS erfüllt. Das Spektrum[2] in Bezug auf Leistungsumfang, Performance,

---

[2] Derzeit (Frühjahr 2013) gibt es rund 130 namhafte CMS-Lösungen, WCMS, Redaktionssysteme und Vergleichbares (siehe *http://en.wikipedia.org/wiki/List_of_Content_Management_Systems*).

Bedienbarkeit und – last, but not least – Preis ist jedoch ausgesprochen breit: *Kommerzielle Systeme* sind schon für wenige Hundert Euro erhältlich, genauso gut aber kann die reine Software (und das auch nicht ohne Berechtigung!) mit sechsstelligen Beträgen zu Buche schlagen. Systeme dieser »Enterprise«-Klasse sind für sicherheitskritische Unternehmensanwendungen gedacht, bei denen zugleich Wert auf Funktionsreichtum und auf höchste Leistungsfähigkeit gelegt wird.

Daneben gibt es einige sogenannte *Open-Source-Systeme*, darunter auch *TYPO3*, die den kommerziellen Systemen in nichts nachstehen, aber im Gegensatz zu diesen – was die Kosten der Software angeht – gratis verfügbar sind.[3]

Bevor man jetzt aber begeistert zugreift, sind zunächst ein paar weitere Faktoren abzuwägen – da sich dieses Buch mit TYPO3 auseinandersetzt, wird zu diesen jeweils speziell Stellung bezogen.

Vor der Entscheidung für ein CMS sind folgende fünf Punkte zu bedenken:

1. Hosting des CMS
2. Installation, Wartung und Erweiterbarkeit des Systems
3. Dokumentation des Systems
4. Unterstützung durch Dienstleister
5. Möglichkeit des lokalen Probebetriebs des CMS

1.2.1 Hosting des CMS

Hochpreisige kommerzielle Systeme wird man auf einem (firmen-)eigenen Server hosten, der speziell zu diesem Zweck abgestellt ist. Einige preisgünstigere kommerzielle Systeme können vorinstalliert in Verbindung mit dazugehörigem Webspace auch bei verschiedenen Providern angemietet werden, wobei Flexibilität und Funktionalität jedoch oft dem niedrigen Preis entsprechen.

Auch für ein Open-Source-CMS muss im Zweifelsfall die Anschaffung oder Anmietung eines eigenen Servers ins Auge gefasst werden, der dem Administrator die erforderlichen Freiheiten bezüglich Installation und Konfiguration bietet. Für einige Open-Source-Systeme (darunter auch TYPO3) können bei darauf spezialisierten Dienstleistern vorinstallierte Systeme angemietet werden.

---

3 Es existieren gut 100 Open-Source-CMS, die Mehrzahl auf PHP/MySQL-Basis. Unter diesen zählt TYPO3 mit einigen Zehntausend betriebenen Installationen zu den erfolgreichsten Systemen.

> **Dedizierter Server**
>
> Für TYPO3 empfiehlt sich, sofern man seine Stärken voll ausnutzen möchte, in jedem Fall ein dedizierter, nicht mit anderen Webpräsenzen geteilter Server. Sie sollten hierfür unbedingt Kenntnisse in Serveradministration besitzen. Für kleinere bis mittlere Sites kann man alternativ die Angebote spezialisierter TYPO3-Hoster in Betracht ziehen, die zwar (abhängig vom gewählten Account) weniger Performance bieten, dies jedoch zu wesentlich günstigeren Preisen.

1.2.2 Installation, Wartung und Erweiterbarkeit des Systems

Ein kommerzielles System wird im Allgemeinen »schlüsselfertig« geliefert oder gemietet; man braucht sich um Installation und technische Wartung (Updates) nicht weiter zu kümmern, sondern kann sich auf die Pflege der Inhalte konzentrieren. Ohne administrative Tätigkeiten (z. B. Rechtevergabe, Backups) und die Aneignung entsprechender Kenntnisse geht es allerdings auch hier nicht. Bei Problemfällen wird man immerhin eine Hersteller- oder Providerhotline zur Verfügung haben. Für später gewünschte funktionale Systemerweiterungen wird man meist auf Produkte des gleichen CMS-Herstellers angewiesen bleiben und hat mit weiteren Kosten zu rechnen.

Ein Nachteil der Open-Source-Systeme besteht darin, dass die – mehr oder weniger anspruchsvolle – Installation und die technische Systemwartung dem Nutzer überlassen bleiben. Auch ein Hersteller, dessen man bei Havarien habhaft werden kann, existiert in diesem Sinne nicht: Der erforderliche Kenntnisstand zum erfolgreichen Betrieb eines solchen Systems ist daher höher. Zumindest teilweise ausgeglichen wird die fehlende Herstellerunterstützung durch Websites und öffentliche Foren der jeweiligen Entwickler- und Nutzergemeinde. Updates und Verbesserungen werden gewöhnlich erst bei ausreichender technischer Reife freigegeben.

> **Installation**
>
> TYPO3 liegt in Form von Installationspaketen vor, die in einer entsprechend vorbereiteten Serverumgebung leicht zu installieren sind. Updates sind bei ein wenig Erfahrung unproblematisch vorzunehmen. Systemerweiterungen existieren in großer Anzahl und können auch selbst programmiert und eingebunden werden. Hat man ein TYPO3-Hostingpaket gemietet, wird sich der Provider um notwendige Updates kümmern.

1.2.3 Dokumentation des Systems

Die Dokumentation eines kommerziellen CMS wird vom Hersteller (Systemhaus oder Agentur) geliefert und beschränkt sich meist auf die programminterne Hilfe und das Begleithandbuch, was nicht als Manko zu werten sein muss. Zusätzlich sind (eventuell kostenpflichtige) Schulungsangebote direkt durch den Hersteller oder durch unabhängige Consulter denkbar. Herstellerunabhängige weiterführende Literatur ist dagegen eher selten; Internetforen mag es für weiter verbreitete Systeme gelegentlich geben.

Open-Source-Systeme sind durch ihre ausführliche Dokumentation im Vorteil: Meist kann man von der Website der jeweiligen Entwickler-Community in reichhaltiger Menge alle erforderlichen Informationen beziehen. Ein Verschweigen von Defiziten und Problemen des CMS aus verkaufstaktischen Erwägungen gibt es nicht. Da die Texte jedoch selten aus einer Hand stammen, fallen sie qualitativ oft heterogen aus.

> **Dokumentation**
>
> TYPO3 ist dank einer in dieser Hinsicht sehr aktiven Nutzergemeinde hervorragend gut dokumentiert. Dazu beschäftigt sich eine Reihe – auch deutschsprachiger – Foren mit diesem Thema, sodass zu beinahe allen denkbaren Fragestellungen Informationen zu finden sind. Auch Schulungsangebote und Literatur zu TYPO3 finden sich inzwischen in ausreichender Menge.

1.2.4 Unterstützung durch Dienstleister

Will oder kann man die Erstellung der Formatvorlagen für sein CMS, sprich die Seitengestaltung, nicht selbst vornehmen, kann man die Hilfe entsprechend spezialisierter Agenturen in Anspruch nehmen, was in jedem Fall einen zusätzlichen Kostenfaktor darstellt – unabhängig davon, ob man sich für ein kommerzielles oder für ein Open-Source-System entscheidet.

> **Unterstützung**
>
> Für TYPO3 gibt es, dank seiner inzwischen weiten Verbreitung, eine Vielzahl von Webagenturen, die die Erstellung von Sites anbieten, die auf diesem System basieren. Oft ist dies auch mit einem Hostingangebot verbunden.

1.2.5 Möglichkeit des lokalen Probebetriebs des CMS

Ein (lokaler) Testaufbau eines hochpreisigen kommerziellen CMS im Vorfeld einer endgültigen Entscheidung ist aufgrund seiner Komplexität und Hardwareanforderungen schwierig oder zumindest zeitraubend. Dies trifft für bei Providern angemietete CMS-Lösungen in ähnlichem Maße zu, dort jedoch eher, weil herunterladbare Testversionen gar nicht erst oder nur in zeitbeschränkten Versionen zur Verfügung stehen. Einige kleinere und mittlere kommerzielle Systeme stehen jedoch durchaus als (teilweise sogar unbeschränkt nutzbarer) Testdownload zur Verfügung und können somit im Vorfeld ausprobiert werden.

Bei Open-Source-Systemen stellt sich die Frage nach kostenlosen, unbeschränkten Testversionen naturgemäß nicht: Allesamt können sie bei genügenden Kenntnissen auf einem lokal betriebenen Webserver installiert werden, was ausgiebig Zeit für Testläufe, Design- und Programmierexperimente lässt.

> **Probebetrieb**
>
> TYPO3 kann sowohl auf Windows-Rechnern als auch auf Linux- oder Mac-Systemen lokal betrieben und getestet werden – wenn nötig, sogar in mehreren parallelen Installationen. Eine Site kann im Testaufbau in Ruhe entwickelt und später für den Online-Betrieb auf einen Hostrechner übertragen werden.

1.3 TYPO3 als Web-Content-Management-System

1.3.1 Die Geschichte von TYPO3

TYPO3 ist ein vom Kopenhagener Programmierer *Kasper Skårhøj* seit 1997 entwickeltes *Web-Content-Management-System* (WCMS), das sowohl zur Entwicklung als auch zur Pflege einer Website dient. Im Jahr 2000 wurde TYPO3 von Skårhøj als Open-Source-Software unter der GPL (GNU Public License) freigegeben. Seit 2002, ab der mit 3.0 bezeichneten Version, wird es von einer wachsenden Entwickler-Community – nach wie vor unter Skårhøjs Aufsicht – betreut.

Die wohl bedeutendste anschließende Neuerung bestand in dem mit TYPO3 3.5.1 eingeführten *Extension Manager*, der die modulare Erweiterbarkeit des Systems ermöglichte. TYPO3 wurde in mehreren Schritten (3.6, 3.7, 3.8) bis zum Release 3.8.1 auf dieser Version basierend ausgebaut und punktuell verbessert, wobei neue Features wie *Versioning* in das System mit einflossen.

Der Entwicklungszweig ab TYPO3 4.0 stellte den nächsten Meilenstein in der Entwicklung dar. Neben einer optischen Runderneuerung der Oberfläche war nun, in Form der *Workspaces*, die Arbeit an Inhalten mit Unterscheidung zwischen einer veröffentlichten Ansicht (*Live*) und einer Entwurfsansicht (*Draft*) implementiert. Ein Datenbankabstraktionslayer ermöglichte erstmals auch die Zusammenarbeit mit anderen Datenbanken außer MySQL.

Die Version 4.2 erleichterte die Bedienung durch eine vollständige Neuprogrammierung und ein optisches Redesign des Backends. Als Plattformbasis dient seitdem PHP ab Version 5.2. Die Version TYPO3 4.3 verbesserte das Handling und brachte eine Vielzahl von Detaillösungen, die die Arbeit mit dem System vereinfachen und beschleunigten. Mit Version 4.4 begann die Erneuerung des Backends, wobei das JavaScript-Framework ExtJS als neue Basis diente. Erstmals unterstützte TYPO3 auch das Ausgabeformat HTML5.

Die Version TYPO3 4.5 LTS führte diese Entwicklung fort. Per Default setzt das System nun auf UTF8 als Standardzeichensatz. Das Backend kommt nun vollständig ohne Frames aus, und der Seitenbaum unterstützt aktuell gewohnte Bearbeitungsmetaphern. Zur bisherigen Spaltenansicht gesellt sich eine als »Grid View« bezeichnete frei konfigurierbare Backend-Ansicht, die besser als bisher das Layout der generierten Seiten widerspiegelt. Als neues TypoScript-Content-Objekt dient das FLUIDTEMPLATE als Alternative zum bisherigen TEMPLATE-Objekt und bildet dessen Marker- und Subpart-Funktionalität über Fluid-Templates nach.

In der aktuellen Version TYPO3 CMS 6.1 wurden einige technische Verbesserungen im Hintergrund vorgenommen und Bugfixes aus der Vorgängerversion CMS 6.0 in den Code eingebaut. Wie im Vorwort schon erwähnt wurde, brachte der Sprung auf CMS 6.0 einige Änderungen mit sich. Der sogenannte *File Abstraction Layer* (FAL) bietet dem Redakteur die Möglichkeit, zu Bildern und Dateien Meta-Angaben zu speichern. Der Extension Manager wurde vereinfacht, und die Übersetzung des Backends wurde in ein neues Modul namens *Language* übernommen. Seiteninhalte können nun per Drag & Drop verschoben werden, und auch das Modul für die Verwaltung von Backend-Usern wurde überarbeitet. Außerdem wurden die Codequalität und die Usability des Backends (mal wieder) verbessert.

1.3.2 Positionierung von TYPO3

TYPO3 arbeitet als plattformunabhängige Serverapplikation, zu deren Bedienung ein aktueller Webbrowser genügt, und bietet eine Vielzahl von Entwicklungs- und Erweiterungsmöglichkeiten. Dem Leistungsumfang nach gehört das System, obwohl es als Open-Source-Software kostenlos verfügbar ist, in die Klasse der *Enterprise-Lösungen*.

Bei TYPO3 profitiert der *Webredakteur* einerseits von den komfortablen Möglichkeiten, die Inhalte einer Website – auch zeitgesteuert – zu veröffentlichen und zu verwalten. Den Entwickler oder *Administrator* einer Website unterstützt das System andererseits mit Designvorlagen und Templates bei der Gestaltung einer Website, bei der Einrichtung von Navigation und Menüstruktur und bei der Vergabe von Berechtigungen und Zugriffsmöglichkeiten für Redakteure.

TYPO3 stellt hierfür eine *Backend* genannte, umfassende Administrationsoberfläche zur Verfügung. Die von außen sichtbare, vom CMS erzeugte Webpräsenz wird dagegen als *Frontend* bezeichnet (siehe Abbildung 1.2).

1 TYPO3 – ein Open-Source-CMS

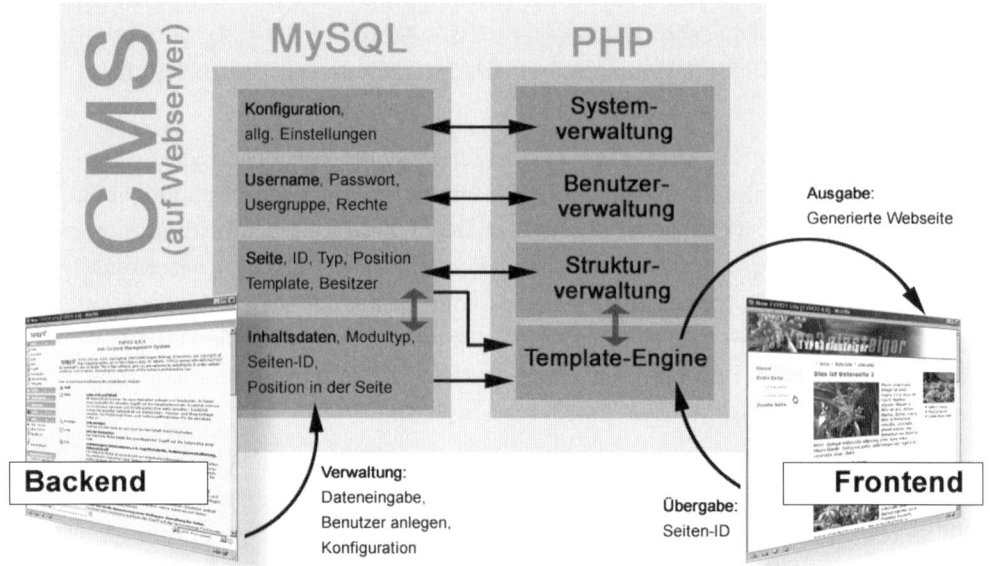

Abbildung 1.2 Das Backend und Frontend von TYPO3

Des Weiteren kann TYPO3 auch als *Entwicklungsplattform für Webapplikationen* genutzt werden, die in die Website über einen eigenen Erweiterungsmechanismus eingebunden werden können. Dies sind PHP- und Datenbankanwendungen, die die Grundfunktionalitäten des CMS erweitern. Seit der Einführung des Extension Managers hat die TYPO3-Entwicklergemeinde bereits eine Vielzahl von Anwendungen (sog. Erweiterungsmodule) erstellt, die in eigene Webanwendungen integriert werden können.

1.3.3 Technische Hintergründe von TYPO3

TYPO3 ist als verhältnismäßig offenes System konzipiert, das weder auf ein bestimmtes Betriebssystem festgelegt noch – dank Modularität und Erweiterbarkeit – auf eine bestimmte Funktionalität beschränkt ist.

- **PHP und MySQL als Basis**
  TYPO3 ist selbst in PHP entwickelt und verwendet (bislang vorwiegend) MySQL als Datenbank. Für den Betrieb des Systems muss auf dem Server notwendigerweise PHP vorhanden sein. MySQL stellt den Quasi-Standard für Webdatenbanken dar – mittlerweile unterstützt TYPO3 jedoch auch andere Datenbanksysteme.

- **Multiplattform-Support**
  Für Windows, Mac OS X und Linux werden fertige Pakete zur Installation angeboten. TYPO3 ist jedoch prinzipiell auf jedem Betriebssystem lauffähig, das die technischen Minimalvoraussetzungen (Webserver mit PHP, Datenbank) bietet.

- **Modulare Erweiterbarkeit**
  Man kann eine TYPO3-Installation durch Erweiterungen mit fast beliebigen Zusatzfunktionalitäten ausstatten. Auch eigene Webapplikationen können in Form von Erweiterungsmodulen in PHP geschrieben werden.
- **Eigene Skriptsprache**
  Für die Steuerung des Systems und die Entwicklung von Vorlagedateien und Webprojekten steht die TYPO3-eigene Konfigurationssprache TypoScript zur Verfügung.
- **HTML/CSS-Templates möglich**
  Neben rein TypoScript-basierten Templates können auch HTML/CSS-Templates eingesetzt werden, die auf herkömmliche Art mit entsprechenden Editoren entwickelt werden. Außer CSS können auch JavaScript sowie PHP-Skripte eingebunden werden.

1.4 Systemvoraussetzungen von TYPO3

Wie bereits angedeutet, ist TYPO3 unter den wichtigen PC-Betriebssystemen Windows (alle Versionen), Mac OS X, Linux, UNIX oder Solaris lauffähig. Das Betriebssystem des heimischen Rechners ist also für eine lokale Testinstallation nicht ausschlaggebend. So wird man für den Online-Betrieb (Produktionsumgebung) zwar vorwiegend Linux-Systeme (SUSE, Debian, Mandrake oder andere) einsetzen – nichts spricht jedoch gegen die lokale Entwicklung einer Site auf einem Windows- oder Mac-Rechner.

Minimale Softwarevoraussetzungen für einen Betrieb von TYPO3 sind:

- **Apache 2.0** oder höher
  Wir wählen den Release Apache 2.4.3. Für TYPO3 ist die Version des Servers jedoch beinahe unerheblich.

  Aktuelle Informationen sowie Download-Möglichkeiten finden Sie unter *www.apache.org*.

- **PHP 5.3.7** oder höher
  Wir verwenden, wie seit TYPO3 CMS 6.0 gefordert, PHP neuer oder gleich der Version 5.3.7. Das Aufsetzen auf einer bestehenden PHP-Installation der Version 4.xx ist nicht ratsam. Wir setzen im Rahmen dieses Buches die Version 5.4.7 ein.

  Aktuelle Informationen sowie Download-Möglichkeiten finden Sie unter *www.php.net*.

- **MySQL 5.1** oder höher
  Wir setzen die aktuelle Version MySQL 5.5.27 ein.

  Aktuelle Informationen sowie Download-Möglichkeiten finden Sie unter *www.mysql.com*.

Weiterhin benötigt man (optional):

- **GraphicsMagick 1.2.0** oder höher
  Wir setzen die aktuelle stabile Version 1.3.12 ein. Das extra zu installierende Programm bietet eine Sammlung von Werkzeugen, mit deren Hilfe Grafikformate konvertiert und Grafiken bearbeitet werden können. Bilder können skaliert, geschärft oder rotiert werden. Die Vielzahl der unterstützten Grafikformate räumt dem TYPO3-Redakteur größtmögliche Freiheit ein. Die Umwandlung in ein webgerechtes Format übernimmt dann das CMS. (Alternativ zu GraphicsMagick ist auch ImageMagick einsetzbar.)
  Aktuelle Informationen sowie Download-Möglichkeiten finden Sie unter *www.graphicsmagick.org/*.

1.5 Vergleich der Hostingmöglichkeiten für TYPO3

Eine stetig wachsende Zahl spezialisierter Webspace-Provider stellt fertige TYPO3-Installationen als Hostingangebot zur Verfügung. Eine Suchmaschinenrecherche (beispielsweise nach »TYPO3 Hosting«) liefert Ihnen eine entsprechende Auswahl. Je nach Ihrem Kenntnisstand oder dem gewünschten Ergebnis – beispielsweise erhöhte Performance oder mehr Kontrolle über die Sicherheit – werden Sie jedoch vielleicht einen eigenen Webserver vorziehen.

Grundsätzlich gibt es drei Varianten, wie eine TYPO3-Produktionsumgebung (Online-Präsenz) gehostet werden kann:

- einfacher Webspace-Account mit PHP und MySQL
- spezialisierter TYPO3-Hoster
- TYPO3 auf eigenem Server (Managed Server, Root- oder Virtual Server)

Diese drei Varianten unterscheiden sich im persönlichen Aufwand, den Sie jeweils haben, in ihrer Performance und *last, but not least* – aber dies zum Teil weniger, als vermutet – in den entstehenden Kosten.

Zu beachten sind Aspekte wie Installation und Wartung, Sicherheit (Backups, Absicherung des Servers) und Aktualisierung der Umgebung (Updates). Stellen Sie sich die Frage, wie viel davon Sie selbst zu übernehmen bereit sind und wo Sie es vorziehen, Verantwortung abzugeben.

1.5.1 Einfacher Provider-Account mit PHP und MySQL

Es mag zunächst verlockend erscheinen, TYPO3 im Rahmen eines »normalen«, bereits angemieteten Webspace-Accounts selbstständig zu installieren, sofern dort in Form von PHP und MySQL die technischen Grundvoraussetzungen erfüllt scheinen. Diese Option muss jedoch ausdrücklich als problematisch bezeichnet werden – ein erfolgreicher Betrieb von TYPO3 ist für solche Providerpakete (auch die höherpreisigen) nicht in jedem Fall zu garantieren.

Probleme können durch verschiedene Umstände auftreten:

- **Hoher Ressourcenbedarf von TYPO3**
  Auf einem für diese Pakete typischen Shared Server ist der einzelnen Webpräsenz und ihrer Datenbank nur ein limitiertes Kontingent an Rechenzeit oder ein zu niedriges Memorylimit für PHP (empfohlen: 32 MB; Default: 8 oder 16 MB) zugeteilt. Dies lässt einen stabilen Betrieb von TYPO3, zumal unter Last, kaum zu. (Betroffen sind nicht nur Grafikfunktionen, sondern auch die Anzeige des Frontends.)

- **Ungenügend konfigurierte Umgebung**
  Sie benötigen einen SSH-Zugriff (Secure Shell) oder eine andere Möglichkeit, Rechte zu setzen: TYPO3 benötigt Schreiberlaubnis auf bestimmte Verzeichnisse. Eventuell ist auch ein serverseitiges Entpacken des Installationsarchivs nicht möglich. (Hierfür muss der serverseitige Start des zuständigen Unzip-Programms gestattet sein.)

- **Nicht zur Verfügung stehende Grafikfunktionen**
  Eine Installation von GraphicsMagick oder ImageMagick kann oft nicht ohne Weiteres durchgeführt werden. TYPO3 kann allerdings zur Not auch ohne die Grafikfunktionen betrieben werden – in diesem Fall muss jedoch auf Grafikmenüs, serverseitige Bildverarbeitung und Bildvorschau (Thumbnails) im Backend verzichtet werden.

> **Tipp**
>
> Zu bedenken ist, dass diese Lösung, verglichen mit den einfachen Paketen bei TYPO3-Hostern, auch nicht unbedingt kostengünstiger sein wird.
>
> Besitzen Sie jedoch ein solches Paket bereits und möchten Sie einen Providerwechsel in jedem Fall vermeiden, versuchen Sie im Vorfeld eines Installationsversuchs, von Ihrem Provider Auskunft über die *TYPO3-Fähigkeit* Ihres Accounts zu erhalten. Mittlerweile bieten auch Großprovider Pakete an, die ausdrücklich als »TYPO3-tauglich« beworben werden (z.B. die Strato-Premium-Accounts).

1.5.2 Spezialisierter TYPO3-Hoster

Für kleinere bis mittlere Webpräsenzen, die voraussichtlich nicht unter Hochlast laufen werden, bieten sich die Einstiegspakete spezialisierter TYPO3-Hoster als kostengünstigste Variante an. Sie mieten mit Ihrem Webspace ein bereits vorinstalliertes TYPO3-System, auf das Sie Ihre lokal mit TYPO3 entwickelte Webpräsenz hochladen können.

Beachten Sie, dass Sie sich bei den preisgünstigeren Paketen den Server mit anderen Webpräsenzen teilen (*Shared Hosting*). In diesem Fall ist die Performance geringer als bei einem dedizierten Server. Auch ein solches Angebot werden Sie bei TYPO3-Hostern finden, jedoch zu einem höheren Preis (meist als Managed Server).

Der Hoster nimmt Ihnen in der Regel auch weitere Aufgaben ab (Backups der Site und der Datenbank, Updates von TYPO3). Dies kann jedoch variieren und sollte im Einzelfall in Erfahrung gebracht werden.

1.5.3 TYPO3 auf eigenem Server

Ein optimaler Betrieb einer TYPO3-Umgebung ist auf einem eigenen, dedizierten Server möglich. Hier haben Sie die Option einer vollständigen Kontrolle über die Systemumgebung, können nach Gusto Programme installieren und teilen Ihre Datenbank(en) nicht mit anderen Teilnehmern. Insbesondere für Webpräsenzen, die unter Hochlast laufen (sehr viele parallele Zugriffe), bietet sich die Variante »eigener Server« an. Im Bedarfsfall kann TYPO3 sogar mit mehreren parallel geschalteten Servern (Cluster) betrieben werden.

Mittlerweile ist das Anmieten eines eigenen Servers erschwinglicher geworden und wird in unterschiedlichen Varianten angeboten:

- Root-Server
- Managed Server
- Virtual Server

Root-Server

Unter einem Root-Server versteht man einen eigenen, autarken Rechner, auf den Sie vollen Zugriff für die Konfiguration und Installation haben (*Root-Rechte*). Sie besitzen im Gegenzug auch die Verantwortung für Backups und für die Absicherung des Servers gegen Hacker-Angriffe.

> **Warnung**
>
> Entscheiden Sie sich für diese Variante *nur dann*, wenn Sie bereits eingehend mit dem Thema Serververwaltung vertraut sind! Ansonsten gehen Sie mit dieser Variante ein hohes Risiko ein (auch in finanzieller Hinsicht).

Managed Server

Ein Managed Server bietet fast alle Freiheiten eines Root-Servers, belässt jedoch den kritischen Teil der Verantwortung (beispielsweise Sicherheitsaspekte, unter Umständen auch Backups) beim Provider.

Da der Preisunterschied in der Regel gering ausfällt, ist ein Managed Server dem Root-Server meist vorzuziehen. Bei vielen TYPO3-Hostern sind Managed Server mit bereits vorinstalliertem TYPO3 anmietbar – hierfür können Sie aber auch Hilfestellung von darauf spezialisierten Dienstleistern erhalten.

Virtual Server

Ein »virtueller« Server ist die abgespeckte Version des eigenen Servers. Es handelt sich jeweils um eine isolierte Partition, einen sogenannten *Virtual Private Server* (VPS), von denen mehrere parallel auf einem einzigen physikalischen Server existieren können, wobei pro VPS ein bestimmtes Ressourcenkontingent (Rechenzeit) zugeteilt wird. Von außen betrachtet, verhält sich ein VPS weitestgehend wie ein echter Root-Server, besitzt also beispielsweise eine eigene IP-Nummer.

Verglichen mit Root- oder Managed Servern bietet der VPS *deutlich geringere Leistung*, was Performance oder verfügbaren Plattenplatz angeht – schließlich hat man es hier nicht wirklich mit einem eigenen Rechner zu tun, sondern lediglich mit dessen Simulation (beispielsweise kann die ausgiebige Nutzung von *Gifbuildern*, also serverseitig generierter Grafiken, ein Problem darstellen). Die zugrunde liegende Virtualisierungstechnik belohnt im Gegenzug mit quasi eingebauter Sicherheit gegen bestimmte Arten von Angriffen von außen (z.B. *Denial-of-Service*-Attacken).

Virtual Server werden vorwiegend mit einer Linux-Apache-Kombination angeboten, seltener mit Windows Server. Je nach Art des Accounts stellt der Provider eine Administrationsoberfläche zur Verfügung (in der Regel *Plesk*; siehe *www.swsoft.com*) und gibt Hilfestellung bei Backups oder bei der Installation. Kenntnisse des entsprechenden Betriebssystems und der Serververwaltung sind auch bei einem VPS empfehlenswert.

Welche Serversoftware?

Als am weitesten verbreitete Serversoftware für TYPO3 hat sich *Apache 2.x* etabliert. TYPO3 kann jedoch auch auf anderen Serversystemen betrieben werden, sodass technisch ebenfalls ein Account mit Windows Server 2008 oder etwas Vergleichbarem infrage kommt, sofern PHP und MySQL vorhanden sind. Falls Sie also bereits einen Windows-Server angemietet haben sollten, können Sie dort auch TYPO3 installieren. Einige (wenige) TYPO3-Extensions, die explizit eine UNIX-Umgebung benötigen, können dort jedoch nicht eingesetzt werden.

Kapitel 2
Installation von TYPO3

Dieses Kapitel zeigt Ihnen, wie Sie TYPO3 als lokale Testinstallation auf Ihrem Rechner selbst installieren können und wie Sie die ersten Konfigurationsarbeiten vornehmen. Die Beispiele des Buches werden mit der Installation durchgeführt, die wir in diesem Kapitel beschreiben.

Die Website *www.typo3.org* bietet TYPO3 in verschiedenen Varianten zum Download an. Grundsätzlich kann man dabei zwischen sogenannten *Installern*, die neben TYPO3 auch Webserver und Datenbank enthalten, und den reinen TYPO3-Paketen unterscheiden, die für den Einsatz in einer bereits vorhandenen oder separat zu installierenden Webserverumgebung nebst Datenbank gedacht sind.

2.1 Voraussetzungen für die Installation von TYPO3

Für welchen Weg Sie sich hinsichtlich Ihrer lokalen Testinstallation entscheiden, hängt vom Zustand Ihrer aktuellen Rechnerkonfiguration ab:

- **Webserver, PHP und MySQL sind bereits installiert**
  Verfügen Sie auf Ihrem Testrechner über eine lauffähige, für TYPO3 taugliche Umgebung aus einem Server mit PHP und Datenbank, können Sie direkt mit der Installation und Einrichtung von TYPO3 fortfahren.

- **Webserver, PHP und MySQL sind nicht installiert**
  Um zunächst einen Apache Webserver mit PHP, MySQL und weiteren Komponenten zu installieren, wird Ihnen in Form von *XAMPP* ein vorbereitetes Installationspaket angeboten, das für *Windows*, *Linux* und *Mac OS X* vorliegt. Sie finden alle entsprechenden XAMPP-Installer auf der Begleit-DVD des Buches. Auf die fertiggestellte XAMPP-Installation setzen Sie anschließend TYPO3 auf.

Alternativ können Sie einen der *TYPO3-Installer* einsetzen, die es ebenso in Versionen für Windows, Mac OS X und Linux gibt. Sie finden diese Pakete als Alternative ebenfalls auf der Begleit-DVD. Zum Teil enthalten diese Installer jedoch nicht die jeweils aktuellste Version von TYPO3, und sie werden auch nicht offiziell von TYPO3.org unterstützt.

2   Installation von TYPO3

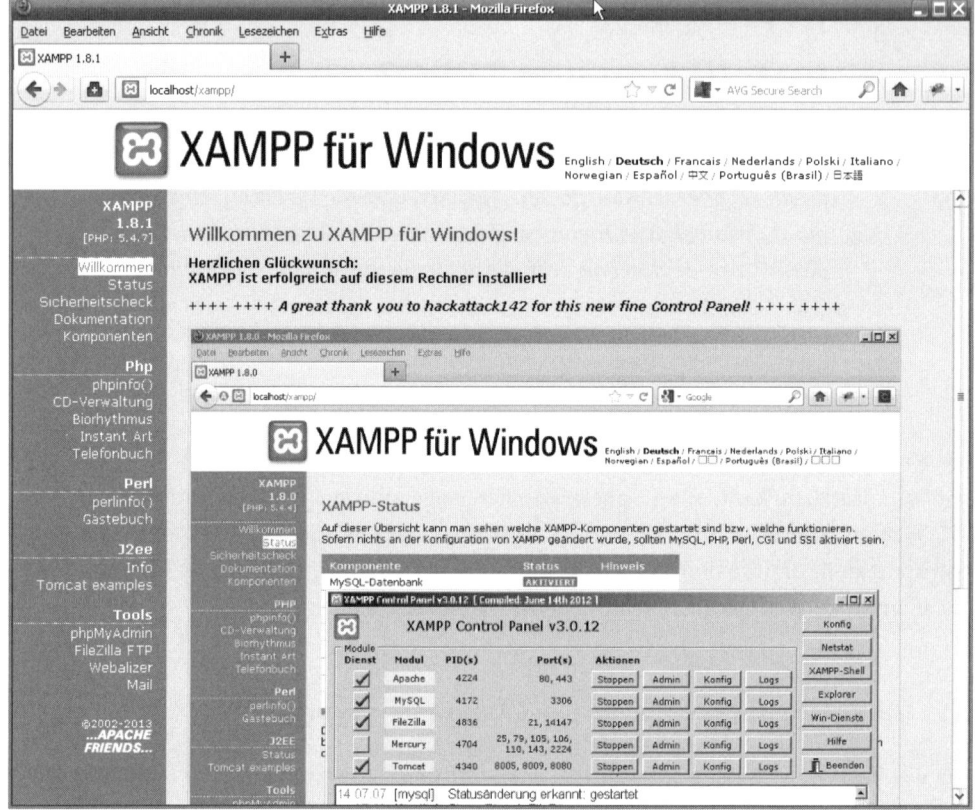

Abbildung 2.1 Die Startseite einer XAMPP-Installation

Erwägen Sie die Installation eines dieser Pakete, finden Sie Erläuterungen und Hinweise dazu in Anhang B, »TYPO3-Installer«.

Wir raten allerdings zur flexibleren ersten Vorgehensweise, da sie nur wenig komplizierter ist und weil auf ihr auch die für dieses Buch verwendete Konfiguration basiert. Die Installation von XAMPP erfolgt für alle Betriebssysteme gleichermaßen problemlos und verhilft Ihnen auf die schnellstmögliche Art zu einer lauffähigen Testumgebung.

Eine Beschreibung der Installation braucht an dieser Stelle nicht zu erfolgen – Sie finden nähere Erläuterungen hierzu in Anhang A, »Installation von XAMPP«.

Achtung

Um sicherzugehen, dass die TYPO3-Installation einwandfrei läuft (gemeint ist hier vor allem der neue *Extension Manager*), müssen Sie überprüfen, ob eine spezielle Konfiguration des Apache-Servers eingerichtet ist. Bei der Verwendung von XAMPP für Windows fehlt diese.

> Schauen Sie im XAMPP-Ordner nach dem Unterverzeichnis *apache/conf*. Dort finden Sie die Konfigurationsdatei *httpd.conf*. Machen Sie sich zur Sicherheit eine Kopie der Datei, bevor Sie Änderungen vornehmen. Öffnen Sie die Datei mit einem beliebigen Texteditor, und überprüfen Sie, ob folgende Zeilen enthalten sind:
>
> ```
> <IfModule mpm_winnt_module>
> ThreadStackSize 8388608
> </IfModule>
> ```
>
> Wenn nicht, fügen Sie diese Zeilen nach dem längeren Block LoadModule ein. Beachten Sie, dass Sie diese Zeilen nicht versehentlich in einen exsistierenden <ifModule>-Zweig einfügen. Speichern Sie die Datei, und starten Sie dann über das *XAMPP Control Panel* den Apache-Server neu. Damit ist gewährleistet, dass der *Extension Manager* von TYPO3 funktioniert.

2.2 Installation von TYPO3

Die eigentliche Grund-Installation von TYPO3 besteht aus einem ZIP-Archiv namens *Blank Package*. Auf *typo3.org* werden im Downloadbereich inzwischen auch ein *Introduction Package* und ein *Government Package* angeboten. Beide sind vorkonfiguriert und bringen schon eine Beispiel-Website mit sich. Für dieses Buch nehmen wir die Grundinstallation und werden eine eigene Seite aufbauen. Sie finden das *Blank Package* für alle gängigen Betriebssysteme auf der Begleit-DVD.

2.2.1 Entpacken der TYPO3-Archive

TYPO3 wird im *Dokumentenverzeichnis htdocs* des Webservers installiert. Sie könnten die TYPO3-Pakete also direkt dorthin extrahieren.[1] Günstiger ist es jedoch, TYPO3 in einem *Unterverzeichnis* von *htdocs* abzulegen, was Ihnen die Möglichkeit gibt, analog in weiteren Unterverzeichnissen zusätzliche TYPO3-Installationen zu betreiben – diese müssen dabei nicht einmal den gleichen Versionsstand besitzen und können bezüglich Erweiterungen beliebig unterschiedlich konfiguriert sein. Rechnen Sie jedoch für jede TYPO3-Installation mindestens 75 MB Speicherplatz ein (ohne Daten).

Alle TYPO3-Installationen teilen sich hingegen eine MySQL-Installation (wobei für jede eine eigene Datenbank eingerichtet werden muss) und eine Installation von GraphicsMagick (bzw. ImageMagick).

---

1 Wenn Sie dies tun, überschreiben Sie dabei die *index.php* von XAMPP. Da dies aber nur eine Weiterleitungsseite ist, bleibt XAMPP zu Konfigurationszwecken über *http://localhost/xampp/* nach wie vor erreichbar. Sie können anschließend immer noch zusätzliche TYPO3-Installationen in Unterverzeichnissen anlegen. Haben Sie dies ohnehin vor, empfiehlt es sich, der Übersichtlichkeit halber von vornherein mit Unterverzeichnissen zu arbeiten.

Die Lage Ihres Dokumentenverzeichnisses *htdocs* hängt von Ihrem Betriebssystem und Ihrer Webserverinstallation ab. Bei einer vorhandenen Apache-Installation liegt *htdocs* im Apache-Verzeichnis; im Fall einer XAMPP-Installation befindet sich *htdocs* im XAMPP-Verzeichnis. (Lassen Sie sich nicht davon irritieren, dass es im XAMPP-Verzeichnis zusätzlich ein Apache-Verzeichnis gibt.)

- **XAMPP (Windows)**
  Ihr Dokumentenverzeichnis befindet sich in *C:\xampp\htdocs*, sofern Sie XAMPP gemäß Standardvorgabe installiert haben (empfohlen).
- **XAMPP (Linux)**
  Ihr Dokumentenverzeichnis befindet sich in */opt/lampp/htdocs/*.
- **XAMPP (Mac OS X)**
  Ihr Dokumentenverzeichnis befindet sich in */Applications/xampp/htdocs/*.

Entpacken Sie das *Blank Package* direkt nach *htdocs*. Das Paket bringt ein eigenes Verzeichnis namens *blankpackage-6.1.0* mit sich, sodass die ursprünglichen Verzeichnisse und Dateien in *htdocs* erhalten bleiben. Es ist sinnvoll, nach dem Entpacken das entstandene Verzeichnis *blankpackage-6.1.0* umzubenennen. Im Buchbeispiel heißt es *cms1*. (Sie können analog weitere Installationen beispielsweise als *cms2*, *cms3* etc. anlegen. Natürlich bleibt die Wahl des Verzeichnisnamens Ihnen überlassen.)

2.2.2 Starten des Installationsvorgangs

Starten Sie jetzt den Webserver. Die folgenden Schritte der Installation von TYPO3 erfolgen direkt von Ihrem Browser aus. Geben Sie in das Adressfeld des Browsers die Home-Adresse des lokalen Servers und den Verzeichnisnamen Ihrer Installation ein (Beispiel):

http://localhost/cms1/

oder alternativ:

http://127.0.0.1/cms1/

Die in diesem Verzeichnis liegende Datei *index.php* sorgt nun für den Fortgang der Installation. Sie werden jetzt automatisch zum *TYPO3 Install Tool* weitergeleitet.

Hier erhalten Sie jedoch zunächst eine Fehlermeldung (siehe Abbildung 2.2, links). Das System verlangt, dass eine Datei namens *ENABLE_INSTALL_TOOL* (in Großbuchstaben, ohne Dateiendung) im Verzeichnis *typo3conf* Ihrer Installation vorhanden ist. Diese Datei muss zunächst neu angelegt werden. Anschließend können Sie den Installationsvorgang fortsetzen, indem Sie die Browserseite einfach neu laden.

2.2 Installation von TYPO3

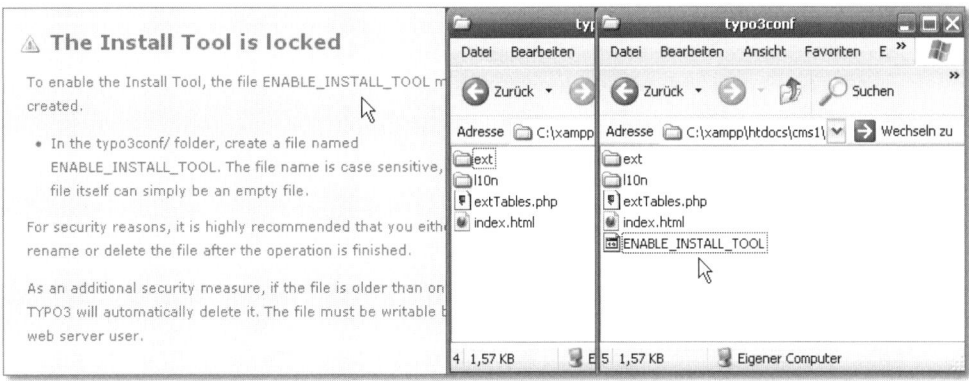

Abbildung 2.2 Das Install Tool meldet das Fehlen der Entsperr-Datei in typo3conf.

> **Achtung**
>
> Sie können ENABLE_INSTALL_TOOL als neue leere Textdatei anlegen, die Sie dann umbenennen. Für eine Installation unter Windows müssen Sie hierbei darauf achten, dass die Option DATEINAMENERWEITERUNG BEI BEKANNTEN DATEITYPEN AUSBLENDEN abgewählt ist. Besitzt die Datei eine versteckte Endung .txt, funktioniert die Freigabe des Install Tools nicht!

Von Haus wird die nun folgende, eigentliche Installation im sogenannten *123mode* angeboten, der am schnellsten zu einer lauffähigen TYPO3-Umgebung führt. Sie sehen einen Screen wie in Abbildung 2.3, in dem Sie einfach mit CONTINUE bestätigen.

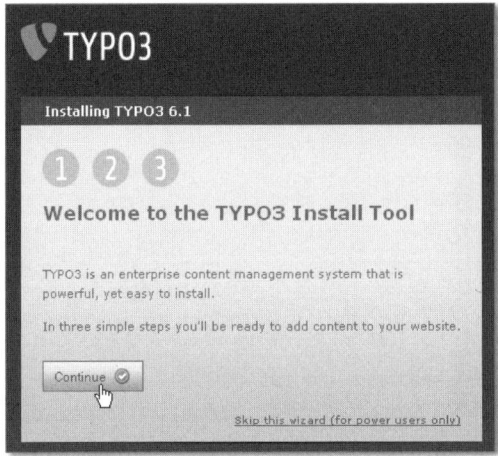

Abbildung 2.3 Einstieg in das Install Tool »123mode«

Schritt 1 – Datenbankverbindung

Im ersten Schritt des Install Tools müssen Sie zunächst die Daten für den Datenbankserver (USERNAME, PASSWORD und HOST) angeben. Im Beispiel (siehe Abbildung 2.4) läuft der Datenbankserver auf dem »localhost« (siehe das Feld HOST). Dieser Eintrag wird von TYPO3 automatisch vorgenommen.

Geben Sie nun einen Benutzernamen für die Datenbankverbindung ein – dies wird im Allgemeinen der *Nutzer* »root« sein, wenn Sie eine Standardinstallation von MySQL einsetzen. Wenn Sie für Ihren Datenbank-Account ein *Root-Passwort* vergeben haben, beispielsweise im Rahmen des Sicherheitschecks von XAMPP (siehe Anhang A, »Installation von XAMPP«, Abschnitt A.4, »Konfiguration und Sicherheitseinstellungen«), geben Sie es in das Feld PASSWORD ein – ansonsten bleibt dieses Feld leer. Im Beispiel besitzt die Datenbank kein Passwort.

USERNAME: root
PASSWORD: Ihr_passwort (oder leer)
HOST: localhost

Anmerkung
Ein Root-Account ohne Passwort ist bei einer Datenbank höchstens für Testzwecke zu empfehlen. Bei einer realen Webinstallation werden aus Sicherheitsgründen stets Nutzername und Passwort für die Datenbankverbindung benötigt.

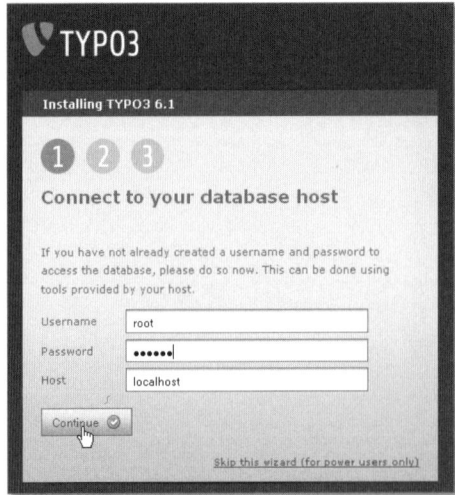

Abbildung 2.4 Das TYPO3-Install Tool »123mode«, Phase 1: Datenbankverbindung

Bestätigen Sie jetzt die Eingabe, indem Sie auf den Button CONTINUE unterhalb des Formulars klicken (siehe Abbildung 2.4). Dies speichert Ihre Eingaben und führt Sie zu Schritt 2 der Installationsroutine, mit dem die Datenbank gewählt wird, mit der diese TYPO3-Installation arbeiten soll.

Schritt 2 – Erzeugen der Datenbank

In Schritt 2 können Sie über das Dropdown-Menü SELECT AN EMPTY EXISTING DATABASE eine im Datenbankserver bereits angelegte, existierende Datenbank wählen. TYPO3 wird dann hier seine benötigten Tabellen anlegen und eventuell bereits bestehende gleichnamige Tabellen überschreiben. Vorsicht also, falls Sie bereits eine TYPO3-Datenbank in Betrieb haben – an dieser Stelle könnten Sie sie zerstören!

Die bessere (und daher empfehlenswerte) Vorgehensweise ist, im Textfeld der oberen Auswahl CREATE A NEW DATABASE (RECOMMENDED) einen Namen für eine neue Datenbank anzugeben und diese so anzulegen (siehe Abbildung 2.5).

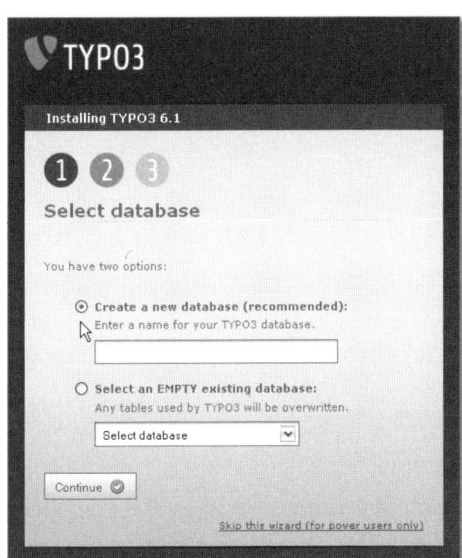

Abbildung 2.5 Das TYPO3-Install Tool »123mode«, Phase 2

Der Name der Datenbank

Der Datenbankname ist frei wählbar, muss aber für MySQL »zulässig« sein. Er darf sich aus allen alphanumerischen Zeichen (Buchstaben und Ziffern) sowie dem Unterstrich »_« und dem Dollarzeichen »$« zusammensetzen. Leerzeichen und andere Interpunktionszeichen sind als Teil des Namens hingegen verboten.

Im Beispiel wird eine neue Datenbank mit dem Namen »cms1« angelegt (siehe Abbildung 2.6).

Tipp

MySQL kann problemlos eine Vielzahl von Datenbanken gleichzeitig verwalten. Sie können daher durchaus mehrere voneinander unabhängige TYPO3-Installationen parallel betreiben, auch solche mit unterschiedlichem Versionsstand. Geben Sie bei einer Parallelinstallation einfach einen anderen Datenbanknamen an.

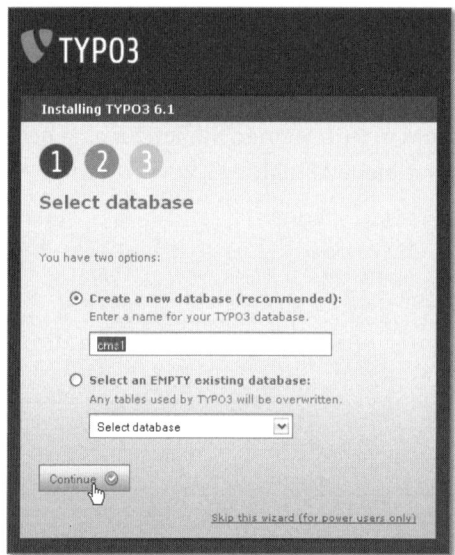

Abbildung 2.6 Das TYPO3-Install Tool »123mode«, Phase 2: Datenbank anlegen

Schritt 3 – Anlegen der Datenbankstruktur

Nun wird die Datenbankstruktur angelegt (also die benötigten Datenbanktabellen), und für den Betrieb nötige Inhalte werden eingefügt. Diesen Schritt erledigt TYPO3 automatisch – Sie benötigen weder Kenntnisse in SQL noch in MySQL.

Das Dropdown-Menü SELECT DATABASE CONTENTS zur Wahl eines Database-Dumps mag an dieser Stelle überflüssig erscheinen – außer der Standardoption DEFAULT TYPO3 TABLES bietet es keine weitere Auswahl (siehe Abbildung 2.7).

Tipp

Sie hätten allerdings auch noch die Möglichkeit, eine geeignete SQL-Datei im Verzeichnis *typo3conf* abzulegen und an dieser Stelle als Alternative anzuwählen (sie würde dann im Dropdown-Menü als Option erscheinen). Dies mag dann interessant sein, wenn Sie die Datenbankstruktur und -inhalte einer TYPO3-Installation kopieren wollen, die Ihnen in Form eines Datenbank-Dumps vorliegen. (Wie Sie selbst einen solchen Dump erstellen, wird in Anhang C, »Backup mit phpMyAdmin«, erläutert).

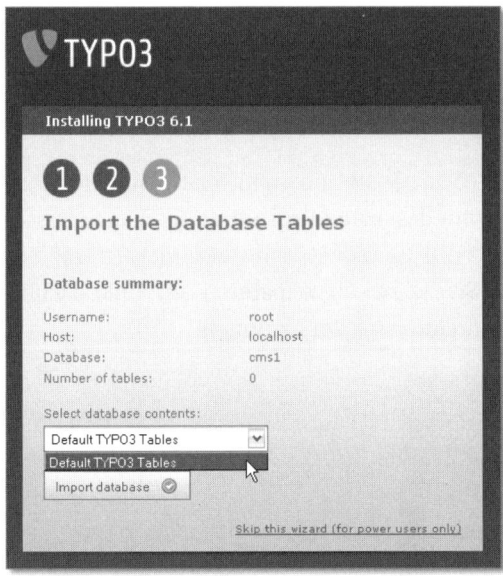

Abbildung 2.7 Das TYPO3-Install Tool »123mode«,
Phase 3: Anlage der Datenbankstruktur

Klicken Sie jetzt auf den Button IMPORT DATABASE (siehe Abbildung 2.8). Das Installations-Tool meldet nun: »Congratulations!« (Herzlichen Glückwunsch!).

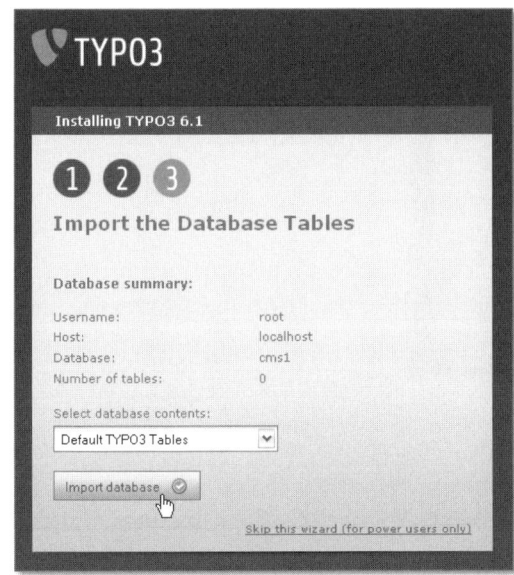

Abbildung 2.8 Abschluss der Phase 3 mit »Import database«

2 Installation von TYPO3

2.2.3 Vorgehen nach Abschluss des Installationsvorgangs

Das Install Tool bietet Ihnen nun unmittelbar drei Möglichkeiten, um fortzufahren (siehe Abbildung 2.9, nummeriert mit 1 bis 3). Wir werden uns für den ersten dieser Links entscheiden.

Der vierte Link, CHANGE THE INSTALL TOOL PASSWORD HERE (siehe Abbildung 2.9, Nummer 4), ermöglicht es, das Passwort für das Install Tool neu zu setzen. Wir lassen ihn einstweilen beiseite. Da das Install-Tool-Passwort jedoch einen wichtigen Sicherheitsaspekt darstellt, werden wir diesen Schritt zu einem späteren Zeitpunkt nachholen. Zunächst folgt nun aber eine kurze Erläuterung der Optionen:

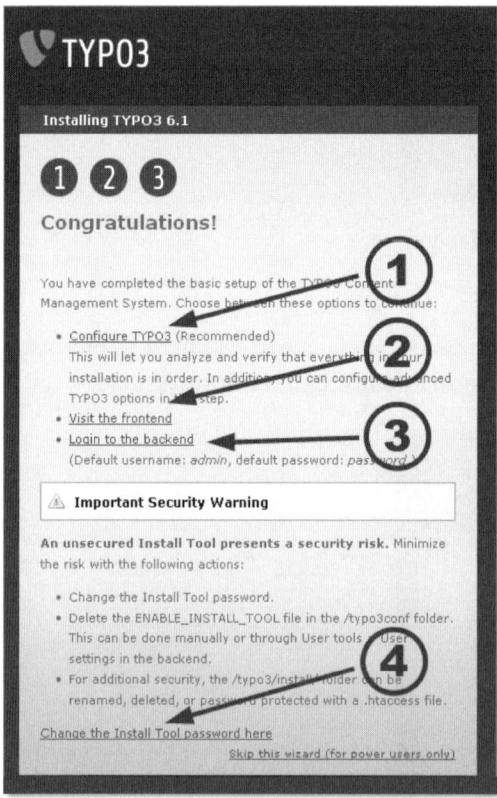

Abbildung 2.9 Abschluss der Installation

- CONFIGURE TYPO3 (RECOMMENDED)
  Dieser Link startet das Install Tool erneut, diesmal allerdings in einem anderen, menügesteuerten Modus (*Normal Mode*).

  Hier können im Anschluss an die Standardinstallation erforderliche Feineinstellungen vorgenommen werden. Da nie alle Parameter automatisch gesetzt werden können, wird dieser Weg ausdrücklich empfohlen (auch wir werden ihm folgen).

2.2 Installation von TYPO3

▶ VISIT THE FRONTEND

Sie können über diesen Link zur Ansicht der vom CMS erzeugten Website (zum *Frontend*) wechseln.

Zu diesem Zeitpunkt sind im CMS allerdings weder Seiten noch irgendwelche Inhalte angelegt – es gibt also nichts zu sehen. Sie erhalten die Fehlermeldung: »The page is not configured!« (siehe Abbildung 2.10).

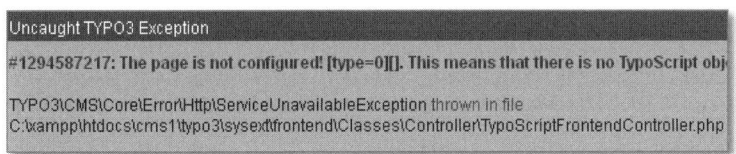

Abbildung 2.10 Fehlermeldung des Frontends bei fehlender Site

▶ LOGIN TO THE BACKEND

Dieser Link führt Sie in den Administrations- und Redaktionsbereich (also zum *Backend*) von TYPO3.

Da dort gegebenenfalls auch sicherheitsrelevante Einstellungen vorgenommen werden können, verlangt das System für den Zugang eine Autorisation mittels Angabe eines Nutzernamens nebst Passwort (siehe Abbildung 2.11). Das *Blank Package* hat für das Backend standardmäßig bereits einen Benutzer mit Administratorrechten[2] mit folgenden Daten eingerichtet:

USERNAME: admin
PASSWORD: password

Sie werden nachfolgend diesen Account verwenden, um sich im Backend einzuloggen. Sie können Nutzername und Passwort später beliebig ändern.

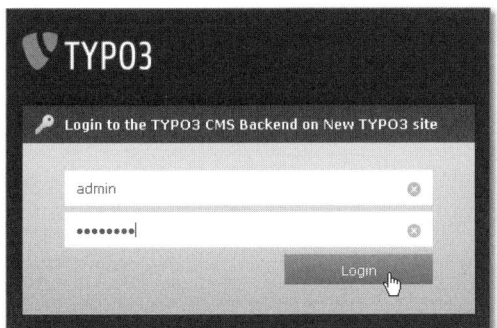

Abbildung 2.11 Login als »admin« mit dem Kennwort »password«

---

2 Dies ist nicht identisch mit dem Administratorrecht für das Install Tool (siehe nächstes Kapitel)!

> **Vorsicht**
>
> Selbstverständlich darf ein Administrator-Account mit dieser Kennung *nicht* in einer Produktionsumgebung belassen werden – das CMS stünde damit jedem Missbrauch weit offen. Für eine lokale Testinstallation ist gegen eine Beibehaltung dieses Accounts weniger einzuwenden.

Im Beispielprojekt werden daher im nächsten Abschnitt der Test und die Konfiguration des Systems fortgesetzt. Wählen Sie also den ersten Link CONFIGURE TYPO3 (RECOMMENDED).

2.3 Konfiguration der Testinstallation

Zu diesem Zeitpunkt verfügen Sie schon über eine weitgehend funktionstüchtige TYPO3-Installation. Sie könnten nun, wie eben erwähnt, bereits durchaus das Front- bzw. Backend des CMS aktivieren. Mit beidem werden wir uns im Folgenden noch ausführlich beschäftigen. Sinnvoller ist jetzt jedoch zunächst die Kontrolle und weitergehende Konfiguration unserer Installation.

Der Installationsbereich kann sowohl dazu verwendet werden, einzelne Komponenten der Installation zu überprüfen, als auch Einstellungen in der Konfigurationsdatei zu verändern. Da auch im Install Tool sicherheitsrelevante Einstellungen vorgenommen werden können, wird dieses, genau wie das Backend, über ein hiervon unabhängiges Passwort (diesmal allerdings ohne Nutzernamen) abgesichert.

TYPO3 legt hierfür in den Konfigurationsdateien ein *Default-Passwort*[3] fest:

```
Passwort: joh316
```

Ein Username ist nicht vorgesehen, da dieser Bereich ohnehin nur für Backend-Administratoren zugänglich ist (ein normaler Redakteur sollte an der Systeminstallation nichts ändern können).

> **Hinweis**
>
> Es wird dringend empfohlen, das Default-Passwort des Installations-Tools aus Sicherheitsgründen für eine Produktionsanwendung von TYPO3 zu ändern, denn mit ihm kann das Installations-Tool von der Administrationsoberfläche aus aufgerufen werden. Das Installations-Tool-Passwort sichert dabei ausschließlich die Konfiguration ab und ist vom Administrator-Passwort für die CMS-Verwaltung zu unterscheiden. Das geänderte Passwort sollte notiert und sicher verwahrt werden.

---

3 Kasper Skårhøj hat als Passwort einen Hinweis auf das Evangelium des Johannes eingebaut, genauer auf Kapitel 3, Vers 16.

Die Änderung des Passworts kann jetzt oder zu einem späteren Zeitpunkt vorgenommen werden. (Lassen Sie es zunächst, wie es ist.)

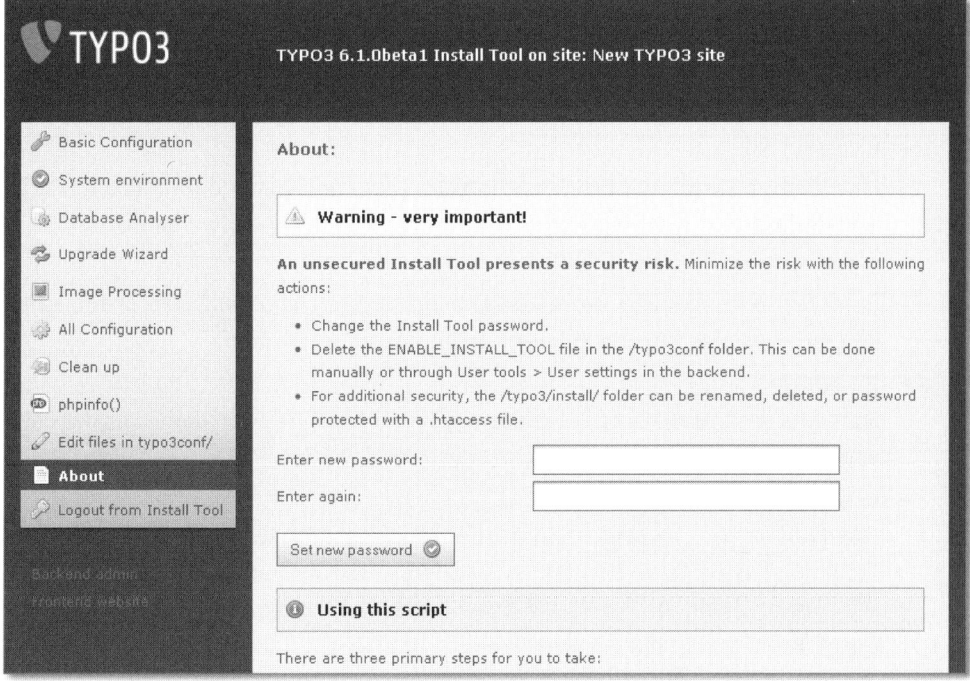

Abbildung 2.12 Eingabe des Passworts im Bereich »About« des Install Tools

Betrachten Sie jetzt das *Menü*, das sich links neben dem Eingabebereich befindet (siehe Abbildung 2.12). Es zeigt folgende Menüpunkte:

▶ 1: BASIC CONFIGURATION
Dient der Kontrolle von Grundeinstellungen, wie Schreibrechten, *php.ini*, Mailserver, Grafikbibliotheken, Datenbank etc.

▶ 2: SYSTEM ENVIROMENT
Hier können Sie überprüfen, ob die Konfiguration von PHP den Ansprüchen von Typo3 genügt. Je nach Serverumgebung müssen möglicherweise Anpassungen in der Konfigurationsdatei *php.ini* vorgenommen werden.

▶ 3: DATABASE ANALYSER
Dient zur Bearbeitung und Aktualisierung der bestehenden Datenbank; auch zum Import von Inhalten und Datenbankdefinitionen (per SQL-Dump).

▶ 4: UPGRADE WIZARD
Dies benötigen Sie nur, wenn Sie Ihr System updaten wollen.

▶ 5: IMAGE PROCESSING
Tests der Funktionalität von ImageMagick und FreeType bzw. GDLib

- 6: ALL CONFIGURATION
  Direkter Zugang zu den Systemvariablen von TYPO3, jeweils mit Änderungsmöglichkeit über Eingabefelder
- 7: CLEAN UP
  Hier können Sie überflüssige Daten aus der Datenbank löschen – beispielsweise Cache-Informationen.
- 8: PHPINFO()
  Hier können Sie mit der PHP-Funktion `phpinfo()` den Zustand Ihrer PHP-Installation auslesen.[4]
- 9: EDIT FILES IN TYPO3CONF/
  Liste der Systemkonfigurationsdateien im Ordner *typo3conf*; alle Dateinamen können angeklickt und die Inhalte vor Ort bearbeitet[5] werden.
- 10: ABOUT
  Startseite des Install Tools mit Erklärungen und Legende. Hier kann auch das Passwort des Tools geändert (aber nicht eingesehen) werden.
- 11: LOGOUT FROM INSTALL TOOL
  Hier können Sie sich aus dem Install Tool ausloggen. Beachten Sie, dass zum Wiedereinloggen die Datei *ENABLE_INSTALL_TOOL* im Ordner *typo3conf* vorhanden sein muss. Geben Sie bei PASSWORD »joh316« ein, sofern Sie das Passwort des Install Tools noch nicht geändert haben.

Zunächst von Interesse sind der erste und anschließend der vierte Menüpunkt. Hier können Sie weitergehende Einstellungen vornehmen und erhalten Auskunft über den aktuellen Zustand Ihrer Installation.

> **Tipp**
> Sehen Sie sich ruhig auch die Möglichkeiten hinter den restlichen Menüpunkten an. Hier sollten Sie aber erst eingreifen, wenn Sie in dem System firm genug sind!

2.3.1 Die Meldungen des Install Tools

Beachten Sie in diesem Zusammenhang die Legende in der unteren Hälfte der ABOUT-Seite. Die hier vorgestellten Icons dienen überall im Install Tool zur Visualisierung des Systemzustands; sie haben folgende Bedeutung:

---

[4] Die Datei *php.ini* liegt nicht im TYPO3-Ordner und ist daher über das CMS nicht zugänglich. Sie müssen sie separat in einem geeigneten Editor bearbeiten.
[5] Sie sollten natürlich wissen, was Sie tun. An dieser Stelle kann – und sollte – aber auch jeweils eine Sicherungskopie erstellt werden.

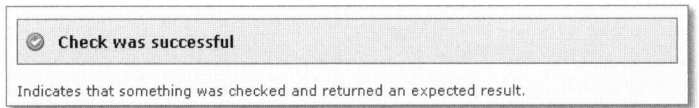

Abbildung 2.13 Grünes Häkchen auf grünem Grund – »Funktion gewährleistet«

Dies symbolisiert, dass der überprüfte Check erfüllt ist. Alle derart markierten Systemeigenschaften sind korrekt konfiguriert.

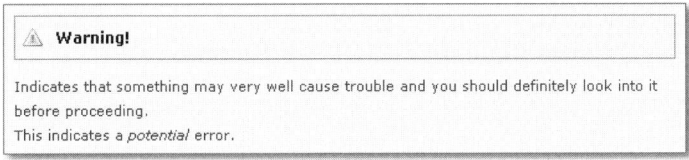

Abbildung 2.14 Ausrufezeichen in gelbem Dreieck – »Warnung«

So wird ein mögliches Problem mit der Konfiguration markiert; das System ist aber prinzipiell lauffähig. Eine Überprüfung dieses Konfigurationspunkts ist sinnvoll, jedoch nicht vordringlich.

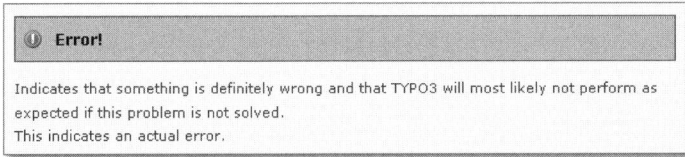

Abbildung 2.15 Rot unterlegtes weißes Ausrufezeichen – »Kritischer Fehler«

Hier liegt ein Fehler in der Konfiguration vor, der die Lauffähigkeit von TYPO3 zumindest beeinträchtigt. Es empfiehlt sich, in dieser Weise markierte Punkte genau zu untersuchen und den gemeldeten Fehler gegebenenfalls zu beseitigen.[6]

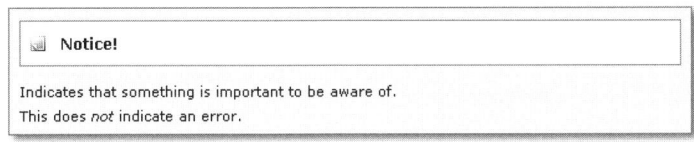

Abbildung 2.16 Notizzettelsymbol – »Zur Beachtung«

Dies ist ein wichtiger Hinweis zur Hervorhebung, der aber keinen Fehler anzeigt; dies kann z.B. PHP-Umgebungsvariablen betreffen, die gesetzt oder verändert werden können bzw. sollten (aber nicht müssen).

---

6 Im Standardablauf der Installation wird zu diesem Zeitpunkt das Fehlen von ImageMagick angezeigt, denn die entsprechenden Bibliotheken müssen erst noch installiert werden.

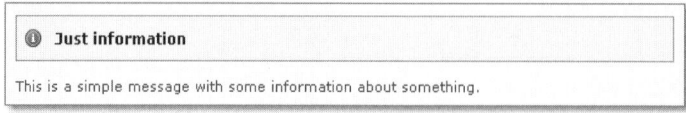

Abbildung 2.17 Infosymbol auf blauem Grund – »Erläuterung«

Bei dieser Meldung des Install Tools handelt es sich hier um rein informative Texte weniger wichtigen Inhalts.

2.3.2 Überprüfung der Grundkonfiguration »Basic Configuration«

Wählen Sie jetzt den ersten Menüpunkt des Install Tools, BASIC CONFIGURATION (siehe Abbildung 2.18).

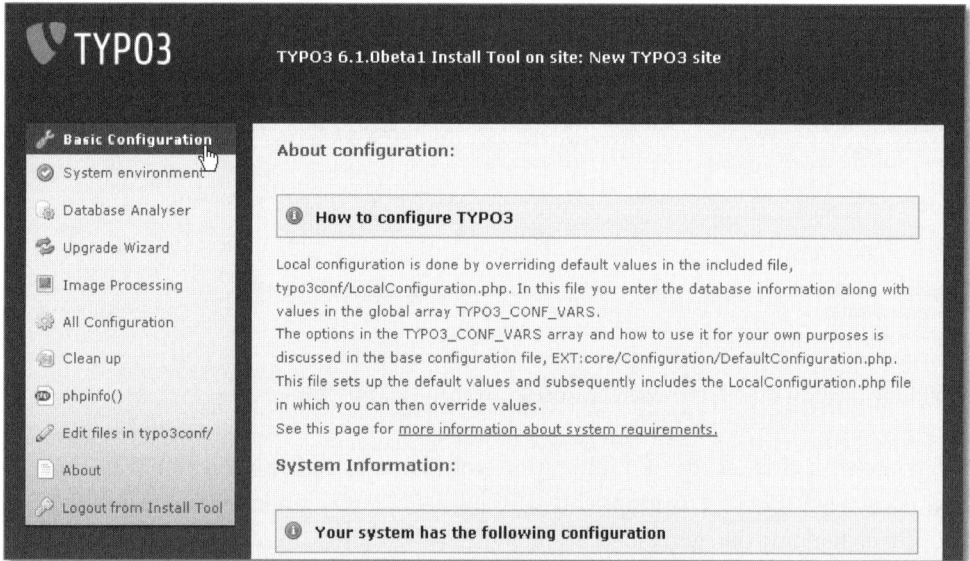

Abbildung 2.18 Auswahl von »Basic Configuration« im Install Tool

Die Überprüfung der Installation betrifft folgende Komponenten (in dieser Reihenfolge von oben nach unten):

- **Schreibrechte** (DIRECTORIES)
  Existieren die benötigten Verzeichnisse (siehe Abbildung 2.19), und sind für sie Schreibrechte gesetzt? Hier sollte vor allen geprüften Verzeichnissen das grüne Häkchen stehen.
  Erklärung: TYPO3 benötigt Schreibrechte in den Verzeichnissen *typo3*, *typo3temp*, *typo3conf*, *uploads*, *fileadmin* und in einigen der Unterverzeichnisse, damit das CMS dort Dateien ablegen oder modifizieren kann.

Abbildung 2.19 Meldung über vorliegende Schreibrechte in allen Ordnern

▶ **Lokaler Mailserver** (*php.ini configuration tests*)
Können vom System E-Mails verschickt werden? Dies kann durch das Versenden einer Testmail überprüft werden.

TYPO3 verwendet den Mailserver für Benachrichtigungen im Rahmen von Workflow-Aufgaben. Zum Test geben Sie Ihre E-Mail-Adresse in das Feld ein (siehe Abbildung 2.20) und betätigen den Button SEND TEST MAIL. Sofern die PHP-Funktion mail() korrekt arbeitet, erhalten Sie eine Mail von TYPO3 mit dem Absender »test@test.test«.

Erklärung: Unter Windows fehlt bei einer lokalen Installation der Einzelkomponenten oft ein SMTP-Server. XAMPP installiert hierfür das *Mercury Mail Transport System for Win32*. Alternativ kann auch ein lokaler Mailserver, beispielsweise *Hamster* (www.elbiah.de), zu diesem Zweck eingesetzt werden. Linux besitzt dagegen gewöhnlich von Haus aus einen Mailserver.

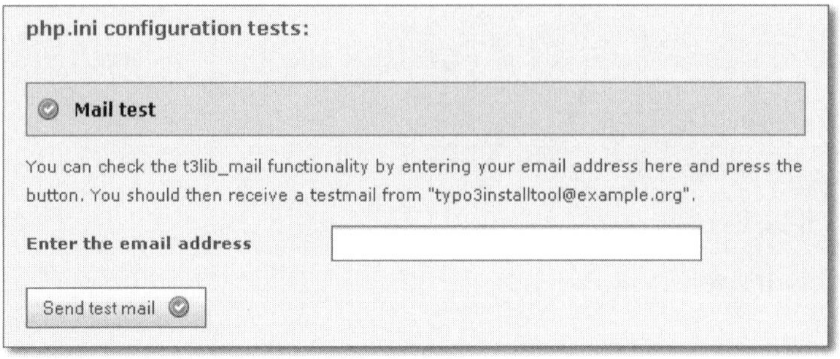

2 Installation von TYPO3

Abbildung 2.20 Test eines lokalen Mailservers

▶ **FreeType**
Die Unterstützung von TrueType-Schriftarten durch die FreeType-Bibliothek wird überprüft.[7]

Ein grünes Häkchen signalisiert die generelle Funktionstüchtigkeit von FreeType. Zusätzlich muss beachtet werden, ob die erzeugte Beispielbeschriftung innerhalb der gelben Fläche bleibt oder (wie in Abbildung 2.21 gezeigt) beschnitten wird.

Erklärung: Die FreeType2-Library ist in der Installation enthalten. TYPO3 ist jedoch von Haus aus auf Zusammenarbeit mit der alten Version FreeType 1.3.1 eingerichtet, was zu diesem geringfügigen Fehler führt.

Abbildung 2.21 FreeType-Test – der Text ragt aus der gelben Fläche hinaus.

Außer einer eventuellen kleinen Konfigurationsänderung ist zur Anpassung nichts zu unternehmen (bleibt die erzeugte Beschriftung bei Ihnen innerhalb der gelben Fläche, ist eine Anpassung, wie sie im Folgenden beschrieben wird, nicht notwendig). Scrollen Sie die Seite bis (fast ganz) nach unten, bis Sie einen Eintrag [GFX][TTFDPI]= finden (siehe Abbildung 2.22).

---

7 Auch dies ist für grafikbasierte Menüs erforderlich. Ansonsten ebenfalls unkritisch.

2.3 Konfiguration der Testinstallation

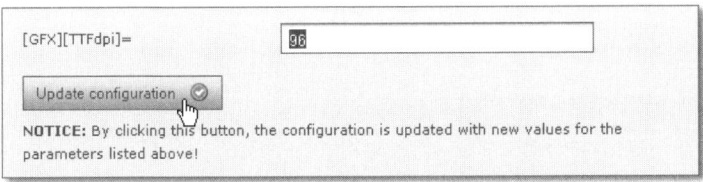

Abbildung 2.22 Beheben Sie den FreeType-Fehler, indem Sie die »dpi«-Angabe ändern.

Setzen Sie im daneben stehenden Eingabefeld den Wert von 72 auf 96, und klicken Sie auf den Button UPDATE CONFIGURATION. Die Install-Tool-Seite wird neu geladen, und es wird ein Protokoll der erfolgten Änderungen ausgegeben. Bestätigen Sie diese Seite durch einen Klick auf den Link CLICK TO CONTINUE (siehe Abbildung 2.23). Jetzt wird die Anpassung gespeichert.

Abbildung 2.23 Änderungsmeldung und Bestätigungslink

Der FreeType-Test sollte nun erfolgreich abgeschlossen sein. Sie erkennen dies daran, dass der Text nicht mehr aus der gelben Fläche der Grafik hinausragt (siehe Abbildung 2.24). Sollte dies dennoch der Fall sein, wird noch die alte Grafik aus dem Browsercache gezeigt; laden Sie dann die Seite einfach neu.

Abbildung 2.24 Der FreeType-Test – diesmal bestanden

- **GraphicsMagick/ImageMagick**
  Es wird nach den vorhandenen Installationen von *GraphicsMagick* oder *ImageMagick* gesucht, die für die Bildverarbeitung innerhalb von TYPO3 zuständig sind.

  Wurde *GraphicsMagick* oder *ImageMagick* vom System gefunden (es werden eine Reihe »üblicher« Installationspfade überprüft), steht vor AVAILABLE IMAGEMAGICK INSTALLATIONS ein grünes Häkchen.

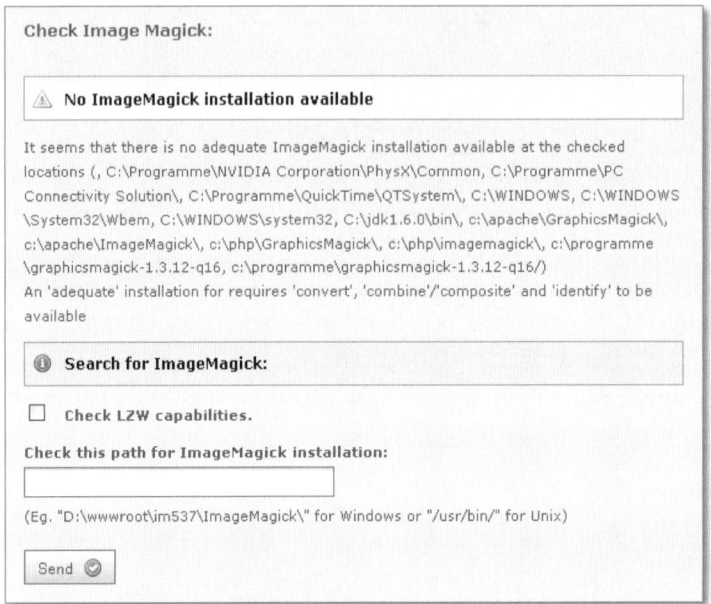

Abbildung 2.25 Keine Installation von ImageMagick gefunden

Ist dies nicht der Fall, obwohl Sie das Programm installiert haben, geben Sie in das Eingabefeld den Pfad zu Ihrer Installation an und bestätigen ihn mit dem Button SEND. Anderenfalls installieren Sie *GraphicsMagick,* wie im nächsten Abschnitt beschrieben.

Erklärung: Hier erhalten Sie zu diesem Zeitpunkt noch eine Warnung ähnlich der in Abbildung 2.25, dass keine Installation gefunden wurde. Sie sollten *Graphics-Magick* in diesem Fall (jetzt oder später) installieren. Nach dem Hinzufügen der erforderlichen Dateien muss dieser Schritt im Install Tool wiederholt werden.

▶ **Datenbankverbindung**
Die Verbindung zur MySQL-Datenbank wird überprüft.

Hier wird (in Klartext!) gemeldet, welcher Datenbank-Account für die Datenbankverbindung verwendet wird (siehe Abbildung 2.26).[8]

Sollte keine Verbindung aufgebaut sein, sehen Sie eine Fehlermeldung. Scrollen Sie in diesem Fall nach unten, bis Sie ein Eingabeformular wie in Abbildung 2.27 finden, in das Sie USERNAME, PASSWORD, HOST und DATABASE eingeben können. Tragen Sie die korrekten Werte ein, und bestätigen Sie diese Eingabe (noch weiter unten) mit dem Button UPDATE CONFIGURATION.

---

8 Beachten Sie, dass diese Zugangsdaten folglich auch in einer Produktionsumgebung für jedermann zugänglich sind, der Zugang zum Install Tool hat!

2.3 Konfiguration der Testinstallation

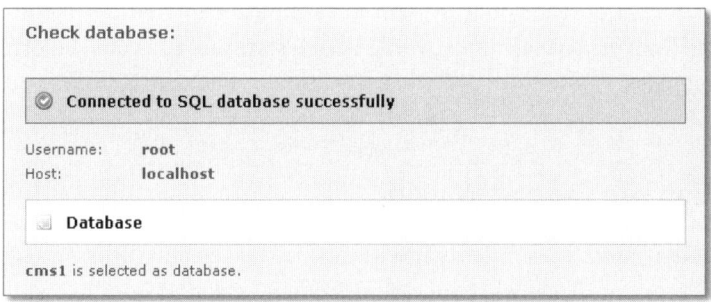

Abbildung 2.26 Überprüfung der Datenbankverbindung

Weitere Informationen über die Datenbank erhalten Sie im dritten Menüpunkt, DATABASE ANALYSER. An dieser Stelle kann er jedoch außer Acht gelassen werden.

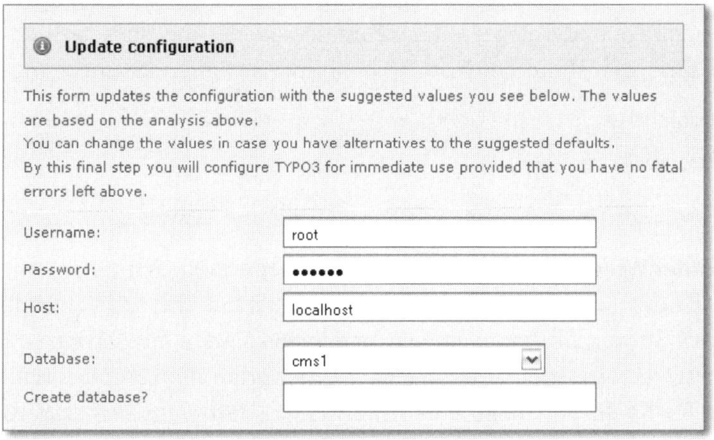

Abbildung 2.27 Die Eingabe der Datenbankverbindung ist hier auch möglich.

Erklärung: Das Tool sollte melden, dass die Verbindung zur Datenbank steht und welche Datenbank von TYPO3 verwendet wird (bei der Installation wurde der Name »cms1« gewählt – sollten Sie einen anderen Namen verwenden, erscheint dieser hier).

> **Unterbrechung der Installation jederzeit möglich**
> Die Konfiguration kann jederzeit unterbrochen und zu einem späteren Zeitpunkt fortgesetzt werden. Dies kann erforderlich sein, um die erfolgreiche Beseitigung eines gefundenen Fehlers zu überprüfen.

Wenn Sie die Installation bisher wie angegeben vorgenommen haben, wird Ihnen aufgefallen sein, dass TYPO3 im Install Tool das Fehlen von *ImageMagick* bzw. *GraphicsMagick* moniert hat. Als Nächstes muss daher das vermisste Programm installiert und der Pfad dorthin dem System bekanntgegeben werden. Wenn Sie danach das Install Tool erneut aufrufen, werden Sie feststellen, dass die Fehlermeldung verschwunden ist.

2.4 Installation von GraphicsMagick

Um TYPO3 mit den benötigten Bildverarbeitungsfunktionen auszurüsten, ist es erforderlich, ein Programmpaket wie *ImageMagick* oder *GraphicsMagick* zu installieren und zu konfigurieren. Aus Kompatibilitätsgründen griff man bei *ImageMagick* zur etwas älteren Version 4.2.9. Neuere Versionen des Programms führten in der Vergangenheit zu deutlich schlechterer Server-Performance; ihre erweiterte Funktionalität hingegen wird von TYPO3 im Grunde nicht benötigt. Diese Probleme bestehen in der aktuellen Version 6.8 nicht mehr. Dennoch greift man (auch wir tun dies für dieses Buch) heutzutage in der Regel auf das funktionsidentische, aber passgenaue *GraphicsMagick* zurück. Ausführliche Installationshinweise finden Sie unter:

- *www.imagemagick.org*
- *www.graphicsmagick.org*

Hier erklären wir kurz das Vorgehen für Windows, Linux und Mac OS X:

- **Installation unter Windows – ImageMagick oder GraphicsMagick**
  Auf der DVD finden Sie *GraphicsMagick 1.3.18 Q8*[9] als Installer im Verzeichnis *graphicsmagick*. Starten Sie diesen einfach, und folgen Sie den Instruktionen. Das Programm installiert sich standardmäßig nach *C:\Program Files\GraphicsMagick-1.3.18-Q8* bzw. für 64-Bit-Versionen von Windows in *C:\Program Files (x86)\GraphicsMagick-1.3.18-Q8*.
  Alternativ finden Sie auf der DVD auch das ImageMagick-Paket für Windows als ZIP-Archiv im Verzeichnis *Installation/Windows/imagemagick* in der empfohlenen Programmversion 4.2.9, die mit TYPO3 am besten zusammenarbeitet.[10] Entpacken Sie das Archiv in ein Verzeichnis Ihrer Wahl.

- **Installation unter Mac OS X – ImageMagick oder GraphicsMagick**
  ImageMagick steht auch unter Mac OS X zur Verfügung. Der Einfachheit halber

---

[9] Die Version Q8 (Quantentiefe 8) ist diejenige, die wir benötigen. Es existiert auch eine Version Q16, die jedoch nur für Bildverarbeitung mit größerer Farbtiefe von 48/64 Bit im wissenschaftlichen Bereich benötigt wird. Da sie mehr Ressourcen braucht, aber sonst keine Vorteile bietet, raten wir von dieser Variante ab.

[10] Der Einsatz einer aktuelleren Version 6.x von *ImageMagick* ist ebenfalls möglich, jedoch u. U. weniger performant. Verwenden Sie hingegen ImageMagick in der Verion 5.x, müssen Sie zusätzlich das Flag [GFX][im_version_5] setzen! Schreiben Sie in der ALL CONFIGURATION in das betreffende Feld die Ziffer »1«.

sollten Sie statt der Version 4.2.9 (sie ist als Tar-Archiv auf der Begleit-DVD) die als Installer *imagemagick-5.5.7.pkg.tar.gz* vorliegende Version 5.5.7 im entsprechenden *macosx*-Unterverzeichnis auswählen (das Paket installiert sich nach */usr/local*).

GraphicsMagick kann unter Mac OS X ebenfalls verwendet werden, muss hierfür allerdings kompiliert (beispielsweise mit Xcode) und im Verzeichnis */opt/local/bin* oder */user/local/bin* abgelegt werden. Das entsprechende Tar-Archiv finden Sie auf der Begleit-DVD.

▶ **Installation unter Linux – ImageMagick oder GraphicsMagick**
Linux-User finden ihre Version von *ImageMagick* auf der Begleit-DVD im Verzeichnis *Installation/linux/imagemagick*. Entpacken Sie das Paket, und konfigurieren Sie es mit ./configure. Anschließend installieren Sie es mit make install nach */usr/local/bin*.

GraphicsMagick liegt als Tar-Archiv vor. Das Vorgehen ist analog zu demjenigen bei *ImageMagick*. Die Installation erfolgt standardgemäß nach */usr/local/bin*.

2.4.1 Den ImageMagick-Pfad an das Install Tool übergeben

TYPO3 sucht von sich aus in einem Standardpfad nach einer *ImageMagick*-Installation. Unter Linux ist dies */user/local/bin*, unter Mac OS X gewöhnlich */opt/local/bin* oder gleichfalls */user/local/bin*. Unter Windows sucht TYPO3 in *c:\apache\imagemagick* oder *c:\php\imagemagick,* inzwischen auch in *c:\Programme*. Wenn Sie zur Installation eines dieser »üblichen« Verzeichnisse wählen, ist die Fehlermeldung beim nächsten Start des Install Tools verschwunden.

Wenn Sie die Dateien jedoch in einem anderen Verzeichnis ablegen, müssen Sie dem System den Pfad zu *ImageMagick* (bzw. *GraphicsMagick*) explizit mitteilen. Dies geschieht wieder in der BASIC CONFIGURATION des Install Tools, wo Sie unterhalb der Fehlermeldung zu *ImageMagick* die entsprechende Eingabemöglichkeit finden (siehe Abbildung 2.28).

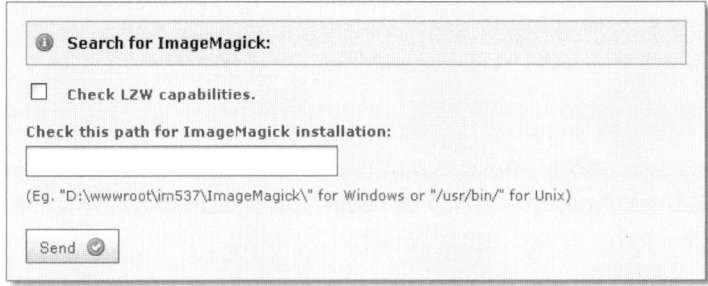

Abbildung 2.28 Einbinden von GraphicsMagick

Tragen Sie den Pfad in das hierfür vorgesehene Inputfeld ein.[11] Beachten Sie, dass Sie als Windows-User den Backslash, als UNIX- oder Linux-User den normalen Slash verwenden müssen:

- **Windows** (Beispielpfad)
  C:\Program Files\GraphicsMagick-1.3.12-Q8
- **Linux** (Beispielpfad)
  /usr/local/bin
- **Mac OS X** (Beispielpfad)
  /opt/local/bin

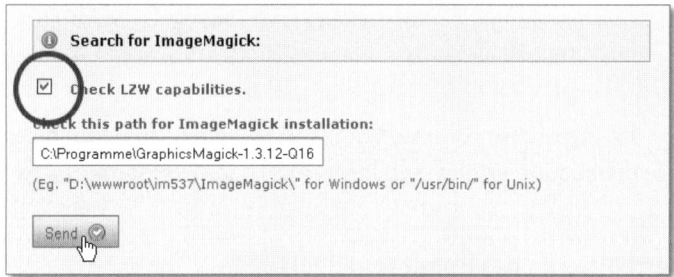

Abbildung 2.29 Eintragen des Pfades (Windows)

Oberhalb des Eingabefelds sehen Sie eine weitere Checkbox. Mit ihrer Hilfe können Sie überprüfen lassen, ob die verwendete Version von *ImageMagick* bzw. *GraphicsMagick* die LZW-Komprimierung des GIF-Dateiformats unterstützt. Setzen Sie einen Haken in die Checkbox (siehe Abbildung 2.29). Betätigen Sie jetzt den Button SEND – das System überprüft den von Ihnen eingegebenen Pfad. Statt der Warnung (gelbes Dreieck) muss nun das Okay (grünes Häkchen) erscheinen (siehe Abbildung 2.30).

Abbildung 2.30 Eine GraphicsMagick-Installation wurde gefunden (Windows).

Abschließend dürfen Sie nicht vergessen, die Einstellungen zu speichern, indem Sie auf den Button UPDATE CONFIGURATION am unteren Ende der Seite klicken. Kontrollieren Sie nach dem Betätigen des Buttons, ob TYPO3 die *ImageMagick*- oder *GraphicsMagick*-Installation korrekt eingetragen hat. Unmittelbar über dem Update-Button werden die Pfadvariablen ausgegeben.

---

11 Gelegentlich kommt es zu Problemen aufgrund des Leerzeichens im Ordnernamen *Program Files*. Verschieben Sie, falls TYPO3 die Installation fortwährend nicht findet oder ständig wieder »vergisst«, *GraphicsMagick* in ein anderes Verzeichnis, und übergeben Sie den Pfad neu.

In beiden Variablen [GFX][IM_PATH] und [GFX][IM_PATH_LZW] muss jeweils der Pfad zu der von Ihnen verwendeten Installation stehen – für die zweite Variable müssen Sie gegebenenfalls mittels des Pulldown-Menüs »nachhelfen« (siehe Abbildung 2.31). Betätigen Sie in diesem Fall nochmals den Button UPDATE CONFIGURATION. Ein korrekter Pfadeintrag ist notwendig für die nun erfolgende Konfiguration der Bildverarbeitung.

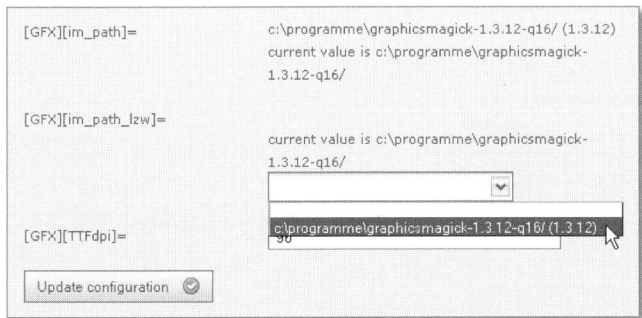

Abbildung 2.31 Überprüfung der Pfadvariablen (GraphicsMagick, Windows)

2.5 Überprüfung von GraphicsMagick

Für die Überprüfung der Bildverarbeitungsfunktionen stehen Ihnen im Install Tool detaillierte Tests zur Verfügung. Wählen Sie dafür den fünften Menüpunkt, IMAGE PROCESSING, des Install Tools (siehe Abbildung 2.32).

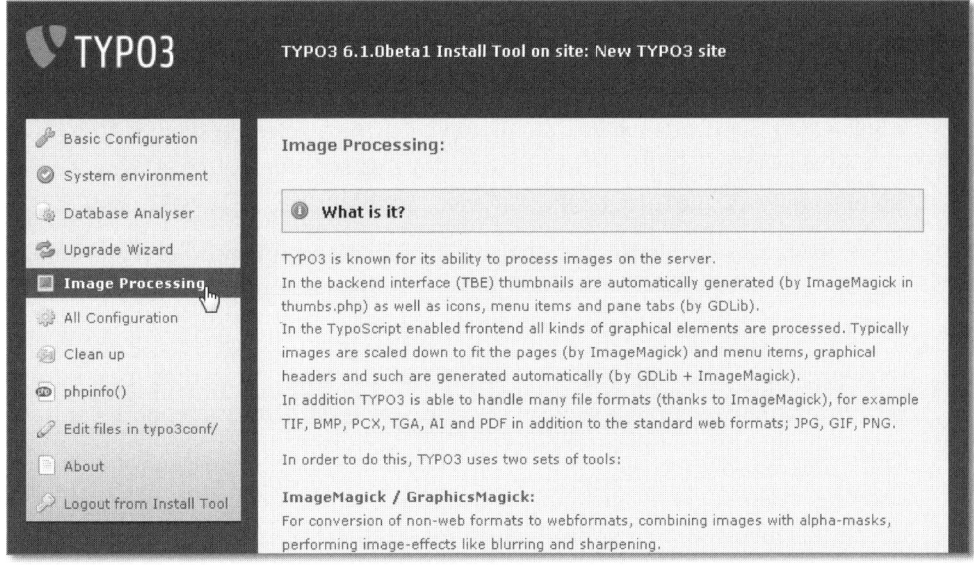

Abbildung 2.32 Der Menüpunkt »Image Processing«

Über ein Submenü (siehe Abbildung 2.33) können Sie verschiedene Abteilungen der Bildverarbeitungsfunktionen testen:

- 1: READING IMAGE FORMATS
  Welche Bildformate können gelesen werden?
- 2: WRITING GIF AND PNG
  Funktioniert das Erzeugen von GIF- und PNG-Dateien?
- 3: SCALING IMAGES
  Ist die Größenänderung von Bildern möglich?
- 4: COMBINING IMAGES
  Können Bilder kombiniert werden?
- 5: GD LIBRARY FUNCTIONS
  Werden geometrische Objekte in Kombination mit Bildern von der GD-Bibliothek erzeugt?

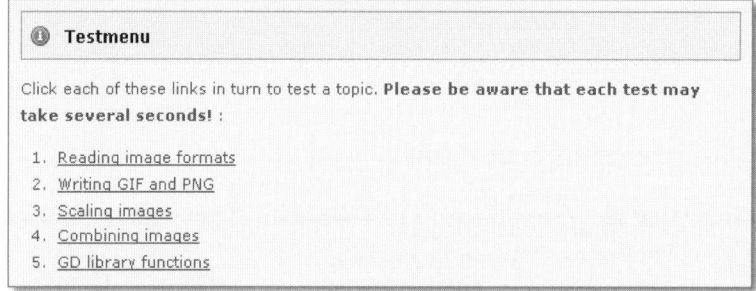

Abbildung 2.33 Submenü der Bildverarbeitungstests

2.5.1 Die Unterstützung der Dateiformate prüfen

Wählen Sie zunächst den ersten Menüpunkt, READING IMAGE FORMATS. TYPO3 testet nun eine Reihe von Bildformaten daraufhin, ob sie vom System erkannt werden können, und zwar die Formate JPG, GIF, PNG, TIF, BMP, PCX, TGA, PDF und AI.

TYPO3 bedient sich hierfür der Dateien *identify.exe* und *convert.exe* von Image-Magick, um vorinstallierte Testdateien aus seinem Systemordner *typo3\sysext\install\imgs* zu laden und probeweise zu konvertieren.

Da *ImageMagick* eine Vielzahl von Dateiformaten unterstützt, werden diese einzeln getestet. In Abbildung 2.34 sehen Sie z. B. einen erfolgreichen Test des BMP-Formats.

Fällt ein Test negativ aus und ist damit die Unterstützung des jeweiligen Formats nicht gegeben, wird eine Fehlermeldung angezeigt (siehe Abbildung 2.35, links oben). In diesem Fall meldet *GraphicsMagick* einen Fehler beim Lesen des PDF-Formats.

2.5 Überprüfung von GraphicsMagick

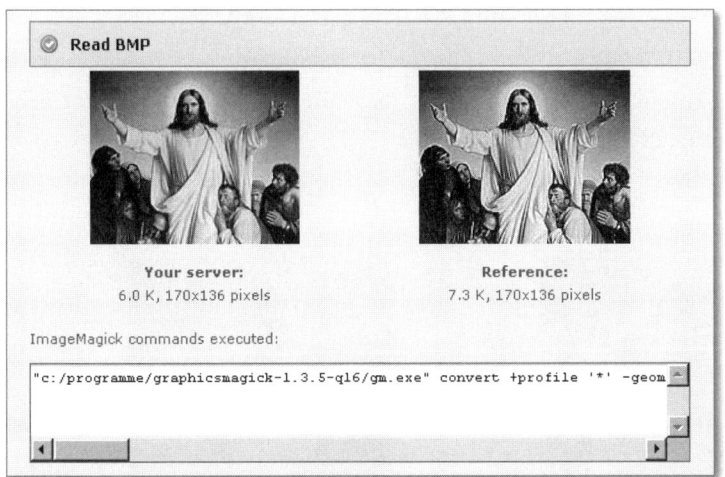

Abbildung 2.34 Erfolgreicher Test des BMP-Formats

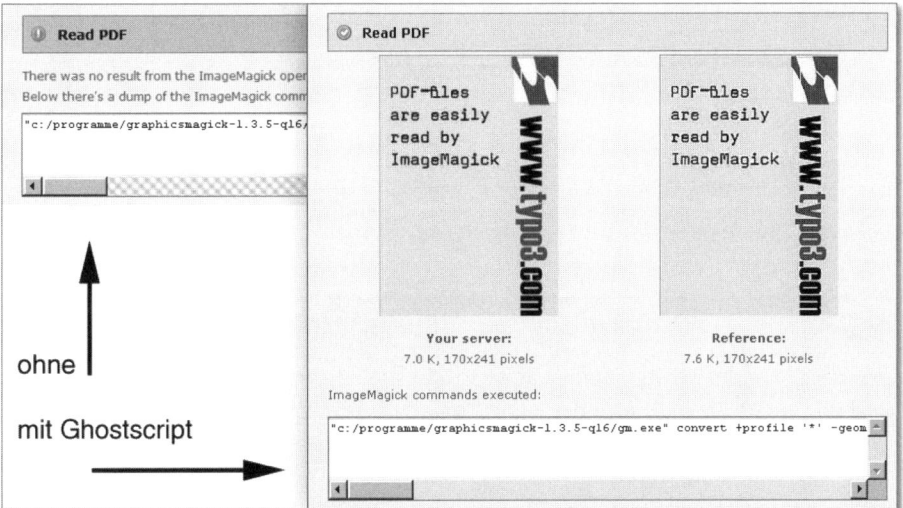

Abbildung 2.35 PDF-Erkennung ohne bzw. mit Ghostscript (Windows)

Hinweis: Lesefehler bei AI- und PDF-Format

Gewöhnlich meldet *GraphicsMagick* Fehler beim Lesen des AI- und des PDF-Formats. Der Grund: Sie benötigen zusätzlich den Postscript-Interpreter *Ghostscript*, damit die Formate PDF und AI verarbeitet werden können. Sobald Sie Ghostscript installiert haben, werden beide Formate erkannt (siehe Abbildung 2.35, rechts).

Eine Installationsdatei finden Sie auf der DVD im Ordner *Installation/windows/ghostscript*. Ansonsten erhalten Sie den Interpreter unter *www.ghostscript.com*.

2.5.2 Die Grafikerzeugung im GIF- und PNG-Format prüfen

TYPO3 verwendet *ImageMagick* zur Erzeugung von Menügrafiken – vorwiegend im GIF-Format. Dieser Test überprüft die Fähigkeit, diese GIF- bzw. PNG-Dateien tatsächlich zu erzeugen (siehe Abbildung 2.36).

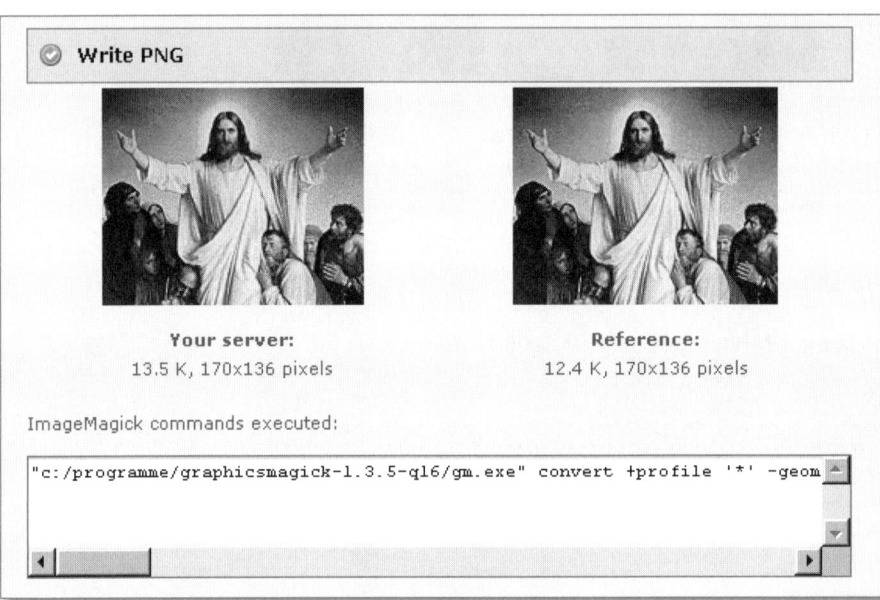

Abbildung 2.36 Test der Grafikerzeugung im PNG-Format

Tipp

Sie können in der Konfiguration wählen, ob Sie anstelle von GIF das Format PNG vorziehen. Setzen Sie hierfür in der BASIC CONFIGURATION den Wert von [GFX][GDLIB_PNG] mittels des Pulldown-Menüs auf 1 (PNG). Die Default-Einstellung ist der Wert 0 (GIF) (siehe Abbildung 2.37).

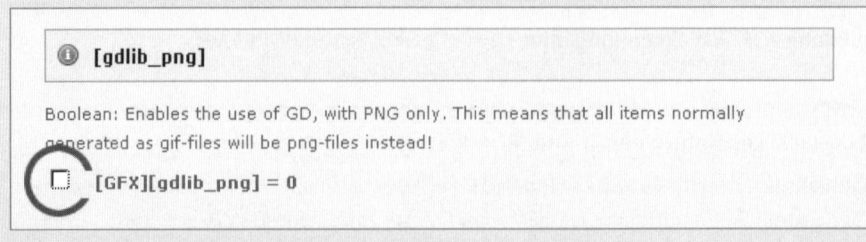

Abbildung 2.37 Umstellen der Grafikerzeugung von GIF auf PNG

Eine gleichwertige Möglichkeit finden Sie im Menüpunkt ALL CONFIGURATION, in dem für die Umstellung der Variable [GDLIB_PNG] eine Checkbox anzuwählen ist (Default: Checkbox leer).

2.5.3 Die Bildskalierungsfunktionen prüfen

TYPO3 verwendet die Skalierungsfunktionen einerseits, um per Upload auf den Server geladene Bilder auf das gewünschte Displayformat für das Frontend zu bringen, und andererseits auch, um die für die Voransicht im Fileadmin-Verzeichnis nötigen Thumbnails zu erzeugen. Auch hierfür wird von ImageMagick *convert.exe* eingesetzt.

Beim Skalieren kann gleichzeitig eine Konvertierung des Grafikformats erfolgen, wie in diesem Fall von GIF nach JPG (siehe Abbildung 2.38).

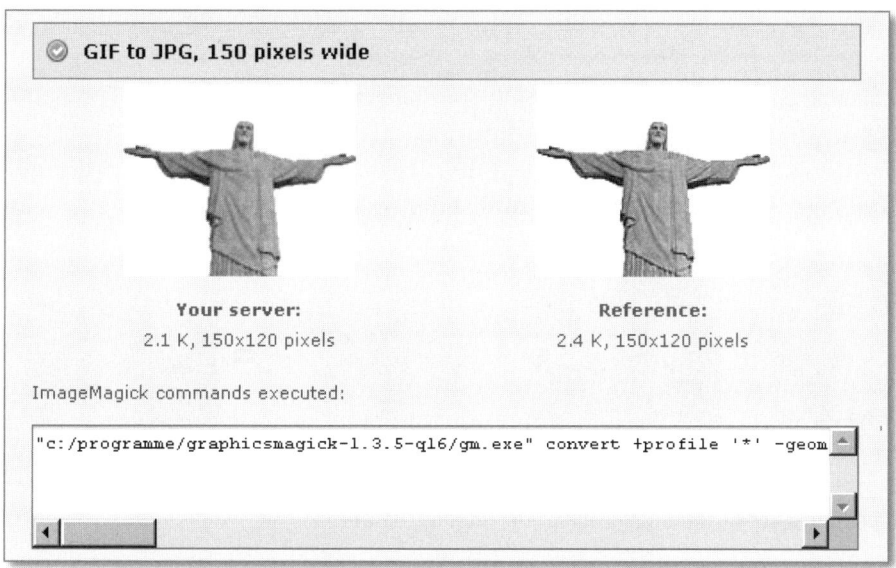

Abbildung 2.38 Skalierung bei gleichzeitiger Konvertierung

2.5.4 Die Funktionen zur Bildkombination prüfen

ImageMagick kann zwei Grafikdateien mit einer Filterdatei zu einer einzigen zusammenfügen.[12] Dies kann in Form eines harten Schnitts geschehen oder durch graduelles Überblenden mithilfe einer Graustufenmaske.

Für beides wird die Datei *combine.exe* von *ImageMagick* bzw. werden die Filter *combine* und *composite* von *GraphicsMagick* eingesetzt.

---

12 Bei *ImageMagick*-Versionen neuer als 4.2.9 muss für eine korrekte Funktion gegebenenfalls in ALL CONFIGURATION der Wert der Variablen [IM_NEGATE_MASK] und [IM_IMVMASKSTATE] geändert werden.

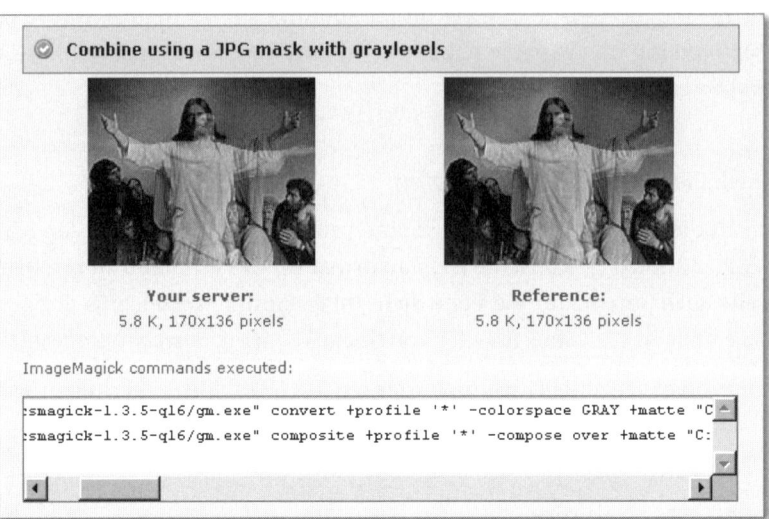

Abbildung 2.39 Test der Kombination mit Graustufenmaske

Der Test in Abbildung 2.39 kombiniert drei Grafiken aus dem Ordner *typo3\sysext\install\imgs* (siehe Abbildung 2.40) zu einer Ergebnisgrafik:

Abbildung 2.40 An der Bildkombination beteiligte Grafiken

Tipp

Sie können diese Funktion verwenden, um Bilder innerhalb Ihrer Website mithilfe eines grafischen Logos zu kennzeichnen.

2.5.5 Die GDLib-Effekte prüfen

Die GDLib ermöglicht sowohl das Erzeugen einfacher geometrischer Grafiken als auch deren Kombination mit Schrift bis hin zu Effekten wie Schattenwurf.

Hierfür werden wiederum die *ImageMagick*-Dateien *combine.exe* und *convert.exe* eingesetzt. Interessant sind hier in erster Linie die Möglichkeiten der Grafikbeschriftung, die GDLib bietet. Mithilfe der Filter von *ImageMagick* (eine Folge aus Skalierung, Schärfen und Kombination) kann ein als »niceText« bezeichnetes, optisch ansprechendes Ergebnis erzielt werden.

Der Text kann nach Wunsch auch mit Schlagschatten versehen werden. Hier hängt das Ergebnis (siehe Abbildung 2.41) jedoch von der verwendeten GDLib-Version und gleichzeitig von der Version von *ImageMagick* (in manchen 5.x-Versionen steht bei *ImageMagick* der Unschärfefilter nicht zur Verfügung) bzw. von *GraphicsMagick* und *FreeType* ab.

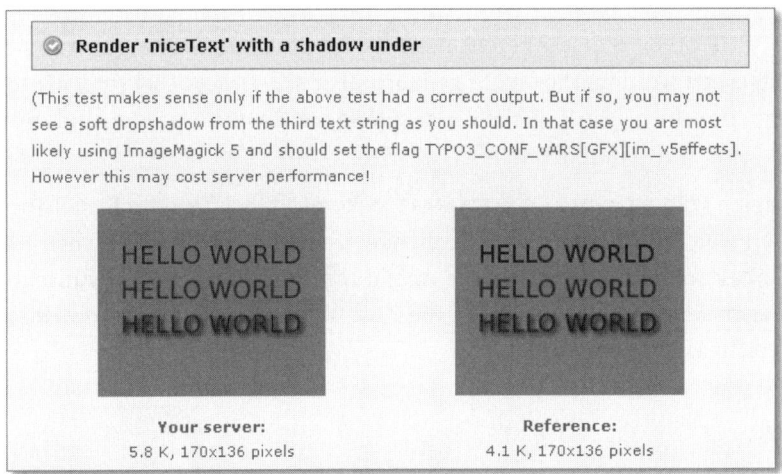

Abbildung 2.41 Texteffekte im Test

2.6 Finetuning mit »All Configuration«

Die bisher betrachteten Menüpunkte des Install Tools boten übersichtliche und absichtlich einfach gehaltene Möglichkeiten, bestimmte Aspekte der Systemkonfiguration zu betrachten und diverse Grundeinstellungen vorzunehmen. Oft genügt die hier gebotene Auswahl an Konfigurationsmöglichkeiten allerdings nicht. Sie stellt in Wirklichkeit auch nur einen Ausschnitt der tatsächlich möglichen Einstellungen dar.

Entsprechend umfassend ausgestattet zeigt sich dann auch der sechste Menüpunkt, ALL CONFIGURATION, des Install Tools. Wie der Name bereits verrät, findet sich hier wirklich jede Einstellung von TYPO3 wieder, auch die bereits im Rahmen der BASIC CONFIGURATION gezeigten Einstellungen. Inzwischen ist die Installation von TYPO3 unter normalen Umständen so reibungslos, dass eine weitergehende Anpassung nur in Sonderfällen erforderlich ist.

> **Erläuterung**
>
> TYPO3 wird im Unterverzeichnis *typo3conf* des Installationsverzeichnisses konfiguriert, auf dessen Inhalt auch über das Installations-Tool zugegriffen werden kann. In der darin enthaltenen Datei *LocalConfiguration.php* sind grundlegende Einstellungen definiert.

2.6.1 Beispiel: Anpassung eines Wertes für ImageMagick

In der BASIC CONFIGURATION war bereits der Wert für die Textauflösung von 72 auf 96 dpi heraufgesetzt worden. Dies hätte genauso über ALL CONFIGURATION vorgenommen werden können – Sie finden die Einstellung hier ebenfalls wieder, und zwar in der Rubrik [GFX] (für »Graphics«).

Die Einstellungen können in ALL CONFIGURATION komfortabel über das Install Tool vorgenommen werden, das dafür entsprechende Eingabefelder bietet: Suchen Sie nach dem Eingabefeld für [TTFDPI] (siehe Abbildung 2.42), in das der gewünschte Wert eingetragen werden soll: Hier muss die Zahl 96 für die dpi-Auflösung (ohne Anführungszeichen) stehen.

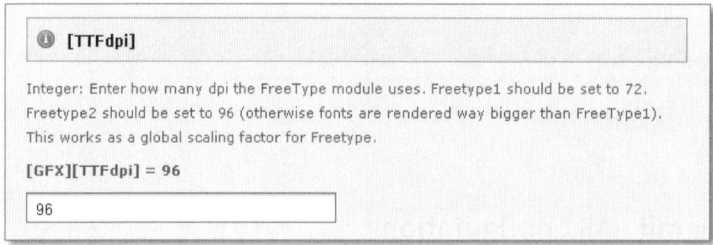

Abbildung 2.42 Setzen des dpi-Werts für FreeType in »All Configuration«

Die restlichen Einstellungsmöglichkeiten sind für unser Ziel ohne Belang. Behalten Sie aber im Gedächtnis, dass TYPO3 eine große Zahl weiterer Konfigurationsmöglichkeiten bereithält, die Ihnen bei Bedarf nützlich sein können.

2.7 Konfigurationsdateien direkt bearbeiten

Alle bisher vorgenommenen Einstellungen entsprechen dem Setzen von Systemvariablen in der Konfigurationsdatei *LocalConfiguration.php* von TYPO3. Diese Datei könnte natürlich auch per Editor direkt bearbeitet werden (im Allgemeinen nutzen Sie jedoch besser das Install Tool).

2.7 Konfigurationsdateien direkt bearbeiten

Die Datei *LocalConfiguration.php* liegt im Ordner *typo3conf* Ihrer Installation. Sie können sie in einem beliebigen Text-Editor Ihrer Wahl betrachten. Eine vergleichbare Möglichkeit bietet Ihnen TYPO3 allerdings auch selbst: Innerhalb des Install Tools finden Sie über den Menüpunkt 9, EDIT FILES IN TYPO3CONF/, eine anklickbare Liste aller Dateien dieses Verzeichnisses (siehe Abbildung 2.43).

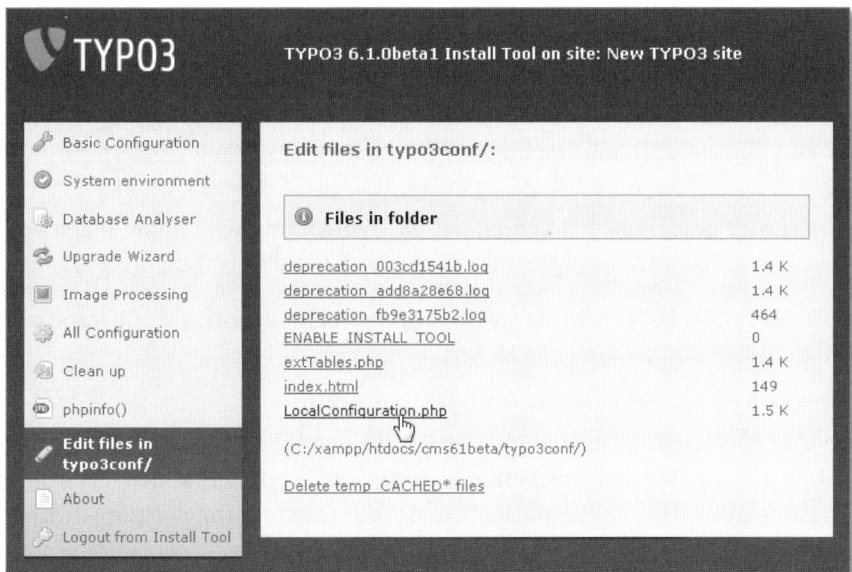

Abbildung 2.43 Die Dateien im Konfigurationsverzeichnis »typo3conf«

Darunter finden Sie mindestens:

- *extTables.php*
  Diese Datei dient unter anderem dazu, Einstellungen des Backends zu modifizieren. Vor dem Einsatz muss sie allerdings über *LocalConfiguration.php* aktiviert werden.
- *index.html*
  Diese Datei dient zum Schutz des Installationsverzeichnisses vor unerwünschten Besuchern, indem es diese automatisch (mittels META-Refresh) in das Wurzelverzeichnis der Webpräsenz weiterleitet.
- *LocalConfiguration.php*
  Das ist die zentrale Konfigurationsdatei von TYPO3. Sie ist ebenfalls eine PHP-Datei, die alle Informationen enthält, die TYPO3 über seine Umgebung benötigt.

Zusätzlich sind hier möglicherweise einige temporäre Cache-Dateien zu finden. Sollten Sie weitere Dateien in diesem Verzeichnis abgelegt bzw. dort Sicherungskopien der vorhandenen Dateien erstellt haben (hierzu folgt gleich mehr), dann finden Sie diese ebenfalls in der Liste.

2.7.1 Datei in »typo3conf« betrachten oder bearbeiten

Mit einem Klick auf den Dateinamen (wie in Abbildung 2.43) können Sie sich den Code von *LocalConfiguration.php* oder von einer der anderen gelisteten Dateien ansehen. Die Datei wird in einem Textfeld oberhalb des Konfigurationsmenüs geöffnet und kann so betrachtet und auch bearbeitet werden (siehe Abbildung 2.44).

Unterhalb des Textfeldes befinden sich zwei Buttons:

- SAVE FILE
  Änderungen, die Sie an der Datei vorgenommen haben, werden gespeichert, wenn Sie diesen Button betätigen. Die Datei bleibt weiterhin geöffnet.
- CLOSE
  Die Datei wird geschlossen. Beachten Sie, dass vorgenommene Änderungen verworfen werden, wenn Sie nicht zuvor den Button SAVE FILE betätigt haben!

Unterhalb des Textfeldes, in dem Sie die Datei öffnen, befinden sich zwei Checkboxen. Die erste davon werden Sie vermutlich selten benötigen:

- CONVERT WINDOWS LINEBREAKS (13–10) TO UNIX (10)
  Diese Checkbox klicken Sie an, wenn Sie eine in Windows erstellte Datei mit den für UNIX (Linux) üblichen Zeilenendmarkierungen[13] versehen wollen. Speichern Sie die Datei nach dem Anklicken der Box, um die Konvertierung vorzunehmen.

Die zweite Checkbox, MAKE BACKUP COPY, erzeugt eine Sicherungskopie der aktuell bearbeiteten Datei. Es lohnt sich, einen genauen Blick auf ihre Funktion zu werfen.

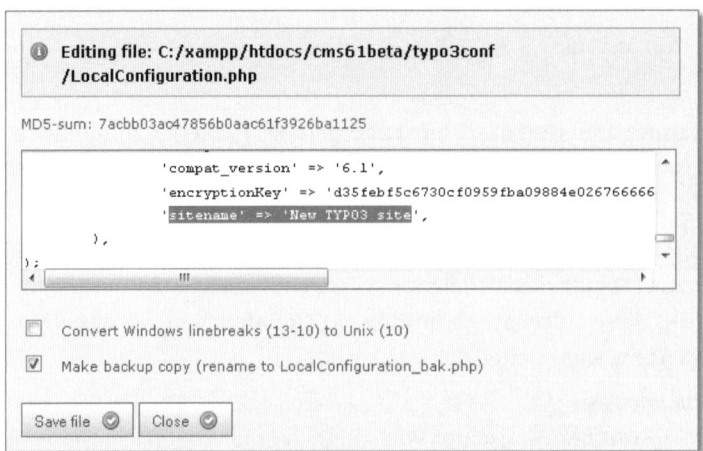

Abbildung 2.44 Die »LocalConfiguration.php« im TYPO3-Editor

---

13 Windows verwendet eine Kombination der Steuerzeichen CR und LF (#0D, #0A), während UNIX ein einfaches LF einsetzt. Mac OS X verwendet ein einfaches CR (#0D) – eine Konvertierung nach UNIX ist für diesen Fall jedoch nicht vorgesehen.

2.7.2 Sicherungskopien im Install Tool erzeugen

Es ist an dieser Stelle problemlos und daher anzuraten, eine Sicherungskopie Ihrer bearbeiteten Datei (z.B. von *LocalConfiguration.php*) anzulegen. Dies ist besonders sinnvoll vor sämtlichen größeren Umstellungen am System. So haben Sie die Möglichkeit, zu früheren Einstellungen zurückzukehren oder diese im Bedarfsfall zu rekonstruieren (siehe Abbildung 2.45).

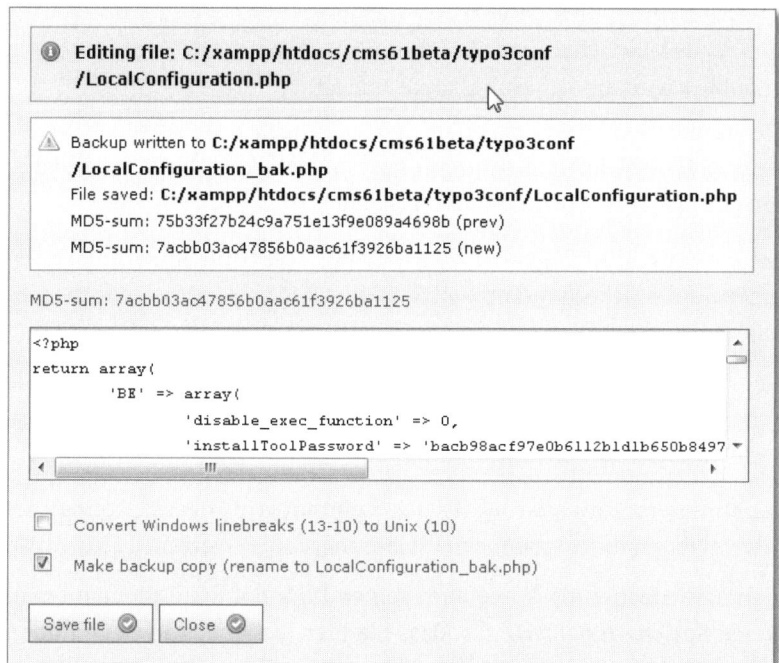

Abbildung 2.45 Erzeugen einer Sicherheitskopie der geöffneten Datei

Um eine Sicherungskopie zu erzeugen, wählen Sie die zweite Checkbox an:

▶ MAKE BACKUP COPY
Wenn Sie diese Checkbox aktivieren, wird beim Speichern eine Backup-Datei der bearbeiteten Datei erstellt bzw. durch Abwählen der Box wieder gelöscht.

Die hier erzeugte Sicherungskopie wird als reale Datei ebenfalls im *typo3conf*-Ordner abgelegt. Sie steht, sofern Sie sie nicht explizit löschen, auch zu einem (beliebigen) späteren Zeitpunkt zur Verfügung. Von der gesicherten Datei unterscheidet sie sich durch ein an den Dateinamen angehängtes Suffix *_bak*. So nennt sich eine Sicherungsdatei von *LocalConfiguration.php*, falls Sie hier eine erzeugen, demnach *LocalConfiguration_bak.php*.

> **Hinweis**
> Sie können über das System nur *genau eine* Sicherungskopie pro Datei erzeugen, da eine freie Vergabe des Dateinamens hier nicht möglich ist.

Gehen Sie folgendermaßen vor:

- Öffnen Sie die zu bearbeitende Datei.
- Wählen Sie *als Erstes* die Sicherungs-Checkbox an, und speichern Sie die Datei – in diesem Augenblick wird die Sicherungskopie erzeugt.
- Nehmen Sie anschließend die erforderlichen Änderungen vor, und speichern Sie die Datei erneut. *Lassen Sie die Sicherungs-Checkbox aktiviert* – die jetzt erfolgten Änderungen gelangen nicht in die Sicherungskopie!

Überprüfen Sie die Funktionsfähigkeit Ihrer Änderung. Sofern die Änderung erfolgreich war, können Sie die Sicherungskopie jetzt löschen (Sie müssen dies jedoch nicht unbedingt tun).

- Zum Löschen der Sicherungskopie öffnen Sie die Originaldatei erneut. Wählen Sie die Sicherungs-Checkbox ab, und speichern Sie. *Die Sicherungskopie wird hierdurch gelöscht!*

Stellt sich Ihre Konfigurationsänderung als »kontraproduktiv« heraus, können Sie die geänderte Datei durch die ursprüngliche Sicherungskopie ersetzen.

- Öffnen Sie dazu die Sicherungskopie durch einen Klick auf den Dateinamen (es gibt hier keine Speichermöglichkeit, sodass Sie hier nichts aus Versehen überschreiben können). Markieren Sie den Inhalt, und kopieren Sie ihn.
- Öffnen Sie die Originaldatei, markieren Sie ihren gesamten Inhalt, und überschreiben Sie ihn mit dem Inhalt der Sicherungskopie. Speichern Sie die Datei nun – der ursprüngliche Zustand ist wiederhergestellt.

Bevor Sie die Sicherungskopie wie soeben beschrieben löschen, vergewissern Sie sich, dass das System wieder ordnungsgemäß funktioniert.

> **Tipp**
> Ist die Lauffähigkeit Ihres Systems so weit beeinträchtigt, dass auch das Install Tool nicht funktioniert, können Sie den ursprünglichen Zustand auch durch Umbenennen der betroffenen Dateien im *typo3conf*-Ordner wiederherstellen:
> - Benennen Sie die zerstörte Konfigurationsdatei um.
> - Entfernen Sie das Suffix *_bak* aus dem Dateinamen der Sicherungskopie.

2.7.3 Ein Blick auf »LocalConfiguration.php«

Die Konfigurationsdatei hat im Beispielprojekt zu diesem Zeitpunkt folgende Gestalt:

```php
<?php
return array(
    'BE' => array(
        'disable_exec_function' => 0,
        'installToolPassword' => 'bacb98acf97e0b6112b1d1b650b84971',
    ),
    'DB' => array(
        'database' => 'cms1',
        'extTablesDefinitionScript' => 'extTables.php',
        'host' => 'localhost',
        'password' => 'myroot',
        'username' => 'root',
    ),
    'EXT' => array(
        'extListArray' => array(
            'info',
            'perm',
            'func',
            'filelist',
            'about',
            'version',
            'tsconfig_help',
            'context_help',
            'extra_page_cm_options',
            'impexp',
            'sys_note',
            'tstemplate',
            'tstemplate_ceditor',
            'tstemplate_info',
            'tstemplate_objbrowser',
            'tstemplate_analyzer',
            'func_wizards',
            'wizard_crpages',
            'wizard_sortpages',
            'lowlevel',
            'install',
            'belog',
            'beuser',
            'aboutmodules',
            'setup',
```

```
                'taskcenter',
                'info_pagetsconfig',
                'viewpage',
                'rtehtmlarea',
                'css_styled_content',
                't3skin',
                't3editor',
                'reports',
                'felogin',
                'form',
            ),
        ),
        'GFX' => array(
            'gdlib_png' => 1,
            'im_path' => 'c:\\programme\\graphicsmagick-1.3.12-q16/',
            'im_path_lzw' => '',
            'im_version_5' => 'gm',
        ),
        'SYS' => array(
            'compat_version' => '6.1',
            'encryptionKey' =>
'53102269efa217d907a3894e001da18dc19508e0b416e210c125db6250cb199f489245111280867e941e852e397369e9',
            'sitename' => 'New TYPO3 site',
        ),
);
?>
```

Listing 2.1 Die Konfigurationsdatei »LocalConfiguration.php«

Neben den Einstellungen für die MySQL-Datenbank ist in *LocalConfiguration.php* das Installationspasswort in verschlüsselter Form abgelegt. Darüber hinaus zeigt das Listing Beispiele von globalen Variablen. Der Name für die Website (New TYPO3 site) wird an dieser Stelle eingetragen, ebenso die Einstellungen zu GraphicsMagick, die wir mittels ALL CONFIGURATION zuvor bereits vorgenommen haben.

2.8 Fehlerbehebung beim Start des Backends

Verlassen Sie jetzt das Install Tool über den Link BACKEND ADMIN (links unter dem Menü), und loggen Sie sich mit dem Usernamen admin und dem Kennwort password im Backend ein. Im Laufe der folgenden Kapitel werden Sie sich in diese Arbeitsoberfläche von TYPO3 Schritt für Schritt einarbeiten. Deshalb soll an dieser Stelle nur ein ganz kurzer Überblick erfolgen und sollen einige Bezeichnungen eingeführt werden.

Sie sehen, dass der Screen grob zweigeteilt ist. Den schmalen linken Bereich bezeichnen wir als *Modulleiste*. Hier sind in Form eines Menüs sämtliche Aktionen aufgelistet, die Sie mit und in TYPO3 durchführen können – vom Anlegen von Seiten und Inhalten bis zur Verwaltung der Benutzer und darüber hinaus. Den einzelnen Befehl innerhalb dieses Menüs bezeichnen wir als *Modul*. Aus Gründen der Übersichtlichkeit sind die Module in *Modulgruppen* unterteilt. Von diesen gibt es zurzeit fünf (WEB, FILE, USER TOOLS, ADMIN TOOLS und HELP). Ein Klick auf den Titel einer Modulgruppe klappt diese platzsparend ein (in Abbildung 2.46 sind alle Modulgruppen bis auf HELP eingeklappt). Eine vollständige Einführung zu diesem Thema finden Sie in Kapitel 16, »Übersicht: TYPO3-Backend«, gegen Ende des Buches.

Den breiten rechten Bereich des Backend-Screens bezeichnet man als den *Arbeitsbereich*. Er kann bei Bedarf (wir kommen gleich im folgenden Kapitel darauf zurück) weiter unterteilt werden. An dieser Stelle genügt es, zu wissen, dass hier alle Aktionen durchgeführt werden, die Sie in der Modulleiste anwählen. Sie finden im Arbeitsbereich kontextabhängig also immer die passenden Eingabemasken für die durchzuführenden Arbeiten. Mit anderen Worten: Die Ansicht des Arbeitsbereichs wechselt je nach aktuellem Modul.

Wählen Sie das Modul HELP • ABOUT MODULES im unteren Bereich der Modulleiste, und es erscheint im Arbeitsbereich eine recht auffällige Mitteilung (siehe Abbildung 2.46), dass das Backend-Passwort noch seinen Default-Wert besitzt (sofern Sie diesen nicht bereits geändert haben) und dass der Administrator-Account, den Sie soeben für Ihre Anmeldung benutzt haben, ebenfalls als unsicher gelten muss:

▶ THE INSTALL TOOL IS STILL USING THE DEFAULT PASSWORD "JOH316". (...)
▶ THE DEFAULT BACKEND USER "ADMIN" WITH PASSWORD "PASSWORD" IS STILL PRESENT. (...)

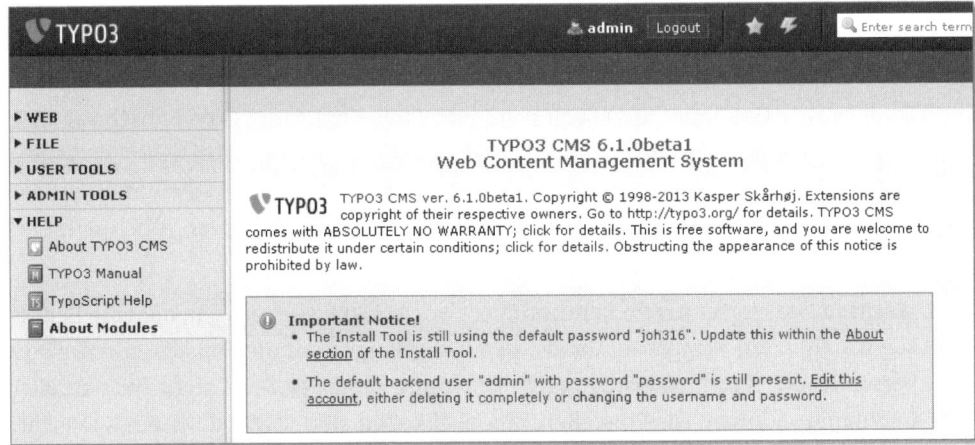

Abbildung 2.46 Die Default-Passwörter werden im Backend moniert.

In der Tat sind beide Punkte für öffentlich zugängliche Systeme höchst bedenklich – für eine lokale Testinstallation könnten Sie den Zustand ruhig beibehalten, sofern diese Meldung Sie nicht zu sehr stört. Dennoch wollen wir nun die Passwörter ändern.

2.8.1 Das Install-Tool-Passwort ändern

Zuerst soll das Kennwort für das Install Tool geändert werden. Dies muss wieder im Install Tool geschehen. Um dorthin zu wechseln, wählen Sie in der linken Menüleiste in der Modulgruppe ADMIN TOOLS den Menüpunkt INSTALL. Sie müssen zum Einloggen in den Install-Bereich das Install-Kennwort eingeben, das derzeit noch »joh316« lautet (siehe Abbildung 2.47).

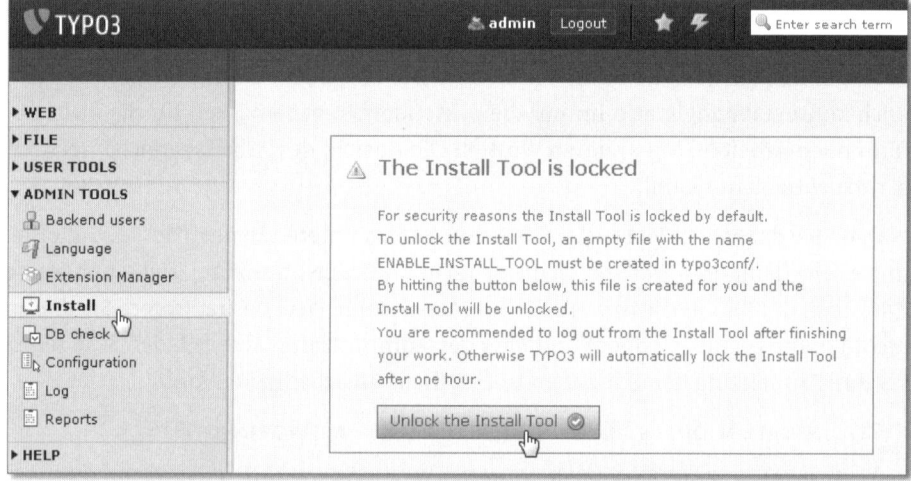

Abbildung 2.47 Beseitigen der Sperre des Install Tools im Backend

Allerdings kann der direkte Weg versperrt sein, da die Datei *ENABLE_INSTALL_TOOL* in der Zwischenzeit möglicherweise vom System gelöscht wurde.

Die bewusste Datei, die Sie zu Beginn des Installationsvorgangs (siehe Abschnitt 2.2.2, »Starten des Installationsvorgangs«) selbst angelegt haben, wird von TYPO3 aus Sicherheitsgründen gelöscht, sobald sie älter als eine Stunde ist. In diesem Fall ist der Zugang zum Install-Tool nicht möglich. Im Backend kann die Datei jedoch sehr einfach wieder erzeugt werden.

Wechseln Sie hierfür in den Bereich USER TOOLS • USER SETTINGS, in dem die Benutzereinstellungen vorgenommen werden. Sie gelangen auf die Eingabeseite für Ihre persönlichen Benutzereinstellungen. Oben am Rand der Seite steht Ihr aktueller Username »admin«. Die Einstellungsmöglichkeiten sind in vier über ein Karteikartenmenü navigierbare Bereiche unterteilt. Uns interessiert zunächst der Bereich ADMIN-FUNCTIONS.

Hier können Sie über den Knopf UNLOCK THE INSTALL TOOL (siehe Abbildung 2.47) per Klick eine Datei *ENABLE_INSTALL_TOOL* erzeugen. Die Sperre des Install Tools ist nun aufgehoben. Nach Eingabe des Passworts (siehe Abbildung 2.48) gelangen Sie automatisch in den Bereich ABOUT.

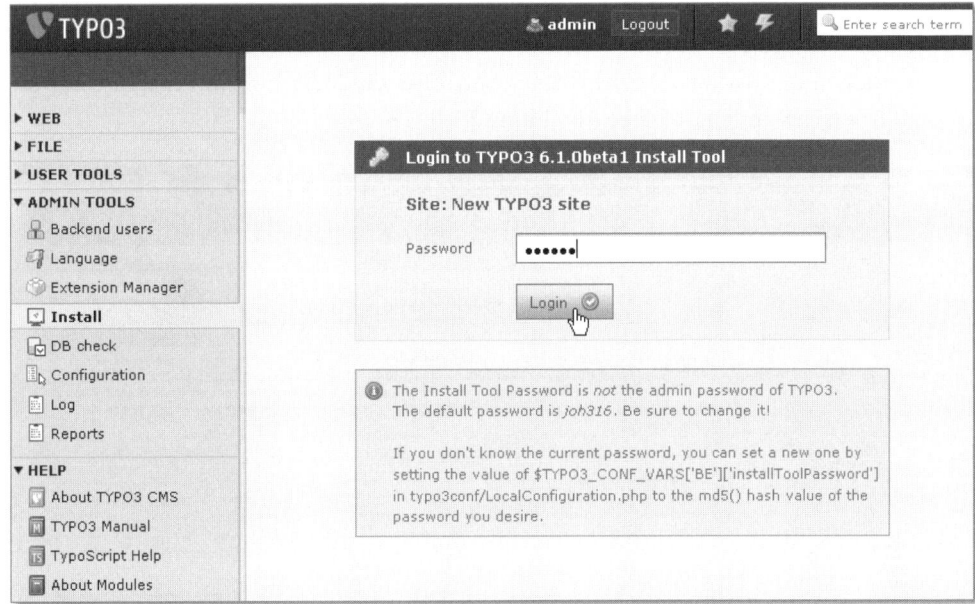

Abbildung 2.48 Einloggen in den Install-Bereich aus dem Backend

Hier finden Sie die Eingabefelder zum Ändern des Passworts (siehe Abbildung 2.49). Ändern Sie diesmal das Passwort, und notieren Sie es sich! Klicken Sie auf den Button SET NEW PASSWORD.

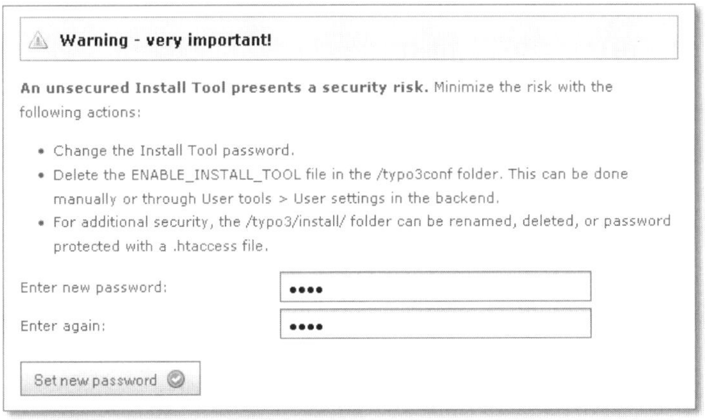

Abbildung 2.49 Setzen des geänderten Install-Passworts

Betätigen Sie nach dem Neuladen der Seite den Link CLICK TO CONTINUE. Sie haben jetzt sofort die Gelegenheit, das neue Passwort auszuprobieren – denn erneut erscheint die Eingabemaske für das Backend-Passwort. Geben Sie das nun aktuelle neue Passwort ein.

Bleiben Sie jetzt aber nicht im Install Tool (Sie wissen nun ja, wie Sie bei Bedarf wieder zurückgelangen), sondern wechseln Sie über das linke Menü HELP • ABOUT MODULES zurück in die Backend-Ansicht: Sie sehen, dass die Meldung zum Install-Passwort nun verschwunden ist (siehe Abbildung 2.50).

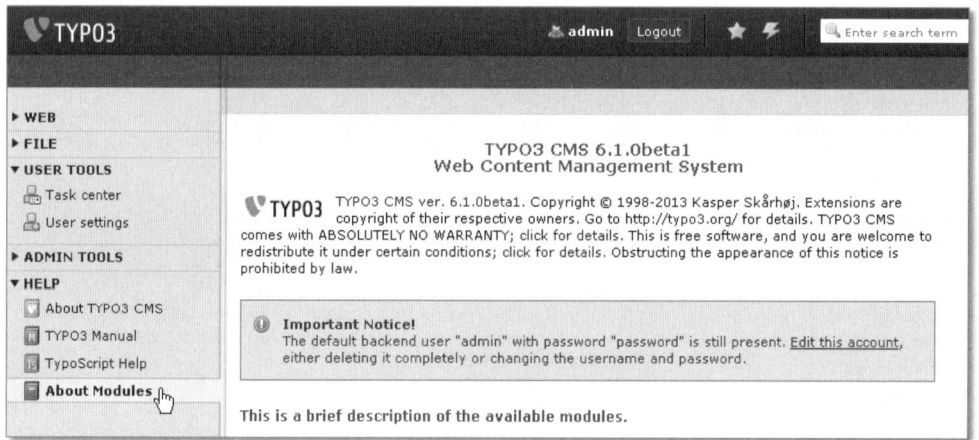

Abbildung 2.50 Lediglich die Fehlermeldung zum Admin-Account ist verblieben.

2.8.2 Das Passwort des Administrator-Accounts ändern

Jetzt müssen wir noch den Administrator ändern. Wechseln Sie hierfür erneut in das Modul USER TOOLS • USER SETTINGS, in dem auch die Eingabe des neuen Passworts vorgenommen werden kann.

Betrachten Sie diesmal den Bereich PERSONAL DATA, der die Eingabefelder für das Passwort enthält (siehe Abbildung 2.51, Schritt 1).

Sie können hier später weitere persönliche Daten wie Name und E-Mail-Adresse eingeben. Setzen Sie nun aber zunächst lediglich ein neues Passwort (siehe Abbildung 2.51, Schritt 2), und wiederholen Sie dieses im darunterliegenden Feld.

Lassen Sie sich nicht davon irritieren, dass die Felder hierbei mit Sternen aufgefüllt werden – es wird in Wirklichkeit nur die Eingabe registriert, die Sie vorgenommen haben. Klicken Sie abschließend auf das Diskettensymbol links oben (Schritt 3). Sie erhalten eine Meldung, dass Ihre Änderungen vorgenommen wurden.

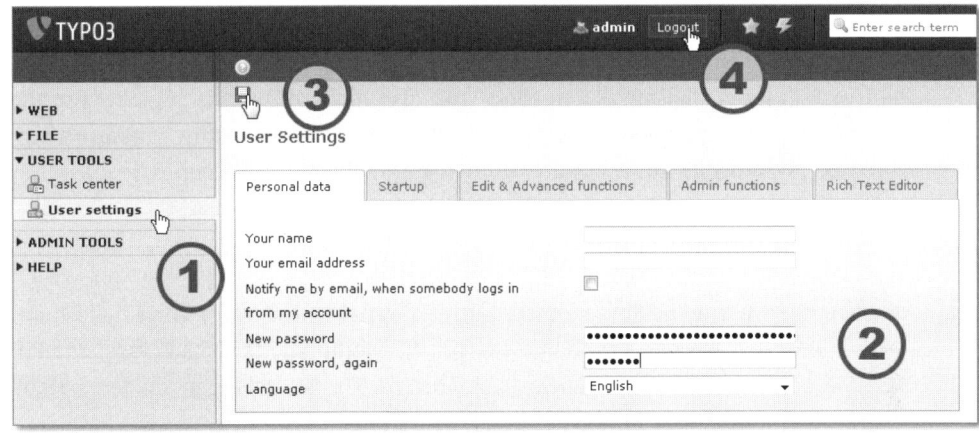

Abbildung 2.51 Ändern des Admin-Passworts in den User-Einstellungen

Melden Sie sich nun über den LOGOUT-Button am oberen Seitenrand ab (siehe Abbildung 2.51, Schritt 4), und melden Sie sich danach mit dem neu gesetzten Passwort wieder an. Ihr Username ist nach wie vor »admin«. Die zweite Fehlermeldung des Backends ist nun aber ebenfalls verschwunden (siehe Abbildung 2.52). Das Setzen des Admin-Passworts ist jedoch nicht die einzige Änderung der Nutzereinstellungen, die Sie hier vornehmen müssen, wie Sie gleich sehen werden.

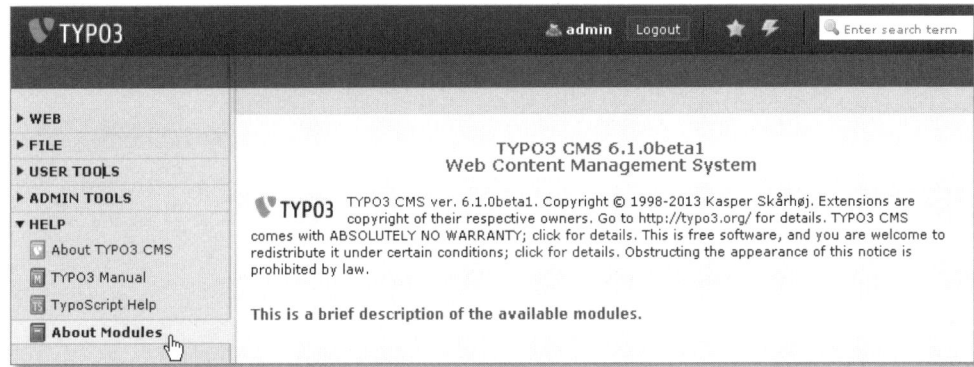

Abbildung 2.52 Das Backend, nun ohne Fehlermeldungen

2.9 Einstellung der deutschen Benutzeroberfläche

Eine der ersten Maßnahmen bei der Konfiguration einer neuen TYPO3-Installation besteht darin, die gewünschte Backend-Sprache einzustellen. In diesem Abschnitt wird beschrieben, wie Sie die englischsprachige Default-Einstellung durch eine deutschsprachige Bedienoberfläche ersetzen. Das Verfahren gilt analog auch für französische, italienische oder beliebig anderssprachige Oberflächen.

Die Umstellung erfolgt auf *Nutzerebene*, gilt also *nicht* automatisch global für alle jetzt oder zukünftig angelegten User – dies braucht Sie jedoch zum gegenwärtigen Zeitpunkt (Sie sind als Administrator eingeloggt) nicht zu interessieren.

2.9.1 Wahl der Backend-Sprache in den Benutzereinstellungen

Als erster Schritt soll die Spracheinstellung für den Administrator von Englisch auf Deutsch geändert werden. Öffnen Sie hierfür die Modulpalette USER TOOLS, und klicken Sie auf USER SETTINGS (siehe Abbildung 2.53). Sie gelangen in den bereits bekannten Dialogmodus für die Benutzereinstellungen.

Wählen Sie den Bereich PERSONAL DATA, und betätigen Sie das Pulldown-Menü mit der Sprachauswahl (siehe Abbildung 2.53). Derzeit besteht offenbar neben der Default-Sprache Englisch keine echte Wahlmöglichkeit.

Der Grund besteht darin, dass eine TYPO3-Installation nicht alle denkbaren Sprachmodule (dies wäre eine sehr große Anzahl) von vornherein bereithält. Vielmehr müssen die Sprachmodule aus einem Online-Repository nachgeladen werden.

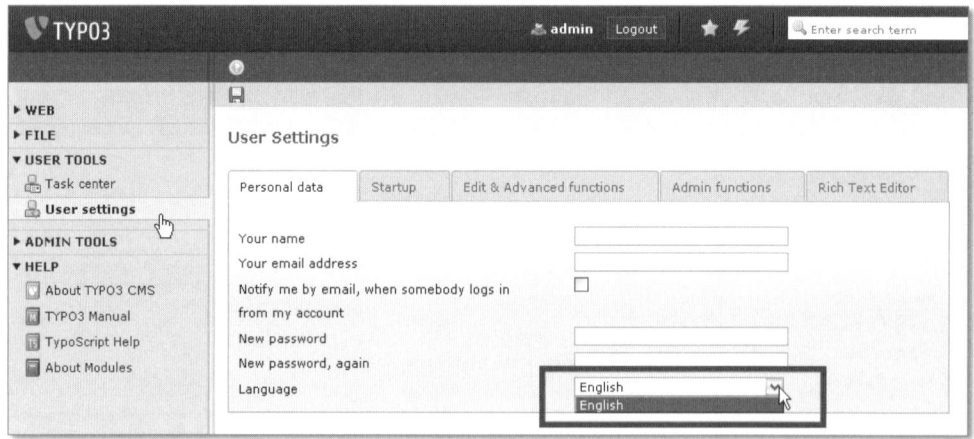

Abbildung 2.53 Die Benutzereinstellung in der Modulgruppe »USER TOOLS«

Dieser scheinbare Nachteil wird durch die fortwährende Aktualität der extern vorgehaltenen Module mehr als aufgewogen. Das Nachladen von Sprachmodulen gehört zu den Aufgaben des Moduls LANGUAGE, das daher im folgenden Abschnitt betrachtet werden soll. Seit der Version TYPO3 CMS 6 ist das Nachladen von Sprachpaketen aus dem *Extension Manager* in dieses Modul übertragen worden.

2.9.2 Download des Sprachpakets über das Modul »Language«

Öffnen Sie nun die Modulpalette ADMIN TOOLS, und klicken Sie das Modul LANGUAGE an (siehe Abbildung 2.54, Schritt 1). Sie sehen nun die Oberfläche zum Nachladen von Sprachpaketen. In der Liste LANGUAGES sind alle angebotenen Sprachen aufgelistet – und das sind eine ganze Menge. Für das deutsche Sprachpaket markieren Sie nun GERMAN (siehe Abbildung 2.54, Schritt 2). Die Liste TRANSLATIONS rechts davon zeigt alle Programmteile von TYPO3. Die meisten enthalten Bezeichnungen und Hilfetexte für das Backend, deren Übersetzung nun nachzuladen ist.

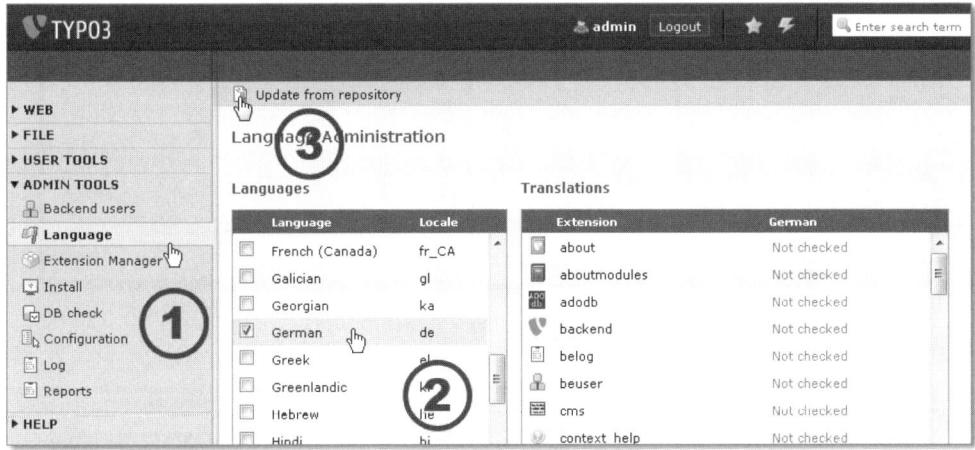

Abbildung 2.54 Wahl des Sprachmoduls im Extension Manager

> **Achtung**
> Zu diesem Zeitpunkt muss ein *Online-Zugang* möglich sein, da nun im Online-Repository bei www.typo3.org nach existierenden Sprachmodulen der gewählten Übersetzung gesucht wird.

Um die Installation der Übersetzungen zu starten, klicken Sie auf das Symbol UPDATE FROM RPOSITORY (siehe Abbildung 2.54, Schritt 3).

Die Liste TRANSLATIONS wird jetzt nacheinander abgearbeitet. Für alle Programmteile, für die eine Übersetzung vorliegt, wird ein grünes Häkchen mit dem Hinweis UPDATED erscheinen (siehe Abbildung 2.55). Bei einigen Programmteilen (z. B. ABOUT) finden Sie die Anmerkung NOT AVAILABLE. Hier gibt es entweder nicht zu übersetzen, oder es existiert noch keine Übersetzung. In den letzten Jahren hat sich hier aber einiges getan, sodass für den deutschsprachigen Raum inzwischen fast alles vorliegt.

Das Nachladen der Sprachpakete kann – je nach Geschwindigkeit der Internetverbindung – eine Weile dauern. Nach beendeter Installation wird ein grüner Hinweis eingeblendet, dass die Installation erfolgreich war.

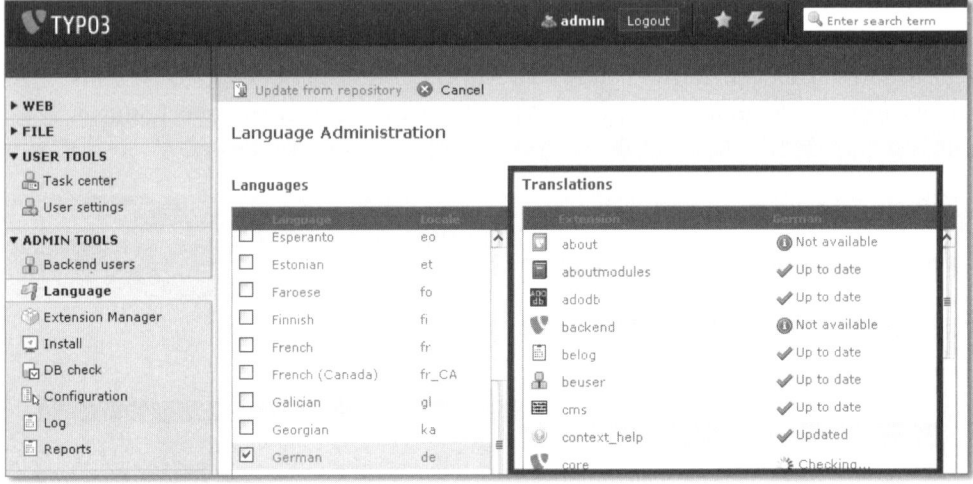

Abbildung 2.55 Abschluss der Installation des Sprachmoduls

> **Möglicher Fehler – Übersetzung des Backends unvollständig**
>
> Sind Teile des Backend-Menüs im englischen Original verblieben, ist ein Fehler bei den importierten Daten aufgetreten. Sie müssen in diesem Fall den Import der Sprachmodule erneut vornehmen.
>
> Importieren Sie die Pakete wieder über das Modul LANGUAGE, wie oben beschrieben, und wiederholen Sie die Sprachumstellung im Nutzerprofil. Die Übersetzung sollte nun vollständig sein, sofern diesmal alle Pakete korrekt übertragen wurden.

Ihnen steht das deutsche Sprachpaket jetzt zur Verfügung. Wechseln Sie nochmals zu USER TOOLS • USER SETTINGS, um die Spracheinstellung endgültig vorzunehmen: In der Pulldown-Menüliste wird nun auch Deutsch als Backend-Sprache angeboten (siehe Abbildung 2.56, Schritt 1). Bestätigen Sie Ihre Wahl mit dem Button SAVE DOCUMENT (siehe Abbildung 2.56, Schritt 2).

An der Modulleiste erkennen Sie schon, dass die Modulbezeichnungen in Deutsch dargestellt werden. Das Einstellungsformular zeigt sich aber möglicherweise noch in Englisch (siehe Abbildung 2.57). Am besten aktualisieren Sie das gesamte Backend durch einen *Browser-Reload*.

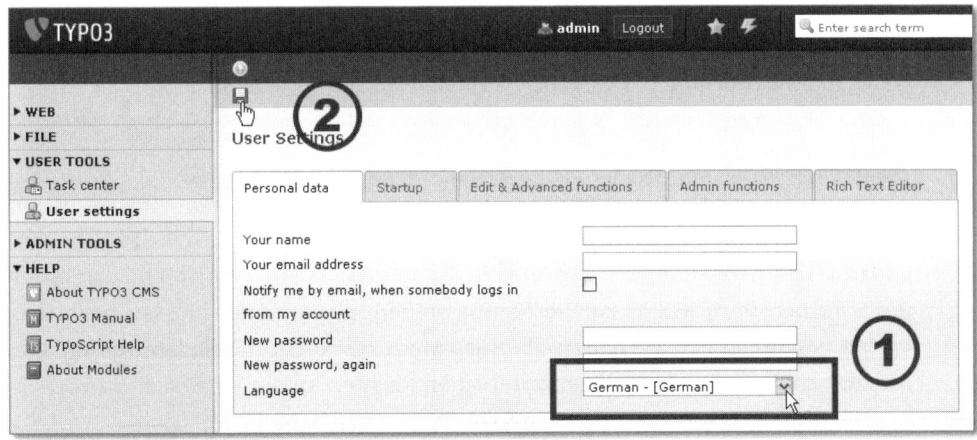

Abbildung 2.56 Auswahl des deutschen Sprachpaketes

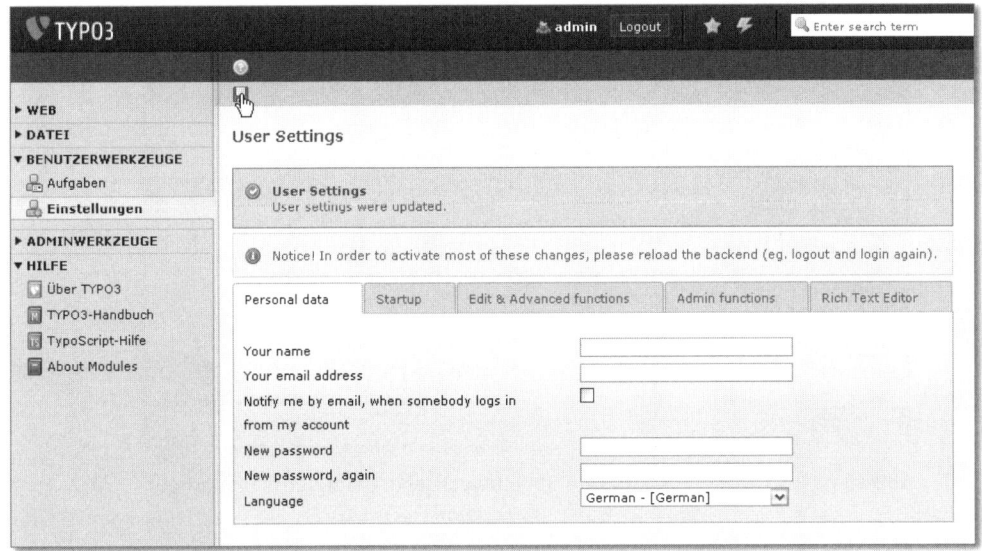

Abbildung 2.57 Die Modulleiste zeigt sich schon in Deutsch.

2.10 Sprachwechsel auf Benutzerebene

Sobald Sprachmodule mittels des Moduls LANGUAGE (die Bezeichnung wurde scheinbar noch nicht übersetzt) geladen worden sind, stehen sie im Rahmen der Benutzereinstellungen als Backend-Sprachen zur Verfügung. Der Administrator hat die Möglichkeit, mehrere Module »auf Vorrat« zu laden, um sie seinen Redakteuren zur Verfügung zu stellen.

Hinweis

Die Spracheinstellung erfolgt generell auf Nutzerebene – jeder angelegte Benutzer kann daher seine persönliche Spracheinstellung vornehmen, die zusammen mit seinem Profil gespeichert wird.

Hierfür wird unter EINSTELLUNGEN im Pulldown-Menü die gewünschte Sprache ausgewählt (siehe Abbildung 2.58) – beachten Sie dabei, dass nur die im Menü dargestellten Sprachen unmittelbar zur Verfügung stehen; alle anderen müssen nach dem vorhin beschriebenen Verfahren über das Modul LANGUAGE geladen werden. (Ein Nutzer benötigt allerdings die erforderlichen Rechte, um diese Installation vornehmen zu dürfen, ansonsten muss er den Administrator bemühen.)

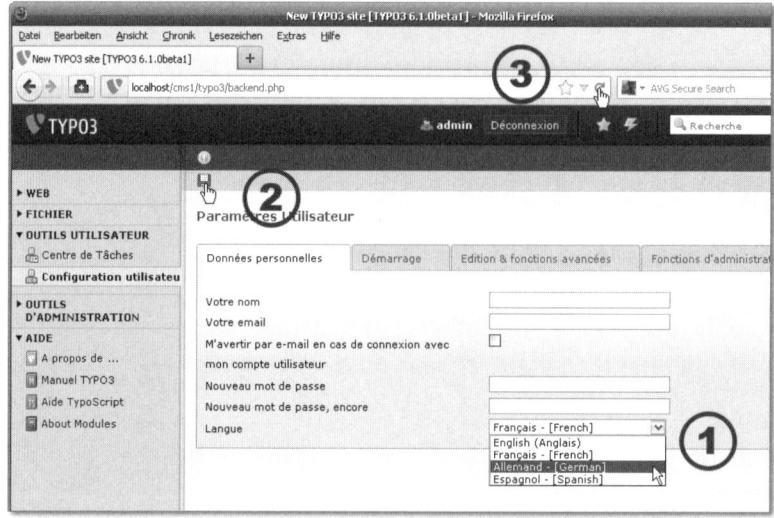

Abbildung 2.58 Mit drei Klicks zum Sprachwechsel in den User-Einstellungen

Einfacher Sprachwechsel für installierte Sprachmodule

Ist ein gewünschtes Sprachmodul bereits installiert, funktioniert der Sprachwechsel einfach mit drei Klicks:

1. Sprache auswählen
2. Konfiguration sichern
3. Browser aktualisieren

Beim Umschalten zwischen zwei vorhandenen Backend-Sprachen sollte der Cache des Systems jedoch gelöscht werden, damit die Änderungen im Backend zuverlässig und vollständig in Kraft treten. Alternativ können Sie sich gegebenenfalls aus- und neu einloggen.

Kapitel 3
Seiten anlegen

In diesem Kapitel zeigen wir Ihnen, wie Sie Seiten und Unterseiten mithilfe der Modulgruppe Web *anlegen: Wir behandeln das Erstellen, Kopieren, Verschieben von Seiten mittels Kontextmenü und Drag & Drop, das Löschen und Wiederherstellen sowie das Kopieren und Löschen von Zweigen des Seitenbaums.*

Jetzt, da Sie über eine funktionierende TYPO3-Installation verfügen, ist es an der Zeit, einen vorsichtigen Blick ins Backend zu werfen, um zu lernen, wie man Seiten anlegt.

3.1 Der TYPO3-Seitenbaum

Loggen Sie sich mit dem von Ihnen gewählten Usernamen und Passwort im System ein, und wählen Sie in der Modulgruppe Web den Unterpunkt Seite aus. In der linken Hälfte des Arbeitsbereichs erscheint jetzt der *Seitenbaum* der zukünftigen Website.

Ein Seitenbaum in TYPO3 entspricht den Webseiten, die in einer »herkömmlichen« Webpräsenz in Form von HTML-Dokumenten abgelegt sind. Da TYPO3 nicht mit »realen« Dateien arbeitet, müssen keine Seiten physisch auf dem Server abgelegt werden. Stattdessen werden sie im CMS selbst als »virtuelle Seiten« erzeugt.

3.1.1 Der TYPO3-Seitenbaum als hierarchische Struktur

Diese virtuellen Dokumente werden hierarchisch einem Startpunkt unterstellt, der dem Wurzelverzeichnis (*Root*) einer Webpräsenz entspricht. Das Symbol, das TYPO3 für diesen Startpunkt verwendet, ist ein kleines TYPO3-Logo. Die Hierarchien unterhalb dieses Root-Icons sind vergleichbar mit den Ordnerstrukturen, die normale Websites zur Dateiablage verwenden.

> **Auch virtuelle Dokumente lassen sich problemlos handhaben!**
> Lassen Sie sich nicht dadurch irritieren, dass die »Seiten«, mit denen Sie hantieren werden, nicht wirklich existieren. Sie werden sehen, dass der Umgang mit solchen Dokumenten genauso intuitiv ist wie der mit realen Dateien.

Sie sehen derzeit das kleine TYPO3-Logo, neben dem der Name der zu erstellenden Website steht (siehe Abbildung 3.1). Dieser lautet per Default[1] NEW TYPO3 SITE. Seit der Version TYPO3 CMS 6 ist aus praktischen Gründen dort schon eine Seite mit der Bezeichnung »Home« angelegt. In den früheren Versionen war bei leerem Seitenbaum das Anlegen der ersten Seite etwas schwierig und nicht intuitiv genug. Von daher hat man sich entschlossen, die Seite »Home« anzubieten, was den ersten Kontakt mit dem Seitenbaum erleichtert. Ansonsten hat diese Seite keine Funktion. Wir werden sie später löschen.

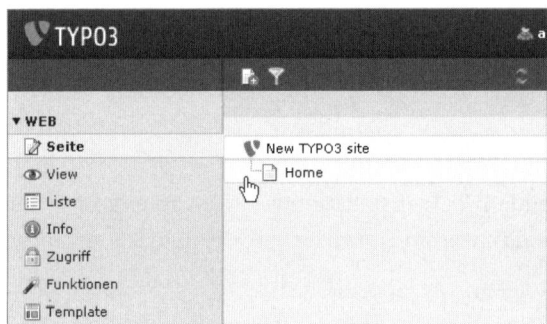

Abbildung 3.1 Das Root-Icon der TYPO3-Site mit der »Home«-Seite

Die Filterfunktion für den Seitenbaum

Oberhalb des Root-Icons sehen Sie ein kleines Trichtersymbol, das eine *Filterfunktion* für die Ansicht des Seitenbaums öffnet. Mit ihr wird innerhalb der Seitentitel nach dem in das Textfeld eingegebenen Begriff gesucht.

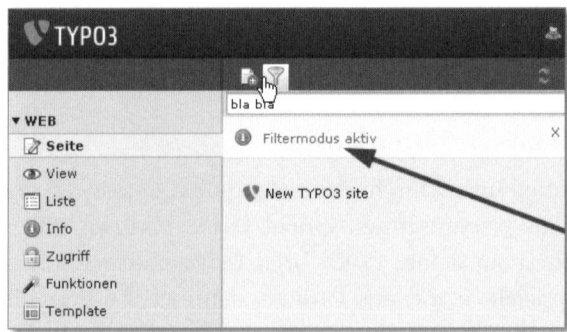

Abbildung 3.2 Der Filter für die Seitenbaumansicht

Seiten, deren Titel diesen Begriff nicht enthalten, werden im Baum ausgegraut. (Interessant wird dieses Feature, sobald der Seitenbaum einen gewissen Umfang ange-

---

[1] Sie können den Websitebezeichner, falls Sie das wünschen, im Installationsdialog BASIC CONFIGURATION ändern. Wechseln Sie hierzu in TOOLS • INSTALLATION. Sie benötigen hierfür Ihr Installationspasswort.

nommen hat und beginnt, unübersichtlich zu werden.) Der Filter wirkt ab dem ersten eingegebenen Buchstaben. Ein Filterbegriff wird mit dem Button rechts im Textfeld gelöscht. (Mehr über den Seitenbaumfilter erfahren Sie in diesem Kapitel.)

Die Befehls-Icons für den Seitenbaum

Oberhalb des Seitenbaumfilters befinden sich zwei weitere Icons, die Ihnen auch an anderen Stellen im Backend begegnen werden. Deshalb wollen wir sie an dieser Stelle kurz erläutern:

- **das Icon** NEUE SEITE – ein Seitensymbol mit einem Pluszeichen im grünen Kreis
  Diese Schaltfläche dient zum Erzeugen eines neuen Seitenobjekts.

Abbildung 3.3 Das Icon »Neue Seite«

- **das Icon** ANSICHT NEU LADEN – grüne Pfeile (»Reload«)
  Über dieses Icon forcieren Sie die Aktualisierung der Seitenbaumansicht, falls vorgenommene Änderungen dort nicht umgehend sichtbar werden.

Abbildung 3.4 Das Icon »Ansicht neu laden«

- **das Icon** KONTEXTHILFE – ein Fragezeichen in grauem Kreis
  Das Fragezeichen (eines dieser Symbole sehen Sie im Arbeitsbereich rechts) bietet bei einem *Mouseover* einen Tool-Tipp als kontextsensitive Hilfe in der jeweiligen Backend-Sprache. Benötigen Sie mehr Informationen, öffnet ein Klick auf den »Mehr«-Pfeil im Tool-Tipp ein Popup-Fenster mit der lokalen Hilfedatei (siehe Abbildung 3.5).

Abbildung 3.5 Das Icon »Kontexthilfe«

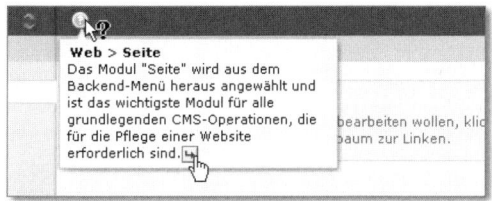

Abbildung 3.6 Die Kontexthilfe in TYPO3 mit dem »Mehr«-Pfeil

Icon und Bezeichner eines Seitenbaumelements

Ein Element im TYPO3-Seitenbaum wird stets in Form eines *Icons* dargestellt. Dieses Icon steht für den Elementtyp – wie beispielsweise das Root-Icon den Ausgangspunkt der Site symbolisiert.

Abbildung 3.7 Das Root-Icon – die Wurzel der TYPO3-Website

Die verschiedenen Elemente, die im Seitenbaum vorkommen, besitzen deshalb unterschiedliche Icons. Es können, wie Sie später sehen werden, nicht nur virtuelle Dokumente, also »Seiten«, Teil des Seitenbaums sein, sondern auch weitere Arten von Elementen, die andere Aufgaben übernehmen.

Abbildung 3.8 Das Icon »Seite« – ein virtuelles Dokument im Seitenbaum

Rechts vom Stellvertreter-Icon steht der *Bezeichner* des Elements. Für das Root-Element ist dies der Sitename, für eine Seite ist es der Dokumenttitel. Sowohl das Icon als auch der Name sind anklickbar und besitzen verschiedene Aufgaben:

- Ein Klick auf das *Icon* leitet eine Bearbeitung des Seitenbaums ein.
- Ein Klick auf den *Bezeichner* leitet eine Bearbeitung des Elements ein.

3.1.2 Anlegen von neuen Seiten über das Kontextmenü des Root-Icons

Ein Klick auf das Root-Icon öffnet ein Kontextmenü (siehe Abbildung 3.9). Es ist gleichgültig, ob Sie hierfür die linke oder die rechte Maustaste verwenden. Dieses Kontextmenü besitzt fünf Menüpunkte. Wählen Sie von diesen den Befehl NEU, um eine neue Seite anzulegen.

Abbildung 3.9 Mit dem Kontextmenü des Root-Icons können Sie eine Seite anlegen.

In der rechten Hälfte des Arbeitsbereichs erscheint nun ein Dialog zur Positionierung der neuen Seite. Normalerweise können Sie zwischen einer Position *nach* dem aktuellen Objekt (unterer Pfeil, siehe Abbildung 3.10) oder *in* dem aktuellen Objekt (oberer eingerückter Pfeil) wählen. Zu diesem Zeitpunkt sind beide Optionen gleichwertig.

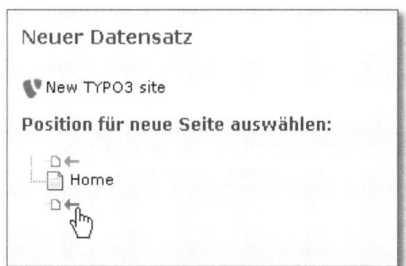

Abbildung 3.10 Erzeugen einer neuen Seite unterhalb (»in«) der Site-Root

Die Erstellung einer neuen Seite erfordert einige Angaben, die Sie in einem Dialogfenster machen, das jetzt angezeigt wird (siehe Abbildung 3.11). Der Dialog ist, analog zu den Benutzereinstellungen, in mehrere Bereiche unterteilt, die in Form von Karteireitern organisiert sind. Uns interessiert an dieser Stelle zunächst der erste Reiter, ALLGEMEIN. Hier geben Sie den SEITENTITEL ein.

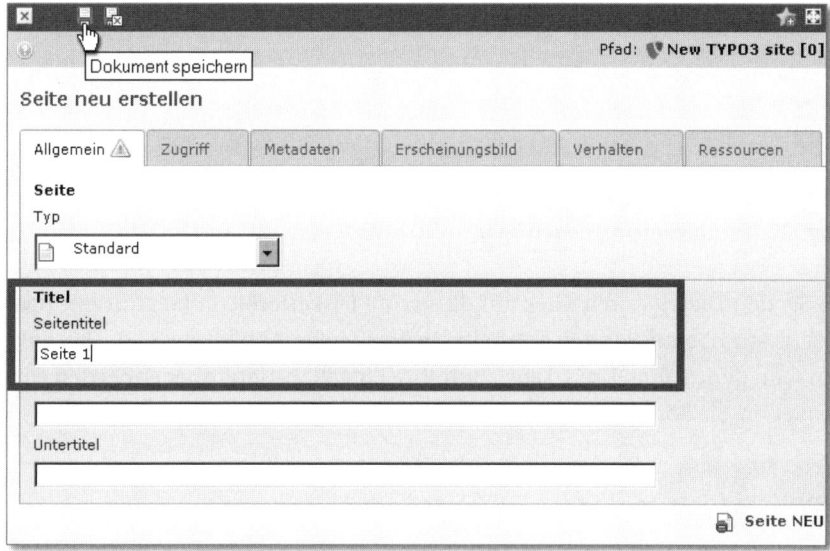

Abbildung 3.11 Titel der neuen Seite

Dialoge mit obligatorischen Angaben kennzeichnet TYPO3 durch ein Ausrufezeichen im gelben Dreieck. Das heißt, Sie können diesen Dialog erst dann speichern, wenn Sie eine Eingabe im Feld SEITENTITEL gemacht haben. Nennen Sie die neu erstellte Seite »Seite 1«.

Eine frische Seite ist immer zunächst »versteckt«, damit sie vor dem Abschluss der Bearbeitung von außen unsichtbar ist. Da dies für diese Vorübungen keine Rolle spielt, wählen Sie im Reiter ZUGRIFF die entsprechende Checkbox DEAKTIVIEREN ab (siehe Abbildung 3.12). Alle anderen Reiter und Eingabefelder können Sie vorläufig außer Acht lassen.

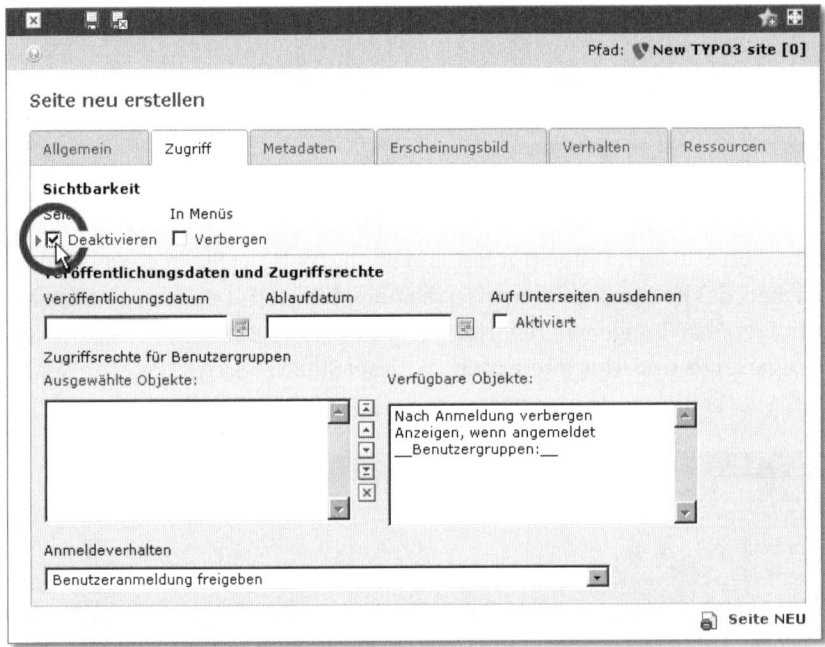

Abbildung 3.12 Sichtbarkeit der neuen Seite

Beenden Sie den Dialog durch Klick auf das *rechte* Disketten-Icon (SPEICHERN UND SCHLIESSEN) am oberen Rand des Arbeitsfensters (siehe Abbildung 3.13). Das *linke* Disketten-Icon (jenes ohne Kreuz) speichert Ihre Eingaben, ohne aber dabei den Dialog zu schließen. Sie können nachfolgend weitere Eingaben vornehmen.

Abbildung 3.13 Icons zum Speichern und Beenden des Dialogs

Das räumlich abgesetzte graue Icon mit dem Kreuz (ganz links) benötigen Sie nur, falls Sie den Dialog ohne Speichervorgang unmittelbar verlassen wollen. In diesem Fall würde jedoch keine neue Seite erzeugt werden.

> **Tipp: Vergessen Sie nie das Speichern als Abschluss eines Dialogs!**
> Die von den Eingabefeldern räumlich getrennte Anordnung der Speicher-Buttons oberhalb des eigentlichen Eingabebereichs verleitet dazu, das Speichern zu vergessen, wenn man in Eile ist. Sobald Sie den Dialog jedoch verlassen, ohne zu speichern (indem Sie beispielsweise in ein anderes Modul wechseln), sind Ihre Eingaben unwiederbringlich verloren. Gewöhnen Sie sich daher routinemäßiges Speichern an.

3.1.3 Neue Seite mit Drag & Drop

Die neue Seite erscheint nun mit dem angegebenen Titel »Seite 1« im Seitenbaum. Klicken Sie jetzt zur Abwechslung auf das Seitenerstellungs-Icon neben dem Seitenbaumfilter, um eine weitere Seite anzulegen. Unter dem Icon klappt eine Button-Reihe auf, die verschiedene Typen zu erstellender Seiten symbolisiert (siehe Abbildung 3.14, links). Wir interessieren uns in diesem Fall zunächst nur für das Icon ganz links, das eine »herkömmliche« neue Seite repräsentiert. Sie können jedes Icon einfach mit der Maus anfassen und in den Seitenbaum ziehen (siehe Abbildung 3.14, rechts).

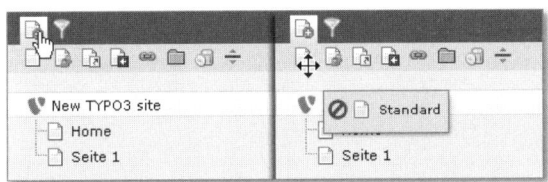

Abbildung 3.14 Icons für neue Seiten, Einleitung für das Drag & Drop

Ziehen Sie das Icon nun auf die im Seitenbaum bereits bestehende Seite mit dem Titel »Seite 1«, und lassen Sie es dort fallen (siehe Abbildung 3.15, links). Achten Sie auf das hellblaue Avatar-Icon – es zeigt ein kleines Symbol mit einem einzelnen Ordner und bedeutet »Einfügen in«. Die neue Seite wird hierarchisch der bestehenden Seite untergeordnet (siehe Abbildung 3.15, rechts).

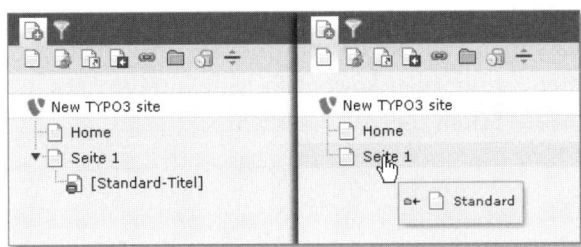

Abbildung 3.15 Neue Seite per Drag & Drop »in« bestehender Seite

Dieses Procedere soll nun gleich wiederholt werden (praktischerweise bleibt die Icon-Leiste zur Seitenerstellung offen, bis sie durch einen weiteren Klick auf den Neu-erstellen-Button geschlossen wird). Ziehen Sie das Icon Neue Seite erneut in den Seitenbaum, diesmal allerdings auf die neue Seite, die noch den Titel [Standard-Titel] trägt (siehe Abbildung 3.16, rechts). Diesmal soll jedoch eine Folgeseite auf der gleichen Hierarchieebene, also *nach* der bestehenden Seite erzeugt werden.

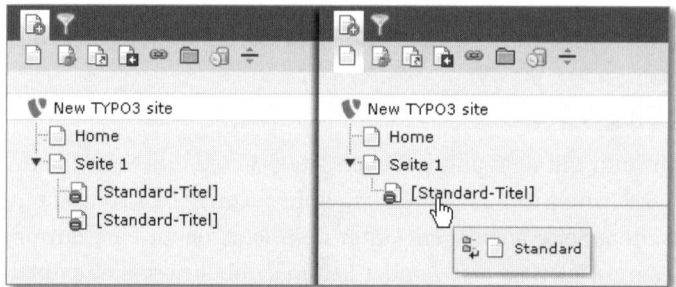

Abbildung 3.16 Neue Seite per Drag & Drop »nach« bestehender Seite

Beachten Sie den Avatar, der diesmal ein wenig anders aussieht. Er verändert sein Aussehen je nach Zielposition der zu erstellenden Seite (siehe Abbildung 3.17 und Abbildung 3.18).

Abbildung 3.17 Avatar für »Einfügen in«

Abbildung 3.18 Avatar für »Einfügen nach«

Dies ist die wohl intuitivste Methode der Seitenerstellung – trotzdem gibt es hierfür noch weitere Möglichkeiten, die wir uns gleich ansehen werden. Zurzeit besitzen die neuen Seiten immer noch Standardtitel, die lediglich als Platzhalter zu verwenden sind. Sie müssen also geändert werden. Außerdem sind die beiden neuen Seiten noch »versteckt«, was Sie am Icon erkennen können, das ein rotes Warnsymbol trägt (siehe Abbildung 3.19). Im nächsten Schritt sollen sowohl die Seitentitel als auch die Sichtbarkeitseigenschaften der neuen Seiten angepasst werden.

Abbildung 3.19 Icon für eine »versteckte« Seite

3.1.4 Änderungen der Seiteneigenschaften

Das Ändern des Titels ist ebenso intuitiv möglich wie das Erstellen der Seite. Sie brauchen lediglich einen Doppelklick auf den zu bearbeitenden Titel auszuführen und können ihn dann einfach überschreiben. Ändern Sie den Titel der ersten neuen Seite in »Unterseite 1« (siehe Abbildung 3.20).

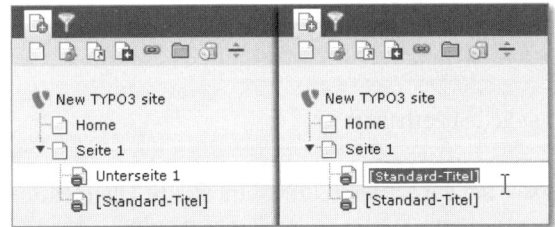

Abbildung 3.20 Ändern des Seitentitels unmittelbar im Seitenbaum

Fast ebenso einfach gestaltet sich das Einblenden einer Seite: Klicken Sie hierfür auf deren Icon im Seitenbaum. Es öffnet sich ein Kontextmenü. Wählen Sie hier den Befehl AKTIVIEREN, und schon sind Sie fertig (siehe Abbildung 3.21).

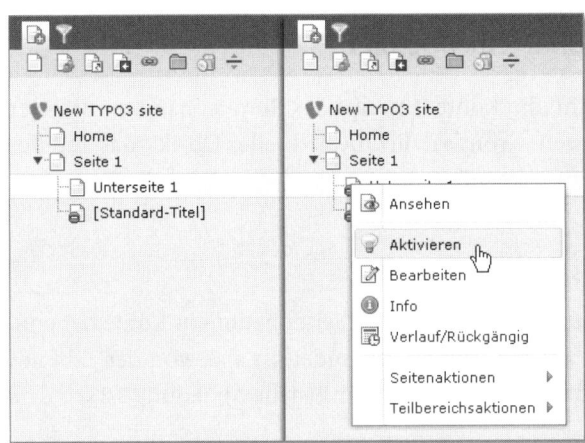

Abbildung 3.21 Eine Seite über das Kontextmenü aktivieren

Mit der zweiten Seite könnten Sie im Prinzip ebenso verfahren. Da die Möglichkeit dazu besteht, soll diesmal jedoch ein anderer Weg gewählt werden. Klicken Sie diesmal auf den Seitentitel (siehe Abbildung 3.22, Schritt 1). Rechts neben dem Seitenbaum wechselt nun die Ansicht des Arbeitsbereichs, um ein Bearbeiten der angewählten Seite zu ermöglichen – allerdings mit der Zielsetzung, der Seite Inhalte hinzuzufügen. Das soll jetzt noch nicht geschehen, sondern es sollen die Seiteneigenschaften bearbeitet werden. Klicken Sie auf das Icon SEITENEIGENSCHAFTEN BEARBEITEN am oberen Rand des Arbeitsbereichs (siehe Abbildung 3.22, Schritt 2).

Abbildung 3.22 Die Eigenschaften einer Seite bearbeiten

Sie gelangen in den gleichen Dialog wie bei der Neuerstellung einer Seite. Überschreiben Sie den SEITENTITEL mit »Unterseite 2«, und speichern Sie Ihre Eingabe. Sie sehen, dass Ihre Änderung sofort im Seitenbaum sichtbar wird. Stellen Sie die Seite im Bereich ZUGRIFF durch Abwahl der Checkbox DEAKTIVIEREN auf sichtbar. In diesem Dialogmodus sind auch beliebige weitere Änderungen an den Seiteneigenschaften möglich.

3.2 Kontextmenüs und Shortcut-Buttons

An dieser Stelle ist es angebracht, die Kontextmenüs des Root-Icons und normaler Seiten miteinander zu vergleichen. Grundsätzlich besitzt jedes Objekt, das Teil des Seitenbaums ist, ein solches Kontextmenü.

3.2.1 Das Kontextmenü eines Seitenelements

Genau wie das Root-Icon besitzt auch jede Seite im Seitenbaum ein Kontextmenü. Dieses wird ebenfalls per Klick auf das Icon eingeblendet, ist aber von der Zahl der Befehle her umfangreicher als dasjenige des Root-Icons (siehe Abbildung 3.23).

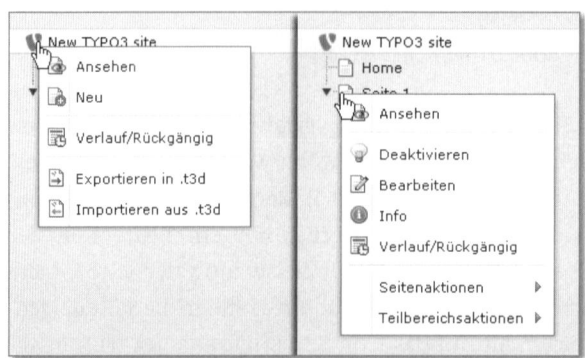

Abbildung 3.23 Die Kontextmenüs des Root-Icons (links) und einer Seite (rechts)

Die Befehle, aus denen sich ein Menü zusammensetzt, richten sich nach dem Objekt, dem das Kontextmenü gehört. Das Root-Icon besitzt die Optionen ANSEHEN, NEU, VERLAUF/RÜCKGÄNGIG, EXPORTIEREN IN .T3D und IMPORTIEREN AUS .T3D. Wofür genau die jeweiligen Befehle stehen, werden wir in Kürze erarbeiten.

Das Kontextmenü einer Seite zeigt (mit zwei Ausnahmen) andere Befehle. Auch hier existieren zwar die Optionen ANSEHEN und VERLAUF/RÜCKGÄNGIG – die anderen drei Befehle DEAKTIVIEREN, BEARBEITEN und INFO sind aber nur für Seitenobjekte verfügbar. Des Weiteren befindet sich hinter den beiden Menüpunkten SEITENAKTIONEN und TEILBEREICHSAKTIONEN noch je ein weiteres Untermenü. Betrachten wir zunächst kurz die Befehle der ersten Ebene:

- **der Befehl** ANSEHEN – Seitensymbol mit Auge
  Dieser Befehl öffnet die aktuelle Seite zum Betrachten in einem neuen Browserfenster. Vom Root-Icon aus angewandt, öffnet er die Einstiegsseite der Website.

Abbildung 3.24 Das Icon des Befehls »Ansehen«

- **der Befehl** AKTIVIEREN – ausgeschaltete Glühlampe
  Dieser Befehl macht die aktuelle Seite sichtbar, wenn sie ausgeblendet ist, bzw. blendet sie aus, wenn sie sichtbar ist. Welcher Befehl angezeigt wird, hängt vom jeweiligen Zustand der Seite ab. Die Anweisung entspricht der Checkbox DEAKTIVIEREN im Bereich ZUGRIFF der Seiteneigenschaften.

Abbildung 3.25 Das Icon des Befehls »Aktivieren«

- **der Befehl** BEARBEITEN – Stiftsymbol
  Dieser Befehl öffnet den Dialog zur Bearbeitung der Seiteneigenschaften.

Abbildung 3.26 Das Icon des Befehls »Bearbeiten«

- **der Befehl** INFO – Weißes »i« auf blauem Schild
  Dieser Befehl öffnet ein Popup-Fenster mit Informationen über das aktuelle Objekt (Typ, Titel, letzte Aktualisierung etc.).

Abbildung 3.27 Das Icon des Befehls »Info«

3.2.2 Das Untermenü »Seitenaktionen«

Im Kontextmenü sind Ihnen sicher die beiden Menüpunkte SEITENAKTIONEN und TEILBEREICHSAKTIONEN aufgefallen, die selbst nicht anklickbar sind. Stattdessen führen sie jeweils in ein weiteres Untermenü. Wenn Sie das Unterkontextmenü ausgehend von »Seite 1« öffnen, sehen Sie, dass es drei Befehle enthält (siehe Abbildung 3.28). Sie können, ausgehend von dieser Position im Seitenbaum, eine neue Seite anlegen, die aktuelle Seite ausschneiden oder kopieren. Diese Befehle werden wir in Abschnitt 3.3, »Manipulation des Seitenbaums«, behandeln.

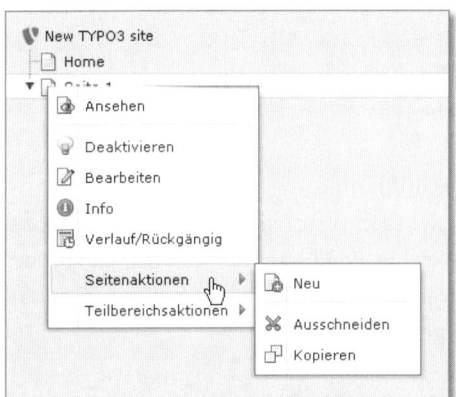

Abbildung 3.28 Das Untermenü »Seitenaktionen«, Wurzelseite eines Zweigs

An dieser Stelle soll etwas anderes gezeigt werden. Öffnen Sie nun das gleiche Untermenü erneut, diesmal ausgehend von HOME. Sie sehen, dass das Untermenü jetzt vier Befehle umfasst – und zwar ist die Option hinzugekommen, die aktuelle Seite zu löschen (siehe Abbildung 3.29). Der Grund hierfür ist, dass es sich bei »Home« um eine sogenannte *Blattseite* im Seitenbaum handelt, also um eine Seite, die selbst nicht über Unterseiten verfügt.

Eine solche Seite darf gelöscht werden, da keine von ihr abhängigen Seitendatensätze existieren. TYPO3 geht hingegen davon aus, dass das Löschen einer Seite, die (wie »Seite 1«) über eine oder mehrere Unterseiten verfügt, reglementiert werden muss: Für solche Seiten wird daher eine Löschoption von vornherein nicht angeboten (Sie werden noch sehen, wie sich das ändern lässt).

Löschen Sie nun die Seite »Home«. Sie war ja nur dafür gedacht, dass nach der Standard-Installation das Einfügen der ersten Seite vereinfacht werden sollte. Wir brauchen diese Seite nicht mehr.

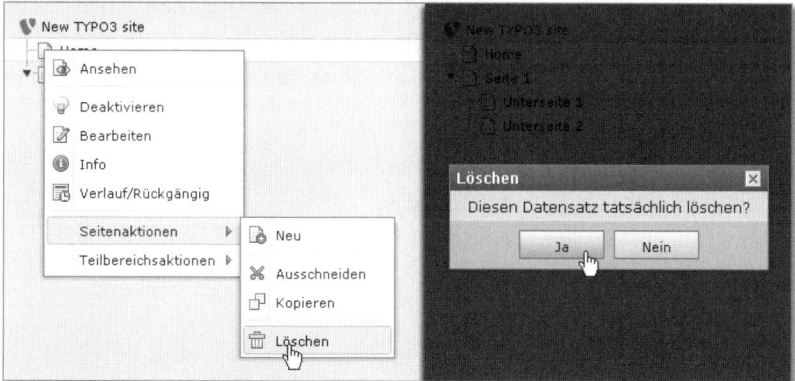

Abbildung 3.29 Das Untermenü »Seitenaktionen«, Blattseite eines Zweigs, »Home«-Seite löschen

- **Der Befehl** LÖSCHEN – Mülltonnensymbol
  Dieser Befehl löscht das aktuelle Objekt aus dem Seitenbaum. Dies ist ohne Konfigurationsänderung nur möglich für Objekte, die keine Unterobjekte besitzen (sogenannte *Leaf-* oder *Blattseiten* eines Zweigs).

Abbildung 3.30 Das Icon des Befehls »Löschen«

Zum Löschen können Sie ein Objekt jedoch einfacher auch an den unteren Rand des Seitenbaumbereichs ziehen (siehe Abbildung 3.31). Auch dies ist nur für Leaf-Seiten möglich, für andere Seiten erscheint das Drop-Target nicht.

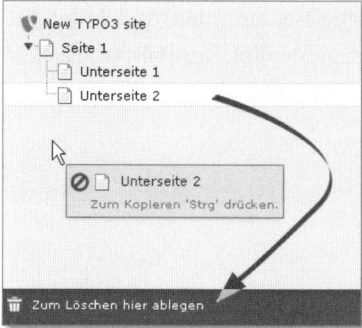

Abbildung 3.31 Löschen einer Seite per Drag & Drop

3.2.3 Das Untermenü »Teilbereichsaktionen«

In TYPO3 bezeichnet man einen Zweig des Seitenbaums als *Teilbereich*. Nicht alle Aktionen, die im Seitenbaum möglich sind, beziehen sich direkt auf Seitenobjekte. Manche sind für mehrere Seiten gleichzeitig gültig, die im Rahmen eines Baumzweigs zusammengefasst sind. Sie betreffen also beispielsweise eine Hauptseite und gleichzeitig alle ihre Unterseiten. Solche Aktionen werden als *Teilbereichsaktionen* bezeichnet.

Diese Aktionen sind über ein eigenes Untermenü erreichbar (siehe Abbildung 3.32), wobei es keine Rolle spielt, ob die betreffende Seite selbst über Unterseiten verfügt. (Ist dies nicht der Fall, besteht der »Teilbereich« eben nur aus der aktuellen Seite.)

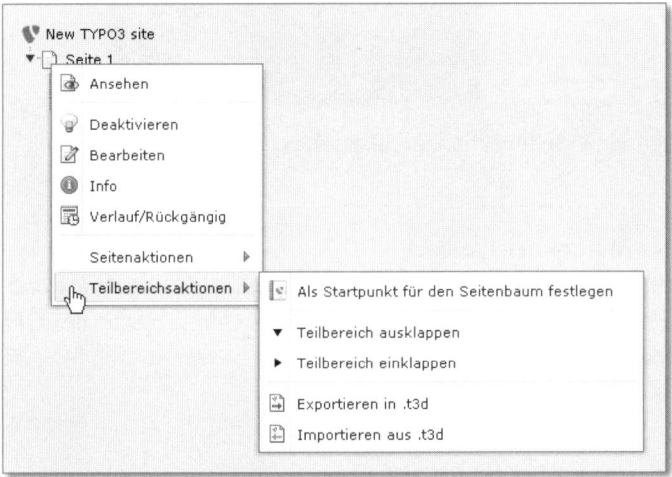

Abbildung 3.32 Das Untermenü »Teilbereichsaktionen«

▶ **Der Befehl** ALS STARTPUNKT FÜR DEN SEITENBAUM FESTLEGEN«
Dieser Befehl macht die aktuelle Seite zur Wurzelseite eines temporären Seitenbaums. Dies ist praktisch, sobald der vollständige Seitenbaum auf eine unübersichtliche Größe angewachsen ist und man vorübergehend mehr Übersicht benötigt: Alle Zweige, die sich neben der aktuellen Seite befinden, und Seiten hierarchisch oberhalb der aktuellen Seite werden ausgeblendet. Der temporäre Startpunkt kann per Klick einfach wieder aufgehoben werden (siehe Abbildung 3.34).

Abbildung 3.33 Das Icon des Befehls »Als Startpunkt für den Seitenbaum festlegen«

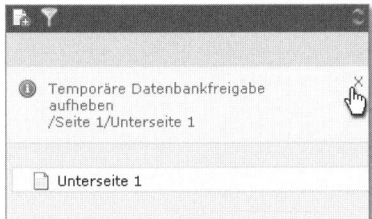

Abbildung 3.34 Temporären Startpunkt aufheben

▶ **Der Befehl** EXPORTIEREN IN .T3D
Dieser Befehl exportiert die Daten der aktuellen Seite oder, je nach Einstellung, des gesamten aktuellen Zweigs in Form eines TYPO3-Dumps. Dies ist Teil der Backup-Strategie von TYPO3, die wir in Kapitel 7, »Backup von Seiten und Inhalten«, ausführlicher behandeln werden. Lassen Sie diesen und den folgenden Befehl einstweilen also noch außer Acht.

Abbildung 3.35 Das Icon des Befehls »Exportieren in .t3d«

▶ **Der Befehl** IMPORTIEREN AUS .T3D
Als Gegenstück zum eben erwähnten Exportbefehl gibt diese Anweisung die Möglichkeit, einen TYPO3-Dump mit der aktuellen Seite als Einstiegspunkt zu importieren. Auch hierauf gehen wir in Kapitel 7 näher ein.

Abbildung 3.36 Das Icon des Befehls »Importieren aus .t3d«

3.2.4 Ein- und Ausklappen von Seitenbaumzweigen

Um die Übersichtlichkeit zu verbessern, können Sie in TYPO3 Teile des Seitenbaums einklappen (siehe Abbildung 3.37). Hierbei dienen die schwarzen Dreiecke am Ausgangspunkt jedes Zweigbaums als klickbare Schalter. Das Verfahren ist intuitiv und braucht nicht weiter erläutert zu werden. Es sollte damit deutlich werden, warum TYPO3-Anwender sagen, dass Unterseiten sich »in« einer Hauptseite befinden.

Abbildung 3.37 So klappen Sie einen Zweig des Seitenbaums aus und ein.

Dieselbe Aktion lässt sich auch über das Kontextmenü der Stammseite eines Zweigs erledigen. Klicken Sie auf das Seiten-Icon, und öffnen Sie das Untermenü TEILBEREICHSAKTIONEN. Hier finden Sie, neben den soeben vorgestellten Befehlen, auch die Optionen, diesen Teilbereich ein- oder auszuklappen (siehe Abbildung 3.38).

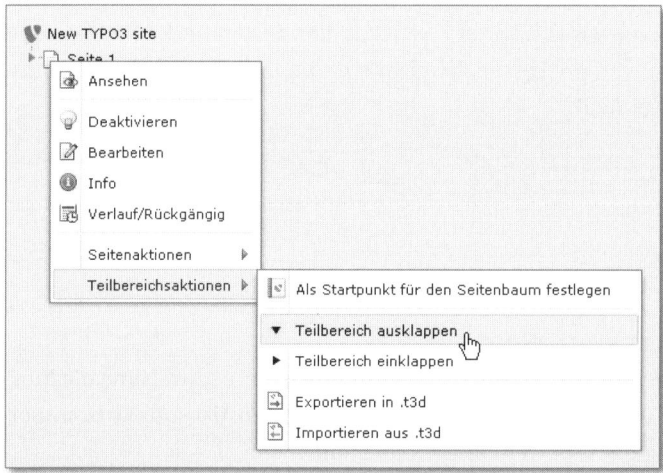

Abbildung 3.38 Aus- und Einklappen eines Seitenbaumzweigs (Kontextmenü)

3.3 Manipulation des Seitenbaums

Wir befassen uns nun mit den Möglichkeiten, die TYPO3 bietet, um den Seitenbaum und damit die Struktur einer Website zu bearbeiten, die wir erzeugen wollen. Da – wie wir später sehen werden – das Navigationsmenü der Site aus den Namen und den Positionen der Seiten im Seitenbaum abgeleitet wird, ist es wichtig, Seiten einfach umbenennen, verschieben, kopieren oder löschen zu können. Einen Teil dieser Möglichkeiten haben wir bereits gestreift. Nun gehen wir die Thematik systematischer an und betrachten zum Schluss auch das Kopieren und Löschen ganzer Zweige.

Benennen Sie zunächst »Seite 1« in »Hauptseite 1« um, und erzeugen Sie eine weitere »Unterseite 3« in »Hauptseite 1« (siehe Abbildung 3.39).

3.3 Manipulation des Seitenbaums

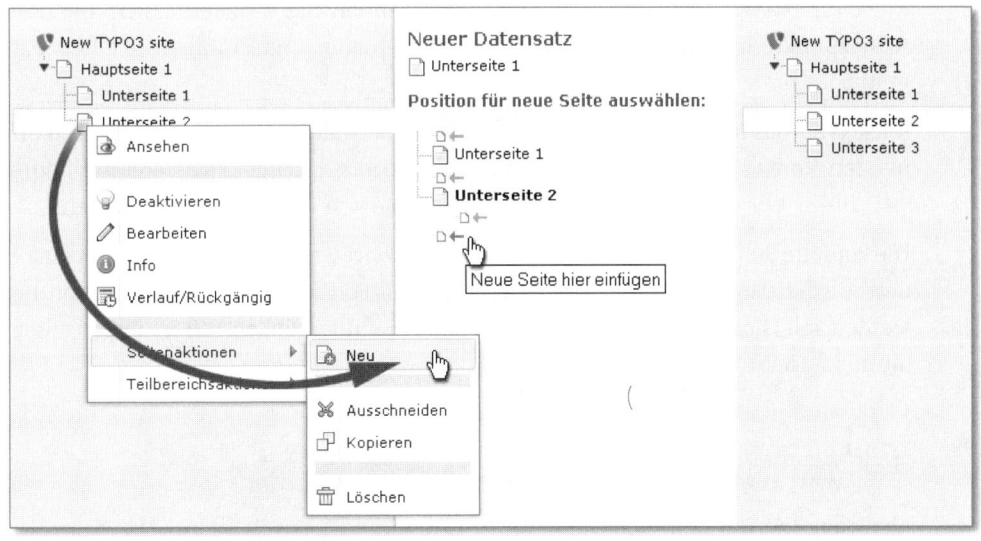

Abbildung 3.39 Erzeugen des Ausgangsseitenbaums für diesen Abschnitt

3.3.1 Kopieren über das Kontextmenü

Wie einfach es ist, eine neue Seite per Drag & Drop zu erzeugen, haben wir bereits in diesem Kapitel behandelt. Eben wurde nochmals das Erzeugen einer Seite per Kontextmenü demonstriert. Sie sehen, dass TYPO3 verschiedene Wege bietet, um dieselbe Aktion durchzuführen. Diese Redundanz ist durchaus beabsichtigt und gibt Ihnen die Möglichkeit, Ihre Arbeitsmethoden nach Ihren persönlichen Vorlieben zu gestalten.

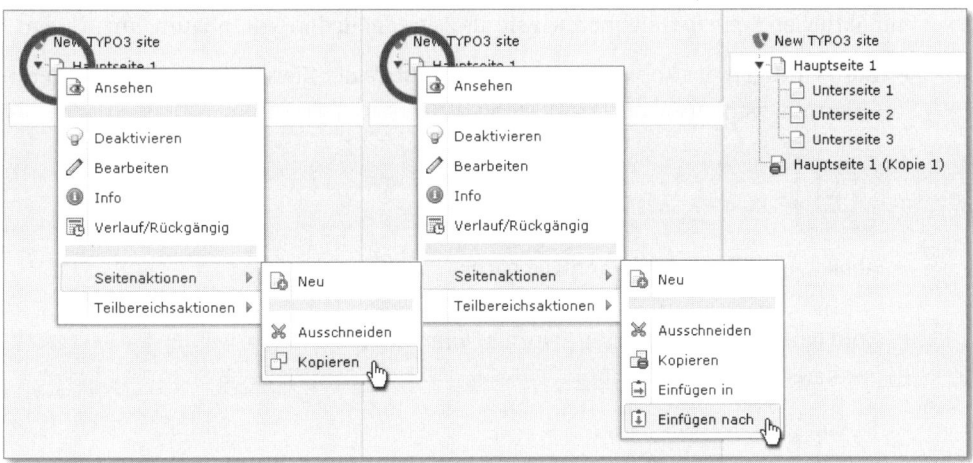

Abbildung 3.40 Kopieren und Einfügen einer Seite per Kontextmenü

Auch für das Kopieren einer bereits existierenden Seite bietet TYPO3 mehrere Ansatzpunkte. Betrachten wir zunächst das Kopieren und Einfügen per Kontextmenü.

Klicken Sie das Icon der betreffenden Seite an, und wählen Sie im sich daraufhin öffnenden Kontextmenü die Option SEITENAKTIONEN • KOPIEREN (siehe Abbildung 3.40, links). Wir wollen auf diesem Weg eine Kopie von »Hauptseite 1« erstellen.

Die kopierte Seite muss nun im Seitenbaum platziert werden – klicken Sie hierfür auf das Icon derjenigen Seite, der die kopierte Seite als Folge- oder Unterseite zugeordnet werden soll (siehe Abbildung 3.40, Mitte; in diesem speziellen Fall ist dies zweimal die *gleiche* Seite).

Abbildung 3.41 Das Icon »Kopieren«

Sie sehen, dass das Untermenü SEITENAKTIONEN nun weitere Befehle aufweist, die in dem Moment hinzukommen, in dem sich ein kopiertes Seitenobjekt in der Zwischenablage befindet.

Manche Befehlsoptionen werden erst sichtbar, wenn sie benötigt werden
Die Menüpunkte EINFÜGEN NACH und EINFÜGEN IN sind im Kontextmenü *nur dann* sichtbar, wenn zuvor ein Seitenobjekt zum Kopieren ausgewählt wurde.

Sie haben demnach zwei Möglichkeiten zur Verfügung, um das kopierte Objekt relativ zur aktuellen Seite (bezeichnen wir sie als *Zielseite*) in den Seitenbaum einzufügen:

▸ Zum Einfügen der kopierten Seite als *Folgeseite* der Zielseite (auf gleicher Hierarchiestufe) wählen Sie SEITENAKTIONEN • EINFÜGEN NACH.

Abbildung 3.42 Das Icon »Einfügen nach«

▸ Zum Einfügen der kopierten Seite als *Unterseite* der Zielseite wählen Sie SEITENAKTIONEN • EINFÜGEN IN.

Abbildung 3.43 Das Icon »Einfügen in«

Der Kopierbefehl hingegen ist einstweilen blockiert, was sich in einem roten Verbotsschild auf dem Icon niederschlägt (siehe Abbildung 3.44). Dieses Icon sehen Sie nur, wenn sich die Seite, von der aus das Kontextmenü geöffnet wurde, bereits in der Zwischenablage befindet. Sie könnten zwar dennoch eine andere Seite kopieren, doch würde dabei das ursprünglich kopierte Objekt in der Zwischenablage ersetzt.

Abbildung 3.44 Das Icon »Kopieren blockiert«

Die Kopie von »Hauptseite 1« soll auf gleicher Ebene als deren Folgeseite erscheinen. Wählen Sie daher EINFÜGEN NACH (siehe Abbildung 3.40). Die erstellte Kopie platziert sich nun als Folgeseite von »Hauptseite 1« im Seitenbaum (siehe Abbildung 3.40, rechts). Gleich einer neu erstellten Seite ist sie zunächst versteckt, weshalb sie ein anderes Icon mit einem roten Warnsymbol erhält. Auch im Seitentitel ist die neue Seite als Kopie gekennzeichnet: »Hauptseite 1 (Kopie 1)«.

Abbildung 3.45 Das Icon einer im Seitenbaum versteckten Seite

Die neue Seite muss nun durch Änderung ihrer Seiteneigenschaften eingeblendet werden (im Kontextmenü: AKTIVIEREN). Danach können Sie noch den Seitentitel von »Hauptseite 1 (Kopie 1)« in »Hauptseite 2« ändern.

> **Zweige des Seitenbaums werden nicht automatisch kopiert**
> Beachten Sie, dass in diesem Fall *nur die Seite selbst*, nicht aber der ihr untergeordnete Seitenzweig mit den Unterseiten kopiert wurde!

Analog gehen Sie beim Kopieren und Einfügen einer Unterseite vor (siehe Abbildung 3.46) – hier wird als Beispiel »Unterseite 1« von »Hauptseite 1« kopiert und als Unterseite von »Hauptseite 2« abgelegt.

Auch in diesem Fall wird zunächst die Quellseite kopiert und anschließend das Icon der Zielseite angewählt – allerdings muss in diesem Fall die Option EINFÜGEN IN verwendet werden (siehe Abbildung 3.46). Auch diesmal ist die neu erstellte Unterseite zunächst versteckt. Blenden Sie sie daher über das Kontextmenü mit dem Befehl AKTIVIEREN ein (siehe Abbildung 3.47).

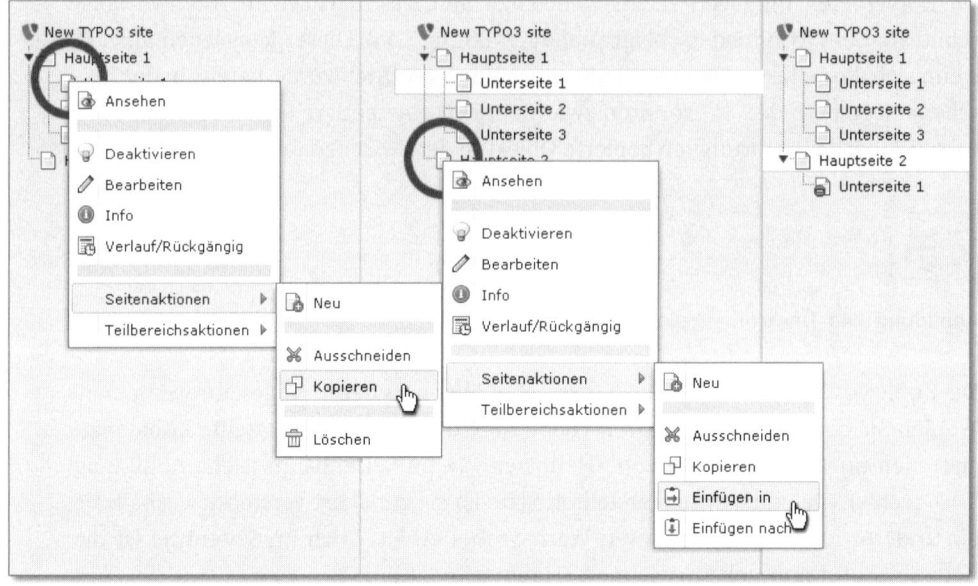

Abbildung 3.46 Kopieren und Einfügen als Unterseite

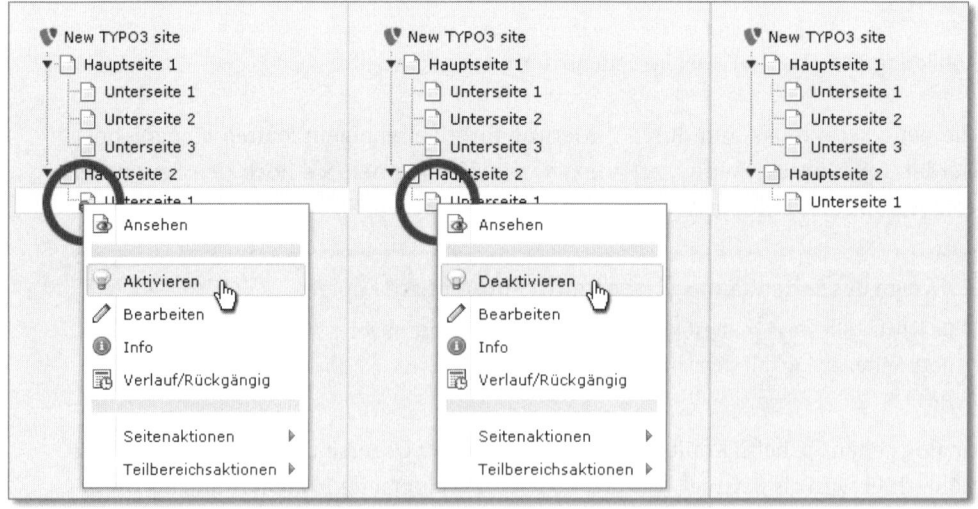

Abbildung 3.47 Seite aktivieren per Kontextmenü

Analog können Sie eine Seite auch jederzeit wieder ausblenden (DEAKTIVIEREN). Das Kontextmenü bietet stets den jeweils zum Zustand der Seite passenden Befehl an (siehe Abbildung 3.47, Mitte). Eine verborgene Seite kann eingeblendet, eine bereits sichtbare Seite verborgen werden.

Abbildung 3.48 Das Icon »Deaktivieren« (leuchtende Glühbirne)

3.3.2 Kopieren und Verschieben per Drag & Drop

Eleganter und intuitiver lässt sich der Seitenbaum durch Drag&Drop-Operationen manipulieren. Ziehen Sie einfach die Quellseite auf die Zielseite, und lassen Sie sie dort fallen. Probieren Sie es mit »Unterseite 2« von »Hauptseite 1«, und ziehen Sie sie auf die »Unterseite 1« von »Hauptseite 2« (siehe Abbildung 3.49).

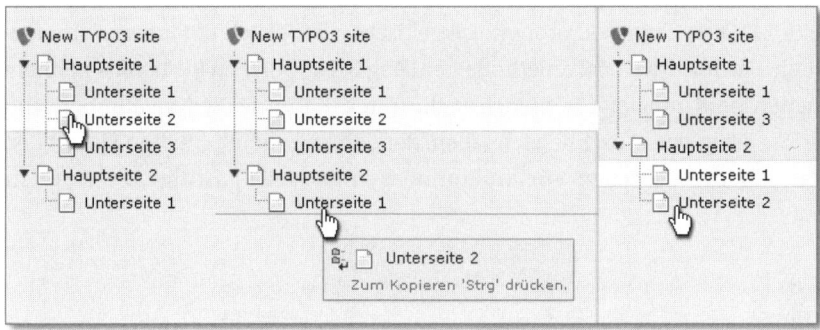

Abbildung 3.49 Seite verschieben mit Drag & Drop

Auf diesem Wege verschieben Sie »Unterseite 2« in »Hauptseite 2«. Beachten Sie: Eine verschobene Seite nimmt ihre bisherigen Eigenschaften mit. Da »Unterseite 2« bereits sichtbar war, behält sie diesen Status dementsprechend auch nach der Verschiebung bei.

In »Hauptseite 1« fehlt nun die Unterseite. Macht nichts – kopieren wir sie einfach dorthin zurück. Auch dies geht ganz einfach per Drag & Drop. Der einzige Unterschied zur vorigen Aktion besteht darin, die [Strg]-Taste gedrückt zu halten, während Sie die Seite mit der Maus bewegen.

Ziehen Sie nun bei gedrückter [Strg]-Taste »Unterseite 2« aus »Hauptseite 2« auf »Unterseite 1« in »Hauptseite 1«. Sie sehen, dass sich der Avatar der bewegten Seite verändert hat und nun ein Plussymbol auf grünem Kreis zeigt. Dies bedeutet, dass dem Seitenbaum an der durch die Querlinie angedeuteten Stelle ein Objekt hinzugefügt wird (siehe Abbildung 3.50, Mitte). An dieser Position wird die Seitenkopie abgelegt. Die neue Seite muss, wie gehabt, anschließend noch eingeblendet werden.

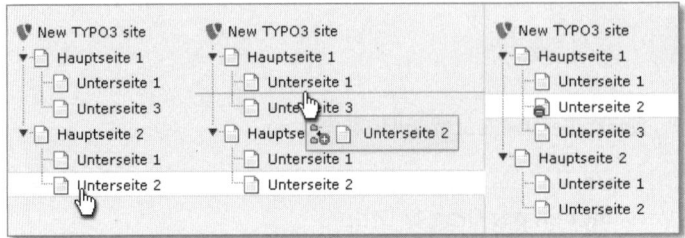

Abbildung 3.50 Seite kopieren mit Drag & Drop

3.3.3 Löschen per Drag & Drop und Wiederherstellen von Seiten

Kopieren Sie nun ebenfalls per Drag & Drop »Unterseite 3« aus »Hauptseite 2« in »Hauptseite 2«. Diese Seite soll probeweise gelöscht, aber gleich darauf wiederhergestellt werden. Die intuitive Löschmethode per Drag & Drop haben Sie bereits kennengelernt. Ziehen Sie »Unterseite 3« einfach an die untere Kante des Seitenbaumbereichs, und lassen Sie sie in dem Löschbereich fallen, der dann erscheint. (Achten Sie auf den Avatar, der vor dem Löschen ein Mülltonnensymbol zeigt.) Fertig! Die Seite ist gelöscht.

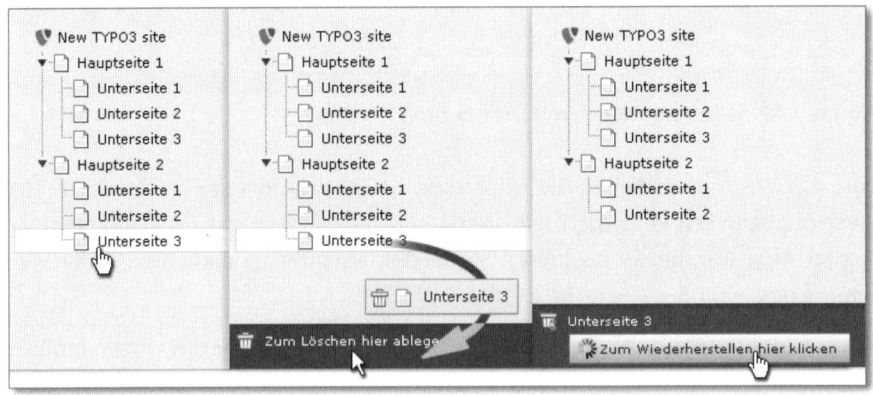

Abbildung 3.51 Löschen per Drag & Drop, Wiederherstellung

Unmittelbar nach einem derartigen Löschvorgang ist eine Wiederherstellung aus dem Lösch-Target heraus möglich: Klicken Sie dazu auf den Button ZUM WIEDERHERSTELLEN HIER KLICKEN, während das Target noch sichtbar ist (siehe Abbildung 3.51, rechts). Die Seite erscheint wieder im Seitenbaum.

Eine solche Wiederherstellung ist allerdings wirklich nur direkt nach einem Löschen per Drag & Drop möglich. Warten Sie zu lange (oder haben Sie die Seite auf anderem Wege gelöscht), ist diese Option nicht mehr zugänglich. Dies stellt, wie gleich gezeigt werden wird, jedoch kein ernsthaftes Problem dar.

3.3.4 Löschen per Kontextmenü

Ein anderer, bereits angesprochener Weg, um ein Seitenobjekt zu löschen, ergibt sich über das Kontextmenü. Nun soll die eben gelöschte und wiederhergestellte »Unterseite 3« aus »Hauptseite 2« über ihr Kontextmenü gelöscht werden. Wählen Sie dort die Option SEITENAKTIONEN • LÖSCHEN.

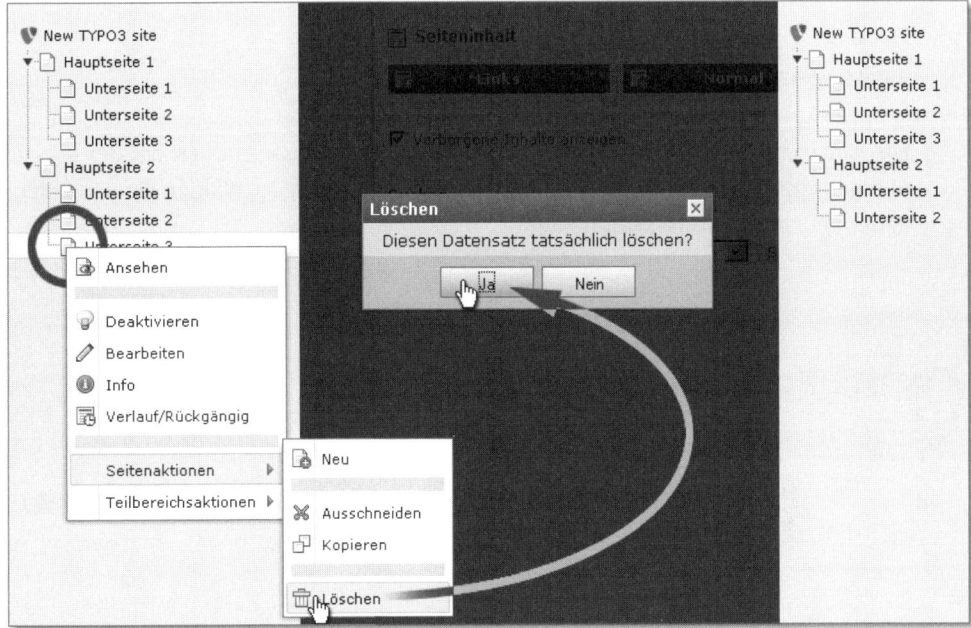

Abbildung 3.52 Löschen einer Seite über das Kontextmenü

Nachdem Sie eine Sicherheitsabfrage bestätigt haben, die ähnlich einer Lightbox über einem Overlay gezeigt wird, ist die Seite gelöscht. Sie verschwindet daraufhin aus dem Seitenbaum (siehe Abbildung 3.52).

3.3.5 Der Bearbeitungsverlauf – Wiederherstellen einer gelöschten Seite

An dieser Stelle ist die Frage angebracht, was zu tun ist, wenn eine Seite auf diesem Wege versehentlich gelöscht wurde. Einen Wiederherstellungs-Button wie beim Drag&Drop-Löschvorgang hat man nicht zur Verfügung. Einen Papierkorb, aus dem man die gelöschte Seite zurückholen könnte, gibt es auch nicht.[2]

---

[2] Es lässt sich aber in der Tat ein Element vom Typ »Papierkorb« im Seitenbaum einrichten, das einem vergleichbaren Zweck dient, wenn es auch nicht hundertprozentig funktionsidentisch mit seinem Betriebssystem-Pendant ist: Das Löschen per Kontextmenü legt eine Seite nicht automatisch im Papierkorb ab; dies ist aber durch Verschieben per Drag & Drop möglich.

Wenn Sie gut beobachtet haben, werden Sie allerdings im Kontextmenü die Option VERLAUF/RÜCKGÄNGIG bemerkt haben. Mithilfe dieses Befehls lassen sich Bearbeitungsschritte gewissermaßen »rückwärts« abspulen – ein versehentlich vorgenommener Löschvorgang lässt sich also rückgängig machen.

Abbildung 3.53 Das Icon »Verlauf/Rückgängig«

Die Aufzeichnung des Bearbeitungsverlaufs erfolgt gewissermaßen bei der jeweils übergeordneten Seite – in diesem Fall also bei »Hauptseite 2«. Wählen Sie den Befehl daher über deren Kontextmenü an.

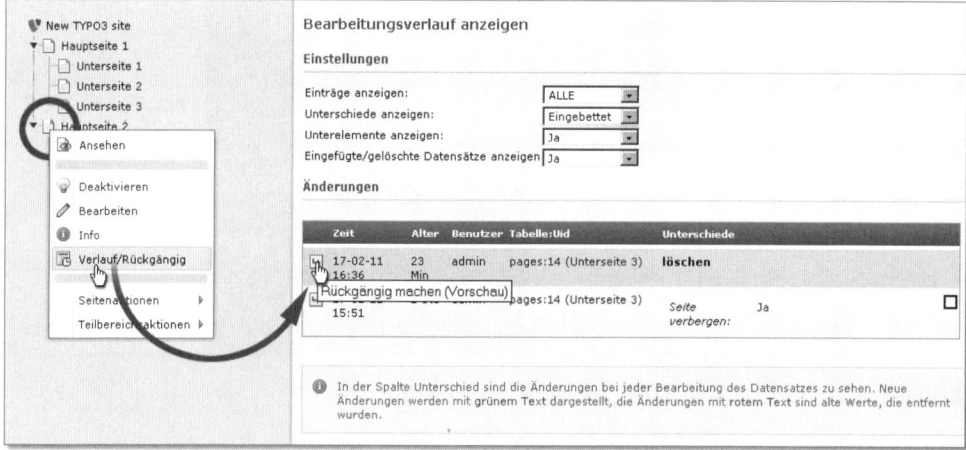

Abbildung 3.54 Wechsel in den Bearbeitungsverlauf, Wahl des Arbeitsschritts

In der Tabelle des Bearbeitungsverlaufs sehen Sie die in diesem Zweig des Seitenbaums erfolgten Arbeitsschritte, deren Zeitpunkt und die seither verstrichene Zeit, den Bearbeiter, die betroffene Seite und die Art des erfolgten Schritts.

Die Liste beschränkt sich nicht auf die aktuelle Login-Periode, sondern greift (beliebig) weiter zurück in die Bearbeitungshistorie. In dieser Demonstration ist die Liste noch recht übersichtlich und umfasst lediglich zwei Punkte – das Einfügen und Löschen von »Unterseite 3« (siehe Abbildung 3.54).

Widerrufen eines Arbeitsschritts im Erstellungsverlauf

Um einen Arbeitsschritt rückgängig zu machen, klicken Sie auf das Pfeil-Icon links neben dem Eintrag (siehe Abbildung 3.55).

3.3 Manipulation des Seitenbaums

Abbildung 3.55 Das Icon »Arbeitsschritt rückgängig«

Im folgenden Dialog haben Sie die Wahl, entweder einen einzelnen Schritt (den angewählten) oder alle aktuell aufgelisteten Schritte rückgängig zu machen.

Abbildung 3.56 Das Icon »Einzelnen Eintrag rückgängig machen«

Abbildung 3.57 Das Icon »Alle gezeigten Änderungen rückgängig machen«

Dies ist in diesem Beispiel ebenfalls nur ein Schritt (siehe Abbildung 3.58).

Abbildung 3.58 Einzelnen Arbeitsschritt rückgängig machen

107

Der unauffällige Klick-Button unterhalb der Tabelle dient im Bedarfsfall dazu, zur vorher gezeigten Gesamttabelle zurückzukehren, falls Sie mit der getroffenen Auswahl nicht einverstanden sein sollten (siehe Abbildung 3.59).

Abbildung 3.59 Das Icon »Zurück zur Gesamtansicht«

In diesem Fall erfolgt keine Rücknahme des Arbeitsschritts. Entscheiden Sie sich jedoch für eine Rücknahme, wird dies als *neuer* Arbeitsschritt gewertet, und dieser wird daraufhin der Liste hinzugefügt (siehe Abbildung 3.60).

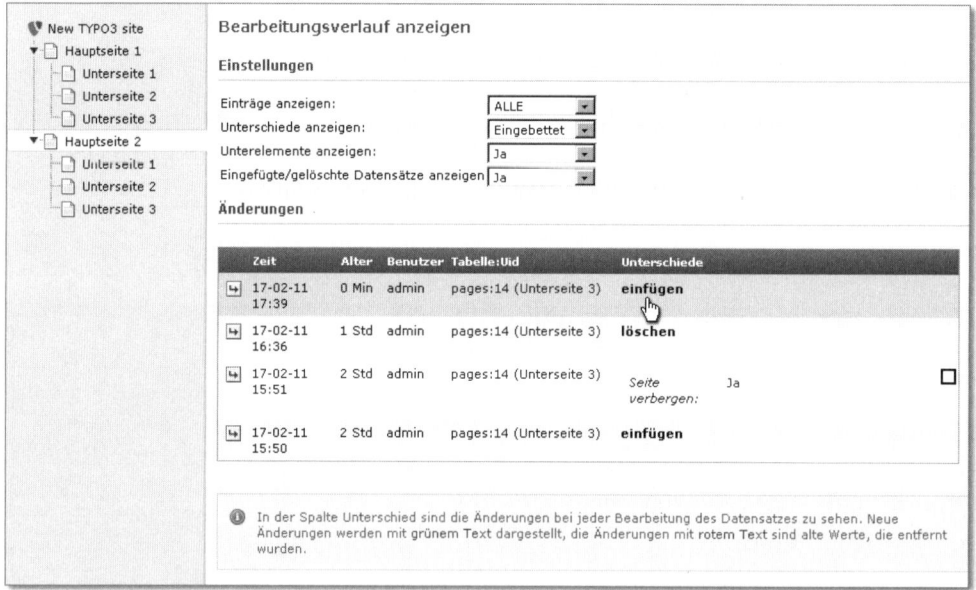

Abbildung 3.60 Ein rückgängig gemachter Arbeitsschritt in der Übersicht

Die vorhin gelöschte Seite ist nun im Seitenbaum wieder aufgetaucht; die Rücknahme steht als Arbeitsschritt EINFÜGEN am Anfang der Verlaufstabelle. Ein Arbeitsschritt wird also nicht gelöscht, sondern mit umgekehrtem Vorzeichen wiederholt – was den Vorteil hat, auch die Rücknahme gegebenenfalls widerrufen zu können.

3.3.6 Rekursives Löschen und Kopieren

Nun könnte auch der Wunsch entstehen, eine Seite zu löschen, die selbst Unterseiten besitzt. Wie eben gezeigt, akzeptiert TYPO3 die Löschung einer Seite ohne untergeordnete Seiten widerspruchslos. Dies ist jedoch nicht der Fall, wenn Sie beispielsweise »Hauptseite 2« per Kontextmenü zu löschen versuchen, da diese Seite mehrere Unterseiten besitzt: Ein entsprechender Befehl ist in ihrem Kontextmenü schlicht nicht enthalten. Auch das Löschen per Drag & Drop scheitert, da kein Target-Bereich für den Löschvorgang erscheint.

Dennoch mag es wünschenswert sein, auch Seiten mitsamt ihren Unterseiten löschen zu können. (Wir weisen an dieser Stelle darauf hin, dass dies ein Risiko darstellt und bei der Wiederherstellung zu unübersichtlichen Verhältnissen führen kann. Gehen Sie mit dieser Option nicht leichtfertig um!)

Rekursives Löschen in den Benutzereinstellungen erlauben

Um die gewünschte Aktion zu ermöglichen, müssen Sie zunächst eine Änderung in den Benutzereinstellungen vornehmen. Wechseln Sie hierfür nach BENUTZERWERKZEUGE • EINSTELLUNGEN. Indem Sie einen Haken in die Checkbox REKURSIVES LÖSCHEN (wie der Löschvorgang für komplette Zweige bezeichnet wird) im Bereich BEARBEITEN UND ERWEITERTE FUNKTIONEN setzen, gestatten Sie die entsprechende Option (siehe Abbildung 3.61).

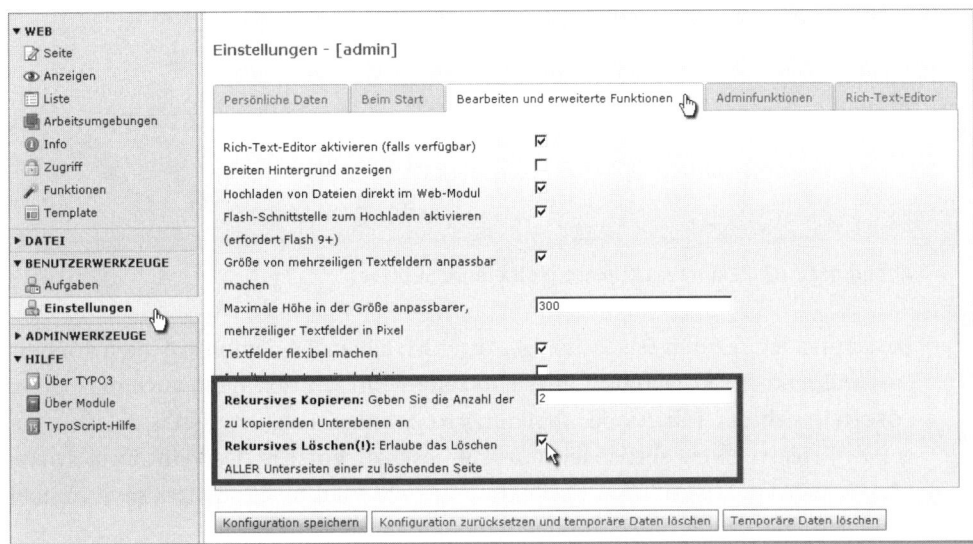

Abbildung 3.61 So erlauben Sie rekursive Operationen auf Benutzerebene.

Rekursives Kopieren in den Benutzereinstellungen erlauben

Rekursives Kopieren – also das Mitkopieren der Unterseiten einer kopierten Seite – erlauben Sie, indem Sie im Texteingabefeld REKURSIVES KOPIEREN die Anzahl der mitzukopierenden Hierarchiestufen angeben. Wollen Sie also nur die erste Ebene der

Unterseiten mitkopieren, geben Sie hier eine »1« ein. Wollen Sie tiefere Kopien, muss eine größere Zahl eingetragen werden. Platzhalter, im Sinne von »beliebig«, sind nicht möglich.

Anwendung des rekursiven Kopierens und Löschens

Nachdem Sie die Optionen gesetzt haben – in diesem Fall wurde rekursives Kopieren zweier Sublevel erlaubt (also der ersten beiden untergeordneten Hierarchieebenen) –, können Sie »Hauptseite 1« mit ihren Unterseiten kopieren und sie als Folgeseite nach »Hauptseite 2« einfügen (siehe Abbildung 3.62). Wie gehabt, ist die kopierte Seite selbst ausgeblendet, ihre mitkopierten Unterseiten sind es jedoch nicht.

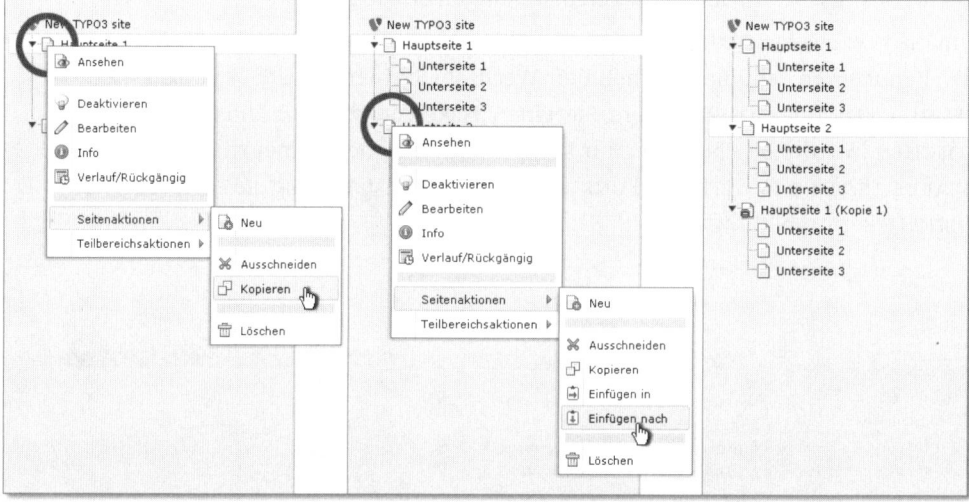

Abbildung 3.62 Rekursives Kopieren mit einem Sublevel

Dass nun auch rekursives Löschen gestattet ist, haben Sie daran bemerken können, dass während des Kopierens von »Hauptseite 1« im Kontextmenü auch die Option LÖSCHEN sichtbar war (siehe Abbildung 3.62, links). Folglich lässt sich auch der gerade kopierte Zweig ebenso leicht wieder löschen. Vorsicht: Den Einträgen KOPIEREN, EINFÜGEN, LÖSCHEN im Kontextmenü sieht man nicht an, dass sie nun über rekursive Operationen auch Unterseiten mit einbeziehen.

Klicken Sie auf die eben kopierte »Hauptseite 1 (Kopie 1)«, um sie zu löschen. Es erfolgt beim Löschen keine Meldung, dass nun eine rekursive Aktion stattfindet. Das bedeutet, der unveränderte Warndialog bietet keinen Hinweis darauf, dass hier ebenfalls vorhandene Unterseiten entfernt werden (siehe Abbildung 3.63, Mitte).

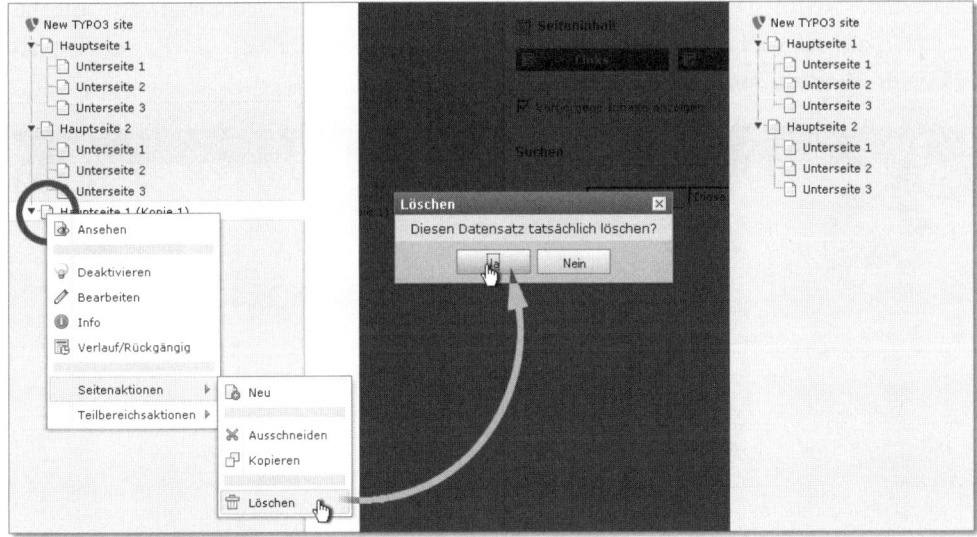

Abbildung 3.63 Rekursives Löschen inklusive aller Sublevel

Auch eine rekursive Aktion lässt sich mittels des Bearbeitungsverlaufs rückgängig machen. Dies erfordert jedoch mehrere Schritte. Wollen Sie beispielsweise den soeben erfolgten Löschvorgang zurücknehmen, müssen Sie zunächst die Hauptseite mithilfe des Bearbeitungsverlaufs der Site-Root rekonstruieren und anschließend über den Bearbeitungsverlauf der wiederhergestellten Hauptseite deren Unterseite.

> **Gehen Sie behutsam beim Erlauben rekursiver Operationen vor!**
> Beachten Sie, dass rekursive Operationen eine heikle Angelegenheit sind. Obwohl sie praktisch sind, können sie auch eine Menge Verdruss verursachen. Überlegen Sie daher, welchem Benutzer Sie die entsprechenden Einstellungsmöglichkeiten zugestehen wollen.

3.3.7 Kontextmenüs vs. Shortcut-Buttons

Was TYPO3-Einsteiger anfänglich irritiert, ist eine gewisse Redundanz in der Systemoberfläche durch mehrfach auftauchende Icons. Verglichen mit vorhergehenden Versionen, ist TYPO3 CMS 6 in dieser Beziehung sehr zurückhaltend gestaltet. Inzwischen sind auch einige Symbole verschwunden, die wohl eher für Verwirrung gesorgt haben. Es ist jedoch nach wie vor ein Grundmerkmal von TYPO3, oft *verschiedene Alternativen* zum Aufruf einer gewünschten Funktionalität zu bieten, um jedem Benutzer die bevorzugte Arbeitsmethode zu ermöglichen.

Sicher ist Ihnen bereits die graue Leiste am oberen Rand des Arbeitsbereichs aufgefallen, auf der – sobald Sie sich im Seitenmodul auf einer Seite befinden – zwei Gruppen von *Shortcut-Buttons* zu sehen sind (siehe Abbildung 3.64).

Abbildung 3.64 Shortcut-Buttons im »Seiten-Modul«

Die *linken* drei Icon-Gruppen dienen dem Direktzugriff auf Befehle, von denen alle bis auf einen analog über das Kontextmenü des Seitenbaums oder durch Drag & Drop-Aktionen erreichbar sind. Die Icons der *rechten* Gruppe sind hingegen mit Zusatzfunktionen belegt. Für sie findet sich im Kontextmenü kein Pendant, da sie entweder nicht streng einem Seitenobjekt zuzuordnen sind oder Funktionalität außerhalb des Seitenbaums bieten. All diese Icons werden wir Ihnen im Folgenden kurz vorstellen.

Die linken drei Gruppen der Shortcut-Buttons

In den meisten Fällen kann man bei TYPO3 davon ausgehen, dass mit gleichen Icons jeweils die gleiche Funktion illustriert und gesteuert wird. Dies gilt ebenso für die Shortcut-Buttons und die gleichwertigen Befehle des Kontextmenüs.

▸ **Der Seitenerstellungs-Button**
  Er ermöglicht die Erstellung neuer Seiten per Drag & Drop und gleicht in der Wirkung dem Befehl NEU des Bereichs SEITENAKTIONEN des Kontextmenüs. Diesen Button haben Sie schon kennengelernt.

Abbildung 3.65 Der Seitenerstellungs-Button

▶ Der SEITENINHALT ERSTELLEN-Button
Er öffnet einen Dialog zum Erstellen von Inhaltselementen (also Seiteninhalten, wie Textblöcke etc.), die dann der aktuellen Seite zugeordnet werden. Dieses Icon hat keine Entsprechung im Kontextmenü.

Abbildung 3.66 Der »Seiteninhalt erstellen«-Button

▶ Der BETRACHTEN-Button
Er öffnet eine Browsersicht der aktuellen Seite in einem neuen Fenster. Der Button entspricht dem Befehl ANSEHEN im Kontextmenü.

Abbildung 3.67 Der Betrachten-Button

▶ Der SEITENEIGENSCHAFTEN BEARBEITEN-Button
Dieser Button öffnet den Dialog zur Bearbeitung der Seiteneigenschaften. Er entspricht dem Befehl BEARBEITEN des Kontextmenüs. Die Funktion kann alternativ per Klick auf den Seitentitel im Seitenbaum und anschließendes Anwählen des Buttons SEITENEIGENSCHAFTEN BEARBEITEN im Arbeitsbereich aufgerufen werden.

Abbildung 3.68 Der »Seiteneigenschaften bearbeiten«-Button

Die rechte Gruppe der Shortcut-Buttons

Etwas abgesetzt am rechten Rand der oberen Button-Leiste befinden sich zwei weitere Buttons. Sie dienen nicht unmittelbar zum Bearbeiten des aktuellen Datensatzes, sondern bieten andere in seinem Kontext benötigte Funktionen an bzw. schalten die Arbeitsansicht um.

▶ Der Cache-Button
Er löscht den Datenbank-Cache der aktuellen Seite. Dies kann erforderlich sein, falls sich erfolgte Änderungen nicht unmittelbar im Frontend zeigen. Ein ähnliches Icon in Gestalt eines Blitzes finden Sie am oberen Rand des Arbeitsfensters – dessen Befehle wirken jedoch global auf das gesamte System.

Abbildung 3.69 Der Cache-Button

- **Der Lesezeichen-Button**
  Dieses Icon erstellt ein sogenanntes *Lesezeichen* in der Lesezeichenliste des aktuellen Benutzers. Dies dient dazu, eine Sprungmarke zur aktuellen Arbeitsansicht zu speichern, wobei sowohl der aktuell bearbeitete Datensatz als auch das Modul und dessen Ansicht gespeichert werden, mit dem die Bearbeitung erfolgt. Hierzu ist ein kurzer Exkurs zum Thema Lesezeichen angebracht.

Abbildung 3.70 Der Lesezeichen-Button

3.3.8 Lesezeichen

Die Navigation innerhalb von TYPO3 ist gelegentlich ein wenig umständlich und verlangt erstens die Auswahl eines Moduls in der Modulleiste, zweitens möglicherweise die Auswahl eines Arbeitsmodus dieses Moduls, und drittens muss der zu bearbeitende Datensatz festgelegt werden. Dies kann ein Objekt im Seitenbaum sein, aber auch ein Benutzerdatensatz oder ein beliebiges anderes Objekt.

Ein *Lesezeichen* hilft dabei, direkt in eine bestimmte Arbeitsansicht des Backends zu springen, und erspart Ihnen somit mühsames Suchen in den Menüs. Über den eben vorgestellten Button ist ein Lesezeichen einfach zu erstellen (siehe Abbildung 3.71) – es gilt dann für die aktuelle Ansicht des Arbeitsplatzes in Verbindung mit dem bearbeiteten Datensatz.

Abbildung 3.71 Ein Lesezeichen erstellen

Ebenso einfach ist die Verwendung der Lesezeichen. Rechts vom Logout-Button finden Sie, als Icon in Form eines gelben Sterns, das *Lesezeichenmenü* (siehe Abbildung 3.72). Es enthält sämtliche Einträge, die über das Icon LESEZEICHEN HINZUFÜGEN erstellt wurden.

Abbildung 3.72 Das Lesezeichenmenü

Um dies zu demonstrieren, sollen ein paar Lesezeichen erstellt werden. Navigieren Sie zunächst in das Modul BENUTZERWERKZEUGE • EINSTELLUNGEN. Hier haben wir schon öfter Änderungen am Benutzerkonto vorgenommen. Sie finden hier ebenfalls ein Icon zum Erstellen eines Lesezeichens. Wenn Sie darauf klicken, erhalten Sie einen Zwischendialog, in dem Sie gefragt werden, ob ein »Shortcut« erzeugt werden soll. Bestätigen Sie dies.

Abbildung 3.73 Ein neues Lesezeichen im Lesezeichenmenü

Das Lesezeichenmenü trägt nun einen Eintrag, der zwar das Icon des Moduls EINSTELLUNGEN trägt, aber den wenig erklärenden Namen »Shortcut« hat. Dies lässt sich leicht ändern – klicken Sie hierfür auf den Bearbeiten-Stift, der bei Mouseover im Lesezeichen erscheint (siehe Abbildung 3.73).

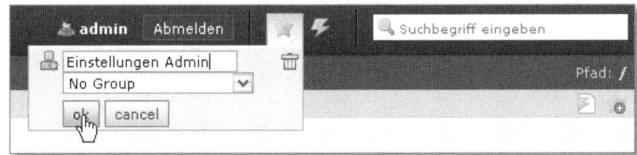

Abbildung 3.74 Das Lesezeichen wird bearbeitet.

Geben Sie in das obere Textfeld einen neuen Namen für das Lesezeichen ein, beispielsweise »Einstellungen Admin«, und bestätigen Sie dies mit OK (siehe Abbildung 3.74). Das Lesezeichen wird daraufhin umbenannt.

Erstellen Sie nun noch ein Lesezeichen für die Übersetzungsansicht des Erweiterungs-Managers, und nennen Sie den Shortcut »Übersetzungen«. Wechseln Sie in das Modul WEB • SEITE, und erstellen Sie zwei weitere Shortcuts auf beliebige Seiten. In diesem Fall brauchen Sie das Lesezeichen nicht benennen; es wird automatisch der Seitentitel eingesetzt. Die beiden letzten Lesezeichen sollen nun einer Gruppe zugeordnet werden. Öffnen Sie sie hierfür nacheinander zur Bearbeitung, und wählen Sie im Pulldown-Menü jeweils den Eintrag »Seiten« als Gruppe (siehe Abbildung 3.75). Auf diese Weise lassen sich die Lesezeichen übersichtlich gruppieren.

Sie sehen, dass hier fünf Gruppen existieren (SEITEN, DATENSÄTZE, DATEIEN, WERKZEUGE und VERSCHIEDENES). Jede dieser Gruppen ist ein weiteres Mal mit dem Präfix GLOBAL: vorhanden.

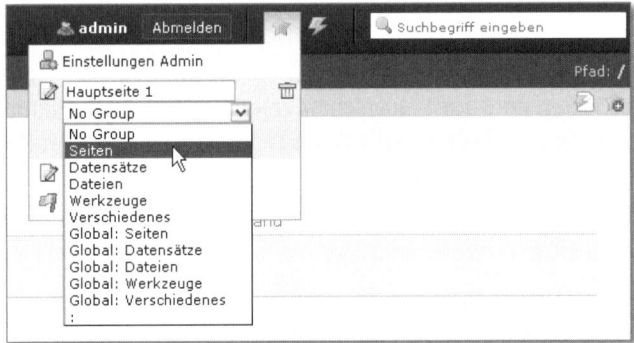

Abbildung 3.75 Das Lesezeichen wird einer Gruppe zugeordnet.

Dies hat folgenden Hintergrund: Zwar sind Lesezeichen prinzipiell an den jeweiligen Benutzer gebunden, stehen also auch nur ihm persönlich zur Verfügung. Allerdings können Administratoren (und wir sind derzeit als Administrator eingeloggt) Teile ihrer Lesezeichen auch anderen Nutzern zur Verfügung stellen, indem sie diese einer der globalen Gruppen zuordnen (siehe Abbildung 3.76). Mehr darüber erfahren Sie in Kapitel 14, »Rechtevergabe im Backend«.

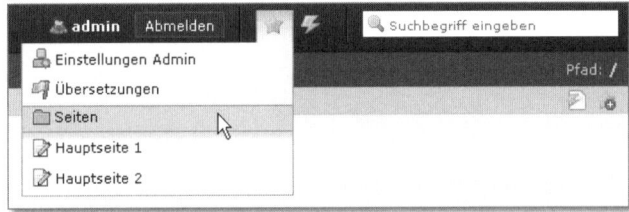

Abbildung 3.76 Lesezeichenmenü mit gruppierten Lesezeichen

Dieser kurze Einblick in die Lesezeichen soll hier fürs Erste genügen. Nehmen Sie von diesem Exkurs bitte mit, dass Lesezeichen schnell erstellt sind und sich als extrem nützlich erweisen, wenn Sie einen entlegenen Winkel des TYPO3-Systems wiederholt aufsuchen müssen. (Die übungshalber erstellten Lesezeichen können Sie nun wieder löschen.)

3.3.9 Pfadangabe zum bearbeiteten Objekt

Ein weiteres Feature des Arbeitsbereichs, auf das hingewiesen werden muss, besteht in der *Pfadangabe*, die Sie am rechten Rand unter der Button-Leiste sehen (siehe

Abbildung 3.77). Die Pfadangabe informiert Sie über Name und Position der augenblicklich bearbeiteten Seite (die ID steht in eckigen Klammern am Ende des Pfades). Dies ist praktisch, weil aus der Ansicht des Seitenbaums allein nicht immer ersichtlich ist, welcher Datensatz gerade aktuell bearbeitet wird.

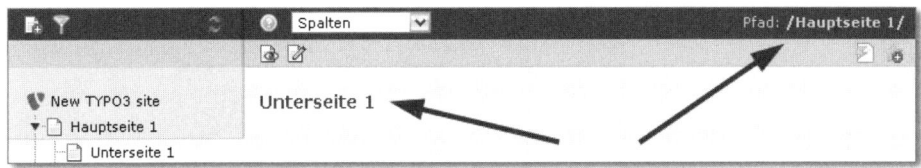

Abbildung 3.77 Pfade zu »Hauptseite 1« und »Unterseite 1«

3.4 Filtern der Seitenbaumansicht

Inzwischen befinden sich ausreichend Seiten im Seitenbaum, um einen zweiten Blick auf die Filterfunktion der Seitenbaumansicht zu werfen. Klappen Sie dazu das Eingabefeld auf, und geben Sie einen Filterbegriff in das Feld ein. Alle Seiten, in deren Titel die eingegebene Zeichenkette nicht enthalten ist, werden in der Baumansicht ausgeblendet. Die Filterung erfolgt ab dem ersten eingegebenen Zeichen, wobei Groß- oder Kleinschreibung keine Rolle spielt. Sobald ein Filterbegriff eingegeben wurde, erscheint rechts im Feld der Lösch-Button, mit dem die Filterung wieder aufgehoben werden kann.

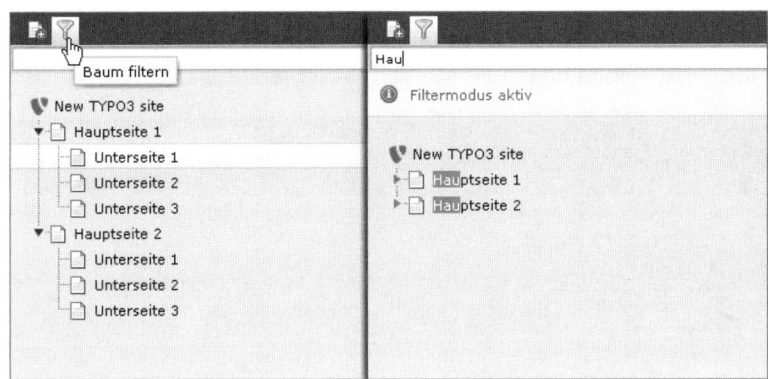

Abbildung 3.78 Aktivieren der Filterfunktion, Filtern der Seitenbaumansicht

Die eingegebene Zeichenfolge »Hau« reduziert dementsprechend den Seitenbaum auf »**Hau**ptseite 1« und »**Hau**ptseite 2« (siehe Abbildung 3.78, rechts). Analog zeigt die Eingabe von »Unt« alle sechs Unterseiten. Geben Sie die Ziffer »2« in das Feld ein, erscheinen »Hauptseite **2**« und die beiden Seiten namens »Unterseite **2**«.

Es spielt für die Filterfunktion keine Rolle, ob in der zugrunde liegenden Baumansicht einzelne Zweige eingeklappt, potenzielle Fundstellen also nicht von vornherein sichtbar sind. Durch einen Klick auf das Kreuz im blauen Feld oberhalb des gefilterten Seitenbaums lässt sich die Filterung aufheben (siehe Abbildung 3.79, rechts).

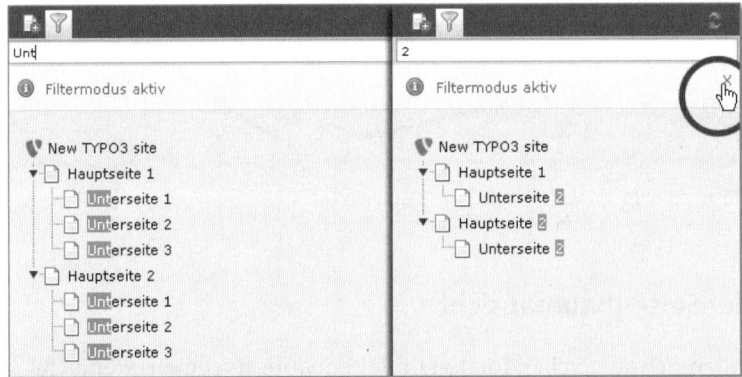

Abbildung 3.79 Filtern der Seitenbaumansicht, Aufheben der Filterung

3.5 Eine Seite anzeigen

Um eine in TYPO3 angelegte Seite zu betrachten, gibt es mehrere Wege (siehe Abbildung 3.80). Der erste führt aus dem Bearbeitungsmodus WEB • SEITE heraus über das Augensymbol[3] am oberen Seitenrand des Arbeitsbereichs oder über das Kontextmenü des Elements (Befehl ANSEHEN) im Seitenbaum. In beiden Fällen wird die aktuell bearbeitete Seite in einem neuen Browserfenster geöffnet.

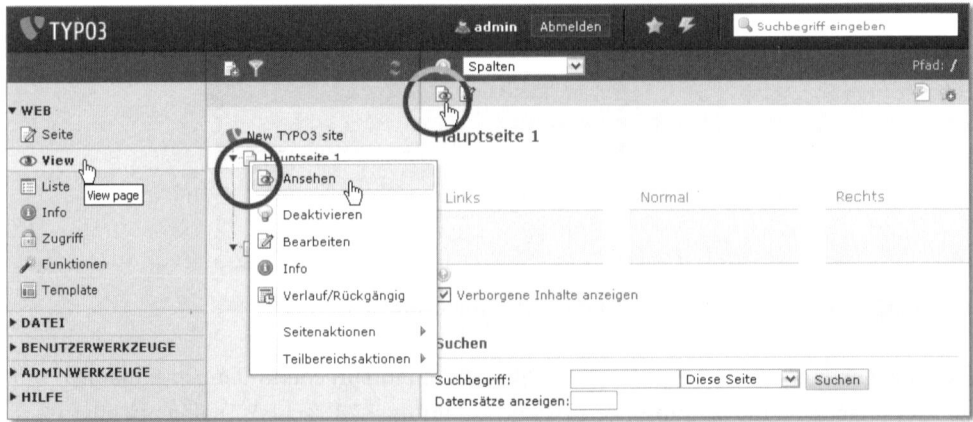

Abbildung 3.80 Anzeigemodus per Menü, per Kontext oder per Augensymbol

---

3 Das Augensymbol dient allgemein zum Wechsel in den Ansichtsmodus. Es wird Ihnen im Backend von TYPO3 noch an weiteren Stellen begegnen.

Der zweite Weg besteht in der Wahl des Betrachtungsmodus – hierfür wählen Sie das Modul WEB • ANZEIGEN. Im Unterschied zur vorigen Methode wird die Seitenansicht jedoch nicht in einem neuen Fenster, sondern im Arbeitsbereich rechts neben dem Seitenbaum geöffnet.

- Wählen Sie die Anzeige per Augensymbol oder Kontextmenü, wenn Sie die Seite in einem neuen Fenster öffnen wollen. Sie halten den BEARBEITEN-Dialog geöffnet und können die Seite gleichzeitig im Backend weiterbearbeiten.
- Wählen Sie die Option WEB • ANZEIGEN, wenn Sie die Ansicht zwischen verschiedenen Seiten schnell per Seitenbaum wechseln wollen.

Achtung
Beachten Sie, dass sich die Anzeige im Arbeitsbereich wegen des geringeren verfügbaren Platzes auf die Darstellung des Layouts auswirken kann.

3.6 Zusammenfassung

Sie haben nun gelernt, wie Sie eine Seite im Seitenbaumbereich des Backends anlegen, kopieren, verschieben oder löschen und wie Sie ihre Eigenschaften bearbeiten können.

Wenn Sie jedoch zu diesem Zeitpunkt eine Seite zum Betrachten auswählen, erhalten Sie eine Fehlermeldung, die darauf zurückzuführen ist, dass der Seite zunächst noch ein sogenanntes *Template* zugeordnet werden muss. Wie dies geschieht und was TYPO3 überhaupt unter einem »Template« versteht, ist Thema des nun folgenden Kapitels 4, »Einstieg in TypoScript«.

Kapitel 4
Einstieg in TypoScript

In diesem Kapitel erläutern wir das Anlegen eines TypoScript-Root-Templates und vermitteln Ihnen erste Einblicke in TypoScript und die darunterliegende Syntax.

Im vorigen Kapitel haben wir sowohl das Anlegen von Seitenobjekten beschrieben als auch Grundlagenfertigkeiten wie das Kopieren, Verschieben und Löschen von Seiten im Seitenbaum behandelt. Das Betrachten einer TYPO3-Seite im Browser – sei es in einem eigenen Browserfenster oder im internen Vorschaumodus des Arbeitsbereichs – scheiterte jedoch zu diesem Zeitpunkt (siehe Abbildung 4.1) mit der Fehlermeldung NO TYPOSCRIPT TEMPLATE FOUND!.

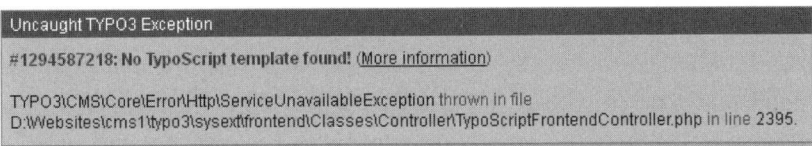

Abbildung 4.1 TYPO3 meldet, dass kein Template gefunden wurde.

Dies ist unabhängig davon, ob Sie den Seiten bereits Text- oder sonstige Inhalte zugewiesen oder sie (wie beabsichtigt) zunächst »leer« gelassen haben.

4.1 Das Konzept des TYPO3-Templates

4.1.1 Vereinbarungen zur Darstellung

Dieses eigentümliche Verhalten von TYPO3 liegt darin begründet, dass wir es hier nicht mit »realen« HTML-Seiten zu tun haben, die in einem Verzeichnis und einer hierarchischen Struktur abgelegt sind – auch wenn die Seitenbaummetapher zu dieser Annahme verleitet. Eine TYPO3-»Seite« ist nichts anderes als ein *Datensatz*. Es müssen daher Vereinbarungen getroffen werden, auf welche Weise und mit welchen Inhalten an welcher Stelle dieser Datensatz im Browser darzustellen ist.

Die Umsetzung dieser Vereinbarungen geschieht durch das CMS, und die Vereinbarungen werden in ihrer Summe als *Template* bezeichnet. Die gerade zitierte Fehlermeldung ist also lediglich ein Hinweis darauf, dass für die darzustellende Seite keine Darstellungsvereinbarungen getroffen wurden.

Templates werden in einer eigenen Sprache geschrieben, die als *TypoScript* bezeichnet wird. Obwohl der Name an die Bezeichnung einer Programmiersprache erinnert, handelt es sich bei TypoScript lediglich um eine *Konfigurationssprache*, d. h. um eine Sammlung von Darstellungsanweisungen. Bei einem in TypoScript erstellten Template handelt es sich also nicht um ein »Programm« im eigentlichen Sinne des Wortes.

> **Hinweis**
>
> Der Begriff *Template* ist im Umfeld von TYPO3 abstrakter besetzt als in vielen anderen CMS: In den meisten anderen Fällen, wie z. B. in einigen HTML-Editoren, wird unter einem Template eine (reale) HTML-Datei mit zusätzlichen Steuerungsinformationen verstanden.

4.1.2 Templates sind auch Datensätze

Ein Template in TYPO3 ist eine Abfolge von TypoScript-Anweisungen. Diese legen fest, wie die Seiten formatiert werden, wo Inhalte ausgegeben werden, wie Menüs aufgebaut sind und vieles mehr. Die Anweisungen sind, ebenso wie die Seitenelemente, lediglich Datensätze in der MySQL-Datenbank, auf der TYPO3 basiert.

> **Merksatz**
>
> Eine TYPO3-Seite kann erst dann angezeigt werden, wenn sie mit einem Template-Datensatz verknüpft worden ist.

Im nächsten Schritt soll nun ein solches Template angelegt werden.

4.1.3 Anlegen und Verwalten von Templates

Um Templates anlegen und verwalten zu können, existiert in TYPO3 das Modul TEMPLATE im Bereich WEB der Menüleiste (siehe Abbildung 4.2). Ein Klick auf diesen Menüpunkt öffnet eine Bildschirmmaske zum Anlegen eines Templates. Das neu zu erstellende Template bezieht sich auf die aktuell im Seitenbaum angewählte Seite (hier ist dies »Hauptseite 1«); die Zielseite kann aber jederzeit (bevor die eigentliche Template-Erstellung eingeleitet wurde) durch Neuwahl im Seitenbaum gewechselt werden.

4.1 Das Konzept des TYPO3-Templates

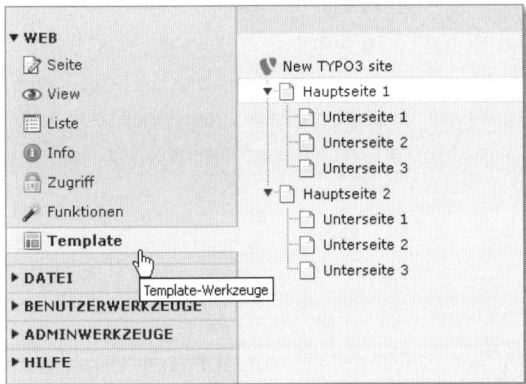

Abbildung 4.2 Anwahl des Template-Werkzeugs für »Hauptseite 1«

Im Arbeitsbereich öffnet sich die Dialogseite zur Erstellung des Templates (siehe Abbildung 4.3). Für die aktuelle Seite existiert noch kein Template – worauf die blau hinterlegte Warnmeldung KEIN TEMPLATE hinweist. Zum Anlegen des Templates dient die Schaltfläche TEMPLATE FÜR NEUE WEBSITE ERSTELLEN.

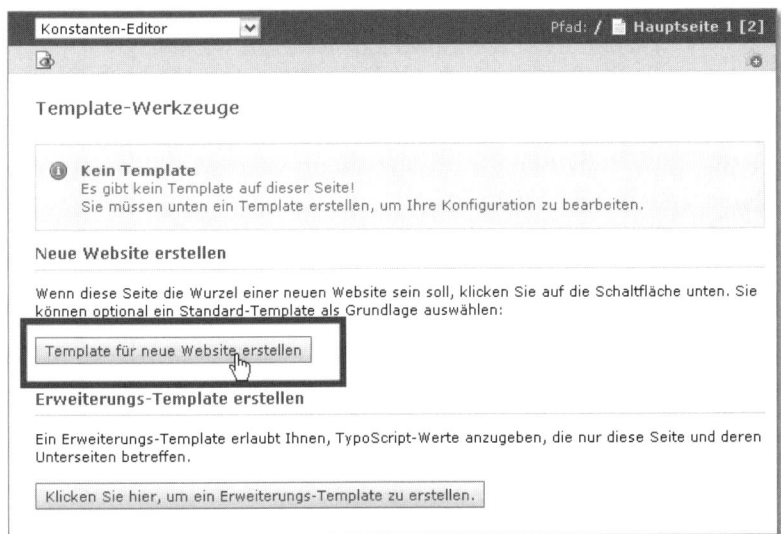

Abbildung 4.3 Dialogseite zur Template-Erstellung

Klicken Sie auf den Button, um ein Template zu erstellen, und bestätigen Sie die anschließende Sicherheitswarnung: TYPO3 hat jetzt für Sie einen Template-Datensatz mit dem Namen »NEUE WEBSITE« angelegt. Dieser Template-Name wird automatisch vergeben, kann aber später wieder geändert werden, wenn dies gewünscht wird. Da nun ein Template vorhanden ist, kann die Seite angezeigt werden.

> **Das neue Template – ein Root- oder Wurzel-Template**
>
> Das von Ihnen erstellte Template bezeichnet TYPO3 als *Root-Template*, auch *Wurzel-Template* genannt. In jeder Website muss ein Template dieser Art vorhanden sein, das der Wurzelseite der Site zugeordnet wird. (Sie werden später noch sehen, dass TYPO3 auch andere Arten von Template-Datensätzen kennt.)

4.1.4 Hallo Welt!

Sie können die Seite nun im Browser öffnen. Klicken Sie hierfür auf das Seitensymbol mit dem Auge am oberen Rand des Arbeitsfensters (siehe Abbildung 4.4), oder wählen Sie WEB • ANZEIGEN. Im Browserfenster sehen Sie ein HTML-Dokument mit dem Begrüßungstext HELLO WORLD!.

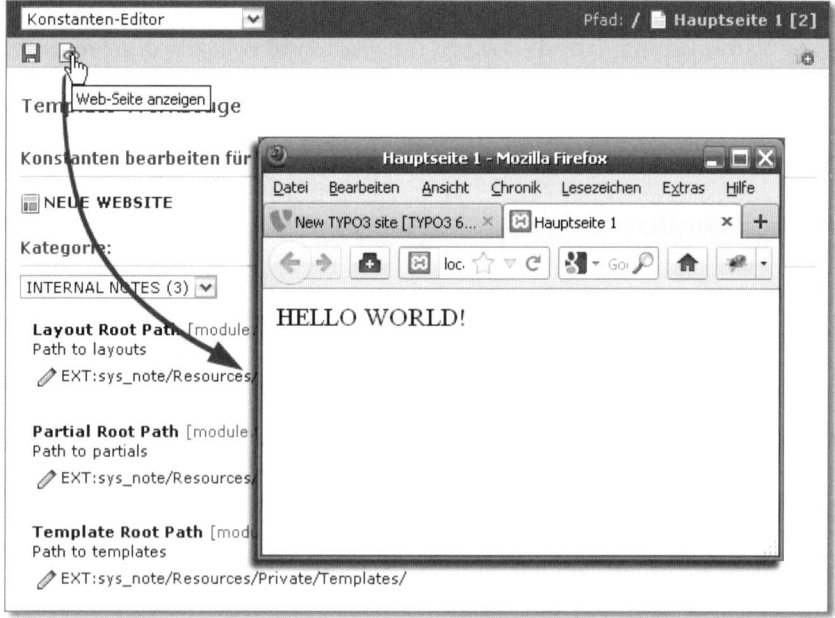

Abbildung 4.4 Ein neues Template begrüßt Sie mit »HELLO WORLD!«.

Die Begrüßung erscheint nicht etwa, weil das für das Erlernen einer neuen Programmiersprache übliche Beispiel für dieses Buch vorbereitet wurde. Vielmehr ist jedes von TYPO3 neu erzeugte Template automatisch so vorbelegt, dass es den Text »HELLO WORLD!« ausgibt. Aber wo genau und auf welche Weise wird dies festgelegt? Um dies herauszufinden, müssen wir ein wenig mehr in die Tiefe gehen.

4.1.5 Aufbau des Template-Datensatzes

Gehen Sie zurück in den Dialog TEMPLATE-WERKZEUGE, der zuvor bereits die Dialogseite TEMPLATE-INFORMATIONEN für den Datensatz »NEUE WEBSITE« angezeigt hat. Das obere Dropdown-Menü muss den Menüpunkt INFO/BEARBEITEN zeigen.

In der Dialogseite sind in tabellarischer Form (siehe Abbildung 4.5) folgende Angaben zusammengefasst:

- TITEL DES TEMPLATES (TITLE)
  Der Titel des Templates ist beliebig wählbar.
- TITEL DER WEBSITE (SITETITLE)
  Der Titel der Website ist anfangs leer (für HTML-`<title>`-Element).
- BESCHREIBUNG (DESCRIPTION)
  Beschreibung des Templates
- KONSTANTEN (CONSTANTS)
  Textfeld zur Vereinbarung von Konstanten
- SETUP (SETUP)
  Textfeld zur Eingabe des TypoScript-Setups

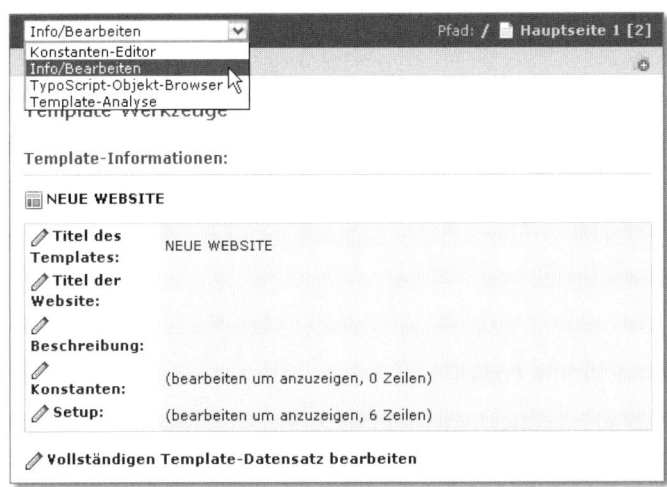

Abbildung 4.5 Die Dialogseite »Template-Informationen« im Modus »Info/Bearbeiten«

Die für uns wichtigsten Felder sind die für KONSTANTEN und SETUP:

- In KONSTANTEN werden in TypoScript-Code öfter auftauchende Konstanten festgelegt.
- Das Feld SETUP enthält den eigentlichen TypoScript-Code, den Sie hier ebenfalls betrachten oder auch ändern können.

Beachten Sie die *Bleistiftsymbole* am Anfang jeder Zeile: Sie können in den noch leeren Feldern Einträge vornehmen bzw. vorhandene Einträge ändern. Zur entsprechenden Eingabemaske gelangen Sie durch einen Klick entweder auf den Bleistift selbst oder auf den Titel, der ebenfalls als Link dient (siehe Abbildung 4.6).

Unterhalb der Tabelle sehen Sie den Eintrag VOLLSTÄNDIGEN TEMPLATE-DATENSATZ BEARBEITEN, ebenfalls mit vorangestelltem Stiftsymbol. Dieser Befehl wird später noch wichtig werden. Alle für uns derzeit relevanten Aktionen können wir mithilfe der restlichen Felder direkt vornehmen. Zunächst soll die Website (nicht das Template selbst) einen neuen Titel erhalten.

Abbildung 4.6 Eingabe des Sitetitles

4.1.6 Eingabe eines Titels für die Website

Klicken Sie auf das Stiftsymbol für das Feld TITEL DER WEBSITE, und geben Sie als Titel »TYPO3einsteiger« in das Textfeld über der Tabelle ein. Beachten Sie, dass oberhalb des Dialogs nun die bekannten Icons zum Speichern bzw. zum Abbrechen erscheinen. Speichern Sie Ihre Eingabe. Wir wenden uns nun dem Feld SETUP zu.

> **Und nochmals: Speichern nicht vergessen!**
>
> Hier gilt wieder, wie auch an anderen Stellen im Backend, dass vorgenommene Eingaben verloren gehen, wenn Sie den Dialog verlassen, ohne zu speichern. Da Sie keine Fehlermeldung oder Nachfrage erhalten, kann dies sehr schnell geschehen.

4.1.7 Template-Setup mit dem Konfigurationsfeld

Wenn Sie, wie eben beschrieben, das Feld KONFIGURATION öffnen, sehen Sie, dass es bereits einen von TYPO3 eingetragenen Inhalt besitzt. Bei den Zeilen, die im Formularfeld stehen, handelt es sich um TypoScript-Anweisungen:

```
# Default PAGE object:
page = PAGE
page.10 = TEXT
page.10.value = HELLO WORLD!
```

Listing 4.1 kap4_01.ts

Diese *TypoScript-Anweisungen* waren für die »HELLO WORLD!«-Ausgabe verantwortlich. Die einzelnen Zeilen haben dabei folgende Bedeutung:

- `# Default PAGE object:`
  Die Zeile mit dem vorangestellten #-Zeichen ist eine Kommentarzeile. Sie hat nur erklärende Bedeutung und wird nicht ausgewertet. Hier wird erläutert, dass anschließend die »Deklaration des Default-Seitenobjekts« erfolgt. Tipp: Fügen Sie Ihren Skripten Kommentare hinzu, um sie (auch für andere) verständlich zu machen.

> **Wie funktioniert ein Kommentar in TYPO3?**
>
> TYPO3 kennt verschiedene Arten, eine TypoScript-Zeile als Kommentar, also als »nicht auszuführen«, zu markieren. Eine solche Markierung besteht z.B. in der Raute # am Zeilenanfang. Wichtig ist, dass ein Kommentar nicht in einer Zeile nach einer auszuführenden Anweisung stehen darf, sondern stets nur allein!

- `page = PAGE`
  Im ersten Schritt wird eine Variable `page` eingeführt und mit dem TypoScript-Objekttyp `PAGE` belegt, um ein Seitenobjekt zu erzeugen.

> **Was ist ein TypoScript-Objekt?**
>
> Unter einem *Objekt* versteht TypoScript eine *Datenstruktur*, die bestimmte, zum Teil vordefinierte Eigenschaften besitzt. Für die verschiedenen Aufgaben existieren dementsprechend unterschiedliche Objekttypen.
>
> Der Objekttyp `PAGE`, das »Seitenobjekt«, gehört zu den grundlegenden Typen. Sie erzeugen hier eine Instanz dieses Objekttyps, die Sie in der Variablen namens `page` speichern. Sie könnten die Variable beliebig benennen (z.B. `seite.`), doch hat sich an dieser Stelle die Bezeichnung `page` als Standard etabliert.

▶ page.10 = TEXT
page.10 bezeichnet als »Positionsobjekt« die Speicherposition 10 des Objekts page. Dieser Position wird ein TEXT-Objekt zugewiesen (es wird dort »hineingespeichert«), das wir uns als Behälter für Text vorstellen können. Man kann sagen: page.10 *ist* jetzt ein TEXT-Objekt!

Was ist ein Positionsobjekt?

TYPO3 bezeichnet eine Sammlung solcher Positionsobjekte als *CARRAY* (*content array*). Stellen Sie sich dies wie ein *numerisch* organisiertes Array vor. Eine Speicherposition wird durch ihre Einführung deklariert. Es können beliebig viele solcher Speicher erstellt und frei benannt werden, z.B. page.1, page.2 ... page.253. Übliche Praxis ist jedoch die Bezifferung der Positionen in Zehnerschritten (10, 20, 30 etc.), die es ermöglicht, nachträglich weitere Positionsobjekte einzuschieben, falls das nötig wird.

▶ page.10.value = HELLO WORLD!
Um Text im Browser anzeigen zu können, muss das Textobjekt in page.10 nun noch mit einem Wert belegt werden. Dies geschieht in seiner Eigenschaft value. Beachten Sie, dass die übergebene Zeichenkette HELLO WORLD! nicht in Anführungszeichen gesetzt ist. Dies ist in TypoScript nicht erforderlich.

TypoScript verwendet Objektpfade mit Punktnotation

Sie erkennen in TypoScript eine Ähnlichkeit mit der Ihnen vielleicht bereits geläufigen *Objektschreibweise*, bei der ein Objekt und sein zugehöriges Property (eine Eigenschaft) durch einen Punkt verbunden werden.

Eine solche Verkettung aus Objekten und ihren Eigenschaften wird als *Objektpfad* bezeichnet. Am Ende des Objektpfads befindet sich stets das Objekt oder die Eigenschaft, der ein Wert zugewiesen oder entnommen wird. Hier ist es die Eigenschaft value, die einen Textinhalt erhält.

Ein wichtiger Faktor ist, dass TypoScript zwischen Groß- und Kleinbuchstaben unterscheidet, also »case-sensitive« ist. Häufig sind Fehler auf Verstöße gegen die Schreibregeln von TYPO3 zurückzuführen. Hier sollten Sie unbedingt Sorgfalt walten lassen. Ein falsch geschriebener Bezeichner (z.B. Page statt PAGE) hat zwar keine Fehlermeldung zur Folge, aber Ihr Skript wird nicht funktionieren.

4.1.8 Erste Gehversuche in TypoScript

Um die Funktionsweise von TypoScript kennenzulernen, wollen wir im Feld SETUP sukzessive einige Änderungen vornehmen und deren Auswirkungen im Browserfenster betrachten. Öffnen Sie also über das Augensymbol eine Ansicht auf die Seite in einem neuen Browserfenster, sodass das SETUP-Feld weiterhin zur Eingabe zur Verfügung bleibt.

Erweitern Sie die Angaben im Feld SETUP, wie im Folgenden erläutert. Es werden TEXT-Objekte an zwei neuen Positionsziffern, page.20 und page.5, eingeführt (die »falsche« Reihenfolge ist Absicht!), und es werden ihnen Werte zugewiesen:

```
# Default PAGE object:
page = PAGE
page.10 = TEXT
page.10.value = HELLO WORLD!
page.20 = TEXT
page.20.value = Das ist TypoScript!
page.5 = TEXT
page.5.value = Ein Beispiel:
```

Listing 4.2 kap4_02.ts

Klicken Sie nun zum Speichern auf das Diskettensymbol (siehe Abbildung 4.7), und aktualisieren Sie die Browseransicht der Seite.

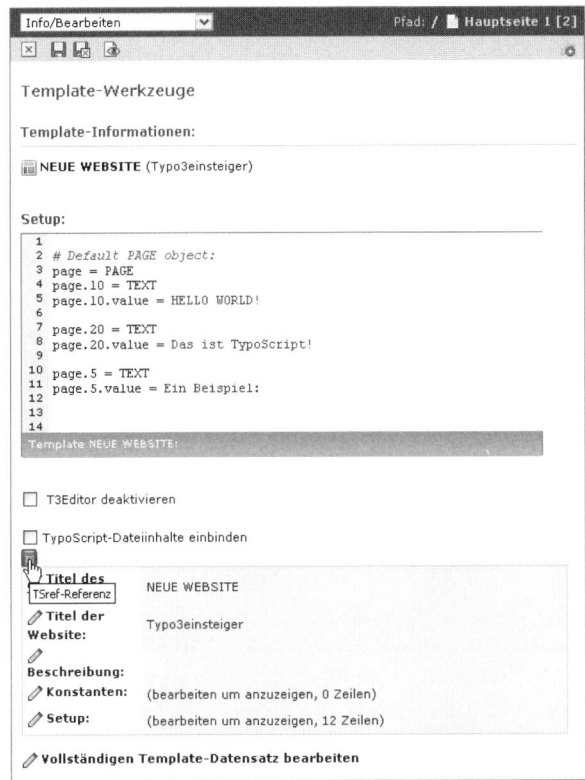

Abbildung 4.7 Erweiterung des Template-Setups

Im Browserfenster sehen Sie jetzt:

»Ein Beispiel:HELLO WORLD!Das ist TypoScript!«

Offensichtlich wird das Objekt page.5 also *vor* den Objekten page.10 und page.20 ausgegeben, obwohl es doch als Letztes definiert ist.

Erläuterung

Der absolute Wert der verwendeten Positionsziffern ist nicht wichtig, nur ihre relative Reihenfolge: Wählt man (beliebig) Position 10 und 20 für zwei Textobjekte, werden diese nacheinander ausgegeben. Die Reihenfolge der Deklarationen im Template spielt hingegen keine Rolle (z.B. wie hier Position 5 nach Position 20), weil TYPO3 die Objekte intern numerisch sortiert. Folgerichtig wird Position 5 zuerst ausgegeben.

4.1.9 Die eingebaute TypoScript-Referenz

TypoScript ist gut dokumentiert, allerdings liegt diese Dokumentation nur auf Englisch vor. Jede TYPO3-Installation hat immerhin ihre eigene Referenz an Bord, die Sie überall dort aufrufen können, wo Sie TypoScript eingeben müssen. Klicken Sie hierfür auf das Icon unter dem SETUP-Feld.

Abbildung 4.8 Das Icon »TypoScript-Referenz öffnen«

Die Referenz öffnet sich in einem neuen Browserfenster. In Baumform finden Sie eine Übersicht aller TypoScript-Eigenschaften. Suchen Sie hier nach dem Eintrag page (Sie finden ihn, indem Sie etwas nach unten scrollen), und klicken Sie auf den Link GO neben dem Eintrag (siehe Abbildung 4.9).

Im Fenster öffnet sich nun eine ausführliche Darstellung des PAGE-Objekttyps mit allen seinen Eigenschaften (siehe Abbildung 4.10). Einige hiervon werden wir demnächst einsetzen.

Hinweis

Ein Klick auf einen Eigenschaftsnamen gibt allerdings keine weiteren Erläuterungen aus, sondern schließt das Fenster. Ein Klick auf das grüne Plussymbol fügt ein Codefragment mit der ausgewählten Eigenschaft in ein Textfeld im Popup-Fenster ein, aus dem Sie es dann mit Copy & Paste in Ihr Setup übertragen können. Letzteres ist jetzt jedoch nicht beabsichtigt. Gehen Sie stattdessen über den bekannten Zurück-Button wieder in die Gesamtansicht, und schließen Sie das Fenster mit der Referenz.

4.1 Das Konzept des TYPO3-Templates

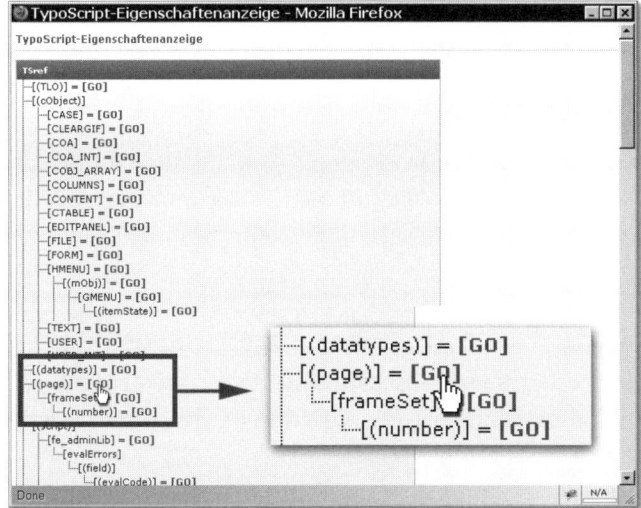

Abbildung 4.9 Die TypoScript-Referenz in einem neuen Fenster

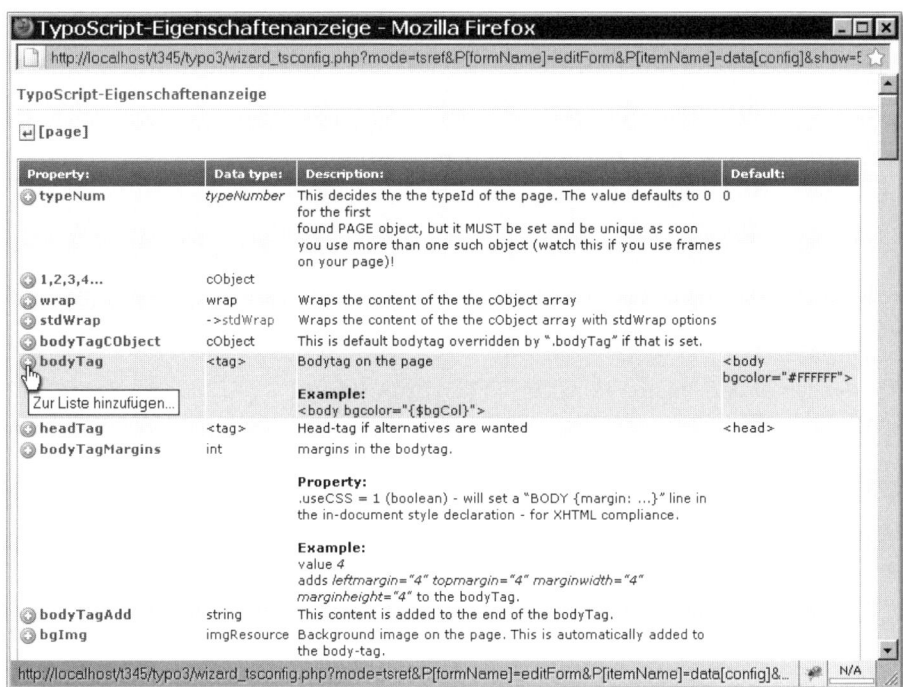

Abbildung 4.10 Eine Übersicht über das »PAGE«-Objekt

Wir werden nun mit den Setup-Erweiterungen und einigen Erläuterungen zum TEXT-Objekt fortfahren.

4.1.10 Das »wrap«-Prinzip des TEXT-Objekts

Ein Objekt einer Programmiersprache besitzt stets eine Reihe von vordefinierten Eigenschaften. TypoScript bildet hier keine Ausnahme – so hat beispielsweise ein Objekt vom Typ PAGE (unter anderem, wie Sie soeben gesehen haben) die Eigenschaft, Unterobjekte, sogenannte *Content-Objekte*, in einem CARRAY enthalten zu dürfen. Diese Content-Objekte (sie werden auch als *cObjects* bezeichnet) können verschiedenen Typs sein, wobei der Typ jeweils durch Zuweisung bestimmt wird. So bedeutet

```
page.10 = TEXT
```

die Zuweisung eines Objekts vom Typ TEXT an die CARRAY-Position 10 des PAGE-Objekts namens page. Ein TEXT-Objekt besitzt eine Eigenschaft value, der ein Wert zugewiesen werden kann. Die Eigenschaft musste nicht eigens deklariert werden, denn sie ist ja in den Objekttyp »eingebaut«, wie Sie gesehen haben.

Wir machen uns nun eine zweite Eigenschaft dieses Objekttyps zunutze, um das Textobjekt mit HTML-Tags zu umgeben – das Property wrap. Dieses funktioniert nach folgendem Prinzip:

```
mein_textobjekt.wrap = davor | dahinter
```

Anführungszeichen sind nicht erforderlich, führende und folgende Leerzeichen werden nicht beachtet. Das Pipe-Symbol | steht dabei stellvertretend für den Inhalt des Textobjekts. Wollen Sie vor oder hinter dem Textobjekt keinen Wraptext, lassen Sie die entsprechende Seite einfach leer.

Schreiben wir beispielsweise

```
mein_textobjekt.value = Beispiel
mein_textobjekt.wrap = <h1> | </h1>
```

erhalten wir in der Quelltextausgabe an den Browser:

```
<h1>Beispiel</h1>
```

In den Quelltext eingeschobene Leerzeilen haben genau wie Einrückungen, die Sie per Tabulator oder mittels Leerzeichen setzen, keinen Einfluss auf die Funktion des Skripts. So machen Sie es aber erheblich übersichtlicher.

Erweitern Sie nun das TypoScript-Setup wie folgt:

```
# Default PAGE object:
page = PAGE

page.10 = TEXT
page.10.value = HELLO WORLD!
page.10.wrap = <p>T3-Begrüßung: | </p>
```

```
page.20 = TEXT
page.20.value = Das ist TypoScript!
page.20.wrap = <h1> | </h1>

page.5 = TEXT
page.5.value = Ein Beispiel:
page.5.wrap = <p><b> | </b></p>
```

Listing 4.3 kap4_03.ts

Sie erhalten im Browser nun eine Ausgabe, die etwa so aussieht, wie in Abbildung 4.11 gezeigt, und die langsam beginnt, einer HTML-Seite zu ähneln.

Abbildung 4.11 Textobjekte mit HTML-Wrap im Browser

Beachten Sie, dass hier für page.10.wrap außer HTML-Tags zusätzlich auch normaler Text als Teil des Wraps verwendet wird. Das ist vollkommen legal. Da jedoch Leerzeichen in diesem Zusammenhang nicht beachtet werden, rückt der Textwrap (siehe Abbildung 4.11) notgedrungen nahtlos an den Objektinhalt heran. Sie können dem Text allerdings ein geschütztes Leerzeichen   hinzufügen, um dieses Manko zu beheben:

```
page.10.wrap = <p>T3-Begrüßung:  | </p>
```

TypoScript-Editor mit Codecompletion

Seit der Version TYPO3 4.2 wird der TypoScript-Editor *t3Editor* mit der Installation mitgeliefert, der damals standardmäßig zunächst aktiviert werden musste. Seit TYPO3 4.3 ist dieser Editor von vornherein aktiv, und er wurde in TYPO3 4.5 nochmals verbessert (nun Version 1.5.0). Er verfügt neben einem Zeilenzähler und Syntax-Highlighting auch über Codecompletion.

Der Editor steht im INFO/BEARBEITEN-Modus für SETUP und KONSTANTEN zur Verfügung (allerdings nicht im Complete-Template-Modus). Wenn Sie nun TypoScript-Code eingeben, werden im Fenster an dieser Stelle mit Kurzerläuterungen mögliche Objekteigenschaften angezeigt, die Sie durch einen Klick übernehmen können (siehe Abbildung 4.12). Sollten Sie mit dem Editor nicht zurechtkommen, können Sie ihn per Klick auf die Checkbox T3EDITOR DEAKTIVIEREN unterhalb des Eingabefelds ganz einfach abschalten.

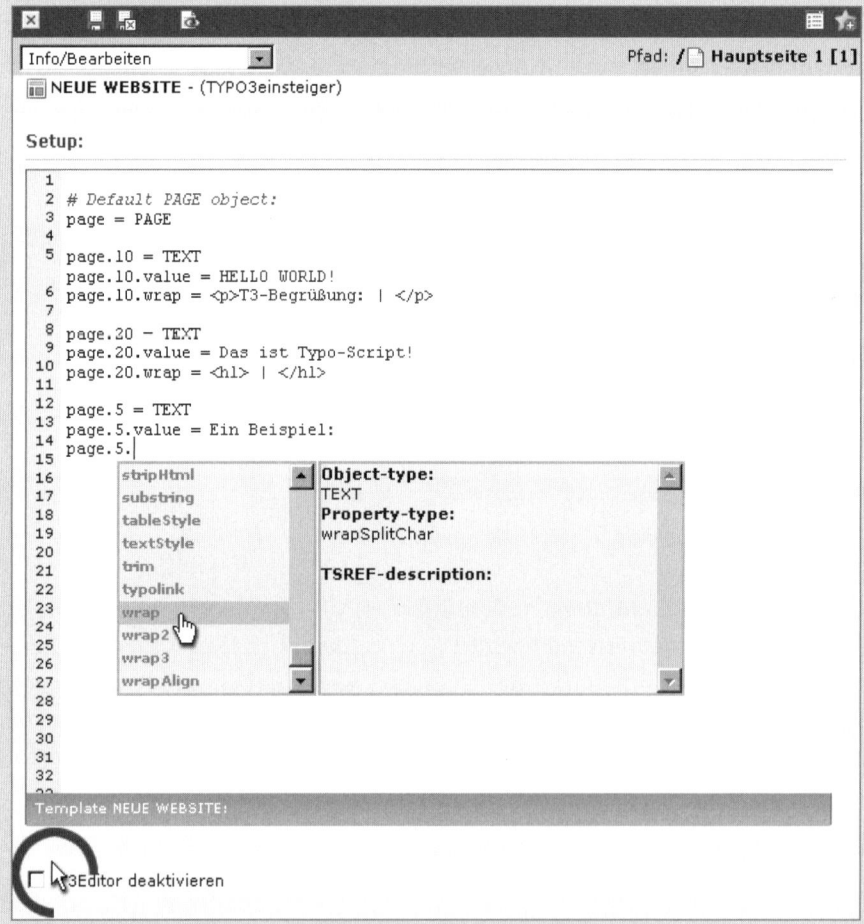

Abbildung 4.12 Code-Hint im t3Editor bei Eingabe

Eine angenehme Nebenwirkung ist, dass nunmehr das Speichern des Codes zusätzlich auch über das gewohnte Tastenkürzel [Strg]+[S] möglich ist. (Vorsicht, man gewöhnt sich daran – in den meisten Ansichten ist dies nach wie vor nicht!) Das Speichern über das Disketten-Icon funktioniert allerdings nach wie vor.

4.1.11 Mehr Komplexität durch Content-Object-Arrays (COA)

Eine einfache HTML-Seite, die nur aus einer Abfolge von Strukturcontainern (wie Überschriften, Absätzen etc.) besteht, ließe sich bereits auf diese Weise aufbauen. Eine HTML-Tabelle hingegen (oder eine andere komplexe Struktur) ist auf dem bisher beschrittenen Weg nicht sauber zu erstellen. Hierfür ist es erforderlich, einem Content-Objekt gleichzeitig mehrere Unterobjekte zuzuordnen, um die Zellen- und Zeilenstruktur aufzubauen. Mit dem bislang verwendeten Objekt vom Typ TEXT ist dies nicht möglich.

In TypoScript existiert aus diesem Grund ein Objekttyp, dem in Form weiterer Content-Objekte Unterobjekte in beliebiger Anzahl zuweisbar sind, das sogenannte *Content-Object-Array* (kurz *COA*).

Nun soll als Vorübung eine HTML-Tabelle erstellt werden. Eine Tabelle kann aus einer beliebigen Anzahl von Zeilen bestehen, die wiederum aus einer beliebigen Anzahl von Zellen zusammengesetzt sein können. Die Zellen können Text enthalten.

Wo in diesem Zusammenhang von einer »beliebigen Anzahl« von Unterobjekten die Rede ist, liegt es nahe, die entsprechenden übergeordneten Teile durch COAs aufzubauen. Dies gilt für die Tabelle selbst (die mehrere Zeilen enthält) und deren Zeilen (die aus mehreren Zellen bestehen).

Die Tabellenzellen selbst können hingegen durch einfache Textobjekte realisiert werden (sofern sie keine komplexe Struktur enthalten sollen). Der erforderliche HTML-Code wird wieder durch einen Wrap um das jeweilige Objekt erzeugt.

```
# Die Tabelle (mit Attributen):
page.30 = COA
page.30.wrap = <table border="1" width="150"> | </table>

# ... und zwei Tabellenzeilen:
page.30.10 = COA
page.30.10.wrap = <tr> | </tr>
page.30.20 = COA
page.30.20.wrap = <tr> | </tr>
```

Jeder Tabellenzeile sollen nun zwei Textobjekte an Position 10 und 20 hinzugefügt werden. Diese erhalten das `<td>`-Tag als wrap und einen Inhalt als value. Sobald Sie dies für die erste Tabellenzeile niederschreiben, werden Sie bemerken, dass eine merkliche Redundanz im Skript auftritt, weil der Beginn des Objektpfads in jeder Zeile gleich lautet.

```
# Datenzellen für Zeile 1:
page.30.10.10 = TEXT
page.30.10.10.value = A
```

```
page.30.10.10.wrap = <td> | </td>
page.30.10.20 = TEXT
page.30.10.20.value = B
page.30.10.20.wrap = <td> | </td>
```

Listing 4.4 kap4_04.ts

Sie sehen, dass jede Zeile mit page.30.10. beginnt. Um Code einzusparen, ist es möglich, Teile des Objektpfads gewissermaßen »auszuklammern«. Hierfür wird zunächst der redundante Part notiert, gefolgt von einer öffnenden geschweiften Klammer. Anschließend listet man die von der so gebildeten temporären Pfadwurzel abstammenden Definitionen auf und schließt die Klammer wieder.

> **Hinweis**
> Dieses Prinzip der Klammerung mit geschweiften Klammern wird als *Confinement* bezeichnet.

Lassen Sie die Definition des COA-Objekts und seines Wraps (Zeile 1 und 2) so, wie sie ist, und ändern Sie die darauf folgenden Zeilen wie eben beschrieben. Das Ergebnis ist nun merklich übersichtlicher. Sie können den Text im Formularfenster zur besseren Übersichtlichkeit mittels Leerzeichen oder Tabulatoren einrücken.

```
# Datenzellen für Zeile 1:
page.30.10 {
    10 = TEXT
    10.value = A
    10.wrap = <td> | </td>
    20 = TEXT

    20.value = B
    20.wrap = <td> | </td>
}
```

Listing 4.5 kap4_05.ts (vollständiges Listing)

Beachten Sie, dass bei dieser Schreibweise der Punkt *nach* der vorangestellten Pfadwurzel entfällt – für ihn steht die geschweifte Klammer. Sie schreiben also statt page.30.10.{ nur page.30.10 {.

Fügen Sie nun noch die Definition der zweiten Zeile hinzu, und speichern Sie.

```
# Datenzellen für Zeile 2:
page.30.20 {
    10 = TEXT
```

```
10.value = C
10.wrap = <td> | </td>
20 = TEXT
20.value = D
20.wrap = <td> | </td>
}
```

Listing 4.6 kap4_06.ts

Im Browserfenster sehen Sie nun eine Tabelle mit zwei Zeilen und jeweils zwei Zellen (siehe Abbildung 4.13).

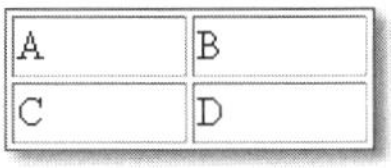

Abbildung 4.13 Eine per TypoScript »handgebaute« HTML-Tabelle

4.1.12 Kopieren, Referenzieren und Löschen von Objekten in TypoScript

TypoScript bietet Ihnen einen schnellen Weg an, um weitere Instanzen eines komplexen Objekts zu erstellen, ohne diese wiederholt explizit notieren zu müssen – also auch, wie im folgenden Beispiel, Instanzen unserer in Objektform realisierten Tabelle. Hierfür kann wahlweise eine Kopie oder eine Referenz des gewünschten Objekts erstellt werden. Der Unterschied zwischen beiden Vorgehensweisen wird im Folgenden erläutert. Wenden wir uns zunächst dem Kopieren zu.

Den Zuweisungsoperator kennen Sie bereits – er ist das Gleichheitszeichen, das Sie bereits wie selbstverständlich in dieser Aufgabe eingesetzt haben. Die Zuweisung erfolgt stets von rechts nach links, sieht also beispielsweise so aus:

`page.10.value = Hallo Welt!`

Hierbei steht auf der rechten Seite eine Zeichenkette, die dem links stehenden Objekt als Wert zugewiesen wird. Zeichenkettenbegrenzer sind nicht erforderlich, da an dieser Stelle ohnehin nur Strings übergeben werden können.[1]

Kopieren eines Objekts

Ein Kopier- oder Referenziervorgang unterscheidet sich von einer normalen Zuweisung dadurch, dass die dem Zielobjekt zugewiesene Größe ebenfalls ein Objekt ist. Außerdem wird ein anderer Operator verwendet – für eine Kopie ist dies das Zeichen <.

---

[1] Anführungszeichen haben deshalb in diesem Kontext keine Steuerzeichenfunktion, sondern sind normale Zeichen: Wenn Sie einen String in Anführungszeichen setzen, werden diese mit ausgegeben.

Um die Tabelle in page.30 in ein neues Objekt page.40 zu *kopieren*, schreiben wir einfach:

```
# die ganze Tabelle in ein neues Objekt kopieren:
page.40 < page.30
```

In der Tat würden Sie nun, wenn Sie das Ergebnis im Browser betrachten, eine zweite, identische Tabelle gleicher Struktur unter der ersten sehen. Müsste eine Kopie identisch mit dem Original bleiben, hätte das Verfahren jedoch wenig Sinn. In der Tat ist es durch einfaches Überschreiben möglich, die Inhalte der kopierten Tabelle zu ändern. Beachten Sie, dass die interne COA-Struktur nicht erneut angelegt werden muss, da sämtliche nicht geänderten Bestandteile der Kopie exakt so bleiben wie im Original.

Hier werden den Feldern der ersten Zeile page.40.10 neue Inhalte zugewiesen:

```
# Inhalte der ersten Zeile ändern:
page.40.10 {
    10.value = die
    20.value = Kopie
    }
```

Listing 4.7 kap4_07.ts

Die Inhalte der zweiten Zeile werden nicht angetastet (siehe Abbildung 4.14).

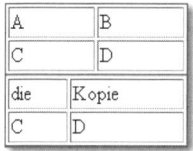

Abbildung 4.14 Die Originaltabelle und ihre Kopie nach erfolgter Änderung

Eine Kopie ist, einmal erstellt, unabhängig vom Original. Eine nachfolgende Änderung des Originals wirkt sich also nur dort und nicht in der Kopie aus. Analog hat eine nachfolgende Änderung eines kopierten Objekts (durch später im Quelltext stehende Anweisungen) keine Rückwirkung auf das Original.

Referenzieren eines Objekts

Anstatt ein Objekt zu kopieren, kann es auch *referenziert* werden. Dies mag zwar für diese einfache Beispieltabelle wenig tieferen Sinn haben, kann in seinen Konsequenzen hier jedoch sehr anschaulich demonstriert werden.

Eine *Objektreferenz* wird im Prinzip genau wie eine Kopie erstellt, nur der verwendete Operator ist ein anderer: =<. Um in einem neuen Objekt page.50 eine Referenz auf die Tabelle in page.30 zu bilden, schreiben Sie also:

```
# Referenz der Ursprungstabelle in neues Objekt
page.50 =< page.30
```

Das Ergebnis im Browser ist zunächst nicht von dem einer Kopie zu unterscheiden (Original und Referenz sind identisch). Auch bei anschließender Änderung von Werten der Referenz (hier in deren zweiter Zeile) ist zunächst nichts auffällig (siehe Abbildung 4.15) – das Original wird nicht angetastet:

```
# Änderung der Werte von Zeile 2 in der Referenz
page.50.20 {
    10.value = Neuer
    20.value = Wein
    }
```

Listing 4.8 kap4_08.ts

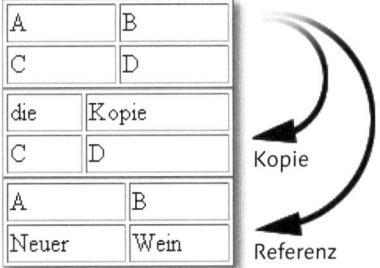

Abbildung 4.15 Original, Kopie und geänderte Referenz

Erst wenn auch am referenzierten Original eine Änderung erfolgt (diesmal in beiden Zeilen), bemerkt man ein verändertes Verhalten (beachten Sie, dass die Originaltabelle im TypoScript-Quelltext erst *nach* Erstellung der Referenz und deren Wertänderung überschrieben wird).

Fügen Sie also folgende Zeilen an:

```
# Änderung Zeile 1 der Ursprungstabelle nach Referenzierung:
page.30.10 {
    10.value = Alter
    20.value = Schlauch
    }
# ... wirkt sich auf die Referenz aus!
```

```
# Änderung Zeile 2 der Ursprungstabelle nach Referenzierung:
page.30.20 {
   10.value = jetzt
   20.value = leer!
}
# ... wird durch Änderung in der Referenz überschrieben!
```
Listing 4.9 kap4_09.ts

Diese zweite Änderung ist nun im Original und in Zeile 1 der Referenz sichtbar, nicht aber in der kopierten Tabelle in der Mitte (die Kopie erfolgte ja von einem älteren Zustand des Originals), wie in Abbildung 4.16 zu sehen ist. Beachten Sie: In Zeile 2 der Referenz sind deren geänderte Werte sichtbar, obwohl ja die Änderung der Referenz im Quelltext *vor* der Änderung des Originals vorgenommen wurde.

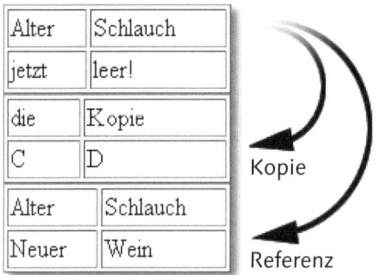

Abbildung 4.16 Nachträglich geändertes Original, Kopie und Referenz

Was passiert hier? Eine TypoScript-Referenz steht gewissermaßen in der Mitte zwischen einer »gewöhnlichen Kopie« und einer Objektreferenz, wie sie in objektorientierten Programmiersprachen üblich ist.

> **Vorsicht, Denkfalle!**
> In Java, C oder vergleichbaren Sprachen bildet eine Referenz einen echten »Zeiger« auf das Originalobjekt und verhält sich zu jedem Zeitpunkt wie das Original (beide Objekte sind dort eigentlich nur ein Objekt): Eine Änderung in der Referenz hat dort stets eine Änderung im Original zur Folge. Dies ist in TypoScript nicht der Fall.

In TypoScript ist eine Referenz ebenfalls eine Kopie, nur der Zeitpunkt des Kopiervorgangs ist ein anderer: Die Erstellung der Referenz erfolgt *nach* dem Einlesen des vollständigen Skripts, die Erstellung einer Kopie erfolgt hingegen *während* des Einlesens. Aus diesem Grund betreffen Änderungen in der Referenz nicht das ausgegebene Original; dieses ist zu diesem Zeitpunkt bereits »fertig«. Am Ende ausgegeben wird der jeweils letzte Zustand eines Objekts.

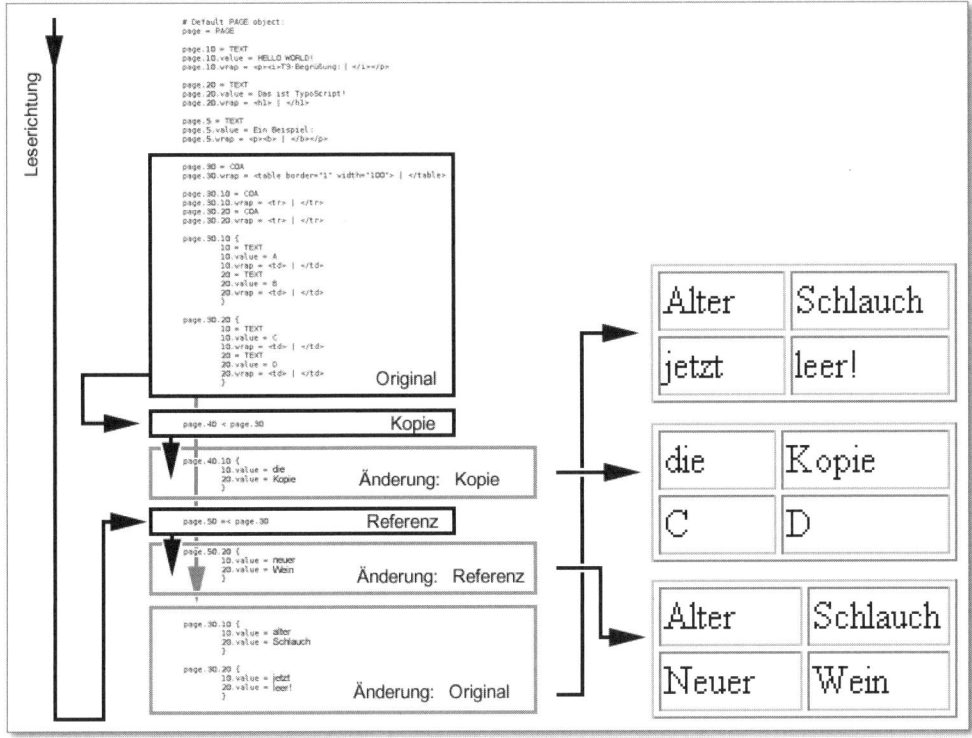

Abbildung 4.17 Erstellung und Ausgabezustand von Kopie und Referenz

Das Flussdiagramm in Abbildung 4.17 erläutert diesen Prozess. Ein TypoScript wird Zeile für Zeile von oben nach unten (d.h. in »Leserichtung«) abgearbeitet.

Kopien werden »unterwegs« (beim Abarbeiten des Quelltextes) erstellt, und ebenso werden fortlaufende Änderungen an Objekten vollzogen. Eine Referenz wird jedoch erst erstellt, nachdem das Ende des Skripts erreicht ist. Anschließend können eventuelle Änderungen vorgenommen werden (wobei diese Änderungen an beliebiger Stelle im Skript stehen können; natürlich aber erst nach der Referenzierungsanweisung).

Man kann sich dies so vergegenwärtigen, dass die Erstellung der Referenz »aus dem Fluss genommen« und mitsamt der Abarbeitung aller weiteren Befehle, die sie betreffen, an das Ende des Skripts angehängt bzw. dorthin verschoben wird.

Löschen eines Objekts

Ein Text innerhalb eines Textobjekts kann einfach dadurch entfernt werden, dass man seinen Wert mit dem leeren String (also mit »nichts«) überschreibt. Hier sehen Sie ein Beispiel, das Sie aber nicht in Ihr Setup einzugeben brauchen:

```
page.100 = TEXT
page.100.value = Dieser Text wird gleich wieder entfernt
# rechts vom Zuweisungsoperator steht "nichts":
page.100.value =
```

Sie müssen dabei allerdings bedenken, dass hier nicht das Objekt selbst entfernt wird, sondern dass es nur »geleert« wird. Nach wie vor existiert das TEXT-Objekt page.100 und auch dessen value-Eigenschaft.

Um ein Objekt, wie gewünscht, vollständig zu löschen, bietet TYPO3 einen eigenen Operator an. Notieren Sie einfach die schließende spitze Klammer nach dem Objekt. Rechts vom Operator steht kein Wert, da hier keine Zuweisung erfolgt:

```
# Das Objekt wird gelöscht:
page.100 >
```

Nun wollen wir diesen Operator am Tabellenbeispiel ausprobieren und die Ursprungstabelle, also page.30, löschen. Fügen Sie folgende Anweisung am Ende des Skripts hinzu:

```
# Die Tabelle wird vollständig gelöscht:
page.30 >
```

Überlegen Sie nun kurz, bevor Sie die Wirkung des Löschvorgangs im Browser kontrollieren, was mit der erstellten Kopie und der erstellten Referenz der Originaltabelle geschieht. Der Kopiervorgang ist ja vor Skriptende geschehen, die Referenzierung jedoch wird erst nach Skriptende ausgeführt.

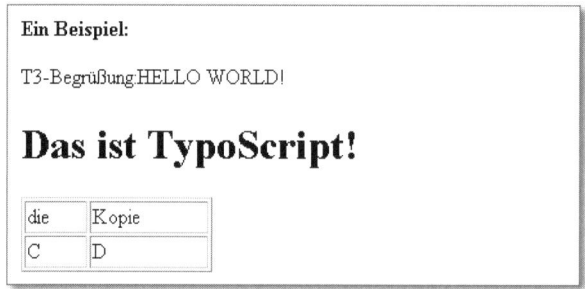

Abbildung 4.18 Die Kopie »überlebt« ein nachträgliches Löschen des Originals.

Und richtig: Vom Löschvorgang betroffen ist nicht nur das Original, sondern auch dessen Referenz: Zu dem Zeitpunkt, zu dem die Referenz ausgeführt werden soll, existiert nämlich das referenzierte Objekt nicht mehr! Ein Fehler wird nicht gemeldet. Die Kopie jedoch bleibt erhalten, da sie ein unabhängiges Objekt darstellt.

4.1.13 Der Quelltext einer TYPO3-Seite

Werfen Sie jetzt kurz einen Blick auf den Quelltext der von TYPO3 erzeugten Seite. Sie sehen, dass die im TypoScript definierten Bestandteile der Seite innerhalb des Body-Containers stehen. Abgesehen davon, dass das ausgegebene HTML nicht mit Zeilenumbrüchen und Leerzeichen versehen wurde, sieht es so aus wie erwartet (siehe Abbildung 4.19).

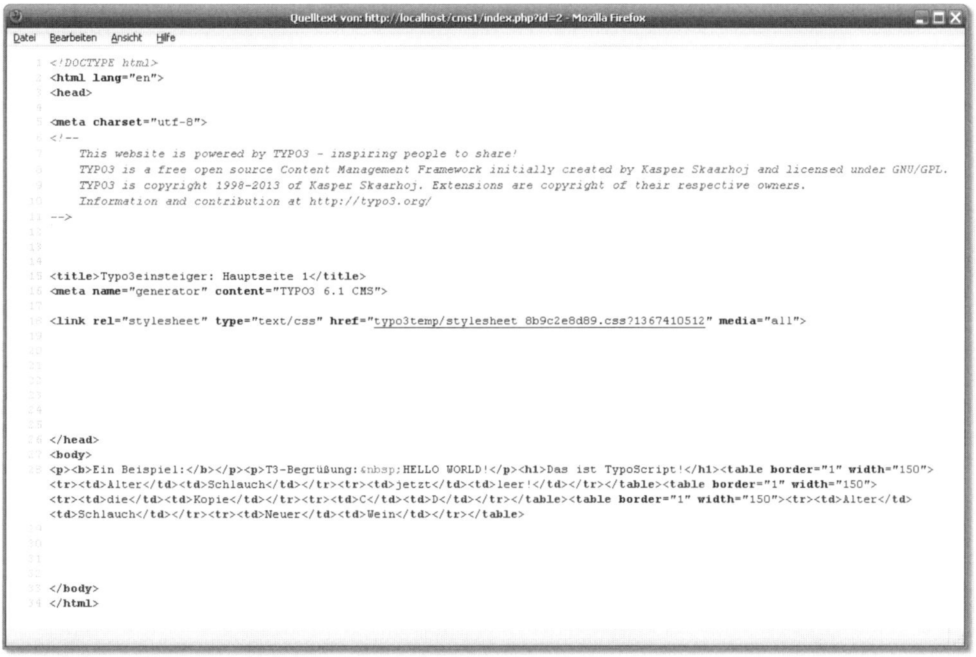


```
<!DOCTYPE html>
<html lang="en">
<head>

<meta charset="utf-8">
<!--
	This website is powered by TYPO3 - inspiring people to share!
	TYPO3 is a free open source Content Management Framework initially created by Kasper Skaarhoj and licensed under GNU/GPL.
	TYPO3 is copyright 1998-2013 of Kasper Skaarhoj. Extensions are copyright of their respective owners.
	Information and contribution at http://typo3.org/
-->



<title>Typo3einsteiger: Hauptseite 1</title>
<meta name="generator" content="TYPO3 6.1 CMS">

<link rel="stylesheet" type="text/css" href="typo3temp/stylesheet_8b9c2e8d89.css?1367410512" media="all">








</head>
<body>
<p><b>Ein Beispiel:</b></p><p>T3-Begrüßung: HELLO WORLD!</p><h1>Das ist TypoScript!</h1><table border="1" width="150">
<tr><td>Alter</td><td>Schlauch</td></tr><tr><td>jetzt</td><td>leer!</td></tr></table><table border="1" width="150">
<tr><td>die</td><td>Kopie</td></tr><tr><td>C</td><td>D</td></tr></table><table border="1" width="150"><tr><td>Alter</td>
<td>Schlauch</td></tr><tr><td>Neuer</td><td>Wein</td></tr></table>




</body>
</html>
```

Abbildung 4.19 Der Quelltext der erzeugten HTML-Seite

Sie sehen allerdings auch, dass die Seite – wie für ein reguläres HTML-Dokument selbstverständlich – über einen *Dokumentkopf* und einen *Dokumentrumpf* verfügt.

Die einleitende Dokumenttyp-Deklaration erklärt das Dokument zu gültigem HTML 5. Das ist im Übrigen seit TYPO3 CMS 6 neu. Im `<title>`-Container des Dokumentkopfs finden Sie den Sitenamen, den Sie im Wurzel-Template eingegeben hatten, und den Seitentitel des aktuell angezeigten Dokuments (hier also »Hauptseite 1«). Der Dokumentkopf enthält darüber hinaus einen Kommentar, der die Seite als TYPO3-Seite erkennbar macht. Das erste `<meta>`-Element deklariert UTF-8 als Zeichensatz für das Dokument, das zweite `<meta>`-Element zeichnet TYPO3 als *Generator* aus. TYPO3 erzeugt zusätzlich noch eine temporäre CSS-Datei (sie ist später für das Stylen einiger Inhaltselemente zuständig) und bindet sie ein.

All diese Dokumentbestandteile generiert TYPO3 automatisch, ohne dass Sie etwas dafür tun müssten. Sie werden aber in Kürze erfahren, wie Sie Einfluss auf diese elementaren Strukturen nehmen können.

> **TYPO3 erzeugt die Grundstruktur der ausgegebenen Seite automatisch**
> Beim Generieren einer Seite erzeugt TYPO3 eine Dokumenttyp-Deklaration, das Wurzelelement <html>, den <head>-Container mit Inhalt und das <body>-Element, das die mit TypoScript erzeugten Inhalte umgibt.

4.2 Vererbung eines TypoScript-Templates

Öffnen Sie die Seite »Hauptseite 1«, in der das Template angelegt wurde, mit dem Befehl WEB • ANZEIGEN im Arbeitsbereich (die im vorhergehenden Abschnitt kopierten, referenzierten und geänderten Tabellen wurden der Übersichtlichkeit halber wieder entfernt). Wechseln Sie nun über einen Klick im Seitenbaum die Ansicht auf »Unterseite 1« von »Hauptseite 1«: Sie werden bemerken, dass die Ansicht dieselbe ist, obwohl für »Unterseite 1« gar kein Template angelegt wurde.

Dies beruht auf dem TYPO3-Prinzip der *Vererbung* eines Templates an untergeordnete Seiten des Seitenbaumzweigs. Dasselbe Ergebnis erzielen Sie, wenn Sie eine der beiden anderen Unterseiten dieses Zweigs betrachten: TYPO3 sucht für eine Seite ohne Template den Seitenbaum ab, bis in einer der darüberliegenden Hierarchieebenen ein Template gefunden wird. Dieses wird dann verwendet. Im vorliegenden Fall »erbt« also die auf Level 1 befindliche »Unterseite 1« das Template von »Hauptseite 1« im darüberliegenden Level 0. Das Gleiche wäre der Fall für beliebig tiefer liegende Hierarchieebenen (siehe Abbildung 4.20).

Nochmals zur Verdeutlichung: Eine Seite kann ein Template nur von einer hierarchisch übergeordneten Seite erhalten. Im ersten Zweig erhält beispielsweise »Unterseite 2« ihr Template ebenfalls von »Hauptseite 1« und bekommt es nicht etwa von »Unterseite 1« weitergereicht.

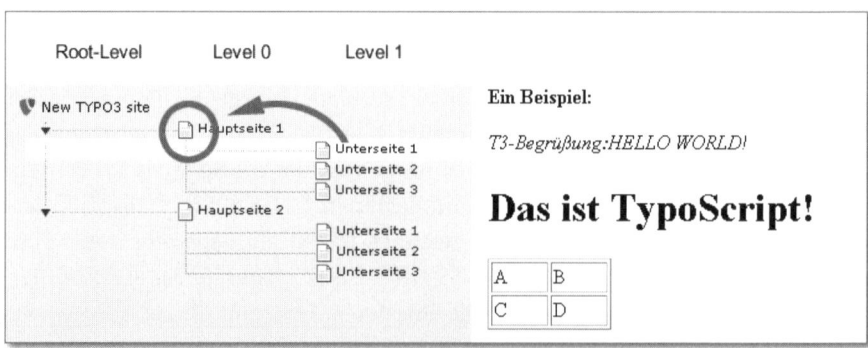

Abbildung 4.20 Zugriff auf Templates der übergeordneten Hierarchieebene

4.2 Vererbung eines TypoScript-Templates

In der Tat wird ein Template niemals innerhalb der gleichen Hierarchieebene weitergegeben (siehe Abbildung 4.21), daher auch nicht von »Hauptseite 1« nach »Hauptseite 2«.

Wenn Sie nun »Hauptseite 2« oder beliebig eine der Unterseiten des zweiten Zweigs anwählen (die ja ebenfalls keinen Zugang zum Template von »Hauptseite 1« haben), sehen Sie, dass in diesem Fall keine Template-Vererbung stattfindet: Sie erhalten in allen diesen Fällen die Meldung No TypoScript template found!.

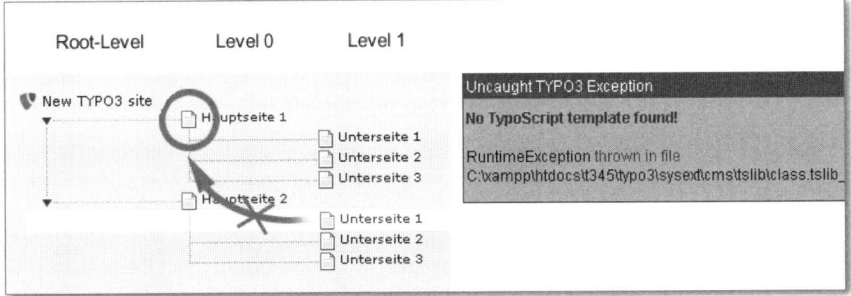

Abbildung 4.21 Es gibt keine Vererbung zwischen benachbarten Zweigen.

Hinweis

Das Root-Objekt des Seitenbaums selbst kann grundsätzlich keine Templates tragen, da es sich bei diesem Objekt nicht um eine Seite handelt. Es ist deshalb nicht möglich, ein Template von dort aus gleichzeitig an alle untergeordneten Seitenzweige zu vererben. Jeder Zweig, der direkt unter dem Root-Icon auf Level 0 ansetzt, verhält sich somit wie eine unabhängige Website und benötigt jeweils ein eigenes Haupt-Template. Sie können Templates natürlich stets auch durch »physisches« Kopieren von einem Zweig zum anderen übertragen.

4.2.1 Erweiterungs-Templates auf Unterseiten

Es wäre ausgesprochen unflexibel, wenn ein Template nur auf der Wurzelseite des Zweigs angelegt und von dieser aus unverändert weitergegeben werden könnte. TYPO3 kennt das Prinzip der *Template-Erweiterung* (EXTENSION TEMPLATE), um eine Änderung oder Erweiterung der Template-Definitionen für eine Unterseite und ihr hierarchisch unterstellte Seiten zu ermöglichen.

Erweiterungs-Templates sind nur auf template-losen Seiten möglich

Ein Erweiterungs-Template kann auf jeder Seite angelegt werden, der selbst kein Template direkt zugeordnet ist. Es dient dazu, TypoScript-Angaben des Wurzel-Templates zu ergänzen oder diese zu überschreiben.

Wählen Sie hierfür eine Seite ohne eigenes Template (im Beispiel wird »Unterseite 2« verwendet). Die TEMPLATE-WERKZEUGE bieten an, hier ein eigenständiges Root-Template anzulegen (TEMPLATE FÜR NEUE WEBSITE ERSTELLEN). Das Anlegen eines solchen Root-Templates sollte allerdings normalerweise nur auf der untersten Ebene erfolgen.

Eine weitere Option ist, zur nächsten übergeordneten Seite mit Template zu springen (ZUR NÄCHSTEN SEITE MIT TEMPLATE GEHEN), um dieses dann zu bearbeiten. Dies würde in unserem Fall den Wechsel zu »Hauptseite 1« bedeuten, die als einzige Seite im Zweig ein Template besitzt. Im anderen Zweig existiert gar kein Template, daher wird Ihnen TYPO3 diese Wechseloption auf keiner der dortigen Unterseiten vorschlagen. (Prüfen Sie dies ruhig nach – auch ein Wechsel zum Template des anderen Zweigs kann nicht angeboten werden, das würde gegen die Vererbungsregeln verstoßen.)

Da hier aber weder ein eigenes Root-Template angelegt noch das übergeordnete Template bearbeitet werden soll, wenden wir uns der dritten Option zu, dem Button KLICKEN SIE HIER, UM EIN ERWEITERUNGS-TEMPLATE ZU ERSTELLEN (siehe Abbildung 4.22).

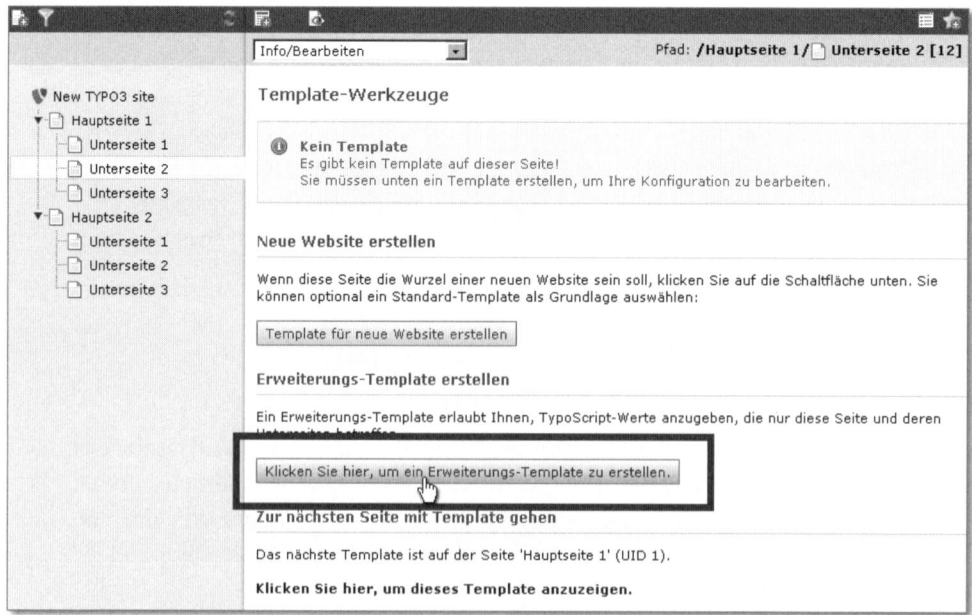

Abbildung 4.22 Anlegen eines Erweiterungs-Templates

Sie sehen nun eine Template-Informationstabelle für das Erweiterungs-Template vor sich. Der TEMPLATE-TITEL lautet standardmäßig TEXT, kann aber an dieser Stelle in einen aussagekräftigeren Titel geändert werden. Klicken Sie den Stift im Titelfeld an, und nennen Sie dieses Erweiterungs-Template »Bodybgcolor«. Speichern Sie die Eingabe.

Klicken Sie anschließend, wie inzwischen gewohnt, auf das Stiftsymbol der SETUP-Zeile, und geben Sie in das leere SETUP-Feld folgende Zeilen ein:

```
page.bodyTagAdd = bgcolor="red" text="white"
page.20.value = Dies ist Unterseite 2!
```

Listing 4.10 kap4_08.ts

Wenn Sie diese kurzen Anweisungen mit den im Haupt-Template eingegebenen Daten vergleichen, werden Sie bemerken, dass diese hier reichlich fragmentarisch sind:

- Es wird kein PAGE-Objekt angelegt, aber dennoch verwendet.
- Es wird auf eine Eigenschaft bodyTagAdd von page zugegriffen.
- Es wird auf ein Objekt 20 von page zugegriffen, ohne es vorher anzulegen.

> **Erklärung**
>
> Dies liegt einfach daran, dass dieses kein unabhängiges Template ist, sondern eine Erweiterung der Definitionen des Haupt-Templates darstellt – aus diesem Grund kann (auch überschreibend) einfach auf dort definierte Objekte zugegriffen werden. (Um sich diesen Umstand klarzumachen, können Sie auch annehmen, dass das Haupt-Template implizit hierhin kopiert wurde.)

Die im Erweiterungs-Template getroffenen Anweisungen werden zu den vorhandenen TypoScript-Anweisungen *addiert*. Da sie also quasi nach den Anweisungen des Haupt-Templates stehen, überschreiben sie diese im Konfliktfall bzw. ergänzen sie anderenfalls. Folgendes geschieht hier:

- Die Hintergrundfarbe des Dokuments wird in Rot und die Schriftfarbe in Weiß geändert.
  Dies geschieht durch Erweitern des Body-Tags um die Attribute bgcolor und text sowie durch das Überschreiben ihrer Standardwerte mit red und white.
- Der Wert des Objekts 20 wird überschrieben.
  Anstelle des im Haupt-Template definierten Wertes Dies ist TypoScript! steht nun Dies ist Unterseite 2!.

Wechseln Sie in das Modul WEB • ANZEIGEN, und betrachten Sie das Ergebnis (siehe Abbildung 4.23).

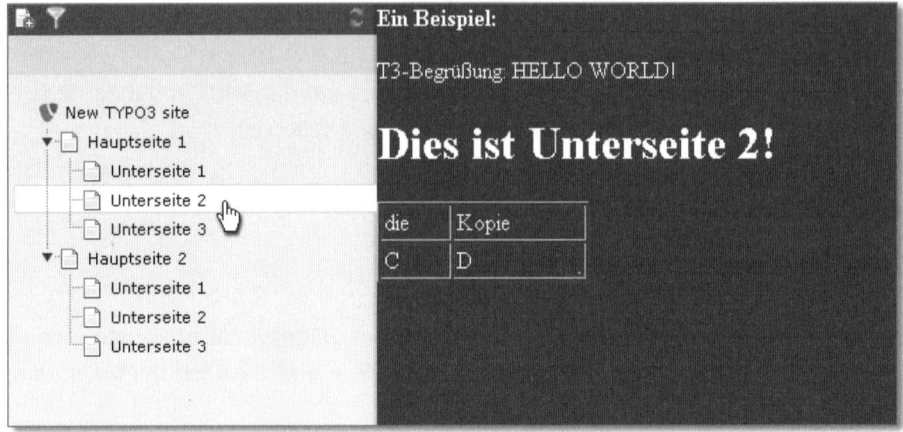

Abbildung 4.23 »Unterseite 2« mit roter Hintergrundfarbe

Diese Änderungen würden ebenfalls an alle Seiten weitergegeben, die »Unterseite 2« hierarchisch untergeordnet sind. Es sind allerdings derzeit keine vorhanden. Eine Vererbung oder Weitergabe des Erweiterungs-Templates auf gleicher Hierarchieebene findet jedoch auch hier nicht statt. Um dies zu überprüfen, wechseln Sie die Ansicht nach »Unterseite 1« oder »Unterseite 3«. Diese finden Sie unverändert vor, wie in Abbildung 4.24 zu sehen ist.

Abbildung 4.24 Die anderen Unterseiten sind nicht betroffen.

Legen Sie nun eine Unterseite »Unterseite 2–1« für »Unterseite 2« an, und betrachten Sie diese zunächst im Modul WEB • ANZEIGEN. Sie werden erkennen, dass die Angaben des Erweiterungs-Templates tatsächlich auch für »Unterseite 2–1« gelten. Auch diese Seite hat die rote Hintergrundfarbe erhalten.

4.3 Der TypoScript-Objekt-Browser

Zu Beginn des Kapitels haben wir erwähnt, dass es sich bei TypoScript um eine Konfigurationssprache handelt, die nach hierarchischen Prinzipien arbeitet. Dies spiegelt sich im Template-Setup beispielsweise in den nummerierten Positionsobjekten wider. Diese werden in beliebiger Reihenfolge eingefügt, jedoch stets nach ihrem Index sortiert abgearbeitet. Auch kann jede Instruktion an einem späteren Punkt des Setups überschrieben werden. Das Template-Setup kann daher schnell unübersichtlich werden.

Um dieses Defizit wettzumachen, könnte folgende Wunschliste für eine alternative Darstellungs- und Bearbeitungsoberfläche aufgestellt werden:

- Objekte sollen sortiert angezeigt werden statt in Deklarationsreihenfolge.
- Nur der jeweils letzte gültige Wert eines Objekts soll angezeigt werden.
- Ein Wert soll einfach »vor Ort« geändert werden können.
- Die Hierarchien sollen durch eine Baumstruktur abgebildet werden.

Genau für diese Zwecke stellt TYPO3 den sogenannten *TypoScript-Objekt-Browser* zur Verfügung.

4.3.1 Wechsel in den TypoScript-Objekt-Browser

Der Wechsel in den TypoScript-Objekt-Browser geschieht über das linke obere Pulldown-Menü in den TEMPLATE-WERKZEUGEN (siehe Abbildung 4.25). Wählen Sie dort den Eintrag TYPOSCRIPT-OBJEKT-BROWSER.

4.3.2 Arbeit mit dem TypoScript-Objekt-Browser

Beim ersten Blick in den TypoScript-Objekt-Browser erkennen Sie eine Baumstruktur, hier als *Object Tree* bezeichnet, die die hierarchisch verschachtelten Objektdefinitionen abbildet (siehe Abbildung 4.25). Einige Zweige sind »eingeklappt«; sie können durch einen Klick auf das Pluszeichen vor der Zweigwurzel geöffnet und wieder geschlossen werden.

Das im Setup nach Objekt 20 deklarierte Positionsobjekt 5 ist korrekt in Ausgabereihenfolge eingeordnet. Ansonsten sehen Sie auch die restlichen im Setup definierten Objekte sowie ihre Eigenschaften und deren Werte.

Auf ein Objekt oder eine Property können Sie über die Baumstruktur direkt zugreifen. Die Objekt- bzw. Property-Namen dienen als Link. Um beispielsweise den Wert »Dies ist Unterseite 2!« des Positionsobjekts 20 zu ändern, klicken Sie im betreffenden Zweig einfach auf `[value]` (siehe Abbildung 4.26).

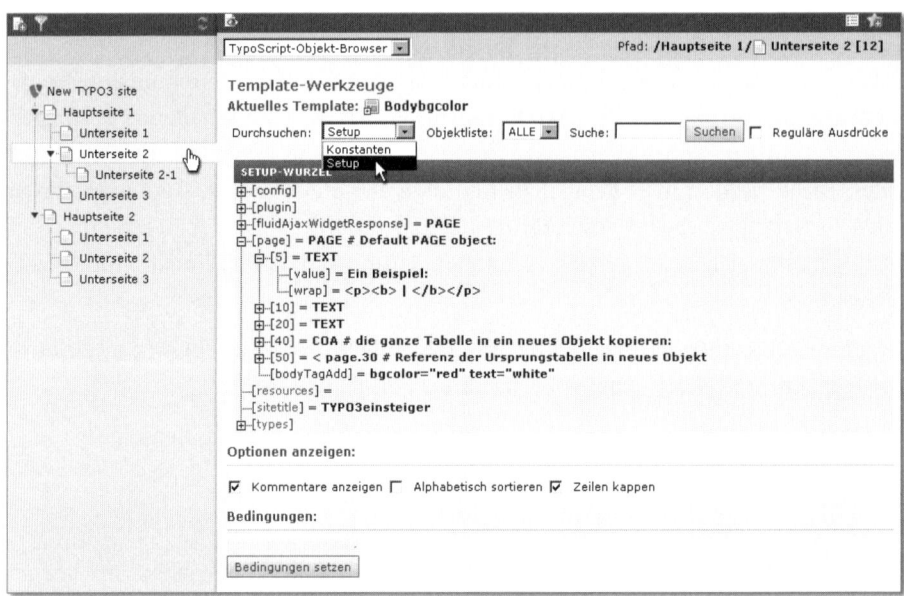

Abbildung 4.25 Wechsel in den TypoScript-Objekt-Browser

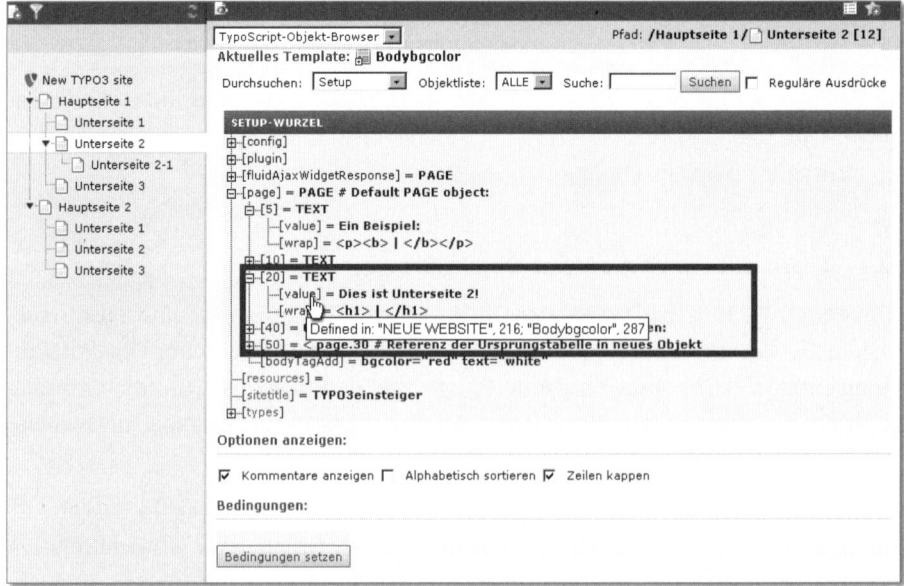

Abbildung 4.26 Arbeit mit dem TypoScript-Objekt-Browser

Sie sehen nun ein Dialogfeld vor sich, das dem in Abbildung 4.27 ähnelt. In ihm können Sie den aktuellen Wert einfach durch einen beliebigen neuen Eintrag überschreiben. In diesem Beispiel wird der Wert mit »Das ist toll!« überschrieben. Speichern Sie, indem Sie auf den Button AKTUALISIEREN klicken.

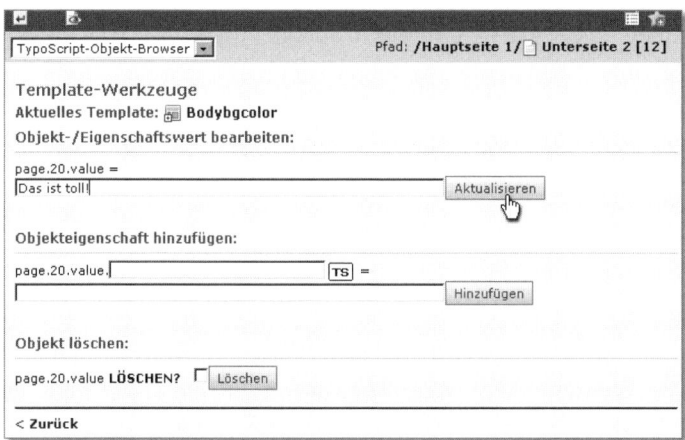

Abbildung 4.27 Ändern einer Property im TypoScript-Objekt-Browser

Zurück in der Object-Tree-Ansicht, erhalten Sie nochmals eine Rückmeldung, welches Objekt geändert wurde und was als sein neuer Wert gespeichert worden ist (siehe Abbildung 4.28). Auch in der Baumstruktur spiegeln sich die Änderungen wider.

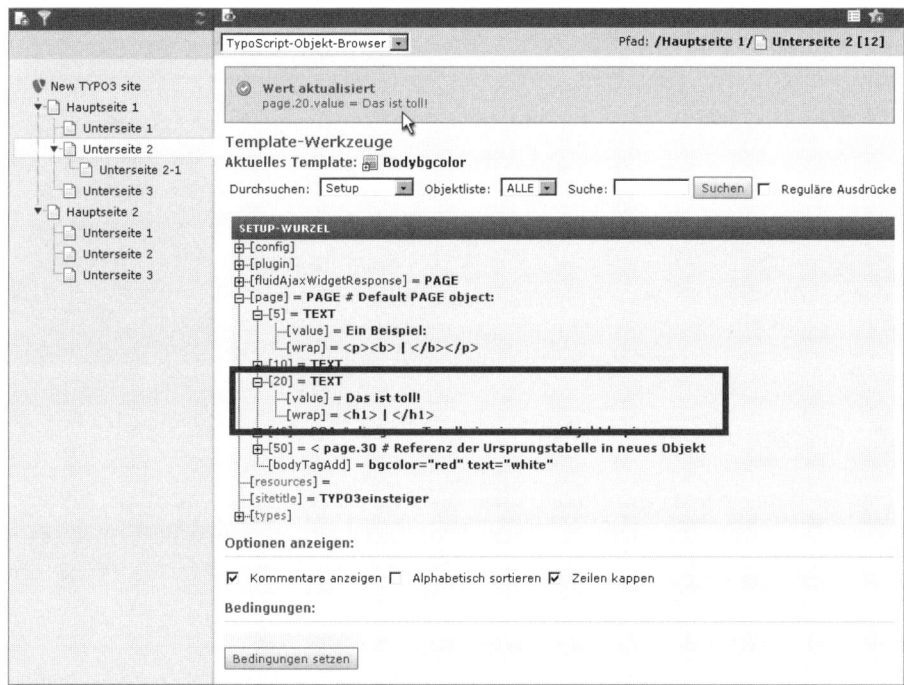

Abbildung 4.28 Update-Hinweis und geänderter Wert im Object Tree

Dies kann analog für alle Objekte des Baums erfolgen. Nicht nur die Eigenschaften eines Objekts können bearbeitet werden, sondern auch die Objekte selbst. So ist sogar die nachträgliche Änderung eines Objekttyps prinzipiell möglich. Dies kann aber Konsequenzen haben, sollten die bereits zugeordneten Propertys für den neuen Objekttyp nicht gültig sein.[2] Ebenso können Sie ein OBJEKT LÖSCHEN oder eine OBJEKTEIGENSCHAFT HINZUFÜGEN.

Sie müssen sich dabei natürlich immer an die im Rahmen von TypoScript erlaubte Syntax halten. Als »Lexikonfunktion« finden Sie neben einigen Feldern (siehe auch Abbildung 4.27) wieder den Button TS, der einen Link auf die bereits bekannte TypoScript-Referenz bildet.

Beachten Sie: Der TypoScript-Objekt-Browser ist kein wirklicher Editor. Dies können Sie leicht erkennen, wenn Sie in den INFO/BEARBEITEN-Dialog zurückwechseln und einen Blick in das SETUP-Feld werfen: Anstatt im Zuge der erfolgten Bearbeitung etwa die Zeile mit der Wertzuweisung an page.20.value zu *ändern*, hat der Template-Objekt-Browser einfach *an das Ende* der Setup-Definitionen eine neue Wertdeklaration *hinzugefügt* und die alte hierdurch widerrufen. (Hätten Sie im Wurzel-Template gearbeitet, wäre dieser Umstand noch augenfälliger gewesen.)

Mehrfache Änderungen (auch des gleichen Objekts) bewirken dementsprechend jeweils einen erneut angehängten Eintrag. Prüfen Sie das, indem Sie den Text wieder in »Dies ist Unterseite 2!« ändern. Räumen Sie anschließend auf, indem Sie die beiden neuen Einträge aus dem Setup löschen.

Fazit

Der *TypoScript-Objekt-Browser* ist hervorragend geeignet, um eine Übersicht über die Template-Hierarchie zu erhalten und »ambulant« geringfügige Änderungen vorzunehmen. Für größere Änderungen und »Aufräumvorgänge« ist er weder geeignet noch konzipiert. Erledigen Sie solche Arbeiten besser im eigentlichen SETUP-Dialog, oder arbeiten Sie dort nach.

4.4 Einsatz von Konstanten

Sicher ist Ihnen bereits aufgefallen, dass neben dem Feld SETUP auch ein weiteres Feld KONSTANTEN im Template existiert, das aber bislang brach liegt. In diesem Abschnitt wird gezeigt, wie prinzipiell damit gearbeitet wird und was in TypoScript unter einer *Konstanten* verstanden wird.

---

2 Nach dem Prinzip, dass nur beachtet wird, was gilt, werden Sie keine Fehlermeldung erhalten. Nicht mehr benötigte oder nicht mehr anwendbare Propertys würden einfach ignoriert.

4.4.1 Was versteht man unter Konstanten?

Sie haben gesehen, dass in einem Template die TypoScript-Angaben im Feld SETUP die Ausgabe im Frontend des CMS definieren. Hier werden Strukturen definiert und Werte übergeben. Sie haben auch gesehen, dass im Rahmen eines Erweiterungs-Templates ein Wert des Haupt-Templates (genauer, ein Wert *jedes* untergeordneten Templates) überschrieben werden kann:

```
# Dies steht im Haupttemplate:
page.20.value = Dies ist TypoScript!
# Dies steht im Erweiterungstemplate:
page.20.value = Dies ist Unterseite 2!
```

Diese Vorgehensweise funktioniert. Als Nachteil mag man ansehen, dass es im Erweiterungs-Template erforderlich ist, zu wissen, *wo* in der Hierarchie des Haupt-Templates die zu ändernde Information steht. In unserem Fall ist das nicht wirklich relevant. Aber stellen Sie sich vor, ein Wert käme in einem umfangreichen Template mehrfach und an verschiedenen Positionen vor. Wie würde man ihn ändern? Dies würde ziemlich mühsam werden, und Sie könnten dabei leicht einen zu ändernden Wert übersehen.

Jeder Programmierer wird daher als Lösung anbieten, den Wert im SETUP durch eine Variable zu ersetzen und nur an einer Stelle (»zentral«) den Wert dieser Variablen anzupassen. Bingo! Genau das ist die Funktion, die in TYPO3 sogenannte *Konstanten* erfüllen. Diese übernehmen in TypoScript die Aufgabe von Variablen (stören Sie sich dabei nicht an der Bezeichnung *Konstante*). Und wo ist »zentral«? Richtig: im Feld KONSTANTEN Ihres Templates!

Kommen wir zunächst zur Syntax des Einsatzes, der stark an PHP angelehnt ist: PHP kennzeichnet eine Variable durch das $-Zeichen, das dem Variablennamen vorangestellt wird. Diese Kennzeichnung reicht in PHP aus, um eine Variable als solche zu erkennen und sie bei der Ausführung des Skripts durch ihren Wert zu ersetzen. In TYPO3 genügt dies nicht, da das $-Zeichen keine unmittelbare Steuerzeichenfunktion besitzt. Vielmehr müssen zusätzlich die *geschweiften Klammern* als Markierung um den Ausdruck herhalten. Hier ein Beispiel:

```
# Dies steht im Setup-Feld
page.20.value = {$ersatztext}
```

Achten Sie darauf, dass um den Konstantenbezeichner innerhalb der geschweiften Klammern keine zusätzlichen Leerzeichen stehen dürfen – dies würde dazu führen, dass die Konstante nicht ersetzt wird. Die Wertzuweisung an die Konstante erfolgt im Feld KONSTANTEN:

```
# Dies steht im Konstanten-Feld
ersatztext = Das steht in der Konstanten
```

Bei der Deklaration (nennen wir den Vorgang ruhig bei seinem technischen Namen) einer Konstanten entfällt das $-Zeichen vor dem Namen des Bezeichners. Die Wertzuweisung erfolgt wie gewohnt über das Gleichheitszeichen. Die Farbzuweisung für die Hintergrundfarbe der Seite soll nun durch eine Konstante ersetzt werden.

4.4.2 Einsatz von Konstanten

Wechseln Sie in das Modul WEB • TEMPLATE, und klicken Sie UNTERSEITE 2 an. Ändern Sie im KONFIGURATIONS-Feld die Zuweisung der Hintergrundfarbe, sodass kein konkreter Wert, sondern eine Konstante übergeben wird:

```
# Im Setup von Unterseite 2:
page.bodyTagAdd = bgcolor={$bodybgcolor} text={$textcolor}
```

Geben Sie nun im Feld KONSTANTEN die Deklaration der Konstanten ein:

```
# In Constants von Unterseite 2:
bodybgcolor = red
textcolor = white
```

Prüfen Sie die Ausgabe der Seite. Sie sollte sich nicht verändert haben. Legen Sie nun auch für »Unterseite 2–1« ein Erweiterungs-Template an, und nennen Sie es »Bodybgcolor (mod)«. Lassen Sie diesmal das KONFIGURATIONS-Feld außer Acht, und fügen Sie lediglich in das KONSTANTEN-Feld folgende Zeile ein:

```
# In Constants von Unterseite 2-1:
bodybgcolor = green
```

Lassen Sie sich »Unterseite 2–1« im Browser anzeigen. Der Hintergrund dieser Seite hat nun die Farbe Grün, da das Erweiterungs-Template die Angabe des ihm untergeordneten Erweiterungs-Templates überschreibt.

4.4.3 Der Konstanten-Editor (Constant Editor)

Neben dem Modus INFO/BEARBEITEN, der gewissermaßen dem Quelltextmodus des Templates entspricht, existieren weitere Ansichten, die über das Pulldown-Menü der Template-Ansicht erreichbar sind. Den TypoScript-Objekt-Browser haben Sie bereits kennengelernt. Wählen Sie nun die Ansicht KONSTANTEN-EDITOR. Eine Konstante, die zu editieren wäre, existiert ja bereits. Ärgerlicherweise ist TYPO3 nicht dieser Ansicht, wie Sie bemerken werden, sobald Sie den Menüpunkt angewählt haben. Sie sehen hier nur ein paar vorgefertigte Konstanten für interne Noitzen in der Kategorie INTERNAL NOTES. Diese stammen aus einer Erweiterung, die seit Neuestem auch Konstanten mit sich bringt. Sie können diese erst einmal ignorieren. Aber die soeben definierten Konstanten für Farben tauchen hier nicht auf. Wie kann das sein?

Immerhin gelangen Sie durch einen Klick auf den Template-Namen in das Konstanten-Feld (siehe Abbildung 4.29), in dem Sie die Konstante bearbeiten können (die dann natürlich doch vorhanden ist). Der Konstanten-Editor ist dennoch nicht überflüssig, nur verlangt er Zusatzinformationen über eine Konstante, damit er diese als editierbar erkennt. Entsprechende Informationen wurden aber noch nicht übergeben.

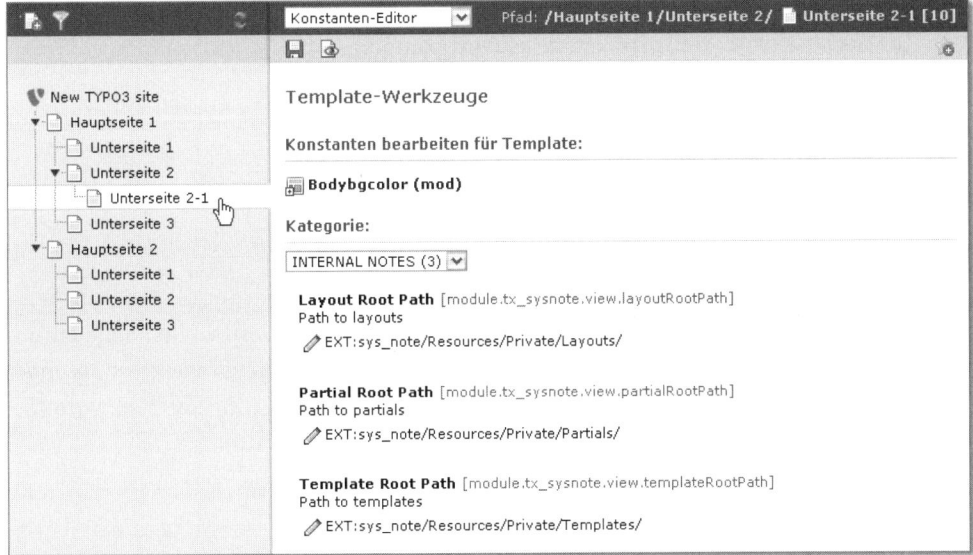

Abbildung 4.29 Der Konstanten-Editor findet die Farb-Konstanten nicht.

Kategorien für Konstanten

Die Übergabe erfolgt in Form eines zusätzlichen Kommentars im Konstanten-Feld. Benötigt werden eine Angabe zum *Datentyp* (der Art des Wertes) und eine *Beschreibung*. Aber das allein genügt immer noch nicht. Eine Konstante muss, damit sie vom Konstanten-Editor akzeptiert wird, noch einer *Kategorie* zugewiesen sein.

Normalerweise wird eine Kategorie nicht nur eine, sondern mehrere Konstanten enthalten. Übertragen wir das auf den Objektbegriff, könnten wir uns eine Kategorie wie ein Objekt vorstellen und eine Konstante wie eine seiner Eigenschaften. Nachdem die Zuordnung einer Konstanten diese für den Konstanten-Editor erkennbar gemacht hat, ist es sinnvoll (wenn auch nicht notwendig), diese auch im Setup durch Zuordnung zu einem gleichnamigen Objekt leichter erkennbar zu machen. Sie können dies auch so interpretieren, dass wir die Konstante einer »Rubrik« zuordnen. Wir wählen, da es sich beim Konstantenwert um eine Farbangabe handelt, den Bezeichner »Farben« für das Objekt. Nehmen Sie im Konstanten-Feld von »Unterseite 2« folgende Änderung vor:

```
# Das Objekt "Farben" wird vor den Konstantennamen gestellt:
Farben.bodybgcolor = red

# Das Objekt "Farben" wird vor den Konstantennamen gestellt:
Farben.textcolor = white
```

Die benötigten Zusatzinformationen müssen sich in einem Kommentar befinden, der in der Zeile unmittelbar vor jeder Konstantendeklaration steht. Hier wird einfach der bestehende Kommentar entsprechend geändert:

```
# cat=Farben; type=color; label= Body-Hintergrundfarbe
Farben.bodybgcolor = red

# cat=Farben; type=color; label= Textfarbe
Farben.textcolor = white
```

Beachten Sie die Syntax: Die drei Definitionen werden durch Semikolons getrennt, und der Wert wird mit einem Gleichheitszeichen zugewiesen. Stellen Sie auch im KONSTANTEN-Feld von »Unterseite 2–1« den Kategorienamen vor die Konstantendefinition (den Kommentar benötigen Sie dort nicht, er muss nur der Zeile vorangestellt werden, in der die Konstante das erste Mal deklariert wird).

Achtung: Im Setup muss die Konstante jetzt ebenfalls als `$Farben.bodybgcolor` referenziert werden. Dies macht die Rolle der Konstanten allein schon über den Setup-Quelltext besser deutlich, auch wenn Sie deren Definition nicht vor Augen haben:

```
page.bodyTagAdd =
    bgcolor={$Farben.bodybgcolor} text={$Farben.textcolor}
```

Arbeit mit dem Konstanten-Editor

Nun, da die Vorarbeit geleistet ist, können Sie den Konstanten-Editor erneut aufrufen. Dies ist jetzt von Erfolg gekrönt. Sie sehen nicht nur, dass im Pulldown-Menü KATEGORIE tatsächlich die erstellte Kategorie gezeigt wird (es ist momentan auch die einzige), sondern auch, dass darunter je ein Editierfeld eingeblendet wird, mit dem die beiden Farben geändert und gleich in einem Vorschaufeld überprüft werden können (siehe Abbildung 4.30). Wie dieses Editierfeld aussieht, bestimmt der gewählte Typ color, der ein in TYPO3 vordefinierter Typ ist. Über dem Feld steht der Wert des Labels als Überschrift, dahinter folgt der Konstantenbezeichner.

Eine neue Farbe kann als Klartextbezeichner über das Pulldown-Menü gewählt oder in das Textfeld eingetragen werden. Dort kann alternativ ein Hexadezimalwert verwendet werden, was der Präzision wegen vorzuziehen ist.

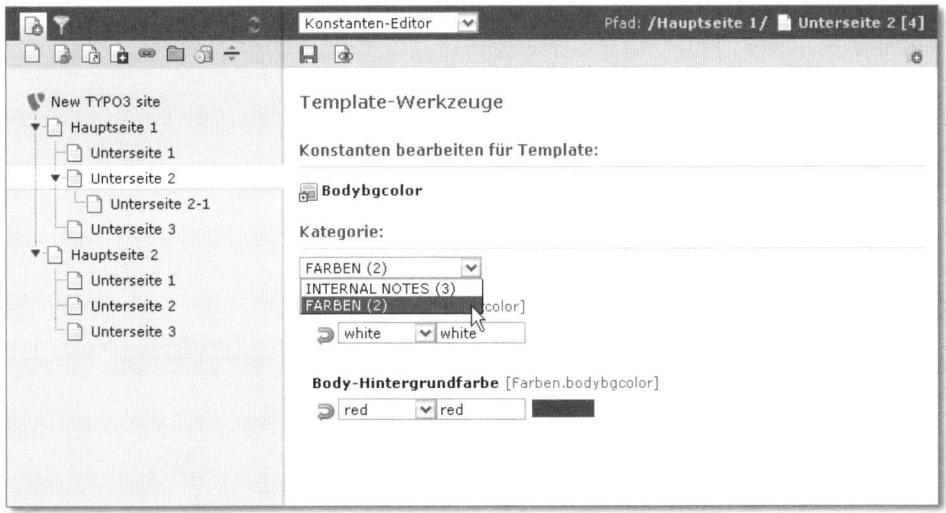

Abbildung 4.30 Bearbeiten einer Konstante über dem Konstanten-Editor

> **Achtung**
>
> Seien Sie vorsichtig mit dem Button REVERT TO DEFAULT CONSTANT, der die Konstante auf einen Default-Wert zurücksetzt. In diesem Fall ist jedoch kein Default-Wert definiert, was zum vollständigen Löschen der Konstantendeklaration führt. Eine Wiederherstellung ist dann nur noch im KONSTANTEN-Feld möglich, nicht aber im Konstanten-Editor.

4.5 Die Template-Analyse

In diesem Abschnitt werfen wir einen Blick auf eine weitere Ansicht, die das Template-Modul auf ein TypoScript-Template bietet. Gemeint ist die Ansicht TEMPLATE-ANALYSE. Klicken Sie auf die Seite »Unterseite 2–1« im Seitenbaum, und wählen Sie im Pulldown-Menü der TEMPLATE-WERKZEUGE den Eintrag TEMPLATE-ANALYSE.

Die Ansicht, die sich Ihnen nun bietet (siehe Abbildung 4.31), spiegelt die Template-Hierarchie der aktuellen Seite wider. Am Gesamt-Template sind hier drei Templates beteiligt, die übereinander in der Reihenfolge ihres Aufrufs dargestellt sind. (Die hier ebenfalls sichtbaren statischen Templates *extensionmanager, extbase, fluid, sys_note, belog, beuser* und *felogin* können Sie ignorieren – sie werden durch das System automatisch eingebettet und sind für uns hier ohne Belang.)

Die Reihenfolge, in denen die Templates abgearbeitet werden, bestimmt, welches Template den Wert eines anderen überschreiben kann. Generell gilt, dass ein Template jeden Wert eines in der Ansicht über ihm stehenden Templates überschreiben kann.

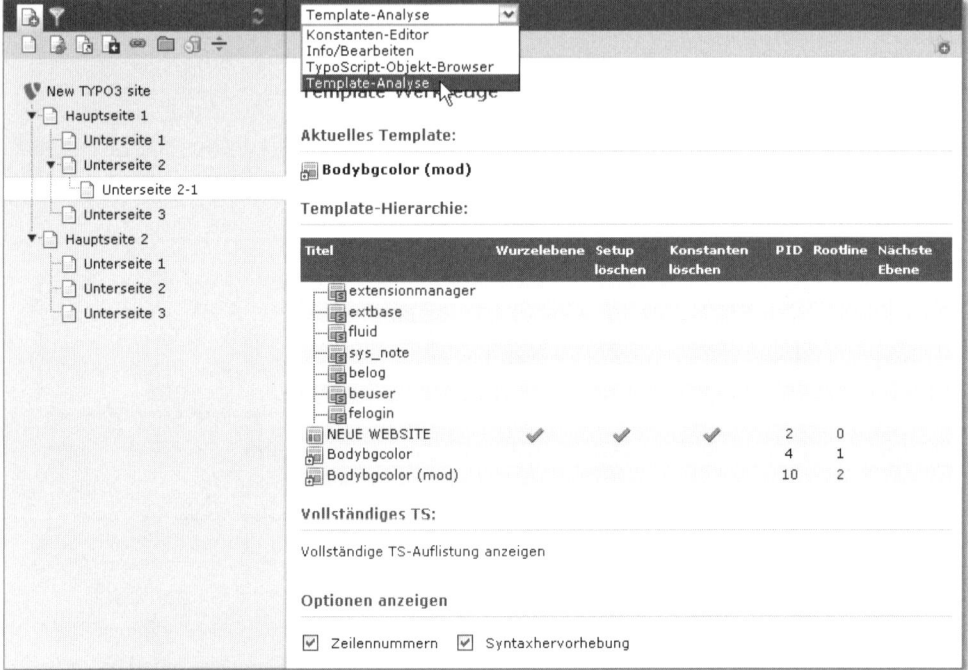

Abbildung 4.31 Die drei Templates von »Unterseite 2–1«

Hier wird das Wurzel-Template NEUE WEBSITE zuerst abgearbeitet, danach das Erweiterungs-Template BODYBGCOLOR. Dieses überschreibt einen Wert des Wurzel-Templates. Abschließend folgt das zweite Erweiterungs-Template BODYBGCOLOR (MOD), das eine Konstante des vorhergehenden Erweiterungs-Templates überschreibt. Beachten Sie die Icons, die das Wurzel-Template und die Erweiterungs-Templates kennzeichnen. Die Icons haben lediglich illustrierende Funktion und verfügen nicht über ein Kontextmenü.

Abbildung 4.32 Das Icon »Root-Template«

Abbildung 4.33 Das Icon »Erweiterungs-Template«

4.5 Die Template-Analyse

Die Template-Analyse bildet die hierarchische Struktur des Templates ab

In diesem Ansichtsmodus kann das Template zwar nicht editiert werden, Sie erhalten jedoch einen Einblick in den Aufbau und die Reihenfolge, in der Module in das Gesamt-Template eingebunden werden. Dies erweist sich bei komplexeren und daher meist unübersichtlichen Strukturen als sehr wertvoll.

4.5.1 Die Ansichtsmöglichkeiten in der Template-Analyse

Außer der groben Übersicht über die Reihenfolge der Module ist auch ein Blick in den Quelltext der einzelnen Module möglich. Klicken Sie hierfür den Namen eines der Module in der Übersicht an (siehe Abbildung 4.34).

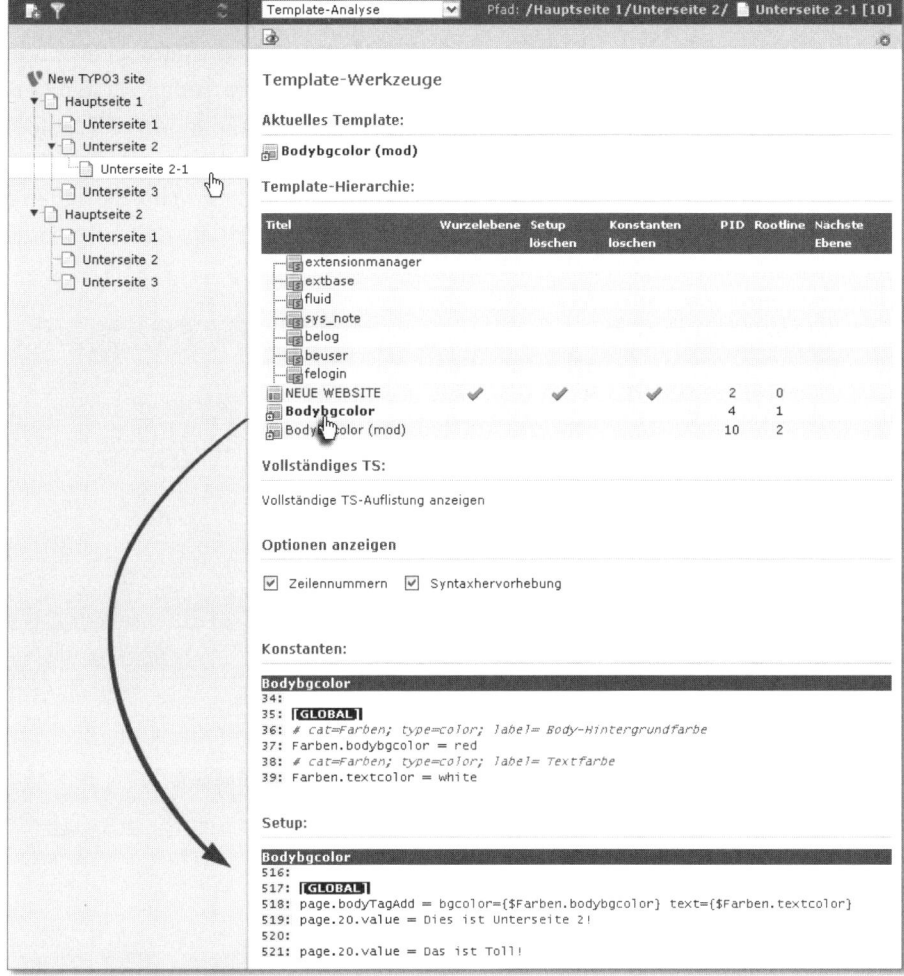

Abbildung 4.34 Detailansicht eines Moduls

Unter der Übersichtsliste werden in zwei Feldern die Konstanten und das Setup des Moduls angezeigt, wobei Zeilennummern und ein Syntax-Highlighting aktivierbar sind.

4.6 Löschen von Templates oder Erweiterungs-Templates

Möglicherweise müssen Sie früher oder später ein Erweiterungs-Template oder auch ein Haupt-Template wieder entfernen. Die Template-Informationstabelle bietet zwar Optionen, um ein Template beliebig zu bearbeiten, jedoch nicht die Möglichkeit, es vollständig zu löschen.

4.6.1 Löschen über das Modul »Web • Template«

Da das Erweiterungs-Template von »Unterseite 2« seinen Dienst nun getan hat, möchten wir hier kurz demonstrieren, wie ein Löschvorgang vonstattengeht. Unter der Template-Informationstabelle des Erweiterungs-Templates finden Sie den Link VOLLSTÄNDIGEN TEMPLATE-DATENSATZ BEARBEITEN (siehe Abbildung 4.35). Sofern Sie ein Template nicht mittels der Stiftsymbole in seinen Einzelaspekten, sondern übersichtlich in seiner Gesamtheit bearbeiten wollen, bringt dieser Link Sie auf eine Formularseite, die genau diesem Zweck dient. Wir werden sie demnächst wieder benötigen.

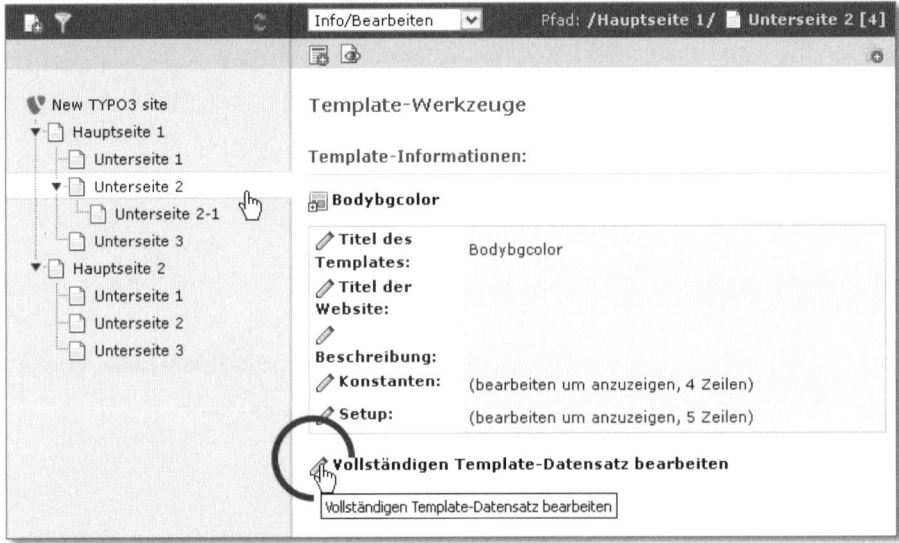

Abbildung 4.35 Editieren des gesamten Templates

Beachten Sie an dieser Stelle lediglich die Button-Reihe (siehe Abbildung 4.36) am oberen Rand des Arbeitsbereichs – das vorletzte Icon von rechts (das Mülltonnensymbol) der insgesamt sieben Icons dient hier zum Löschen des aktuell bearbeiteten Template-Datensatzes.

Die anderen Buttons dienen (von links nach rechts) dem Beenden des Dialogs, ohne erfolgte Eingaben zu speichern, dem Speichern, dem Speichern und Betrachten, dem Speichern und Dialog beenden sowie der Rücknahme des letzten Bearbeitungsschritts.

Klicken Sie auf Löschen, und bestätigen Sie die Warnmeldung. Das Erweiterungs-Template ist nun gelöscht. Die »Unterseite 2« sieht aus wie vorher, da hier nun wieder ausschließlich die Definitionen des Haupt-Templates gelten.

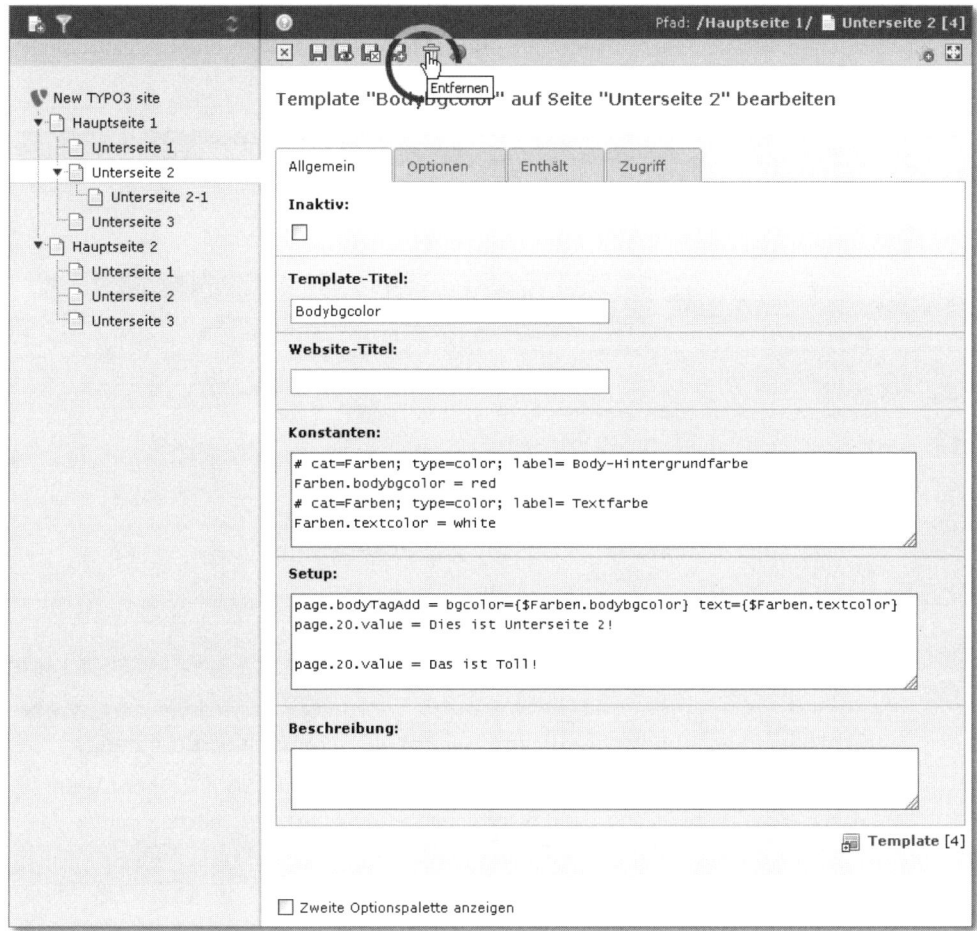

Abbildung 4.36 Löschen eines Templates in der Gesamtansicht

4.6.2 Löschen über das Modul »Web • Liste«

Konsequenterweise soll auch das Erweiterungs-Template von »Unterseite 2–1« gelöscht werden. Dies muss jedoch nicht unbedingt über die Template-Gesamtansicht geschehen – TYPO3 bietet hier (wie so oft) auch einen anderen Weg: Öffnen Sie eine Ansicht auf die Seite über das Modul WEB • LISTE.

Was Sie nun sehen, ist die Sammlung aller Datensätze, die mit dem aktuellen Seitenobjekt verbunden sind. Später werden Sie in dieser Ansicht auch die Datensätze der Seiteninhalte wiederfinden. Da im Moment noch keine Inhalte existieren, sehen Sie nur einen Datensatz, nämlich das Erweiterungs-Template.

Wählen Sie die Checkbox ERWEITERTE ANSICHT unter dem Template-Datensatz an. Neben dem Datensatz-Icon erscheinen nun weitere Symbole für die Bearbeitung des Datensatzes (siehe Abbildung 4.37). Über das Mülltonnen-Icon können Sie das Template löschen. (Wollen Sie ein Template einmal lediglich vorübergehend deaktivieren, betätigen Sie stattdessen das VERBERGEN-Icon links daneben.)

Abbildung 4.37 Löschen eines Templates aus der Listenansicht einer Seite

> **Wie machen Sie das versehentliche Löschens eines Templates rückgängig?**
>
> Sollten Sie ein Template versehentlich gelöscht haben, können Sie dies über das Kontextmenü des Seiten-Icons der betroffenen Seite rückgängig machen. Auch das Löschen eines Templates können Sie über den Erstellungsverlauf widerrufen.

Nachdem Sie nun in diesem Kapitel ausreichend Fingerübungen gemacht haben, realisieren wir in Kapitel 5, »Seitenlayout mit TypoScript«, ein vollständig auf TypoScript basierendes Layout.

Kapitel 5
Seitenlayout mit TypoScript

Mit den im vorigen Kapitel erarbeiteten Grundkenntnissen in TypoScript erstellen Sie nun ein Seitenlayout, das vollständig auf TypoScript basiert.

Da die Grundsyntax von TypoScript und die Arbeit mit den Template-Tools nun im Ansatz erläutert ist, soll als nächster Schritt eine einfach gelayoutete HTML-Seite *vollständig* in TypoScript aufgebaut werden. Löschen Sie zunächst die im Setup als Demonstration angelegten Objekte mit Ausnahme des Seitenobjekts PAGE.

5.1 Einbindung von Grafikressourcen

Ein ansprechendes Seitenlayout ohne die Verwendung von Grafiken ist schwer vorstellbar. Auch im jetzt demonstrierten TypoScript-Layout soll daher eine Kopfgrafik im Seiten-Header eingesetzt werden. Hierfür muss die Grafikdatei zunächst als *Upload* dem System zur Verfügung gestellt werden, also in einem Verzeichnis abgelegt werden, das für TYPO3 zugänglich ist.

In TYPO3 gibt es dazu seit der Version 6 nur noch eine Möglichkeit, mit gespeicherten Dateien umzugehen. Um Redundanzen zu vermeiden und Dateien mit Metadaten versehen zu können, hat man den sogenannten *File Abstraction Layer (FAL)* eingeführt. Das war sicher ein richtiger Schritt, bringt allerdings auch Inkompatibilitäten zu Versionen vor TYPO3 CMS 6 mit sich.

So ist zum Beispiel das direkte Verwenden von Dateien im TEMPLATE nur noch über den Umweg der DATEILISTE möglich. Das Modul DATEILISTE wird im Laufe der Kapitel immer wieder auftauchen.

> **Hinweis**
> Wählen Sie das Bild *05_kopfgrafik.jpg*, das Sie auf der Begleit-DVD im Verzeichnis *Dateien_zum_Buch/Kapitel_05* finden. Es wird anschließend als Header-Grafik einer durch TypoScript generierten HTML-Seite dienen.

5.1.1 Upload über die Dateiliste (Fileadmin)

Hier ist nun eine kurze Erläuterung angebracht: Der in der deutschen Backend-Übersetzung als »Dateiliste« bezeichnete *Fileadmin* (»file administration«) dient zur Verwaltung von Dateien innerhalb von TYPO3. Die physische Ablage dieser Dateien erfolgt im Ordner *fileadmin* oder (sofern Sie solche anlegen) in dessen Unterordnern. Im Fileadmin können Sie Dateien in vielfacher Hinsicht verwalten. Sie können hier Dateien

- umbenennen,
- kopieren,
- löschen,
- verschieben und
- bearbeiten (für bestimmte Dateitypen).

Außerdem können Sie innerhalb des Fileadmins eine beliebige Ordnerstruktur anlegen und diesen Ordnern auch Zugriffsrechte zuweisen.

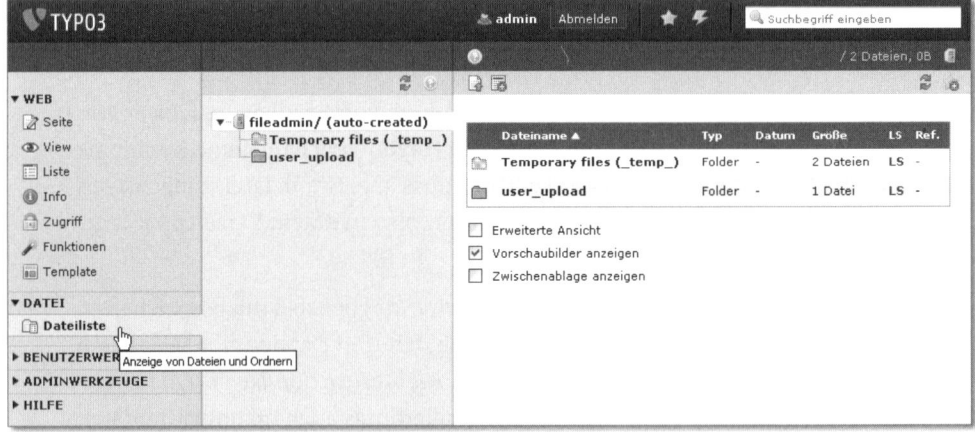

Abbildung 5.1 Anwahl des Fileadmins und Ansicht der Standardordner

Wenn Sie auf den Fileadmin-Bereich direkt zugreifen wollen, gehen Sie über das Modul DATEI • DATEILISTE (siehe Abbildung 5.1), beispielsweise wenn Sie Dateien »auf Vorrat« bereitstellen wollen.

Den als *Temporary files* bezeichneten Ordner[1] sollten Sie mit Vorsicht verwenden. Legen Sie hier keinesfalls permanent benötigte Dateien ab – TYPO3 löscht sie gelegentlich. Es ist stets die bessere Wahl, eigene Ordnerstrukturen anzulegen.

---

[1] Wichtig: Die hier sichtbaren Ordnernamen sind »Aliase«, die sich nach der Backend-Übersetzung richten. Die realen Namen lauten *_temp_* und *user_upload*.

Erstellen neuer Ordner und Upload von Dateien in »fileadmin«

Sie könnten jetzt bereits Dateien hochladen. Diese würden jedoch direkt im *fileadmin*-Verzeichnis landen (Sie erkennen dies an der Pfadangabe in der grauen Leiste), was früher oder später unübersichtlich wird.

Günstiger ist es daher, zunächst einen Unterordner anzulegen, in dem die Dateien für das *Template* anschließend abgelegt werden. Dies geschieht mithilfe des Symbols NEU (siehe Abbildung 5.2).

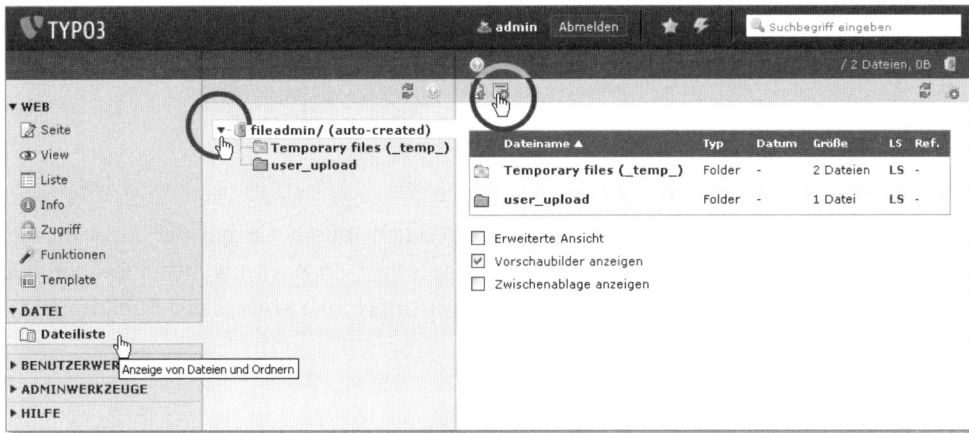

Abbildung 5.2 Erstellen eines Unterordners im Fileadmin-Bereich

Hier haben Sie die Möglichkeit, Ordner und Textdateien anzulegen. Sie können auch mehrere Ordner gleichzeitig anlegen, indem Sie die Anzahl Ordner erhöhen. Legen Sie einen Ordner names *ressourcen* an (siehe Abbildung 5.3).

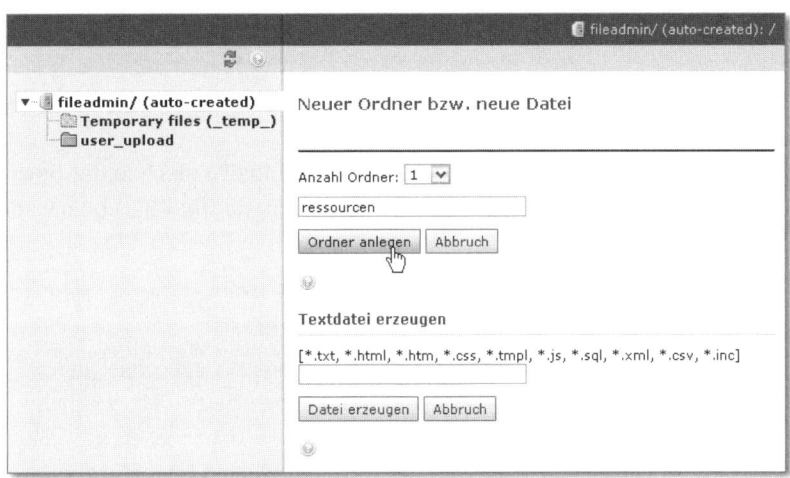

Abbildung 5.3 Speichern des Unterordners »ressourcen«

Klicken Sie im Baum des Fileadmins den neuen Ordner *ressourcen* an. Nun sollen die Grafik *05_kopfgrafik.jpg* und die Textdatei *footer.txt* hochgeladen werden. Achten Sie darauf, dass Sie vor dem Upload auch den gewünschten Ordner angewählt haben: Dieser wird im Verzeichnisbaum markiert und steht als Pfad in der grauen Leiste rechts oben. Über das Symbol Dateien hochladen landen Sie im Dialog, um Dateien von dem eigenen Computer auf den TYPO3-Server zu übertragen (siehe Abbildung 5.4).

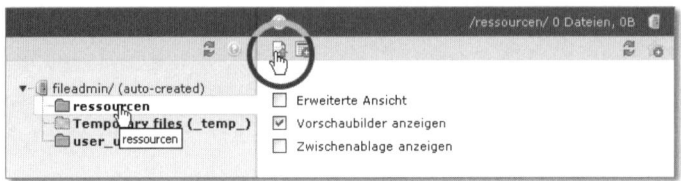

Abbildung 5.4 Auswahl des »Dateien hochladen«-Dialogs

Sie können mehrere Dateien gleichzeitig laden, indem Sie bei der Auswahl der Dateien die Strg-Taste gedrückt halten. Bestätigen Sie die Auswahl der Dateien mit Öffnen, und starten Sie den Upload-Vorgang mit Hochladen (siehe Abbildung 5.5).

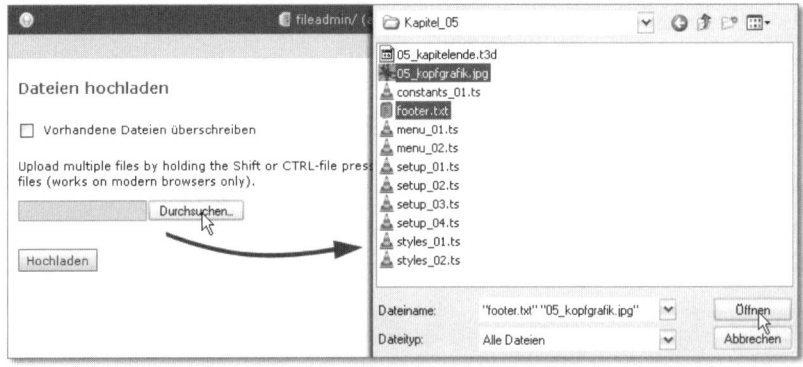

Abbildung 5.5 Upload in den neu erstellten Unterordner

Nach erfolgreichem Upload zeigt TYPO3 Ihnen eine Thumbnail-Vorschau der hochgeladenen Bilder an. Sie können dies unterbinden, indem Sie die Checkbox Vorschaubilder anzeigen deaktivieren.

> **Hinweis: Erlauben Sie, vorhandene Dateien zu überschreiben**
>
> **Achtung:** TYPO3 versucht, ein versehentliches Überschreiben einer hochgeladenen Datei zu verhindern. Möchten Sie ein zwischenzeitlich bearbeitetes Bild, beispielsweise nach Änderung der Größe, erneut hochladen, müssen Sie sicherstellen, dass die »alte« Datei bei diesem Upload überschrieben wird. Hierfür müssen Sie die Checkbox Vorhandene Dateien überschreiben anwählen.

Sie haben für hochgeladene Dateien bestimmte Bearbeitungsmöglichkeiten. Diese verbergen sich z.B. im Kontext-Menü der Symbole zu den einzelnen Dateien. Komfortabler geht es allerdings über die ERWEITERTE ANSICHT. Aktivieren können Sie diese über die entsprechende Checkbox. Sie können hier Dateien löschen, kopieren und verschieben. Textdateien können über den integrierten Editor nachträglich bearbeitet werden (siehe Abbildung 5.6).

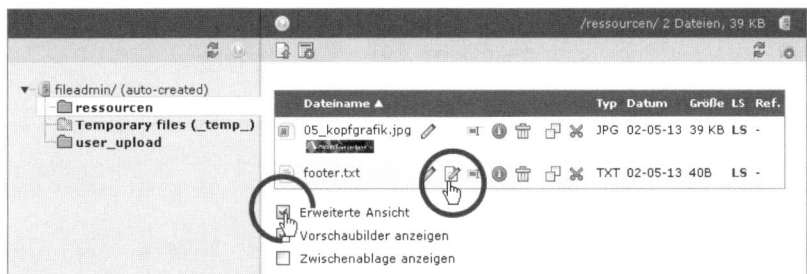

Abbildung 5.6 Einblenden der Bearbeitungssymbole und Öffnen des integrierten Editors

Bearbeiten Sie die Datei *footer.txt*, und ergänzen Sie den Text Typo3einsteiger um 2013. In der oberen grauen Leiste finden Sie wieder die Diskettensymbole zum Speichern. Mit SPEICHERN UND SCHLIESSEN wird die Textdatei mit dem geänderten Text gespeichert (siehe Abbildung 5.7).

Abbildung 5.7 Ändern des Inhalts von Textdateien

Nach diesem kleinen Abstecher in die Dateiliste wäre es jetzt an der Zeit, die hochgeladene Grafik und die geänderte Textdatei in das Typoscript-Template einzubinden.

Kopfgrafik einbinden mit dem IMAGE-Objekt

Mittels TypoScript können die erforderlichen `<img>`-Tags erzeugt werden, durch die Grafiken in eine HTML-Seite eingefügt werden. Hierzu dient der Objekttyp IMAGE, mit dem nun eine Header-Grafik eingebunden werden soll. Vorübergehend wird sie in das Positionsobjekt page.10 gespeichert. Betrachten Sie nun die Seite über das Augensymbol.

```
# Default PAGE object:
page = PAGE
page.10 = IMAGE
page.10.file = fileadmin/ressourcen/05_kopfgrafik.jpg
page.10.wrap = <div> | </div>
```

Listing 5.1 Kapitel_05/setup_01.ts

Um das Bild wird ein DIV-Container gelegt. Achten Sie darauf, dass Sie den korrekten Pfad zum *ressourcen*-Ordner angeben, den Sie vorhin in der Dateiliste erstellt haben. Hier muss auch immer der Ordner *fileadmin* vorangestellt werden.

> **Hinweis: Pfadangaben müssen genau stimmen**
>
> Sollte TYPO3 die Grafik wegen falscher Pfadangabe nicht finden, werden keine Fehlermeldungen ausgegeben. Im Frontend wird dann das IMAGE-Objekt einfach nicht dargestellt. Das erschwert die Fehlersuche. Sollten Grafiken nicht dargestellt werden, schauen Sie als Erstes nach der korrekten Pfad- und Dateiangabe.

5.2 Erzeugen eines »Div«-Layouts

Mittlerweile sollte deutlich geworden sein, wie mit TypoScript HTML-Code und -Strukturen aufgebaut werden können. Hier soll ein einfaches Div-Layout generiert werden, das aus einem außen liegenden »Wrapper«-Div und vier innen liegenden Div-Containern besteht. Diese markieren die logischen Dokumentbereiche »Dokumentkopf«, »Navigation«, »Inhalt« und »Seitenfuß«.

Das Layout wird, analog zur vorhin erstellten HTML-Tabelle, mittels verschachtelter COAs erzeugt. Fügen Sie einfach folgenden Code in das Template-Setup ein (die eingebettete Grafik taucht, wie Sie sehen, jetzt an anderer Stelle der Hierarchie wieder auf):

```
# Default PAGE object:
page = PAGE

page.10 = COA
page.10.wrap = <div id="wrap"> | </div>
```

```
page.10 {
        10 = COA
        10.wrap = <div id="header"> | </div>
        10 {
           10 = IMAGE
           10.file = fileadmin/ressourcen/05_kopfgrafik.jpg
        }

        20 = COA
        20.wrap = <div id="navigation"> | </div>

        30 = COA
        30.wrap = <div id="content"> | </div>

        40 = COA
        40.wrap = <div id="footer"> | </div>
}

page.10.20 {
      10 = TEXT
      10.value = [NAVIGATION]
      }

page.10.30  {
      10 = TEXT
      10.value = [PLATZHALTER FÜR INHALT]
      }
```
Listing 5.2 Der Seitenaufbau in TypoScript (»Kapitel_05/setup_02.ts«)

Das Ergebnis sieht derzeit noch so aus, wie Abbildung 5.8 zeigt.

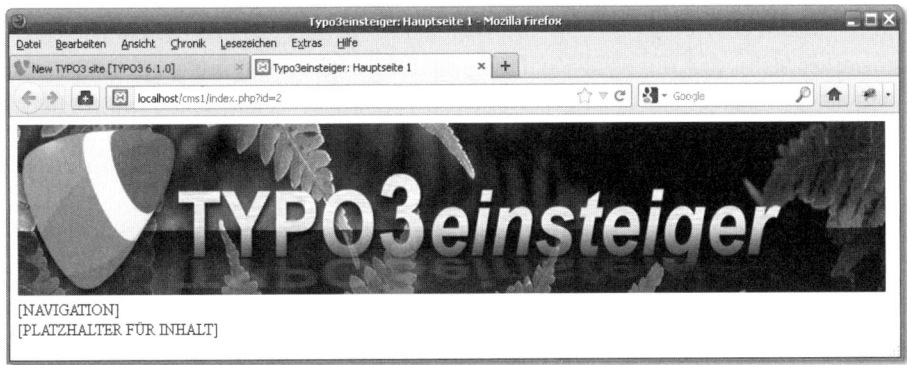

Abbildung 5.8 Div-Layout (noch) ohne CSS-Styleangaben

5.2.1 Hinzufügen von CSS-Angaben

Die Grundlage jedes Div-Layouts sind CSS-Angaben, um die beteiligten Container zu dimensionieren und zu positionieren. Diese Angaben sollen nun eingefügt werden. Sie erkennen am zuvor dargestellten TypoScript, dass die Container jeweils bereits ein id-Attribut erhalten haben (prüfen Sie im Quelltext, ob dieses Attribut tatsächlich ausgegeben wird).

Es gibt nun drei Varianten, fortzufahren:

- **Zuweisen von Inline-Styles zu jedem <div> per style-Attribut**
  Das ist machbar, aber unpraktisch. Zum einen ist das bereits vergebene id-Attribut dann überflüssig, zum anderen ergeben sich sehr lange Zeilen in Ihrem TypoScript (der gesamte Wrap muss in einer Zeile übergeben werden).
- **Einbinden eines Style-Containers für Document-Styles**
  Wir lassen TYPO3 einen Style-Container erstellen, der CSS enthält, das auf die vergebenen IDs verweist. Nachteil: Das CSS wird in alle Seiten eingefügt, wodurch sich deren Dateigröße erhöht. Vorteil: Das CSS ist direkt im Template-Setup editierbar.
- **Einbinden eines externen Stylesheets**
  Eine sehr gute Lösung, die voraussetzt, dass ein externes Stylesheet vorliegt oder jetzt erstellt wird. Ein externes CSS kann jedoch nicht im Template-Setup bearbeitet werden, sondern muss separat editiert werden.

Einfügen eines Style-Containers mit TypoScript

Wir entscheiden uns für die zweite Variante. Benötigt wird eine Eigenschaft des PAGE-Objekts, die sich CSS_inlineStyle nennt (obwohl diese Bezeichnung etwas irreführend ist). Der dieser Eigenschaft übergebene String wird als Inhalt eines <style>-Elements in die erzeugte HTML-Seite geschrieben:

```
page.CSS_inlineStyle = div#wrap { border:1px solid #aaa; }
```

Das ist noch recht wenig CSS. Es deutet sich jedoch bereits an, dass die übliche Übergabe eines Strings an die Eigenschaft unpraktisch wird, sobald mehr Informationen übergeben werden. Normalerweise erlaubt TypoScript keine Zeilenumbrüche in Strings, die per Gleichheitszeichen zugewiesen werden. Es existiert allerdings eine Alternative zum herkömmlichen Zuweisungsoperator.

Wenn Sie bei der Zuweisung das Gleichheitszeichen durch eine öffnende *runde Klammer* ersetzen und hinter dem zu übergebenden String die Klammer wieder schließen, können Sie einer TypoScript-Objekteigenschaft auch Strings mit Zeilenumbrüchen (also normalen Quelltext) zuweisen. Beachten Sie dabei, dass die Klammern in separaten Zeilen stehen müssen und dass das Gleichheitszeichen ersatzlos entfällt. Keinesfalls dürfen Sie die schließende runde Klammer vergessen! Hier sehen Sie eine alternative Schreibweise zu der zuvor dargestellten:

```
page.CSS_inlineStyle (
    div#wrap {
            border:1px solid #aaa;
    }
)
```

Die vollständigen Style-Angaben könnten wie folgt lauten:

```
page.CSS_inlineStyle (

    div#wrap { width:900px;
               margin:auto;
               border:1px solid #aaa;
    }

    div#header {
    }

    div#navigation { float:left;
                     width:170px;
                     padding:5px;
    }

    div#content { margin-left:180px;
                  padding:5px;
    }

    div#footer { clear:both;
                 text-align:center;
                 padding:5px;
    }
)
```

Listing 5.3 Kapitel_05/styles_01.ts

Das Ergebnis geht schon ein wenig mehr in Richtung eines ansprechenden Layouts (siehe Listing 5.9). Es fehlen natürlich noch eine Navigation und Inhalte, die die Platzhaltertexte ersetzen. Zunächst soll aber eine Fußzeile eingefügt werden – der Container <div id="footer"> hierfür ist ja bereits vorhanden.

Abbildung 5.9 Das Div-Layout, nun mit CSS-Anweisungen

5.2.2 Textressourcen – der Inhalt der Fußzeile als externe Datei

Das Seitenlayout soll noch eine Fußzeile erhalten. Dass sich diese problemlos mit einigen Zeilen TypoScript-Code erzeugen lässt, wurde bereits gezeigt. Eine Alternative besteht darin, die Angaben als HTML-Fragment in einer externen Datei – im Beispiel unter dem Namen *footer.txt* – abzulegen und diese als Textressource einzubinden.

```
<small>&copy; TYPO3einsteiger 2013</small>
```

Listing 5.4 footer.txt

Die Textressource hatten Sie ja bereits vorhin über die DATEILISTE hochgeladen und editiert. Die Datei kann jetzt über ein *cObject* in das TypoScript-Setup eingearbeitet werden. Zum Einbinden einer (allgemeinen) Datei dient das cObject FILE. Dieses ist im Grunde lediglich eine nicht spezialisierte Version des cObjects IMAGE:

```
page.10.40 {
    10 = FILE
    10.file = fileadmin/ressourcen/footer.txt
}
```

Achten Sie erneut darauf, dass eine korrekte Pfadangabe erforderlich ist.

Abbildung 5.10 Ausgabe im Frontend mit Footer-Text

5.2.3 Anlegen eines Inhaltselements

Das Anlegen von Seiteninhalten wird im folgenden Kapitel vertieft, muss hier aber zunächst gestreift werden, um die Einbindung dieser Inhalte per TypoScript und die Voraussetzungen hierfür zu demonstrieren.

Um einen Seiteninhalt anzulegen, müssen Sie zunächst den Template-Modus verlassen, da hier nur Template-Datensätze angelegt oder bearbeitet werden können. Seiteninhalte können im Modul WEB • SEITE oder WEB • LISTE angelegt werden. Hier soll dies zur Demonstration über das Listmodul geschehen.

Am oberen Rand des Arbeitsbereichs im Listenmodus sehen Sie ein Icon NEUEN DATENSATZ ERSTELLEN, das Sie jetzt anklicken können (siehe Abbildung 5.11). Die beiden Tabellen darunter listen alle mit »Hauptseite 1« verbundenen Datensätze auf; zurzeit sind dies drei Unterseiten und der vorhin bearbeitete Template-Datensatz.

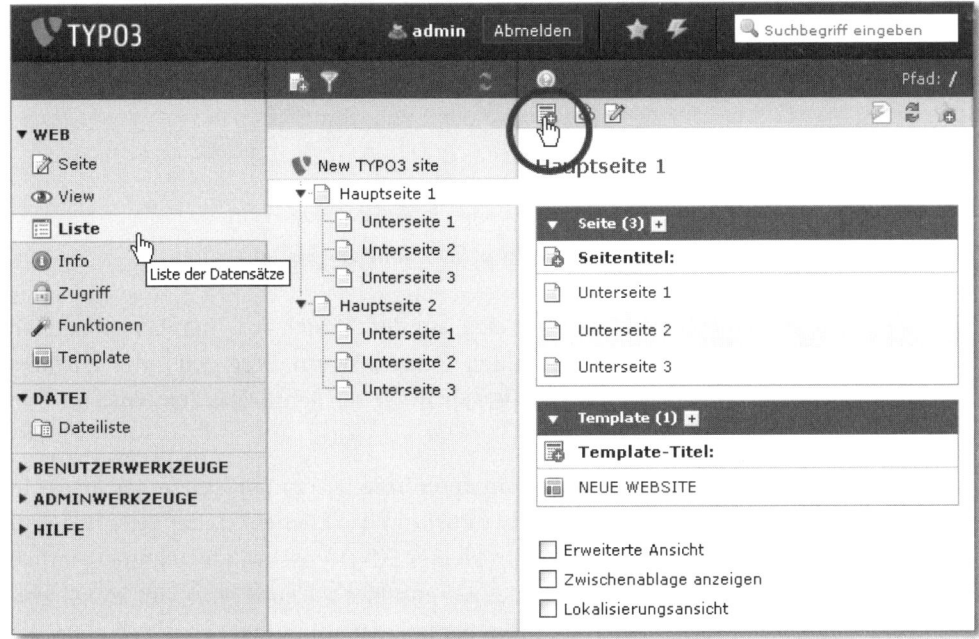

Abbildung 5.11 »Hauptseite 1« in der Listenansicht

Nach einem Klick auf das NEUEN DATENSATZ ERSTELLEN-Icon öffnet sich eine Baumansicht, in der Sie zwischen all den Typen auswählen können, die als neuer Datensatz erlaubt sind. Klicken Sie dort auf den Link ZUM AUFRUFEN DES ASSISTENTEN HIER KLICKEN! des Assistenten zur Erstellung von Seiteninhalten (siehe Abbildung 5.12).

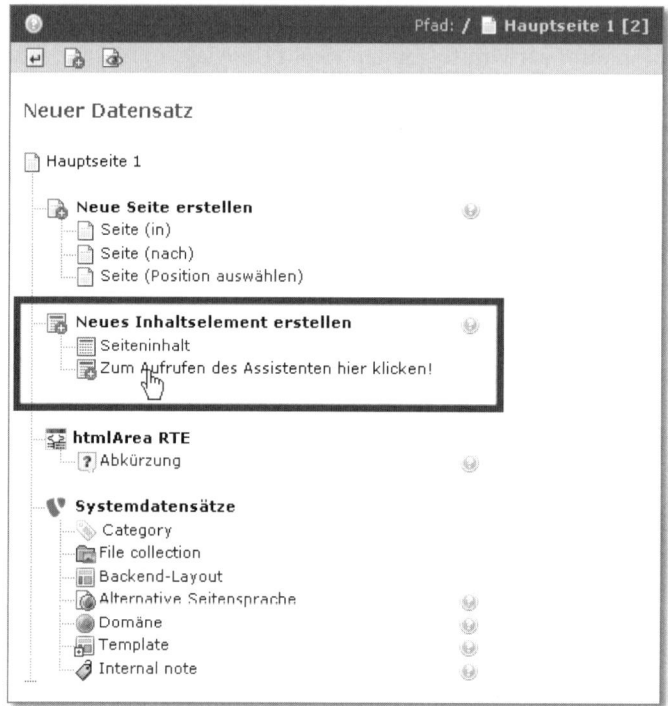

Abbildung 5.12 Auswahl des Assistenten zur Erstellung von Seiteninhalten

Sie sehen nun eine Auswahlseite vor sich, auf der Sie sich zwischen verschiedenen Arten von Inhaltselementen entscheiden können. Worin diese sich unterscheiden, ist an dieser Stelle nicht wichtig. Wählen Sie im ersten Schritt das Element vom Typ NORMALER TEXT aus.

Allerdings passiert jetzt noch nichts. Am unteren Seitenrand muss nämlich erst obligatorisch bestimmt werden, an welcher Position das Element in der Seite abgelegt wird (siehe Abbildung 5.13). Dies ist ein kleiner Etikettenschwindel, denn eigentlich wird hier lediglich die Zuordnung des Datensatzes zu einer von vier möglichen *Datenspalten einer Seite*[2] bestimmt. Dies hat höchstens indirekt mit der Position der Inhalte im Layout zu tun, kann aber in diesem Sinne eingesetzt werden. Wählen Sie einstweilen die Spalte NORMAL.

---

[2] Erinnern wir uns: Alles findet in der Datenbank statt. Es geht an dieser Stelle nur darum, in welchem Zusammenhang die Inhalte gespeichert werden, und nicht darum, wie oder wo sie ausgegeben werden.

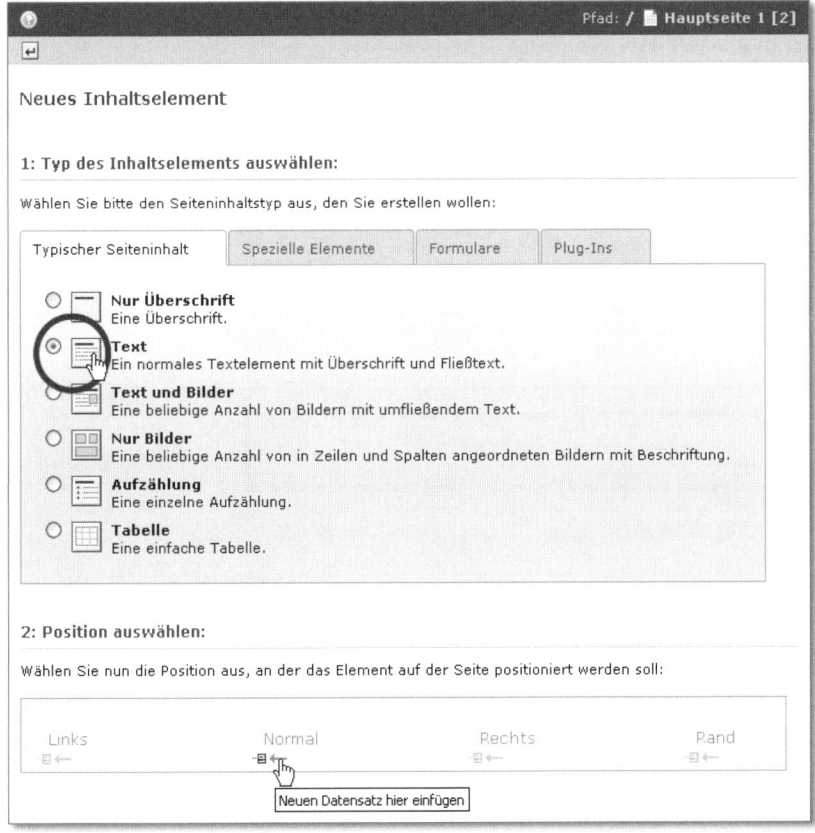

Abbildung 5.13 Anlegen eines Inhalts »Normaler Text«, Wahl der Datenspalte

Sie gelangen nun zu einer Eingabemaske (siehe Abbildung 5.14), in die Sie den Textinhalt eingeben können. Sie befinden sich im Modus ALLGEMEIN, also im ersten der drei Karteireiter (die anderen beiden Bereiche werden Sie diesmal nicht benötigen). Der Typ NORMALER TEXT besteht, wie es bei den meisten von TYPO3 bereitgestellten Inhaltstypen der Fall ist, aus dem eigentlichen *Inhalt* (hier ist das logischerweise ein Textblock) und einer diesem zugeordneten *Überschrift*. Beides wird vom System als Einheit behandelt und zusammen eingefügt.

Im Feld TYP sehen Sie die Art des Inhalts, für die Sie sich eben entschieden haben: TEXT (an dieser Stelle verwendet TYPO3 einen verkürzten Bezeichner für den Inhaltstyp »Normaler Text«). Sie könnten auch nachträglich einen anderen Inhaltstyp auswählen; das Dropdown-Menü bietet hierfür eine Reihe alternativer Optionen.

In dem danebenliegenden Auswahlfeld könnten Sie auch die eben getroffene Spaltenzuordnung revidieren. Belassen Sie es bei NORMAL, und geben Sie stattdessen eine ÜBERSCHRIFT in das darunterliegende gleichnamige Feld ein. Dies kann ein beliebiger Text sein, beispielsweise »Das ist eine Überschrift«. Ignorieren Sie die weiteren Felder in diesem Bereich.

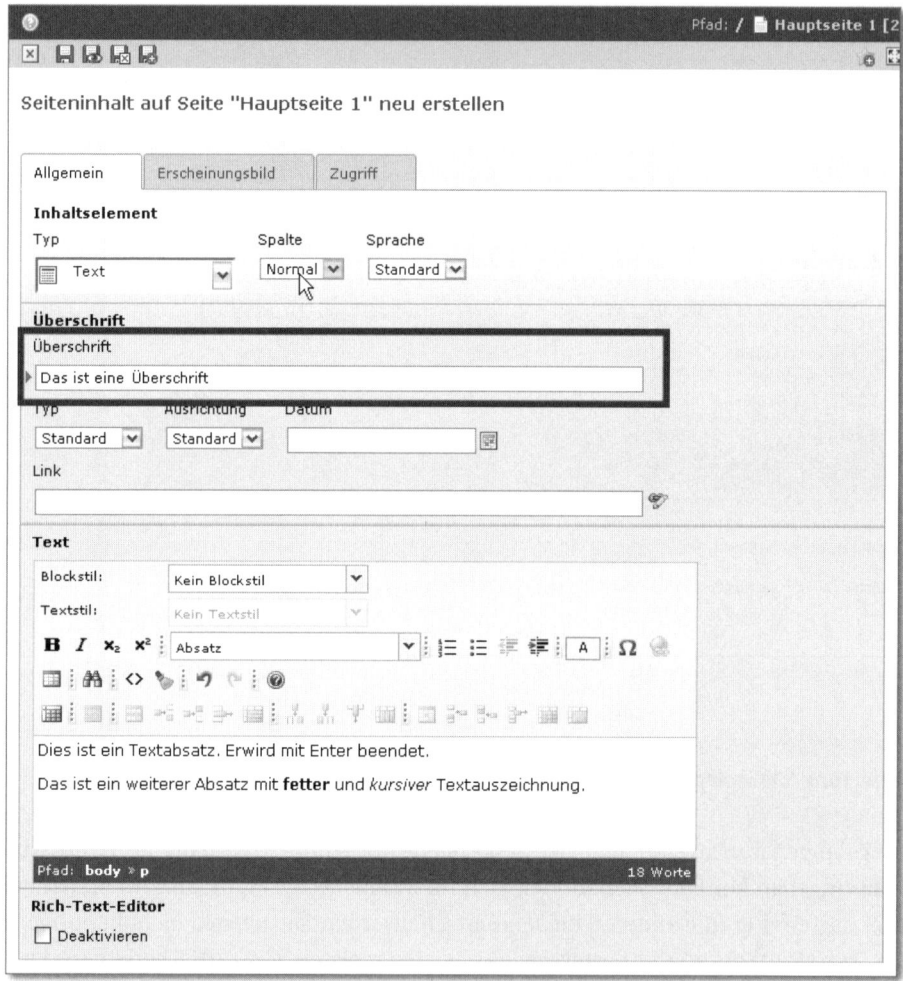

Abbildung 5.14 Die Eingabemaske »Normaler Text«, Modus »Allgemein«

In das Texteditorfeld, das sich ebenfalls in der Maske befindet, können Sie den eigentlichen Textinhalt eingeben. Ein, zwei Absätze genügen vorläufig, wobei die Bedienung des Editors intuitiv erfolgt und einem normalen Textverarbeitungsprogramm gleicht. Probieren Sie ruhig einmal die Fett- und Kursivauszeichnung aus.

Zum Schluss speichern Sie Ihre Eingabe wie gewohnt über das Disketten-Icon und schließen dann das Dialogfeld. Die eben gemachte Eingabe befindet sich nun in der Datenbank und ist als Datensatz vom Typ »Seiteninhalt« der Seite zugeordnet, wie Sie in der Listenansicht von »Hauptseite 1« (siehe Abbildung 5.15) sehen können.

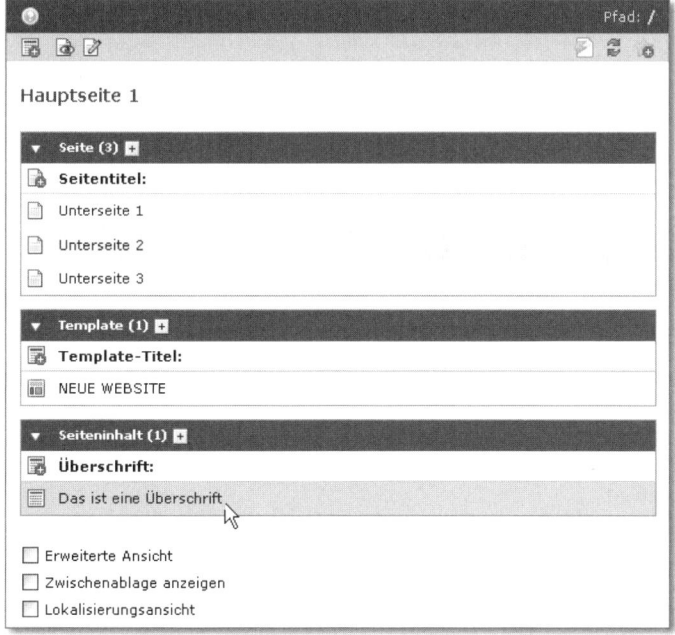

Abbildung 5.15 Listenansicht der Seite »Hauptseite 1«

Doch dazu später noch mehr. Schalten Sie jetzt in den Ansichtsmodus der Seite WEB • ANZEIGEN.

5.2.4 Ausgabe des Inhaltselements in der Seite

Leider ist von den eben eingegebenen Inhalten noch nichts zu sehen – es wird nach wie vor lediglich der Platzhalterinhalt angezeigt. In der Tat müssen zunächst noch ein paar Änderungen am Template vorgenommen werden, bevor die Inhalte ausgegeben werden. Wechseln Sie also wieder in den Template-Modus und dort in den Bereich SETUP.

Im Augenblick besteht für das Positionsobjekt im Div-Container, der die Inhalte aufnehmen soll, folgende TypoScript-Anweisung:

```
page.10.30 {
    10 = TEXT
    10.value = [PLATZHALTER FÜR INHALT]
}
```

Dies ist nur statischer Text. Etwas anderes ist mit dem TEXT-Objekt auch nicht möglich. Der Inhalt, für den wir uns interessieren, befindet sich in der Datenbank. Wir müssen also per TypoScript der Konfiguration mitteilen, dass sie die Datenbank benutzen und dort für die aktuelle Seite die entsprechenden Tabellen auslesen soll.

Falls Sie jetzt in Gedanken bereits SQL-Befehle formulieren, seien Sie beruhigt – die eigentliche Abfrage der Datenbank muss nicht eigens geschrieben werden. Wohl aber ist es erforderlich, festzulegen, aus welcher Datenbanktabelle (table) die Inhalte bezogen werden sollen. TYPO3 legt Inhalte gewöhnlich in einer Tabelle namens tt_content ab. Eine Verbindung zur Datenbank besteht bereits, da wir ja mit einem datenbankgestützten System arbeiten.

Ein wenig TypoScript – das cObject »CONTENT«

Jetzt heißt es vor allem anderen, das geeignete cObject auszuwählen und in das Setup zu schreiben. TYPO3 kennt hierfür den Typ CONTENT.

Im Setup muss anstelle der bisherigen Anweisungen Folgendes eingetragen werden:

```
page.10.30 {
    10 = CONTENT
    10.table = tt_content
    10.select.orderBy = sorting
}
```

Listing 5.5 Ein CONTENT-Objekt zum Einbinden der Inhalte (»Kapitel_05/setup_03.ts«)

Anmerkung

Die zusätzliche, hier relativ unkommentiert eingeführte und auf das cObject angewendete Anweisung select.orderBy = sorting bewirkt eine *Sortierung* der Ausgabe nach Reihenfolge in der Seite. Ohne diese Anweisung besteht die Möglichkeit, dass die auszugebenden Inhalte nicht der Sortierung im Backend entsprechen.

Speichern Sie das Setup, und wechseln Sie wieder in den Ansichtsmodus. Leider ist auch jetzt noch nichts von den Inhalten zu sehen. Immerhin ist aber zumindest der Platzhaltertext verschwunden.

Ursache ist, dass TYPO3 zur Darstellung der Inhalte noch weitere Anweisungen benötigt, nämlich erforderliche Subroutinen zu Datenbankabfrage und zum Content-Rendering (d.h. zur Umsetzung der Inhalte mit HTML). Auch diese Routinen brauchen Sie nicht selbst zu schreiben. Die Routinen müssen allerdings in Form eines sogenannten *statischen Template-Moduls* (»static«) in das Template-Setup eingebunden werden.

Einbinden des statischen Template-Moduls »CSS Styled Content«

Wechseln Sie wieder in den Template-Modus. Das Einbinden eines statischen Template-Moduls geschieht in der Gesamtansicht, die Sie beim Löschen des Erweiterungs-Templates bereits kennengelernt haben. Öffnen Sie die Maske wieder über den Link VOLLSTÄNDIGEN TEMPLATE-DATENSATZ BEARBEITEN unter der Template-Informationstabelle.

Im Modus ENTHÄLT finden Sie zwei nebeneinanderliegende Felder, die mit STATI-
SCHE TEMPLATES EINSCHLIESSEN (AUS ERWEITERUNGEN) betitelt sind. Klicken Sie im
rechten Auswahlfeld den Eintrag CSS STYLED CONTENT an. Dieser erscheint, um die
Einbindung zu bestätigen, nun im linken Listenfeld (siehe Abbildung 5.16).

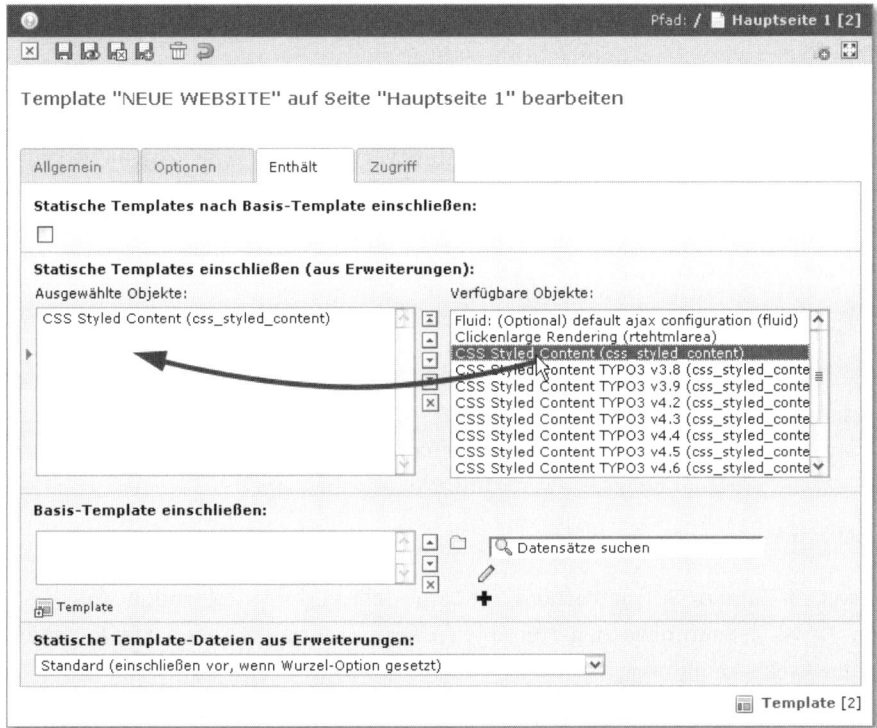

Abbildung 5.16 Einbinden des statischen Templates »CSS Styled Content«

Speichern Sie das Ergebnis. Wenn Sie wieder in den Ansichtsmodus zurückwechseln,
sehen Sie, dass die Inhalte nun in der Seite ausgegeben werden. Anstelle des Platzhalters
in der linken Tabellenspalte muss jetzt noch ein Navigationsmenü eingefügt werden.

5.3 Erzeugen des Navigationsmenüs

Um das gewünschte Menü zu erzeugen, müssen Sie (ebenso wie zur Darstellung der
Inhaltselemente) den entsprechenden statischen Platzhaltertext durch die geeigneten TypoScript-Anweisungen ersetzen. Auch in diesem Fall existiert ein spezialisiertes cObjekt, das HMENU-Objekt. Der Name steht für »hierarchical menu«. Dies deutet
darauf hin, dass es sich um ein »allgemeines« Objekt handelt, was auch der Fall ist.
Das HMENU-Objekt dient lediglich als »Hülse« für Unterobjekte, die eine speziellere
Aussage über den zu erzeugenden Menütyp machen.

Ersetzen Sie den bisherigen Platzhalter im Setup durch folgende Anweisungen:

```
page.10.20 {
    10 = HMENU
    10.1 = TMENU
    10.1.NO.linkWrap = <b> | </b><br>
}
```

Listing 5.6 Kapitel_05/menu_01.ts

Bevor wir die Wirkung im Browser betrachten, verweilen wir einen Augenblick, um den Quellcode zu erläutern. Hier wird ein HMENU erzeugt, dessen Einträge textbasiert sein sollen. Es werden für HMENU daher Unterobjekte vom Typ TMENU (»text-based menu«) verwendet:

```
10.1 = TMENU
```

TypoScript bietet die Möglichkeit, verschiedene Zustände der Menüeinträge zu unterscheiden, von denen mindestens einer – der Normalzustand NO – obligatorisch definiert werden muss. Durch seine Eigenschaften linkWrap wird bestimmt, mit welchen HTML-Tags jeder einzelne Menüpunkt zu umgeben ist:

```
10.1.NO.linkWrap = <b> | </b><br>
```

Hier soll ein Link im Normalzustand fett dargestellt und vom folgenden Link durch einen HTML-Zeilenumbruch getrennt werden. Im Browser sehen Sie folgendes Ergebnis (siehe Abbildung 5.17).

Abbildung 5.17 Das TypoScript-Layout im Browser

Es gibt ein offensichtliches Manko – »Hauptseite 1« selbst fehlt im Menü (Sie sehen, dass für den Texteintrag des Menüpunkts jeweils der Seitentitel verwendet wird). Wechseln Sie im Backend nun in das Modul WEB • SEITE.

Ein Shortcut als Alias im Menü

Um den fehlenden Menüpunkt für die Hauptseite zu erzeugen, muss ein wenig »gezaubert« werden. Wie Sie bemerkt haben werden, sind im Menü nur die Seiten der zweiten Ebene des Seitenbaums vertreten.

Die Lösung, um den fehlenden Menüeintrag zu ergänzen, besteht darin, in der zweiten Ebene eine neue Seite einzufügen, die in Form eines sogenannten *Shortcuts* auf die Hauptseite verweist. Klappen Sie hierfür das Hilfsmenü zum Erstellen von Seiten per Drag & Drop aus. Wir benötigen diesmal nicht den normalen Seitentyp, sondern den Typ »Shortcut«. Sie erkennen das Icon an dem Pfeil, der das Seitensymbol überlagert (das zweite Icon von links, siehe Abbildung 5.18, links).

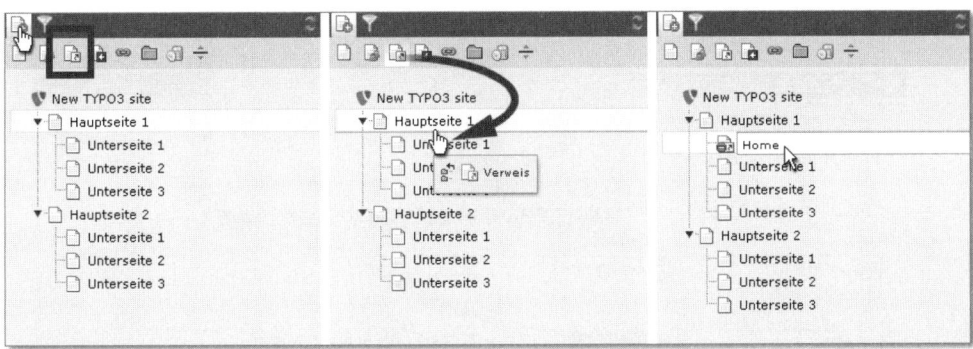

Abbildung 5.18 Umorganisieren des Seitenbaums

Ziehen Sie die neue Verweisseite aus der Menüleiste in den Seitenbaum, und zwar oberhalb von »Unterseite 1« (siehe Abbildung 5.18, Mitte). Der Name der Seite muss noch geändert werden – wir wählen den Bezeichner »Home«. Aktivieren Sie die Seite über das Kontextmenü.

Nun muss noch festgelegt werden, wohin der Shortcut zielt. Wählen Sie hierfür im Kontextmenü von »Home« den Befehl BEARBEITEN. Dies geschieht ebenfalls im Reiter ALLGEMEIN. Klicken Sie auf das Ordnersymbol neben dem Feld VERWEISZIEL (siehe Abbildung 5.19). Es öffnet sich ein Popup-Fenster, der TYPO3-ELEMENT-BROWSER. Im dortigen Seitenbaum klicken Sie die gewünschte Zielseite an, also »Hauptseite 1«.

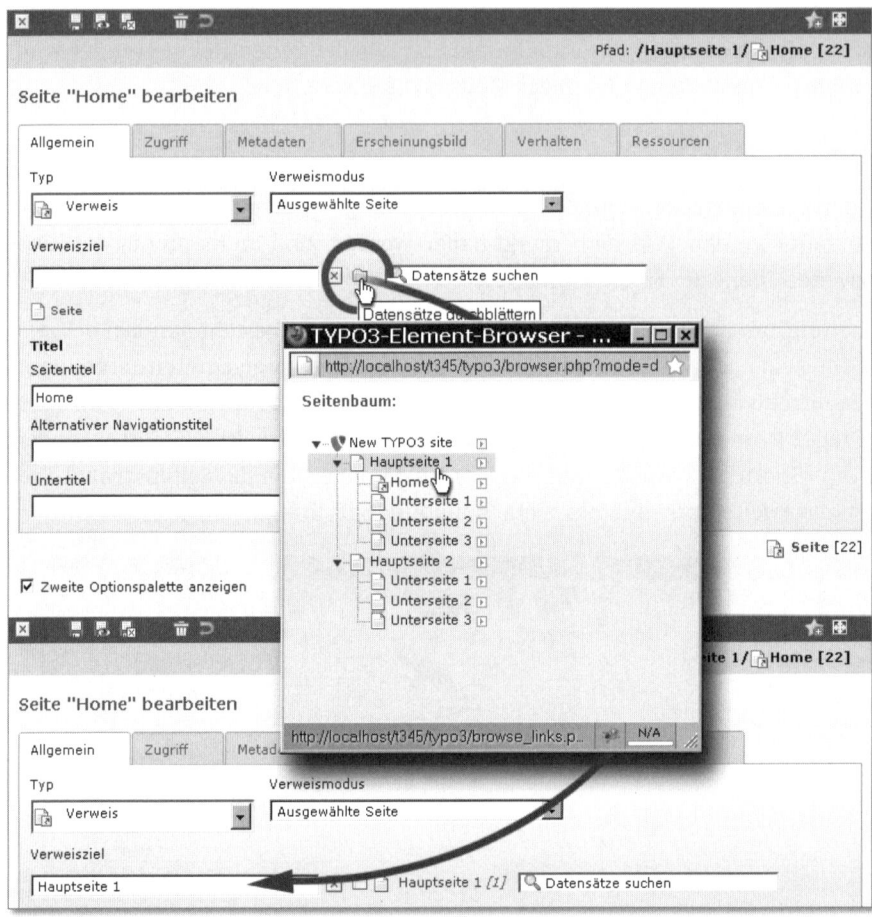

Abbildung 5.19 Wahl der Zielseite mit dem TYPO3-Element-Browser

Was eben gezeigt wurde, ist der allgemeine Weg, die Zielseite eines Verweises festzulegen. Im vorliegenden Fall wäre dies auch einfacher gegangen, da auf die unmittelbare Oberseite verwiesen werden soll. Für »gängige« Verweisziele existieren nämlich vorbereitete Optionen, die über das Dropdown-Menü VERWEISMODUS anwählbar sind. Momentan steht es auf dem Default-Wert »Ausgewählte Seite«.

Um denselben Effekt zu erzielen, wählen Sie die Option »Oberseite der aktuellen Seite« (siehe Abbildung 5.20). Der explizite Eintrag in VERWEISZIEL wird dann nicht mehr benötigt und kann gelöscht werden. Ein potenzieller Nachteil der Option ist, dass Sie hierbei keine Rückmeldung über die ID der Zielseite erhalten.

Die Seite »Hauptseite 1« benennen Sie jetzt ebenfalls in »Home« um. Die Änderung des Seitentitels richtet keinen Schaden an, da der Verweis über die ID der Seite geschieht und nicht über den Titel. Er funktioniert also nach wie vor.

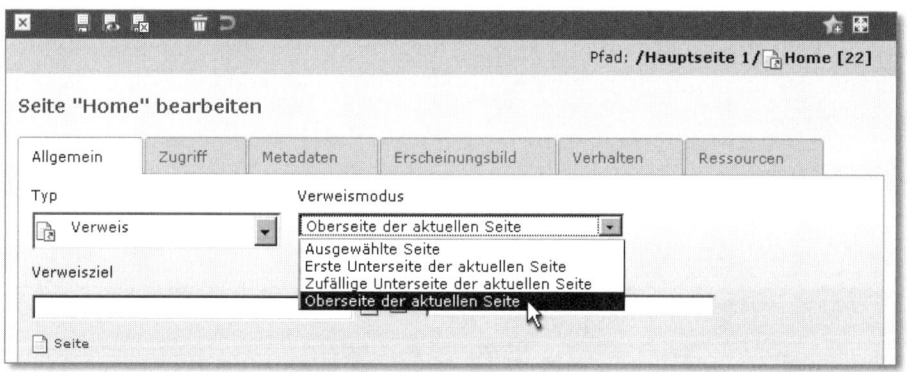

Abbildung 5.20 Alternativ: Wahl der »Oberseite« als Zielseite

Der Verweis »Home« auf der zweiten Ebene dient nur als Platzhalter im Menü. Er braucht keine eigenen Inhalte zu besitzen (die Inhalte einer Verweisseite würden sowieso nicht angezeigt). Der Aufbau der Navigation wirkt nun bereits stimmiger, wovon Sie sich durch einen Blick in den Browser überzeugen können.

Ein Menü auf Listenbasis

Die im Vorfeld auf die Schnelle angewendete Methode, das Menü zu formatieren, ist unbefriedigend: Üblicherweise werden Navigationsmenüs heutzutage auf der Basis von HTML-Listen aufgebaut und anschließend mit CSS in die gewünschte optische Form gebracht. Zumindest der erste Schritt soll hier unternommen werden. Menüeinträge sollen nun in Listenform ausgegeben werden statt wie bisher durch Zeilenumbrüche getrennt (siehe Abbildung 5.21).

Ändern Sie hierfür das TypoScript-Setup wie folgt:

```
page.10.20  {
    10 = HMENU
    10.wrap = <ul> | </ul>
    10.1 = TMENU
    10.1.NO.linkWrap = <li><b> | </b></li>
    }
```

Listing 5.7 Kapitel_05/menu_02.ts

Der wesentliche Unterschied besteht darin, dass das äußere Objekt HMENU, das bislang noch keine Aufgabe übernommen hat (wenn man einmal davon absieht, dass es die TMENU-Objekte enthält), nun einen eigenen wrap erhält. Es soll in einen <ul>-Container eingeschlossen werden. Die Menüeinträge ihrerseits werden daraufhin als Listenelemente ausgegeben; das
-Tag entfällt.

Diese Lösung ist technisch sauberer und kann infolgedessen beliebig formatiert werden. Sie können sowohl dem <ul>-Element als auch den <li>-Elementen class-Attribute (für das <ul> käme alternativ ein id in Betracht) zur Anbindung einer Stylesheet-Klasse geben.

Abbildung 5.21 Das Layout mit Navigation auf Listenbasis

5.4 Einsatz von Konstanten zur Konfiguration

Als Abschlusskosmetik soll nun mittels Konstanten eine Konfigurationsmöglichkeit des Layouts geschaffen werden. Hierbei werden exemplarisch Schriftart, Textfarbe, Breite und Farbe des Layoutrahmens von Überschriften und von Links steuerbar gemacht. Im vorigen Kapitel sind wir bereits kurz auf Konstanten eingegangen und haben Ihnen in Grundsätzen erklärt, wie diese zu kommentieren sind, damit sie über den Konstanten-Editor editierbar werden.

In Tabelle 5.1 finden Sie eine Auswahl der möglichen Typen von Konstanten. Nach dem Typ richtet sich auch die Art des Eingabefelds im Konstanten-Editor.

Typ der Konstante	Beschreibung
string (Default)	Erzeugt ein Texteingabefeld.
boolean	Erzeugt eine Checkbox (true = 1).

Tabelle 5.1 Typen von Konstanten (Auswahl)

Typ der Konstante	Beschreibung
color	Erzeugt ein Farbwahlfeld mit Voransicht.
int	Erzeugt ein Texteingabefeld, das nur eine Ganzzahl akzeptiert.
int+	Erzeugt ein Texteingabefeld, aber nur für positive Zahlen größer-gleich null.
int[1-5]	Ganzzahl im Bereich von 1 bis 5
offset	Genau zwei kommaseparierte Ganzzahlen, sofern keine Labelvariablen übergeben werden
offset[L1,L2,...L6]	Bis zu sechs kommaseparierte Ganzzahlen, je nach Anzahl der Labelvariablen in den eckigen Klammern
options[option1, option2, option3, ...]	Erzeugt ein Dropdown-Menü mit den in den eckigen Klammern aufgelisteten Optionen.
wrap	HTML-Code, mit dem ein TypoScript-Objekt umgeben wird. Ein Pipe-Symbol trennt die beiden Hälften des Wraps (»davor« und »danach«).

Tabelle 5.1 Typen von Konstanten (Auswahl) (Forts.)

Fügen Sie nun in das Feld KONSTANTEN des Root-Templates folgende Zeilen ein (Sie erzeugen vier Konstanten der Kategorie Farbe und drei der Kategorie Layout):

```
# cat=Farbe; type=color; label=Linkfarbe: Farbe der Links;
Farbe.linkFarbe = #000000
# cat=Farbe; type=color; label=Textfarbe: Farbe des Textes;
Farbe.textFarbe = #000000
# cat=Farbe; type=color; label=Überschrift:Farbe der Überschriften;
Farbe.headerFarbe = #000000
# cat=Farbe; type=color; label=Farbe der Layout-Border
Layout.borderColor = #aaa
# cat=Farbe; type=color; label=Farbe des Seitenhintergrunds
Farbe.bgFarbe = #FFFFFF
# cat=Farbe; type=color; label=Hintergrundfarbe des Body
Farbe.bodyBgFarbe = #FFFFFF
# cat=Layout; type=int+; label=Breite der Layout-Border
Layout.borderWidth = 1
# cat=Layout; type=options[solid,dotted,dashed,none];
  label=BorderStyle;
Layout.borderStyle = solid
```

```
# cat=Layout; type=options[verdana,arial,courier,georgia];
  label=Font;
Layout.font = arial
```

Listing 5.8 Kapitel_05/constants_01.ts

Im Konstanten-Editor bewirken diese Eingaben bereits Verheißungsvolles. Die beiden Kategorien wurden angelegt und versprechen bereits einiges an Konfigurationsmöglichkeiten. Sie sehen auch, dass noch zwei weitere Kategorien (CONTENT und ADVANCED) existieren, die nicht von Ihnen angelegt wurden – diese hat das statische Template »CSS Styled Content« beigesteuert (siehe Abbildung 5.16). Die Kategorie INTERNAL NOTES ist im vorhergehenden Kapitel schon erwähnt worden und hat für diese Zwecke keine Bedeutung.

Die Referenzen auf die Konstanten müssen nun im Setup eingesetzt werden. Es werden neue Styles für <body>, <a> und <h1> bis <h3> benötigt (die anderen Überschriften bleiben außen vor). Ändern bzw. erweitern Sie die lokalen CSS-Anweisungen im Setup wie folgt:

```
page.CSS_inlineStyle (

    body     {    font-family: {$Layout.font};
                  color: {$Farbe.textFarbe};
                  background-color: {$Farbe.bodyBgFarbe}
    }

    a    {    color: {$Farbe.linkFarbe};
    }

    h1, h2, h3 { color: {$Farbe.headerFarbe};
    }

    div#wrap {    width:900px;
                  margin:auto;
                  border-width: {$Layout.borderWidth}px;
                  border-style: {$Layout.borderStyle};
                  border-color: {$Layout.borderColor};
                  background-color: {$Farbe.bgFarbe};
    }

# Rest bleibt unverändert!
)
```

Listing 5.9 Kapitel_05/styles_02.ts

5.4 Einsatz von Konstanten zur Konfiguration

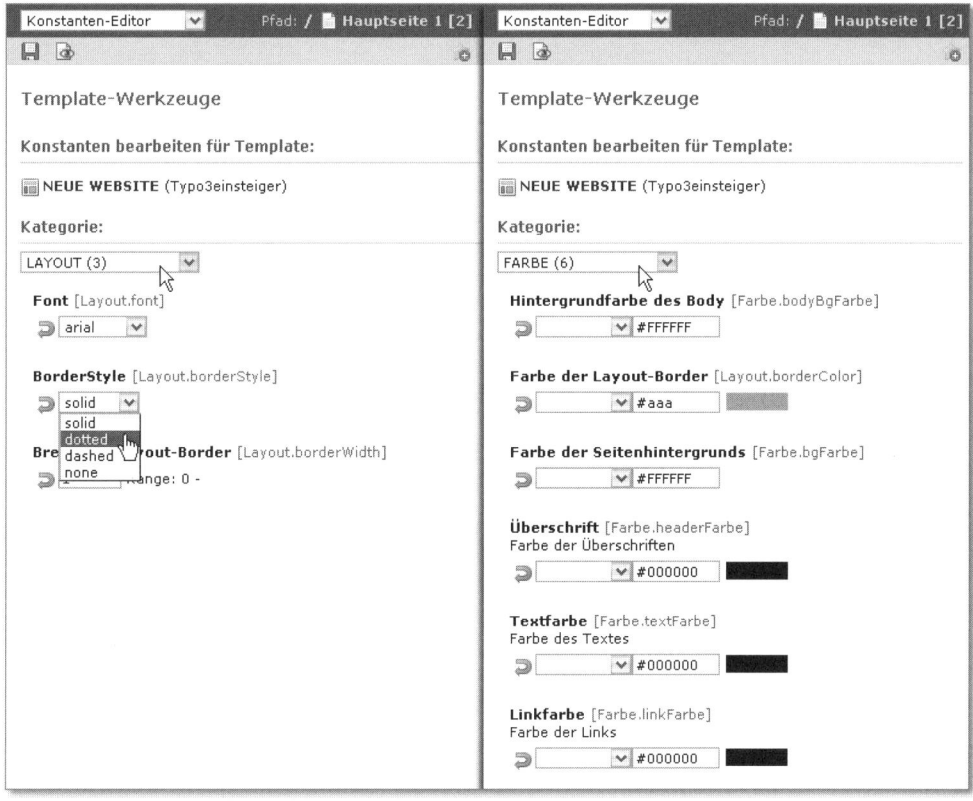

Abbildung 5.22 Die frisch angelegten Konstanten im Konstanten-Editor

Was die Konfiguration durch Konstanten betrifft, so haben wir hier nur an der Oberfläche gekratzt. Es steht Ihnen frei, Ihr Setup und Ihre Konstanten so zu erweitern, dass Sie beispielsweise Hintergrundfarben oder Rahmen einzelner Elemente gezielt steuern können.

Eigene vs. offizielle Kategorienbezeichner

Die hier verwendeten Kategorien sind selbst festgelegt. Es existieren allerdings auch Vorschläge für Kategorienamen, die in den statischen Design-Templates von TYPO3 zur Konfiguration eingesetzt werden (siehe Tabelle 5.2). Sie können sich an diesen Bezeichnern orientieren, falls Sie ein umfangreicheres, mit Konstanten konfigurierbares Template erstellen wollen. Selbstverständlich steht es Ihnen frei, alternativ bei eigenen Kategoriebezeichnern zu bleiben. Mehr erfahren Sie im Dokument »TypoScript Templates (doc_core_tstemplates)«.

Abbildung 5.23 Variation des Layouts über Konstanten

Kategoriebezeichner	Beschreibung
basic	Konstanten für das Seitenlayout, mit denen Sie beispielsweise Abmessungen, Farben oder Hintergrundbilder festlegen
menu	Konstanten, die die Darstellung des Menüs betreffen
content	Konstanten, die die Darstellung der Inhalte festlegen
page	Konstanten, die der Seitenkonfiguration dienen
advanced	Konstanten für fortgeschrittene Konfigurationsanweisungen

Tabelle 5.2 Von Kasper Skårhøj vorgeschlagene Kategorienbezeichner

5.5 Ausblick

Mit den bisher erarbeiteten Kenntnissen in TypoScript können Sie den Entwurf auf eigene Faust problemlos erweitern. Das folgende Kapitel 6, »Seiteninhalte anlegen«, wird sich weniger mit Layoutfragen befassen. In ihm werden wir vielmehr das Anlegen von Seiten und Seiteninhalten sowie den Umgang mit den verschiedenen Inhaltstypen vertiefen.

Kapitel 6
Seiteninhalte anlegen

Zu Beginn dieses Kapitels demonstrieren wir das schnelle Anlegen von Sitestrukturen. Im Anschluss finden Sie eine Einführung in die wichtigsten von TYPO3 zur Verfügung gestellten Grundtypen von Seiteninhalten sowie in ihre Erstellung, Bearbeitung und Verwendung.

Die Seiten-Dummys, die wir in Kapitel 4, »Einstieg in TypoScript«, rein zu Demonstrationszwecken angelegt haben, haben nun ausgedient. Sie können »Unterseite 1« bis »Unterseite 3« und auch den Shortcut »Home« nun löschen. Dasselbe gilt für den gesamten Zweig von »Hauptseite 2«.[1] Die Wurzelseite »Hauptseite 1« wurde bereits in »Home« umbenannt. Diese Seite muss erhalten bleiben, da das in Kapitel 5, »Seitenlayout mit TypoScript«, erstellte Template unverändert weiterverwendet werden soll. Damit ergibt sich ein quasi leerer Seitenbaum, und diese Gelegenheit soll dazu dienen, ein bisher unerwähntes Feature von TYPO3 vorzuführen, nämlich das Erstellen mehrerer neuer Seiten gleichzeitig.

6.1 Erzeugen einer Sitestruktur mit dem Modul »Funktionen«

Wenn Sie schnell eine große Anzahl neuer Seiten oder eine komplette Sitestruktur anlegen wollen, ist dies mit der bisherigen Methode, bei der wir jede Seite einzeln erzeugt haben, ein wenig mühselig. Um diesen Vorgang abzukürzen, besitzt TYPO3 daher das Modul WEB • FUNKTIONEN, das Ihnen erlaubt, in einem Arbeitsgang bis zu neun Seiten anzulegen (siehe Abbildung 6.1). Das Einzige, was Sie im Vorfeld klären müssen, sind die Seitentitel, die Sie vergeben wollen. Diese können Sie später natürlich noch ändern.

---

[1] Deinstallieren Sie die statischen Templates, falls Sie diese, wie am Ende des vorigen Kapitels beschrieben, ausprobiert haben.

6 Seiteninhalte anlegen

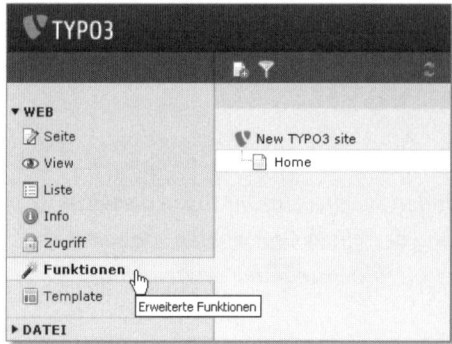

Abbildung 6.1 Anwahl des Moduls »Funktionen« ausgehend von »Home«

Unterseiten zur aktuellen Seite erzeugen

Es sollen nun mehrere Unterseiten der Wurzelseite »Home« angelegt werden. Als Erstes erzeugen wir eine weitere Seite namens »Home«, gefolgt von weiteren Seiten mit den Titeln »Websiteplanung«, »Oberfläche«, »Funktionalität«, »Inhalte« und »Kontakt«. Die hier gewählten Titel hängen mit den geplanten Beispielinhalten zusammen. Wenn Sie möchten, können Sie natürlich andere Titel und Inhalte verwenden. Für jede erstellte Seite können Sie zudem per Pulldown-Menü den gewünschten Typ wählen (siehe Abbildung 6.2, rechts). Für unsere Zwecke soll es beim Default-Typ »Standard« bleiben.

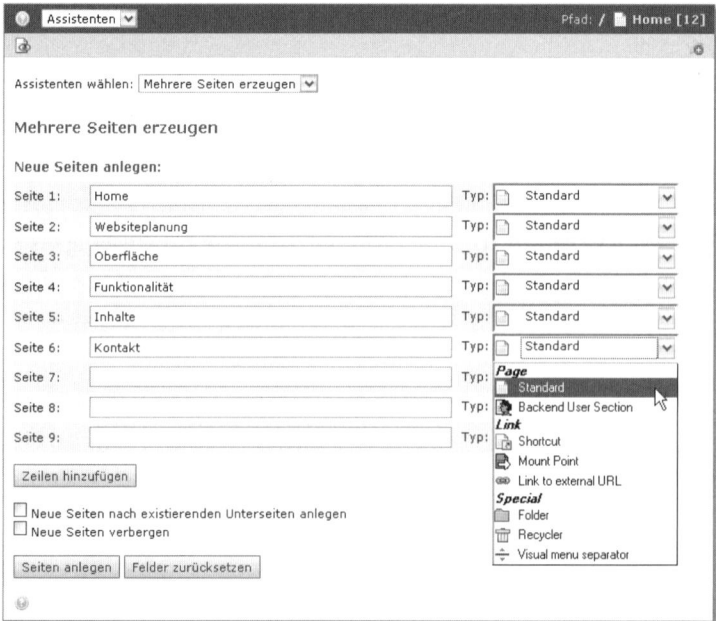

Abbildung 6.2 Anlegen mehrerer Seiten mit dem Modul »Funktionen«

Die aktuell ausgewählte Seite (in diesem Fall die als einzige Seite verbliebene Wurzelseite »Home«) dient als *Ausgangspunkt* der Seitenerstellung. Die neuen Seiten werden als ihre *Unterseiten* erzeugt.

Damit die Namensgleichheit ein Ende hat, benennen Sie die Wurzelseite »Home« in »Root« um. Wandeln Sie die Wurzelseite nun in eine Verweisseite um, die auf die neu erstellte Seite »Home« zielt. Wählen Sie hierfür den Kontextbefehl BEARBEITEN, und ändern Sie den SEITENTYP auf »Verweis«. Geben Sie als VERWEISMODUS »Erste Unterseite der aktuellen Seite« an (siehe Abbildung 6.3, Schritt 2).

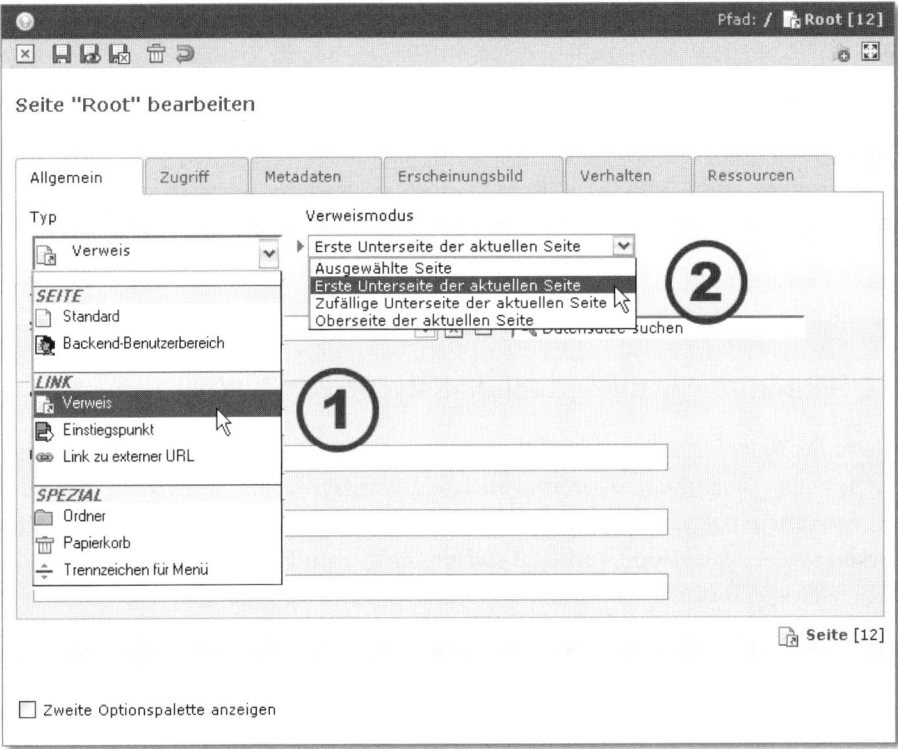

Abbildung 6.3 Umwandlung der Wurzelseite in einen Shortcut

Der Zweck dieser Wurzelseite beschränkt sich ab jetzt darauf, das Template zu tragen und von außen kommende Benutzer in den Seitenbaum hineinzulenken. Sehen Sie sich nun die Website im Browser an – das Ergebnis sollte in etwa dem von Abbildung 6.4 entsprechen.[2]

---

2 Das Wrapper-Div wurde optisch ein wenig mit CSS3-Box-Shadow hervorgehoben.

Abbildung 6.4 Eine leere Site wartet auf Inhalte.

6.2 Einführung in die Seiteninhaltstypen von TYPO3

Alle in der Folge verwendeten Bilder befinden sich auf der Begleit-DVD im Ordner *Dateien_zum_Buch/Kapitel_06*, und die Textvorschläge finden Sie in Dateien mit der Bezeichnung *inhalt_SEITENNAME.txt*. Wählen Sie nun wieder das Modul SEITE, und klicken Sie die Seite »Home« an. Jetzt soll ein Inhalt vom Typ »Text« angelegt und die dazugehörige Eingabemaske näher betrachtet werden.

6.2.1 Seiteninhalt »Normaler Text« (CType: text)

Wenn eine Seite noch vollständig leer ist, existieren verschiedene Möglichkeiten, den ersten Inhalt anzulegen. Unser Inhalt soll in der Spalte NORMAL landen. Hierfür werden Sie intuitiv das Icon SEITENINHALT innerhalb dieser Spalte anklicken (siehe Abbildung 6.5), was auch zum gewünschten Ergebnis führt. Eine Alternative bietet das Icon NEUES INHALTSELEMENT ANLEGEN am oberen Seitenrand. Hier müssten Sie jedoch nach der Wahl des Inhaltstyps die Spalte bestimmen.

6.2 Einführung in die Seiteninhaltstypen von TYPO3

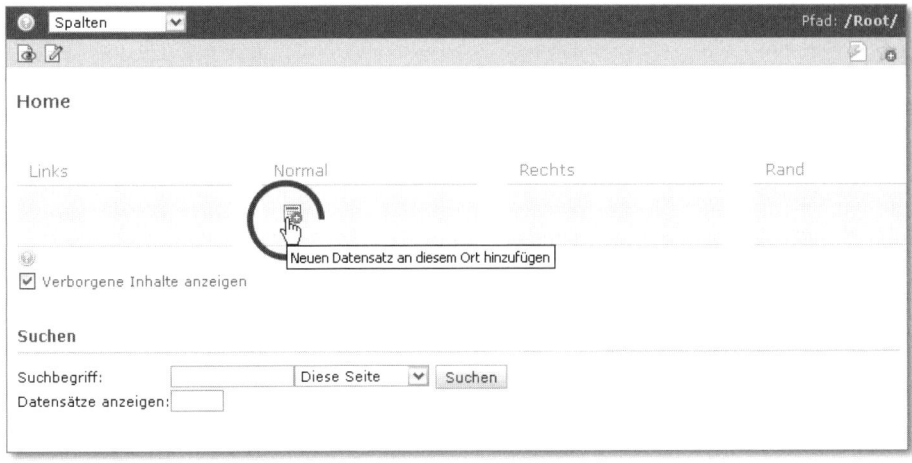

Abbildung 6.5 Erstes Inhaltselement einer Seite anlegen

Der Texteditor »htmlArea RTE«

Wählen Sie das Inhaltsmodell TEXT (siehe Abbildung 6.6). Der hier verwendete Beispieltext befindet sich in der Datei *inhalt_home.txt*.

Geben Sie im Reiter ALLGEMEIN als Überschrift »Webdesign mit TYPO3« ein (siehe Abbildung 6.7), und fügen Sie den folgenden Text in das darunter liegende RTE-Editorfeld ein. Wenn Sie wie hier einen Text aus einer Datei kopieren und über die Zwischenablage einfügen, achten Sie darauf, dass *Zeilenumbruchbefehle* im Editor als Textabsätze umgesetzt werden. Entfernen Sie störende Umbrüche entsprechend.

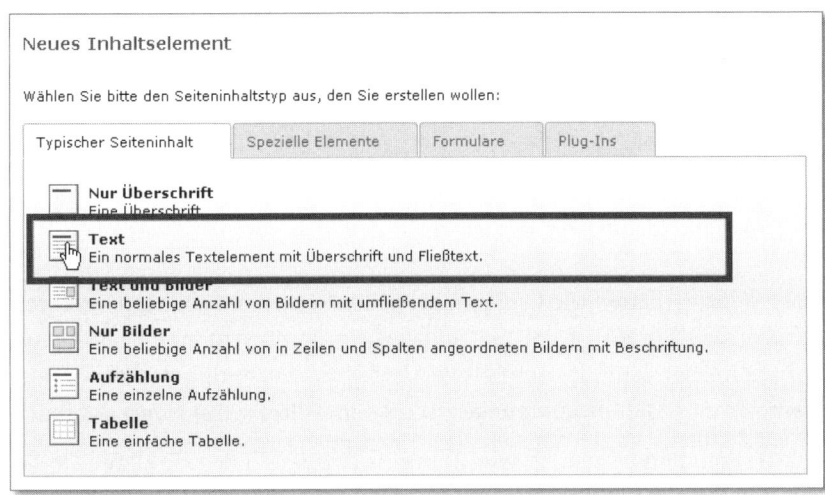

Abbildung 6.6 Das Inhaltselement »Text«

6 Seiteninhalte anlegen

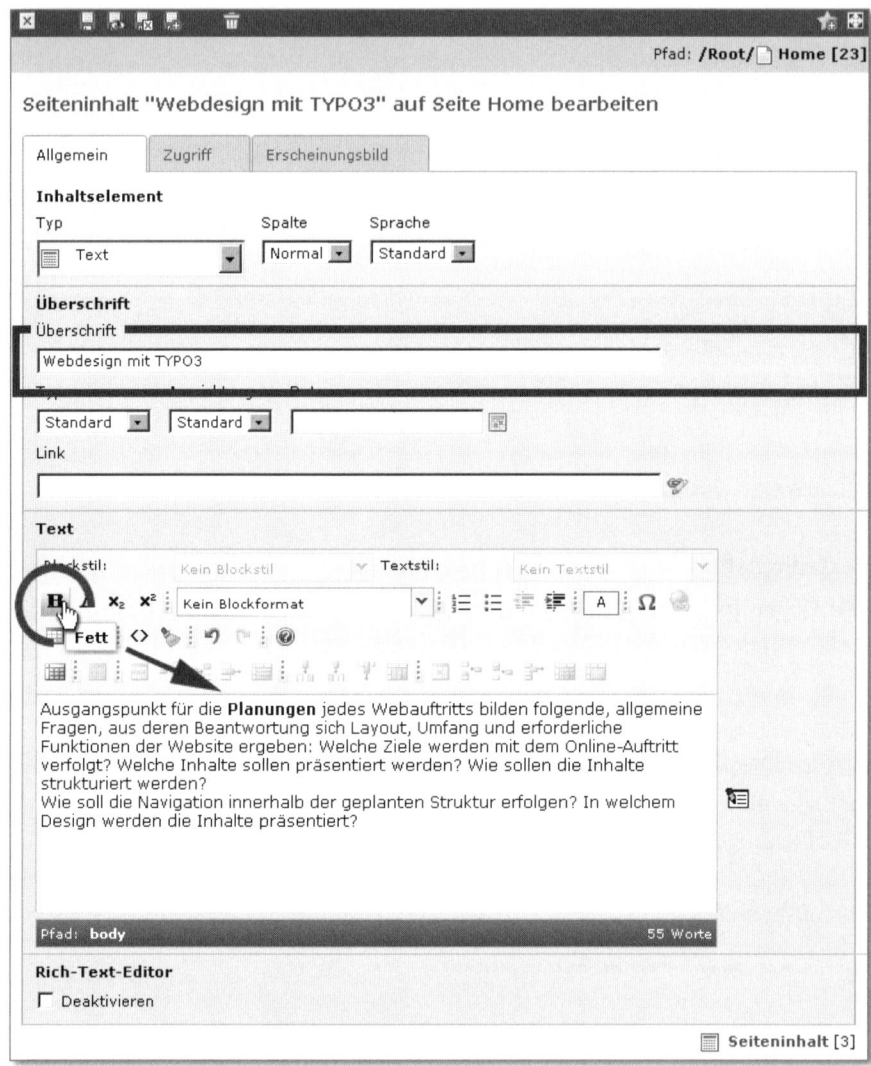

Abbildung 6.7 Textformatierung mit dem Editor

Sie können im Editor arbeiten wie in einem normalen Textverarbeitungsprogramm: Textpassagen werden durch Auswahl und Anklicken des gewünschten Formatierungsbefehls formatiert. Hier wird dies am Beispiel der Fettauszeichnung des Worts »Planungen« demonstriert. Die *Formatierungen* werden im Editor selbst sofort sichtbar.

Setzen Sie die Fragen im Beispieltext jeweils in eine einzelne Zeile, markieren Sie sie, und formatieren Sie sie als nummerierte Aufzählung (siehe Abbildung 6.8). Speichern Sie den Text, und schließen Sie die Maske. Es sollen nun weitere Inhalte erstellt werden.

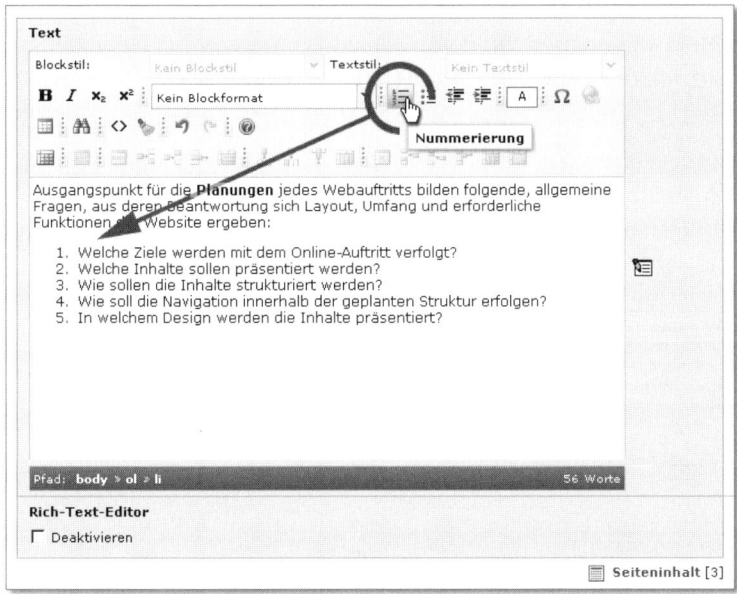

Abbildung 6.8 Nummerierte Aufzählung im Texteditor

Ein weiteres Textinhaltselement anlegen

Legen Sie einen weiteren Textblock nach dem ersten an, indem Sie auf das INHALTE ANLEGEN-Icon oberhalb der Textvorschau des bestehenden Blocks klicken (siehe Abbildung 6.9). Wählen Sie als Typ wieder das Modul TEXT.

Geben Sie als Blocküberschrift diesmal »Die funktionale Ebene« ein, und füllen Sie das Editorfeld mit dem entsprechenden Beispieltext. Auch hier können Sie wieder einige der Formatierungsmöglichkeiten ausprobieren.

Abbildung 6.9 Neuen Datensatz nach bestehendem anlegen

6 Seiteninhalte anlegen

Umgesetzt werden die Formatanweisungen in Form von HTML. Sie können einen Blick auf den Quelltext werfen (und ihn dort auch jederzeit editieren), indem Sie auf den Button TEXTMODUS UMSCHALTEN klicken (siehe Abbildung 6.10).

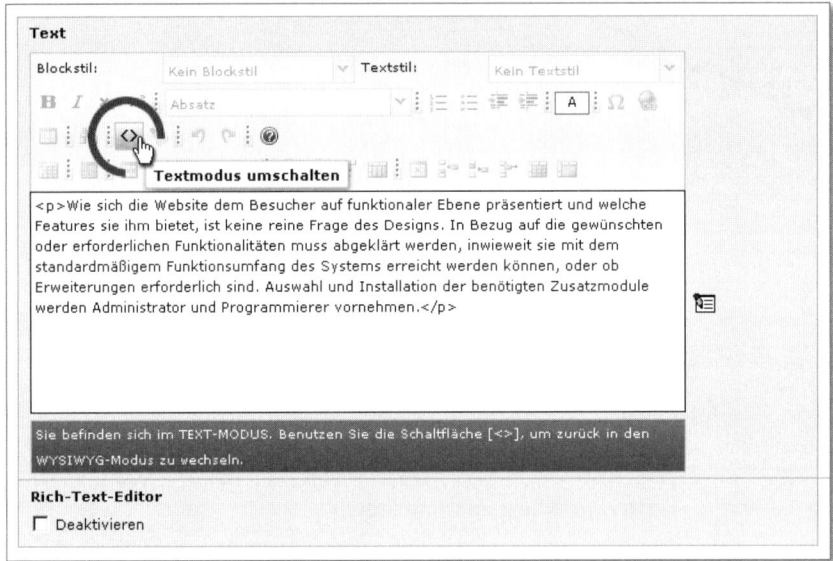

Abbildung 6.10 HTML-Ansicht des Texteditors

Betrachten Sie nach dem Speichern das Ergebnis im Browser. Wie Sie sehen, ist beiden Textblöcken nun eine Überschrift vorangestellt. Diese Überschriften sind jeweils durch ein `<h1>`-Element eingeschlossen.

Ein kurzer Blick in den erzeugten Quelltext zeigt Ihnen (hier sehen Sie den ersten Textblock) etwa Folgendes:

```
<!-- CONTENT ELEMENT, uid:3/text [begin] -->
<div id="c3" class="csc-default" >
<!-- Header: [begin] -->
<div class="csc-header csc-header-n1">
<h1 class="csc-firstHeader">Webdesign mit TYPO3</h1></div>
<!-- Header: [end] -->

<!-- Text: [begin] -->
<p class="bodytext">Ausgangspunkt für die <b>Planungen </b>jedes Webauftritts
bilden folgende, allgemeine Fragen, aus deren
Beantwortung sich Layout, Umfang und erforderliche Funktionen der
Website ergeben:</p><ol><li>Welche Ziele werden mit dem Online-Auftritt
verfolgt? </li><li>Welche Inhalte sollen präsentiert werden? </li><li>Wie
sollen die Inhalte strukturiert werden?</li><li>Wie soll die Navigation
```

innerhalb der geplanten Struktur
erfolgen? </li><li>In welchem Design werden die Inhalte präsentiert?</li></ol>
<!-- Text: [end] -->

</div><!-- CONTENT ELEMENT, uid:3/text [end] -->

Sie sehen, dass der Quelltext gut kommentiert ist. Sie erkennen unter anderem die Datensatznummer und den Typ des dargestellten Blocks (hier uid:3/text – die Datensatznummer 3 wird bei Ihnen jedoch mit an Sicherheit grenzender Wahrscheinlichkeit eine andere sein). Auch sehen Sie die den Elementen zugewiesenen Stylesheet-Klassen. Beginn und Ende von Überschriften und Textblock sind ebenfalls gekennzeichnet. Der Block wird von einem per ID individualisierten <div>-Container umgeben, dessen ID-Wert (id="c3") demjenigen des Content-Elements entspricht.

Die zweite Optionspalette

Öffnen Sie nun erneut den zweiten Textabsatz zum Bearbeiten, indem Sie das Stiftsymbol anklicken. Bislang hat jede eingegebene Überschrift automatisch die Größe <h1>. Damit andere Größen realisiert werden können, ist eine Möglichkeit vorgesehen, dies einzustellen.

Im Überschriftenbereich existieren weitere Eingabefelder für AUSRICHTUNG (Textausrichtung[3]), TYP (Grad der Überschrift), LINK (die Überschrift dient als Link) und DATUM (Datieren des erstellten Textblocks). An dieser Stelle von Interesse ist das Feld TYP, das per Dropdown-Menü die Wahl zwischen Überschriften verschiedenen Grades ermöglicht.

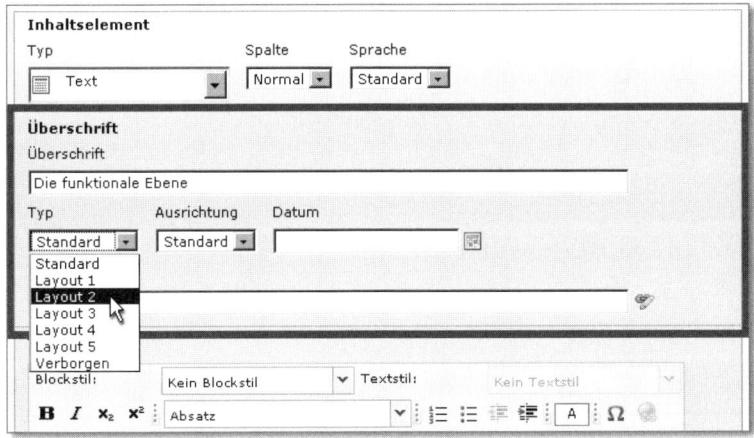

Abbildung 6.11 Setzen des Grades der Überschrift mit dem Feld »Typ«

---

[3] Dieses Feld zeigt keine sichtbare Wirkung, da hier nur CSS-Klassen zugewiesen werden. Die zugehörigen CSS-Regeln müssen jedoch erst definiert werden und dem Dokument zugewiesen sein.

Wählen Sie LAYOUT 2, und speichern Sie die Änderung. Die Überschrift erscheint nun um eine Größe kleiner (als <h2>). Sie können die Überschriften aller Inhaltselemente entsprechend abstufen, sodass (wie es »schulmäßig« sein sollte) nur eine Überschrift <h1> pro Seite erscheint.

Die Default-Option STANDARD entspricht von der Wirkung her LAYOUT 1. In den anderen Fällen ergeben sich Überschriften von H2 bis H5. Die letzte Option, VERBORGEN, blendet die Überschrift vollständig aus; quelltextseitig ist sie damit nicht mehr vorhanden.[4]

Abbildung 6.12 Zwei verschiedene Überschriftengrößen

Tabelle im Seiteninhalt »Normaler Text«

Zwar existiert ein eigenes, ausschließlich für Tabellen vorgesehenes Inhaltsmodell (das gleich ebenfalls beschrieben werden wird), dennoch ist es gelegentlich wünschenswert, eine Tabelle nahtlos in einen Textblock integrieren zu können. Dies ist mit den Tabellenfunktionen des TYPO3-Texteditors (htmlArea RTE) ohne Schwierig-

---

4 Dies geschieht in jedem Fall aber auch dann, wenn Sie keinen Überschriftentext eingeben.

6.2 Einführung in die Seiteninhaltstypen von TYPO3

keiten möglich. Legen Sie zur Demonstration auf der Seite »Oberfläche« einen Textblock mit der Überschrift »Bildschirmauflösung« an. Den Beispieltext finden Sie wieder in der Arbeitsdatei *inhalt_oberflaeche.txt*.

Um nach dem ersten Textabsatz eine Tabelle einzufügen, klicken Sie auf den Tabellen-Button des Editors (siehe Abbildung 6.13). Sie können im sich daraufhin öffnenden Overlay-Dialogfenster die Zeilen- und Spaltenanzahl sowie eine Überschrift und eine Beschreibung der zu erstellenden Tabelle eintragen. Legen Sie auch die oberste Zeile als Tabellenkopfzeile fest.

Die erstellte Tabelle kann einfach durch Ziehen mit dem Mauszeiger dimensioniert werden (siehe Abbildung 6.14). Bringen Sie sie auf eine Breite von ca. 400 Pixel. Die Tabellengrenzen können Sie im Editor aktivieren und deaktivieren. Dies geschieht über den Button RÄNDER UMSCHALTEN. Das *Tabellengitternetz* dient lediglich dazu, Ihnen die Eingabe zu erleichtern, und hat keine Auswirkungen auf die Darstellung im Browser.

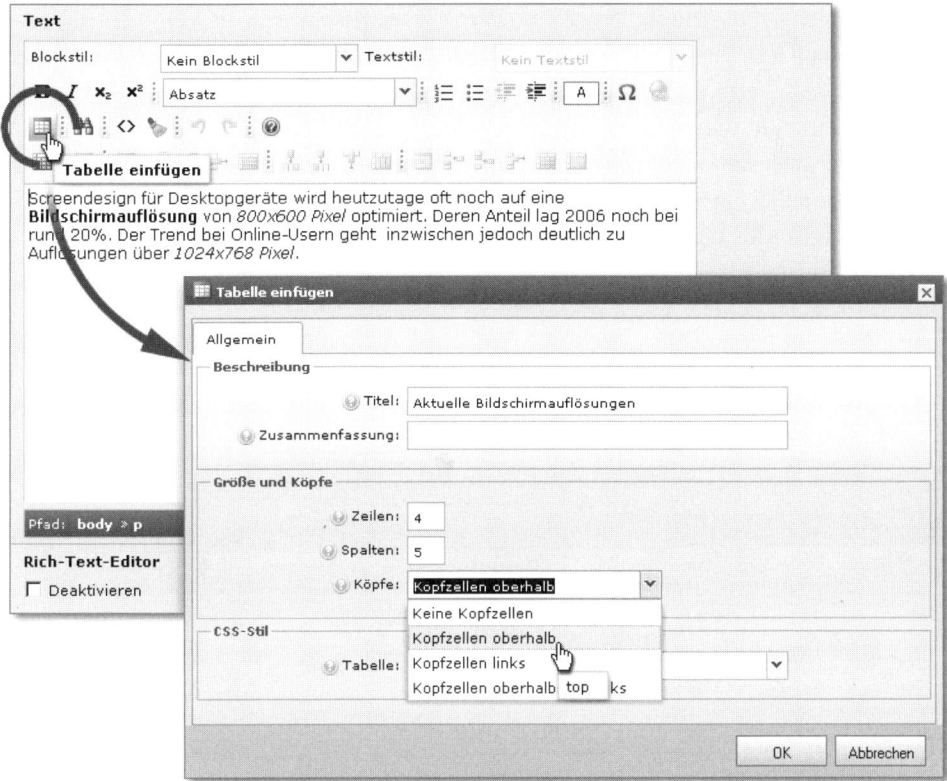

Abbildung 6.13 Erstellungsdialog einer Tabelle im RTE-Editor

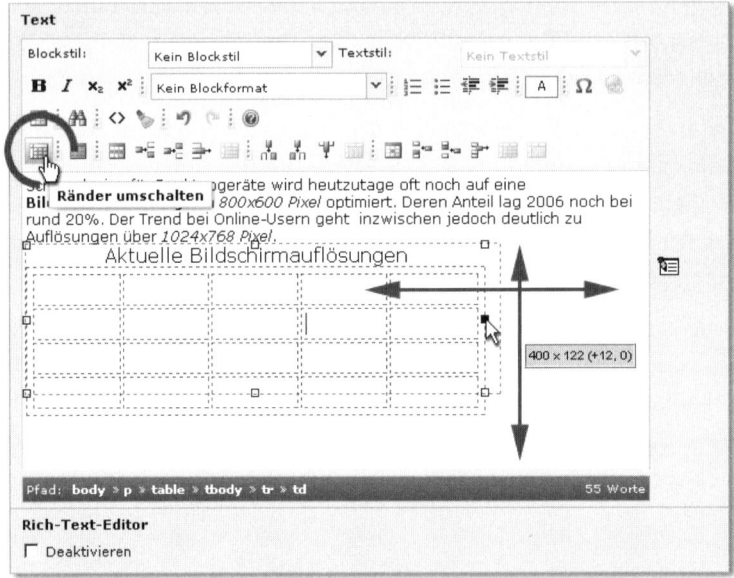

Abbildung 6.14 Dimensionieren einer Tabelle mit aktivierten Rändern

Sie können nun in die Tabelle Inhalte einfügen und diese wie gewohnt formatieren. Im Beispiel sind einige Fett- und Kursivformatierungen vorgenommen worden (siehe Abbildung 6.15). Um bereits im Editor eine Vorschau auf das Ergebnis zu erhalten, können Sie die Tabellenränder auf die gleiche Weise wieder deaktivieren.

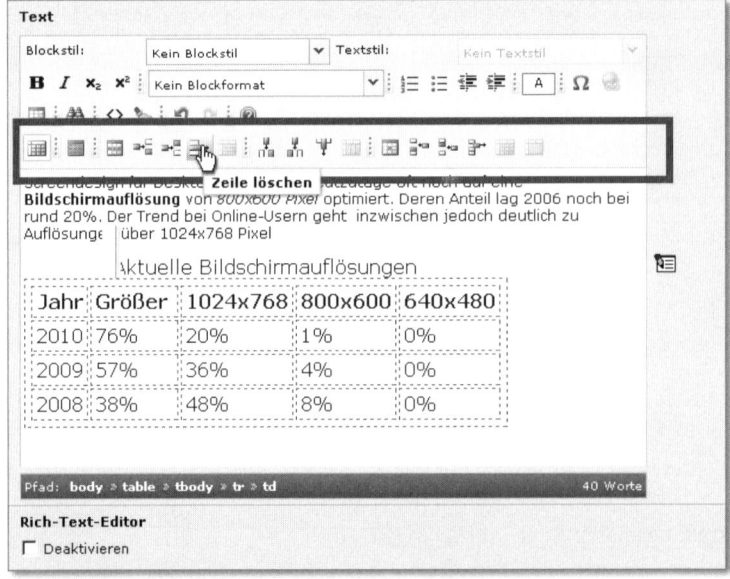

Abbildung 6.15 Icons zum Bearbeiten von Tabellen

Die Möglichkeiten zur Bearbeitung von Tabellen sind reichhaltig. Beachten Sie, dass die hierfür zuständige Icon-Reihe nur aktiv ist, wenn sich der Cursor im Tabellenbereich befindet. Es ist dabei egal, ob die Hilfsränder aktiviert sind oder nicht. Speichern Sie die Tabelle, und betrachten Sie das Ergebnis im Browser.

6.2.2 Setzen von Links im Seiteninhalt

Eine Website ohne Links ist nur eine halbe Sache. Anhand der Seite »Inhalte« soll nun das Setzen von Links in TYPO3 demonstriert werden, was mit dem RTE-Editor ebenfalls eine einfache Angelegenheit ist. Benötigt werden zunächst vier Inhaltselemente vom Typ TEXT. Beispieltexte finden Sie in der Datei *inhalt_inhalte.txt*. Legen Sie die Themen »Betreuung der Inhalte«, »Administrator«, »Powerredakteur« und »Redakteur« an. In diesem Zusammenhang können Sie ein spezielles Speicher-Icon einsetzen, das nach erfolgter Eingabe anbietet, ein weiteres gleichartiges Element (im Tool-Tipp wird es irritierenderweise als »Dokument« bezeichnet) zu erstellen (siehe Abbildung 6.16).

Abbildung 6.16 Icon »Dokument speichern und neues erstellen«

Setzen vom siteinternen Links

Im ersten Inhaltselement sollen nun zwei Arten von siteinternen Links erzeugt werden, die auf TYPO3-Datensätze zeigen. Zunächst beschäftigen wir uns mit der einfachen Version, nämlich mit dem Link auf eine Seite im Seitenbaum, also einen *Seitendatensatz*.

Markieren Sie zum Setzen eines Links einfach diejenige Textpassage im RTE, die als Linktext dienen soll. Im Beispiel ist dies das Wort »Funktionalität« im ersten Absatz. Klicken Sie auf das Icon LINK EINFÜGEN (siehe Abbildung 6.17). Es soll damit ein Link auf die gleichnamige Seite »Funktionalität« erstellt werden.

Abbildung 6.17 Das Icon »Link einfügen«

Der Klick auf das Icon öffnet eine Overlay-Ebene zum Setzen des Links. Die Eingabemaske ist in verschiedene Paletten unterteilt. Wählen Sie die Palette SEITE. Im Seitenbaum des Overlays wählen Sie einfach die gewünschte Zielseite an (siehe

Abbildung 6.18). Der Dialog schließt sich, und der Link ist gesetzt. Speichern Sie jetzt Ihre Eingabe.

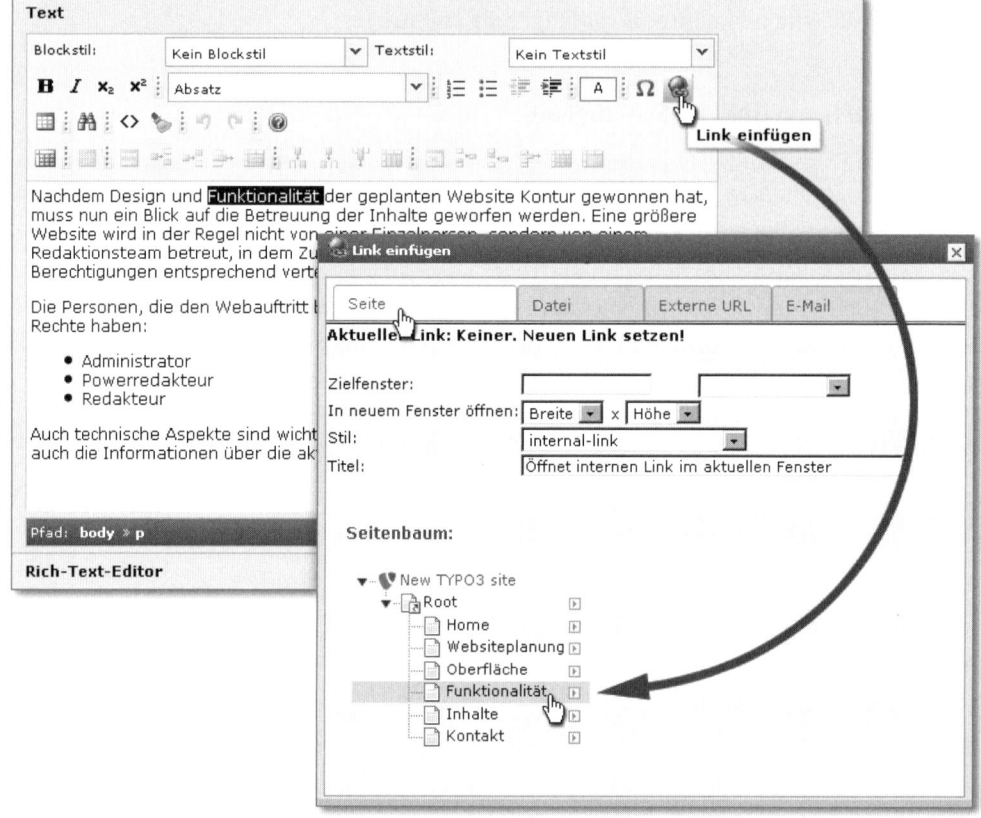

Abbildung 6.18 Setzen eines internen Links auf einen Seitendatensatz

Nun soll ein Link auf ein einzelnes Inhaltselement gesetzt werden. Dies funktioniert grundsätzlich ebenso wie die eben beschriebene Methode. Markieren Sie in der Aufzählungsliste das Wort »Administrator«. Es soll als Link zum gleichnamigen *Inhaltsdatensatz* dienen, bildet also einen Sprunglink innerhalb derselben Seite. Wählen Sie im Popup-Fenster eine Sicht auf die Datensätze der Zielseite. Hierzu klicken Sie im Seitenbaum des Popups nicht auf den Seitennamen, sondern auf den *roten Pfeil* rechts davon (siehe Abbildung 6.19). Den Zieldatensatz wählen Sie jetzt in der Liste der Inhaltselemente aus, die rechts neben dem Seitenbaum erscheint. Setzen Sie weitere Links zu den Datensätzen für »Powerredakteur« und »Redakteur«.

Speichern Sie die Eingabe, und testen Sie die Links im Browser. Analog ist es möglich, einen Link auf ein Inhaltselement einer beliebigen anderen Seite zu erzeugen. In diesem Fall erhält der Seitenlink einen zusätzlichen Fragment-Identifier, der die ID des

Inhaltselements bezeichnet. Sie können im letzten Absatz über den Text über »aktuelle Bildschirmauflösungen« einen Link auf die Bildschirmauflösungen in der Seite »Oberfläche« setzen, um dies auszuprobieren.

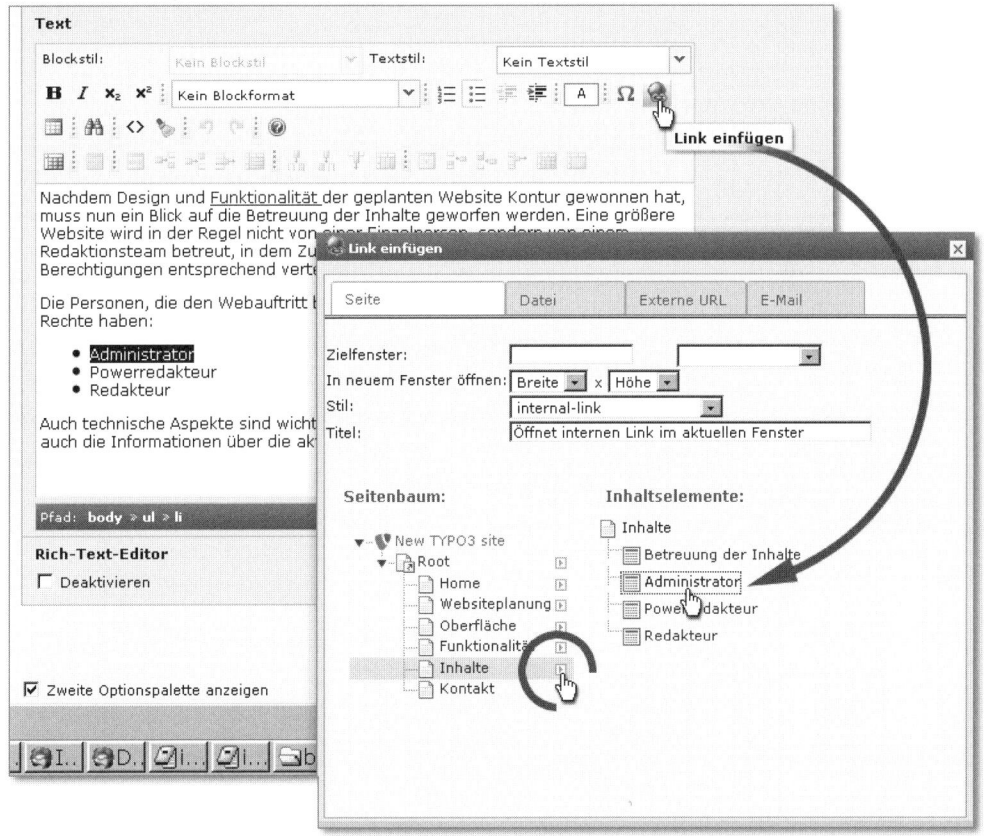

Abbildung 6.19 Setzen eines internen Links auf einen Inhaltsdatensatz

TYPO3 erzeugt folgenden Link:

```
<a href="index.php?id=25#c5" title="Öffnet internen Link im
aktuellen Fenster" class="internal-link">aktuelle
Bildschirmauflösungen</a>
```

Hierbei bezeichnet id=25 die Zielseite und c5 das Inhaltselement. An der betreffenden Stelle im Quelltext finden Sie folgende ID, die von TYPO3 grundsätzlich für jedes Inhaltselement eingefügt wird. Sie dient als Sprungziel:

```
<!-- CONTENT ELEMENT, uid:5/text [begin] -->
<div id="c5" class="csc-default" >...</div>
<!-- CONTENT ELEMENT, uid:5/text [end] -->
```

> **Links auf einzelne Inhaltselemente sind grundsätzlich immer möglich**
>
> TYPO3 umgibt jedes Inhaltselement mit einem durch eine ID gekennzeichneten `<div>`-Container, der als Ziel eines siteinternen Links dienen kann.

Setzen von externen Links

Fügen Sie nun als Inhaltselement in der Seite »Inhalte« den Text »Informationen über TYPO3« ein. Innerhalb des Fließtexts tauchen Webadressen in der Form »www.typo3.com« und ähnlich auf. Da es sich um Plaintext handelt, sind keine weiteren Informationen über ein mögliches Linkziel enthalten.

Dennoch wird der RTE entsprechende Passagen automatisch als Links auszeichnen, da hier eine automatische Linktexterkennung greift (siehe Abbildung 6.20). Passagen, die einem passenden Muster entsprechen, also mit »http:« oder »www.« beginnen oder der äußeren Form einer E-Mail-Adresse entsprechen, werden mit dem passenden Linkziel hinterlegt[5].

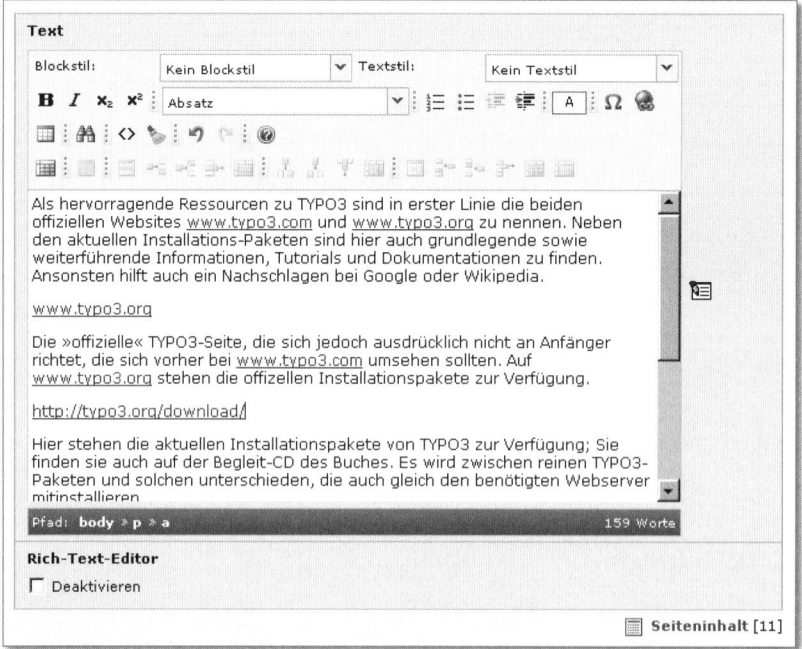

Abbildung 6.20 Automatische Erkennung und Umsetzung von Links im RTE

---

[5] Hinweis: Zum Zeitpunkt der Erstellung dieses Buches funktionierte dieses Feature in Firefox bis Version 3.6 nicht, arbeitete jedoch in anderen Browsern zufriedenstellend. Ein zukünftiger Bugfix in TYPO3 wird dieses Manko hoffentlich beseitigen.

6.2 Einführung in die Seiteninhaltstypen von TYPO3

Handarbeit hingegen ist gefragt, wenn eine normale Textpassage mit einem externen Link hinterlegt werden soll. Dies wird wieder durch Markieren und Klicken des Link-Icons eingeleitet. Wählen Sie diesmal die Palette EXTERNE URL. Hinterlegen Sie das Wort »Wikipedia« mit einem Link zu *http://de.wikipedia.org*. Klicken Sie dann auf den Button LINK SETZEN. Der externe Link ist hiermit gesetzt (siehe Abbildung 6.21).

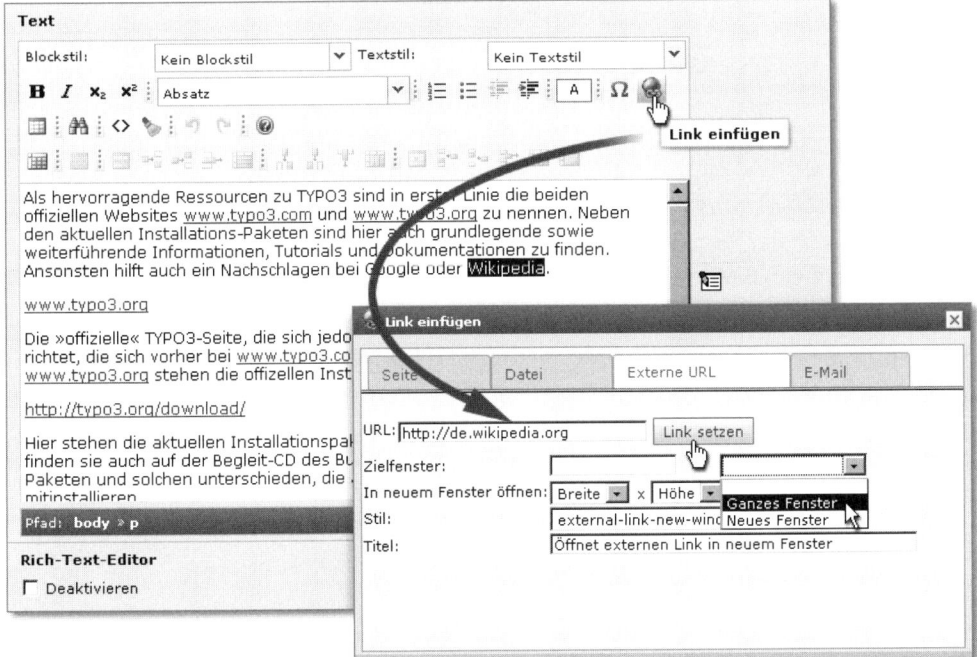

Abbildung 6.21 Manuelles Setzen eines externen Links

Das Fenster bietet weitere Optionen, um das Arbeiten in Framesets zu berücksichtigen oder mittels JavaScript den externen Link in einem Popup-Fenster zu öffnen. (Letzteres ist aus Gründen der Barrierefreiheit problematisch.)

Wenn Sie mit einer *framegestützten Website* arbeiten, können Sie im Eingabefeld ZIEL ein Framefenster Ihres Framesets als Linkziel angeben. Im Pulldown-Menü ZIEL können Sie ansonsten angeben, ob der Link das aktuelle Frameset ersetzen soll (GANZES FENSTER, also `target="_top"`) oder in einem NEUEN FENSTER (`target="_blank"`) auszuführen ist.

Wollen Sie ein *Popup-Fenster* erzeugen, aktivieren Sie im Pulldown-Menü STIL die Option EXTERNAL-LINK-NEW-WINDOW und geben über die darüber liegenden Menüs die BREITE und die HÖHE des Zielfensters ein. Erstellen Sie versuchsweise einen externen Link auf die Website von Google, der in einem Popup-Fenster in der Größe von 500 × 400 Pixel ausgeführt wird (siehe Abbildung 6.22).

6 Seiteninhalte anlegen

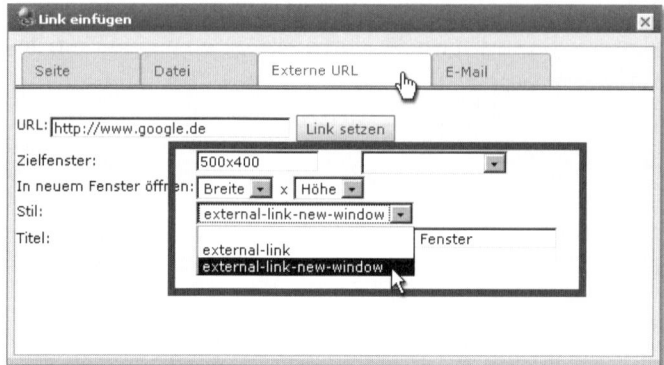

Abbildung 6.22 Setzen eines externen Links in einem Popup-Fenster

Erzeugen von E-Mail-Links

Ebenso einfach, wie Sie Links auf interne oder externe Seiten setzen, ist das Erzeugen von E-Mail-Links. Als Beispiel können Sie den Text »E-Mail-Links und Links auf Dateiressourcen« einsetzen. Erstellen Sie damit ein neues Inhaltselement NORMALER TEXT.

Sie sehen, dass TYPO3 die im Text befindliche E-Mail-Adresse erkennt[6] und umsetzt. Klicken Sie nun auf die Textpassage »Mail an uns«, und geben Sie im Reiter E-MAIL eine E-Mail-Adresse an. Klicken Sie dann auf LINK SETZEN (siehe Abbildung 6.23). Fertig.

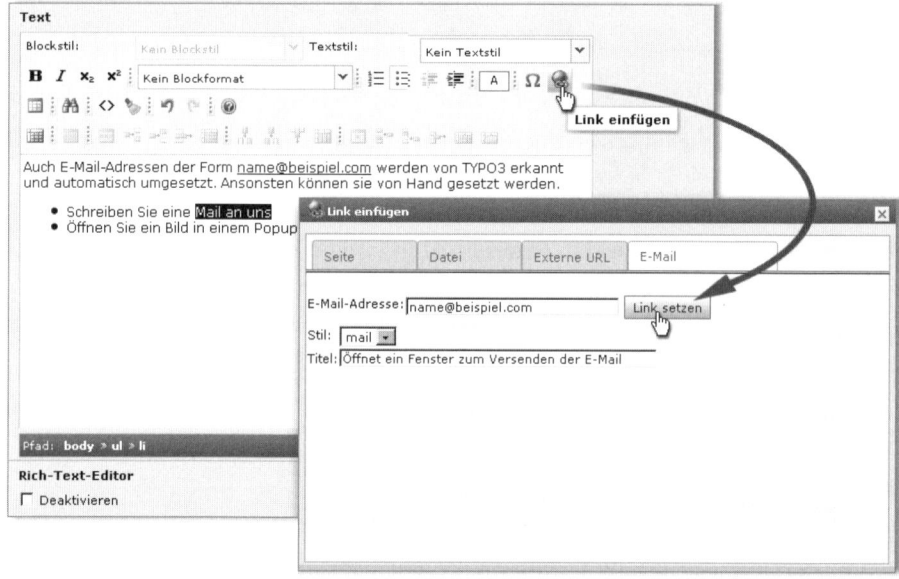

Abbildung 6.23 Erkennen und manuelles Setzen von E-Mail-Links

---

[6] Das hängt, wie bereits erwähnt, von Ihrem Browser ab. IE 6 und neuere Versionen beispielsweise sind dazu in der Lage.

6.2.3 Der Seiteninhalt »Aufzählung« (CType: bullet)

Neben dem Inhalt NORMALER TEXT bietet TYPO3 eine Reihe weiterer Arten spezialisierter Inhalte. Zwar lassen sich die Textblöcke der Inhalte vom Typ »Text« auch noch weitergehend formatieren. So sind neben Kursiv- und Fettauszeichnung auch Textausrichtung, Einrückungen, Listenauszeichnung und Tabellen sowie die Formatierung von Absätzen als Überschriften möglich. Manchmal ist jedoch ein spezialisiertes Inhaltsmodell einfacher zu handhaben (und ist vor allem vom Speicherbedarf in der Datenbank her betrachtet anspruchsloser).

Als dritter Inhaltsblock der Seite »Home« soll die reine Listenform demonstriert werden. Erzeugen Sie hierfür ein neues Inhaltselement, und wählen Sie den Typ AUFZÄHLUNG (siehe Abbildung 6.24). Das Grundprinzip dieses Inhaltstyps ähnelt insoweit dem Typ NORMALER TEXT, als dass auch hier eine Überschrift einzugeben ist, deren Grad mit TYP ausgewählt wird. Der Eingabebereich für den Textblock ist hier allerdings einfacher. Hier ergibt jede Zeile ein Listenelement.

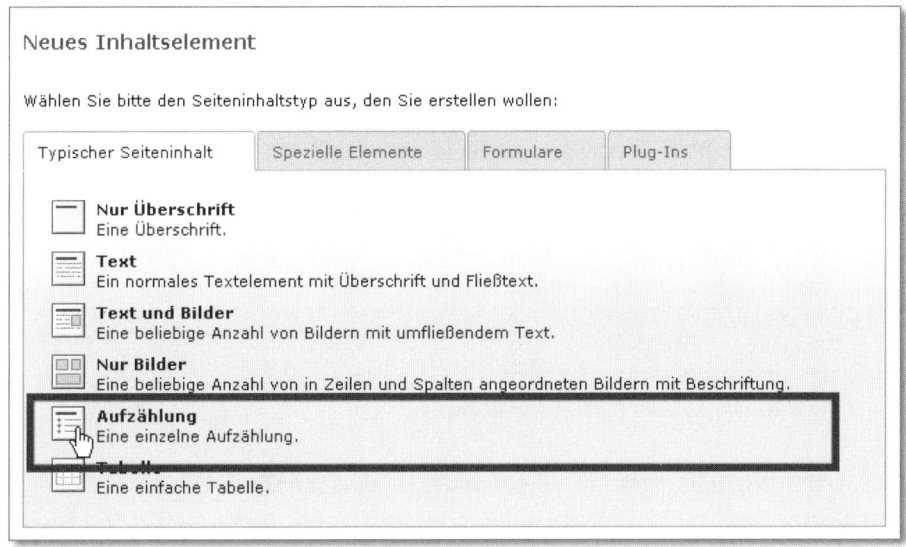

Abbildung 6.24 Das Inhaltselement »Aufzählung«

Verwenden Sie als Überschrift »Zu beachten sind:«, und weisen Sie ihr LAYOUT 3 zu. Sie erhalten so eine Überschrift vom Typ »H3«. In das Feld AUFZÄHLUNG tragen Sie zeilenweise die Listenelemente ein (siehe Abbildung 6.25). Im Browser sehen Sie eine HTML-Bullet-Liste, über der die Überschrift steht (siehe Abbildung 6.26).

6 Seiteninhalte anlegen

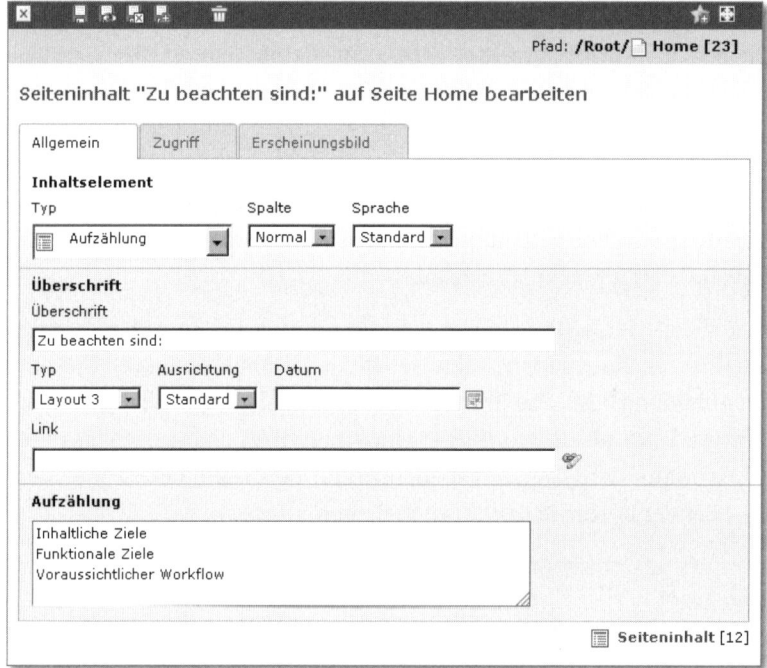

Abbildung 6.25 Eine Liste mit drei Listenelementen

Abbildung 6.26 Die Aufzählungsliste im Browser

Die Palette »Erscheinungsbild« – Steuern des Layouts mit CSS

Lassen Sie den Eingabedialog der Bullet-Liste noch offen, und wechseln Sie in den Bereich ERSCHEINUNGSBILD (siehe Abbildung 6.27). Das Erscheinungsbild der Maske entspricht wieder der für TYPO3 typischen Trennung zwischen den Aufgaben – dieser Bereich ist für die Steuerung der Ausgabe des Inhaltselements zuständig, während in ALLGEMEIN die eigentliche Eingabe erfolgt. (Bei den anderen Inhaltstypen ist die Trennung analog.)

Die Felder OBERER ABSTAND und UNTERER ABSTAND nehmen je eine Ganzzahl entgegen und verwenden sowohl den Top- als auch den Bottom-Margin des Inhalts, um die Abstände zu vorangehenden und folgenden Inhalten pixelgenau zu steuern. Beispielsweise wird die Eingabe des Wertes »150« in OBERER ABSTAND wie folgt umgesetzt:

```
<!-- CONTENT ELEMENT, uid:12/bullets [begin] -->
<div id="c12" class="csc-default" style="margin-top:150px;">
...
</div>
<!-- CONTENT ELEMENT, uid:12/bullets [end] -->
```

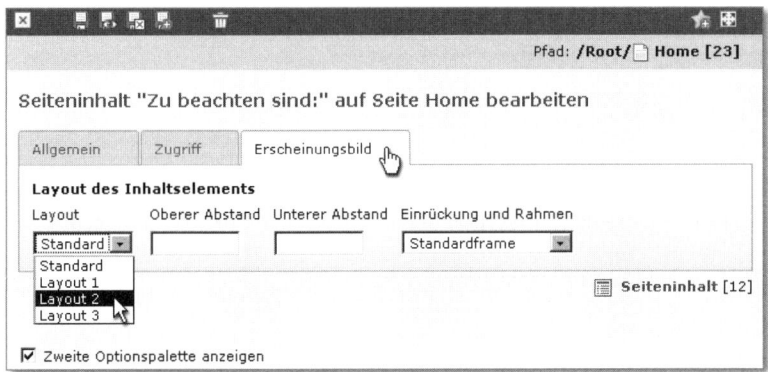

Abbildung 6.27 Umschalten des Layouts im Bereich »Erscheinungsbild«

Das Pulldown-Menü LAYOUT hingegen weist dem `<ul>`-Container der Liste verschiedene CSS-Klassen zu: `csc-bulletlist-0` für NORMAL und `csc-bulletlist-1` bis -3 für LAYOUT 1 bis LAYOUT 3. An die Klassen können beliebige Formatierungen gebunden sein. Ohne hinterlegte CSS-Anweisungen ist das Menü allerdings derzeit noch ohne sichtbare Wirkung. Sie könnten aber entsprechende Styles vorbereiten, womit ein einfaches Umschalten der Darstellung des Elements auch einem Redakteur möglich wäre.

6.2.4 Der Seiteninhalt »Text und Bilder« (CType: textpic)

Bleiben Sie auf der Seite »Home«. Ein nächster Schritt ist die Einbindung eines Textblocks mit einer oder mehreren Illustrationen. Hierzu existiert das Inhaltsmodell TEXT UND BILDER. Sie können steuern, wie Text und Bild zueinander anzuordnen sind. Beispielsweise kann der Text das Bild umfließen oder über bzw. unter dem eingebundenen Bild stehen (siehe Abbildung 6.28).

> **Anmerkung**
> Anders als bei dem Editor RTE2, der in früheren TYPO3-Versionen integriert war, ist das Einfügen von Bildern direkt ins Texteditorfenster (beispielsweise im Modus TEXT) mit htmlArea RTE *nicht* von vornherein möglich. Sie können für diesen Zweck allerdings jederzeit den Inhaltstyp TEXT UND BILDER verwenden.

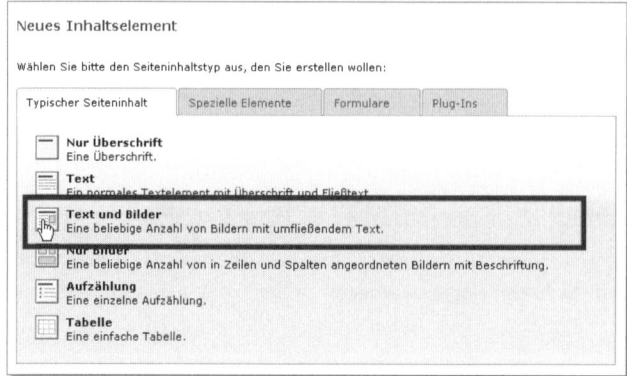

Abbildung 6.28 Das Inhaltselement »Text und Bilder«

Falls Sie sich nicht schon durch Klick auf das Icon EINFÜGEN NACH des letzten Inhalts festgelegt haben, bekommen Sie nach Anwahl des Inhaltstyps noch die Möglichkeit, den neuen Inhalt zu positionieren. Sie können sich hierbei für eine der vier Spalten entscheiden. In der Spalte NORMAL kann der neue Inhalt an beliebiger Position vor, zwischen oder nach den bereits vorhandenen Elementen eingeordnet werden. Wählen Sie die Position am Spaltenende (siehe Abbildung 6.29).

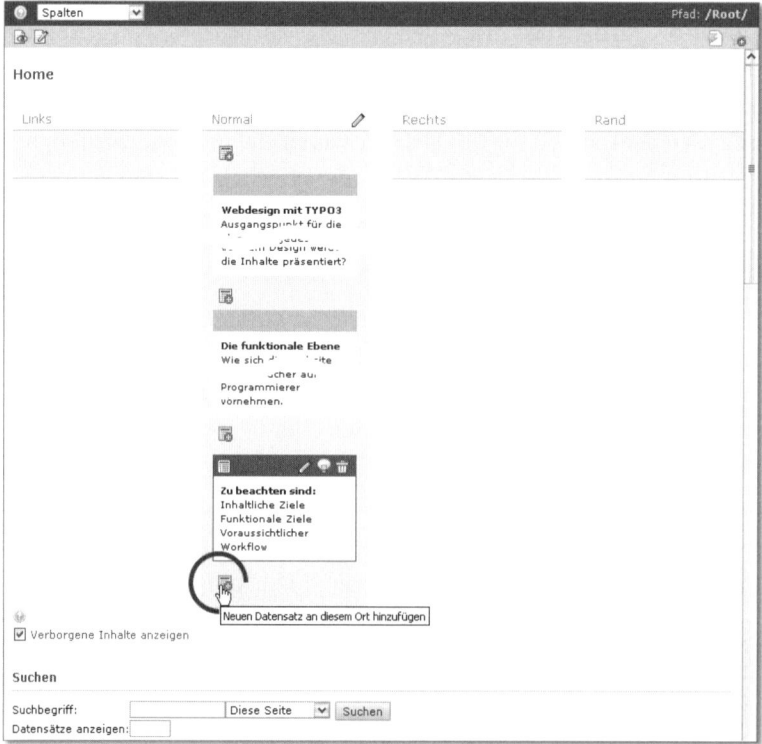

Abbildung 6.29 Das neue Element innerhalb der Spalte positionieren

Upload der Bildressource

Die Eingabe von Überschrift und Text erfolgt analog zum Inhaltsmodell NORMALER TEXT im Bereich ALLGEMEIN. Verwenden Sie die Passage »Umsetzung als Screendesign« aus *inhalt_home.txt*. Formatieren Sie die Überschrift mit LAYOUT 3. Bisher erfolgt alles analog zum Inhalt NORMALER TEXT.

Das einzufügende Bild *screenbeispiel.jpg* muss jedoch zunächst per Upload zur Verfügung gestellt werden. Alle Ressourcen, ob nun Bilder oder Download-Dateien gehören seit der TYPO3-Version 6 in den *fileadmin*-Ordner. Sie hatten diesen Ordner bereits über das Modul DATEILISTE kennengelernt. An vielen Stellen, wie zum Beispiel hier im Inhaltselement TEXT UND BILDER, können Sie auch direkt auf den Ordner *fileadmin* zugreifen, um Ressourcen hochzuladen.

Klicken Sie im Reiter BILDER auf BILD HINZUFÜGEN (siehe Abbildung 6.30).

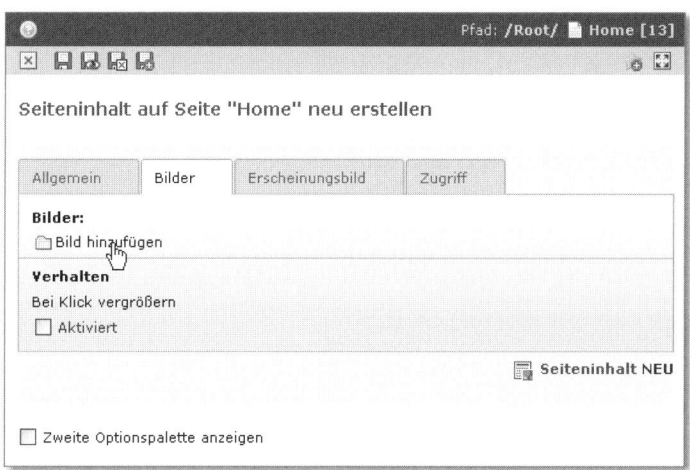

Abbildung 6.30 Ein neues Bild zum Text hinzufügen

Der Elementbrowser öffnet sich in einem eigenen Fenster, und Sie haben nun Zugriff auf den *fileadmin*-Ordner. Von hier aus können Sie, analog zu dem Modul DATEILISTE, Ordner erstellen, Dateien hochladen und für das Inhaltselement verwenden. Hier finden Sie den im vorherigen Kapitel erstellten Ordner *ressourcen* auch wieder.

Erstellen Sie einen neuen Ordner *bilder* im unteren Bereich des Fensters. Achten Sie darauf, dass der angezeigte Pfad leer ist. Somit befinden Sie sich direkt im Ordner *fileadmin* (siehe Abbildung 6.31).

Nach Bestätigung mit dem Button ORDNER ANLEGEN erscheint im oberen Bereich des Fensters der neue Ordner *bilder*. Wählen Sie nun den Ordner *bilder* an, und erstellen Sie einen weiteren Unterordner namens *beispiel1*. Achten Sie darauf, dass der aktuelle Pfad */bilder/* heißt.

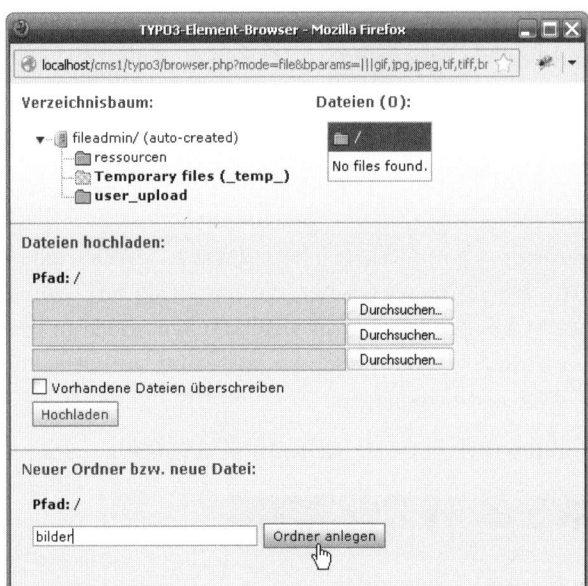

Abbildung 6.31 Erstellen des Ordners »bilder« über den Element-Browser

Sie können nun das einzufügende Bild *screenbeispiel.jpg* in den Ordner *beispiel1* hochladen (siehe Abbildung 6.32)

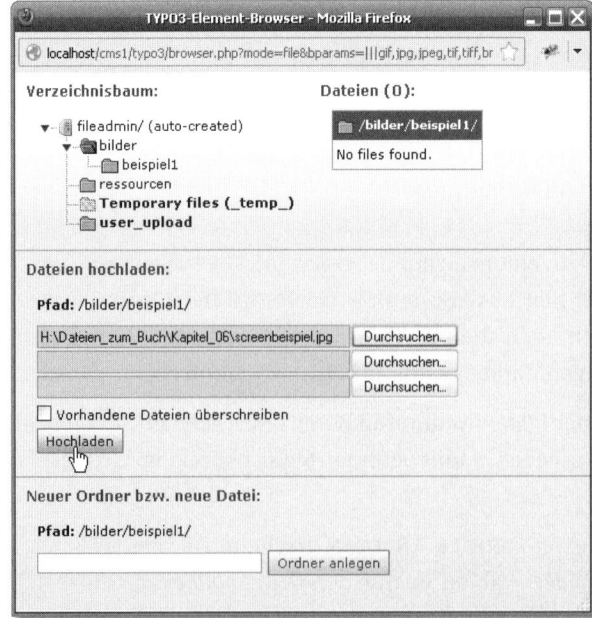

Abbildung 6.32 Hochladen des Bildes über den Element-Browser

Nach dem Hochladen steht das Bild nun für alle Inhaltselemente zentral zur Verfügung. Es erscheint als Vorschau im Elementbrowser. Sollten Sie dort kein Vorschaubild sehen, aktivieren Sie das Häkchen VORSCHAUBILDER ANZEIGEN darüber (siehe Abbildung 6.33). Um es jetzt für das neue Inhaltselement zu verwenden, klicken Sie auf den Dateinamen des Bildes. Der Element-Browser schließt sich, und das Bild wird für das Inhaltselement übernommen.

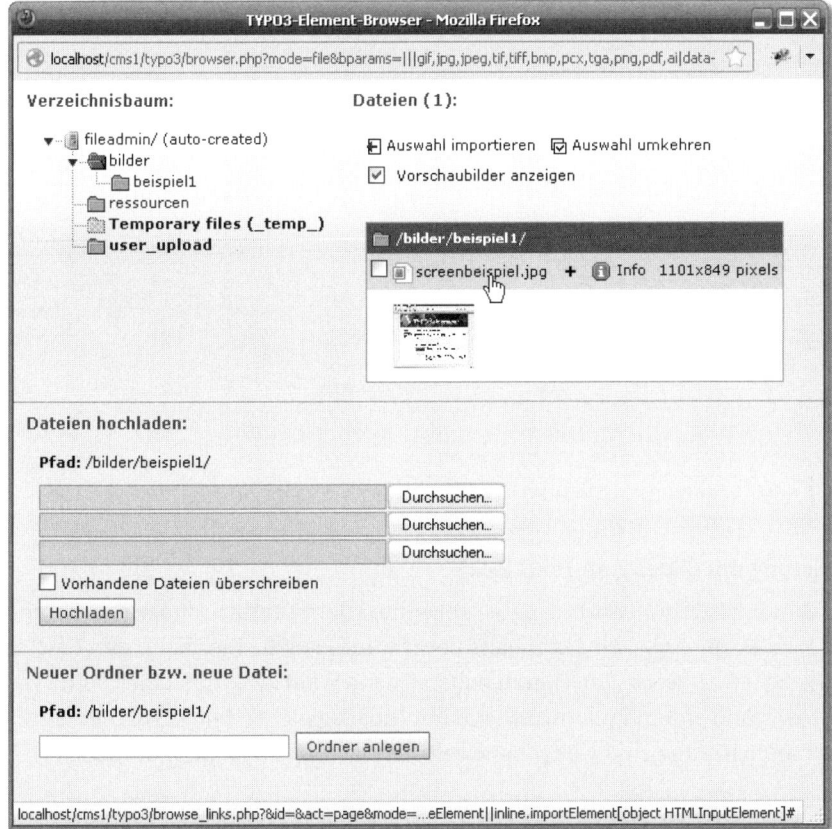

Abbildung 6.33 Ein Bild aus dem Element-Browser übernehmen

Das neue Bild erscheint nun im Inhaltselement, und Sie können hier weitere Metadaten angeben. TITLE und ALTERNATIVE TEXT erscheinen bei der Darstellung auf der Website im generierten `<img>`-Tag. DESCRIPTION ist der Bilduntertitel, der später unterhalb des Bildes zu lesen ist (siehe Abbildung 6.34).

Beachten Sie die Checkbox BEI KLICK VERGRÖSSERN. Mit ihr können Sie die Option anwählen, das Bild per Klick in einem Popup-Fenster in vergrößerter Version zu zeigen. Das Bild kann dann jedoch nicht gleichzeitig als Link dienen.

6 Seiteninhalte anlegen

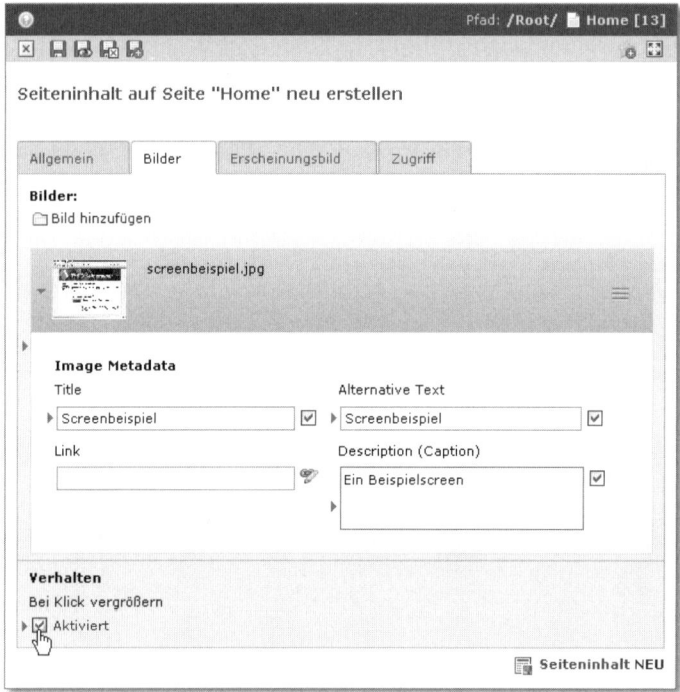

Abbildung 6.34 Angaben von Metadaten und Aktivieren der Option »Bei Klick vergrößern«

Positionierung des Bildes zum Textblock

Das Bild ist nun eingebunden, muss aber gegenüber dem Textblock noch positioniert werden. Da dies die Ausgabe des Inhalts betrifft, müssen Sie hierfür in den Bereich ERSCHEINUNGSBILD wechseln. Hierzu haben Sie die Wahl zwischen einer Reihe von Symbol-Icons und einem Pulldown-Menü mit inhaltsgleichen Befehlen. Die Positionierungsmöglichkeiten sind weitgehend selbsterklärend (siehe Abbildung 6.35).

Sie können das Bild über oder unter dem Textblock platzieren und horizontal ausrichten (obere Icon-Reihe) oder das Bild links oder rechts von Text umfließen lassen. Die beiden letzten Optionen (KEIN UMBRUCH) erzeugen quasi ein Spaltenlayout, in dem der Text neben dem Bild angeordnet ist, es aber nicht umfließt. Die aktuell gewählte Positionierung wird durch einen kleinen schwarzen Pfeil gekennzeichnet.

> **Tipp**
>
> Die Option KEIN UMBRUCH kann praktisch sein, wenn der Text sehr kurz ist, da sonst die Folgeeinhalte durch die `float`-Property des Bildes betroffen sind. Durch die Option KEIN UMBRUCH wird ein `<div>` mit `CSS-clear`-Property hinter den Inhaltsblock gesetzt.
>
> Beachten Sie jedoch, dass in diesem Fall auch die Überschrift neben das Bild oder die Bilder gesetzt wird!

6.2 Einführung in die Seiteninhaltstypen von TYPO3

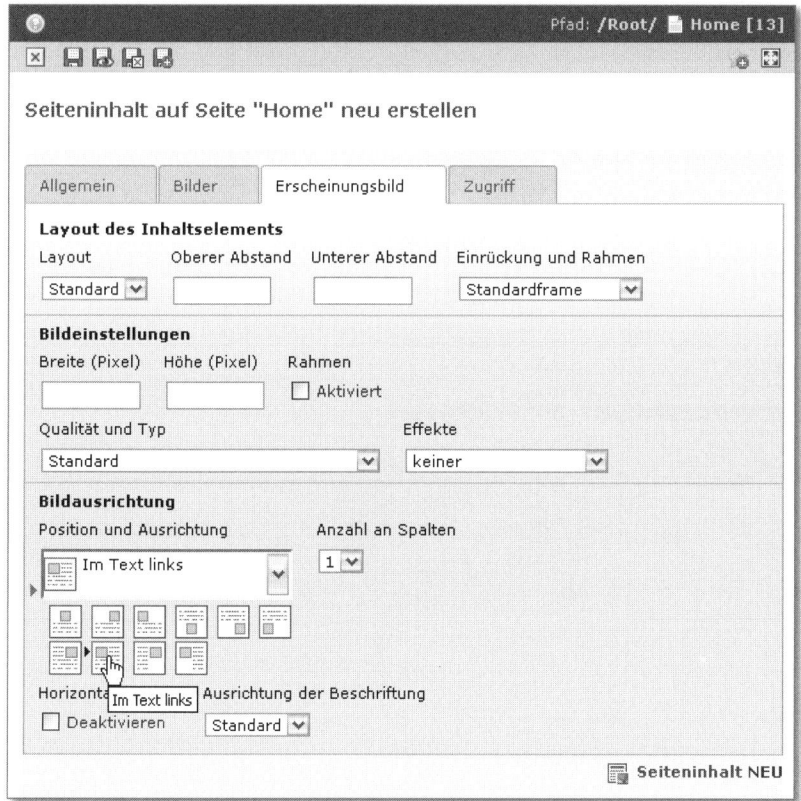

Abbildung 6.35 Festlegung der Bildposition gegenüber dem Textblock

Ausgabegröße des Bildes

Das eingebundene Bild lagert nun in seiner Originalgröße (hier 1.033 × 840 Pixel) im Ordner *fileadmin/bilder/beispiel1*. Es wird jedoch von TYPO3 glücklicherweise nicht in voller Größe eingebunden, sondern in einer *skalierten Version*, die durch das System generiert wird. Die skalierte Version wird im Ordner *fileadmin/_processed_/* abgelegt und von dort in die Seite eingefügt.

Die *Ausgabegröße* des skalierten Bildes hängt von dessen Positionierung und dem insgesamt für das Inhaltselement zur Verfügung stehenden Raum ab. So werden »floating«-Bilder automatisch kleiner als über oder unter dem Textblock platzierte Bilder, um dem Text Raum zu lassen. Wählen Sie hier Ihre gewünschte Abmessung für das Bild. Sie können *entweder* eine Breite *oder* eine Höhe für das Bild angeben; bei zwei Angaben hat die Höhe Vorrang (siehe Abbildung 6.36). Bei Mouseover über einem Feld mit eingegebenem Wert erscheint ein Lösch-Icon.

6 Seiteninhalte anlegen

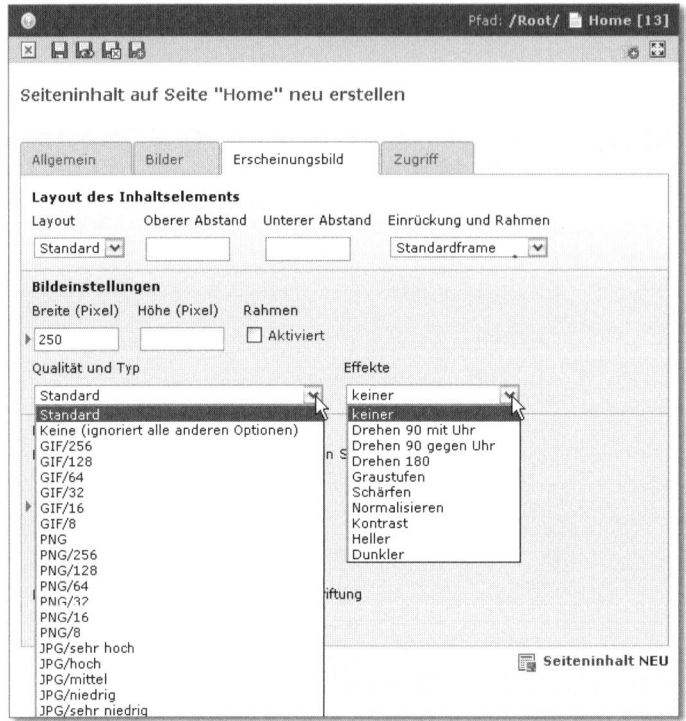

Abbildung 6.36 Einstellung der Bildgröße, Bildqualität und -verarbeitung

Ausgabeformat, -qualität und Bildeffekte

Neben der Ausgabegröße in Pixeln können Sie im Rahmen der Bildeinstellungen auch weitere Aspekte der Verarbeitung (die übrigens mit ImageMagick oder GraphicsMagick erfolgt) steuern. Im Pulldown-Menü QUALITÄT UND TYP können Sie sowohl das Ausgabedateiformat als auch einschlägige Qualitätsstufen festlegen und somit Einfluss auf die Dateigröße nehmen (siehe Abbildung 6.36, links).

Das Menü EFFEKTE (siehe Abbildung 6.36, rechts) erweist sich als nützlich, wenn Sie beispielsweise ein Digitalfoto ins Hochformat drehen müssen. Auch einige Standardbearbeitungen (Entfärben, Schärfen, Kontraste) sind hiermit möglich. Nehmen Sie diese Änderungen wenn möglich jedoch besser in einem regulären Bildverarbeitungsprogramm vor, da mit diesem Menü keine Abstufungen eines Effekts machbar sind. Für »Notfälle« mag dies dennoch praktikabel sein, zumal die Anweisungen jederzeit widerrufen werden können; es wird stets mit einer Kopie des Bildes gearbeitet.

> **Achtung**
>
> Sofern Sie über ein Inhaltselement mehrere Bilder einbinden, gelten die Einstellungen zu Qualität, Effekten und Ausgabegrößen pauschal für jedes dieser Bilder.

Mehrere Bilder zuordnen

Wollen Sie einem Textblock nicht nur ein, sondern gleich mehrere Bilder zuordnen, können Sie dies ohne Weiteres tun. Es ist lediglich erforderlich, mehrere Bilder zu laden. Diese befinden sich im Anschluss als Liste im Reiter BILDER. Die Reihenfolge dort ist ausschlaggebend für die Ausgabe. Das zuoberst stehende Bild wird als Erstes ausgegeben. Per Drag & Drop kann die Reihenfolge bestimmt werden. Das wird in Abschnitt 6.2.5, »Der Seiteninhalt »Bilder« (CType: image)«, erklärt.

Upload über die Dateiliste (Fileadmin)

Verwenden Sie zum Upload diesmal jedoch die DATEILISTE. Die DATEILISTE haben Sie schon in Kapitel 5 kennengelernt. Dort haben Sie Ressourcen für die Website gespeichert. Die DATEILISTE bietet mehr Bearbeitungsmöglichkeiten im Umgang mit Dateien. Wenn Sie mehrere Dateien auf der Website verwenden wollen (in den meisten Fällen ist das so), ist es der geschicktere Weg, sich im Vorfeld Ordnerstrukturen anzulegen und alle Dateien, die notwendig sind, zur Verfügung zu stellen.

Ein anderer Aspekt spielt hier auch noch eine Rolle. Dort, wo TYPO3 eingesetzt wird, arbeiten mehrere Redakteure in unterschiedlichen Bereichen mit unterschiedlichen Berechtigungen zusammen. So ist es durchaus üblich, dass ein Bildredakteur allen anderen Redakteuren eine Ordnerstruktur und Dateien vorgibt.

Klicken Sie in der rechten Modulleiste auf das Modul DATEILISTE. Dieselbe Ordnerstruktur, die Sie vorhin über den Element-Browser erstellt haben, erscheint hier. Wählen Sie den Ordner *bilder/beispiel1* aus. Dort sehen Sie auch das vorhin hochgeladene Bild *screenbeispiel.jpg* (siehe Abbildung 6.37). Wählen Sie nun das Symbol DATEIEN HOCHLADEN, und Sie laden im Dialog, um Dateien von der eigenen Festplatte auszuwählen.

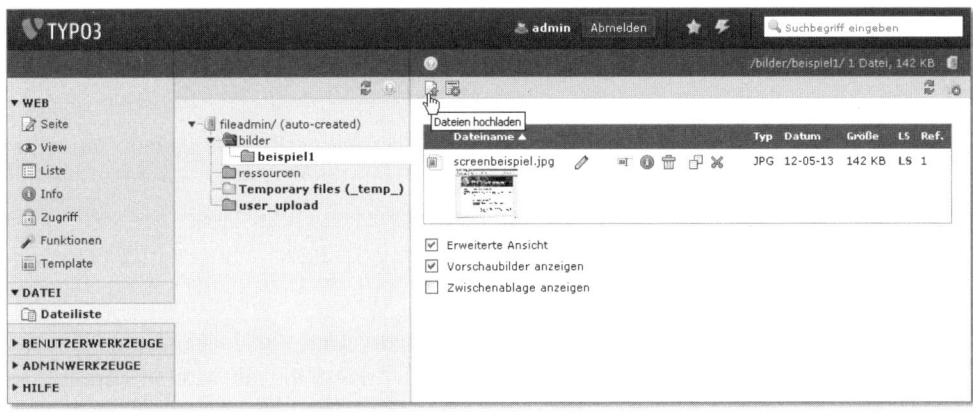

Abbildung 6.37 Upload von Bildern über die Dateiliste

Über DURCHSUCHEN können Sie nun Bilder auswählen. Auf der DVD finden Sie im Ordner *Dateien_zum_Buch/Kapitel06/* die passenden Bilder. Mehrere Dateien können Sie mit der gedrückten ⌊Strg⌋-Taste auswählen. Verwenden Sie die Bilder *aepfel.jpg*, *auberginen.jpg*, *birnen.jpg* und *blueten.jpg*, und bestätigen Sie mit ÖFFNEN. Um die Bilder endgültig auf den Server zu übertragen, wählen Sie den Knopf HOCH-LADEN. Dieser Vorgang kann, je nach Menge und Netzgeschwindigkeit, eine Weile dauern. Anschließend tauchen die Bilder als Vorschaubilder in dem Ordner *bilder/beispiel1* auf. Wenn Sie noch keine Vorschaubilder sehen, aktivieren Sie das Häkchen VORSCHAUBILDER ANZEIGEN unterhalb der Liste (siehe Abbildung 6.38).

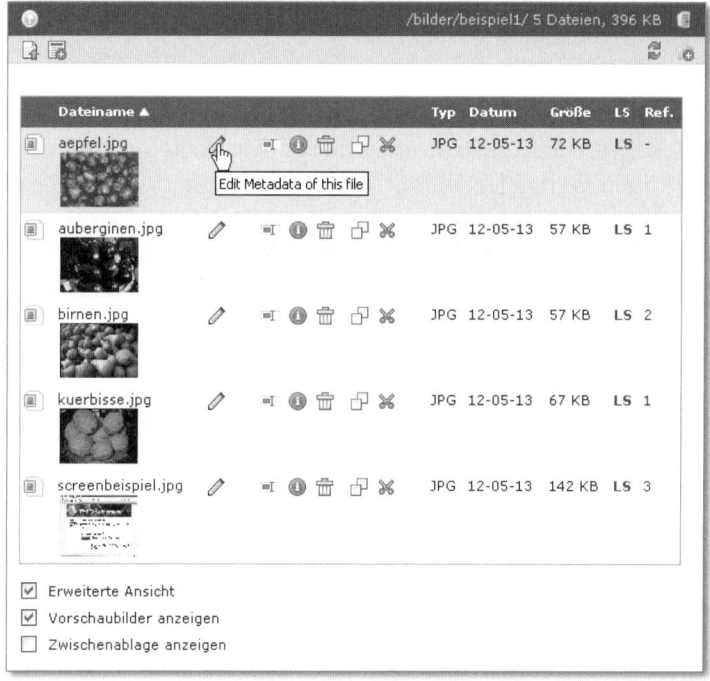

Abbildung 6.38 Liste von hochgeladenen Bildern mit Vorschau und Bearbeitung von Metadaten

Sie können auch hier schon Metadaten für die einzelnen Bilder angeben. Durch die neue Technologie des *File Abstraction Layer* (FAL) in TYPO3 kann der Bildredakteur einen TITEL, eine BESCHREIBUNG und einen ALTERNATIVEN TEXT vorgeben. Diese Meta-Angaben werden dann bei der Verwendung der Bilder angeboten. Das werden Sie gleich sehen

Klicken Sie auf das Bleistiftsymbol rechts neben *apfel.jpg*. Es öffnet sich ein Formular zum Bearbeiten von Metadaten für dieses Bild. Ändern Sie den Titel in »Äpfel«, die Beschreibung (DESCRIPTION) in »Frische Äpfel« und den ALTERNATIVE TEXT in »Foto von Äpfeln«. Speichern Sie die Metadaten wie gehabt mit dem Diskettensymbol (siehe Abbildung 6.39).

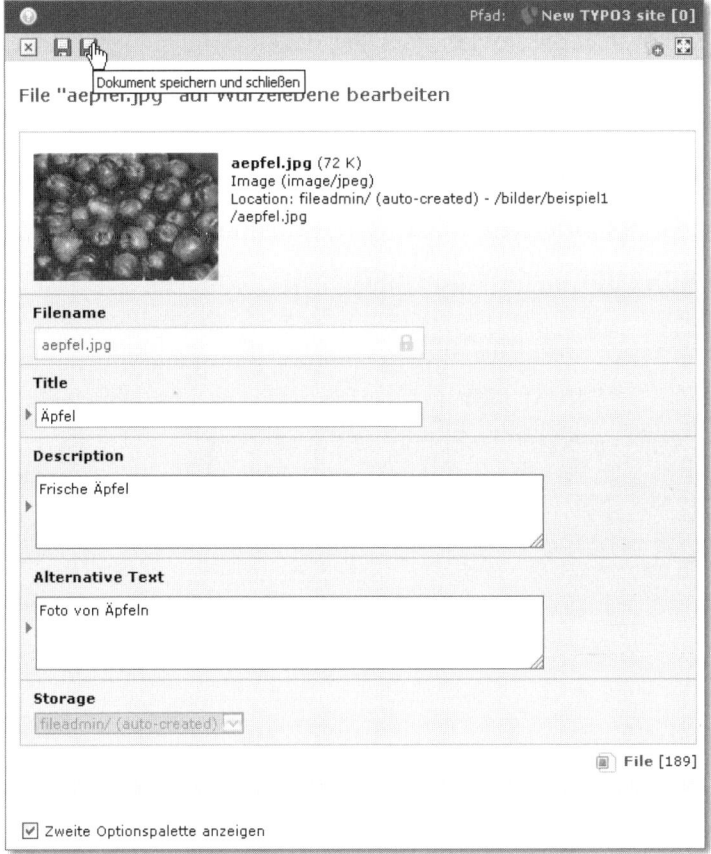

Abbildung 6.39 Speichern von Metadaten für Bilder

Die gespeicherten Bilder stehen nun allen Inhaltselementen zur Verfügung. Jetzt ist es Zeit, die Bilder zu verwenden.

6.2.5 Der Seiteninhalt »Bilder« (CType: image)

Wollen Sie eine Anzahl von Illustrationen einbinden, ohne diese einem Textblock zuzuordnen, können Sie dies mit dem Inhaltsmodell »BILDER« (in der Auswahl bezeichnet mit NUR BILDER) erreichen (siehe Abbildung 6.40). Das Grundprinzip ist das Gleiche wie bei der Option TEXT UND BILDER.

In die Spalte NORMAL der Seite »Oberfläche« soll als erster Inhalt ein Element NUR BILDER eingefügt werden. Geben Sie als Überschrift für das Inhaltselement den Text »Äpfel und Birnen« ein. Im Reiter BILDER können Sie wie gehabt über BILD HINZUFÜGEN den *Element-Browser* öffnen und die Bilder auswählen. Diesmal sollen mehrere Bilder ausgewählt werden. Neben dem Dateinamen ist ein kleines *Plussymbol* dargestellt. Damit lassen sich die einzelnen Bilder auswählen, ohne dass sich der *Element-Browser* gleich schließt. Wählen Sie die vier Bilder über das Plussymbol nacheinander aus (siehe Abbildung 6.41). Man kann im Backend (im Hintergrund) erkennen, dass sich etwas tut. Schließen Sie dann den Element-Browser.

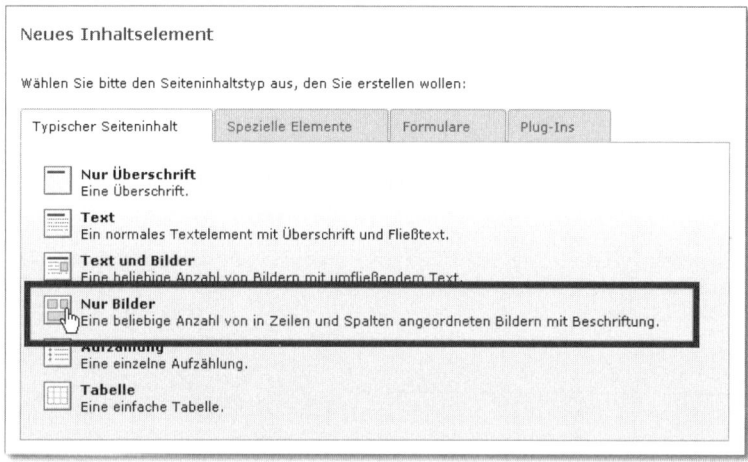

Abbildung 6.40 Das Inhaltselement »Nur Bilder«

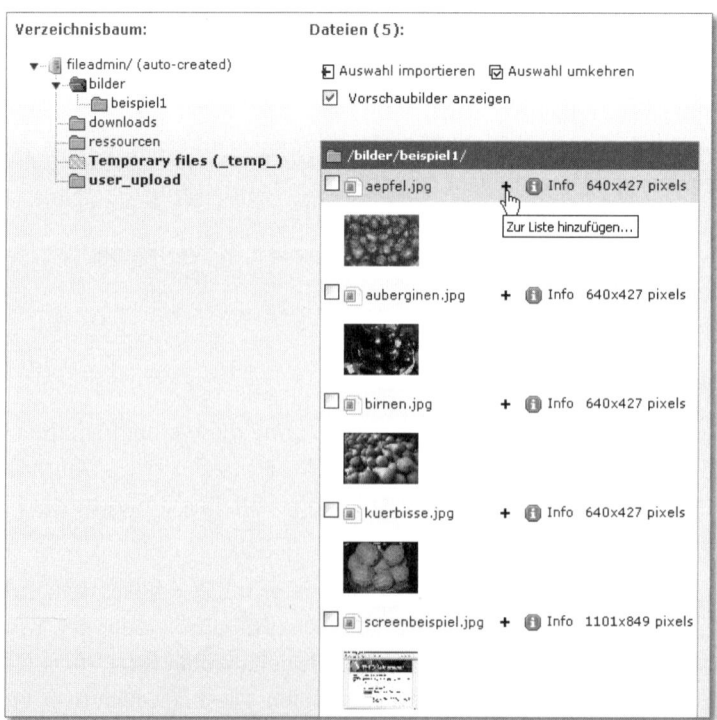

Abbildung 6.41 Auswahl mehrerer Bilder im Element-Browser

Alle Bilder werden jetzt im Reiter BILDER mit ihren Metadaten angezeigt. Das nimmt viel Platz in Anspruch. Sie können auf den grauen Balken des jeweiligen Bildes klicken, um die Metadaten auszublenden, um mehr Übersicht zu haben. Schauen Sie sich die Metadaten von *aepfel.jpg* an (siehe Abbildung 6.42). Sie werden aus der Dateiliste als Vorschlag übernommen und können nachträglich angepasst werden, ohne das Original zu überschreiben. Das macht ja auch Sinn. An dieser Stelle sei aber erwähnt, dass die Meta-Angaben aus der Dateiliste nicht automatisch übernommen werden. Um sie zu übernehmen, müssen Sie die Daten neu eingeben. Hier ist sicher noch Anpassungsbedarf seitens TYPO3. Übernehmen Sie also die Metadaten von *aepfel.jpg*. Damit lässt sich gleich noch die Anordnung der Bilder demonstrieren.

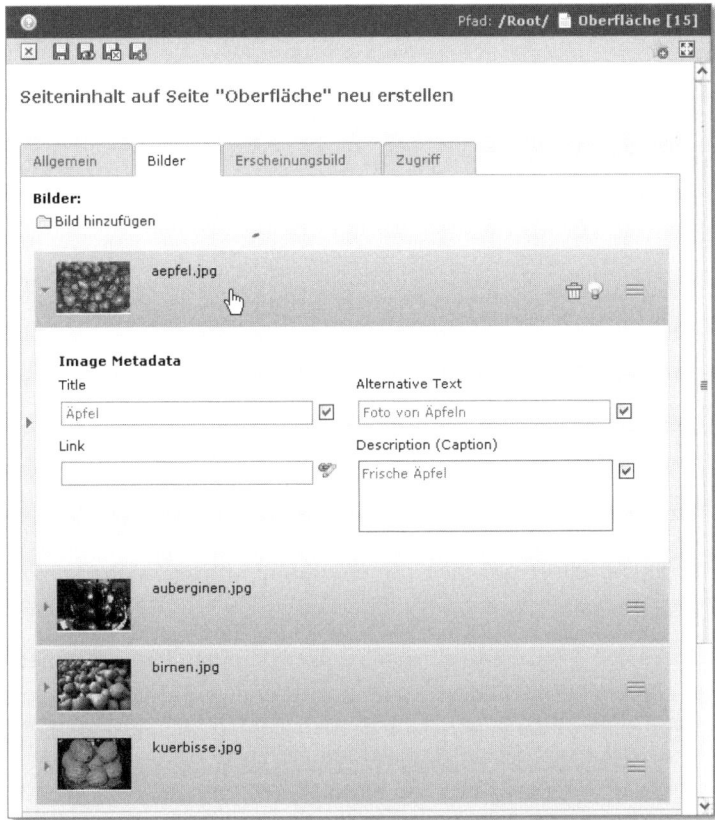

Abbildung 6.42 Metadaten von Bildern im Inhaltselement

Wenn Sie mit der Maus über ein Bild fahren, ist Ihnen sicher schon aufgefallen, dass zum jeweiligen Bild noch zwei zusätzliche Symbole für LÖSCHEN und VERBERGEN auftauchen. Hier werden natürlich nicht die Originale aus der *Dateiliste* gelöscht.

Sie können die Reihenfolge der Bilder natürlich nachträglich bestimmen. Inzwischen geht das sehr komfortabel per *Drag & Drop*. An der rechten Seite eines jeden Balkens finden Sie einen Anfasser. Der Mauszeiger ändert sich beim Darüberfahren in ein *Verschieben-Symbol*. Sortieren Sie per *Drag & Drop* das Bild *birnen.jpg* zwischen *aepfel.jpg* und *auberginen.jpg* (siehe Abbildung 6.43).

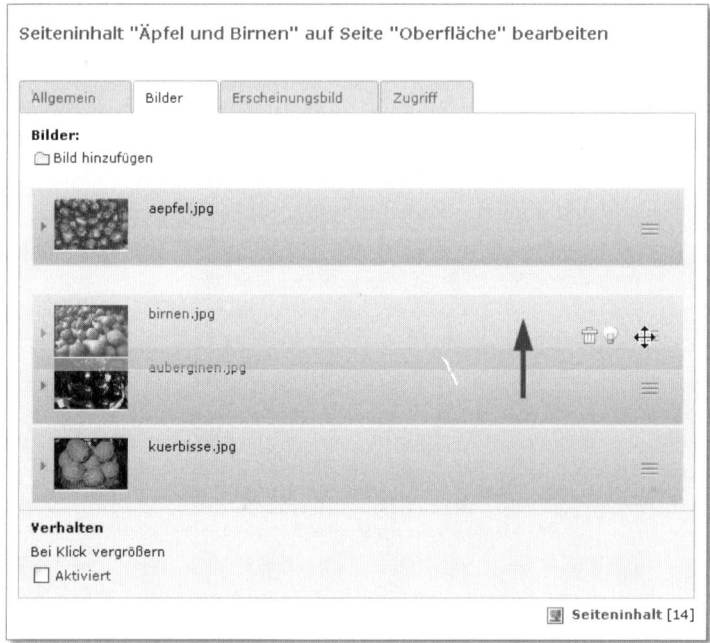

Abbildung 6.43 Sie können die Reihenfolge der Bilder per Drag & Drop verändern.

Ordnen Sie die Bilder in zwei Spalten an, und legen Sie eine BREITE fest. Dies geschieht im Bereich ERSCHEINUNGSBILD analog zu TEXT UND BILDER. Beachten Sie, dass für die Ausrichtung der Bilder nur die Optionen »Oben mittig«, »Oben links« und »Oben rechts« verfügbar sind.

Mehrere Bilder werden in der HTML-Seite normalerweise übereinander positioniert. Wollen Sie dies nicht, können Sie die Bilder in Spalten anordnen. Das hierfür zuständige Menü finden Sie ebenfalls in der Palette ERSCHEINUNGSBILD im Eingabebereich BILDAUSRICHTUNG.

Sie können Ihre Bilder in bis zu acht Spalten verteilen (siehe Abbildung 6.44), wobei Sie in diesem Fall eine passende Breiteneinstellung wählen sollten.

Achtung

Wählen Sie stets die Option SPALTEN: 1, falls Sie nur ein einzelnes Bild einbinden möchten. Ansonsten werden im Code überflüssige zusätzliche Spalten angelegt, was zu unschönem Leerraum führt.

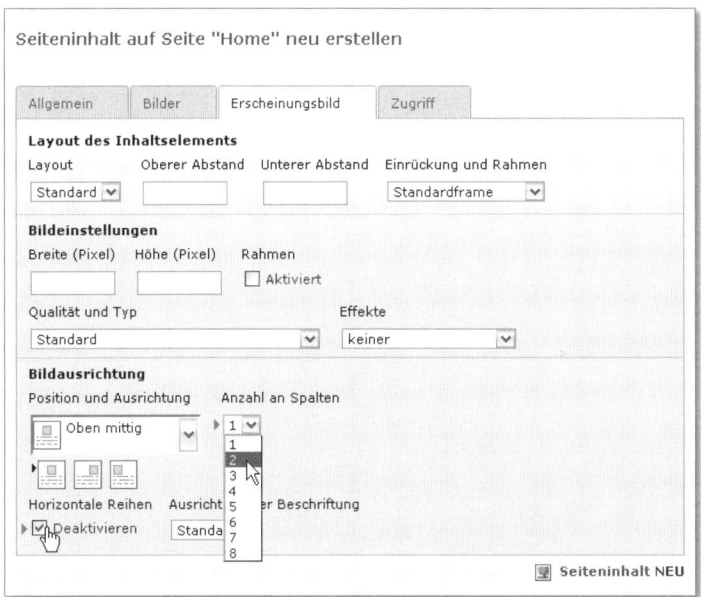

Abbildung 6.44 Spaltenanzahl zur Ausgabe mehrerer Bilder festlegen

Wenn sich durch die Ausgabe vieler Bilder mehrere Zeilen ergeben, sollten die Bilder möglichst die gleiche Höhe aufweisen. Ist dies nicht der Fall, können Sie die Option HORIZONTALE REIHEN DEAKTIVIEREN einsetzen, damit zwischen übereinanderliegenden Bildern kein störender Leerraum auftritt (die Spaltenorientierung bekommt Vorrang vor der Zeilenorientierung, siehe Abbildung 6.45).

Abbildung 6.45 Deaktivieren der horizontalen Reihen

6.2.6 Der Seiteninhalt »Tabelle« (CType: table)

Der Seiteninhalt TABELLE dient ausschließlich zum Erzeugen von Tabellen und dazu, sie anschließend komfortabel zu verwalten (speziell was Sortierungen betrifft). Für umfangreichere Tabellen sollten Sie eben wegen der Sortiermöglichkeiten lieber den Seiteninhalt TABELLE wählen, als Tabellen mit dem Modul NORMALER TEXT anzulegen.

Abbildung 6.46 Das Inhaltselement »Tabelle«

Im Folgenden soll auf der Seite »Oberfläche« als drittes Element eine sechsspaltige Tabelle angelegt werden. Geben Sie als Überschrift in ALLGEMEIN »Aktuelle Browserstatistik« ein, und wählen Sie in der Palette TABELLE im Pulldown-Menü TABELLEN-SPALTEN die Spaltenzahl 6 (siehe Abbildung 6.47).

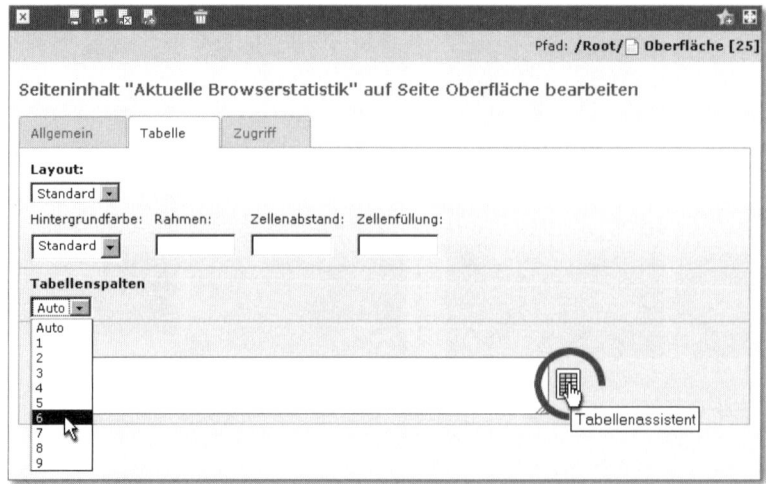

Abbildung 6.47 Spaltenzahlangabe und nachfolgender Start des Assistenten

Speichern Sie den Dialog, ohne ihn zu schließen: Neben dem Feld zur Eingabe der Tabellendaten befindet sich das Icon des *Tabellenassistenten* (»Table wizard«). Starten Sie ihn durch Klick auf das Icon. Die Arbeit mit dem Assistenten ist, zumindest am Anfang, übersichtlicher als die Direkteingabe der Daten.

Der Assistent zeigt Ihnen eine zeilen- und spaltenorientierte *Eingabematrix* aus Einzelfeldern. Nach der Eingabe können die Inhalte von Zeilen oder Spalten jeweils »en bloc« verschoben werden. Auch das Löschen von Zeilen bzw. das Einfügen neuer Zeilen ist problemlos möglich.

Wenn Sie eine Spalte einfügen, rücken die Inhalte der folgenden Spalten in der Matrix eine Position nach rechts, und diejenigen der letzten Spalte werden gelöscht. Analog bewirkt das Löschen einer Spalte eine Verschiebung nach links, die die letzte Spalte frei macht (siehe Abbildung 6.48).

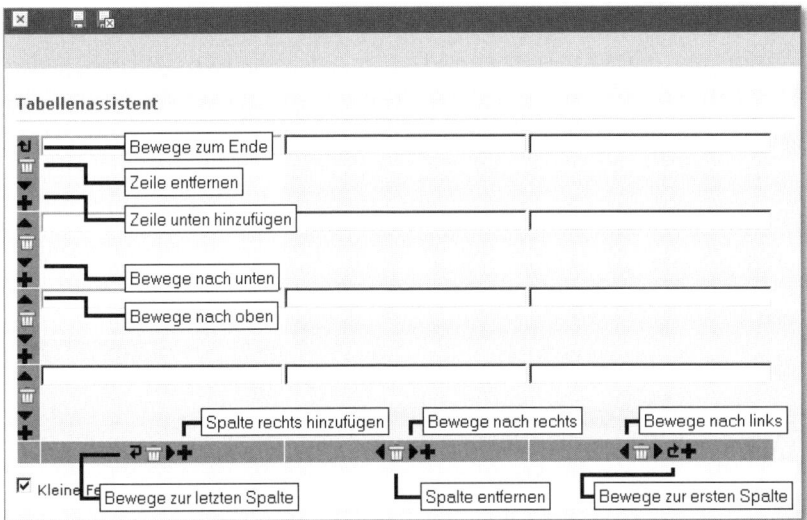

Abbildung 6.48 Der Tabellenassistent und seine Sortierfunktionen

Reicht Ihnen der Raum zum Eingeben von Inhalten nicht aus, deaktivieren Sie die Checkbox KLEINE FELDER (siehe Abbildung 6.49), und speichern Sie die Ansicht. Die Matrix wird nun durch eine andere Matrix mit geräumigeren Eingabefeldern ersetzt. Ihre bisherigen Eingaben gehen dabei nicht verloren.

Sie können nun in den Feldern auch *mehrzeilige Einträge* vornehmen, wobei die eingegebenen Zeilenumbrüche durch HTML-Breaks umgesetzt werden (es werden keine echten Absätze mit <p>-Containern gebildet). Um die Matrixansicht zu verlassen und zum Eingabedialog des Inhaltselements zurückzukehren, klicken Sie auf das Icon SPEICHERN UND SCHLIESSEN.

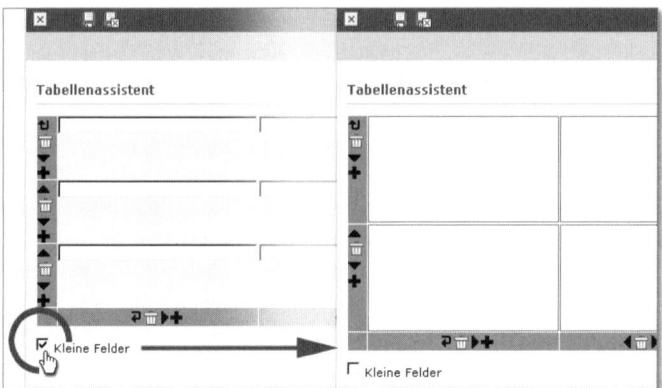

Abbildung 6.49 Kleine und größere Eingabefelder in der Eingabematrix

Falls Sie die Beispieldaten[7] für Ihre Tabellen verwendet haben, sehen Sie nun, wie TYPO3 die Anweisungen des Assistenten im Dateneingabefeld umsetzt (siehe Abbildung 6.50): Die Trennung der Datenzellen erfolgt jeweils durch ein Trennsymbol (das Pipe-Zeichen), die Trennung der Tabellenzeilen durch einen Zeilenumbruch.

> **Tipp: Weitere Spalten unter Umgehung des Assistenten**
> In diesem Eingabemodus können Sie unter Umgehung des Assistenten ohne Schwierigkeiten mehr als neun Spalten erzeugen. »Handarbeit« ist jedoch erforderlich. Belassen Sie hierfür die Angabe der Tabellenspalten im Pulldown-Menü auf AUTO.

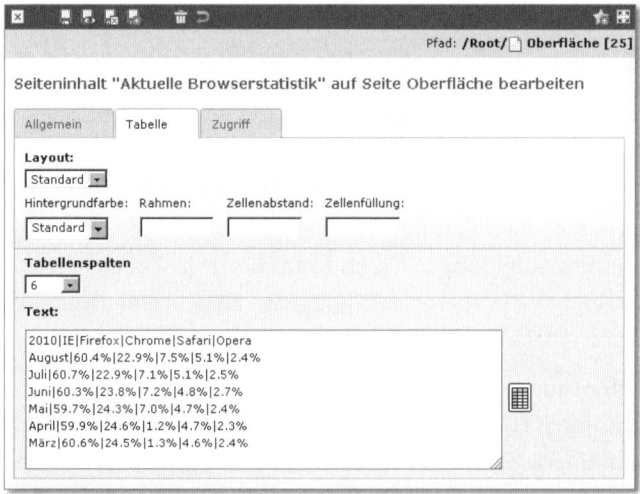

Abbildung 6.50 Die fertige Tabelle mit Trennsymbolen im Dateneingabefeld

---

7 Die Statistik beruht auf Angaben von *www.browser-watch.com*.

Bei der Art des Trennsymbols können Sie unter fünf Optionen (Pipe, Komma, Semikolon, Doppelpunkt, Tabulator) auswählen, falls Sie in CSV-Form vorliegende Daten einpflegen wollen. Hierfür wählen Sie im Bereich ERWEITERUNGSOPTIONEN die rechte Palette CSV-ANALYSE (siehe Abbildung 6.51).

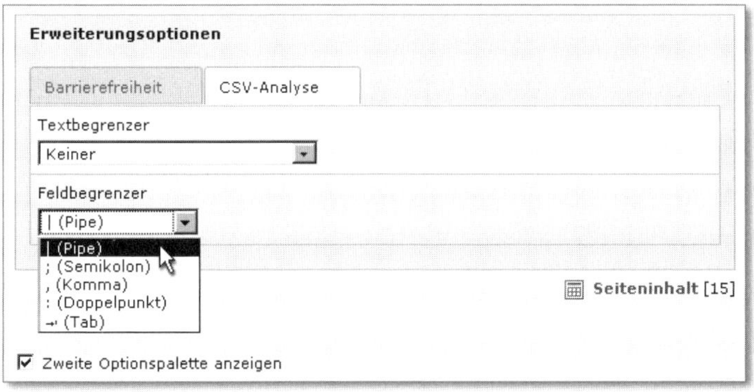

Abbildung 6.51 Die Palette »CSV-Analyse« im Bereich »Erweiterungsoptionen«

Sie können im Pulldown-Menü FELDBEGRENZER das gewünschte Symbol wählen (siehe Abbildung 6.51) und nach Zwischenspeicherung im geeigneten Format vorliegende Daten einfach mit Copy & Paste oben in das Dateneingabefeld einfügen. Sie finden zum Ausprobieren drei Textdateien mit den Daten der Beispieltabelle auf der Begleit-DVD (*tabellendaten_pipe.txt*, *tabellendaten_semikolon.txt*, *tabellendaten_komma.txt*). Sollte Ihr CSV-Format Anführungszeichen als Stringbegrenzer einsetzen, geben Sie das betreffende Zeichen im Menü TEXTBEGRENZER an.

Abbildung 6.52 Die Palette »Barrierefreiheit« im Bereich »Erweiterungsoptionen«

6 Seiteninhalte anlegen

Die linke Palette, BARRIEREFREIHEIT (siehe Abbildung 6.52), ermöglicht neben verschiedenen anderen Optionen die Eingabe einer Tabellenüberschrift (»Caption«). Des Weiteren kann die oberste oder die unterste Zeile der Tabelle bzw. deren linke Spalte als *Kopfzeile* bestimmt werden. Wählen Sie OBEN, damit die Zellen der ersten Zeile als <th> ausgegeben werden.

Nun soll noch ein Rahmen um die Tabelle erzeugt werden, und anschließend werden Cellspacing und -padding sowie eine Hintergrundfarbe festgelegt (siehe Abbildung 6.53).

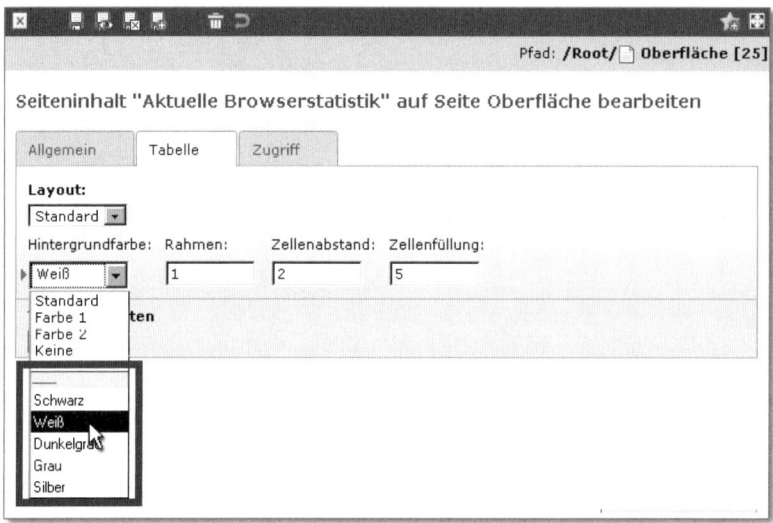

Abbildung 6.53 Rahmen, Cellspacing, Cellpadding und Hintergrundfarbe

Geben Sie im Bereich LAYOUT entsprechend Werte für RAHMEN, Cellspacing (ZELLENABSTAND) und Cellpadding (ZELLENFÜLLUNG) an. Leider ist es nicht möglich, den Zellenabstand auf 0 zu setzen. Die HINTERGRUNDFARBE wird per Dropdown-Menü gesteuert. Hierbei vergeben die ersten vier Optionen lediglich CSS-Klassen, die folgenden fünf (hervorgehoben) weisen eine Farbe faktisch zu. Schließen Sie nun den Dialog, und betrachten Sie das Ergebnis im Browser.

6.2.7 Der Seiteninhalt »HTML« (CType: html)

Mit dem Seiteninhalt REINES HTML aus der Gruppe SPEZIELLE ELEMENTE (siehe Abbildung 6.54) können Sie einen HTML-Quellcodeabschnitt in Ihre Seite einfügen. Hier besteht nicht die Gefahr, dass das HTML durch Parsing-Automatismen des Editors verändert wird, was häufig geschieht, falls Sie versuchen, stattdessen im Inhaltstyp NORMALER TEXT in der Quelltextansicht zu arbeiten. Vergeben Sie im Feld ALLGEMEIN zunächst einen Namen für das Element (siehe Abbildung 6.55). Dieser benennt den Inhalt im TYPO3-Backend und tritt an die Stelle der Überschrift, die sonst hier zu finden wäre.

6.2 Einführung in die Seiteninhaltstypen von TYPO3

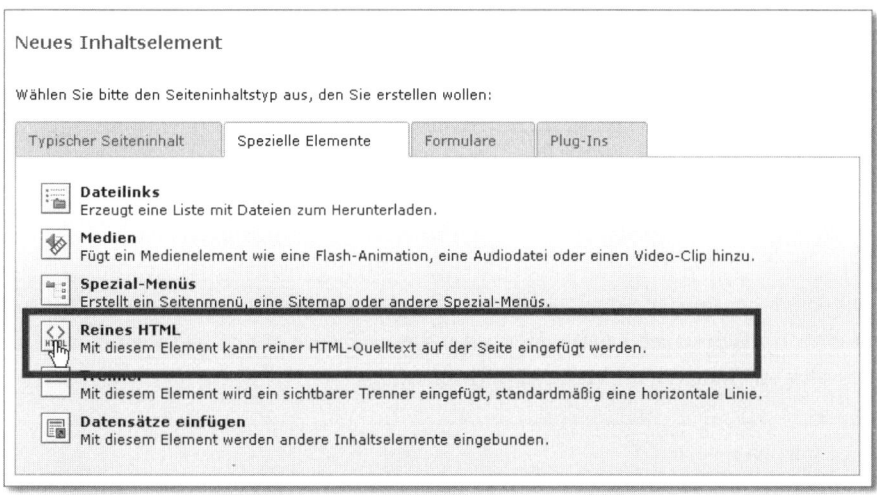

Abbildung 6.54 Das Inhaltselement »Reines HTML«

Abbildung 6.55 Einfügen eines YouTube-Films per Embed-Code

> **Hinweis: Elemente dieses Inhaltstyps besitzen keine Überschrift**
>
> Die Eingabe im Bereich NAME dient lediglich als Benennung des Inhaltselements im Backend. Sie besitzt nicht die Funktion einer Überschrift und ist daher in der erzeugten Seite anschließend nicht zu sehen. Der Hintergedanke ist, dass mittels dieses Inhalts auch unsichtbare Inhalte (beispielsweise Skripteinbettungen) möglich sein sollen, bei denen eine Überschrift überflüssig oder störend wäre.

Darunter geben Sie in das Feld HTML-CODE den gewünschten Quellcode ein, der unverändert in die Seite ausgegeben werden soll. Hier ist dies als Demonstration des Prinzips ein Filmclip, der mittels eines Embed-Code von YouTube eingebettet wird. Auf vergleichbarem Weg lassen sich auch andere externe Inhalte (etwa beliebiger, als HTML vorliegender Content) in die Seite einfügen.

6.2.8 Der Seiteninhalt »Trenner« (CType: div)

Oft ist es noch immer angebracht, verschiedene Inhalte durch eine horizontale Trennlinie optisch zu separieren. Eigens für diesen Zweck bietet TYPO3 einen speziellen Inhaltstyp TRENNER an (siehe Abbildung 6.56).

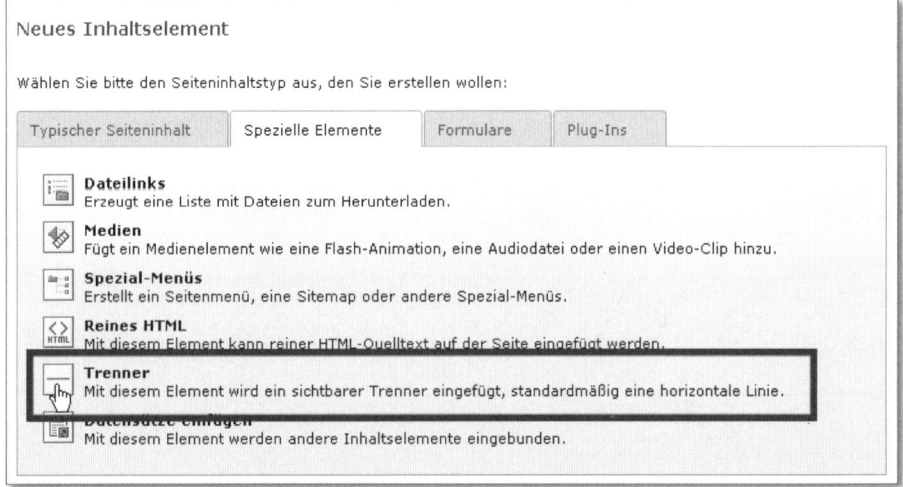

Abbildung 6.56 Das Inhaltselement »Trenner«

In der Tat verwendet TYPO3 ein gewöhnliches <hr>-Element, das, umgeben von weiterem HTML, in die Seite ausgegeben wird. Das eigentliche Styling muss per CSS erfolgen, da kein weiterer Zugriff auf das Element über Attribute vorgesehen ist (was auch nicht im Sinne aktuellen Webdesigns wäre).

Fügen Sie auf der Seite »Home« als letztes Element in der Spalte NORMAL einen Trenner ein. So sieht dann das ausgegebene HTML aus:

```
<!-- CONTENT ELEMENT, uid:16/div [begin] -->
<div class="csc-frame">
  <!-- Div element [begin] -->
  <div class="divider"> <hr> </div>
```

```
    <!-- Div element [end] -->
</div>
<!-- CONTENT ELEMENT, uid:16/div [end] -->
```

Sie können per CSS also mit dem Selektor `div.divider hr` auf die Trennlinie zugreifen. Um eine direkt (beispielsweise mit einem `style`-Attribut) formatierte HR-Linie zu erzeugen, können Sie natürlich auch auf den Typ »HTML« ausweichen.

6.2.9 Der Seiteninhalt »Dateilinks« (CType: uploads)

Wollen Sie Ihren Nutzern Dateien per Link zum Download anbieten, empfiehlt sich der Inhaltstyp »Dateilinks« (siehe Abbildung 6.57). Sie können hier eine beliebige Anzahl von Dateien angeben, die in Listenform ausgegeben werden. Der Dateiname dient dabei als Link. Die so verlinkten Dateien sollten sich in einem Unterordner des Fileadmins befinden. Diesen Ordner können Sie beliebig benennen; der Name *downloads* bietet sich hier an.

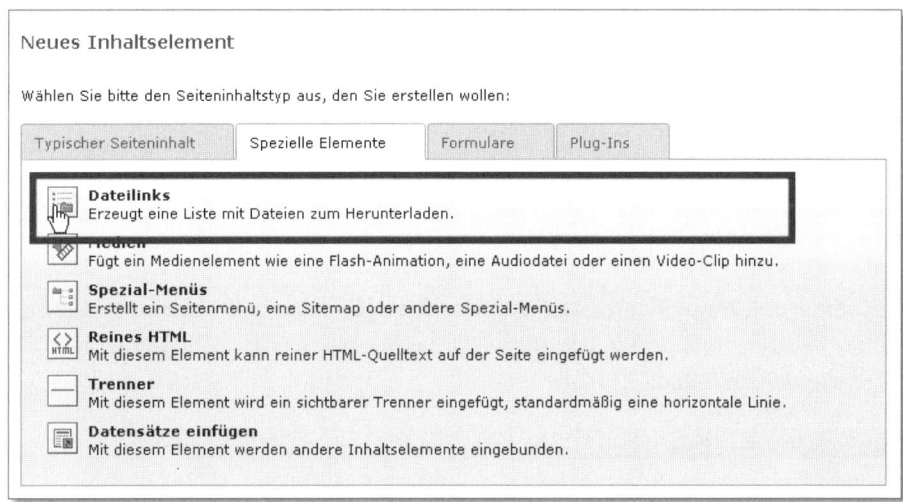

Abbildung 6.57 Das Inhaltselement »Dateilinks«

Legen Sie auf der Seite »Home« als letztes Element nach dem Trenner einen Inhalt »Dateilinks« an. Das Inhaltselement verfügt, wie die meisten anderen Elemente, über ein Überschriftenfeld. Geben Sie hier ein: »Diese Seite als PDF downloaden:« (siehe Abbildung 6.58), und wählen Sie LAYOUT 4. Das PDF, das hier angeboten werden soll, muss zunächst in den Fileadmin geladen werden. Erstellen Sie dazu einen neuen Ordner namens *downloads*, und laden Sie das PDF hoch. Sie finden eine entsprechende Datei dazu auf der Begleit-DVD.

6 Seiteninhalte anlegen

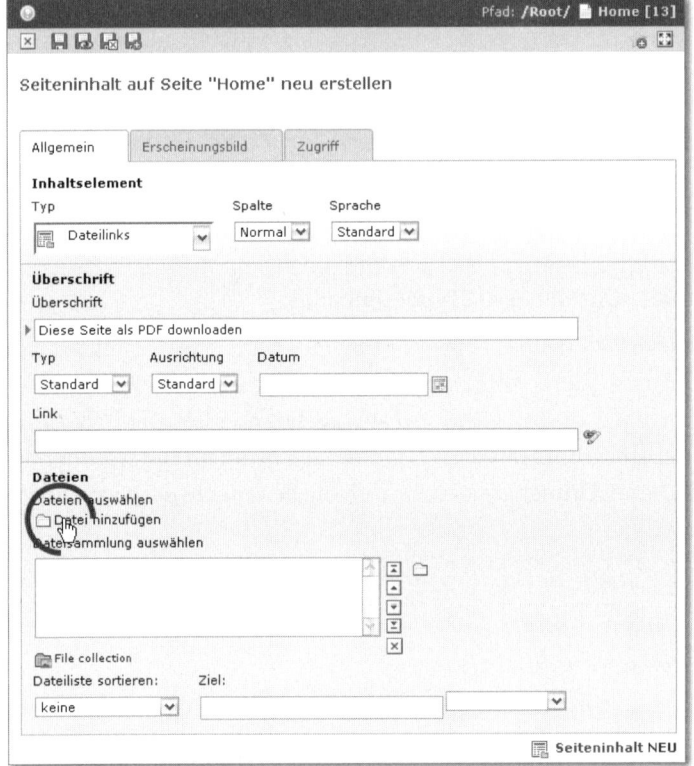

Abbildung 6.58 Öffnen des Element-Browsers

Sie können den Weg über die *Dateiliste* oder direkt über DATEI HINZUFÜGEN nehmen (siehe Abbildung 6.58 und Abbildung 6.59). Das Vorgehen entspricht demjenigen der Inhaltsmodelle mit Bild.

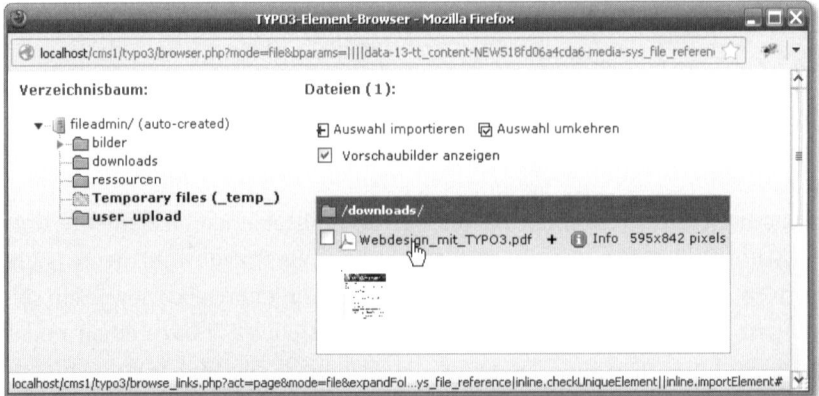

Abbildung 6.59 Auswahl der zu verlinkenden Datei im Element-Browser

Auch hier können Sie Metadaten angeben (siehe Abbildung 6.60).

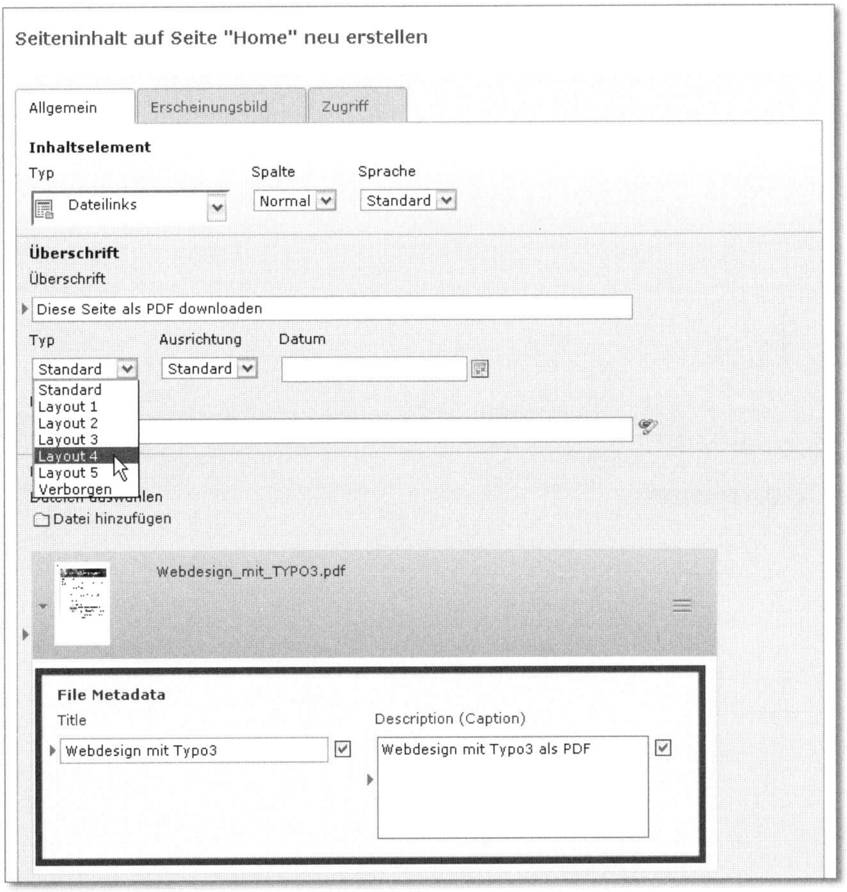

Abbildung 6.60 Die ausgewählte PDF-Ressource mit Metadaten

Der Dateiname der Download-Ressource dient in der Browseransicht als Link. Die Beschreibung (Description) wird unterhalb des Links ausgegeben. Natürlich lässt sich über CSS die Beschreibung frei platzieren. Sie können beliebig viele Dateien gleichzeitig zum Download anbieten. Diese erscheinen dann entsprechend sortierbar und werden auf der Seite gemäß dieser Reihenfolge in einer HTML-Liste ausgegeben (siehe Abbildung 6.61).

Abbildung 6.61 Ausgabe der PDF-Ressource im Browser

Link auf eine Dateiressource im RTE

Einen Link auf eine Dateiressource können Sie auch aus einem Textinhalt heraus im RTE erzeugen. Hierfür aktivieren Sie nach einem Klick auf das Link-Icon den Reiter DATEI im Popup-Fenster (siehe Abbildung 6.62). Die fragliche Datei muss sich im Fileadmin befinden. Wählen Sie den betreffenden Ordner und anschließend die gewünschte Datei aus. Gehen Sie für dieses Beispiel wieder auf die Seite »Inhalte«, und öffnen Sie das bereits angelegte Element »E-Mail-Links und Links auf Dateiressourcen«.

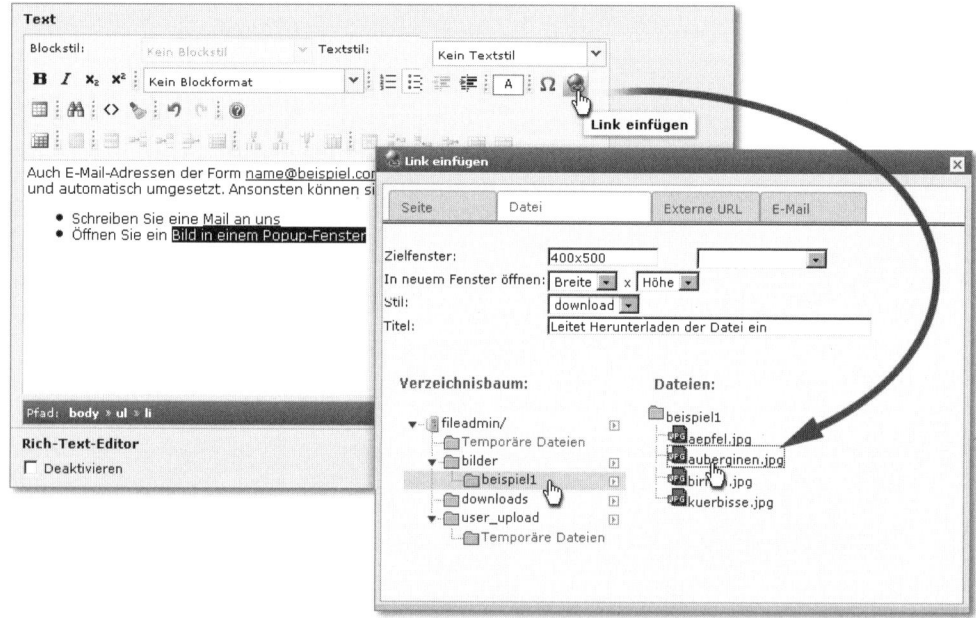

Abbildung 6.62 Erzeugen eines Dateilinks über den RTE

Wählen Sie die Worte »Bild in einem Popup-Fenster« im unteren Listenelement, und erzeugen Sie einen Link auf das Bild *aubergine.jpg*, das bereits im Ordner *beispiel1* in *bilder* im Fileadmin liegen sollte. Geben Sie an, dass die Datei in einem neuen Fenster von 400 × 500 Pixel Größe geöffnet werden soll.

6.2.10 Erstellen eines Kontaktformulars

Auf der Seite KONTAKTE soll ein E-Mail-Formular eingefügt werden, das es dem Besucher der Site ermöglicht, eine E-Mail-Nachricht an den Sitebetreiber zu schicken. Hierfür kennt TYPO3 einen speziellen Inhaltstyp, den Typ »Mail-Formular« (siehe Abbildung 6.63).

6.2 Einführung in die Seiteninhaltstypen von TYPO3

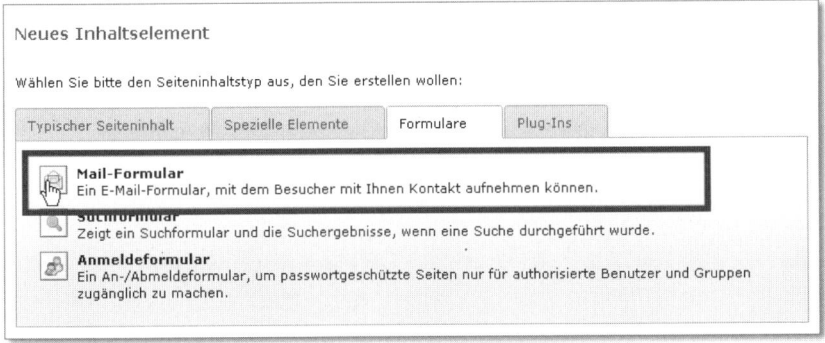

Abbildung 6.63 Das Inhaltselement »Mail-Formular«

Fügen Sie ein Element dieses Typs in die Seite ein, und vergeben Sie die Überschrift »Kontaktieren Sie uns« (mit LAYOUT3). Betrachten Sie nun das Feld KONFIGURATION. Sie sehen, dass das Eingabefeld mit einem englischsprachigen Default-Inhalt vorbelegt ist. Sobald Sie die Eingabe speichern, erscheint rechts neben dem Feld ein Icon zum Start eines Assistenten, nämlich des FORMULARASSISTENTEN (siehe Abbildung 6.64).

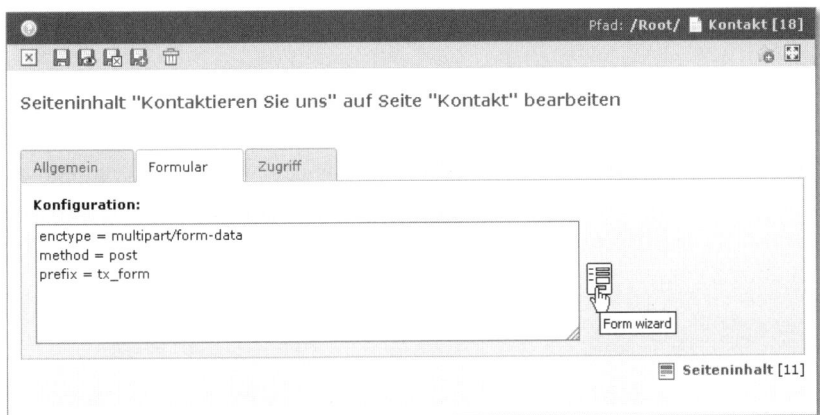

Abbildung 6.64 Start des Formularassistenten

Ein Formular mit dem Formularassistenten erstellen

Starten Sie den Assistenten. Hier wurde in TYPO3 mächtig aufgerüstet. Sie können sich alle notwendigen Formularelemente per Drag & Drop zusammenstellen und konfigurieren. Es stehen einige vorkonfigurierte Formularelemente zur Verfügung, und Sie können Gültigkeitsprüfungen und Filter als Stapel auf Formularfelder anwenden. Es stellt sich zwar heraus, dass einige Filter noch nicht ganz ausgereift sind, aber das wird sich in kommenden Versionen sicher ändern.

Der Assistent teilt sich in die Bereiche ELEMENTE, OPTIONEN und FORMULAR auf (siehe Abbildung 6.65). Im Reiter ELEMENTE finden Sie alle zur Verfügung stehenden

Formularelemente. Der Reiter OPTIONEN bietet Beschriftung, Gültigkeitsprüfungen und Filter an, und mit dem Reiter FORMULAR sind formularübergreifende Einstellungen möglich.

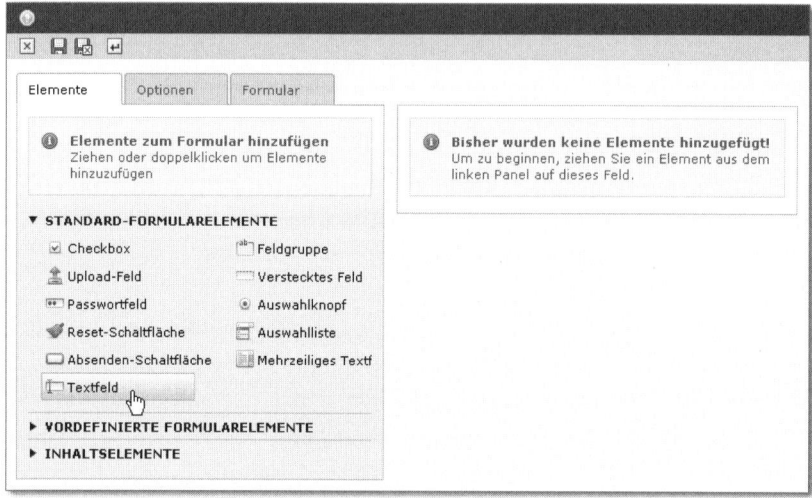

Abbildung 6.65 Formularelemente im Formular-Assistenten

Erstellen Sie nun ein einfaches Kontaktformular mit Formularfeldern wie Name, Vorname, E-Mail-Adresse und Adresse. Im rechten Bereich des Reiters ELEMENTE befindet sich ein leerer blauer Bereich. Er stellt das eigentliche Formular dar. In diesen Bereich können Sie von der linken Formularelement-Auswahl einzelne Elemente per Drag & Drop hineinziehen. Ziehen Sie ein einzeiliges Textfeld für den Namen in diesen Bereich (siehe Abbildung 6.66).

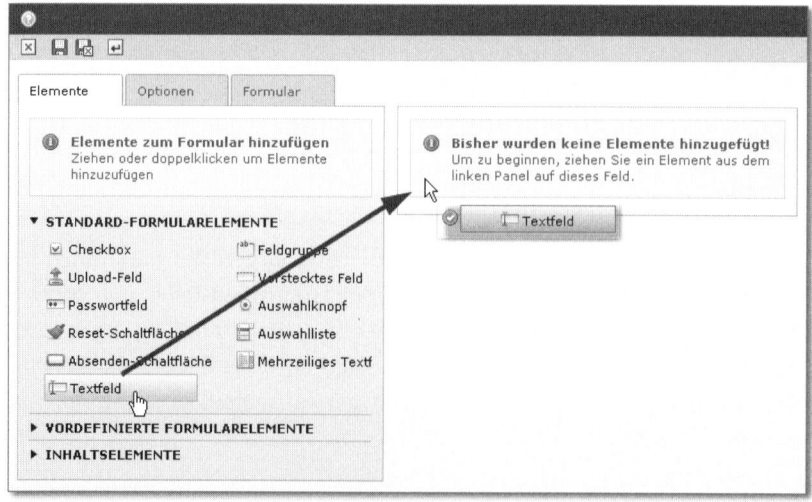

Abbildung 6.66 Ein einzeiliges Textfeld erstellen

Wechseln Sie in den Reiter OPTIONEN. Jedes Formularfeld braucht eine Beschriftung und einen eindeutigen Namen. Um die OPTIONEN zu bearbeiten, ist es wichtig, dass das Formularfeld im rechten Bereich vorher mit der Maus ausgewählt wird. Es ist dann blau hinterlegt. Auf der linken Seite stehen Ihnen die dazugehörigen OPTIONEN zur Verfügung. Geben Sie als Beschriftung »Name« an, und bestätigen Sie Ihre Eingabe mit dem grünen Häkchen (siehe Abbildung 6.67).

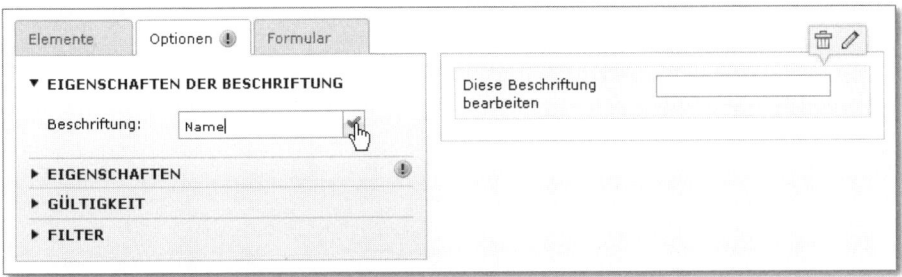

Abbildung 6.67 Beschriftung des Formularelements

Unter dem Tab EIGENSCHAFTEN wird dem Formularelement eine eindeutige Bezeichnung zugewiesen. An dem gelben Ausrufezeichen erkennen Sie, dass es eine verpflichtende Option ist. Tragen Sie auch hier »name« (diesmal klein) ein, und bestätigen Sie mit dem grünen Häkchen die Eingabe (siehe Abbildung 6.68).

Abbildung 6.68 Bezeichnung eines Formularelements

Nun können weitere Formularfelder aufgenommen werden. Ziehen Sie erneut ein TEXTFELD in den rechten Bereich unterhalb von »Name«. Sie erkennen die neue Position an dem gerasterten Rahmen. Hier ist ein wenig Geschicklichkeit mit der Maus gefragt (siehe Abbildung 6.69). Das neue Feld soll das Feld für »Vorname« werden. Geben Sie analog zum ersten Formularfeld eine Beschriftung und eine Bezeichnung an. Für das Formularfeld »E-Mail« gehen Sie genauso vor. Beachten Sie nur, dass die Bezeichnung im Tab EIGENSCHAFTEN keine Leer- oder Sonderzeichen enthält und eindeutig ist.

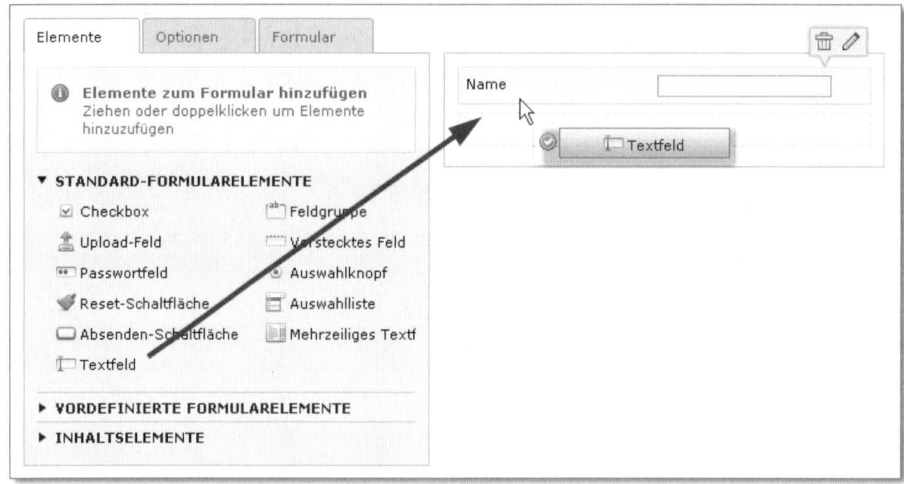

Abbildung 6.69 So erstellen Sie ein zweites Textfeld für den Vornamen.

Die »Adresse« soll ein MEHRZEILIGES TEXTFELD werden. Ziehen Sie das MEHRZEILIGE TEXTFELD an eine Position unterhalb von »E-Mail«. In den OPTIONEN sehen Sie im Tab EIGENSCHAFTEN zusätzliche Angaben wie COLS (Zeichenbreite) und ZEILEN (siehe Abbildung 6.70). Diese Angaben bestimmen die Größe des MEHRZEILIGEN TEXTFELDES. Genauere Einstellungen können später über CSS erfolgen.

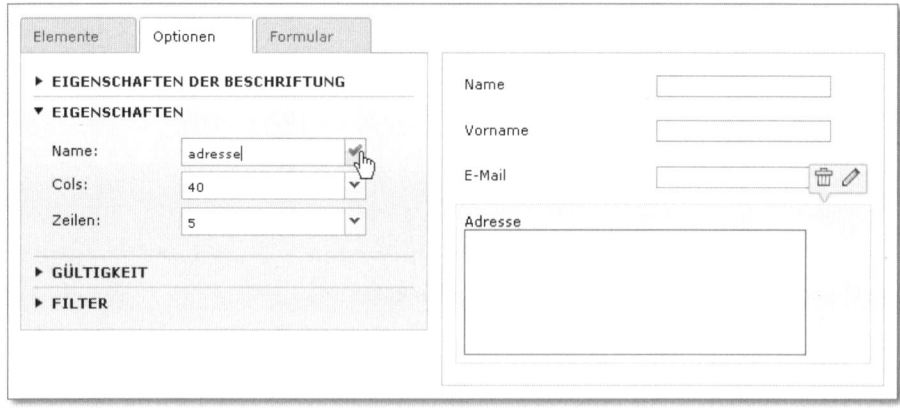

Abbildung 6.70 Eigenschaften eines mehrzeiligen Textfeldes

Als Nächstes soll noch eine sogenannte CHECKBOX eingefügt werden, die um Rückantwort bittet (siehe Abbildung 6.71). Auch hier stehen andere Eigenschaften zur Verfügung. Mit der Angabe WERT wird entschieden, welcher Wert mit der CHECKBOX versendet wird, wenn sie angehakt ist. Sie erkennen, dass die typischen Attribute aus

HTML-Formularelementen hier wieder auftauchen. Klar, TYPO3 setzt die Einstellungen im Formularassistenten später wieder in HTML um.

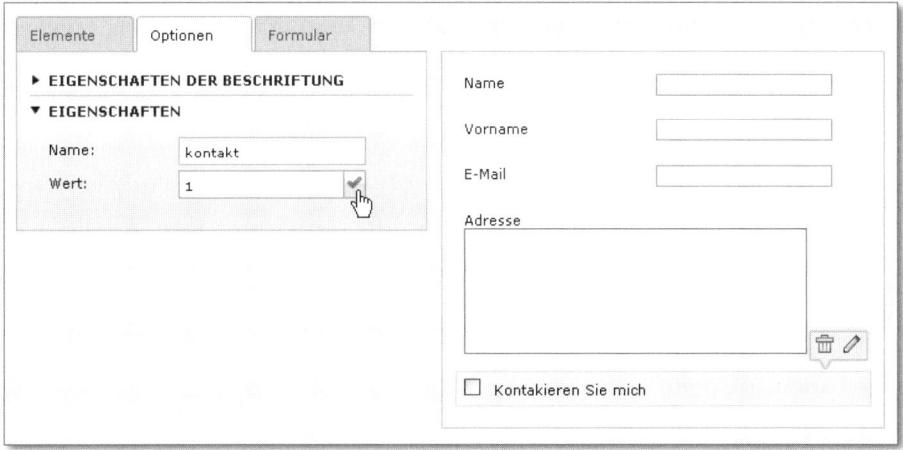

Abbildung 6.71 Eigenschaften einer Checkbox

Was natürlich in einem Formular nicht fehlen darf, ist die Schaltfläche zum Versenden. Auch hierfür steht Ihnen ein Formularelement ABSENDEN-SCHALTFLÄCHE zur Verfügung. Fügen Sie es unterhalb der Checkbox ein. In den Eigenschaften können Sie dann die Beschriftung der Schaltfläche bestimmen (siehe Abbildung 6.72).

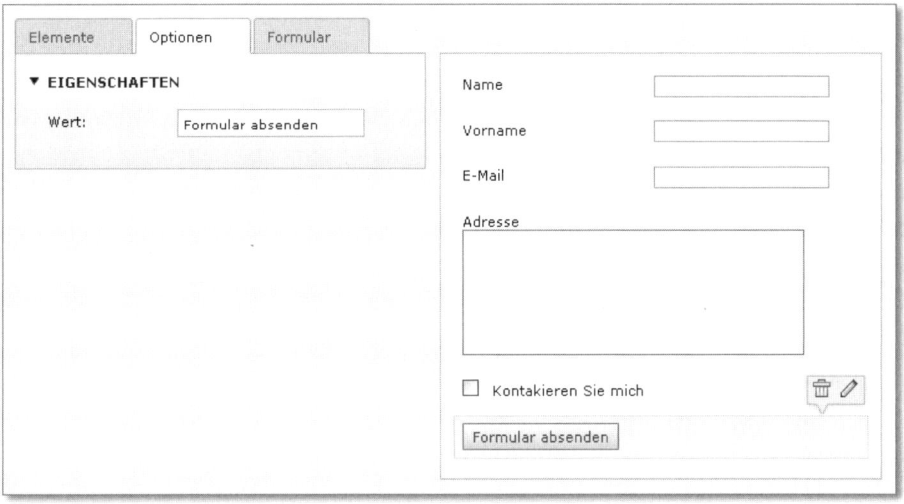

Abbildung 6.72 Eigenschaften der Absenden-Schaltfläche

Die Formularfelder sind nun so weit eingerichtet. Es fehlen noch Angaben zum Formular selbst. Die wichtigsten sind *Empfänger-Adresse*, *Sender-Adresse* und *Betreff-*

zeile. Diese Angaben können Sie im Reiter FORMULAR machen. Die drei wichtigsten Angaben finden Sie im Tab NACHBEARBEITUNG. Die vollständige Funktion des Versendens erfordert einen korrekt konfigurierten lokalen Mailserver. Dies ist bei einer Testinstallation nicht immer gegeben. Von daher kann der Versand nur simuliert werden. Da diese Angaben Pflicht sind, tragen Sie hier die fiktive Adresse »admin@localhost« sowohl für den Sender als auch für den Empfänger ein. Der BETREFF ist Ihnen natürlich freigestellt (siehe Abbildung 6.73).

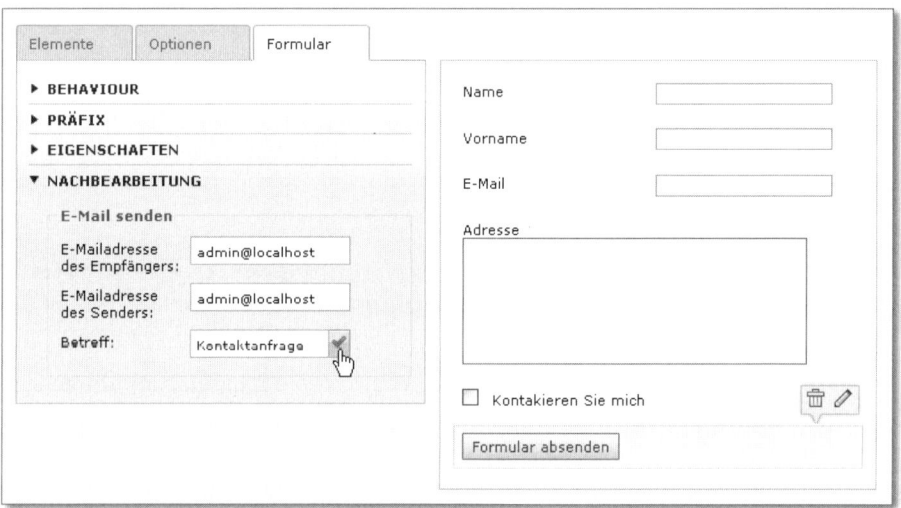

Abbildung 6.73 Übergreifende Angaben zum Formular

In seinen Grundzügen ist das Kontaktformular fertig. Es wäre an der Zeit, zu schauen, wie es sich auf der Website im Frontend verhält. Speichern Sie also das Formular wie gehabt über das Diskettensymbol am oberen Rand. Sie haben allerdings zunächst nur die Einstellungen des Assistenten gespeichert. Der Assistent setzt die visualisierten Einstellungen in TypoScript um. Dazu folgt später mehr. Sie müssen auf jeden Fall das gesamte Inhaltelement noch speichern. Dazu nutzen Sie wieder das bekannte Diskettensymbol.

Eine Überraschung gibt es dann im Frontend. Es ist nicht, wie zu erwarten wäre, das Formular zu sehen, sondern die seltsame Ausgabe aus Abbildung 6.74.

Abbildung 6.74 Fehlerhafte Ausgabe des Formulars im Frontend

Hier liegt eine gewisse Inkonsistenz von TYPO3 vor, die hoffentlich in Zukunft behoben sein wird. Standardmäßig wird bei der Ausgabe immer noch von der veralteten Formularkonfiguration ausgegangen, die es so nicht mehr gibt. Um die Kompatibilität zu älteren Inhalten zu wahren, hat TYPO3 die Ausgabe noch beibehalten.

Sie erinnern sich, wie die Ausgabe von Inhalten im Frontend zustande kommt: Im Template der Rootseite ist ein Typoscript-Baustein namens *CSS Styled Content* eingebunden. Und genau dort muss für die neue Formularkonfiguration nachgerüstet werden.

Wechseln Sie in das TEMPLATE-Modul, und wählen Sie die Seite »Root« aus. In der Ansicht INFO/BEARBEITEN besteht die Möglichkeit, den VOLLSTÄNDIGEN TEMPLATE-DATENSATZ zu bearbeiten (siehe Abbildung 6.75).

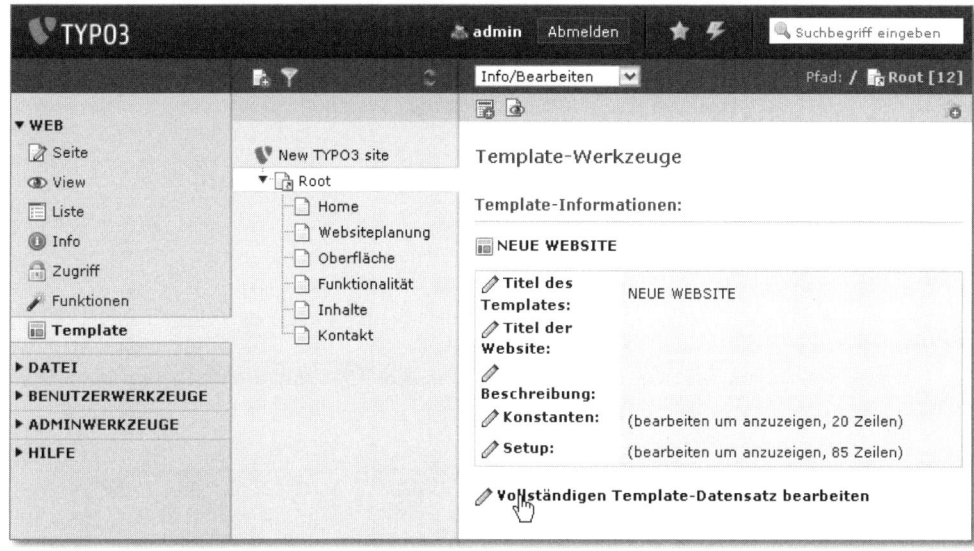

Abbildung 6.75 Vollständigen Template-Datensatz bearbeiten

Im Reiter ENTHÄLT des Template-Datensatzes hatten Sie schon einmal den Typo-Script-Baustein *CSS Styled Content* eingebunden. Dieser deckt allerdings noch die Ausgabe der veralteten Formularkonfiguration ab. In der Liste VERFÜGBARE OBJEKTE finden Sie ganz unten den TypoScript-Baustein für die neue Formularkonfiguration namens DEFAULT TS (FORM). Ein Klick übernimmt DEFAULT TS (FORM) in AUSGEWÄHLTE OBJEKTE (siehe Abbildung 6.76).

Speichern Sie den Template-Datensatz, und schauen sich das Ergebnis im Frontend an. Schon besser (siehe Abbildung 6.77).

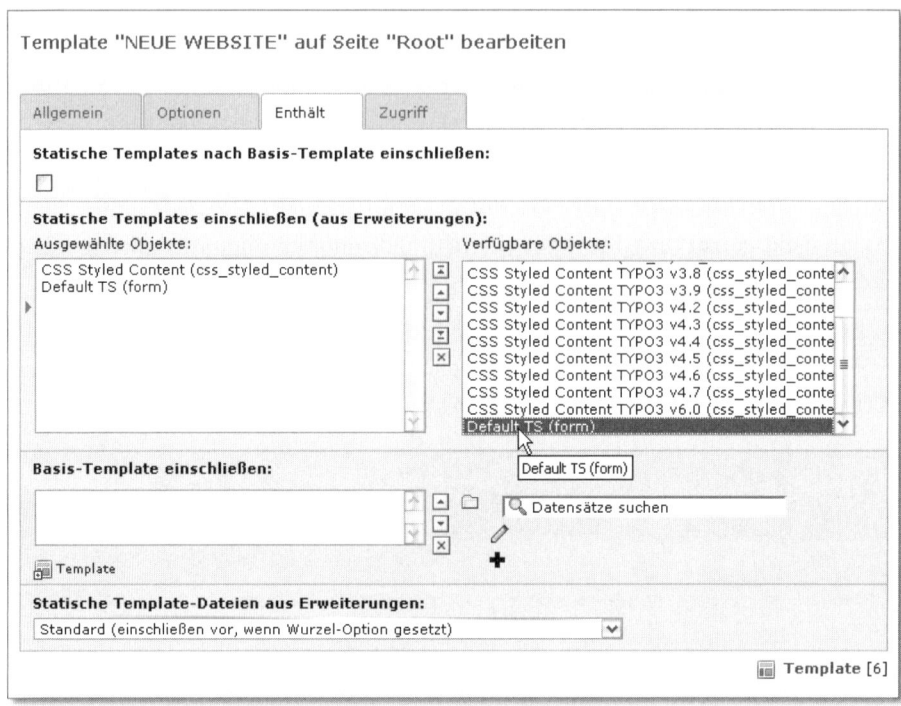

Abbildung 6.76 Aufnahme von »Default TS(form)« in den Template-Datensatz

Abbildung 6.77 Richtige Ausgabe des Formulars im Frontend

6.2 Einführung in die Seiteninhaltstypen von TYPO3

Wenn Sie nun testweise versuchen, das leere Formular zu versenden, werden Sie feststellen, dass dies ohne Weiteres möglich ist: keine gute Situation für Formulare, die im Internet veröffentlicht werden. Es sollte für bestimmte Felder Pflicht werden, Angaben zu machen. Auch wäre es gut, wenn es bei der E-Mail eine Überprüfung auf Gültigkeit gäbe.

Dazu stellt der *Formular-Assistent* ein recht durchdachtes Konzept zur Verfügung. Wechseln Sie wieder ins SEITEN-Modul, und wählen Sie die Seite »Kontakt« aus. Bearbeiten Sie das Inhaltselement, und öffnen Sie nochmals den *Formular-Assistenten*. Im Reiter OPTIONEN lässt sich eine Reihe von Gültigkeitsregeln auf einzelne Felder anwenden. Markieren Sie vorher das Feld »Name«, sodass es blau hinterlegt ist. Im Tab GÜLTIGKEIT finden Sie ein Auswahlfeld für vordefinierte Regeln. Wählen Sie die Regel BENÖTIGT, um aus dem Feld »Name« ein Pflichtfeld zu machen (siehe Abbildung 6.78).

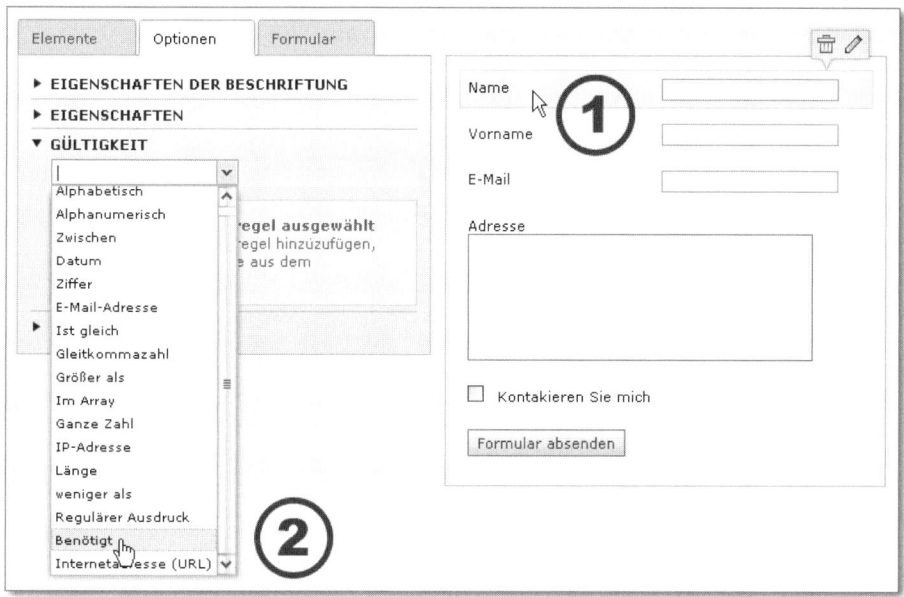

Abbildung 6.78 Auswahl der Gültigkeitsregel für Pflichtfelder

Nach Auswahl der Regel erscheint neben der Beschriftung der Hinweis BENÖTIGT. Sie können nun für diese Gültigkeitsregel einige Einstellungen vornehmen. In der Einstellung NACHRICHT können Sie z. B. ein Sternchen eingeben. Die Einstellung FEHLER beschreibt die Fehlermeldung, die bei leerer Eingabe neben dem Feld erscheint. Das Häkchen MELDUNG IN BESCHRIFTUNG ANZEIGEN schaltet die Fehlermeldung ein und aus (siehe Abbildung 6.79).

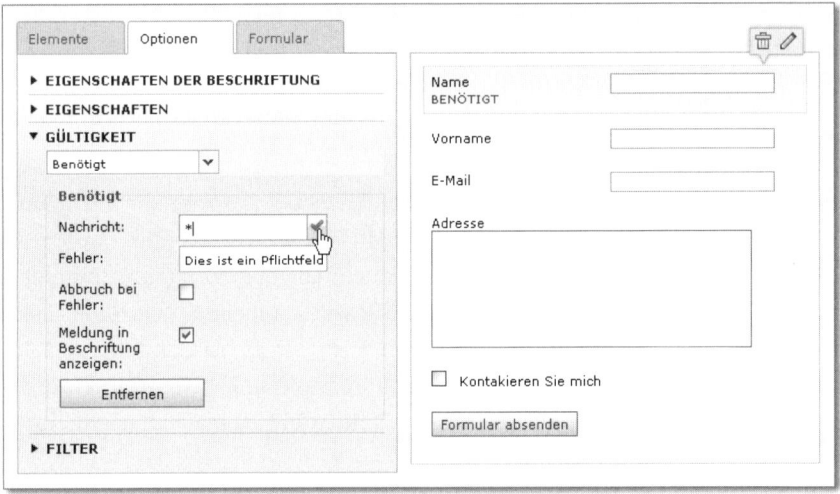

Abbildung 6.79 Einstellungen für die Gültigkeitsregel »Benötigt«

Wählen Sie nun das Formularelement »E-Mail« aus, sodass es blau hinterlegt ist. Auch für E-Mail-Adressen gibt es eine vorgefertigte Gültigkeitsregel. Schauen Sie in der Auswahl GÜLTIGKEIT nach der Regel E-MAIL-ADRESSE. Damit wird das Feld automatisch zum Pflichtfeld, und gleichzeitig wird die eingegebene Adresse auf Korrektheit geprüft (siehe Abbildung 6.80).

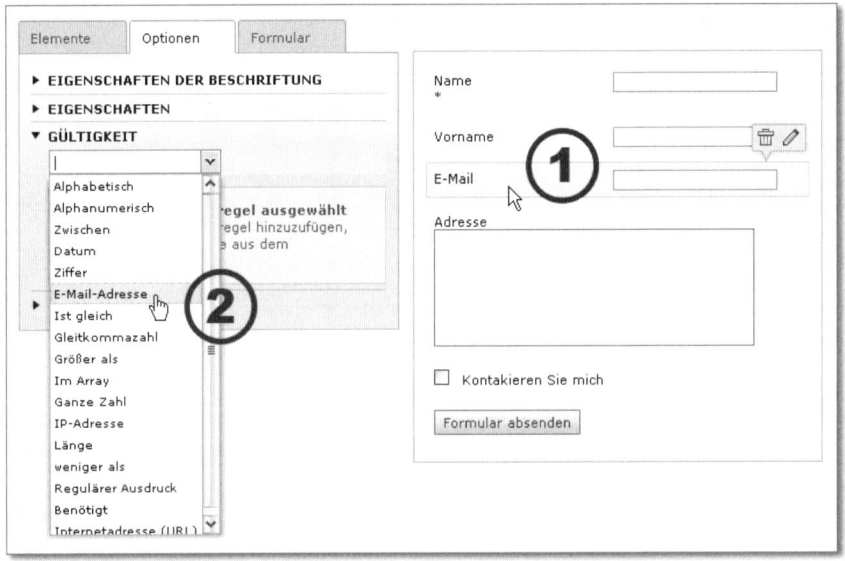

Abbildung 6.80 Auswahl der Gültigkeitsregel für E-Mail-Adressen

Auch hier können Sie Einstellungen analog zum Formularfeld NAME vornehmen (siehe Abbildung 6.81).

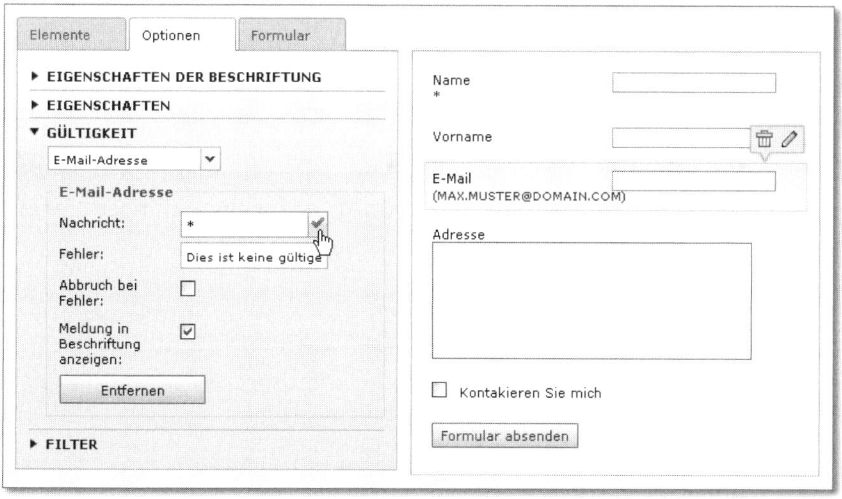

6.2 Einführung in die Seiteninhaltstypen von TYPO3

Abbildung 6.81 Einstellungen für die Gültigkeitsregel »E-Mail-Adresse«

Das sollte zunächst einmal für das Kontaktformular reichen. Das Interessante an diesem Konzept ist, dass Sie mehrere Regeln in einer Art Stapel auf ein Formularfeld anwenden können. Dabei müssen Sie beachten, dass sich die angewandten Regeln nicht gegenseitig so widersprechen, dass ein Versenden des Formulars unmöglich wird. Speichern Sie den Formular-Assistenten und das Inhaltselement. Im Frontend sieht das Versenden des leeren Formulars jetzt so aus, dass in Rot die Fehlermeldungen erscheinen (siehe Abbildung 6.82).

Abbildung 6.82 Versenden des leeren Formulars mit Fehlerausgabe

245

Der Quelltext der Formularkonfiguration

Sie haben sicher schon bemerkt, dass das Ergebnis des Assistenten eine Konfiguration des Formulars in TypoScript ist. Im Reiter FORMULAR des Inhaltselements finden Sie die Konfiguration. Sie hätten das Formular auch ohne Assistenten erstellen können. Natürlich muss man dazu die Möglichkeiten kennen.

Der obere Teil enthält die formularübergreifenden Einstellungen. Sie finden hier Ihre Einstellungen von Empfänger, Sender und Betreff wieder.

```
enctype = multipart/form-data
method = post
prefix = tx_form
confirmation = 1
postProcessor {
    1 = mail
    1 {
        recipientEmail = admin@localhost
        senderEmail = admin@localhost
        subject = Kontaktanfrage
    }
}
```

Es folgen die einzelnen Formularfelder. Die Felder sind alle in Zehnerschritten durchnummeriert – ähnlich, wie Sie für die Website im Template schon Objekte in Typoscript verwendet haben. Hier sehen Sie auszugsweise das erste Feld für »Name«:

```
10 = TEXTLINE
10 {
    name = name
    label {
        value = Name
    }
}
```

Weiter unten folgen dann die Gültigkeitsregeln. Hier sehen Sie auszugsweise die Regel für das Feld »Name«:

```
rules {
    1 = required
    1 {
        breakOnError = 0
        showMessage = 1
        message = *
        error = Dies ist ein Pflichtfeld
```

```
        element = name
    }
}
```

Bei der Verwendung des Formulars ist Ihnen sicher schon aufgefallen, dass nach dem Versenden eine Bestätigungsseite die Eingaben aus dem Formular noch einmal zeigt, sodass Sie sie ausdrücklich bestätigen müssen. Wollen Sie das nicht, hätten Sie im Formular-Assistenten die Bestätigungsseite deaktivieren können. Sie können das auch direkt in der Konfiguration ändern. Schauen Sie nach der Zeile im oberen Teil, und ändern Sie diese:

```
confirmation = 0
```

Schon ist die Bestätigungsseite ausgeblendet.

Festlegen einer Antwortseite

Einige Einstellungen lassen sich allerdings nicht über den Formular-Assistenten lösen. Hier ist sicher noch Anpassungsbedarf seitens TYPO3.

Um dem Nutzer nach erfolgter Eingabe und erfolgtem Abschicken des Formulars eine Rückmeldung zu bieten, soll eine *Antwortseite* erzeugt werden. In Wirklichkeit handelt es sich hierbei nicht um eine explizite Seite, sondern um eine Meldung, die das Formular von sich aus generiert. Sowohl die positive Meldung (erfolgreich versendet) als auch die negative Meldung (Fehlerfall) müssen per TypoScript konfiguriert werden. Fügen Sie folgende Zeilen (hier fett markiert) in den oberen Teil der Konfiguration ein:

```
postProcessor {
    1 = mail
    1 {
        recipientEmail = admin@localhost
        senderEmail = admin@localhost
        subject = Kontaktanfrage
        messages.success = Danke für Ihre Kontaktanfrage
        messages.error = Ein Fehler ist aufgetreten
    }
}
```

In einer lokalen Testumgebung taucht möglicherweise nur die Fehlermeldung auf, da hierfür ein konfigurierter SMTP-Server erreichbar sein muss.

Festlegen der Absenderadresse

Es wäre auch nützlich, dass die Absenderadresse nicht fest vorgegeben ist (wie in unserem Beispiel `admin@localhost`), sondern aus dem E-Mail-Feld des Formulars ausgelesen wird. So ist das Beantworten für den Empfänger leichter. Ersetzen Sie die Zeile `senderEmail` durch folgende (hier fett dargestellt):

```
postProcessor {
    1 = mail
    1 {
        recipientEmail = admin@localhost
        senderEmailField = email
        subject = Kontaktanfrage
        messages.success = Danke für Ihre Kontaktanfrage
        messages.error = Ein Fehler ist aufgetreten
    }
}
```

Bezogen wird sich dabei auf den Namen des Eingabefeldes für die E-Mail-Adresse. Es ist also wichtig, dass der Name übereinstimmt. Hier ist er noch einmal dargestellt:

```
30 = TEXTLINE
30 {
    name = email
    label {
        value = E-Mail
    }
}
```

6.2.11 Seiteninhalte sortieren, kopieren, löschen und referenzieren

Eine TYPO3-Seite dient, wie Sie inzwischen wissen, als Container für eine Reihe weiterer Datensätze, die die eigentlichen Inhalte darstellen. Sie werden in der Reihenfolge ausgegeben, die derjenigen der Seitenansicht im Backend entspricht. So wäre es ausgesprochen unpraktisch, wenn diese Reihenfolge durch die Reihenfolge der Eingabe festgelegt wäre. Selbstverständlich kann auch innerhalb einer Seite eine Neuordnung der Elemente vorgenommen werden.

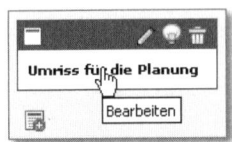

Abbildung 6.83 Shortcut-Befehls-Icons eines Inhaltselements

Eine einfache Bearbeitungsmöglichkeit bietet der Satz aus Shortcut-Befehls-Icons, den Sie bei jeder Inhaltselementvorschau vorfinden (siehe Abbildung 6.83). Hiermit können Sie das betreffende Element, sofern es Nachbarelemente gibt, in der Seite um eine Position nach unten oder oben verschieben, es ausblenden (VERBERGEN) oder auch ganz löschen. Das Stiftsymbol finden Sie hier ebenfalls wieder, dies jedoch eher der Vollständigkeit halber; die Bearbeitung lässt sich einfacher durch einen Klick in den Vorschautext einleiten.

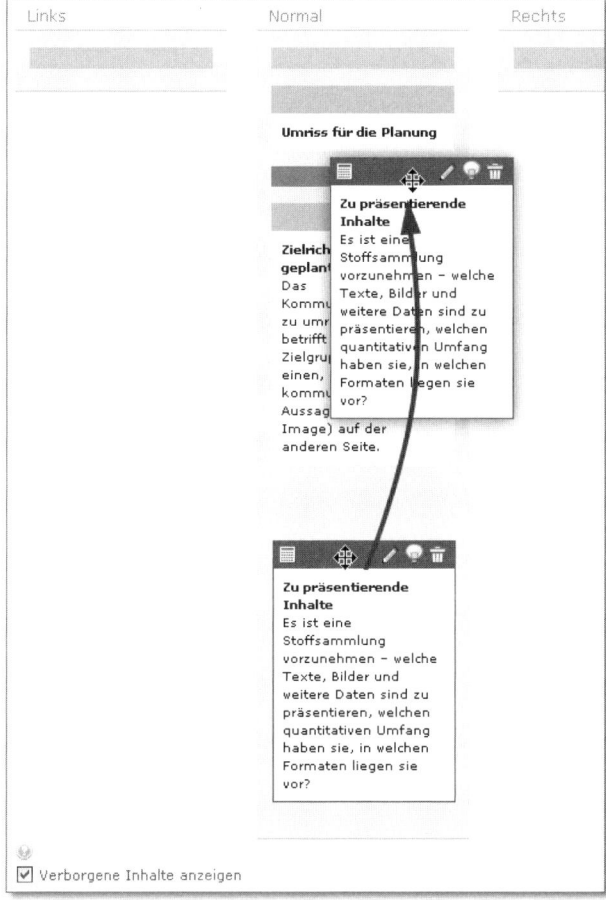

Abbildung 6.84 Inhaltselemente per Drag & Drop verschieben

Beim Verschieben von Inhaltselementen ist Genauigkeit mit der Maus gefragt. Klicken Sie, und ziehen Sie das Element an die gewünschte Position. Die möglichen Positionen werden durch blasse grüne Balken dargestellt (siehe Abbildung 6.84). Der grüne Balken wird kräftiger, wenn Sie mit der Maus die richtige Position erreicht haben. Lassen Sie dann die Maustaste los.

Inhalte verbergen und wieder einblenden

Sie können ein Inhaltselement ganz einfach in der Browseransicht unsichtbar machen, indem Sie auf das VERBERGEN-Icon klicken. Anschließend wird das Element

6 Seiteninhalte anlegen

in der Backend-Ansicht ausgegraut, und sein Typ-Icon erhält das übliche rote Verbotsschild. Manchmal möchten Sie aber vielleicht Platz sparen und ausgeblendete Elemente aus der Backend-Ansicht komplett verschwinden lassen.

Selbstverständlich bietet TYPO3 auch hierfür eine Wahlmöglichkeit: Unter den Eingabespalten der Seiten finden Sie die Checkbox VERBORGENE INHALTE ANZEIGEN, die die Sicht auf verborgene Elemente im Backend komplett deaktiviert (siehe Abbildung 6.85, links).

Gleichzeitig gibt sie in der nebenstehenden runden Klammer Auskunft über die Anzahl der auf dieser Seite verborgenen Elemente, damit diese nicht völlig in Vergessenheit geraten. In Abbildung 6.85 wird durch VERBORGENE INHALTE ANZEIGEN (1) darauf hingewiesen, dass sich auf dieser Seite genau ein verborgenes Element befindet.

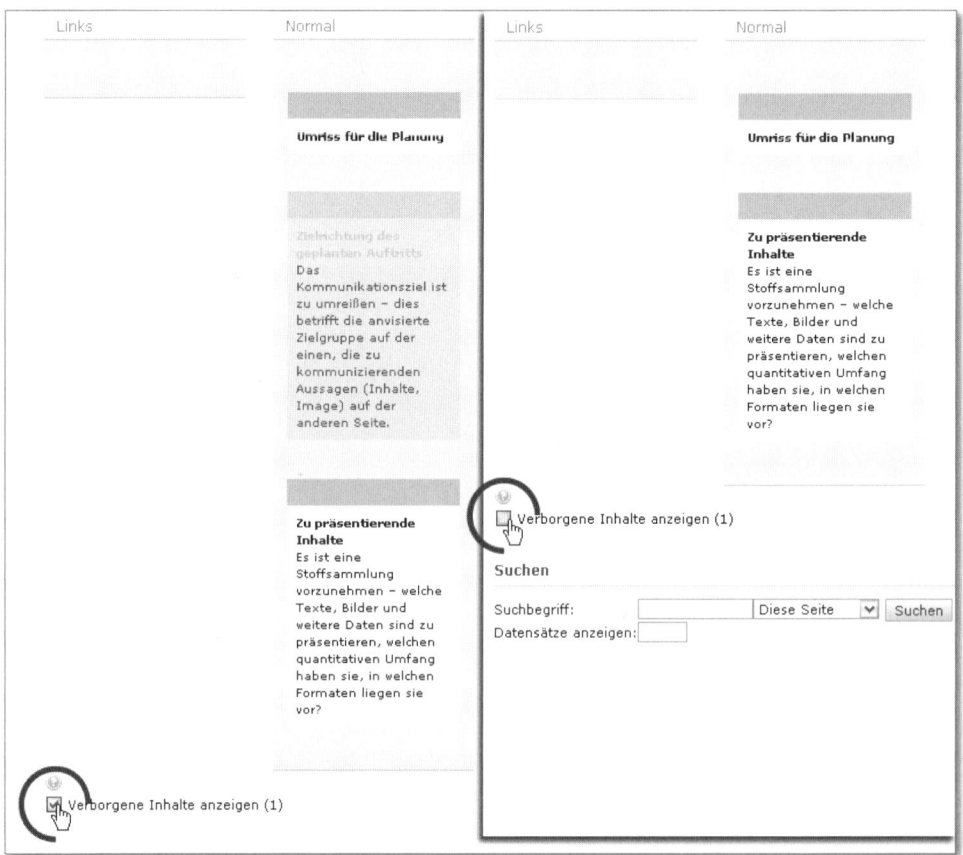

Abbildung 6.85 Verborgene Inhalte komplett ausblenden

Ein ausgeblendetes Inhaltselement erkennen Sie am veränderten VERBERGEN-Icon, das als nicht leuchtende Glühbirne dargestellt wird (siehe Abbildung 6.86). Sie können es anklicken, um das Element wieder einzublenden. Des Weiteren wird der Status des Elements unter den Shortcut-Icons mit »Verbergen: Ja« bekannt gegeben und spiegelt sich auch im Symbol-Icon des Elements wider.

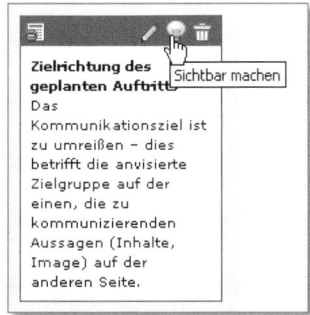

Abbildung 6.86 Einblenden eines verborgenen Inhaltselements

Sortieren von Seiteninhaltselementen

Als Beispiel sollen die Datensätze der Seite »Home« in eine bestimmte Reihenfolge gebracht werden. Wie sie bei Ihnen angeordnet sind, hängt davon ab, wann und wie Sie sie erstellt haben. Bringen Sie sie in folgende Reihenfolge:

1. »Webdesign mit TYPO3« (Text)
2. »Umsetzung als Screendesign« (Text mit Bild)
3. »Zu beachten sind:« (Aufzählung)
4. »Die funktionale Ebene« (Text)
5. »HTML-Rule« (Trenner)
6. »Diese Seite als PDF downloaden:« (Dateilink)

Wie in Abbildung 6.83 gezeigt, existieren bei jedem Datensatz Shortcut-Icons zum Bearbeiten, Verbergen und Löschen von Elementen. Icons zum Kopieren oder Ausschneiden eines Inhaltselements suchen Sie hingegen vergebens; diese Optionen sind lediglich per Kontextmenü gegeben.

Ausschneiden, Kopieren oder Verschieben per Kontextmenü

Das Kontextmenü eines Inhaltselements erreichen Sie (diese Funktion ist etwas versteckt) über das Symbol-Icon links neben der Typangabe des Elements, also direkt zwischen den Buttons der Befehls-Shortcuts und dem Feld mit der Inhaltsvorschau. Hinter der Option WEITERE EINSTELLUNGEN verbirgt sich, analog zum Kontextmenü des Seitenbaums, ein Untermenü (siehe Abbildung 6.87).

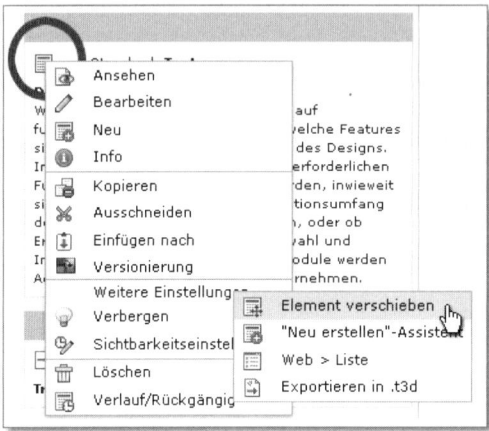

Abbildung 6.87 Kontextmenü eines Inhaltselements mit Untermenü

Kopieren Sie zur Probe das Element »Die funktionale Ebene«. Es soll nach dem Trenner eingefügt werden, wird danach also zweimal auf der Seite vorhanden sein. Um das kopierte Element einzufügen, klicken Sie auf das Kontext-Icon des HTML-Inhaltselements, *hinter* dem es positioniert werden soll. Die eingefügte Kopie ist zunächst verborgen und muss daher aktiviert werden.

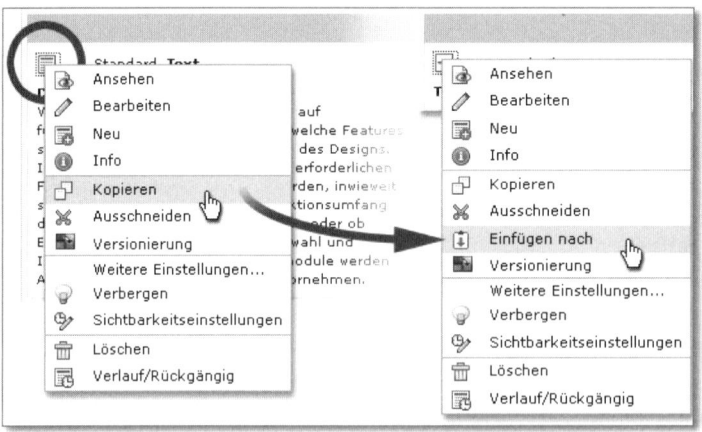

Abbildung 6.88 Verändertes Kontextmenü beim Einfügen

> **Anmerkung**
> Analog funktionieren das Ausschneiden und Einfügen eines Datensatzes an einer anderen Stelle (innerhalb derselben oder auch in Bezug auf eine andere Seite).

6.2.12 Referenzen mit dem Seiteninhalt »Datensatz einfügen«

Ein kopiertes Element ist unabhängig vom Original und getrennt von diesem editierbar. Sie können sich davon überzeugen, wenn Sie eine der beiden Dubletten bearbeiten, die durch die eben erfolgte Kopie entstanden sind. Es mag jedoch wünschenswert sein, keine bloße Kopie, sondern eine *Referenz* auf einen Datensatz zu erstellen. Der Sinn einer solchen Referenz besteht darin, dass eine Änderung am Original sich auch auf alle Referenzobjekte erstreckt, egal wie viele es sein mögen und wo sie sich befinden.

Wofür ist das gut? Angenommen, Sie wollen auf einer Seite Ihrer Webpräsenz eine Gesamtübersicht bestimmter Inhalte zeigen, die sich verteilt auf mehreren Seiten befinden. Haben Sie die Inhalte per Kopie in die Übersicht eingefügt, müssen Sie diese bei erforderlichen Änderungen stets parallel an zwei Stellen bearbeiten, um keine Inkonsistenz zu erzeugen. Arbeiten Sie hingegen mit Referenzen, existiert lediglich ein Originalinhalt, der aber an zwei Stellen gezeigt wird.

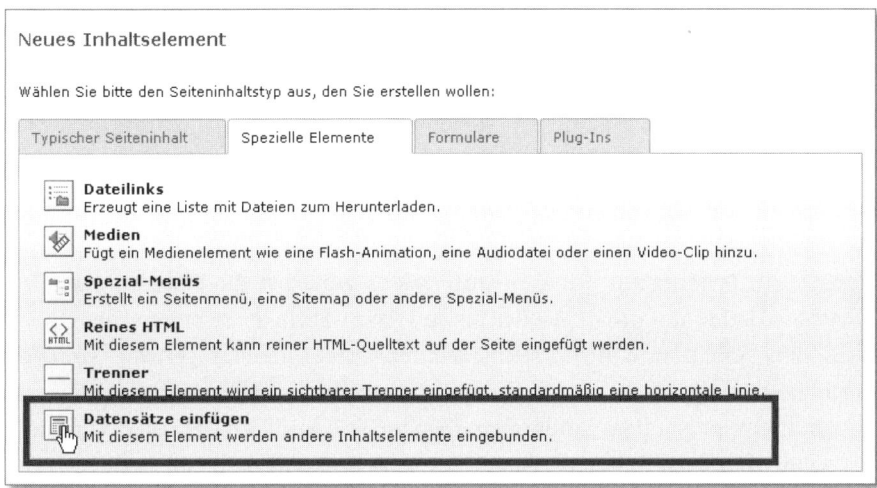

Abbildung 6.89 Der Inhaltstyp »Datensatz einfügen« erzeugt Referenzen.

Es soll jetzt probeweise eine Dateireferenz erstellt werden. Hierfür soll wieder der Inhalt DIE FUNKTIONALE EBENE benutzt werden. Referenzieren Sie das Original, und setzen Sie die Referenz hinter die Kopie, die vorhin gemacht wurde, also ebenfalls auf die Seite »Home«. Der Inhalt wird dort anschließend also dreimal zu sehen sein.

Die Dateireferenz besitzt keine eigene Überschrift (in der Seite wird nämlich die Überschrift des referenzierten Elements gezeigt), sondern – analog zum HTML-Element – nur einen Namen für das Backend (diesen fügen Sie, wie üblich, in der Palette ALLGEMEIN ein).

In der darunterliegenden Ressourcenliste DATENSÄTZE fügen Sie gewünschte Datensätze über das Ordnersymbol ein, das den Elementbrowser startet (siehe Abbildung 6.90). Diesmal wird der Datensatz jedoch nicht aus dem Fileadmin geholt, sondern aus den Datensatzlisten der einzelnen Seiten im Seitenbaum.

Abbildung 6.90 Der Eingabedialog für Datensatzreferenzen

Wählen Sie im Seitenbaum des Elementbrowsers zunächst die Seite aus, die den gewünschten Datensatz enthält. Wählen Sie den Datensatz in der rechts erscheinenden Liste aus (siehe Abbildung 6.91). Wollen Sie mehrere Datensätze einfügen (diese müssen sich nicht notwendigerweise auf der gleichen Seite befinden), klicken Sie das schwarze Plussymbol links neben dem Datensatznamen an. Der gewählte Datensatz wird dem Ressourcenfeld hinzugefügt; das Fenster des Elementbrowsers bleibt in diesem Fall aber geöffnet. Der Klick auf einen Datensatznamen schließt das Fenster hingegen.

In gleicher Weise können Sie im Rahmen des gleichen Inhaltselements DATENSATZ EINFÜGEN eine beliebige Zahl weiterer Datensätze referenzieren. Wollen Sie beispielsweise eine komplette Kopie aller Inhalte Ihrer Site auf einer Seite referenzieren, würden Sie hierfür nur ein einziges Element des Typs DATENSATZ EINFÜGEN benötigen. Die Ausgabereihenfolge der referenzierten Elemente können Sie durch Sortieren der Ressourcenliste beeinflussen.

Alternativ zum Einfügen der Datensätze über den Elementbrowser können Sie den gewünschten Inhalt über das Suchfeld neben dem Ordnersymbol auffinden – die Voraussetzung hierfür ist jedoch, dass Sie den Titel des gewünschten Elements wissen (zumindest dessen Anfang). Tippen Sie diesen einfach in das Feld. TYPO3 bietet Ihnen daraufhin eine Liste der infrage kommenden Datensätze an (siehe Abbildung 6.92).

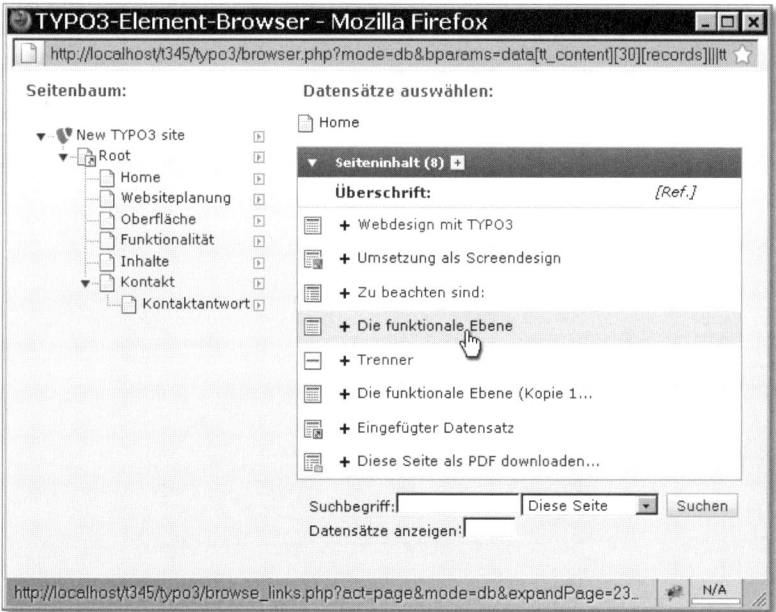

Abbildung 6.91 Anwahl des Datensatzes im TYPO3-Elementbrowser

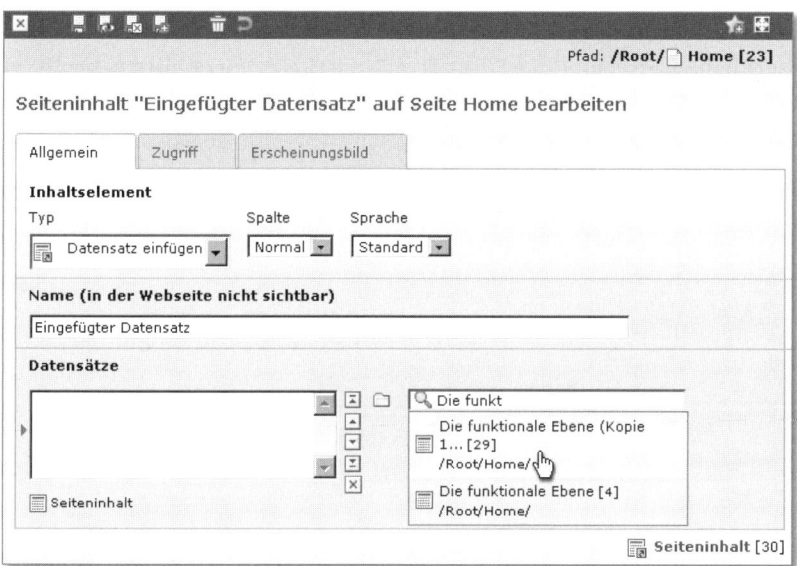

Abbildung 6.92 Auswahl des Datensatzes über das Suchfeld

Eine weitere Möglichkeit, einen Datensatz als Ressource zur Verfügung zu stellen, besteht, falls Sie diesen vorher über das Kontextmenü kopiert haben. In diesem Fall befindet sich eine Referenz auf den Datensatz in der Zwischenablage und kann über ein EINFÜGEN-Icon (siehe Abbildung 6.93, unterhalb des Ordnersymbols) in der Liste hinzugefügt werden.

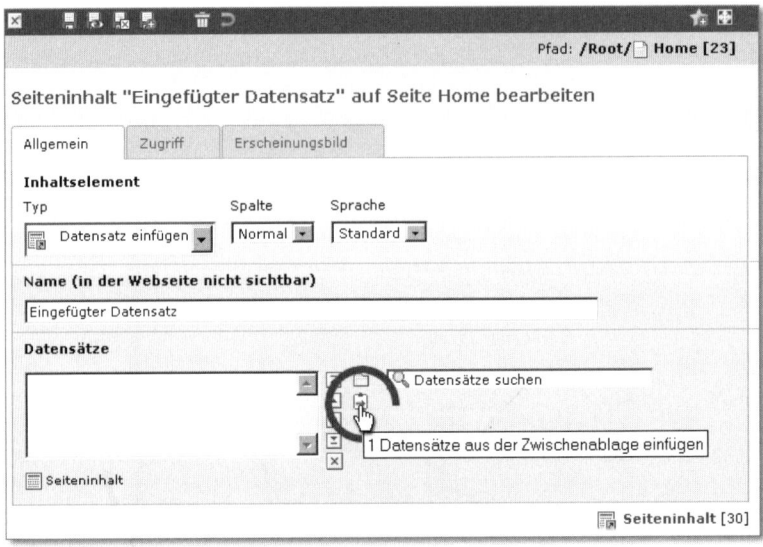

Abbildung 6.93 Icon »Aus Zwischenablage einfügen«

Sobald Sie (auf welchem Weg auch immer) einen Datensatz eingefügt und das Ergebnis gespeichert haben, erscheint dieser mit Icon und Titel in einer Liste neben dem Ressourcenfeld. Das Icon ist anklickbar und ermöglicht Ihnen den Sprung zurück zur Originaldatei, um diese bei Bedarf zu editieren (siehe Abbildung 6.94).

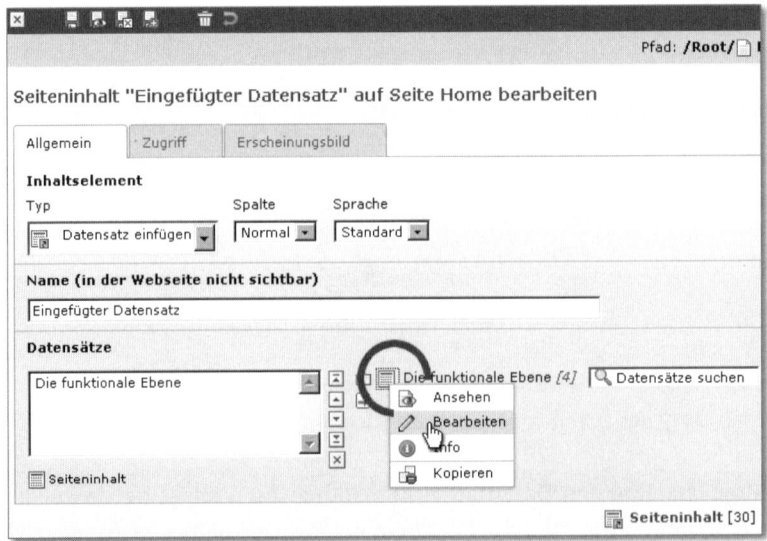

Abbildung 6.94 Den Originaldatensatz von der Referenz aus bearbeiten

Betrachten Sie nun das Ergebnis im Browser. Sie sollten das eben referenzierte Objekt jetzt dreimal sehen: einmal als Original, einmal als Kopie und einmal als Referenz. Ändern Sie probeweise etwas am Textinhalt des Originals, und beobachten Sie, wie die Referenz (jedoch nicht die Kopie!) den Änderungen synchron folgt.

> **Hinweis: Das Löschen des Originals entfernt auch alle Referenzen**
> Wenn Sie das Original löschen, entfernen Sie gleichzeitig auch alle hierauf zeigenden Referenzen. Kopien bleiben vom Löschen des Originals dagegen unbeeinflusst.

6.3 Zusammenfassung und Ausblick

Sie haben in diesem Kapitel fortgeschrittene Kenntnisse im Erstellen von Seiten (Modul FUNKTIONEN) erlangt und sich Grundlagen im Erstellen und Bearbeiten von Seiteninhaltselementen in deren wichtigsten von TYPO3 bereitgestellten Grundformen erarbeitet. Sie haben auch einen ersten Blick auf den Fileadmin geworfen, der ebenso in den folgenden Kapiteln eine Rolle spielen wird.

Da die erstellten Inhalte inzwischen einen gewissen Umfang angenommen haben, ist es jetzt an der Zeit, die Möglichkeiten unter die Lupe zu nehmen, die TYPO3 für das Backup von Datensätzen bietet. Dies geschieht im nun folgenden Kapitel 7, »Backup von Seiten und Inhalten«.

Kapitel 7
Backup von Seiten und Inhalten

Sobald genügend Inhalte zusammengekommen sind und Sie den Projektstand festhalten möchten (um später darauf zurückzukommen oder eine Site auf einem anderen Rechner zu reproduzieren), können Sie dazu die in TYPO3 eingebauten Backup-Möglichkeiten nutzen.

Grundsätzlich leiten Sie ein Backup – TYPO3 bezeichnet dies als *Export* – über das Kontextmenü des betreffenden Elements ein. Für eine Seite ist dies das Seiten-Icon im Seitenbaum und für ein Inhaltselement dessen Stellvertreter-Icon in der Seitenvorschau. Im ersten Fall finden Sie die gewünschte Option im Submenü TEILBEREICHSAKTIONEN des Kontextmenüs als EXPORTIEREN IN .T3D, und bei einem Inhaltselement verbirgt sich der Befehl im Untermenü WEITERE EINSTELLUNGEN.

TYPO3 kann Backups von Inhalten in fast beliebigem Umfang erzeugen:

- auf Basis des Seitenbaums
- auf Basis der Seiten
- auf Basis der Seiteninhalte

Sie können also selbst entscheiden, ob Sie ein gesamtes Projekt oder Teile davon bis hinab zu einzelnen Inhaltselementen speichern wollen.

7.1 Export eines Seiten-Backups

Wählen Sie die Seite »Oberfläche«, und leiten Sie über das Kontextmenü der Seite im Seitenbaum bei TEILBEREICHSAKTIONEN den t3d-Export ein (siehe Abbildung 7.1).

Sie gelangen jetzt zum IMPORT/EXPORT-Dialog, wo Sie zunächst in der Palette KONFIGURATION wählen müssen, welche Art von Export vorzunehmen ist. Dies geschieht im Pulldown-Menü EBENEN. Voreingestellt ist eine Option, die die Seiten-ID nennt (hier hat der ID den Wert 34). Dies entspricht der Option NUR DIESE SEITE, die Sie gleichwertig anwählen können (siehe Abbildung 7.2). Für den aktuellen Fall ist beides korrekt. (Sofern Sie eine Seite mit Unterseiten, also einen Zweigbaum, exportieren möchten, müssten Sie entsprechend die Option ERWEITERTER BAUM bzw. eine Angabe der Ebenentiefe des Exports wählen.)

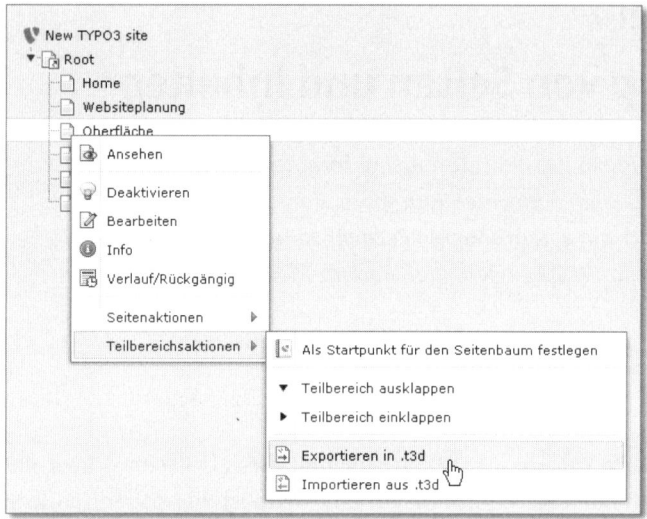

Abbildung 7.1 Export – ausgehend von der Seite »Oberfläche«

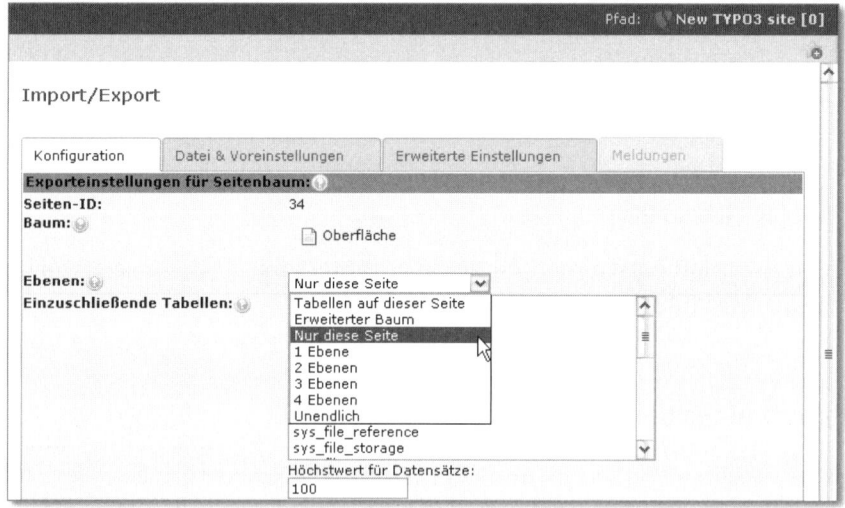

Abbildung 7.2 Exporteinstellung »Nur diese Seite«

Damit beim Export zusammenhängende Datensätze aus der Datenbank mit exportiert werden, sollten Sie immer *alle* Tabellen mit einschließen, auch in dem Bereich Relationen und Ausschlüsse. Das ist besonders wichtig bei Inhaltselementen, die Referenzen zu Dateien enthalten, also Bilder oder PDF-Dateien (siehe Abbildung 7.3).

Anzumerken ist auch, dass mit der Umstellung der Dateiliste in TYPO3 CMS 6 das Exportieren angepasst wurde: Es werden nur noch die Dateireferenzen (Datensätze) und nicht mehr die Dateien selbst exportiert. Das betrifft alle Inhaltselemente, die

Dateireferenzen enthalten. Es ist also wichtig, sofern Sie exportierte Inhalte auf ein anderes System übertragen, die Dateien aus Fileadmin separat zu übertragen.

Es gibt hier allerdings Ausnahmen. Dateiverweise, die direkt im TypoScript gemacht wurden, werden tatsächlich noch physikalisch mitexportiert. Mal sehen, wie sich das in Zukunft entwickelt. Die Umstellung auf die neue Dateiliste macht sich also an vielen Stellen bemerkbar und ist sicher noch für Überraschungen gut.

Nun können Sie entscheiden, welche Seiteninhalte Sie *exportieren* und welche Sie vom Export *ausschließen* möchten (Sie können den Export auch auf ausgewählte Inhalte einer Seite beschränken). Dies geschieht in der unteren Hälfte der EXPORTIERENDEN STRUKTUR. Im aktuellen Fall wurde ein Inhaltselement vom Export ausgeschlossen (die Tabelle AKTUELLE BROWSERSTATISTIK), indem einfach die betreffende Checkbox aktiviert wurde (siehe Abbildung 7.4).

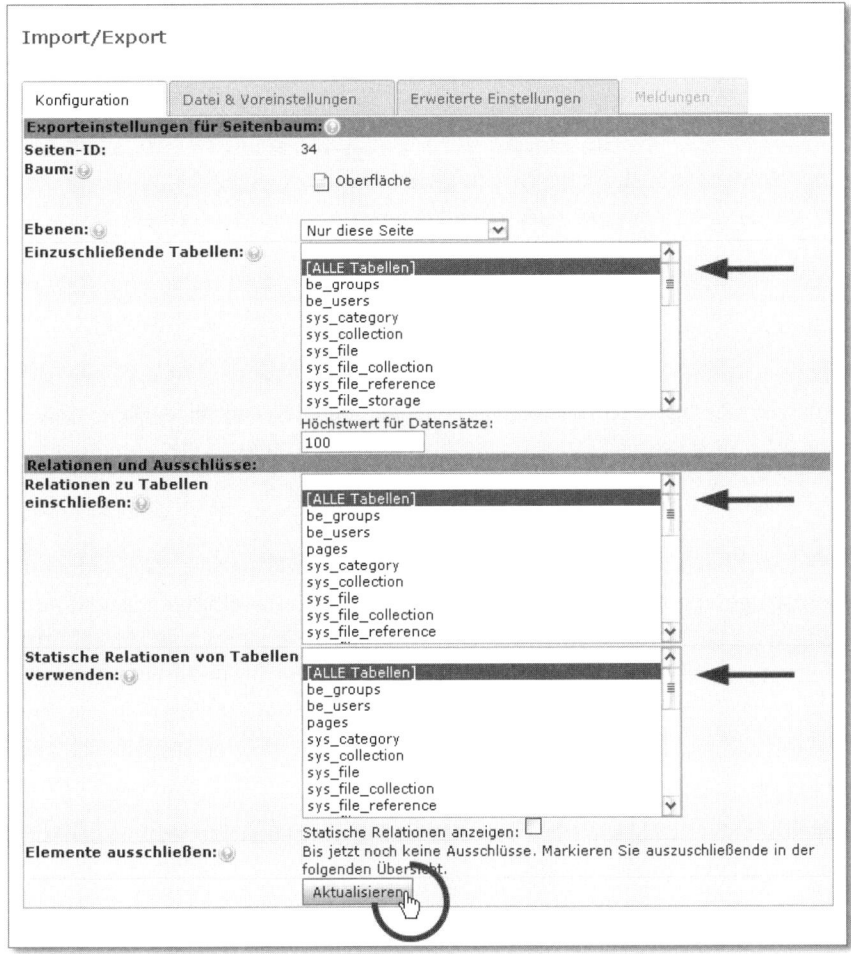

Abbildung 7.3 Konfiguration des Exports (einzuschließende Tabellen)

Wenn Sie nun auf den Button AKTUALISIEREN klicken, wird das Element aus der Exportliste entfernt.

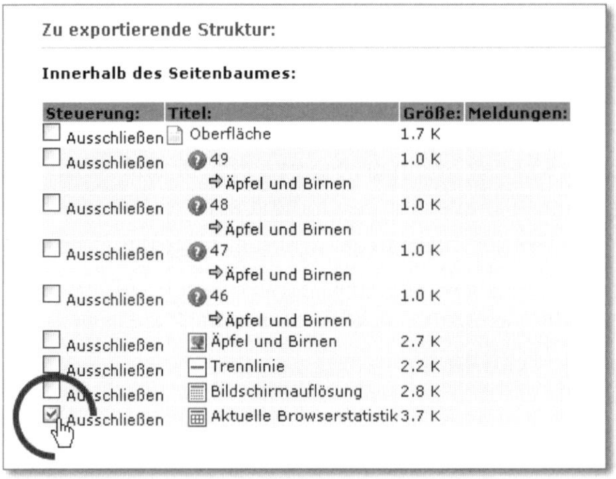

Abbildung 7.4 Ausschluss eines Inhaltselements

Sobald die Konfiguration des Exports abgeschlossen ist, wechseln Sie zur Palette DATEI & VOREINSTELLUNGEN. Hier entscheiden Sie über das DATEIFORMAT. Sie haben die Wahl zwischen komprimiertem T3D, unkomprimiertem T3D und XML.

> **Anmerkung**
>
> Mit der Seite verknüpfte Grafiken werden in allen drei Fällen als integraler Teil der Exportdatei mitgespeichert – bei XML im BASE64-Format. Wegen seiner Datenstruktur kann ein XML-Export die Dateigröße eines T3D-Exports, zumal eines komprimierten, um ein Vielfaches übersteigen.

Sie können auch weiter gehende Beschreibungen des Backups eingeben; jedoch ist dies nicht zwingend notwendig. Lassen Sie ansonsten die Einstellungen unverändert (speichern als T3D-DATEI/KOMPRIMIERT). Bestätigen Sie dann mit dem Button EXPORTDATEI HERUNTERLADEN, und der Download-Dialog des Browsers öffnet sich. Geben Sie der Datei den Namen »seite_oberflaeche.t3d«, und speichern Sie die Datei direkt in den Ordner *fileadmin* Ihrer TYPO3-Installation auf der Festplatte (siehe Abbildung 7.5).

Sie haben prinzipiell zwei Möglichkeiten, wie Sie mit der beim Datenexport generierten Datei umgehen können:

- Ablage des Datenpakets im Fileadmin-Bereich
- Download des Datenpakets auf den lokalen Rechner

Abbildung 7.5 Speichern der Exportdatei

Wenn Sie die Datei im Fileadmin ablegen, haben Sie später unmittelbaren Zugriff, um das Backup erneut zu importieren. Neuerdings können solche Backups in T3D nur noch importiert werden, wenn sie direkt im Ordner *fileadmin* liegen. Wenn Sie also Exportdateien zur Sicherung an anderer Stelle gespeichert haben, müssen Sie vor dem Import die Datei wieder über das Modul DATEILISTE in den Fileadmin hochladen.

7.2 Import eines Seiten-Backups

Der Sinn eines Backups ist, dass es zur Verfügung steht, wenn Daten rekonstruiert werden sollen. TYPO3 bietet zwar, wie im Vorfeld gezeigt wurde, Möglichkeiten, um Fehler über den Erstellungsverlauf zurückzunehmen, jedoch kann es durchaus einfacher sein, stattdessen ein Backup einzulesen.

> **Tipp**
> Analog können Sie per T3D-Import eine beliebige Struktur (vom Seiteninhalt bis hin zu einer kompletten Site inklusive Templates) in eine andere TYPO3-Installation einlesen.

Wenn Sie sich überzeugt haben, dass das eben erzeugte T3D-Backup sicher im Fileadmin lagert, können Sie nun die Seite »Oberfläche« löschen. Sie soll über das Backup rekonstruiert werden.

Beim Importieren des Backups ist der *Bezugspunkt* zu beachten – eine importierte Seite wird als Unterseite zu dem Element des Seitenbaums realisiert, von dem aus der Import stattfindet. Um die wiederhergestellte Seite »Oberfläche« nicht anschließend noch in der Hierarchieebene verschieben zu müssen (ganz ohne nachfolgendes Sortieren geht es aber nicht), wird der Import daher sinnvollerweise über das Kontextmenü der Seite »Root« vorgenommen (siehe Abbildung 7.6). Die reimportierte Seite befindet sich dann wieder in der ursprünglichen Hierarchieebene, erscheint jedoch *ganz oben* im Seitenbaum.

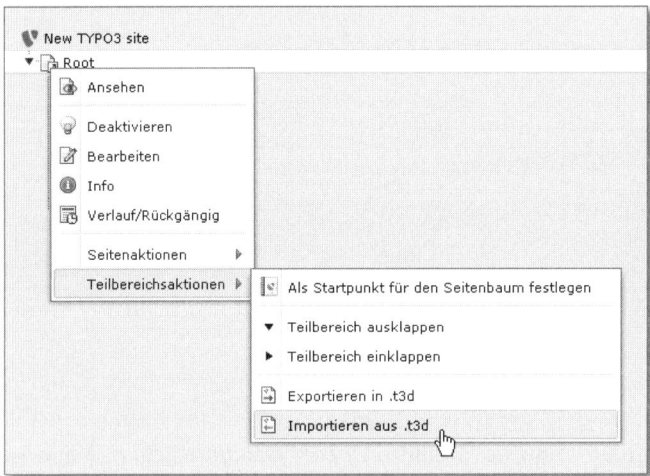

Abbildung 7.6 Import und Rekonstruktion einer Seite per t3d-Import

Im IMPORT-Dialog muss zunächst die gewünschte Importdatei ausgewählt werden. Prinzipiell können im Fileadmin beliebig viele solcher Dateien lagern. Wählen Sie die vorhin erzeugte Backup-Datei *seite_oberflaeche.t3d* aus. Klicken Sie auf VORSCHAU, um die Auswirkungen des Imports zu sehen (siehe Abbildung 7.7 – dieser Schritt ist aus Sicherheitsgründen vorgesehen).

Hier lohnt ein kurzer Blick auf die per Checkbox anwählbaren Optionen. Die ersten beiden (Stichwort »Update«) treffen in diesem Fall deshalb nicht zu, weil die Seite »Oberfläche« vorher gelöscht wurde.

- AKTUALISIERUNG: DATENSÄTZE AKTUALISIEREN
  Wird ein Backup einer bestehenden Struktur ausgeführt, werden einander entsprechende Datensätze aktualisiert.
  Tipp: Wählen Sie diese Option, falls die importierten Objekte im Seitenbaum schon vorhanden sind – anderenfalls werden sie dupliziert!

- OPTIONEN: UNTERSCHIEDE IN DATENSÄTZEN NICHT ANZEIGEN
  TYPO3 zeigt die Veränderungen durch das Backup an – dies kann hier deaktiviert werden (selten erforderlich).

7.2 Import eines Seiten-Backups

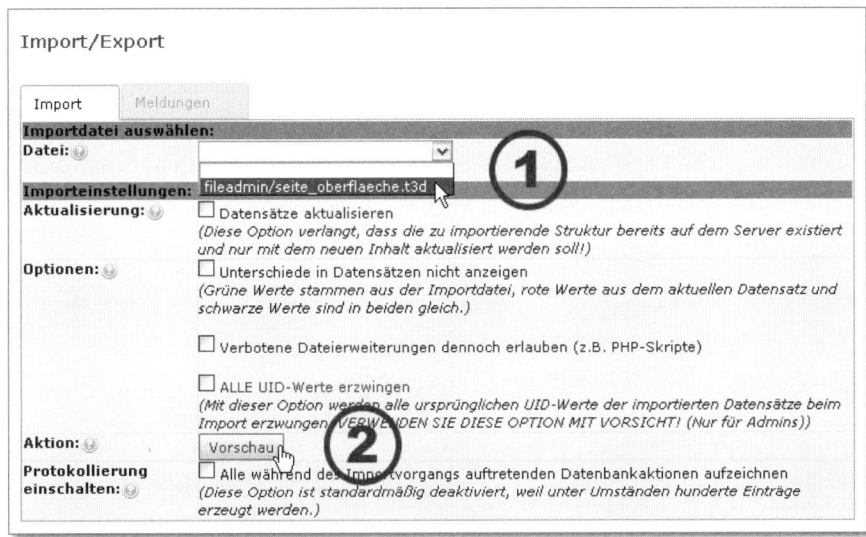

Abbildung 7.7 Auswahl einer zu importierenden Datei, die im Fileadmin liegt

Die weiteren Optionen brauchen für diesen Import ebenfalls nicht berücksichtigt zu werden – sie sind in anderen Fällen jedoch von Bedeutung:

- OPTIONEN: VERBOTENE DATEIERWEITERUNGEN DENNOCH ERLAUBEN (Z.B. PHP-SKRIPTE)
  Wählen Sie diese Checkbox an, wenn eine Datei mit der Endung *.php* Teil des Backups ist, sonst wird deren Import verweigert (Administratorrechte erforderlich).
- OPTIONEN: ALLE UID-WERTE ERZWINGEN (Achtung, riskant!)
  Normalerweise werden Datensatz-Identifier für importierte Objekte (für Seiten wie auch für Inhalte) beim Import *neu vergeben*, um Konflikte zu vermeiden. Wollen Sie dies aus irgendwelchen Gründen nicht, können Sie die ursprünglichen IDs mit dieser Option erzwingen.

  Vorsicht: Existieren bereits Objekte (Seiten, Inhalte) mit entsprechenden IDs, werden diese Objekte jetzt überschrieben!

  Tipp: Nur anzuraten, wenn Sie Inhalte in eine leere Website importieren!
- PROTOKOLLIERUNG EINSCHALTEN: ALLE WÄHREND DES IMPORTVORGANGS AUFTRETENDEN DATENBANKAKTIONEN AUFZEICHNEN
  Diese Option können Sie deaktivieren, wenn das importierte Backup sehr groß ist, da hier sonst erhebliche Datenmengen anfallen.

Klicken Sie nun auf den daraufhin erscheinenden Button IMPORT. Sie erhalten eine Erfolgsmeldung und eine Übersicht über die gerade importierte Datenstruktur (siehe Abbildung 7.8 – beachten Sie dabei, dass beim vorherigen Export ausgeschlossene Inhalte nicht Teil des Backups waren und daher hier nicht wieder erscheinen). Die

Übersicht ist ziemlich ausführlich und gibt auch Auskunft über die neu importierten Dateireferenzen. Der Bezug zu den Dateien selbst wird wiederhergestellt. Das können Sie überprüfen, indem Sie z.B. das eben importierte Inhaltselement »Äpfel und Birnen« auf der Seite »Oberfläche« bearbeiten. Es stellt sich allerdings heraus, dass die Vorschaubilder im Seiten-Modul fehlen. Wenn Sie das Inhaltselement erneut speichern, werden sie erneut generiert.

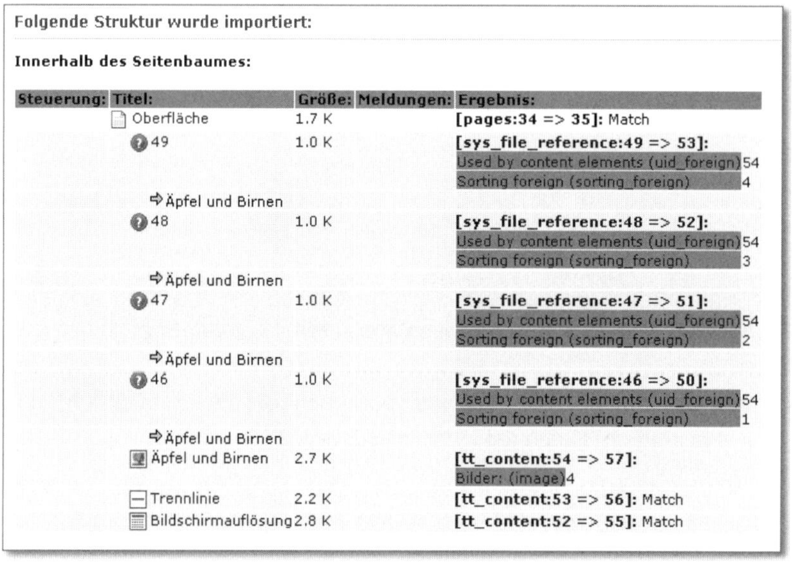

Abbildung 7.8 Übersicht über die importierte Datenstruktur

Die Seite »Oberfläche« erscheint nun in der korrekten Hierarchiestufe des Seitenbaums, muss aber noch an die gewünschte Position verschoben werden, da sie am Beginn als erste Seite eingefügt wurde.

Beachten Sie in der Spalte ERGEBNIS die neu zugewiesenen IDs der Datensätze (dies betrifft sowohl die Seite selbst als auch ihre Inhalte). Da TYPO3 keine Daten wirklich löscht, können die IDs der zuvor entfernten Seite nicht neu verwendet werden. Dies muss mit der Option ALLE UID-WERTE ERZWINGEN ausdrücklich angeordnet werden.

7.3 Export und Import eines Seiteninhaltselements

Analog erfolgen Export und Import eines Seiteninhaltselements – versuchen Sie dies am Beispiel des Textblocks »Zielrichtung des geplanten Auftritts« der Seite WEBSITE-PLANUNG. Gehen Sie hierbei über das Modul LISTE (siehe Abbildung 7.9). Speichern Sie das Element als *inhalt_websiteplanung_zielrichtung.t3d* im Fileadmin ab.

Import von Inhalten nur über das Seitenobjekt

Beachten Sie, dass im Kontextmenü eines Seiteninhalts nur der Export, nicht aber der Import einer T3D-Datei vorgesehen ist. Ein Import erfolgt stets über das Seitenobjekt, das den zu importierenden Inhalt aufnehmen soll.

Abbildung 7.9 Export eines Seiteninhaltselements über das »Liste«-Modul

Verändern Sie nun den ursprünglichen Inhalt durch beliebiges Überschreiben (oder lassen Sie dies durch Ihre Katze[1] erledigen, siehe Abbildung 7.10), und speichern Sie die Änderungen ab – der vorherige Zustand soll durch Einspielen des Backups wiederhergestellt werden.

Der Import geschieht wiederum analog zum Import einer Seite: Auch hier erfolgt der Import im übergeordneten Element, also über die Seite.

Da in diesem Fall ein *Backup über eine bestehende Struktur* aufgespielt werden soll (Sie haben den Inhalt ja vorher nicht gelöscht), müssen Sie beim Import darauf achten, dass Sie, wie in Abbildung 7.11 gezeigt, die Checkbox DATENSÄTZE AKTUALISIEREN angewählt haben – ansonsten würden Sie im Anschluss den Datensatz zweimal in der Seite vorfinden (es schadet nichts, dies einmal zu probieren).

---

[1] Kater Nadu, 8 Jahre, 7,5 kg

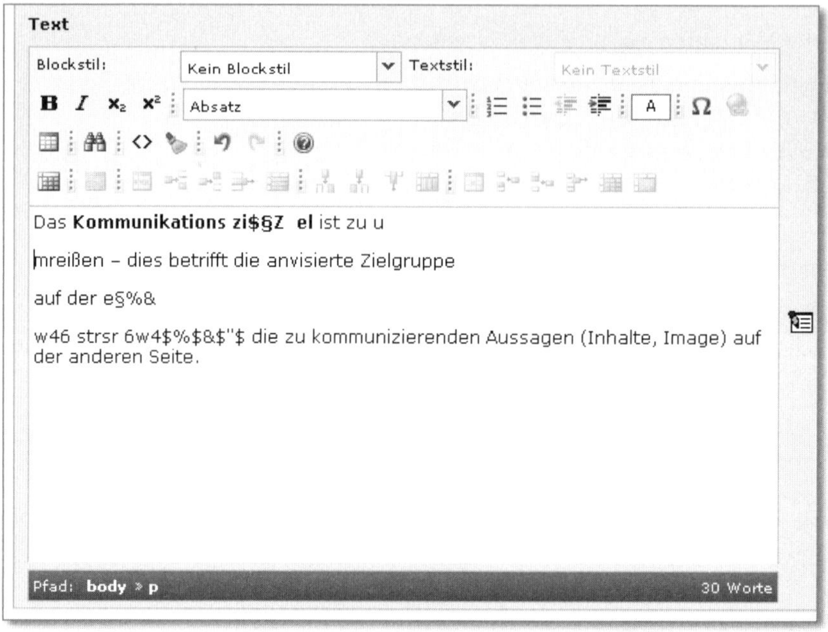

Abbildung 7.10 Manche Änderungen erweisen sich als nicht sinnvoll ...

Abbildung 7.11 Datensätze beim Import aktualisieren

Klicken Sie nun auf den Button VORSCHAU und anschließend – da es sich um das Update eines Inhalts handelt – auf den Button AKTUALISIERUNG. Der Seiteninhalt ist hiermit in der ursprünglichen Version wiederhergestellt.

7.4 Export und Import einer kompletten Site

Wenn Sie Ihre ganze Site auf einmal als T3D-Datei sichern wollen, ist der geeignete Ausgangspunkt die »Root«-Seite (siehe Abbildung 7.12).

> **Achtung**
> Je nach Umfang der Site und der eingebundenen Inhalte kann ein T3D-Backup einer vollständigen Site durchaus mehrere Megabyte groß sein.

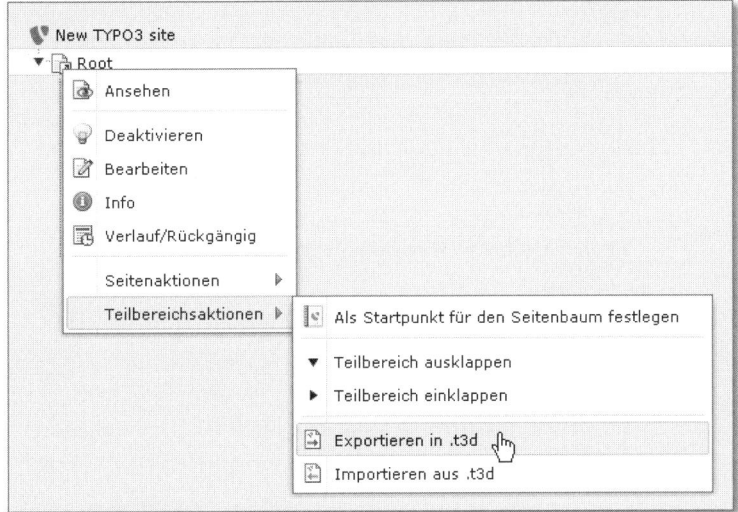

Abbildung 7.12 Export – ausgehend von der Root-Seite

Gehen Sie in die Palette KONFIGURATION. Wählen Sie nun im Pulldown-Menü EBENEN des EXPORT-Dialogs die Option UNENDLICH. Wählen Sie wieder ALLE TABELLEN AUS, und klicken Sie auf AKTUALISIEREN. Anschließend sollte die für den Export vorgesehene Baumstruktur erscheinen (siehe Abbildung 7.13).

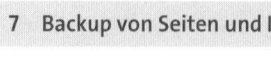

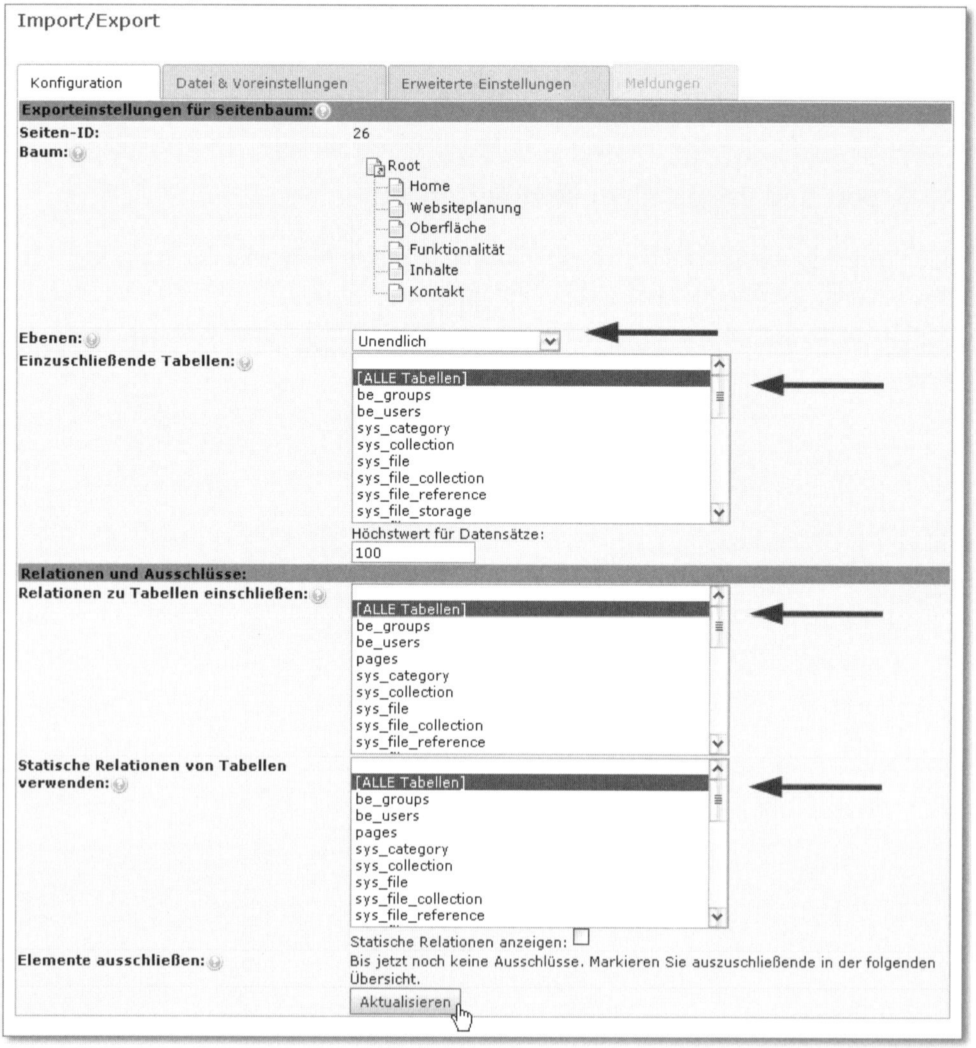

Abbildung 7.13 Export aller Seitenebenen mit »unendlich«

Weiter unten im EXPORT-Dialog finden Sie eine vollständige Liste aller exportierten Objekte und der mit ihnen verknüpften Dateien vor. Sie können hier wieder gezielt einzelne Objekte vom Export ausschließen (siehe Abbildung 7.14).

Der Ausschluss einer Seite schließt gleichzeitig alle Objekte aus, die ihr untergeordnet sind (sowohl ihre Inhalte als auch untergeordnete Seiten und deren Inhalte). Sie können also auch gezielt nur Teile Ihrer Site exportieren. Klicken Sie nach erfolgtem Ausschluss nochmals auf AKTUALISIEREN, um die ausgeschlossenen Objekte aus der Ansicht zu entfernen.

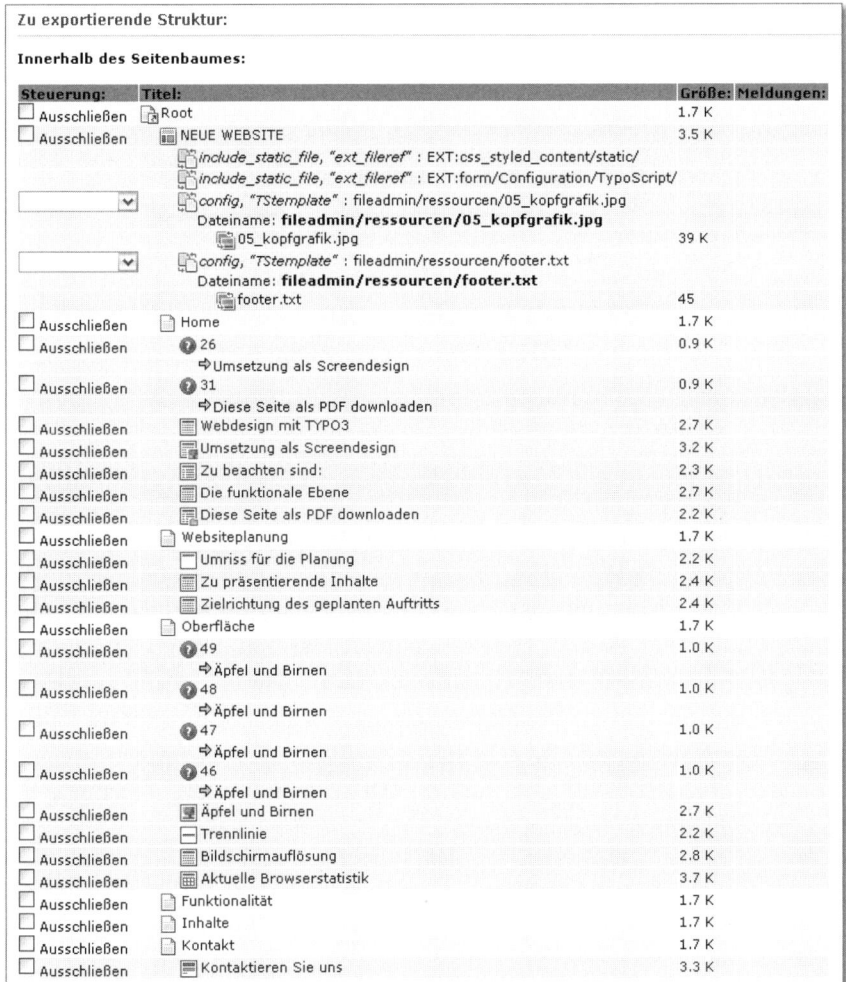

Abbildung 7.14 Ausschlussliste beim Export einer Site

Wenn Sie versehentlich ein Objekt ausgeschlossen haben, es aber eigentlich exportieren wollten, können Sie die Ausschlüsse zurücknehmen, indem Sie die Checkbox ALLE AUSSCHLÜSSE ZURÜCKSETZEN neben dem AKTUALISIEREN-Button aktivieren. Klicken Sie anschließend erneut auf AKTUALISIEREN.

Zum eigentlichen Export wechseln Sie wiederum in die Palette DATEI & VOREINSTELLUNGEN. Geben Sie der Exportdatei in den AUSGABEOPTIONEN diesmal einige METADATEN mit, wie einen TITEL und eine allgemeine BESCHREIBUNG (die ANMERKUNGEN können den Inhalt betreffen, können aber auch Versionsstände, Urheberangaben etc. enthalten). Exportieren Sie sie mit dem Button EXPORTDATEI HERUNTERLADEN, geben Sie den Dateinamen »site_projekt1.t3d« an, und speichern Sie die Datei im Fileadmin (siehe Abbildung 7.15).

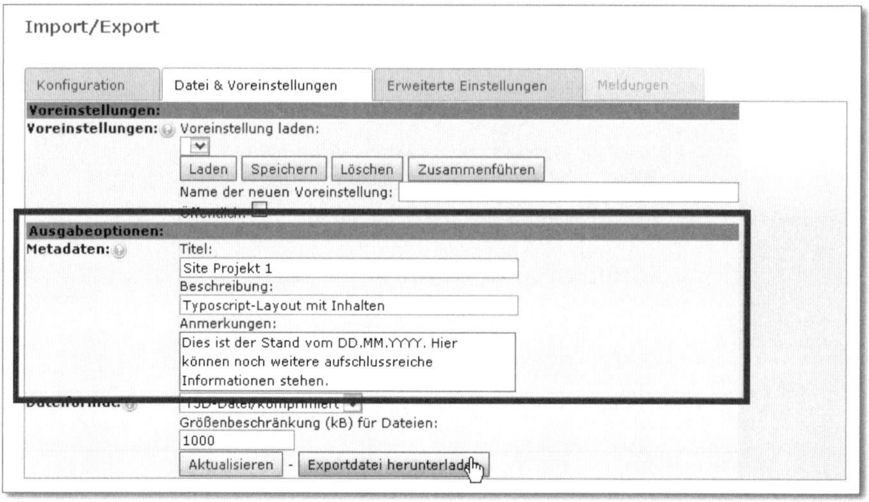

7 Backup von Seiten und Inhalten

Abbildung 7.15 Eingabe von Metadaten für die Exportdatei

Der Re-Import kann wieder über das Root-Icon des Seitenbaums erfolgen. Er muss diesmal nicht unbedingt bis zum Ende durchgeführt werden – leiten Sie aber versuchsweise den Import zumindest ein, indem Sie nach Auswahl der eben erstellten Datei im Fileadmin den Button VORSCHAU betätigen. Gehen Sie nun auf die Palette METADATEN (siehe Abbildung 7.16). Hier sehen Sie den TITEL, den Sie der Datei mitgegeben haben, ihre BESCHREIBUNG und die ANMERKUNGEN, die Informationen über die Inhalte der Importdatei liefern.

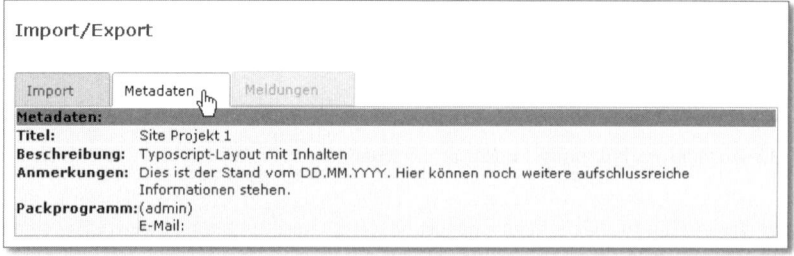

Abbildung 7.16 Anzeige der Metadaten vor dem Import eines Backups

> **Tipp**
>
> Verwenden Sie für alle exportierten Objekte sinnvolle Dateinamen. Hier wurde vor Inhalt-Backups das Präfix *inhalt_*, vor Seiten-Backups das Präfix *seite_* und vor Site-Backups das Präfix *site_* gesetzt. Sie können und sollten jedoch Ihre eigene Benennungskonvention entwickeln, um beispielsweise auch das Datum des erfolgten Backups in den Dateinamen aufzunehmen.

Die Alternative des *uploads*-Ordners hätte einige Nachteile bezüglich der Zugriffsmöglichkeiten auf die Daten. Ein Upload kann zwar per FTP vorgenommen werden (im lokalen Testsystem können Sie die Daten auch direkt ablegen), jedoch soll hier der Upload über das TYPO3-Backend demonstriert werden.

7.5 Sichern und Einspielen einer Site »von Hand«

Eine hundertprozentige Reproduktion einer Site ist per T3D-Import nur in *funktionaler* Hinsicht möglich – Sie werden feststellen, dass einige Dateien nicht an derselben Stelle im Zielsystem zu liegen kommen (ansonsten verhält sich das geklonte System gleich). Auch werden aktive Erweiterungen, Sprachpakete etc. nicht mitgesichert. Es ist daher oft erforderlich, ein TYPO3-System unmittelbar zu sichern und in ein Zielsystem einzuspielen. Obwohl Sie das zu diesem Zeitpunkt noch nicht benötigen, soll das Vorgehen an dieser Stelle kurz beschrieben werden.

7.5.1 Erstellen eines SQL-Dumps

Der erste Schritt für Backup oder Transport einer TYPO3-Installation besteht im Sichern der verwendeten Datenbank. Machen Sie hierfür mit *phpMyAdmin* einen *SQL-Dump* – das Procedere ist in Abschnitt C.2.1 beschrieben. Vergessen Sie hierbei den DROP-TABLE-Befehl nicht! Letzterer ist notwendig, falls die Daten eines bestehenden TYPO3-Systems (Ihr Zielsystem) überschrieben werden müssen (z.B. als Reparaturmaßnahme).

Der Dump wird in die Datenbank des Zielsystems eingespielt, deren Daten dabei überschrieben werden. (Sichern Sie diese Daten gegebenenfalls, falls Sie die Aktion rückgängig machen möchten!)

7.5.2 Sichern der Projektdaten

Des Weiteren müssen die *vier projektbezogenen Ordner* des Systems gesichert oder (per FTP) ins Zielsystem übertragen werden. Die restlichen Daten und Verzeichnisse von TYPO3 brauchen Sie nicht zu berücksichtigen – sie umfassen die Source des Systems, in der so gut wie nie Änderungen erfolgen.

- *fileadmin*
  Hier liegen alle Daten, die über den Dateimanager hochgeladen wurden. In der Regel sind hier auch HTML-Dokumentvorlagen und deren Ressourcen sowie in Inhalten benötigte Grafiken, Download-Dateien etc. abgelegt.

- *uploads*
  Hier liegen ebenfalls hochgeladene Inhalte (deren Upload aber nicht über den

Dateimanager erfolgt ist). TYPO3 legt hier aber auch selbst Dateien ab (beispielsweise als »Template-Ressourcen« deklarierte Daten).

- *typo3temp*
Diesen Ordner sollte man »mitnehmen«, weil TYPO3 hier alle Daten ablegt, die für die Frontend-Ausgabe benötigt werden (z.B. skalierte Bilder). Auf diese Daten wird in den Inhaltselementen Bezug genommen (sie sind also in der Datenbank referenziert, die über SQL eingespielt werden soll). Stehen sie nicht mehr zur Verfügung, erhalten wir Fehlermeldungen, bis sie vom System neu erstellt sind.

- *typo3conf*
Hier liegen Konfigurationsdaten (wie die *LocalConfiguration.php*). Eventuell vorhandene *tmp*-Dateien benötigen Sie nicht unbedingt (sie schaden aber auch nicht). Außerdem liegen hier (im Unterordner *l10n*) die Sprachdateien für die Backend-Übersetzungen und (im Unterordner *ext*) die lokalen Erweiterungen. Diese werden, sofern sie als »aktiv« registriert sind, auch in `LocalConfiguration.php` referenziert.

  Achtung: Die *LocalConfiguration.php* muss an eine eventuell neue Umgebung angepasst werden (im Texteditor). Dies betrifft folgende Zeilen :
    - Datenbank-User:
      'username' => 'root'
    - Passwort:
      'password' => ''
    - Server:
      'host' => 'localhost'
    - Datenbankname:
      'database' => 'cms' (die von TYPO3 zu verwendende Datenbank)
    - Pfade zu GraphicsMagick:
      'im_path'
      'im_path_lzw'
      'im_5_version'

Als möglicherweise bessere Alternative bietet sich an, die lokale *LocalConfiguration.php* vor einem Upload ins Zielsystem aus *typo3conf* zu entfernen. In diesem Fall muss das Zielsystem allerdings bereits konfiguriert sein (dies wird bei einem angemieteten Hostingpaket der Fall sein). Die restlichen Dateien aus *typo3conf* können überschrieben bzw. durch Hochladen der Ordner *l10n* und *ext* ergänzt werden. Allerdings müssen so eingespielte lokale Erweiterungen im Erweiterungsmanager noch aktiviert werden.

7.6 Zusammenfassung

Sie haben in diesem Kapitel Backup-Strategien in Form des Exports und Imports von Datensätzen in T3D-Dateien kennengelernt. Auch eine weitere Möglichkeit, die Sicherung »von Hand«, wurde angesprochen. Als nächsten Schritt werden wir erneut einen Blick auf die Darstellung der Seitendatensätze im Browser und auf die Wege zu deren Layout werfen.

Falls Ihnen der in Kapitel 5, »Seitenlayout mit TypoScript«, demonstrierte reine Typo-Script-Ansatz zum Steuern der HTML-Ausgabe zu abstrakt gewesen sein sollte und Sie lieber wieder Ihren gewohnten Webeditor »anwerfen« möchten, können Sie genau das nun tun: Wir wenden uns nämlich in Kapitel 8 den HTML-Designvorlagen zu.

Kapitel 8
Einstieg in Designvorlagen

Designvorlagen bestimmen das grundlegende Aussehen einer Site und setzen die Schritte des Screendesigns und des Navigationskonzepts in HTML-Dateien um. Sie werden mit speziellen Markierungen versehen, um sie per TypoScript-Anweisungen in TYPO3 einbinden zu können.

Sie haben in Kapitel 4, »Einstieg in TypoScript«, einen Einblick in die Syntax von TypoScript gewonnen und in Kapitel 5, »Seitenlayout mit TypoScript«, ein einfaches Layout für die auszugebenden HTML-Seiten erstellt. Was Programmierer an dieser Vorgehensweise schätzen, nämlich den rein abstrakten Ansatz, kann für einen Designer wiederum zu wenig gegenständlich sein.

Soll die Erstellung einer Website durch mehrere spezialisierte Parteien erfolgen, bietet es sich an, nach dem anderen Grundkonzept vorzugehen, das TYPO3 alternativ zu reinen TypoScript-Templates anbietet: nämlich nach dem Konzept der sogenannten *HTML-Designvorlagen*. Diese können – sogar vollständig losgelöst von einer TYPO3-Installation – mit einem herkömmlichen Webeditor erzeugt und anschließend in ein TYPO3-Projekt eingebunden werden.

8.1 Von TypoScript zur HTML-Designvorlage

Das gewünschte Ausgabeergebnis von TYPO3 ist eine HTML-Seite, die in einem gewöhnlichen Webbrowser dargestellt werden kann. In Kapitel 4 haben Sie gelernt, auf welche Weise eine solche Ausgabeseite durch TYPO3 generiert wird. In Kapitel 5 haben Sie eine Navigation aus der Seitenbaumstruktur abgeleitet und die den Seitenobjekten zugeordneten Inhaltsobjekte eingebunden.

Der HTML-Code wird auf der Grundlage von TypoScript-Objekten generiert. Dies kann kurz folgendermaßen zusammengefasst werden:

- **PAGE-Objekt**
  Ein PAGE-Objekt bestimmt die Art der Ausgabeseite (HTML-Seite, Frameset-Dokument etc.) und erzeugt dessen Dokumentenrumpf, also <html>-, <head>- und <body>-Container. Der Inhalt des <title>-Containers wird dem Datenbankfeld »Seitentitel« des Seitendatensatzes entnommen.

▶ cObjects

cObjects sind für den eigentlichen Seiteninhalt (Layout) im Inneren des `<body>`-Containers zuständig; sie binden das Menü und die Inhaltsdatensätze ein. Die Vorschriften für das Erzeugen der HTML-Tags um jedes Inhaltselement werden aus dem statischen Template *CSS Styled Content* bezogen.

Im Rahmen der Definition eines Layouts per TypoScript haben Sie einige cObjects ausschließlich für das Seitengerüst eingesetzt (Stichwort: Tabellenlayout per `COA`-Objekt) und dabei auch Bild- und Textressourcen eingebunden. Der Nachteil dieser abstrakten Vorgehensweise ist, dass sämtliche Layout-Änderungen erstens Kenntnisse in TypoScript erfordern und dass zweitens kein direkter Zugriff auf den HTML-Quellcode der generierten Seite möglich ist.

Es liegt nahe, die Erstellung des HTML-Gerüsts der Ausgabeseite getrennt von TYPO3 zu entwerfen und dieses Gerüst anschließend, ähnlich einer Textressource, per TypoScript wieder einzubinden. Dies ist, vereinfacht gesagt, auch genau das Prinzip einer HTML-Designvorlage.

8.1.1 Erzeugen einer HTML-Designvorlage

Eine solche Designvorlage muss im Prinzip nicht sonderlich komplex sein; für den Anfang ist dies auch gar nicht sinnvoll. Erstellen Sie zunächst ein einfaches Dokument in nachfolgender Form, wobei diesmal eine andere Kopfgrafik als Seiten-Header verwendet wird. Gegen Ende des Kapitels werden wir dann aber zu einer anderen, komplexeren Vorlage wechseln, die Sie im Rahmen des Beispielprojekts während der nächsten Kapitel begleiten wird.

Die hier eingesetzte Dokumentvorlage baut auf dem in TypoScript erzeugten Div-Layout aus Kapitel 6, »Seiteninhalte anlegen«, und dessen Struktur auf. Sie ist allerdings ein wenig komplexer, um auch zusätzliche Layoutansätze zu bieten.

Sie erkennen einige neue Containerhierarchien und Inhaltsplatzhalter. Zum Beispiel ist ein Bereich unter dem Seitenkopf hinzugekommen, der eine Breadcrumb-Navigation enthalten soll (Platzhalter `[ROOTLINE]`). Um Navigation und Inhalt ist ein weiterer Wrap-Container `id="main_wrap"` gelegt worden. In Abbildung 8.1 sehen Sie, wie die Vorlage mit Beispielinhalten aussehen wird.

```
<html>
<head>
<title>Designvorlage Kapitel 8</title>
<link rel="stylesheet" type="text/css"
 href="08_screen.css" media="screen">
</head>
<body>
```

```html
<div id="wrap">
    <div id="header">
        <img src="08_kopfgrafik.jpg">
    </div>
    <div id="header_sub">
        <div class="rootline">
            [ROOTLINE]
        </div>
    </div>
    <div id="main_wrap">
        <div id="navigation">
            [NAVIGATION]
        </div><!-- Ende navigation-->
        <div id="content_wrap">
            <div id="content">
            [PLATZHALTER FÜR INHALT]
            </div>
        </div><!-- Ende content_wrap-->
    </div><!-- Ende main_wrap-->
    <div id="footer">
            [FOOTER]
    </div>
</div>
</body>
</html>
```

Listing 8.1 Die erste HTML-Vorlage (»08_dateivorlage.html«)

Zunächst wird davon ausgegangen, dass die Vorlage und ihre eingebundenen Dateien (Stylesheet, Kopfgrafik und Navigationspfeile) im gleichen Verzeichnis abgelegt werden. Legen Sie die Dateien aber einstweilen noch nicht im TYPO3-Verzeichnis ab, sondern belassen Sie sie in einem separaten Projektordner irgendwo auf Ihrem Rechner.

Diese HTML-Vorlage soll nun den in den vorangegangenen Kapiteln erstellten Seiten quasi »übergestülpt« werden. Hierfür werden sowohl an der Vorlage als auch am TypoScript der vorliegenden Seiten noch einige Modifikationen erforderlich sein.

> **Tipp**
> Falls Sie im vorangegangenen Kapitel kein Backup Ihrer Projektsite vorgenommen haben, sollten Sie dies nun sicherheitshalber tun.

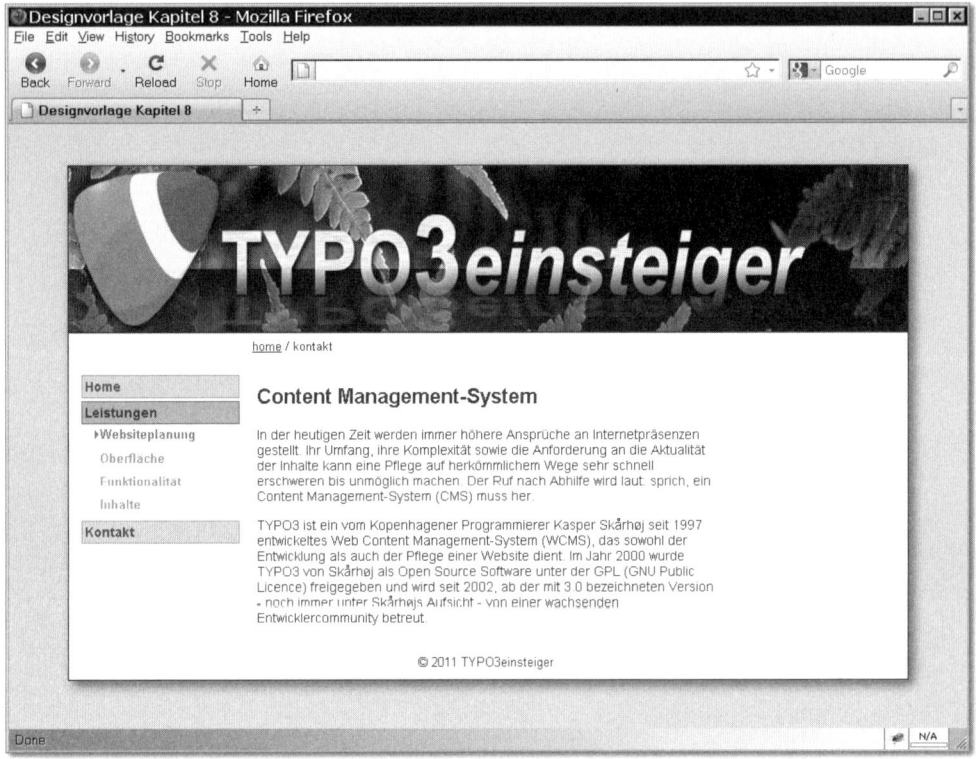

Abbildung 8.1 Die Vorlagendatei mit Beispielinhalten im Browser

8.1.2 Einbinden der Designvorlage

Löschen Sie zunächst über das Template-Modul alle in das Wurzel-Template eingebundenen Ressourcen (die Header-Grafik und die eingebundene Textdatei) aus der Ressourcenliste des TypoScript-Setups. Sie werden nicht mehr benötigt.

Wechseln Sie in die Ansicht INFO/BEARBEITEN, und löschen Sie die gesamten Konstanten im Feld KONSTANTEN. Auch das SETUP kann bis auf die ersten Zeilen entfernt werden. Lassen Sie nur Folgendes stehen:

```
# Default PAGE object:
page = PAGE
```

Ganz ohne TypoScript wird es auch mit einer Designvorlage nicht gehen: Das PAGE-Objekt wird zum einen benötigt, um TYPO3 mitzuteilen, dass eine HTML-Seite erzeugt werden soll und welche Art von Seite gewünscht wird. Eine explizite Typangabe ist jedoch nur erforderlich, falls ein Frameset generiert werden muss; eine »normale« HTML-Seite ist die Voreinstellung. Zum anderen dient das PAGE-Objekt als

»Anker«, um die HTML-Vorlage in das TypoScript-Setup einzubinden. Dies geschieht über ein cObject vom Typ TEMPLATE.

```
# Default PAGE object:
page = PAGE
page.10 = TEMPLATE
```

Upload der HTML-Vorlage in den Fileadmin

An dieses TEMPLATE-Objekt wird im nächsten Schritt die HTML-Vorlage gebunden. Zuvor muss die Designvorlage, ebenso wie die in ihr verwendete Header-Grafik und das Stylesheet, allerdings in ein Verzeichnis geladen werden, auf das TYPO3 Zugriff hat. Aus verschiedenen Gründen sollte man hierfür den *Fileadmin* wählen. Ein Upload kann zwar per FTP vorgenommen werden (im lokalen Testsystem können Sie die Dateien auch direkt ablegen), jedoch soll hier der Upload über das TYPO3-Backend demonstriert werden.

Wechseln Sie jetzt in das Modul DATEI • DATEILISTE, und erstellen Sie dort einen neuen Ordner namens *templates* (siehe Abbildung 8.2).

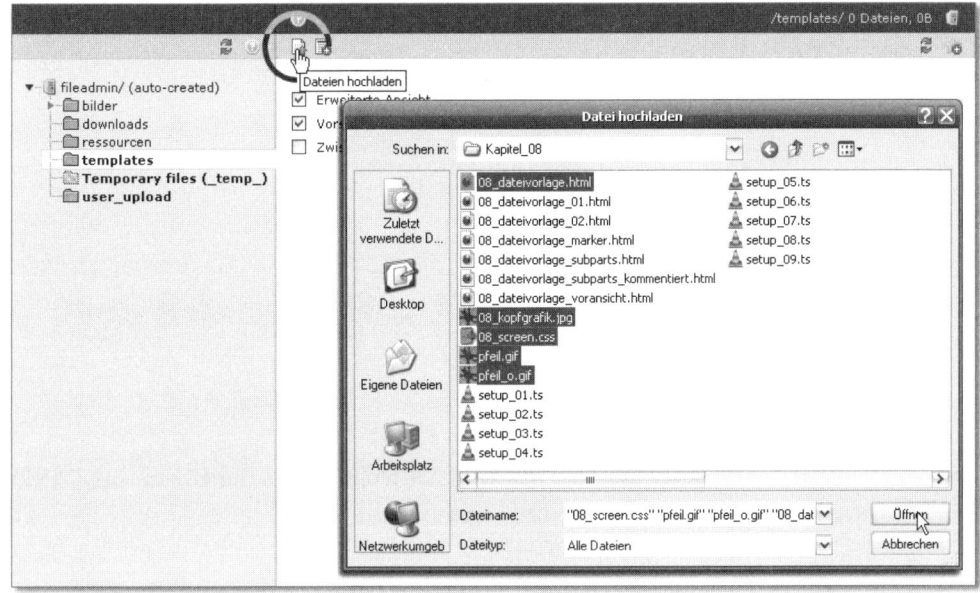

Abbildung 8.2 Hochladen der Dateien in den »templates«-Ordner

Sie finden die benötigten Dateien *08_dateivorlage.html*, *08_kopfgrafik.jpg*, *pfeil.gif*, *pfeil_o.gif* und *08_screen.css* im Ordner *Dateien_zum_Buch/Kapitel_08* auf der Begleit-DVD. Diese sollen nun in dem eben erstellten Ordner abgelegt werden. Aktivieren Sie den neu erstellten Ordner, und klicken Sie auf das Upload-Icon am oberen Seitenrand.

8 Einstieg in Designvorlagen

Einfügen der Vorlagendatei in das TypoScript-Setup

Sie können die HTML-Designvorlage, die sich nun im Fileadmin befindet, mit der entsprechenden Pfadangabe in das TypoScript-Setup einfügen.

```
Setup:
 1
 2  # Default PAGE object:
 3  page = PAGE
 4
 5  page.10 = TEMPLATE
    page.10.template = FILE
 6  page.10.template.file = fileadmin/templates/08_dateivorlage.html
 7
 8
 9
10
11
12
13
14
Template NEUE WEBSITE:
```

Abbildung 8.3 Einbindung der Vorlage in das TypoScript-Setup

Erweitern Sie das TypoScript-Setup wie folgt (kein Zeilenumbruch):

```
# Default PAGE object:
page = PAGE
page.10 = TEMPLATE
page.10.template = FILE
page.10.template.file =
    fileadmin/templates/08_dateivorlage.html
```

Listing 8.2 Einbinden der Vorlage (»setup_01.ts«)

Folgendes passiert hier:

- page.10 = TEMPLATE
  An Position 10 der Seite wird ein TEMPLATE-Objekt für die Designvorlage erzeugt.
- page.10.template = FILE
  Der Wert der Property template des TEMPLATE-Objekts wird mit einem FILE-Objekt belegt, um eine Datei einbinden zu können.
- page.10.template.file = fileadmin/...
  In der *property file* des FILE-Objekts übergeben Sie den Pfad zur Designvorlage, die in einem Unterordner im Fileadmin-Bereich liegt.

Dies ist schon ganz gut. Sobald Sie jedoch die so generierte Seite im Browser betrachten, werden Sie bemerken, dass die Header-Grafik nicht gefunden wurde: In der Seite wird an ihrer Stelle (da hier absichtlich das alt-Attribut weggelassen wurde) das Broken-Image-Icon gezeigt (siehe Abbildung 8.4). Auch mit der Einbindung des Stylesheets scheint es nicht weit her zu sein.

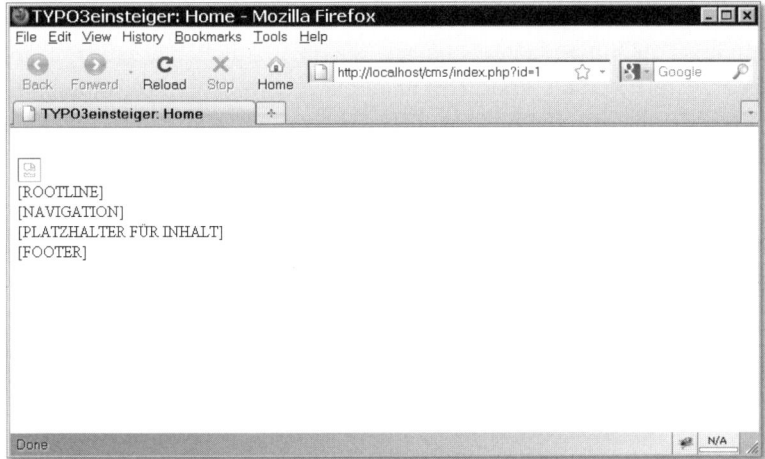

Abbildung 8.4 Das HTML wurde eingebunden, die Grafik dagegen nicht.

Wenn Sie die Eigenschaften (durch Rechtsklick auf das Icon in der Seite) prüfen, erfahren Sie, dass die Header-Grafik im Wurzelverzeichnis des CMS gesucht wird:[1] *http://localhost/t345/08_kopfgrafik.jpg*. Dort wurde sie aber bekanntlich nicht abgelegt, sondern sie liegt stattdessen im Ordner *beispiel1/template* des Fileadmins.

Immerhin wurde der Textinhalt der HTML-Vorlage korrekt eingebunden. Das Problem mit der Grafik ist eine offensichtlich falsche Pfadangabe: Diese rührt daher, dass TYPO3 seine Ausgabeseiten stets im Wurzelverzeichnis des CMS generiert – und zwar unter dem Bezeichner *index.php*.

TYPO3 holt sich die Designvorlage aus dem angegebenen Ordner und bindet sie so, »wie sie ist«, in die Ausgabeseite ein (siehe Abbildung 8.5). Das anhand der Grafik sichtbar gewordene Problem beruht darauf, dass Pfadangaben innerhalb der Vorlagendatei beim Einbinden nicht korrigiert werden. Es ist also eine Anpassung im HTML der Vorlage von Hand erforderlich.

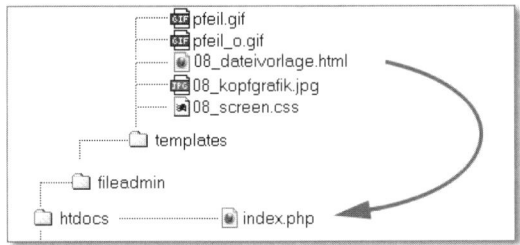

Abbildung 8.5 Einbindungspfad der Designvorlage

---

1 Dieser Pfad hängt davon ab, in welchen Unterordner Sie Ihr CMS in *htdocs* installiert haben. Dementsprechend kann er individuell auch anders lauten.

8.1.3 Editieren der Vorlage im Fileadmin

Sie könnten nun lokal die Vorlagendatei ändern – sie muss lediglich um die Pfadangabe zur Grafik erweitert werden – und anschließend erneut laden. Bei umfangreicheren Änderungen ist dies durchaus sinnvoll. Da es sich hier nur um einen kleinen Eingriff handelt, ist es einfacher, die Datei »vor Ort« zu bearbeiten, also im Fileadmin.

Wechseln Sie hierzu in den Fileadmin (Modul DATEI • DATEILISTE), und wählen Sie die HTML-Vorlage im Ordner *templates* über ihr Kontextmenü zum BEARBEITEN aus (siehe Abbildung 8.6).

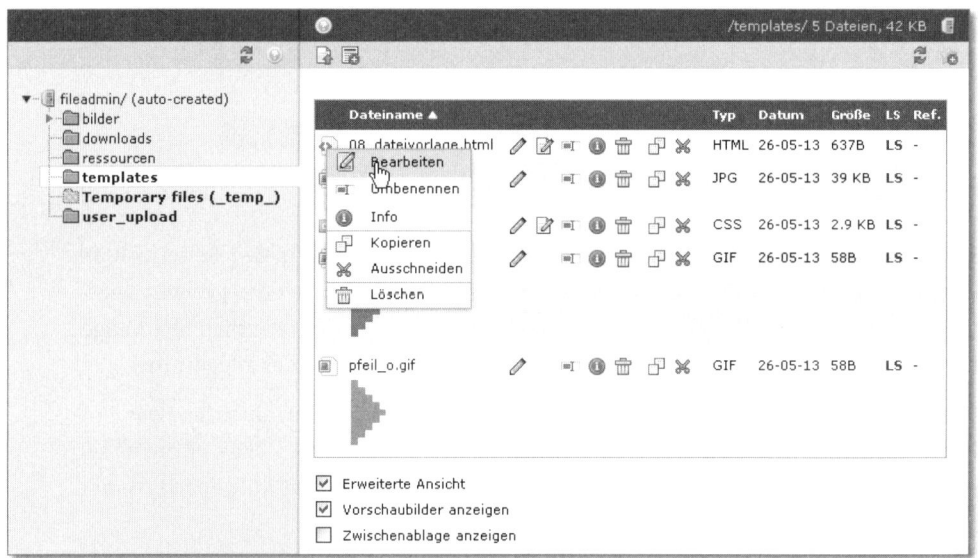

Abbildung 8.6 Auswahl einer Ressource im Fileadmin zum »Bearbeiten«

Alternativ können Sie ein Häkchen in der Checkbox ERWEITERTE ANSICHT unter der Ressourcenliste setzen. Sie fügen der Ressourcenliste damit Icons hinzu, die direkt das Bearbeiten, Umbenennen, die Ansicht der Dateiinfo sowie das Kopieren und Ausschneiden ermöglichen (siehe Abbildung 8.6, unten). Das Löschen einer Ressource ist nach wie vor nur über das Kontextmenü möglich. Wählen Sie nun die HTML-Dokumentvorlage zum Bearbeiten. Im Editorfenster (siehe Abbildung 8.7) sehen Sie den Quelltext der Designvorlage, wie er ursprünglich erstellt wurde. Ändern Sie den Pfad der Grafikdatei und des Stylesheets, indem Sie den Pfad *fileadmin/templates/* vor die Dateinamen setzen. Fügen Sie dem <img>-Tag auch das vergessene alt-Attribut hinzu.

Sollten Sie die Daten in anders benannten Ordnern abgelegt haben, verwenden Sie den entsprechenden Pfad. Sichern Sie die Änderungen über das Disketten-Icon. Sie können den Dialog nun schließen und zur Dokumentansicht zurückwechseln. Die Grafik wird nun wie vorgesehen angezeigt, und auch die CSS-Anweisungen werden ausgeführt.

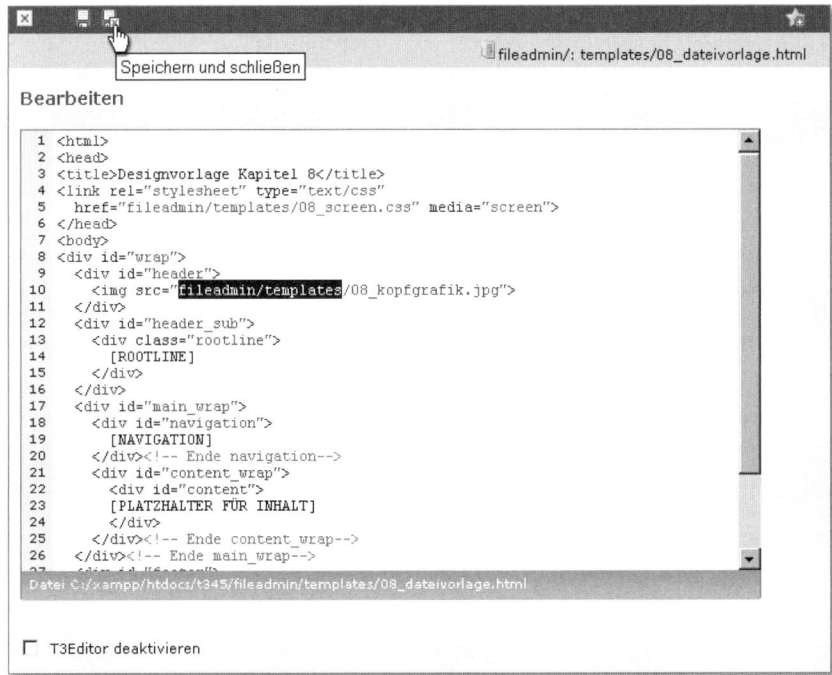

Abbildung 8.7 Anpassung der Pfade durch Editieren im Fileadmin

8.1.4 Anlegen und Bearbeiten einer Vorlage im HTML-Editor

Solche nachträglichen Änderungen an der Designvorlage sind lästig. Besser wäre es, wenn von vornherein die korrekten Pfade zu Grafiken oder anderen eingebetteten Ressourcen vorlägen. Falls Sie die Vorlagendatei in einem Webeditor (wie beispielsweise Dreamweaver) erstellen und dessen WYSIWYG-Fähigkeiten optimal nutzen möchten, sollten Sie die TYPO3-Ordnerstruktur, in der Sie die Daten ablegen werden, im Rahmen der Seitenerstellung vorwegnehmen.

Legen Sie Ihre Vorlagendatei (hier *08_dateivorlage.html*) im »Quasi-Wurzelverzeichnis« Ihres Editorprojekts an, sodass sie relativ zu den in sie eingebundenen Dateien liegt, wie *index.php* auf dem Server. Stellen Sie Stellvertreterordner für den Fileadmin und seine Unterordner her. Sie können dann die HTML-Vorlage wie gewohnt bearbeiten.

Beim Upload Ihrer Daten müssen Sie lediglich darauf achten, alle Unterordner Ihres Projekt-Fileadmins und deren Inhalte im TYPO3-Fileadmin zu reproduzieren, sodass keine Dateien fehlen. Die HTML-Vorlage selbst erstellen Sie lokal in der Hierarchieebene der Sitewurzel. Verschieben Sie sie *im Unterschied zu Ihrem lokalen Projekt* dann ebenfalls in den TYPO3-Fileadmin, *ohne* dabei die Pfade anzupassen. Sie können den Upload ohne Weiteres über die FTP-Funktionen des Editors vornehmen und müssen ihn nicht zwangsläufig mithilfe der Fileadmin-Funktionen durchführen: Es besteht keine Notwendigkeit, Dateien im System gewissermaßen »anzumelden«.

8.1.5 Platzhalter für Inhalte

Woran erkennt TYPO3, an welcher Stelle der Vorlage welche Art von Inhalt einzufügen ist? Hierzu existiert ein in den Grundzügen höchst einfaches, aber sehr mächtiges Konzept von *Platzhaltern*, die für die Darstellung jeweils durch die eigentlichen Inhalte ersetzt werden.

Die Variationsmöglichkeiten, um eine Designvorlage mit Markierungen zu strukturieren, sind absichtlich sehr einfach gehalten. Hier unterscheidet sich TYPO3 von vielen anderen Web-Content-Management-Systemen, die mit einer Fülle von Markierungen unterschiedlichster Funktionalität aufwarten. Deren Zahl ist bei TYPO3 hingegen begrenzt. Es gibt eigentlich nur zwei Grundtypen: *Marker* und *Subparts*.

- **Marker** stellen Positionsmarkierungen dar, die durch Inhalt ersetzt und dabei aus der Vorlage entfernt werden. Ein Marker wird durch seinen Bezeichner gekennzeichnet.
- **Subparts** stellen Bereichsmarkierungen dar. Sie bestehen aus einer Anfangs- und einer Endmarke und werden mitsamt dem so eingeschlossenen Inhalt durch die einzufügenden Informationen ersetzt. Ein Subpart wird sowohl in seiner Anfangs- als auch in seiner Endmarke durch den gleichen Bezeichner gekennzeichnet.

Die Wahl des *Bezeichners* ist frei. Es hat sich jedoch eingebürgert, Großbuchstaben zu verwenden; von Umlauten sollten Sie absehen. Es dürfen auch mehrere Marker mit der gleichen Bezeichnung in der Vorlage vorkommen – nur werden sie in diesem Fall alle durch den gleichen Inhalt ersetzt. TYPO3 achtet auf die Schreibweise der Namen, verhält sich also in Bezug auf die Bezeichner der Platzhalter »case-sensitive«.

> **Hinweis**
>
> Da ein Marker und Subparts im Wesentlichen die gleiche Syntax verwenden, muss TYPO3 mitgeteilt werden, ob ein Bezeichner als Marker oder als Subpart zu verstehen ist. Dies geschieht im Rahmen des ebenfalls erforderlichen Templates, das in TypoScript abgefasst wird.

8.1.6 Marker – Positionsmarkierungen

Marker sind einzeln vorkommende Platzhalter. Sie können von TYPO3 über den gewählten Namen angesprochen und z.B. durch Inhalte aus dem CMS ersetzt werden. Die Syntax für einen TYPO3-Marker lautet:

###MARKERNAME###

Wird z.B. in einer Designvorlage innerhalb einer Tabellenzelle ein Marker ###INHALT### gesetzt, kann dieser dazu verwendet werden, in dieser Zelle Seiteninhalt auszugeben.

Abbildung 8.8 HTML-Vorlage mit zwei Markern

```
<table>
   <tr><td>###INHALT###</td></tr>
</table>
```

TYPO3 erkennt den Marker an den drei aufeinanderfolgenden #-Zeichen. Abbildung 8.8 zeigt ein Beispiel für eine einfache Vorlage mit zwei Markern, die im Browser sichtbar wären.

8.1.7 Subparts – Bereichsmarkierungen

Werden Platzhalter in Form von *Subparts* verwendet, müssen diese paarweise vorkommen. Es wird dann der gesamte zwischen den beiden Platzhaltern stehende Text ersetzt, wenn TYPO3 den Subpart mit Datenbankinhalt füllt.

Die Syntax für einen Subpart unterscheidet sich nicht von der des Markers. Es werden lediglich ein Marker für den Beginn und ein weiterer, gleichnamiger Marker für das Ende des Subparts benötigt:

```
###SUBPARTNAME###
   Dieser Inhalt des Subparts wird ersetzt!
###SUBPARTNAME###
```

Im folgenden Beispiel wird statt eines Markers ein Subpart verwendet. Dies wird gern gemacht, wenn zu Layoutzwecken ein Testinhalt in die HTML-Datei geschrieben wird, der dann später durch dynamisch erzeugten Inhalt ersetzt werden soll:

```
<table>
   <tr>
      <td>
         ###INHALT###
Dieser Blindtext wird ersetzt.
         ###INHALT###
      </td>
   </tr>
</table>
```

HTML-Kommentare um Subpartmarker

In längeren Vorlagen ist es kritisch, den Überblick über den Beginn und das Ende eines Subparts zu behalten. Vielleicht möchten Sie obendrein auch die Vorlage im Browser betrachten und empfinden die Subpartmarkierungen hierbei als störend. Aus diesem Grund ist es praktisch, dass Subpartmarkierungen von TYPO3 auch dann erkannt werden, wenn sie in *HTML-Kommentare* eingebettet sind, etwa in folgender Form:

```
<table>
   <tr>
      <td>
         <!-- ###INHALT### -->
            Dieser Blindtext wird ersetzt.
         <!-- ###INHALT### -->
      </td>
   </tr>
</table>
```

Zusätzlich zum eigentlichen Subpartmarker können noch weitere Informationen in die Kommentare geschrieben werden, die die Orientierung erleichtern:

```
<table>
   <tr>
      <td>
         <!-- ###INHALT###  start -->
            Dieser Blindtext wird ersetzt.
         <!-- ###INHALT###  ende -->
      </td>
   </tr>
</table>
```

Die HTML-Kommentare werden zusammen mit den Subpartmarkern entfernt, hinterlassen also keine störenden Überbleibsel im Quelltext. In Abbildung 8.9 wird die

Verwendung eines Subparts verdeutlicht. Die Marker selbst wären bei einer Browseransicht der Vorlage allerdings unsichtbar.

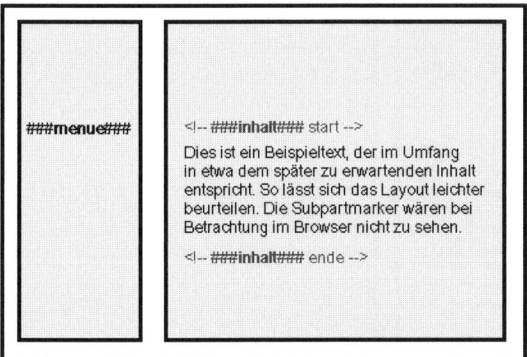

Abbildung 8.9 HTML-Vorlage mit einem Marker und einem Subpart

8.1.8 Subparts vs. Marker

Subparts funktionieren jedoch nicht wie normale Marker. Bei einem Marker bliebe der umgebende Kommentar erhalten, und der Ersetzungstext würde somit im Inneren eines HTML-Kommentars landen. Es ergibt sich aus

```
<!-- ###PECH### -->
```

nach der Ersetzung etwas wie:

```
<!-- Mit diesem Marker hat man Pech. -->
```

Normalerweise will man allerdings keine Kommentare, sondern sichtbare Inhalte erzeugen, muss also auf das Auskommentieren von Markern verzichten. Man kann aber stets anstelle eines Markers einen Subpart einsetzen.[2] Man schreibt also statt

```
###INHALT###
```

einfach:

```
<!-- ###INHALT### -->
Hier Inhalt
<!-- ###INHALT### -->
```

Es spricht nichts dagegen, statt Markern konsequent Subparts zu verwenden. Letztendlich ist dies Geschmackssache. Ersetzt man den Marker ###MENUE### durch einen entsprechenden Subpart, erhält man beim Betrachten der Vorlage allerdings einen etwas

---

[2] Sie müssen TYPO3 allerdings mitteilen, ob ein Bezeichner als Marker oder als Subpart arbeiten soll; ansonsten wird ein Subpart mit zwei gleichnamigen Markern verwechselt!

besseren Eindruck, zumal man die Platzhalterinhalte auch mit CSS-Style-Anweisungen versehen kann, sodass sie optisch dem Original entsprechen (siehe Abbildung 8.10).

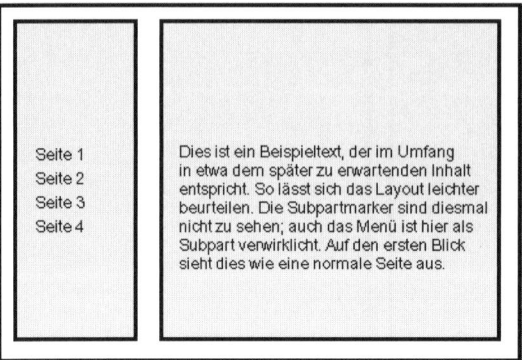

Abbildung 8.10 HTML-Vorlage mit zwei auskommentierten Subparts

---

Beispiele auf der Begleit-DVD

Sie finden auf der Begleit-DVD im Ordner *Dateien_zum_Buch/Kapitel_08* mehrere Beispiele, wie Subparts und Marker in die Beispielvorlage eingefügt werden können. Betrachten Sie die Dateien probeweise im Browser, und sehen Sie sich auch den Quelltext an:

- *08_dateivorlage_marker.html*
  Die Vorlage enthält verschiedene Marker.
- *08_dateivorlage_subparts.html*
  Die Vorlage enthält mehrere Subparts.
- *08_dateivorlage_subparts_kommentiert.html*
  Die Subparts sind in dieser Vorlage auskommentiert.

8.1.9 Die Rolle des Templates für die Designvorlage

Es ist mit diesen Platzhaltern lediglich möglich, die Position im Quelltext zu bestimmen, an der beispielsweise ein erzeugtes Menü einzufügen ist. Dessen eigentliche Erzeugung oder die Formatierung des Inhalts sowie die Zuordnung der Inhalte zu den einzelnen Markern und Subparts geschieht innerhalb des TypoScript-Templates. Die Anweisungen werden also nicht in die HTML-Dateien geschrieben (sie könnten dort auch nicht berücksichtigt werden).

Setzen wir die Theorie in die Tat um, und erweitern wir die Designvorlage so, wie im Folgenden gezeigt wird. Für die Navigation wird ein Marker eingesetzt, um auch die Einbindung von Markern per TypoScript beschreiben zu können:

```html
<html>
<head>
<title>Designvorlage Kapitel 8</title>
<link rel="stylesheet" type="text/css"
 href="fileadmin/templates/08_screen.css"
 media="screen">
</head>
<body>
    <div id="wrap">
    <div id="header">
        <img alt="Kopfgrafik"
          src="fileadmin/templates/08_kopfgrafik.jpg">
    </div>
    <div id="header_sub">
        <div class="rootline">
                ###ROOTLINE###
        </div>
    </div>
    <div id="main_wrap">
        <div id="navigation">
                ###NAVIGATION###
        </div><!-- Ende navigation-->
        <div id="content_wrap">
            <div id="content">
            <!-- ###INHALT### start -->
                <h1>Beispielüberschrift</h1>
                <p>Lorem ipsum ... </p>
            <!-- ###INHALT### ende -->
            </div>
            </div><!-- Ende content_wrap-->
        </div><!-- Ende main_wrap-->

        <div id="footer">
                ###FOOTER###
        </div>
    </div>
</body>
</html>
```

Listing 8.3 Die erweiterte HTML-Vorlage (»08_dateivorlage_01.html«)

Hinweis

Ändern Sie die bereits eingebundene Datei, die sich im Fileadmin befindet (siehe Abbildung 8.11). Alternativ können Sie auch die geänderte Datei von der Begleit-DVD verwenden. Sie müssen dann aber darauf achten, dass die TypoScript-Einbindung am Ende auf die richtige Datei zeigt.

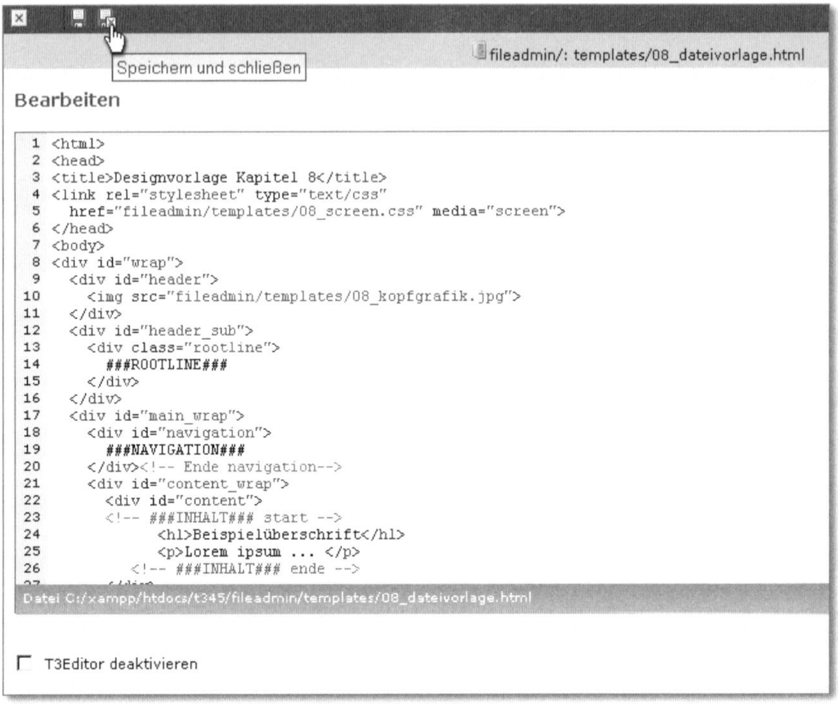

Abbildung 8.11 Ändern der Vorlage im Fileadmin

8.2 Einbinden der Inhalte per TypoScript

8.2.1 Ablage der Vorlagendatei im Fileadmin-Bereich

Ein Blick auf die Website im Frontend zeigt uns nun das geänderte Aussehen der HTML-Designvorlage mit den eingefügten Markern. Vom Subpart ist, wie beabsichtigt, nichts zu sehen. Stattdessen erscheint noch der durch den Subpart eingeschlossene Beispielinhalt.

Bevor wir die Inhalte den Bereichen zuweisen, wollen wir noch ein Problem bereinigen, das zwar nicht optisch im Browser in Erscheinung tritt, jedoch sehr unschön im Quelltext sichtbar wird: Wenn Sie den HTML-Quellcode der Seite betrachten (siehe Abbildung 8.12), bemerken Sie, dass die Seite doppelte Head- und Body-Tags besitzt. Das kommt daher, dass das PAGE-Objekt im TypoScript-Setup standardmäßig Header und Body erzeugt und erst anschließend die Designvorlage in den erzeugten Body einbindet.

Die Designvorlage besitzt jedoch eigene Head- und Body-Tags. Wir könnten diese Tags zwar aus der Designvorlage entfernen, das wäre jedoch unpraktisch, wenn wir die Datei weiter in einem HTML-Editor bearbeiten wollen.

8.2 Einbinden der Inhalte per TypoScript

Abbildung 8.12 Die seltsame Verdopplung des Body-Elements im Quelltext

8.2.2 Ein Subpart für den zu bearbeitenden Bereich

Man kann dadurch Abhilfe schaffen, dass man für den Body selbst einen Subpart deklariert und TYPO3 anweist, nur *innerhalb* dieses Bereichs zu arbeiten. Die in der Designvorlage *außerhalb* des deklarierten Bereichs liegenden Quellcodeteile werden also gar nicht erst berücksichtigt.

Dieser Subpart kann sprechend mit ###DOCUMENT_BODY### bezeichnet werden. Die HTML-Vorlage muss also aufs Neue erweitert werden:

```
<html>
<head>
<title>Designvorlage Kapitel 8</title>
<link rel="stylesheet" type="text/css"
 href="fileadmin/templates/08_screen.css"
 media="screen">
</head>
<body>
<!-- ###DOCUMENT_BODY### Beginn -->
    <div id="wrap">
    <div id="header">
        <img alt="Kopfgrafik"
```

```
            src="fileadmin/templates/08_kopfgrafik.jpg">
        </div>
        <div id="header_sub">
            <div class="rootline">
                ###ROOTLINE###
            </div>
        </div>
        <div id="main_wrap">
            <div id="navigation">
                ###NAVIGATION###
            </div><!-- Ende navigation-->
            <div id="content_wrap">
               <div id="content">
               <!-- ###INHALT### start -->
                   <h1>Beispielüberschrift</h1>
                   <p>Lorem ipsum ... </p>
               <!-- ###INHALT### ende -->
               </div>
               </div><!-- Ende content_wrap-->
        </div><!-- Ende main_wrap-->
        <div id="footer">
                ###FOOTER###
        </div>
    </div>
<!-- ###DOCUMENT_BODY### Ende -->
</body>
</html>
```

Listing 8.4 Die erweiterte HTML-Vorlage (»08_dateivorlage_02.html«)

Im TypoScript-Setup muss TYPO3 nun angewiesen werden, die Designvorlage nur innerhalb des Bereichs des gewünschten Subparts zu bearbeiten, ohne dabei die HTML-Datei zu verstümmeln. Dies gelingt, indem wir dem TEMPLATE-Objekt, das die Vorlage einbindet, den Befehl erteilen, sich auf den Subpart ###DOCUMENT_BODY### zu beschränken. Hierfür ist die Property workOnSubpart zuständig, der wir lediglich den Subpartnamen übergeben. Das erweiterte TypoScript hat folgendes Aussehen:

```
# Default PAGE object:
page = PAGE
page.10 = TEMPLATE
page.10.template = FILE
page.10.template.file = ↵
 fileadmin/templates/08_dateivorlage.html
page.10.workOnSubpart = DOCUMENT_BODY
```

Listing 8.5 Beschränken auf Dokument-Subpart (»setup_02.ts«)

Die letzte Zeile bewirkt, dass von der Designvorlage nur der Teil innerhalb des Subparts ###DOCUMENT_BODY### für den Seitenaufbau verwendet wird. Um Schreibarbeit zu sparen, verwenden wir wieder die geschweiften Klammern. Das Skript kann dann kürzer so geschrieben werden:

```
# Default PAGE object:
page = PAGE
page.10 = TEMPLATE
page.10 {
    template = FILE
    template.file = ↩
    fileadmin/templates/08_dateivorlage.html
    workOnSubpart = DOCUMENT_BODY
}
```

Listing 8.6 Beschränken auf Dokument-Subpart (»setup_03.ts«)

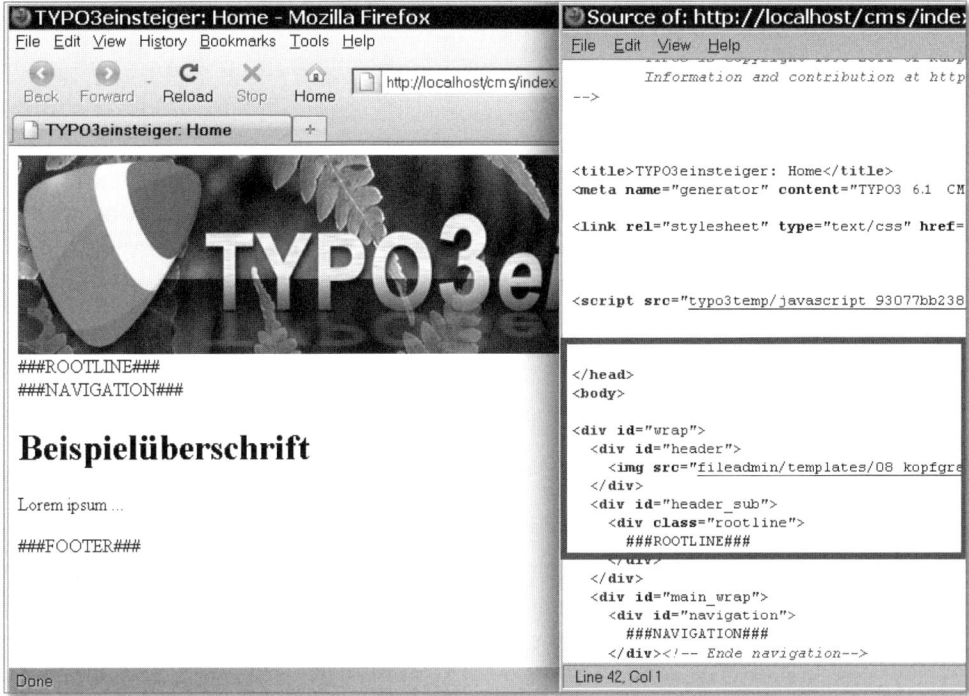

Abbildung 8.13 Die Body-Dopplung, aber auch das Stylesheet ist verschwunden.

8.2.3 Einbinden des Stylesheets in die Designvorlage

Das Layout der Vorlage des Beispielprojekts wird über ein Stylesheet geregelt, das im Dokumentkopf eingebunden war:

```
<link rel="stylesheet" type="text/css"
   href="fileadmin/templates/08_screen.css"
   media="screen">
```

Da TYPO3 streng nach Vorschrift diesen Link mitsamt dem Original-Header der Vorlage entfernt, muss nun ein Weg gefunden werden, das Einbinden des Stylesheets mit TypoScript zu rekonstruieren. Sie haben bereits gelernt, wie Sie Dokument-Styles erzeugen können, nicht jedoch, wie das Einbinden einer externen Stylesheet-Datei geschieht. TypoScript stellt Ihnen hierfür mehrere Varianten zur Verfügung.

Eine erste Lösung bietet sich in Form der stylesheet-Property von PAGE an. Hier kann eine einzelne Stylesheet-Datei angegeben werden. Sie wird von TYPO3 mittels des <link>-Tags im Header-Container eingebunden:

```
page.stylesheet = fileadmin/templates/08_screen.css
```

Mit der erzeugten Seite wird ein CSS-Stylesheet verlinkt, das, wie im Falle des Beispielprojekts, im Fileadmin-Repository abgelegt wurde. Pfad und Dateiname werden übergeben. Der erzeugte Quellcode sieht so aus:

```
<link rel="stylesheet" type="text/css"
   href="fileadmin/templates/08_screen.css" />
```

Leider erweist sich diese Property als außerstande, das media-Attribut zu reproduzieren. Zum Glück bietet sich die Property includeCSS als Alternative an. Sie beherrscht nicht nur das media-Attribut, sondern kann darüber hinaus auch mehrere Stylesheets auf einmal einbinden. Hier ein Beispiel:

```
page.includeCSS {
    file10 = fileadmin/css/screen.css
    file10.media = screen
    file20 = fileadmin/css/print.css
    file20.media = print
}
```

Die Property includeCSS enthält ein Array aus file-Propertys, die namentlich durch ein numerisches Postfix unterschieden werden müssen (z.B. file01, file02 ...). Jeder file-Property können einzelne oder als kommagetrennte Liste auch mehrere Medientypen zugewiesen werden. Hierzu dient die Sub-Property media. Ihre Anwendung sieht in unserem konkreten Fall so aus:

```
# Default PAGE object:
page = PAGE

page.includeCSS {
    file10 = fileadmin/templates/08_screen.css
```

```
      file10.media = screen
   }
}
page.10 = TEMPLATE
page.10 {
   template = FILE
   template.file = ↩
   fileadmin/templates/08_dateivorlage.html
   workOnSubpart = DOCUMENT_BODY
}
```

Listing 8.7 Einbinden des Stylesheets (»setup_04.ts«)

Der erzeugte Quellcodeabschnitt gleicht jetzt dem ursprünglichen in der Vorlage.

8.2.4 Ansprechen der Marker

Zunächst wollen wir darangehen, Seiteninhalte an den in der Designvorlage vorbereiteten Stellen (Markern) auszugeben. In einem ersten Schritt wird an den Subpart ###INHALT### der feste Text (»Hallo Welt«) ausgegeben. Über die Eigenschaft subparts des PAGE-Objekts und mittels der Angabe ihres Bezeichners können die Subparts der Designvorlage angesprochen und für die Ausgabe mit Inhalten gefüllt werden:

```
# Default PAGE object:
page = PAGE
page.includeCSS {
      file10 = fileadmin/templates/08_screen.css
      file10.media = screen
      }

page.10 = TEMPLATE
page.10 {
   template = FILE
   template.file = ↩
   fileadmin/templates/08_dateivorlage.html
   workOnSubpart = DOCUMENT_BODY
   subparts.INHALT = TEXT
   subparts.INHALT.value = Hallo Welt
}
```

Listing 8.8 Zuweisen eines statischen Texts (»setup_05.ts«)

Die Beispieltexte, die sich zwischen den Subpartmarkern befinden, werden nun entfernt und durch den statischen Text ersetzt. So weit, so gut. Es ist natürlich nicht auf

Dauer befriedigend, nur festgelegte Texte auszugeben. Das Template muss in der Lage sein, die Inhalte jeder Seite, der es zugeordnet ist, an den gewünschten Stellen auszugeben. Wir greifen hierfür wieder über ein cObject CONTENT auf die Tabelle tt_content zu. Die Ausgabe der Inhalte wird erneut durch das statische Template *CSS Styled Content* bewirkt.

> **Hinweis**
>
> Prüfen Sie, ob *CSS Styled Content* in Ihr Setup eingebunden ist, und holen Sie dies gegebenenfalls nach. Ansonsten können, wie Sie ja bereits wissen, keine Inhalte angezeigt werden. Sofern Sie Ihr Root-Template in diesem Kapitel nicht vollkommen neu angelegt haben, müsste die Einbindung noch vorliegen.

8.2.5 Zuweisen der Content-Objekte an Subparts und Marker

Um die Inhalte dem Subpart zuzuweisen, kann einfach ein Teil des TypoScripts des letzten Kapitels wiederverwendet werden. Er muss hierfür allerdings leicht modifiziert werden – diesmal erfolgt die Zuweisung an einen Subpart:

```
# Default PAGE object:
page = PAGE
page.includeCSS {
    file10 = fileadmin/templates/08_screen.css
    file10.media = screen
    }

page.10 = TEMPLATE
page.10 {
   template = FILE
   template.file = ↩
fileadmin/templates/08_dateivorlage.html
   workOnSubpart = DOCUMENT_BODY
   subparts.INHALT = CONTENT
   subparts.INHALT  {
       table = tt_content
       select.orderBy = sorting
       select.where = colPos=0
       }
}
```

Listing 8.9 Zuweisen der Inhalte (»setup_06.ts«)

An Position 10 der Seite wird ein CONTENT-Objekt erzeugt. Es gibt an, welcher Tabelle der MySQL-Datenbank der Inhalt entnommen wird. Dies ist wieder die Standardtabelle, in die TYPO3 Inhaltsdaten ablegt, nämlich tt_content. Da hier bereits Inhalte angelegt sind, sollten diese nun zu sehen sein (siehe Abbildung 8.14). Die Marker ### NAVIGATION### und ###ROOTLINE### sind jedoch noch nicht ersetzt. Dies wird daher der nächste Schritt sein.

Abbildung 8.14 Die Inhalte sind nun erfolgreich eingebunden.

8.2.6 Einfügen des Menüs in einen Marker

Auch hier können wir an das vorangegangene Kapitel anknüpfen und die Listenversion einsetzen. Die Zuweisung erfolgt an einen Marker. Daher ist statt der Property subparts nun die Property **marks** zu verwenden. Erweitern Sie das TypoScript-Setup wie folgt:

```
# Default PAGE object:
page = PAGE
page.includeCSS {
    file10 = fileadmin/templates/08_screen.css
    file10.media = screen
}

page.10 = TEMPLATE
page.10 {
```

```
template = FILE
template.file = ↩
fileadmin/templates/08_dateivorlage.html
workOnSubpart = DOCUMENT_BODY
subparts.INHALT = CONTENT
subparts.INHALT {
    table = tt_content
    select.orderBy = sorting
    select.where = colPos=0
    }

marks.NAVIGATION = HMENU
marks.NAVIGATION {
    wrap = <ul class="navi">|</ul>
    1 = TMENU
    1.NO.linkWrap = <li> | </li>
    }
}
```

Listing 8.10 Zuweisen des Menüs (»setup_0/.ts«)

Abbildung 8.15 Die Seite mit eingebundenem Menü

Dem <ul>-Container weisen wir eine CSS-Klasse zu. Beachten Sie, dass Sie diese Klasse einfach als Teil des Wraps einfügen können. Wir haben darauf verzichtet, den Link mit einem <b>-Tag zu umgeben. Das Ergebnis sieht jetzt bereits recht ansprechend aus (siehe Abbildung 8.15), und es funktioniert!

8.2.7 Neues von »CSS Styled Content«

Für die Formatierung der Inhaltsausgabe wird, wie bereits erwähnt, das statische Template-Modul *CSS Styled Content* eingesetzt. Betrachten Sie die Template-Struktur in der Ansicht TEMPLATE-ANALYE aus dem Modul WEB • TEMPLATE.

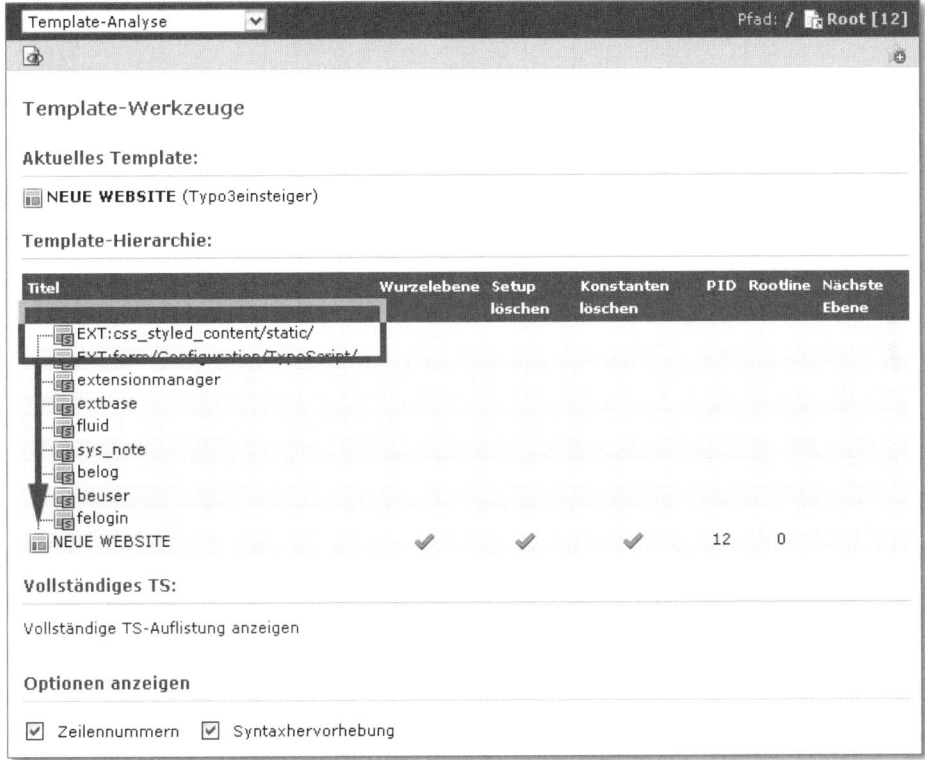

Abbildung 8.16 Die Template-Hierarchie mit »CSS Styled Content«

Die in Abbildung 8.16 dargestellte Template-Hierarchie zeigt, dass das Root-Template TYPO3EINSTEIGER vom statischen Template »CSS Styled Content« abhängig ist und dessen gesamte Einstellungen einbindet. Hierunter befinden sich einige TypoScript-Objekte, die daher einfach im Setup des Haupt-Templates verwendet werden können, ohne dass sie dort explizit erzeugt werden müssen.

8.2.8 Die Verwendung von »styles.content.get«

Die verschiedenen Inhaltselemente werden über das TypoScript-Setup ausgegeben, wobei die Datenbankabfrage und das Einfügen der Inhaltselemente wieder mithilfe des TypoScript-Objekts CONTENT innerhalb des Templates erfolgen. Hier sehen Sie die betreffende Passage aus dem Root-Template:

```
page.10.subparts.INHALT = CONTENT
page.10.subparts.INHALT {
   table = tt_content
   select.orderBy = sorting
   select.where = colPos=0
}
```

An Position 10 der Seite wird ein CONTENT-Objekt erzeugt. Es gibt an, welcher Tabelle der MySQL-Datenbank der Inhalt entnommen wird; dies ist wie üblich tt_content. Für die Ausgabesortierung wird durch den Wert sorting die in der Datenbankspalte angegebene Reihenfolge verwendet. Die letzte Zeile bewirkt, dass die Seitenelemente der NORMAL-Spalte (die Spalte mit colPos = 0) entnommen werden.

Bei Verwendung des statischen Templates »CSS Styled Content« können Sie die Zuweisung der Seiteninhalte aus der Spalte NORMAL auch kürzer fassen, indem Sie ein Objekt aus »CSS Styled Content« kopieren:

page.10.subparts.INHALT < **styles.content.get**

Warum geht das? Das hier eingesetzte Objekt **styles.content.get** ist in »CSS Styled Content« vordefiniert. Dort finden Sie unter anderem den folgenden Eintrag:

```
styles.content.get = CONTENT
styles.content.get {
   table = tt_content
   select.orderBy = sorting
   select.where = colPos=0
   select.languageField = sys_language_uid
}
```

Listing 8.11 Ausschnitt aus »CSS Styled Content«

Auch hier wird ein Content-Objekt mit einigen Voreinstellungen definiert. Dazu gehört auch die Angabe, aus welcher Content-Spalte der Inhalt stammen und wo er eingefügt werden soll. Sie brauchen diese Objektdeklaration nicht explizit in Ihr SETUP-Feld einzufügen. Sie ist, wie gesagt, bereits durch die Einbindung des statischen Templates »CSS Styled Content« automatisch Teil des Setups.

Mit dieser Information kann das Setup des Root-Templates ein wenig vereinfacht werden. Ändern Sie es also wie folgt:

```
# Default PAGE object:
page = PAGE
page.includeCSS {
    file10 = fileadmin/templates/08_screen.css
    file10.media = screen
    }

page.10 = TEMPLATE
page.10 {
   template = FILE
   template.file = ↩
   fileadmin/templates/08_dateivorlage.html
   workOnSubpart = DOCUMENT_BODY

   subparts.INHALT < styles.content.get

   marks.NAVIGATION = HMENU
   marks.NAVIGATION {
        wrap = <ul class="navi">|</ul>
        1 = TMENU
        1.NO.linkWrap = <li> | </li>
        }
}
```

Listing 8.12 Einsatz von »styles.content.get« (»setup_08.ts«)

> **Die anderen Datenbankspalten sind ähnlich leicht zugänglich**
> Den anderen drei Spalten – Links (»Left«), Rechts (»Right«) und Rand (»Border«) – können Sie analog mittels styles.content.getLeft, styles.content.getRight und styles.content.getBorder ebenfalls Bereichsmarker zuweisen, falls in diesen Datenbankspalten Inhalte liegen.

8.2.9 Die Inhalte des Seitenfußes zuweisen

Um den Marker für die Rootline kümmern wir uns im folgenden Kapitel. Hier soll aber noch schnell der Marker für die Fußzeile ersetzt werden. Wir könnten statischen Text verwenden, wie aus den vorangegangenen Beispielen bekannt ist, oder wieder eine Textressource einbinden. Stattdessen soll der jeweilige Seitentitel in der Fußzeile genannt werden, zusammen mit einem Copyright-Statement. Für eine triviale Texteinbindung gehen Sie wie folgt vor:

```
page.10 {
   marks.FOOTER = TEXT
   marks.FOOTER.value = &copy; 2013 TYPO3einsteiger
}
```

Da dem Marker außer dem Text auch noch weitere Inhalte zugewiesen werden sollen, ändern wir das zugewiesene Objekt in ein COA und verschieben das TEXT-Objekt an dessen Position 20:

```
page.10 {
   marks.FOOTER = COA
   marks.FOOTER {
   20 = TEXT
      20.value = &copy; 2013 TYPO3einsteiger
   }
}
```

Der Seitentitel kommt aus der Datenbank. Er befindet sich in der Tabelle pages in einem Feld title. Praktischerweise wird genau diese Tabelle beim Abarbeiten des Setups bei der Seitenausgabe aktuell verarbeitet, sodass ihre Felder unmittelbar zugänglich sind.

Ausgegeben wird wieder Klartext. Wir benötigen also lediglich ein weiteres Objekt vom Typ TEXT, mit dem Unterschied, dass dieses seinen Wert nun nicht statisch aus einer value-Property bezieht, sondern dynamisch aus dem Datenbankfeld title. Dieses Objekt wird an Position 10 gesetzt. Beachten Sie die kleine Änderung am Text von Objekt 20:

```
page.10 {
   marks.FOOTER = COA
   marks.FOOTER {
      10 = TEXT
      10.field = title
      20 = TEXT
      20.value =  - &copy; 2013 TYPO3einsteiger
   }
}
```

Da page.10 bereits definiert ist, muss lediglich die Markerdefinition in das bereits bestehende Setup eingefügt werden. Dieses sieht jetzt wie folgt aus:

```
# Default PAGE object:
page = PAGE
page.includeCSS {
     file10 = fileadmin/templates/08_screen.css
```

```
        file10.media = screen
        }

page.10 = TEMPLATE
page.10 {
    template = FILE
    template.file = ↩
    fileadmin/templates/08_dateivorlage.html
    workOnSubpart = DOCUMENT_BODY

    subparts.INHALT < styles.content.get

    marks.FOOTER = COA
    marks.FOOTER {
        10 = TEXT
        10.field = title
        20 = TEXT
        20.value =  - &copy; 2013 TYPO3einsteiger
    }

    marks.NAVIGATION = HMENU
    marks.NAVIGATION {
        wrap = <ul class="navi">|</ul>
        1 = TMENU
        1.NO.linkWrap = <li> | </li>
        }
}
```

Listing 8.13 Auslesen des Seitentitels aus der Datenbank (»setup_09.ts«)

Unter Verwendung einer Designvorlage sind wir nun, mit möglicherweise geringerer Mühe, zu einem ähnlichen Ergebnis gelangt wie in Kapitel 6, »Seiteninhalte anlegen«, mit reinem TypoScript. Die hier vollzogene Vorgehensweise mag Ihnen allerdings »gegenständlicher« erschienen sein. Wir werden von nun an mit dieser Designvorlage weiterarbeiten und sie schrittweise ausbauen, damit sie Sie als Grundlage eines längeren Beispielprojekts über die folgenden Kapitel begleiten kann.

8.3 Zusammenfassung und Ausblick

Fassen wir zusammen: Designvorlagen dienen dem Aufbau des grundlegenden Seitendesigns und enthalten alle statischen Elemente, die vom CMS nicht verändert werden. Es sind dies das HTML-Grundgerüst sowie dekorative Elemente wie Bilder oder funktionale Elemente wie Suchformulare und Texte, die auf allen Seiten erscheinen sollen. Beim Entwurf kann auch eine Stylesheet-Datei verwendet werden, die später ebenfalls über TypoScript eingebunden wird.

Im folgenden Kapitel 9, »Menüs erstellen mit TypoScript«, werden wir die Erzeugung von Menüs mittels TypoScript vertiefen und uns auch dem Generieren einer Rootline-Navigation zuwenden, die auch *Klickpfad* oder *Breadcrumb-Navigation* genannt wird.

Kapitel 9
Menüs erstellen mit TypoScript

Das automatische Erstellen von Menüs gehört zu den mächtigsten Features von TYPO3. Für die komfortable Umsetzung der wichtigsten Navigationstypen stehen in TypoScript verschiedene Funktionen und Objekte zur Verfügung.

In TYPO3 wird die Konfiguration der Sitenavigation mittels TypoScript in den Templates definiert. TYPO3 erstellt die entsprechenden Menüs dann automatisch. Die Ausgangsbasis für die Menügenerierung ist der Seitenbaum, der die Struktur der Website widerspiegelt.

TypoScript übernimmt aus dem Seitenbaum die hierarchische Position und die Namen der Seiten und fügt sie an den richtigen Stellen in die generierten Menüs ein. Die Funktionsweise und das Aussehen der Menüs können dabei über vielfältige Einstellungsmöglichkeiten in TypoScript beeinflusst werden.

Die drei wichtigsten Menüarten in TYPO3 sind:

- **Textbasierte Menüs**
  TYPO3 erzeugt Textlinks (meist auf Grundlage der Seitentitel) und fügt diesen Wraps hinzu, um eine Navigation zu generieren.
- **Grafische Menüs**
  TYPO3 erzeugt Grafiken, die auf Grundlage der Seitentitel beschriftet werden, und generiert aus ihnen die Navigation. (Wraps sind ebenfalls möglich.)
- **Layer-/Aufklappmenüs**
  TYPO3 erzeugt auf Layern basierende hierarchische Ausklappmenüs. Das zur Steuerung erforderliche JavaScript wird ebenfalls generiert.

In diesem Buch werden wir uns auf Textmenüs beschränken. Grafikmenüs werden interessant, sobald bestimmte Schriften oder ein komplexeres grafisches Layout für die Navigation gefordert sind. Grafikbasierte Menüs stellen jedoch, so schön sie auch sind, ebenso wie JavaScript-gesteuerte Menüs, ein potenzielles Barriereproblem dar.

9.1 Die Websitestruktur des Beispielprojekts anpassen

Bevor wir uns weiter mit den Details der Menüerstellung mithilfe von TypoScript befassen, verändern wir zunächst ein wenig die Struktur der Beispielwebsite und fügen ein paar neue Seiten hinzu. Bisher befanden sich alle Seiten (bis auf »Kontaktantwort«) auf einer gemeinsamen Ebene unterhalb der Seite ROOT, die TYPO3 als »Ebene 1« bezeichnet.

Vielleicht haben Sie sich auch schon gewundert, warum die Seite »Kontaktantwort« nicht im durch TypoScript generierten Menü erscheint. Dieser Umstand wird sich nach Lektüre der nächsten Seiten klären.

Legen Sie mit WEB • FUNKTIONEN vier neue Seiten (»Webdesign«, »News«, »Impressum« und »Sitemap«) unterhalb von »Root« an. Verschieben Sie die vorhandenen Seiten »Websiteplanung«, »Oberfläche«, »Funktionalität« und »Inhalte« in den Zweig »Webdesign«, sodass sie dort Unterseiten bilden (siehe Abbildung 9.1).

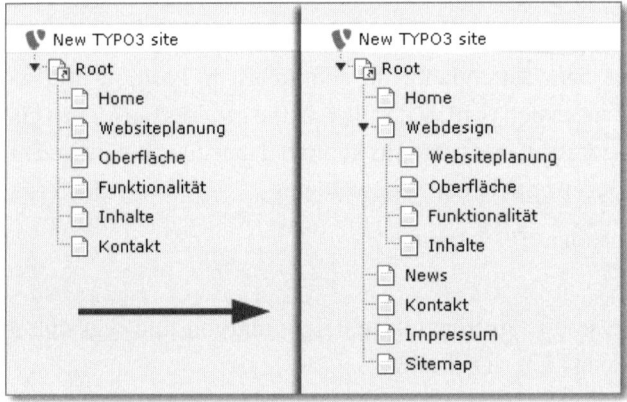

Abbildung 9.1 Die erweiterte Struktur der Beispielwebsite

Wenn Sie Ihre Site jetzt im Browser betrachten, werden Sie feststellen, dass lediglich die Seiten der ersten Ebene im Menü aufgelistet werden, also »Home«, »Webdesign«, »News«, »Kontakt«, »Impressum« und »Sitemap«. Bevor wir darangehen, die Seiten der zweiten Ebene wieder zugänglich zu machen, wollen wir zunächst noch einen genaueren Blick auf die hier zugrunde liegenden TypoScript-Objekte werfen.

9.2 Das Basisobjekt HMENU

Wie in TypoScript üblich, wird die Funktionsweise eines Menüs durch das Setzen von Eigenschaften von TypoScript-Objekten beeinflusst. Zuerst betrachten wir die Eigenschaften, die für alle Menüs gelten. Die Basis für alle Arten von mit TypoScript generierten Menüs ist das Objekt HMENU. Der Objektname steht für »hierarchisches Menü«. Das Objekt bildet die Hierarchieebenen des Seitenbaums ab und definiert grundlegende Eigenschaften des zu erzeugenden Menüs.

9.2.1 Die Property »entryLevel« von HMENU

Die Property entryLevel gibt den *Einstiegslevel* für ein Menüobjekt an. Dies ist die Ebene im Seitenbaum, ab der dieses Menü die Einträge darstellt. Betrachten wir dies nun im Folgenden etwas genauer.

Wert: »entryLevel = 0«

Wird diese Eigenschaft nicht gesetzt, lautet ihr Standardwert 0. Die Einstiegsebene ist demnach die *Wurzel des Seitenbaums*.

Als Menüeinträge werden die Seitentitel unterhalb der Wurzel, also die Seitentitel der ersten Ebene, verwendet. Der Level kann auch explizit auf 0 gesetzt werden, was zum gleichen Ergebnis führt. Es ergibt sich keine sichtbare Änderung, wenn Sie Ihr Setup innerhalb des Objekts page.10 wie folgt ergänzen:

```
marks.NAVIGATION = HMENU
marks.NAVIGATION {
    entryLevel = 0
    wrap = <ul class="navi"> | </ul>
    1 = TMENU
    1.NO.linkWrap = <li> | </li>
}
```

Wert: »entryLevel = 1«

Wird der entryLevel dagegen auf 1 gesetzt, stellt das Menüobjekt die Seiten der zweiten Ebene dar. Es werden dabei immer die Seitentitel der Seiten der zweiten Ebene verwendet, die zum aktuell gewählten Menüpunkt der ersten Ebene gehören. Ändern Sie Ihr Setup probeweise in diese Form ab:

```
marks.NAVIGATION = HMENU
marks.NAVIGATION {
    entryLevel = 1
    wrap = <ul class="navi"> | </ul>

    1 = TMENU
    1.NO.linkWrap = <li> | </li>
}
```

Befinden Sie sich zufällig auf der Seite »Webdesign«, tauchen deren Unterseiten als Menü auf. Bei Seiten der ersten Ebene ohne Unterseiten bleibt das Menü ganz leer. Für uns ist dies an dieser Stelle nicht brauchbar. Setzen Sie die Eigenschaft also wieder auf 0, oder entfernen Sie sie ganz.

Wann wird »entryLevel« benötigt?

Die Veränderung des entryLevel ist sinnvoll, wenn die Menüeinträge durch verschiedene Menüobjekte an unterschiedlichen Markern in der Designvorlage dargestellt werden. Durch Setzen des richtigen entryLevel werden die Menüeinträge der richtigen Hierarchieebene eingeblendet. Das Objekt verwendet dabei automatisch die Untereinträge der aktuell im Seitenbaum gewählten Seite.

9.3 Textmenüs mit dem Objekttyp TMENU

In den Beispielen im vorangegangenen Abschnitt haben wir das Objekt TMENU bereits an einigen Stellen eingesetzt. Es definiert ein Textmenü, das standardmäßig die *Seitentitel*, also die Titel der Seitenobjekte, als Menüeinträge aufnimmt.

9.3.1 Einfaches Textmenü

Das Textmenüobjekt wird einer Hierarchieebene innerhalb eines HMENU-Objekts zugeordnet. Unser bisheriges Menü bildet in der Tat nur eine Hierarchieebene ab:

```
marks.NAVIGATION = HMENU
marks.NAVIGATION {
    wrap = <ul class="navi"> | </ul>
    1 = TMENU
    1.NO.linkWrap = <li> | </li>
}
```

Die erste Hierarchieebene (hier marks.NAVIGATION.1) des Menüobjekts wird als Textmenü (TMENU) deklariert. Die Wahl der 1 als Objektname ist hier nicht willkürlich, sondern steht für die *erste Ebene* ab der Einsatzhierarchie des HMENU (die Sie ja über entryLevel steuern können). Das TMENU enthält alle Einträge seiner Ebene in Form von textbasierten Unterobjekten, die wir hier der Einfachheit halber als »Menüeintrag« bezeichnen wollen.

Ein Menüeintrag wird technisch als ein Objekt TMENUITEM bezeichnet, wobei dieser Objekttyp nirgends explizit verwendet wird – stattdessen werden die Bezeichner der verschiedenen Zustände dieses Objekttyps mit TypoScript-Eigenschaften belegt.

Der Normalzustand »NO«

Der Normalzustand NO eines Menüeintrags (der Bezeichner ist festgelegt) muss obligatorisch definiert werden. Er ist zuständig für alle Seiten, die sich im Seitenbaum befinden (und auch sichtbar sind). Weitere Bedingungen werden nicht gestellt, sodass hier die grundsätzliche Präsentation eines Seitenobjekts im Menü festgelegt wird.

Der Menüeintrag enthält zunächst den Link in Form eines Anker-Tags <a>, das als Linktext (normalerweise) den Seitentitel enthält. Um den Link kann ein Wrap linkWrap gelegt werden, was hier dazu dient, ihn in ein Listenelement <li> einzubetten. (Es gibt auch andere Arten von Wraps, von denen wir einige noch kennenlernen werden – wenn Sie aber jetzt schon neugierig darauf sind, können Sie in der TSRef unter »Funktion stdWrap« einmal selbst nachschauen.)

9.3.2 Textmenü mit Untermenü

Nun soll eine zweite Menüebene eingeführt werden, die auch die Unterseiten berücksichtigt. Beachten Sie, dass ein Wrap um das TMENU um alle Menüeinträge gemeinsam gelegt wird – hier wird so die untergeordnete Liste erzeugt. Ergänzen Sie Ihr TypoScript-Setup folgendermaßen:

```
marks.NAVIGATION = HMENU
marks.NAVIGATION {
      wrap = <ul class="navi"> | </ul>
# Die erste Ebene:
      1 = TMENU
      1.NO.linkWrap = <li> | </li>
# Die zweite Ebene:
      2 = TMENU
      2.wrap = <ul class="subnavi"> | </ul>
      2.NO.linkWrap = <li> | </li>
}
```

Listing 9.1 Textmenü mit zwei Ebenen (komplett als: »setup_01.ts«)

Problem 1 – Unterseiten werden nur für die aktuelle Seite angezeigt

Sie bemerken sofort, dass Untermenüpunkte nur dann eingeblendet werden, wenn die aktuelle Seite Unterseiten besitzt oder selbst eine Unterseite ist (siehe Abbildung 9.2). Solange Sie sich auf einer der anderen Seiten ohne Unterseiten befinden, sehen Sie nach wie vor nur die erste Ebene.

Das ist gut, falls ein vollständig ausgeklapptes Menü zu viel Platz benötigen sollte; es ist aber schlecht, wenn aus Gründen der Übersichtlichkeit stets alle Unterseiten direkt anwählbar sein sollen. Wir werden uns mit dem Problem gleich noch beschäftigen.

Abbildung 9.2 Untermenü nur bezüglich der aktuellen Seite

Problem 2 – Nicht valides HTML wird ausgegeben

Ein etwas gravierenderes Problem tut sich beim Blick in den Quelltext auf: TypoScript kann anscheinend schlecht mit Listen umgehen und erzeugt nicht valides HTML durch falsche Verschachtelung. Eine Unterliste <ul> muss stets *im* übergeordneten Listenelement <li> enthalten sein. Hier wird die Unterliste jedoch – falsch! – *nach* dem übergeordneten Listenelement eingefügt:

```
<ul class="navi">
   <li><a href="index.php?id=85">Home</a></li>
   <li><a href="index.php?id=91">Webdesign</a></li>
   <li><a href="index.php?id=90">News</a></li>
   <li><a href="index.php?id=80">Kontakt</a></li>
      <ul class="subnavi">
      <li><a href="index.php?id=87">Kontaktantwort</a></li>
      </ul>
   <li><a href="index.php?id=89">Impressum</a></li>
   <li><a href="index.php?id=88">Sitemap</a></li>
</ul>
```

Dies liegt daran, dass TypoScript mit dem `linkWrap`-Property sehr allgemein verfährt und nicht auf spezielle Strukturanforderungen eingeht. Die bisherige Methode funktioniert, falls ein Menü aus Textabsätzen (schlecht!) oder Div-Containern (nicht ganz so schlecht) aufgebaut ist oder solange man eine Liste mit nur einer Ebene einsetzt.

Lösung zu Problem 2 – Wrappen des kompletten Untermenüs

Um die Formatierung einer ausgegebenen hierarchischen Liste zu korrigieren, muss daher auf ein anderes Property ausgewichen werden: wrapItemAndSub.

Für die erste Menüebene ist dies unbedingt erforderlich, da hier der Fehler aufgetreten ist. Hier wird die Property auch für die zweite Ebene eingesetzt – dies wird jedoch erst dann relevant, falls eine dritte Menüebene eingeführt wird. Da es aber auch nicht schadet (das Verhalten ist ansonsten identisch), wird konsequent auf allen Ebenen gleich verfahren. Ändern Sie das Setup nun wie folgt:

```
marks.NAVIGATION = HMENU
marks.NAVIGATION {
      wrap = <ul class="navi"> | </ul>
# Die erste Ebene:
      1 = TMENU
      1.NO.wrapItemAndSub = <li> | </li>
# Die zweite Ebene:
      2 = TMENU
      2.wrap = <ul class="subnavi"> | </ul>
      2.NO.wrapItemAndSub = <li> | </li>
}
```

Listing 9.2 Listenbasiertes Menü mit zwei Ebenen (komplett als: »setup_02.ts«)

Die Property wrapItemAndSub sagt bereits vom Namen her aus, dass ein solcher Wrap um einen Menüeintrag automatisch auch dessen Unterpunkte mit einschließt. Der Quelltext sieht gleich wesentlich freundlicher aus. Die Unterliste ist nun im übergeordneten Listenelement enthalten:

```
<ul class="navi">
   <li><a href="index.php?id=85">Home</a></li>
   <li><a href="index.php?id=91">Webdesign</a></li>
   <li><a href="index.php?id=90">News</a></li>
   <li><a href="index.php?id=80">Kontakt</a>
      <ul class="subnavi">
      <li><a href="index.php?id=87">Kontaktantwort</a></li>
      </ul>
   </li>
   <li><a href="index.php?id=89">Impressum</a></li>
   <li><a href="index.php?id=88">Sitemap</a></li>
</ul>
```

Lösung zu Problem 1 – Darstellen aller Untermenüs

Die Menüpunkte der zweiten Ebene sollen im aufgeklappten (expandierten) Zustand erscheinen. Dies erreichen Sie durch die Eigenschaft expAll, die Sie für das TMENU-Objekt setzen können. Hierbei bedeutet der Wert 1, dass alle Untermenüs stets sichtbar sind, unabhängig davon, welche Seite gerade aktuell ist. Der Wert 0 entspricht dem regulären Verhalten, wenn die Property *nicht* gesetzt ist. Fügen Sie expAll folgendermaßen in das Setup ein:

```
marks.NAVIGATION = HMENU
marks.NAVIGATION {
        wrap = <ul class="navi"> | </ul>
# Die erste Ebene:
        1 = TMENU
        1.expAll = 1
        1.NO.wrapItemAndSub = <li> | </li>
# Die zweite Ebene:
        2 = TMENU
        2.wrap = <ul class="subnavi"> | </ul>
        2.NO.wrapItemAndSub = <li> | </li>
}
```

Listing 9.3 Menü mit stets expandierter zweiter Ebene (komplett als: »setup_03.ts«)

Abbildung 9.3 Alle Untermenüs der ersten Ebene sind expandiert.

Selbstverständlich könnte die Eigenschaft auch für das TMENU der zweiten Ebene gesetzt werden. Dies würde sich derzeit jedoch nicht auswirken, da keine dritte Menüebene existiert.

9.3.3 Weitere Zustände der Textmenü-Items

Außer dem obligatorischen Normalzustand NO kennt das TMENU noch weitere Zustände für seine TMENUITEM. Für jeden dieser Zustände kann die Darstellung gesondert definiert werden.

Die fünf wichtigsten Zustände, die den Menüeinträgen in TypoScript zugewiesen werden können, sind die folgenden:

- Der *normale Zustand* eines Menüeintrags wird mit NO abgekürzt.
- ACT ist die Abkürzung für den *aktuellen Verlauf*. Dies betrifft den Menüeintrag der aktuellen Seite sowie alle in der Hierarchie über ihr liegenden Einträge (»Pfad zu Root«).
- CUR bezeichnet den Zustand für die *aktuelle Seite*. Im Gegensatz zu ACT betrifft dies jedoch nur die aktuelle Seite selbst.
- IFSUB definiert das Aussehen eines Menüeintrags, wenn dieser *mindestens eine* Unterseite hat. Wenn sich weitere Menüeinträge unterhalb eines Eintrags befinden, kann die Darstellung abweichend definiert werden. Dies kann bei nicht expandierten Menüs zur Unterscheidung von Seiten mit Unterseiten und solchen ohne Unterseiten verwendet werden.
- Des Weiteren existieren Kombinationen aus den zuvor genannten Zuständen wie ACTIFSUB, CURIFSUB und andere, die hier allerdings nicht weiter im Detail erläutert werden sollen.

> **Weitere Zustände exklusiv für Grafikmenüs**
>
> Der *Rollover-Zustand* RO beschreibt das Aussehen eines grafischen Menüeintrags, wenn sich der Mauszeiger darüber befindet. Der Zustand gilt nur im Zusammenhang mit Grafikmenüs und kann für reine TMENUs nicht eingesetzt werden. Rollover-Effekte für Text werden über entsprechende Stylesheet-Definitionen (»hover«) erzeugt.

Eigenschaften der Menüzustände

Die zuweisbaren Eigenschaften sind für alle Zustände dieselben. Es sind dies eine Reihe von Wraps für verschiedene Zwecke:

- allWrap umschließt den gesamten Menüeintrag.
- linkWrap umschließt das <a>-Tag der Menüeinträge.

- stdWrap stellt alle Funktionen des stdWrap-Objekts für den Linktext zur Verfügung. (Dies ist eine etwas komplexere Angelegenheit.)
- allStdWrap stellt alle Funktionen des stdWrap-Objekts für das Menüelement zur Verfügung (etwas anders als stdWrap).
- wrapItemAndSub umschließt das Element und eventuelle Unterelemente mit einem Wrap.

Andere Propertys betreffen das Einfügen von HTML in das Menü-Item vor und hinter dem Link:

- before und after geben HTML an, das vor bzw. nach dem Menüeintrag eingefügt werden soll.
- afterWrap und beforeWrap umschließen den after- respektive den before-Code.

Propertys zum Einfügen von Bildern (z.B. Menü-Icons) vor oder nach dem Menüeintrag sind diese:

- afterImg und beforeImg bezeichnen Grafikdateien, die nach oder vor dem Menüeintrag angezeigt werden. Es ist besser, diese Eigenschaft zu verwenden, als die Grafik über ein <img>-Tag in der before-Eigenschaft einzubinden, da nur dann die Rollover-Funktionen RO verwendet werden können.
- afterImgLink und beforeImgLink bestimmen über den Wert 1, ob eingefügte Grafiken auch Teil des Links sein sollen.
- RO aktiviert mit dem Wert 1 die Rollover-Erkennung für den Link. Achtung! Verwechseln Sie das nicht mit dem RO-*Zustand* eines Grafikmenüs: Die RO-Eigenschaft bei Textmenüs betrifft lediglich die Grafiken der beforeImg- und afterImg-Propertys vor oder hinter dem Texteintrag.
- afterROImg und beforeROImg benennen die Grafiken, die bei einem Rollover angezeigt werden. Dies funktioniert nur bei aktivierter RO-Eigenschaft.

Weitere Propertys bestimmen Eigenschaften des <a>-Tags im Element:

- Mit ATagParams können Sie zusätzliche Attribute zum Link-Tag angeben.
- Mit ATagTitle setzen Sie ein title-Attribut für den Link.
- Mit doNotLinkIt unterdrücken Sie die Ausgabe eines <a>-Elements. Der Text des Menüelements wird angezeigt, ist aber nicht verlinkt.

Diese Eigenschaften können beliebig miteinander kombiniert werden, um das gewünschte Aussehen zu erreichen.

Der Zustand »CUR«

Das Menü soll für beide Ebenen durch den Zustand CUR erweitert werden. Hiermit wollen wir erreichen, dass die Menüpunkte der aktuellen Seite anders dargestellt werden. Im Stylesheet ist eine CSS-Klasse active vorbereitet, die dem Link des aktuellen Menüpunkts zugewiesen wird. Die Eigenschaft ATagParams wird eingesetzt, um das class-Attribut zu setzen.

> **Achtung: Aktivierung von »CUR« erforderlich**
>
> Beachten Sie, dass im Gegensatz zum NO-Zustand der CUR-Zustand zunächst explizit aktiviert werden muss. Hierfür muss CUR = 1 gesetzt werden.

Im Setup muss für die erste Ebene Folgendes eingetragen werden:

```
marks.NAVIGATION = HMENU
marks.NAVIGATION {
        wrap = <ul class="navi"> | </ul>
# Die erste Ebene:
        1 = TMENU
        1.expAll = 1
        1.NO.wrapItemAndSub = <li> | </li>
# CUR-Zustand der ersten Ebene:
        1.CUR = 1
        1.CUR.wrapItemAndSub = <li> | </li>
        1.CUR.ATagParams = class="active"
# Die zweite Ebene:
        2 = TMENU
        2.wrap = <ul class="subnavi"> | </ul>
        2.NO.wrapItemAndSub = <li> | </li>
}
```

Listing 9.4 Kombination von Eigenschaften für ein Textmenü (komplett als: »setup_04.ts«)

> **Jede Zustandsdefinition startet ohne definierte Eigenschaften**
>
> Sie sehen, dass *alle Eigenschaften* für CUR *neu gesetzt* werden müssen, auch wenn sie in NO bereits deklariert wurden. Dies betrifft in diesem Fall nur die Eigenschaft wrapItemAndSub.

Die Eigenschaften eines Zustands kopieren

Aus der zuvor gezeigten Liste möglicher Eigenschaften können Sie ersehen, dass man hier unter Umständen wesentlich mehr Propertys neu setzen können müsste. Man kopiert daher üblicherweise den bereits definierten Zustand in den abgeleiteten Zustand. Dies spart zum einen Arbeit, zum anderen gilt eine Erweiterung der Eigenschaften automatisch auch für den abgeleiteten Zustand.

Um eine Kopie anzulegen, existieren zwei Wege:

- **Kopie über einen absoluten Objektpfad**
  Hier übergeben Sie den absoluten Pfad zum kopierten Objekt an das Objekt, das die Kopie aufnehmen soll. In unserem Fall wäre dies:
  ```
  1.CUR < page.10.marks.NAVIGATION.1.NO
  ```
- **Kopie über einen relativen Objektpfad**
  Hier übergeben Sie einen relativen Pfad, ausgehend vom übergeordneten Objekt. Das übergeordnete Objekt wird durch einen Punkt bezeichnet, den Sie vor dasjenige Objekt setzen, das kopiert werden soll.
  ```
  1.CUR < .1.NO
  ```

Die zweite Methode ist kürzer, aber auch erklärungsbedürftig. Der Punkt bezeichnet das »aktuelle Objekt«, innerhalb dessen die Zuweisung stattfindet. Dieses Objekt braucht nicht namentlich genannt zu werden, es ist einfach nur der »Parent« des kopierten und des aufnehmenden Objekts. Hier handelt es sich um das Objekt page.10.marks.NAVIGATION. Wenn Sie sich das Objekt anstelle des Punktes vorstellen, werden Sie erkennen, dass beide Schreibweisen gleichbedeutend sind. Verwenden wir also die kürzere.

Mit einer Kopie von NO in CUR stellt sich der Quelltext wie folgt dar:

```
marks.NAVIGATION = HMENU
marks.NAVIGATION {
    wrap = <ul class="navi"> | </ul>
# Die erste Ebene:
    1 = TMENU
    1.expAll = 1
    1.NO.wrapItemAndSub = <li> | </li>

# CUR-Zustand der ersten Ebene:
    1.CUR = 1
    1.CUR < .1.NO
    1.CUR.ATagParams = class="active"
# Die zweite Ebene:
    2 = TMENU
    2.wrap = <ul class="subnavi"> | </ul>
    2.NO.wrapItemAndSub = <li> | </li>
}
```

Listing 9.5 »CUR« aus »NO« abgeleitet, Ebene 1 (komplett als: »setup_05.ts«)

Nun soll auch für die zweite Ebene ein CUR-Zustand eingerichtet werden. Dies geschieht analog. Auch hier ist eine CSS-Klasse active vorbereitet:

```
marks.NAVIGATION = HMENU
marks.NAVIGATION {
    wrap = <ul class="navi"> | </ul>
# Die erste Ebene:
    1 = TMENU
    1.expAll = 1
    1.NO.wrapItemAndSub = <li> | </li>
# CUR-Zustand der ersten Ebene:
    1.CUR = 1
    1.CUR < .1.NO
    1.CUR.ATagParams = class="active"
# Die zweite Ebene:
    2 = TMENU
    2.wrap = <ul class="subnavi"> | </ul>
    2.NO.wrapItemAndSub = <li> | </li>
# CUR-Zustand der zweiten Ebene:
    2.CUR = 1
    2.CUR < .2.NO
    2.CUR.ATagParams = class="active"
}
```

Listing 9.6 »CUR« aus »NO« abgeleitet, Ebene 2 (komplett als: »setup_06.ts«)

Die aktuelle Seite wird nun sowohl auf der ersten als auch auf der zweiten Ebene im Menü hervorgehoben. Es ist aber auch möglich, den Hauptmenüpunkt auch dann als aktiv zu kennzeichnen, wenn eine seiner Unterseiten gerade betrachtet wird. Dies erfolgt über den Zustand ACT.

Der Zustand »ACT«

Der Zustand ACT eines Menüpunkts tritt ein, wenn die zugehörige Seite selbst aktiv ist oder aber sich hierarchisch zwischen dem Site-Root und der aktiven Seite befindet. Mit anderen Worten: Der Zustand dient dazu, eine Hauptseite, deren Unterseite gerade aktiv ist, und zusätzlich alle weiteren übergeordneten Seiten zu beschreiben. In unserem Fall kann ACT einen Menüpunkt von Ebene 1 beeinflussen; weitere Hierarchiestufen existieren nicht.

Wir weisen für ACT ebenfalls die CSS-Klasse active zu. Es ist daher lediglich nötig, CUR in ACT zu kopieren. Natürlich muss der Zustand vorher aktiviert werden. Für Ebene 2 wird ACT nicht deklariert, da es keine übergeordnete Ebene gibt, die den Zustand auslösen könnte.

```
marks.NAVIGATION = HMENU
marks.NAVIGATION {
    wrap = <ul class="navi"> | </ul>
```

```
        # Die erste Ebene:
             1 = TMENU
             1.expAll = 1
             1.NO.wrapItemAndSub = <li> | </li>
        # CUR-Zustand der ersten Ebene:
             1.CUR = 1
             1.CUR < .1.NO
             1.CUR.ATagParams = class="active"
        # ACT-Zustand der ersten Ebene:
             1.ACT = 1
             1.ACT < .1.CUR
        # Die zweite Ebene:
             2 = TMENU
             2.wrap = <ul class="subnavi"> | </ul>
             2.NO.wrapItemAndSub = <li> | </li>
        # CUR-Zustand der zweiten Ebene:
             2.CUR = 1
             2.CUR < .2.NO
             2.CUR.ATagParams = class="active"
        }
```

Listing 9.7 »ACT« aus »CUR« abgeleitet, Ebene 1 (komplett als: »setup_07.ts«)

Abbildung 9.4 CUR und ACT in Aktion in der Beispielprojektsite

Nun wird auch der übergeordnete Menüpunkt einer aktiven Unterseite hervorgehoben (siehe Abbildung 9.4).

9.3.4 Eine Seite aus dem Menü ausblenden

In diesem Zusammenhang sei erwähnt, dass es Möglichkeiten gibt, bestimmte Seiten aus der Navigation auszuschließen.

Hierfür existieren zwei Herangehensweisen:

- Sie können entweder die Seite über ihre ID im HMENU-Objekt unterdrücken.

  Hierfür übergeben Sie der Property excludeUidList die Seiten-ID.

- Oder Sie können die Seite im Seitenbaum mit IM MENÜ VERBERGEN kennzeichnen.

  Dies regeln Sie über die gleichnamige Checkbox in den Seiteneigenschaften im Bereich ZUGRIFF.

Die Seite über die ID zu unterdrücken hat den Vorteil, dass dies nur für das betreffende Menü gilt. Sobald eine Seite in einem weiteren Menü erscheinen soll (in unserem Fall könnte dies das Rootline-Menü sein), braucht man sich keine Gedanken zu machen, ob die Seite dort sichtbar sein wird – sie wird es sein. Dies liegt daran, dass ein zweites Menü ein unabhängiges HMENU-Objekt besitzt, das seinerseits den Seitenbaum auswertet.

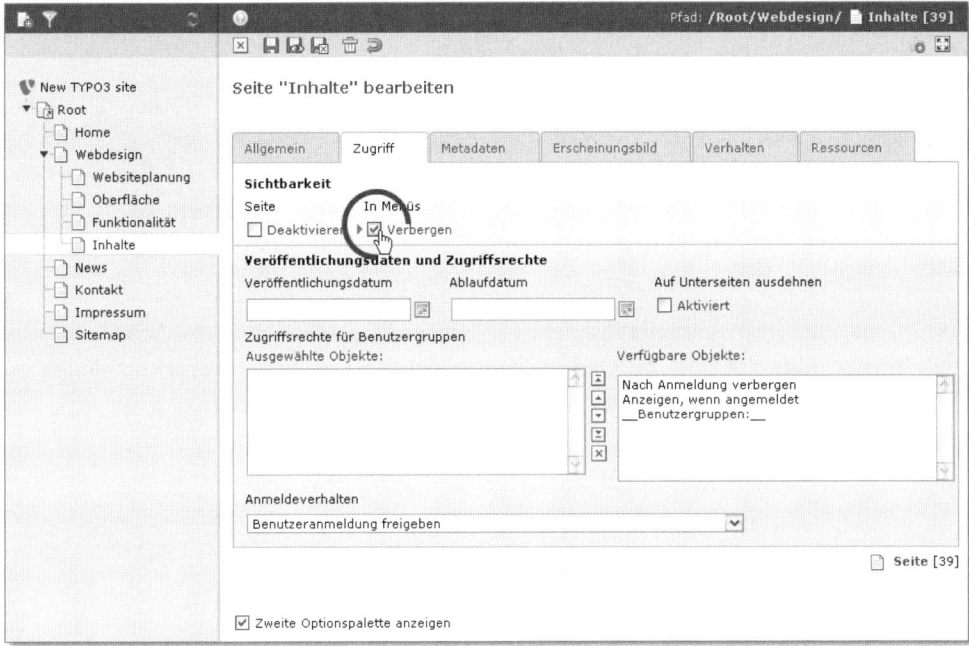

Abbildung 9.5 Eine Seite für alle Menüs verbergen.

Eine Seite im Seitenbaum als »in Menüs verborgen« zu kennzeichnen hat den Vorteil, dass dies automatisch für alle Menüs gilt. Das ist sinnvoll, wenn eine Seite wirklich an *keiner* Stelle in einem Menü auftauchen soll, auch nicht in einer eventuellen Sitemap. Sie finden im Dialog der Seiteneigenschaften eine Checkbox, mit der Sie die Einstellung vornehmen können (siehe Abbildung 9.5).

Im Seitenbaum wird die verborgene Seite durch ein verändertes Icon repräsentiert. Zur Klarstellung: Eine Seite im Menü zu *verbergen* bedeutet, dass diese lediglich im Menü versteckt ist. Sie ist aber auf anderen Wegen durchaus zugänglich und kann auch angesprochen werden.

Abbildung 9.6 Das Icon »Im Menü verborgen«

Eine *ausgeblendete* Seite hingegen ist für das gesamte System unzugänglich und kann auf keinem Wege erreicht werden. Eine solche Seite gilt als »nicht vorhanden«.

Abbildung 9.7 Das Icon »Ausgeblendet«

Verborgene Seiten dennoch im Menü zeigen

Ist eine Seite nicht ausgeblendet, sondern nur für die Menügenerierung verborgen, gibt es dennoch eine Möglichkeit, sie für ein Menü zu »reaktivieren«: Setzen Sie für das betreffende HMENU die Option includeNotInMenu auf 1. Leider hat dies zur Folge, dass pauschal *alle* im Seitenbaum verborgenen Seiten in diesem Menü wieder erscheinen. Wollen Sie eine jener Seiten aufs Neue unterdrücken, können Sie sie mit excludeUidList ausschließen.

Im Beispiel wird eine Seite mit der ID 29 wieder ausgeblendet. Versuchen Sie einmal, die unterdrückte Seite im Menü wieder sichtbar zu machen, und schließen Sie sie danach wieder aus dem Menü aus. Dies ginge folgendermaßen:

```
marks.NAVIGATION = HMENU
marks.NAVIGATION {
    # alle versteckten Seiten einschließen
    includeNotInMenu=1
    # Seite gezielt ausnehmen (hier die ID übergeben):
    excludeUidList = 29
    ...
}
```

Sie sollten die beiden Zeilen anschließend wieder löschen. Wir werden diese Optionen jedoch später an anderer Stelle wieder einsetzen. Es ist nun an der Zeit, sich mit dem Rootline-Menü zu beschäftigen. Vorher möchten wir jedoch noch einen kurzen Blick auf die im Projekt eingesetzten CSS-Anweisungen werfen. Sie können diese natürlich auch durch eigene ersetzen.

Das Stylesheet zum Menü

Im CSS stehen für die menürelevanten Styles folgende Anweisungen:

```
/* Liste Ebene 1 */
div#navigation ul   {
  list-style-type:none;
  padding:0;
  margin:1em;
}

div#navigation ul ul  {
  list-style-type:none;
  padding:0;
  margin:0 0 0.5em 1em;
}

ul.navi li   {
  margin-bottom:0.2em;
}

ul.navi li a {
  display:block;
  padding:0.2em 0.2em;
  text-decoration:none;
  color:#905D23;
  font-weight:bold;
  border:1px solid #E39F53;
  background-color:#FFD29F;
}

ul.navi li a.active {
  background-color:#FBB15E;
  border-color:#C16500;
  color:#6C4112;
}
```

```css
ul.navi li a:hover {
  background-color:#F6BF80;
  color:#C4761F
  border-color:#ccc;
}

ul.navi li a.active:hover {
  background-color:#FF9E33;
  border-color:#C16500;
  color:#6C4112;
}

ul.subnavi li  {
  list-style-type:none;
  margin: 0;
  padding:0;
  margin-bottom:0.2em;
}

ul.subnavi li a {
  font-size:90%;
  padding:0.2em 0.5em;
  text-decoration:none;
  color:#AEACAA;
  font-weight:bold;
  background-color:white;
  border:0;
}

ul.subnavi li a:hover {
  text-decoration:none;
  background:white;
  background-image:url(pfeil_o.gif);
  background-repeat:no-repeat;
  background-position:center left;
}

ul.subnavi li a.active {
  background-color:#fff;
  background-image:url(pfeil.gif);
  background-repeat:no-repeat;
  background-position:center left;
```

```
  font-weight:bold;
  color:#E38114;
}

ul.subnavi li a.active:hover {
  text-decoration:none;
  background:white;
  color:#E38114;
  background-image:url(pfeil.gif);
  background-repeat:no-repeat;
  background-position:center left;
}
```
Listing 9.8 Die CSS-Anweisungen für die Navigation (aus »08_screen.css«)

9.4 Das Rootline-Menü erzeugen

Normalerweise bildet ein HMENU die Hierarchie des Seitenbaums unverändert ab. Soll die Zusammensetzung eines Menüs wie bei einer Rootline hiervon abweichen, wird dies durch Einsatz der special-Eigenschaft von HMENU gesteuert.

9.4.1 Die Property »special« von HMENU

Die Property special kann die vordefinierten Werte directory, list, updated, rootline und keywords annehmen. Wir werden uns zunächst mit dem Wert rootline beschäftigen, kommen jedoch bei späterer Gelegenheit auf die anderen Werte zurück. Eine Gesamtübersicht finden Sie in Kapitel 17, »TypoScript – eine Kurzreferenz«.

Der Wert rootline ist dafür vorgesehen, anklickbare Pfadanzeigen zu erzeugen. Geben Sie zunächst folgende TypoScript-Anweisungen ein:

```
marks.ROOTLINE = HMENU
marks.ROOTLINE {
   special = rootline

   special.range = 0 | -1
   1 = TMENU
   1.NO.allWrap =    /   |
}
```
Listing 9.9 Die Rootline, Version 1 (komplett als: »setup_08.ts«)

Dem Marker ###ROOTLINE### ist ein HMENU-Objekt zugewiesen. Da dieses eine Property special mit den Wert rootline besitzt, wird der Marker durch ein Rootline-Menü ersetzt, also durch eine anklickbare Darstellung des Navigationspfads zwischen Sitewurzel und angezeigter Seite. Über die range-Untereigenschaft von special legen Sie fest, welche Ebenen dabei angezeigt werden. Derzeit beginnt der Pfad bei Level 0 (Root) und endet bei der aktuellen Seite (1).

In der allWrap-Eigenschaft des NO-Zustands wird das Trennzeichen zwischen den Menüelementen in der gewünschten Weise eingefügt. Hier wird jedem Eintrag ein Slash, umgeben von geschützten Leerzeichen, vorangestellt (siehe Abbildung 9.8).

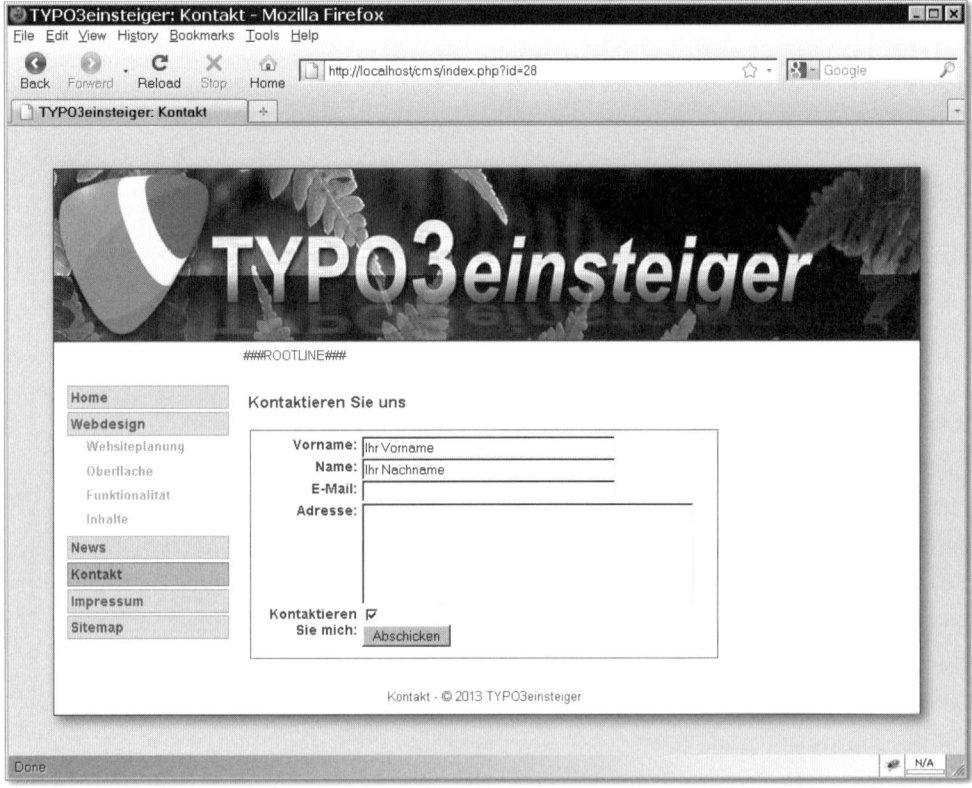

Abbildung 9.8 Die erste Version der Rootline

9.4.2 Die Property »special.range« von HMENU

Ein paar Dinge könnten an der Rootline jedoch verbessert werden. Zunächst ist es überflüssig, dass die Seite »Root« mit einem Eintrag vertreten ist. Sie könnten sie natürlich in »Home« umbenennen, hätten aber dann für die echte Seite »Home« eine Verdopplung in der Rootline. Besser ist es also, die Root-Ebene auszuschließen. Dazu ändern Sie den range-Wert auf 1 | -1 (siehe Abbildung 9.9):

```
marks.ROOTLINE = HMENU
marks.ROOTLINE {
   special = rootline
   special.range = 1 | -1
   1 = TMENU
   1.NO.allWrap =     /   |
}
```

Listing 9.10 Die Rootline, Version 2 (komplett als: »setup_09.ts«)

Abbildung 9.9 Die zweite Version der Rootline

Der Slash vor dem ersten Eintrag soll entfallen, und das letzte Element muss nicht anklickbar sein. Außerdem soll, im Sinne eines »You are here«-Indikators, noch ein Statement vorangestellt werden, das verdeutlicht, dass hier die Position des Nutzers in der Site angezeigt wird. Letzteres ist einfach – es wird ein Wrap um das Menü gelegt, bei dem die rechte Seite leer bleibt. Das Ergebnis sehen Sie in Abbildung 9.10.

```
marks.ROOTLINE = HMENU
marks.ROOTLINE {
   special = rootline
   special.range = 1 | -1
   wrap = <b>Sie sind hier:</b>  |
   1 = TMENU
   1.NO.allWrap =     /   |
}
```

Listing 9.11 Die Rootline, Version 3 (komplett als: »setup_10.ts«)

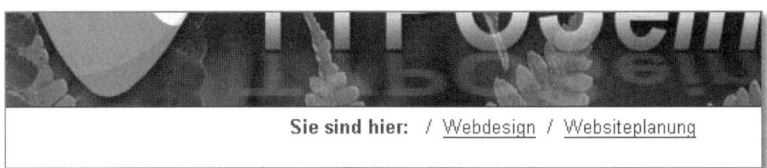

Abbildung 9.10 Die dritte Version der Rootline

9.4.3 Gezielte Darstellung über Optionsplit

Das Entfernen des Slashs ist weniger trivial. Dies bedeutet, dass der erste Menüeintrag anders behandelt werden sollte als die folgenden. TypoScript kennt zur Lösung dieses Problems ein Konstrukt namens *Optionsplit*. Damit können einem Wrap mehrere Versionen von Wrapdaten zugewiesen werden, die jeweils für das erste Element, das letzte Element und die dazwischen liegenden verarbeiteten Elemente gelten sollen. Damit die Zuweisungen voneinander abgegrenzt werden können, muss ein Trennsymbol verwendet werden. Dies ist die Zeichenkette |*|. Das Prinzip des Optionsplits ist folgendes:

```
Erstes Element  |*|  Zwischenelemente  |*|  Letztes Element
```

Existiert lediglich ein Element in der Verarbeitungskette, wird nur die letzte Option ausgeführt. Bei zwei Elementen werden die Optionen eins und drei ausgewertet. Nur wenn mehr als zwei Elemente vorhanden sind, tritt die mittlere Option in Kraft. In unserem Fall wird nach dem letzten Element kein Slash gezeigt, nach dem ersten und eventuell dazwischen liegenden Elementen dagegen schon (siehe Abbildung 9.11).

Beachten Sie, dass das *Pipe-Symbol des gewrappten Items* in jeder der Wahloptionen enthalten sein muss:

```
marks.ROOTLINE = HMENU
marks.ROOTLINE {
    special = rootline
    special.range = 1 | -1
    wrap = <b>Sie sind hier:</b>  |
    1 = TMENU
    1.NO.allWrap = | /   |*|  | /   |*|  |
}
```

Listing 9.12 Die Rootline, Version 4 (komplett als: »setup_11.ts«)

Abbildung 9.11 Die vierte Version der Rootline

9.4.4 Den Link für die aktuelle Seite entfernen

Der letzte Schritt ist wieder einfach zu vollziehen: Für die jeweils aktuelle Seite soll das Menüelement nicht verlinkt werden. Für die aktuelle Seite gilt der CUR-Zustand.

Dieser braucht daher nur aktiviert zu werden. Er muss die Anweisung `doNotLinkIt` erhalten:

```
marks.ROOTLINE = HMENU
marks.ROOTLINE {
    special = rootline
    special.range = 1 | -1
    wrap = <b>Sie sind hier:</b>  |
    1 = TMENU
    1.NO.allWrap = | /    |*|    | /    |*|   |
    1.CUR = 1
    1.CUR < .1.NO
    1.CUR.doNotLinkIt = 1
}
```

Listing 9.13 Die Rootline, Version 4 (komplett als: »setup_12.ts«)

Im Endzustand erscheint die Rootline nun so wie in Abbildung 9.12.

Abbildung 9.12 Die endgültige Version der Rootline

9.5 Zusammenfassung und Ausblick

Sie haben nun einiges über die Erzeugung von Menüs mit TypoScript gelernt und wissen das Nötigste, um textbasierte Menüs in beliebiger Form zu erzeugen. Im folgenden Kapitel 10, »Templates automatisieren«, werden wir weitere Aspekte berücksichtigen und ausführen. Sie werden eine Sitemap erstellen und gezielt eine Navigation aus festgelegten Seiten erzeugen. Das Hauptaugenmerk wird jedoch auf einem Wechsel der HTML-Designvorlage zu einer weiter ausgebauten Version liegen. Das Erzeugen der Einfügemarken soll diesmal allerdings nicht von Hand vorgenommen werden, sondern durch eine Erweiterung – den »Template Auto-parser« – geschehen.

Kapitel 10
Templates automatisieren

In diesem Kapitel lernen Sie eine weitere Methode kennen, um eine HTML-Designvorlage einzubinden. Die Erweiterung »Template Autoparser« liest Ihre Dokumentvorlage ein und setzt die Marker vollautomatisch. Außerdem werden wir hier einen weiteren Blick auf die Erstellung von Menüs werfen.

Das zentrale Thema dieses Kapitels ist der *Template Auto-parser*, der programmiert wurde, um die Arbeit mit HTML-Designvorlagen zu erleichtern. Beim Template Auto-parser handelt es sich jedoch nicht um eine vorinstallierte Funktion, die TYPO3 von sich aus mitbringt, sondern um eine sogenannte *Erweiterung*. Der erste Schritt wird also darin bestehen, diese Erweiterung zu installieren. Zunächst werfen wir aber einen kurzen Blick auf die weiter ausgearbeitete Designvorlage.

10.1 Die neue Designvorlage

Für dieses Kapitel soll die alte Designvorlage durch eine neue, etwas besser gestylte Version ersetzt werden, die zudem in XHTML erstellt ist (siehe Abbildung 10.1). Die bisher eingegebenen Inhalte und auch die vorhandene Seitenbaumstruktur werden weiterverwendet. Sie lernen also in diesem Kapitel auch, wie man eine Designvorlage bei einer bestehenden Site austauschen kann.

Auf einige Eigenschaften der neuen Vorlage möchten wir kurz hinweisen:

▶ **Zweispaltiger Inhaltsbereich**
Wir werden in diesem Kapitel vorwiegend die linke Spalte einsetzen. Die rechte Spalte wird in Kapitel 13, »Integration von Erweiterungen«, für News-Teaser eingesetzt werden.

▶ **Sprachumschaltung Deutsch/Englisch**
Die Website wird in Kapitel 11, »Die mehrsprachige Website«, zu einer zweisprachigen Site ausgebaut.

▶ **Eingabemaske für Suche in der Website**
Im Rahmen von Kapitel 13 wird auch eine siteinterne Suchmaschine aufgesetzt. Die Sucheingabe ist von jeder Seite aus möglich.

- **Separate globale Navigation für Sitemap und Impressum**
  Eine Sitemap wird in diesem Kapitel hinzugefügt. Sie werden hier auch die Navigationspunkte von Sitemap und Impressum aus dem Hauptmenü entfernen.
- **Hilfsnavigation in der Fußzeile**
  Die Hilfsnavigation, die die erste Ebene des Seitenbaums widerspiegelt, wird in diesem Kapitel ebenfalls erstellt.

Abbildung 10.1 Die erweiterte Vorlage ist nicht nur farblich anders gestaltet.

Weniger offensichtlich sind die versteckten Features dieser Vorlage. Das Layout beruht auf XHTML und CSS und verfügt über ein in der Normalansicht verstecktes Sprungmenü, das es barriereärmer macht. Die Ausgabe der Seiten wird in diesem Kapitel aus Gründen der Browserkompatiblität auf XHTML umgeschaltet.

10.1.1 Die neue Designvorlage in den Dateimanager laden

Wie üblich, muss die HTML-Vorlage dem System zunächst zugänglich gemacht werden, indem sie in den Fileadmin geladen wird. Erstellen Sie im Ordner *templates* einen Ordner *img* sowie einen Ordner *css*. Legen Sie hier die Dateien ab, die Sie auf der Begleit-DVD im Ordner *Kapitel_10/dokumentvorlage* vorfinden.

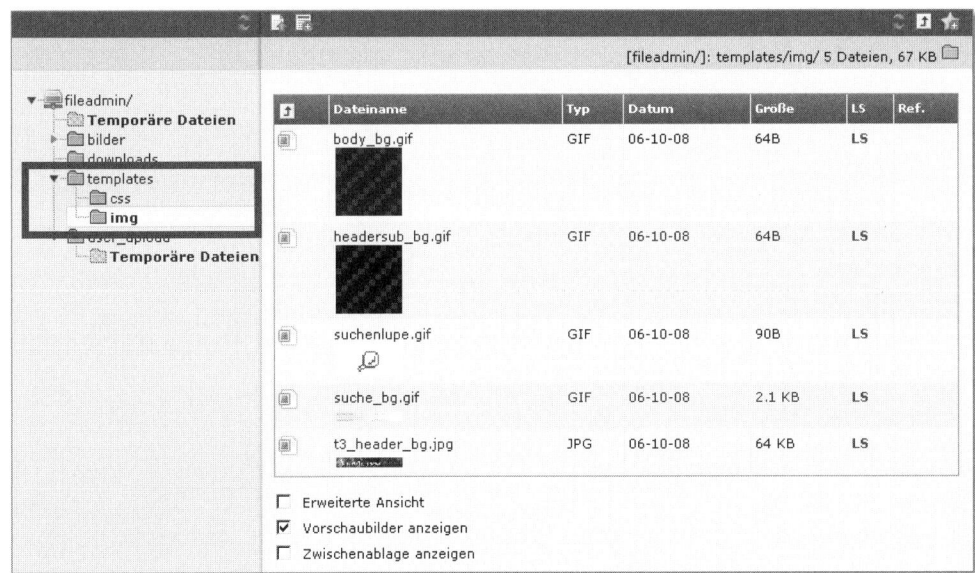

Abbildung 10.2 Ein Blick in den neuen Ordner »img« im Fileadmin

In den Ordner *templates* kommt die Designvorlage *10_dateivorlage.html* und in den Ordner *css* das dazugehörige Stylesheet *10_screen.css*.

Der Ordner *img* enthält die Hintergrundgrafiken für das CSS-Layout sowie einen grafischen Button für das Suchformular (siehe Abbildung 10.2). Diese Grafiken haben die Dateinamen *body_bg.gif, headersub_bg.gif, suche_bg.gif, suchenlupe.gif* und *t3_header_bg.jpg*. Da nun alle Daten »an Bord« sind, wird jetzt der Template Auto-parser installiert.

10.2 Installation des »Template Auto-parser«

Die Installation einer Erweiterung geschieht über den Erweiterungs-Manager. Starten Sie ihn über ADMIN-WERKZEUGE • ERWEITERUNGSMANAGER, und aktivieren Sie die Ansicht ERWEITERUNGEN VERWALTEN.

Extension Manager – die Ansicht »Geladene Erweiterungen«

Sie sehen hier eine Liste aller Erweiterungen Ihres Systems (siehe Abbildung 10.3). Dass hier überhaupt Erweiterungen zu sehen sind, liegt an der Modularität von TYPO3. Einige Erweiterungen, wie beispielsweise »CSS Styled Content«, werden inzwischen bei der Systeminstallation gleich mitinstalliert, galten früher jedoch teilweise als unabhängige Erweiterungen. Solche Erweiterungen werden als *Systemerweiterungen* bezeichnet (Type: »System«).

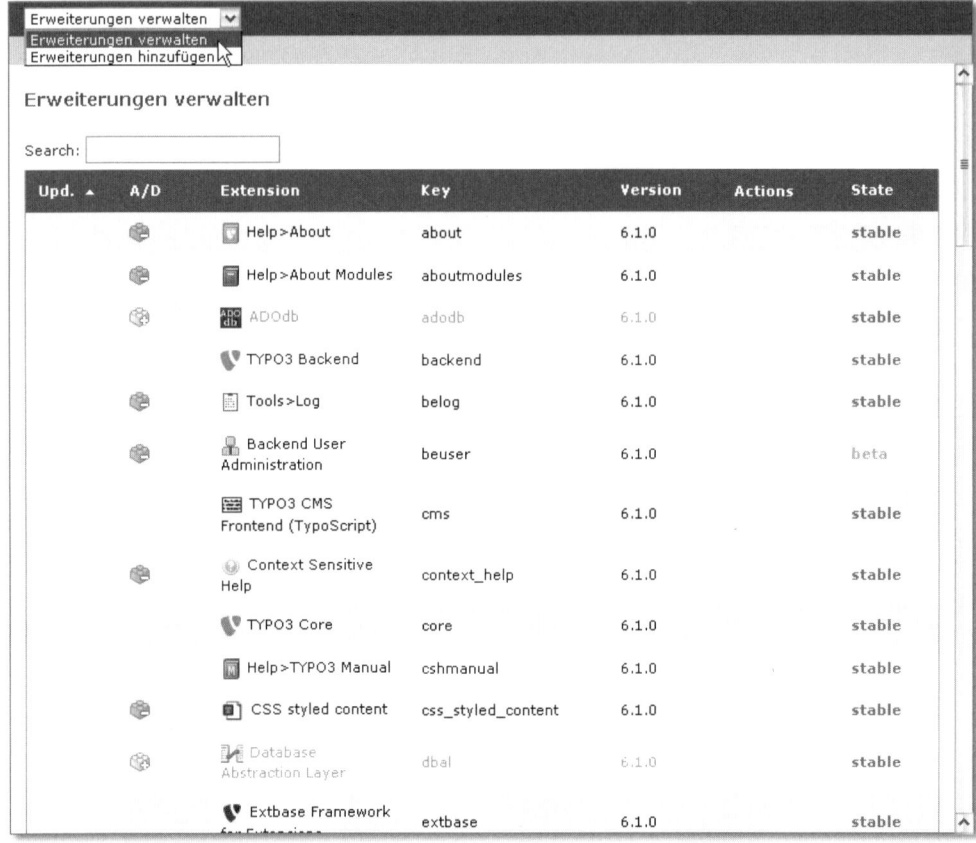

Abbildung 10.3 Liste der vorhandenen Erweiterungen in der Ansicht »Erweiterungen verwalten«

Die Erweiterungen sind in Rubriken unterteilt. Diese Unterteilung ist leider mit dem neuen Erweiterungsmanager seit der Version TYPO3 CMS 6 nicht mehr sichtbar. Vermutlich liegt hier noch ein Fehler durch die Umstellung vor.

- BACKEND
  Diese Erweiterungen stellen Backend-Funktionalität zur Verfügung.
- BACKEND-MODULE
  Diese Erweiterungen stellen Backend-Funktionalitäten zur Verfügung und erzeugen einen Eintrag in der Modulliste.
- VERSCHIEDENES
  Diese Erweiterungen stellen Basisfunktionalitäten zur Verfügung, die weder dem Backend noch dem Frontend zuzuordnen sind.

▶ FRONTEND
Diese Erweiterungen stellen Frontend-Funktionalität (z.B. Rendering) zur Verfügung.

▶ FRONTEND-PLUG-INS
Diese Erweiterungen erzeugen Output in die ausgegebene Seite (wie beispielsweise ein Login-Formular).

▶ DIENSTE
Diese Erweiterungen enthalten Systemmodule von TYPO3, die nicht deaktiviert werden können.

Sie können durch das vorangestellte Symbol in Form eines Bausteins erkennen, ob die Erweiterung installiert (aktiviert) ist, oder nicht. Der graue Baustein kennzeichnet eine »inaktive« Erweiterung (siehe Abbildung 10.4), der grüne Baustein eine »aktive« Erweiterung (siehe Abbildung 10.5).

Abbildung 10.4 Das Icon »Inaktive Erweiterung«

Abbildung 10.5 Das Icon »Aktive Erweiterung«

Alle hier sichtbaren Erweiterungen haben etwas gemeinsam – es ist die Liste der im System lokal verfügbaren Erweiterungen. Naturgemäß zählen die aktiven Erweiterungen hierzu. Darüber hinaus können Erweiterungen zwar im System vorliegen, jedoch zunächst nicht aktiv geschaltet sein. Wir werden in Kapitel 13, »Integration von Erweiterungen«, solche Erweiterungen aktivieren. Über die Aktivierung und Deaktivierung einer Erweiterung entscheiden Sie durch Klick auf das entsprechende Icon.

Wichtig: Das Deaktivieren bedeutet keine Deinstallation! Natürlich verschwindet dadurch die Erweiterung aus der Liste der aktiven Erweiterungen. Sie kann aber jederzeit aus der Liste der verfügbaren Erweiterungen wieder reaktiviert werden. Für dieses Kapitel wird die Erweiterung *Template Auto-parser* benötigt. Diese ist nicht lokal vorhanden, sondern muss erst importiert werden. Wechseln Sie deshalb in die Ansicht ERWEITERUNGEN HINZUFÜGEN (siehe Abbildung 10.6).

10   Templates automatisieren

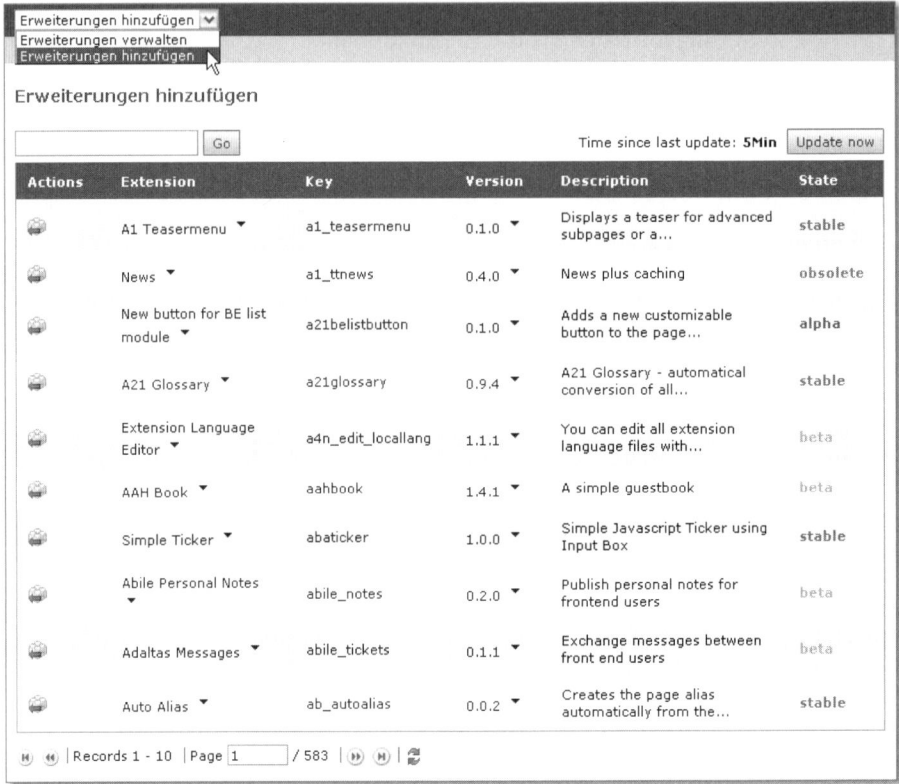

Abbildung 10.6 Die Liste aller möglichen Erweiterungen in der Ansicht »Erweiterungen hinzufügen«

Erweiterung direkt vom TYPO3-Repsitory installieren

Selbstverständlich können nicht alle existierenden Erweiterungen mitinstalliert werden – das wären mehrere Tausend. In der Ansicht ERWEITERUNGEN HINZUFÜGEN wird nun eine Liste aller verfügbaren Erweiterungen vom TYPO3-Server heruntergeladen. Bringen Sie hierfür etwas Geduld mit, da der Aufbau der Liste einige Zeit dauern wird.[1]

Möchte man eine bestimmte Erweiterung laden, ist es günstiger, die Suchfunktion einzusetzen oder, noch besser, mit dem sogenannten *Erweiterungsschlüssel* zu arbeiten. Dies ist ein Bezeichner, der jede Erweiterung eindeutig kennzeichnet. Sie können den Erweiterungsschlüssel auch direkt aus Ihrer Installation heraus einsetzen. Für den Template Auto-parser lautet er `automaketemplate`. Geben Sie den Begriff in das Suchfeld in der ERWEITERUNGEN HINZUFÜGEN-Ansicht Ihres Erweiterungs-Managers ein (siehe Abbildung 10.7, Schritt 1). Klicken Sie nun auf GO. Sie müssen, wie beim Laden, über eine Online-Verbindung verfügen, um die Erweiterung importie-

---

[1] Schlimmstenfalls endet der Versuch mit einem Time-out. Die Liste ist wirklich extrem lang.

ren zu können. Haben Sie auch hier etwas Geduld. Im zweiten Schritt wird dann die Erweiterung importiert und installiert. Klicken Sie dazu auf den Baustein mit dem roten Pfeil (siehe Abbildung 10.7, Schritt 2).

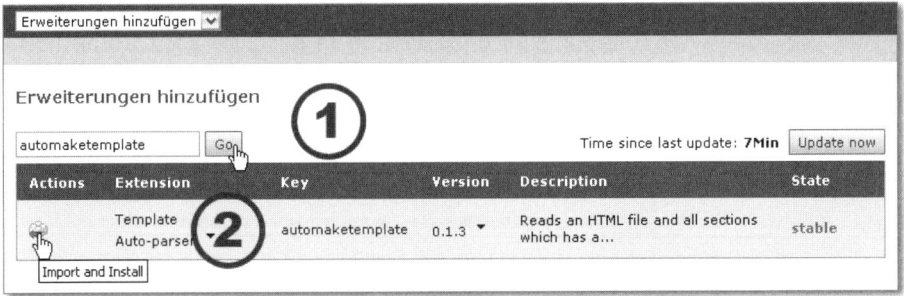

Abbildung 10.7 Eine Erweiterung über den Erweiterungsschlüssel aus dem Repository installieren

Erweiterung als Datei installieren

Sollten Sie über keine Online-Verbindung verfügen, bleibt Ihnen immer noch die Möglichkeit, eine Erweiterung als Datei zu importieren. Wechseln Sie in die Ansicht ERWEITERUNGEN VERWALTEN, und klicken Sie auf das Upload-Symbol (siehe Abbildung 10.8, Schritt 1). Über den DURCHSUCHEN-Button können Sie die Datei von Ihrem lokalen Computer auswählen. Sie finden sie unter dem Dateinamen *automaketemplate_0.1.3.t3x* auf der Begleit-DVD im Ordner *Erweiterungen* sowie im Ordner zum aktuellen Kapitel. Mit UPLOAD wird die Erweiterung in Ihr TYPO3-System hochgeladen und installiert (siehe Abbildung 10.8, Schritt 3).

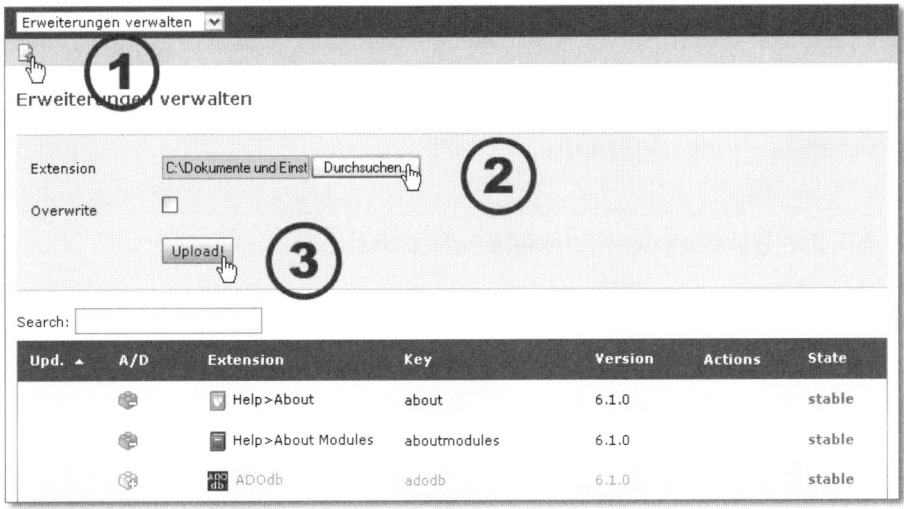

Abbildung 10.8 Erweiterung als Datei installieren

Beinahe jede Erweiterung erzeugt Einträge in der TYPO3-Datenbank, entweder, um später Nutzdaten abzulegen, oder zu Konfigurationszwecken. Im Falle des Template Auto-parsers ist keine weitere Konfiguration erforderlich.

Welchseln Sie wieder zur ursprünglichen Ansicht ERWEITERUNGEN VERWALTEN zurück. Sie finden den Template Auto-parser nun in der Liste ganz unten (siehe Abbildung 10.9).

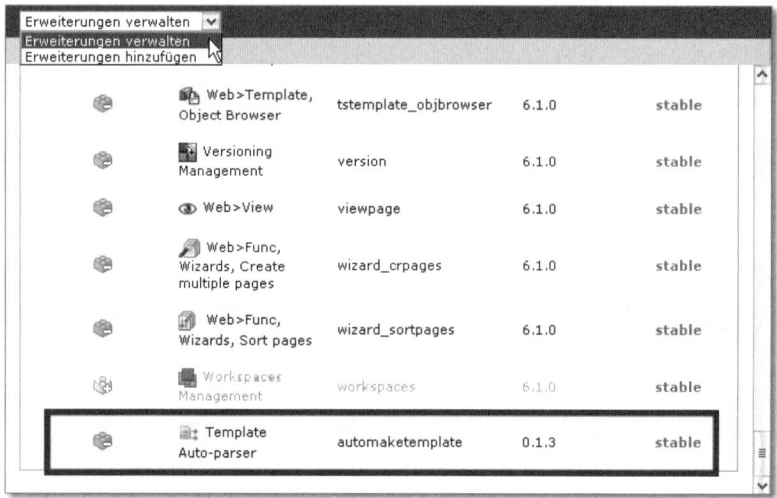

Abbildung 10.9 Installierte Erweiterung in der Ansicht »Erweiterungen verwalten«

10.3 Einsatz des »Template Auto-parser«

Der Template Auto-parser ist einsatzbereit. Zwei Dinge sind nun zu tun: Erstens muss der Auto-parser erfahren, mit welcher Datei er zu arbeiten hat. Zweitens muss dem System mitgeteilt werden, dass es seine Template-Informationen ab sofort vom Template Auto-parser beziehen soll.

10.3.1 Konfiguration des »Template Auto-parser«

Zunächst bekommt der Template Auto-parser die notwendigen Informationen. Dies geschieht selbstverständlich mittels TypoScript. Tragen Sie in Ihr SETUP-Feld folgenden neuen Block ein (Sie können dies am Anfang oder am Schluss tun, nur nicht innerhalb des bereits existierenden PAGE-Objekts!):

```
# Konfiguration Template Auto-parser
plugin.tx_automaketemplate_pi1 {
   content = FILE
   content.file = fileadmin/templates/10_dateivorlage.html
```

```
   relPathPrefix = fileadmin/templates/
   elements {
      BODY.all = 1
      BODY.all.subpartMarker = DOCUMENT_BODY
      DIV.all = 1
      SPAN.all = 1
   }
}
```

Hier wird über `content.file` zunächst die Datei bestimmt, mit der der Template Auto-parser arbeiten soll, und mit `relPathPrefix` wird ein Präfix für alle relativen Pfade festgelegt. Dies entbindet Sie von der Notwendigkeit, wie bisher die Pfade in der Dokumentvorlage in den Fileadmin »umzubiegen«.

Als Nächstes wird festgelegt, wie der Template Auto-parser mit der Datei verfahren soll. Hier wird angeordnet, dass von den HTML-Elementen des Dokuments (`elements`) zunächst einmal der `<body>`-Container berücksichtigt werden soll (`BODY.all`). Dem Großbereich wird ein expliziter Subpartmarkername zugewiesen (`DOCUMENT_BODY`).

Die nächsten zwei Zeilen sind die eigentlich interessanten. Hier werden nämlich die Elementtypen genannt, die der Auto-parser für die Erzeugung von Subparts verarbeiten soll. Hier sind dies alle `<div>`- und alle `<span>`-Elemente (`DIV.all` und `SPAN.all`). Elementnamen werden bei diesem Vorgang grundsätzlich in Großbuchstaben geschrieben.

10.3.2 Konfiguration des PAGE-Objekts

Ändern Sie jetzt im Setup die Template-Anweisungen des `PAGE`-Objekts, um den Template Auto-parser mit einzubinden. Ersetzen Sie in `page.10` die alte Einbindung der statischen HTML-Vorlage, die bislang wie folgt lautete:

```
page.10 = TEMPLATE
page.10 {
   template = FILE
   template.file = ↩
   fileadmin/templates/08_dateivorlage.html
      ...
}
```

indem Sie stattdessen den Template Auto-parser einbeinden:

```
page.10 = TEMPLATE
page.10 {
   template =< plugin.tx_automaketemplate_pi1
      ...
}
```

Auch das neue Stylesheet muss anstelle des alten eingebunden werden. Ändern Sie die entsprechende Zeile um in:

```
page.includeCSS {
    file10 = fileadmin/templates/css/10_screen.css
    file10.media = screen
}
```

Sie sehen jetzt (immerhin schon) die HTML-Vorlage, wie sie in Abbildung 10.1 gezeigt wird. Um die Inhalte und die Navigation wieder einzubinden, wird gleich ein weiterer Schritt folgen. Zuvor werfen wir jedoch noch kurz einen Blick in den Quelltext des ausgegebenen Dokuments.

10.3.3 Die Quelltextausgabe des »Template Auto-parser«

Betrachten wir kurz einen repräsentativen Ausschnitt aus dem Quelltext der Ausgabe. Erstens ist eine (recht große) Zahl an Subpartmarkern sichtbar, die offenbar vom Template Auto-parser hinzugefügt wurden. Ihre Bezeichner sind, wie deutlich zu erkennen ist, von den ID- oder Klassenbezeichnern der Div- und Span-Container abgeleitet. Aus diesem Grund sind die Subpartbezeichner, die der Auto-parser generiert, auch in *Kleinbuchstaben* geschrieben.[2]

```
...
<div id="header">
<!--###header### begin -->

  <div class="versteckt">
  <!--###versteckt### begin -->
    <h1>TYPO3einsteiger :: Projektsite</h1>

    <div class="sprung">
    <!--###sprung### begin -->
        <a href="fileadmin/templates/#navigation">
        Zur Navigation springen</a> |

        <a href="fileadmin/templates/#content">
        Zum Inhalt springen</a>
    <!--###sprung### end -->
    </div>

  <!--###versteckt### end -->
```

---

[2] Falls Sie sehr an der bislang gewohnten Großschreibung hängen, dürfen Sie Ihre ID- und Klassenbezeichner ebenfalls in Großbuchstaben schreiben. Dies ist möglich, jedoch unüblich.

```
    </div>

<!--###header### end -->
</div>
    ...
```

Ein Manko der automatischen Pfadkorrektur zeigt sich hier leider auch – die relativen Pfade der Sprunglinks sind durch das Präfix unbrauchbar geworden. Wir werden den betroffenen Containern daher neuen Inhalt zuweisen müssen. Dies ist leicht möglich, da hierfür ein geeigneter Subpart ###sprung### existiert.

10.3.4 Zuweisung bestehender Inhalte an die generierten Subparts

Im PAGE-Setup sind nun einige Änderungen erforderlich. Ändern Sie alle Markeranweisungen in solche für Subparts, da der Template Auto-parser *ausschließlich Subparts* erzeugt. Wandeln Sie auch die Bezeichner in Kleinschreibweise um, damit sie zur Datei passen:

- subparts.INHALT wird zu subparts.inhalt.
- marks.NAVIGATION wird zu subparts.navigation.
- marks.ROOTLINE wird zu subparts.rootline.

So weit funktioniert die Seite nun schon, allerdings müssen wir noch weitere Subparts zuweisen und eine bestehende Zuweisung ändern, damit das beabsichtigte Layout erreicht wird. Der Copyright-Vermerk soll jetzt nicht mehr dem gesamten Footer zugewiesen werden, sondern nur noch einem Teil davon. Ändern Sie marks.FOOTER daher in subparts.copyright.

10.3.5 Zuweisung weiterer Subparts

Die Beispielinhalte der nicht zugewiesenen Bereiche sind weiterhin sichtbar. Auch das globale Menü und das Menü in der Fußzeile sind noch nicht einsatzfähig.

Die rechte Inhaltsspalte

Beginnen wir damit, dem Subpartmarker der rechten Inhaltsspalte die rechte Datenbankspalte von TYPO3 zuzuweisen. Ein Blick in den Quelltext verrät, dass dieser Bereich mit ###rechts### markiert ist.

```
subparts.rechts < styles.content.getRight
```

Die globale Navigation

Die Mininavigation oben im Kopfbereich der Datei soll zwei Einträge enthalten, nämlich einen Link zur Seite »Impressum« und einen weiteren zur Seite »Sitemap«. Der benötigte Subpart hat die Markierung ###globals###. Diesem Subpart wird nun ein HMENU zugewiesen, das einen special-Wert erhält. Dieser lautet in diesem Fall list, um die IDs[3] der fraglichen Seiten zu übergeben:

```
subparts.globals = HMENU
subparts.globals {
   special = list
   special.value = 33, 34

   1 = TMENU
   1.NO.stdWrap.case=lower
   1.NO.linkWrap = | &#x7c;  |*| |
}
```

Hier sind ein paar weitere Erklärungen erforderlich: Die Schreibweise der Menüpunkte wird über die stdWrap-Eigenschaft case in Kleinbuchstaben umgewandelt, um dem geplanten Layout zu entsprechen. (Wenn Sie hier statt lower den Wert upper übergeben, wandeln Sie sie entsprechend in Großbuchstaben um.)

Zwischen den beiden Links soll ein Pipe-Symbol stehen. Da dies über einen Wrap angewiesen wird, muss das auszugebende Pipe-Symbol durch eine Entität maskiert werden. Fügen Sie an einer Stelle, wo ein Pipe als Zeichen ausgegeben werden soll, einfach die Zeichenfolge | ein. Damit tarnen Sie das Pipe vor TypoScript. Der Browser wiederum ersetzt die Entität durch das gewünschte Zeichen. Ein Optionssplit ordnet an, nach dem zweiten Link kein weiteres Pipe einzufügen. Achten Sie darauf, dass zwischen Pipe und   kein Leerzeichen steht.

Nun sind die Einträge für »Impressum« und »Sitemap« noch aus der Hauptnavigation zu entfernen. Nehmen Sie das mit excludeUidList im entsprechenden HMENU vor. Ergänzen Sie hier, und setzen Sie die ID-Werte Ihrer Beispielsite ein:

```
subparts.navigation = HMENU
subparts.navigation {
        excludeUidList = 33, 34
        ...
}
```

Die Navigation im Seitenfuß

In der Navigation im Seitenfuß sollen die Seiten der ersten Ebene des Seitenbaums gezeigt werden. Zwischen den Einträgen soll, wie in der globalen Navigation, ein Pipe-Symbol als Trenner erscheinen. »Impressum« und »Sitemap« brauchen auch

---

[3] Die IDs können bei Ihnen abweichen. Prüfen Sie sie per Mouseover über die Icons der fraglichen Seiten im Seitenbaum.

hier nicht zu erschienen. Das TypoScript lässt sich anhand der bereits beschriebenen Navigationen leicht zusammenstellen. Die Markierung lautet ###bottomnavi###.

```
subparts.bottomnavi = HMENU
subparts.bottomnavi {
   excludeUidList = 33, 34
   1 = TMENU
   1.NO.stdWrap.case=lower
   1.NO.linkWrap = ⏎
   | &#x7c;  |*| | &#x7c;  |*| |
}
```

> **TypoScript-Setup auf der Begleit-DVD**
> Das komplette Setup zu diesem Projektstand finden Sie auf der Begleit-DVD im Ordner *Dateien_zum_Buch/Kapitel_10* als *setup_01.ts*.

10.4 Eine Sitemap für die Projektwebsite

Die Seite »Sitemap« liegt noch brach, und ihr soll jetzt, wie ihr Name schon verspricht, eine Sitemap zugewiesen werden. Unter einer *Sitemap* versteht man eine Liste aller in der Website vorhandenen Seiten. Dies könnte zwar auch mit einem HMENU-Objekt realisiert werden, doch der Einfachheit halber stellt TYPO3 dafür einen spezialisierten Inhaltstyp SPEZIAL-MENÜS zur Verfügung (siehe Abbildung 10.10).

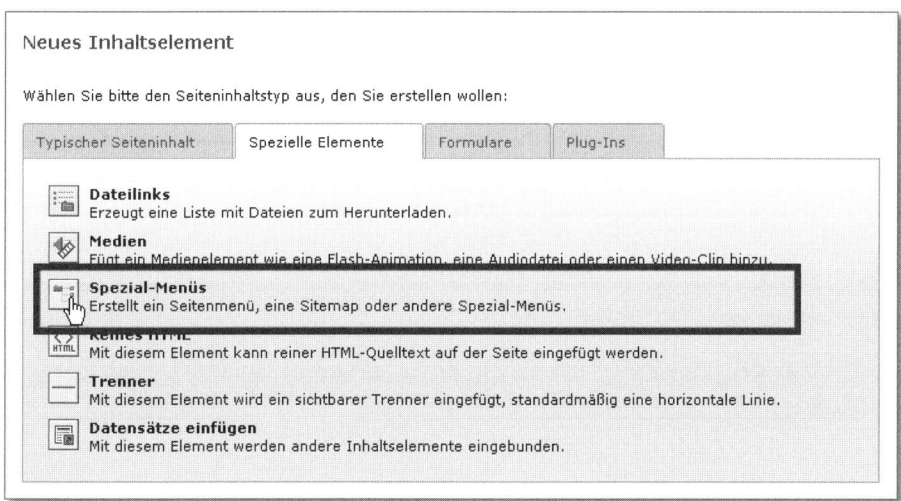

Abbildung 10.10 Der Inhaltstyp »Spezial-Menüs«

Öffnen Sie die Seite SITEMAP über WEB • SEITE, und fügen Sie in der Spalte NORMAL ein Element vom Typ »Spezial-Menüs« ein. Weisen Sie dem Element die Überschrift »Sitemap der Site TYPO3einsteiger« mit LAYOUT 3 zu. Im Bereich MENÜ UND SITEMAP wählen Sie den Menütyp Sitemap (siehe Abbildung 10.11).

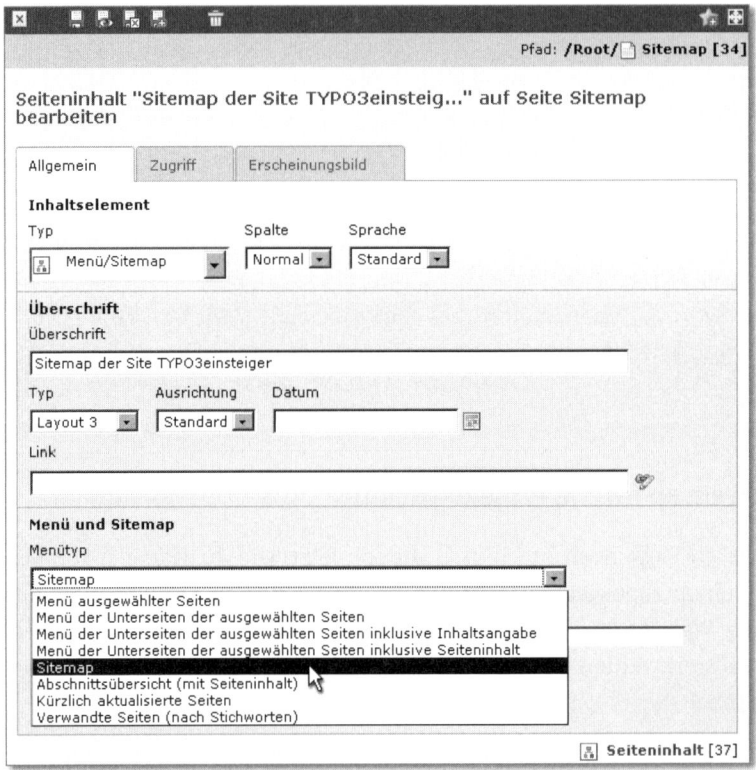

Abbildung 10.11 Wählen Sie hier den Menütyp »Sitemap«.

Alle geplanten Funktionalitäten sind nun eingerichtet. Die Seite »Sitemap« sollte im Browser jetzt so aussehen, wie in Abbildung 10.12 dargestellt. Allerdings könnte man hier noch etwas Hand anlegen, was das Aussehen angeht. Dies ist einfach, wenn man weiß, dass *CSS Styled Content* auch für die Ausgabe des Inhaltstyps »Sitemap« festgelegte CSS-Klassen vergibt und dass das Sitemap-Menü auf verschachtelten UL-Listen aufgebaut ist.

Ein Blick in den von TYPO3 großzügig kommentierten Quelltext zeigt folgende Struktur:

```
<div id="c37" class="csc-default">

  <!-- Header: [begin] -->
  <div class="csc-header csc-header-n1">
```

10.4 Eine Sitemap für die Projektwebsite

```
      <h3 class="csc-firstHeader">
      Sitemap der Site TYPO3einsteiger
      </h3>
  </div>
  <!-- Header: [end] -->

  <!-- Menu/Sitemap element: [begin] -->
  <div class="csc-sitemap">
    <ul>
    <li><a href="index.php?id=23" title="Home">Home</a></li>
      ...
    </ul>
  </div>
  <!-- Menu/Sitemap element: [end] -->

</div>
```

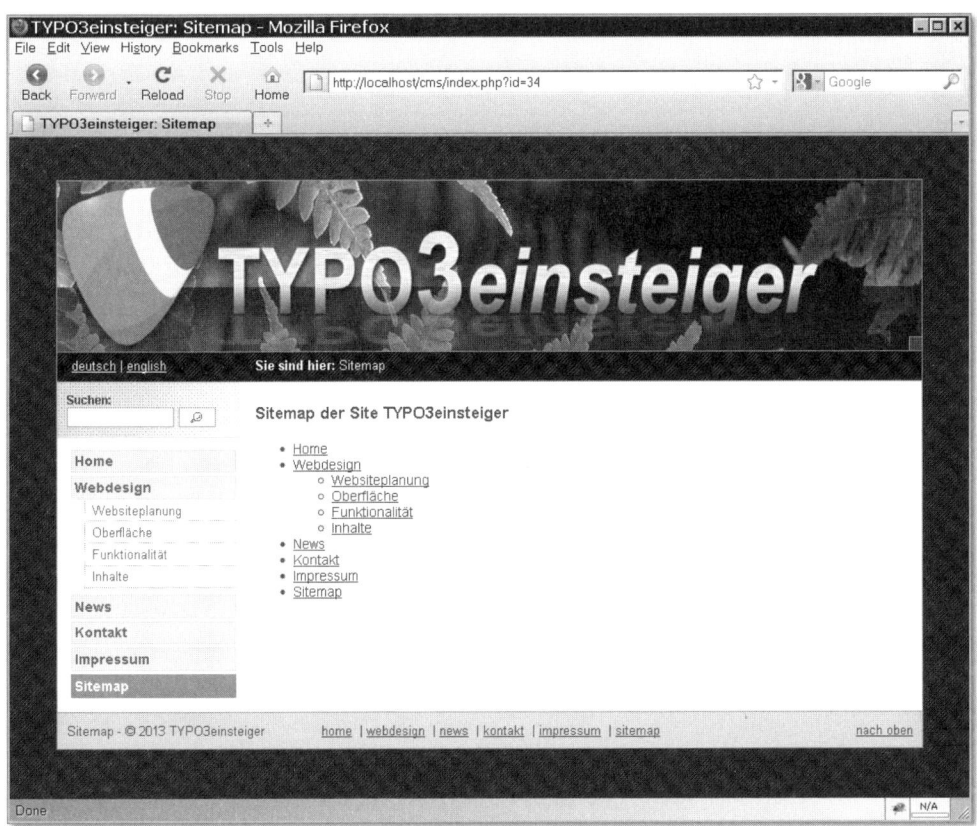

Abbildung 10.12 Die fertige Sitemap im Browser

Grundsätzlich wird jedes Inhaltselement für die Ausgabe in einen Div-Container mit der Klasse csc-default gewrappt. Der Container enthält als Erstes den Header des Elements mit der Überschrift. Diese ist unter anderem von einem Div mit der Klasse csc-header umgeben. Der folgende Inhaltsblock besitzt wiederum einen Div als Wrap, dessen Klasse sich am Typ des Inhalts orientiert. Im Falle einer Sitemap lautet der Name der Klasse csc-sitemap.

Abbildung 10.13 Die Sitemap, leicht gestylt

Mit diesem Wissen (und mit einem Blick auf die Struktur des HTMLs der Vorlage) lassen sich CSS-Selektoren erstellen, die eine Präsentation an das Sitemap-Menü binden können. Dies könnte exemplarisch etwa wie folgt gelöst werden, wobei hier die Pfeilgrafik aus der Navigation von Kapitel 8, »Einstieg in Designvorlagen«, »recycelt« wird, da diese sich bereits im Fileadmin befindet. Fügen Sie diese Anweisungen dem Projekt-Stylesheet hinzu (Sie finden sie auch im Ordner zu dem hier vorliegenden Kapitel auf der Begleit-DVD):

```
div#inhalt div.csc-sitemap li {
    list-style-image:url(../pfeil_o.gif);
    margin: 4px 0;
```

```
        font-size:90%;
}

div#inhalt div.csc-sitemap li a {
        color:#AEACAA;
        text-decoration:none;
}

div#inhalt div.csc-sitemap li a:hover {
        border-bottom:1px dotted #AEACAA;
}
```
Listing 10.1 Die Datei »10_css_sitemap.txt« (Ausschnitt)

Die Sitemap wirkt nun ein wenig eleganter (siehe Abbildung 10.13). Als Nächstes folgt wieder ein Blick in den Quelltext. Was für eine Version von HTML wird eigentlich ausgegeben?

10.5 Den Doctype der Webseiten steuern

Die Antwort auf die oben gestellte Frage lautet: HTML5. Da dies dem aktuellen Standard entspricht, gibt es selten Anlass, hier einzugreifen. Möglich ist dies selbstverständlich schon, beispielsweise, wenn aus irgendwelchen Gründen eine Ausgabe in XHTML bevorzugt wird oder gefordert ist. Dies fällt in den Bereich »Konfiguration«, und entsprechend als `config` benannt ist auch das TypoScript-Objekt, in dessen Zuständigkeitsbereich die Steuerung der Ausgabe fällt.

Wir stellen die Webseite probeweise auf XHTML um (Sie können dies später wieder zurücknehmen, wenn Sie wollen). Öffnen Sie dazu wieder das Template-Setup, und fügen Sie folgende Zeilen ein:

```
# Konfiguration der Ausgabe:
config {
   language = de
   locale_all = de_DE
   doctype = xhtml_trans
   xmlprologue = none
   metaCharset = utf-8
   htmlTag_langKey = de-DE
}
```

Die Webseiten werden jetzt wie gewünscht als *XHTML transitional* ausgegeben. Gleichzeitig wurde die Gelegenheit genutzt, auch ein paar Anweisungen zur *Lokalisierung* zu hinterlassen. Diese sollten Sie auch dann beibehalten, wenn Sie wieder zum Defaulttyp HTML5 zurückgehen.

Die einzelnen Zeilen bedeuten:

- `language = de`
  Die Websitesprache wird explizit auf »Deutsch« gesetzt.
- `locale_all = de_DE`
  Dies ist ein Lokalisierungsparameter, der nochmals die gleiche Aussage trifft. Er ist wichtig, wenn Datumswerte ausgegeben werden sollen.
- `doctype = xhtml_trans`
  Dieser Parameter erzwingt eine Doctype-Deklaration für *XHTML transitional*.
- `xmlprologue = none`
  Dieser Parameter unterdrückt den XML-Prolog, um Problemen mit dem Internet Explorer aus dem Weg zu gehen.
- `metaCharsct = utf-8`
  Dieser Parameter legt den Zeichensatz für die Ausgabe als UTF-8 fest. Dies spiegelt sich im Meta-Element `Content-Type` wider.
- `htmlTag_langKey = de-DE`
  Dieser Parameter setzt den Wert der Attribute `xml:lang` und `lang` im `<html>`-Tag auf `de-DE`.

> **TypoScript-Setup auf der Begleit-DVD**
> Das komplette Setup zu diesem Projektstand finden Sie auf der Begleit-DVD im Ordner *Dateien_zum_Buch/Kapitel_10* als *setup_02.ts*.

10.6 Zusammenfassung und Ausblick

Sie haben in diesem Kapitel erfahren, wie Sie den *Template Auto-parser* nutzen können, um eine HTML-Dokumentvorlage zu verarbeiten. Ob man diese Methode einer von Hand vorbereiteten Vorlage vorzieht, ist nur zum Teil Geschmackssache. Ein wesentlicher Vorteil wird sichtbar, wenn der Entwurf einer Site komplett in die Hände eines Webdesigners gelegt wird. Dieser muss keine Kenntnisse in TYPO3 besitzen, und der TYPO3-Administrator braucht die vorbereitete Vorlage lediglich dem Template Auto-parser zu übergeben.

Im folgenden Kapitel 11, »Die mehrsprachige Website«, wird eine weitere Stärke von TYPO3 ausgespielt, nämlich die parallele Verwaltung mehrerer Inhaltsversionen in verschiedenen Sprachen. Sie werden erst eine sogenannte *Websitesprache* anlegen und anschließend einige exemplarische Übersetzungen der vorhandenen Seiten erstellen.

Kapitel 11
Die mehrsprachige Website

TYPO3 unterstützt die Verwaltung mehrsprachiger Websites. In diesem Kapitel erläutern wir Ihnen, wie mehrsprachige Inhalte erfasst, wie die Templates gestaltet und wie Menüs mehrsprachig erstellt werden.

In diesem Kapitel wird das Beispielprojekt um eine zweite Sprache (Englisch) erweitert. Damit einhergehend zeigen wir Ihnen die Fähigkeiten von TYPO3 im Umgang mit mehrsprachigen Inhalten.

Das Beispielprojekt wurde bisher ausschließlich in deutscher Sprache realisiert. In die HTML-Designvorlage in Kapitel 10, »Templates automatisieren«, hatten wir jedoch bereits ein Menü zur Sprachauswahl integriert.

11.1 Einrichtung weiterer Sprachen

Die Sprache des Backends von TYPO3 kann problemlos umgestellt werden, sodass dort jeder Redakteur in der ihm vertrauten Sprache arbeiten kann. Aber auch die Inhalte des Frontends können von TYPO3 in mehreren Sprachen parallel verwaltet werden. Zu einem mehrsprachigen Webauftritt gehört bei einem ausgereiften CMS auch die bequeme Pflege der mehrsprachigen Inhalte. Gleiches gilt für die Templates und die generierten Menüs.

11.1.1 Die Sprachvariante in der Website über das Listen-Modul anlegen

In der Wurzel der Website (dem TYPO3-Logo im Seitenbaum) können Sie vom Modul WEB • LISTE aus über das NEUER DATENSATZ-Icon einen Datensatz für eine weitere Sprachvariante hinzufügen (siehe Abbildung 11.1). In der Liste der angebotenen Datensatztypen wählen Sie den entsprechenden Typ, den TYPO3 als WEBSITE-SPRACHE bezeichnet (siehe Abbildung 11.2, links).

Wie im rechten Bereich von Abbildung 11.2 zu sehen ist, erscheint daraufhin ein Feld SPRACHE, in das Sie die Sprachbezeichnung eingeben – in unserem Fall »Englisch«. Über die Auswahl an Flaggensymbolen ist es möglich, der WEBSITE-SPRACHE ein Icon zuzuweisen. Als der schnellere Weg hierfür erweist sich meist die Wahl über das Pulldown-Menü. Die gewählte Flagge wird durch einen recht unauffälligen schwarzen Pfeil markiert.

11 Die mehrsprachige Website

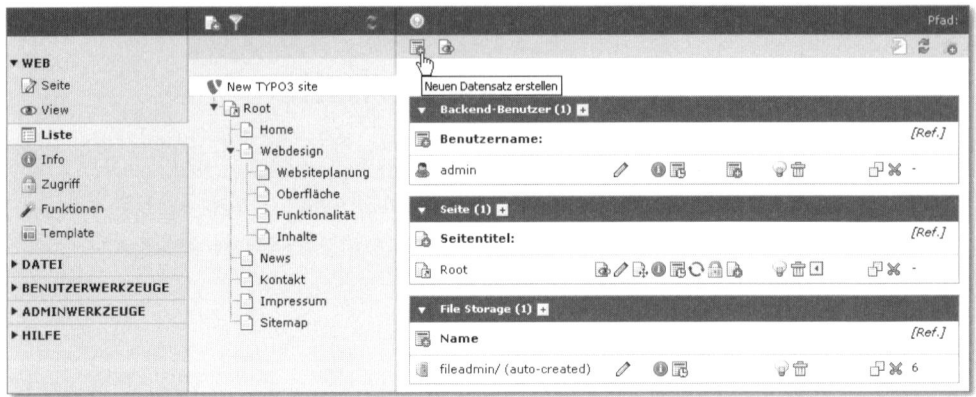

Abbildung 11.1 Neuen Datensatz über das Modul »Liste« anlegen

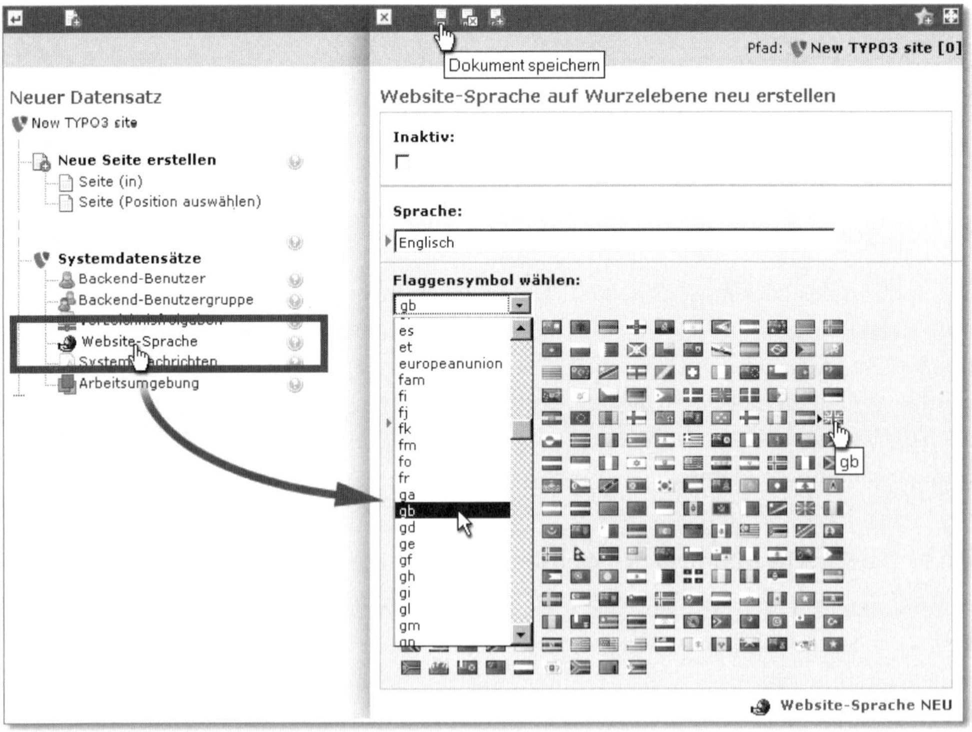

Abbildung 11.2 Anlegen der alternativen Sprache

Wenn Sie die Sprachvariante vorübergehend nicht brauchen, können Sie sie über die Checkbox INAKTIV stilllegen, ohne sie direkt zu löschen.

Abbildung 11.3 zeigt eine Auflistung aller Sprachdatensätze der Site. Sie erhalten sie durch einen Klick auf das Root-Icon im Modul WEB • LISTE. Angezeigt werden alle

Datensätze, die die gesamte Website betreffen. Neben Backend-Benutzern sind dies auch die Website-Sprachen. Die Darstellung zeigt, dass nun »Englisch« als Sprache in der Liste ausgewählt wurde. Damit ist die Möglichkeit geschaffen, die Seiten mit englischsprachigem Inhalt zu füllen.

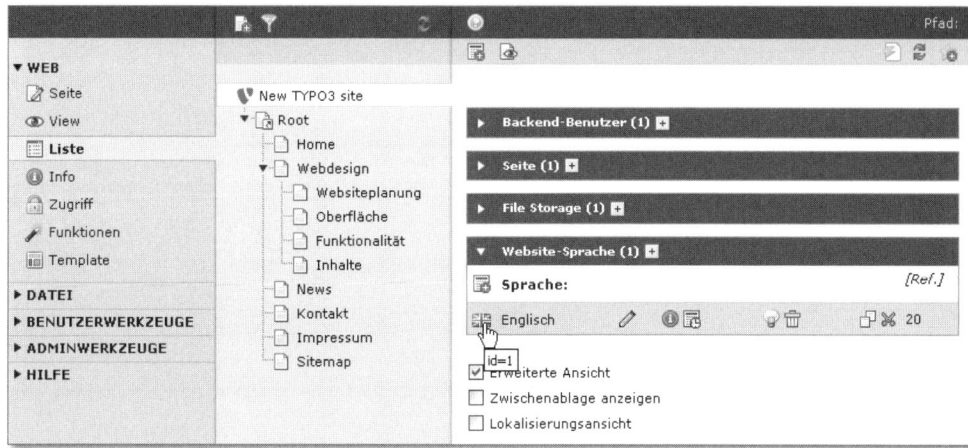

Abbildung 11.3 Liste der angelegten Website-Sprachen

Beachten Sie dabei Folgendes: Wenn Sie mit dem Mauszeiger über das Icon einer Sprache gehen, sehen Sie im Tool-Tipp deren *Sprach-ID*. Die ID wird demnächst zur Steuerung der Sprachauswahl benötigt. Die als neu angelegte Sprache hat in diesem Fall eine ID mit dem Wert 1. Die Standardsprache der Website (Deutsch) ist nicht in der Liste zu sehen. Sie besitzt stets die ID 0.

11.1.2 Die Sprachvariante einer Seite anlegen

Um für eine bestehende deutsche Seite ein englischsprachiges Pendant zu erzeugen, wählen Sie das Modul SEITE und dann – über das Pulldown-Menü im Arbeitsbereich – die Ansicht SPRACHE aus (siehe Abbildung 11.4). Hier geschieht dies auf der Seite »Home«. Die Aufteilung der Eingabemaske wechselt nun von einer vertikalen Einteilung, die sich auf die Datenbankspalten LINKS, NORMAL, RECHTS und RAND bezieht, zu einer horizontalen Einteilung, in der die Spalten übereinander dargestellt sind.

Oberhalb der Inhalte in der Standardsprache gibt es eine Auswahlbox mit der Bezeichnung NEUE ÜBERSETZUNG DIESER SEITE ANLEGEN, in der Sie eine der verfügbaren Alternativsprachen auswählen können. Für unser Beispielprojekt wählen wir, da keine weitere Alternative existiert, »Englisch« (siehe Abbildung 11.5).

11 Die mehrsprachige Website

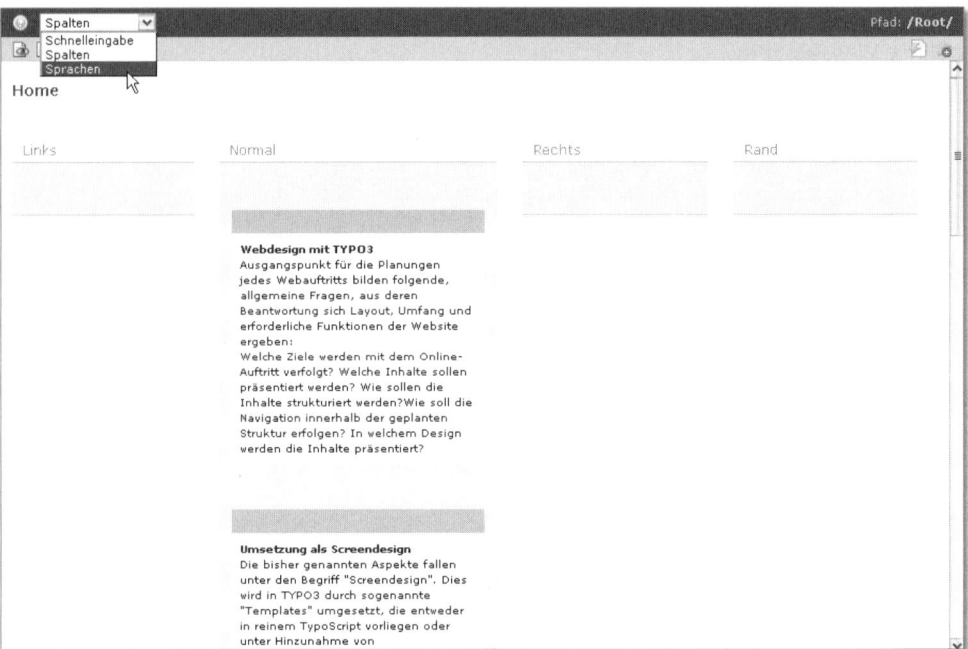

Abbildung 11.4 Sprachauswahl in der Eingabemaske für Seiteninhalte

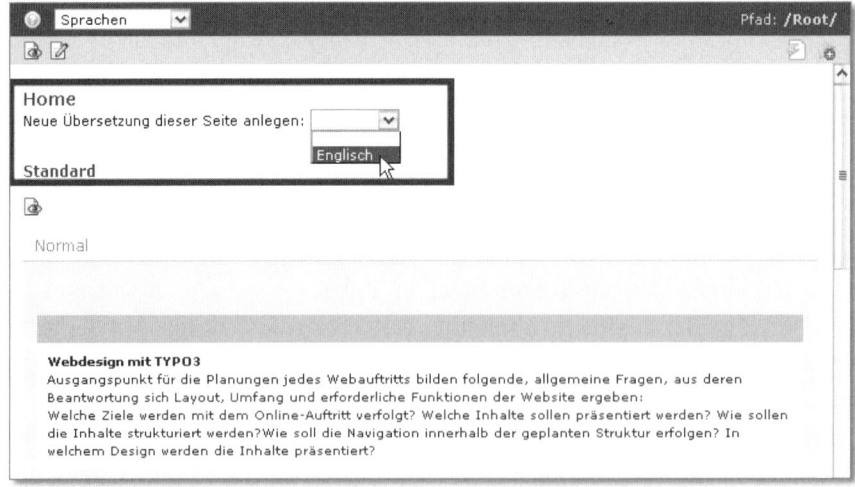

Abbildung 11.5 Auswahl der Sprache der anzulegenden Übersetzung

11.1.3 Die Eingabemaske für eine alternative Sprache

Nach der Auswahl der Sprache erscheint eine Maske für das Anlegen der Seite in der alternativen Sprache (siehe Abbildung 11.6).

11.1 Einrichtung weiterer Sprachen

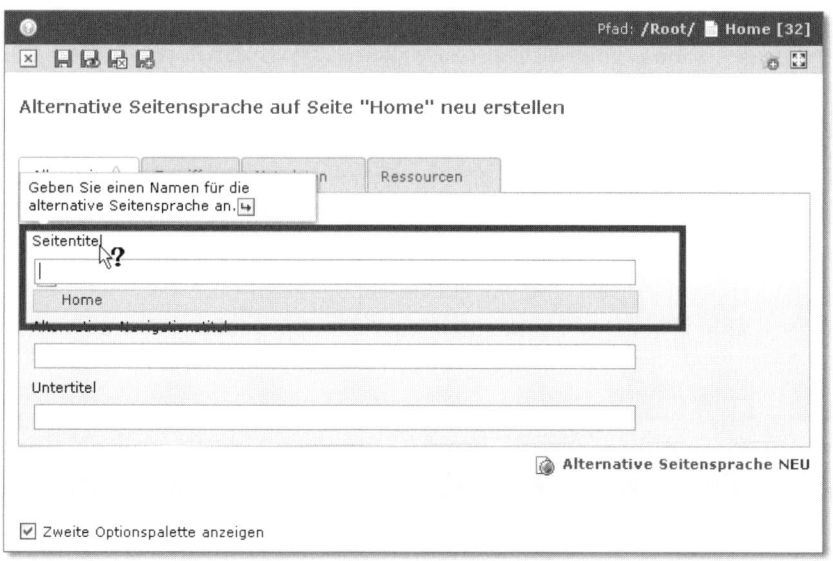

Abbildung 11.6 Seitentitel in einer Sprachvariante anlegen

Hier müssen Sie den SEITENTITEL in der Alternativsprache angeben. Er wird dann herangezogen, um das Menü zu generieren. Geben Sie hier ebenfalls »Home« ein. Auch die Inhaltsangabe und die Stichwörter der Webseite können in englischer Sprache erfasst werden (Bereich METADATEN).

Nach dem Abspeichern des Datensatzes erscheint eine Spaltenansicht (siehe Abbildung 11.7), in der die einzelnen Inhaltselemente übersetzt werden können. Die korrespondierenden Inhaltselemente sind daher für beide Sprachversionen nebeneinander angeordnet, um einen guten Überblick zu gewährleisten.

Abbildung 11.7 Sprachen in der Spaltenansicht

Klicken Sie auf den Button STANDARDINHALTE KOPIEREN, um alle Inhalte von der Spalte STANDARD in die Spalte ENGLISCH zu kopieren. Sie werden dort übersetzt. Die in der Button-Aufschrift eingeblendete Zahl zeigt die Anzahl der zu übersetzenden Inhaltselemente an. In diesem Fall sind es sieben.

Natürlich kann TYPO3 nicht selbstständig übersetzen. Allerdings werden die kopierten Inhalte überall mit dem Vermerk [TRANSLATE TO ENGLISCH:] versehen, sodass sie jederzeit vom Original unterscheidbar sind. Sie sehen auch, dass alle kopierten Inhalte zunächst ausgeblendet sind. Sobald Sie mit der Maus über das Symbol-Icon des Elements fahren, werden Sie erkennen, dass die Kopie zudem eine andere ID besitzt als das Original (siehe Abbildung 11.8).

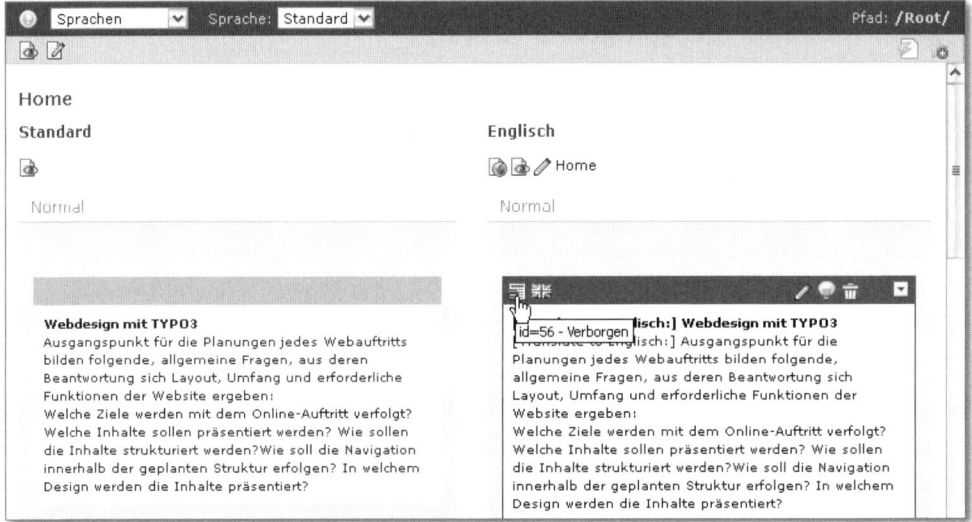

Abbildung 11.8 Die Inhalte wurden in die neue Sprachversion kopiert.

Klicken Sie nun das Stiftsymbol eines beliebigen Inhalts an, um ihn zu bearbeiten. Sie gelangen in eine Eingabemaske, auf der, ähnlich wie auf derjenigen für die Seiteneigenschaften, die ursprüngliche und die englischsprachige Version verglichen werden können. Geben Sie hier als englische Überschrift »Webdesign in TYPO3« ein (siehe Abbildung 11.9; löschen Sie den Übersetzungsvermerk [TRANSLATE TO ...]), und speichern Sie die Eingabe vorsichtshalber direkt.

Scrollen Sie nun in der Seite nach unten (siehe Abbildung 11.10), und tragen Sie die Übersetzung des Textinhalts ein. Speichern Sie abschließend, und schließen Sie die Maske.

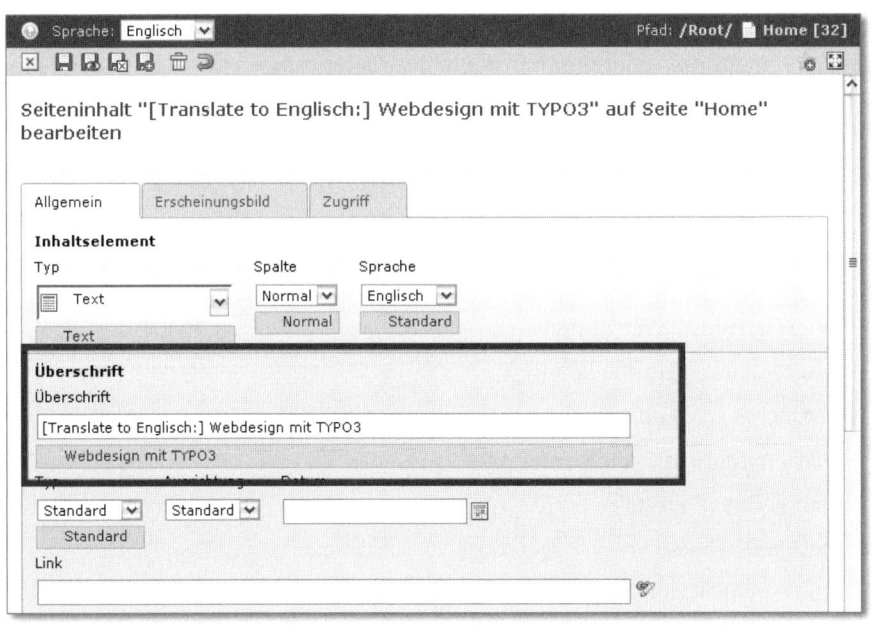

Abbildung 11.9 Eingabe der englischen Überschrift für die Übersetzung

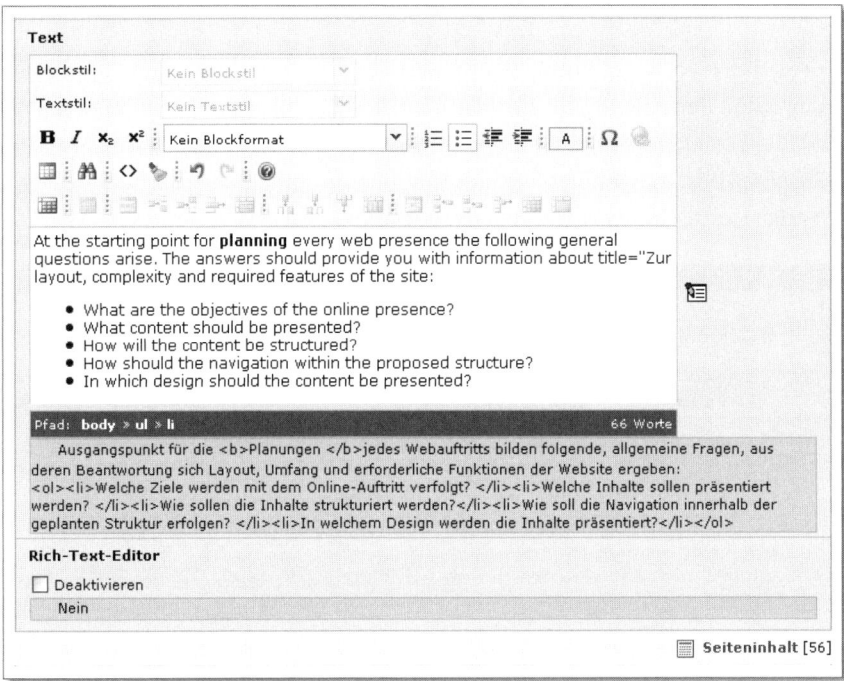

Abbildung 11.10 Eingabe des Textblocks in der Alternativsprache

Das Modul »Web • Info«

Legen Sie nun für die anderen Seiten ebenfalls Übersetzungen an. Ihre Inhalte brauchen nicht vollständig übersetzt zu werden, ihre Seitentitel allerdings sollten überall zweisprachig vorliegen.

Übersetzen Sie:

- »Root« mit »Root«
- »Home« mit »Home«
- »Webdesign« mit »Web design«
- »Websiteplanung« mit »Planning«
- »Oberfläche« mit »Interface«
- »Funktionalität« mit »Functionality«
- »Inhalte« mit »Content«
- »News« mit »News«
- »Kontakt« mit »Contact«
- »Kontaktantwort« mit »Contact answer«
- »Impressum« mit »Imprint«
- »Sitemap« mit »Site map«

Sie müssen dies jedoch nicht mühsam für jede Seite einzeln vornehmen. TYPO3 bietet Ihnen dafür einen einfacheren Weg über das Modul WEB • INFO und dessen Ansicht ÜBERSETZUNGSÜBERSICHT. Schalten Sie die Ansicht auf INKL. 2 EBENEN um, damit Sie eine vollständige Übersicht des Seitenbaums erhalten. Sie sehen nun, dass für die Seite »Home« bereits eine Übersetzung angelegt ist.

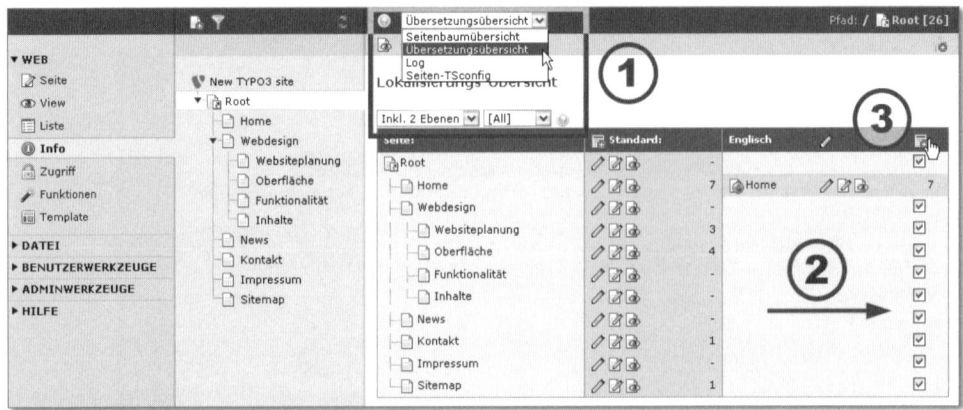

Abbildung 11.11 Das Modul »Web • Info« in der Ansicht »Übersetzungsübersicht«

Wählen Sie nun die Checkboxen der zu übersetzenden Seiten in der rechten Spalte aus, und klicken Sie auf das darüberliegende Icon NEUE ÜBERSETZUNGEN ERSTELLEN (siehe Abbildung 11.11). Sie gelangen nun auf eine Listenansicht aller angewählten Seiten, in der Sie die englische Übersetzung des Seitentitels eingeben können (siehe Abbildung 11.12). Die Übersetzung weiterer Daten müssen Sie allerdings später in den Seiteneigenschaften der Übersetzungen vornehmen.

Geben Sie die englischen Titel entsprechend der Liste ein, und speichern Sie die Aktion. In der Info-Ansicht in Abbildung 11.13 sehen Sie, dass die Übersetzung der Website nun komplett angelegt ist. Nun könnten die Seiteninhalte übersetzt werden. Sie sehen im Modul auch die Anzahl der jeweiligen Inhaltselemente und ebenso, wie viele davon bereits übersetzt sind. In den Seiten, deren Übersetzung gerade neu angelegt wurde, ist dieser Eintrag selbstverständlich noch leer.

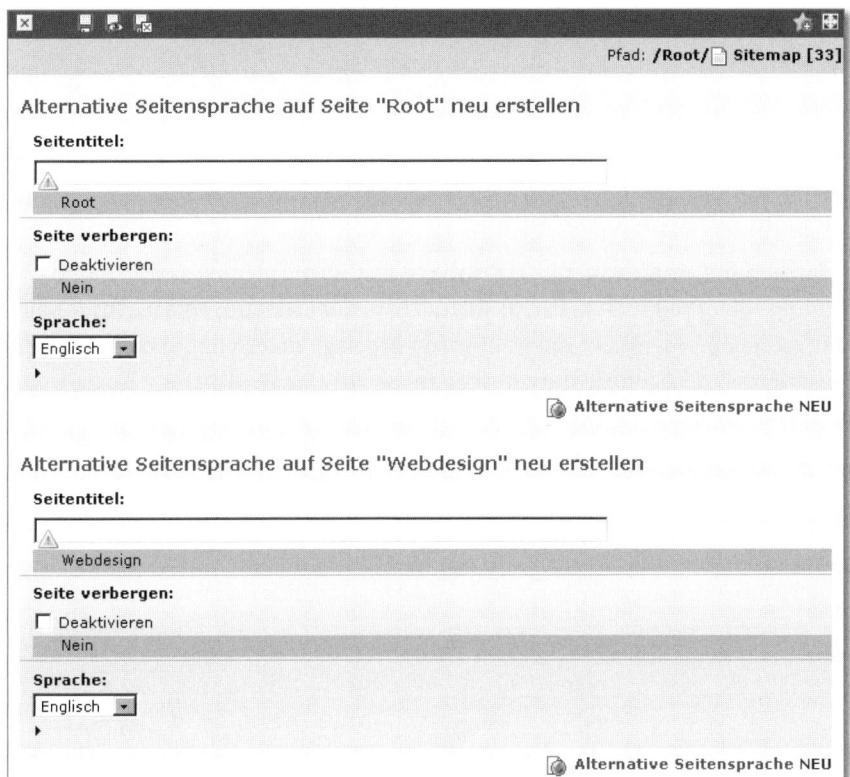

Abbildung 11.12 Die Eingabemaske zur Übersetzung der Seitentitel

Werfen wir nun kurz einen Blick darauf, wie sich das Anlegen eines neuen Inhaltselements jetzt gestaltet. Wechseln Sie hierfür in das Modul WEB • SEITE. Die Seite »Impressum« bzw. »Imprint« soll nun einen Inhalt erhalten.

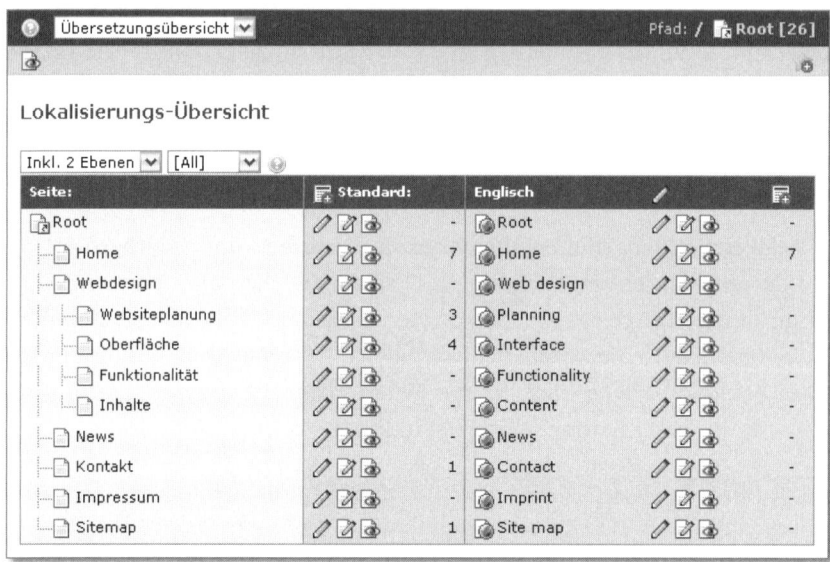

Abbildung 11.13 Die Übersetzung ist vollständig angelegt.

11.1.4 Inhalte zweisprachig anlegen

Öffnen Sie die Seite »Impressum« zur Bearbeitung. Gehen Sie in die Ansicht SPALTEN. In Abbildung 11.14 ist eine Auswahlbox SPRACHE in der Erfassungsmaske für Inhaltselemente zu sehen. Über diese Auswahl wird festgelegt, in welcher Sprachspalte der Inhalt platziert wird. Legen Sie nun je einen Inhalt NORMALER TEXT für die deutsche und die englische Version an.

Abbildung 11.14 Sprachzuordnung eines Inhaltselements

11.1 Einrichtung weiterer Sprachen

In der Ansicht SPRACHEN sieht die Seite nach der Eingabe etwa so aus wie in Abbildung 11.15. Über den Button ÜBERSETZUNGSEIGENSCHAFTEN BEARBEITEN können Sie, falls etwas an den Seiteneigenschaften der Übersetzung zu ändern ist, in die entsprechende Eingabemaske wechseln.

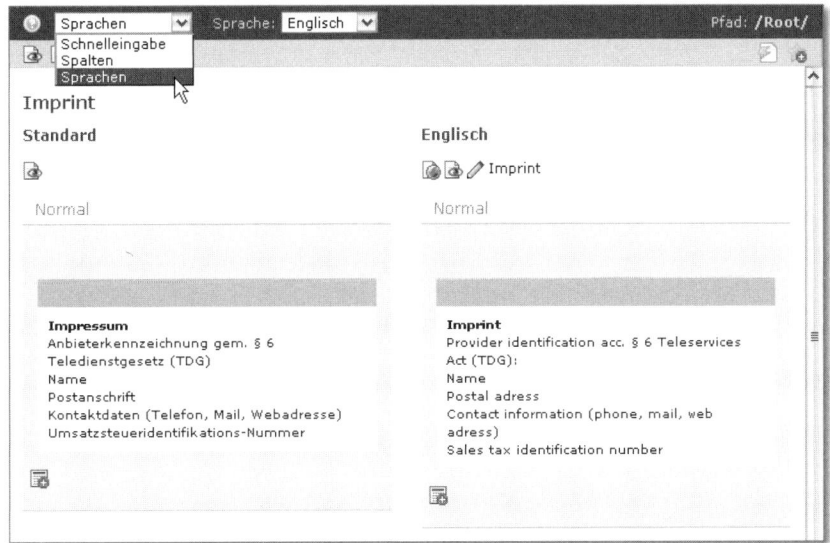

Abbildung 11.15 Zweisprachig erstellte Inhalte in der Seite »Impressum«

11.1.5 Die Definition der Sprachauswahl im Template

Vielleicht fragen Sie sich inzwischen, wie TYPO3 die Inhalte sprachabhängig der Datenbank entnehmen wird. Im statischen Template »*CSS Styled Content*«, das für die Darstellung der Inhaltselemente zuständig ist, finden Sie die für diese Zuordnung verantwortliche Definition:

```
styles.content.get = CONTENT
styles.content.get {
   table = tt_content
   select.orderBy = sorting
   select.where = colPos=0
   select.languageField = sys_language_uid
}
```

Dieser Auszug aus dem Template zeigt Ihnen, dass der Inhalt nicht nur gemäß der gewählten Spalte (colPos), sondern auch gemäß der eingestellten Sprache (sys_language_uid) der Datenbank entnommen wird. Im nächsten Schritt werden wir daher dafür sorgen, dass im System der entsprechende Parameter auch tatsächlich umgeschaltet werden kann.

11.2 Mehrsprachige Menüs

Im Seitendesign wurde oberhalb des Menübereichs die Möglichkeit einer Sprachauswahl vorgesehen (siehe Abbildung 11.16). Im ausgegebenen HTML wurde vom Template Auto-parser bereits ein passender Subpart ###language### an der geeigneten Stelle platziert.

Abbildung 11.16 Das Sprachauswahlmenü im Beispielprojekt

11.2.1 Konfiguration im Haupt-Template

Im Seiten-Template wird dieser Marker nun durch drei TEXT-Objekte ersetzt, die in ein COA eingebettet sind:

```
subparts.language= COA
subparts.language{
    10 = TEXT
    10.field = uid
    10.wrap = <a href="index.php?id=| &L=0">deutsch</a>
    20 = TEXT
    20.value =  | 
    30 = TEXT
    30.field = uid
    30.wrap = <a href="index.php?id=|&L=1">english</a>
}
```

Im Grunde werden hier lediglich zwei Links erzeugt, die die ID der aktuellen Seite enthalten. Die ID wird über die Eigenschaft field ausgelesen und anschließend gewrappt. Dabei wird, sprachabhängig, ein Parameter L (für »language«) an den Link angehängt. Beachten Sie, dass die Sprach-ID der Website-Sprache übergeben wird. Falls anschließend die Sprachwahl nicht funktionieren sollte, kontrollieren Sie bitte, ob die zweite übergebene ID mit der Ihrer angelegten Website-Sprache übereinstimmt. Die ID der Standardsprache lautet, wie bereits erwähnt, stets 0.

Um die Konfiguration der Mehrsprachigkeit abzuschließen, sind zusätzliche Einträge im config-Block erforderlich. Fügen Sie die zwei im Listing fett markierten Zeilen hinzu:

```
config {
    language = de
    locale_all = de_DE
    doctype = xhtml_trans
    xhtmlDoctype = xhtml_trans
    xmlprologue = none
    metaCharset = utf-8
    htmlTag_langKey = de-DE
    linkVars = L
    sys_language_uid = 0
}
```

Dies genügt jedoch noch nicht. Der Parameter L wurde zwar bekannt gegeben, wird aber noch nicht ausgewertet. Dies geschieht im Rahmen einer sogenannten *Condition* (*Bedingung*), die in eckigen Klammern in Ihr TypoScript-Setup eingefügt werden muss. Sie dient dazu, sprachabhängig vier Anweisungen aus dem config-Block zu überschreiben. Platzieren Sie die Bedingung daher *nach* dem config-Block!

```
# wenn der globale Parameter L auf 1 steht:
[globalVar = GP:L = 1]
config.sys_language_uid = 1
config.language = en
config.locale_all = en_UK
config.htmlTag_langKey = en-UK
[global]
```

Statisch eingefügte Texte übersetzen

Diese Condition muss zudem eingesetzt werden, um an drei Stellen statischen, durch TypoScript eingefügten Text zu übersetzen. Es sind dies die Beschriftung des »You are here«-Indikators in der Rootline, die versteckte Sprungnavigation und der Text des »Nach oben«-Links. Damit deren Übersetzung per TypoScript gesteuert werden kann, ist es zunächst erforderlich, die für den Toplink und die Sprungnavigation zuständigen Subparts zu aktivieren und auch bereits den deutschsprachigen Text per TypoScript einzufügen.

Ergänzen Sie das Setup *innerhalb* des page.10-Objekts um folgende Passagen:

```
subparts.sprung = TEXT
subparts.sprung.value (
   <a href="#navigation">Zur Navigation springen</a> |
   <a href="#inhalt">Zum Inhalt springen</a>
)

subparts.toplink = TEXT
```

```
subparts.toplink.value (
   <a href="#wrap">nach oben</a>
)
```

Um diese beiden Elemente und auch die Rootline-Beschriftung bei Umschaltung des Sprachparameters zu übersetzen, fügen Sie ganz am Ende des Setups folgenden TypoScript-Abschnitt an. Beachten Sie dabei, dass dies *außerhalb* des page.10-Blocks, also *nach* dessen schließender Klammer, erfolgen muss:

```
# wenn der globale Parameter L auf 1 steht:
[globalVar = GP:L = 1]
page.10 {
   subparts.rootline.wrap = <b>You are here:</b>  |

   subparts.toplink.value = <a href="#wrap">top</a>

   subparts.sprung.value (
      <a href="#navigation">Jump to navigation</a> |
      <a href="#inhalt">Jump to content</a>
   )
}
[global]
```

Da dieses Statement am Ende des Setups steht, werden die vorher generierten deutschen Texte nun durch ein englischsprachiges Pendant überschrieben. (Das SUCHEN-Label wird erst später behandelt, da dieser Bereich erst in Kapitel 13, »Integration von Erweiterungen«, mit TypoScript erzeugt wird.)

> **Vollständiges TypoScript-Setup auf der Begleit-DVD**
> Sie finden das komplette Setup als *setup_01.ts* im Ordner *Kapitel_11* auf der Begleit-DVD.

Auch hierzu noch einige Erläuterungen:

- `config.linkVars = L`
  Hiermit haben wir eingestellt, dass der Buchstabe L als Parameter zur Kennzeichnung der Sprache verwendet wird.
- `config.sys_language_uid = 0`
  `config.language = de`
  Als Standardsprache (`config.sys_language_uid = 0`) wird de für Deutsch definiert.

11.2 Mehrsprachige Menüs

▶ config.sys_language_uid = 1
  config.language = en
  Für die Alternativsprache Englisch (en) wird die Kennung L=1 definiert.

▶ [globalVar = GP:L = 1] ... [global]
  Die Verwendung der *Bedingung* [globalVar = GP:L = 1] bewirkt dabei, dass die folgenden Anweisungen *nur dann* gelten, wenn der globale Parameter L (der im URL übergeben wird) den Wert 1 hat. [global] beendet den Bedingungsblock im Template.

Die Einführung des L-Parameters über die config-Eigenschaft linkVars führt dazu, dass dieser dem Seiten-URI stets angehängt wird (siehe Abbildung 11.17). Dies geschieht auch aus den normalen Menüs heraus, die nun auch in englischen Versionen mit den übersetzten Seitentiteln vorliegen. Der Sprachparameter wird automatisch angehängt, sodass Sie stets in einem Sprachzweig bleiben, solange Sie nicht den Sprachwechsler betätigen.

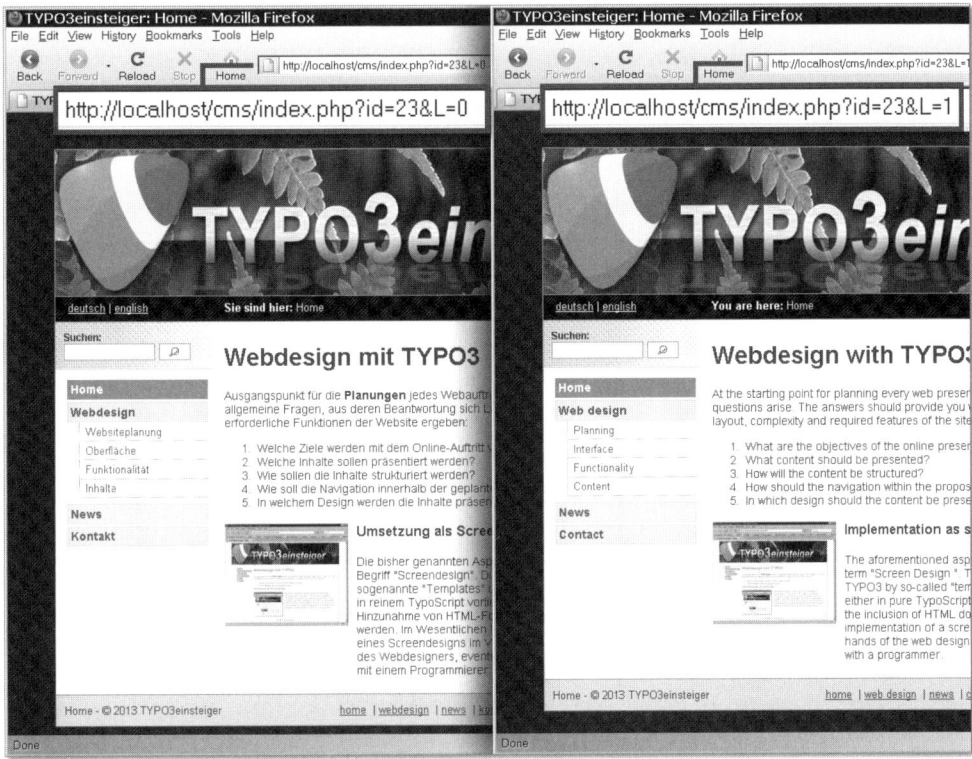

Abbildung 11.17 Parameterübergabe im URI und übersetztes Menü

11.3 Zusammenfassung und Ausblick

Sie haben in diesem Kapitel Ihre Website zu einer zweisprachigen Website ausgebaut. Analog könnten Sie noch weitere Sprachen hinzufügen (der Sprachwechsler müsste dann vom Layout her natürlich anders gestaltet werden), indem Sie z.B. eine dritte Website-Sprache erzeugen und anschließend einen passenden Bedingungsblock zu ihrer Erkennung ins Setup einfügen. Auch müssten Sie in diesem Fall eine weitere Übersetzungsvariante anlegen. Vom Prinzip her sind den Verwaltungsmöglichkeiten von Sprachvarianten in TYPO3 tatsächlich kaum Grenzen gesetzt.

Im folgenden Kapitel 12, »Passwortgeschützte Bereiche«, bauen wir die Sitestruktur weiter aus und richten eine Kundenzone ein. Diese wird nur für Websitenutzer mit dem passenden Login sichtbar und zugänglich sein.

Kapitel 12
Passwortgeschützte Bereiche

Die Beispielwebsite wird in diesem Kapitel um einen Bereich erweitert, der Usern vorbehalten ist, die im Besitz eines gültigen Login-Accounts für Frontend-Nutzer sind.

Bisher sind alle Seiten und Inhalte der Beispielwebsite von außen frei zugänglich. TYPO3 ist jedoch auch in der Lage, Nutzergruppen mit bestimmten Rechten zu verwalten, die dann definierte und ansonsten verborgene Bereiche der Website betreten dürfen. Die Beispielwebsite wird nun um einen »Vereinsbereich« erweitert, der nur für bestimmte Nutzer zugänglich sein soll. Ein Nutzer muss sich hierfür mit einem Benutzernamen und einem Passwort beim System anmelden.

12.1 Website-Benutzer und -Benutzergruppen

Erstellen Sie zwischen »Webdesign« und »News« eine neue Seite im Seitenbaum, und nennen Sie sie »TYPO3 Club« (siehe Abbildung 12.1). Übersetzen Sie diese Seite auch gleich direkt für die englische Site. Sie kann dort denselben Titel tragen. Es werden später noch weitere Seiten und Unterseiten hinzugefügt werden.

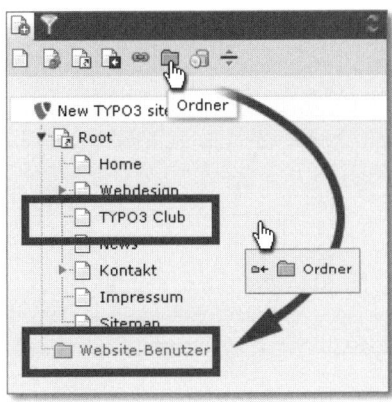

Abbildung 12.1 Einfügen eines SysOrdners in den Seitenbaum

12 Passwortgeschützte Bereiche

Die zweite wichtige Aktion, die jetzt erforderlich ist, besteht im Erzeugen eines sogenannten *SysOrdners*. Dies ist eigentlich nichts anderes als ein Seitenbaumobjekt, das aber nicht, wie eine gewöhnliche Seite, über Inhaltselemente verfügt, sondern andere Arten von Daten aufnehmen soll. Erstellen Sie den SysOrdner, indem Sie aus dem ausgeklappten Seitenerstellungswerkzeug das Ordnersymbol in den Seitenbaum ziehen.

Gliedern Sie das Objekt auf der Ebene der Seite »Root« in den Baum ein (dies geht einfacher bei eingeklapptem Baum), und nennen Sie es »Website-Benutzer« (siehe ebenfalls Abbildung 12.1). Beachten Sie, dass das Icon des erstellten Objekts sich von den Icons der normalen Seiten unterscheidet.

12.1.1 Einrichten eines Systemordners für Frontend-Benutzer

Stellen Sie sich den SysOrdner einfach als Behälter für »dies und das« vor. Wir benötigen ihn zur Aufnahme der Daten für Nutzergruppen und Nutzer, denen der geplante geschützte Bereich »TYPO3 Club« zugänglich gemacht werden soll.

Um Nutzerdaten aufnehmen zu können, muss der SysOrdner jedoch noch präpariert werden. Öffnen Sie ihn über das Kontextmenü zum Bearbeiten, stellen Sie im Reiter Erscheinungsbild das Pulldown-Menü Benutze als Container auf Website-Benutzer (siehe Abbildung 12.2), und speichern Sie den Dialog. Damit ist der Ordner als Speicherort für Benutzerdaten offiziell gemacht.

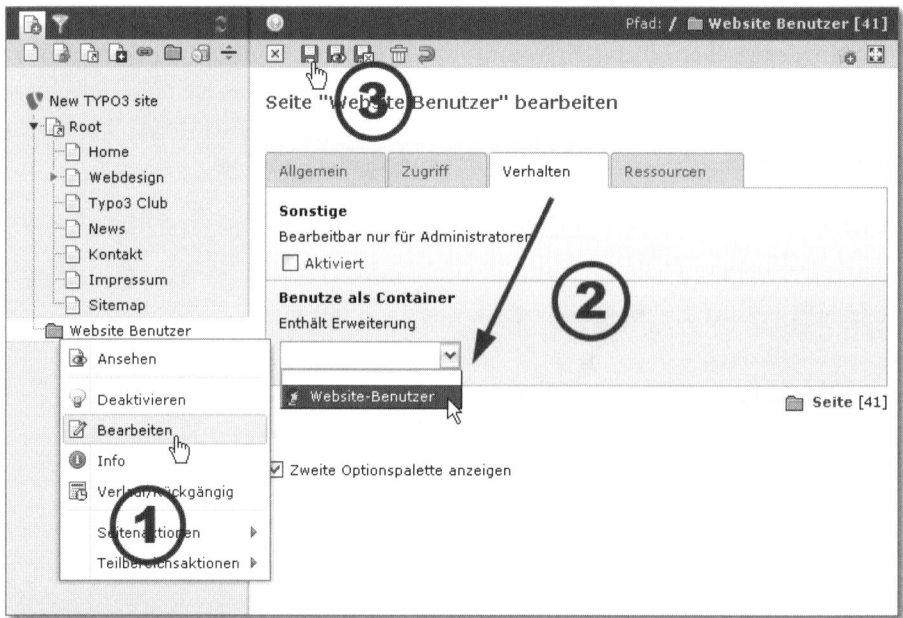

Abbildung 12.2 Der SysOrdner wird zum Speicherplatz für Website-Benutzer.

Da dem SysOrdner nun eine spezielle Rolle zugewiesen wurde, hat sich auch sein Icon im Seitenbaum geändert – aus dem Ordnersymbol ist ein Männchen geworden, das den Speicher für Benutzerdaten symbolisiert (siehe Abbildung 12.3).

Abbildung 12.3 Änderung des Ordner-Icons nach Rollenzuweisung

Nun sollen Benutzer und Benutzergruppen angelegt werden. Dies geschieht über das Modul WEB • LISTE. Wechseln Sie also dorthin.

12.1.2 Anlegen von Frontend-Benutzern und Frontend-Benutzergruppen

Um Seiten einem geschlossenen Benutzerkreis zuweisen zu können, müssen Sie zuerst die entsprechenden Benutzer und Benutzergruppen erstellen. Solche Benutzer werden als *Frontend-Benutzer* bezeichnet.

Abbildung 12.4 Das Icon »Website-Benutzer«

Abbildung 12.5 Das Icon »Website-Benutzergruppe«

Achten Sie darauf, dass der Benutzerordner im Fokus ist (Sie sehen dies an der Pfadangabe oben rechts über dem Arbeitsbereich), und klicken Sie auf das Icon NEUEN DATENSATZ ERSTELLEN, um in »Website-Benutzer« Datensätze für Frontend-Benutzer und -Benutzergruppen anzulegen (siehe Abbildung 12.6). Bei einem Mouseover über die Info-Icons erhalten Sie Auskunft über die verschiedenen Möglichkeiten dieser Auswahl.

Vor dem Anlegen einzelner Nutzer steht stets die Erstellung einer Gruppe, der die Nutzer anschließend zugeordnet werden können. Klicken Sie also jetzt auf den Link WEBSITE-BENUTZERGRUPPE.

12 Passwortgeschützte Bereiche

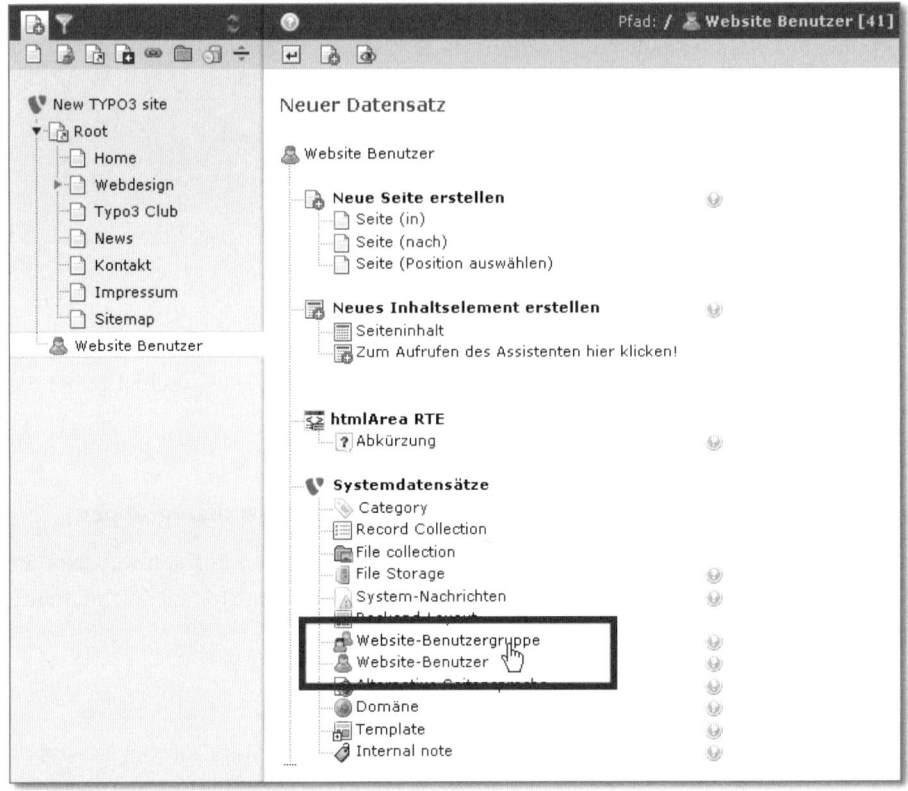

Abbildung 12.6 Neue Website-Benutzergruppe anlegen

12.1.3 Erfassungsmaske für Frontend-Benutzergruppen

Das einzige Pflichtfeld in der Erfassungsmaske für Website-Benutzergruppen, die sich nun öffnet, ist der GRUPPENNAME (siehe Abbildung 12.7). Nennen Sie die Gruppe »Vereinsmitglieder«. Darüber hinaus bietet die Maske im Bereich ALLGEMEIN folgende Optionen:

- Die Gruppe kann über die Checkbox INAKTIV deaktiviert werden.
- Eine BESCHREIBUNG der Gruppe kann eingegeben werden.
- Aus den bereits bestehenden Gruppen können weitere als UNTERGRUPPEN der aktuell definierten Gruppe bestimmt werden. Derzeit ist dies nicht möglich, da keine weiteren Gruppen existieren.

Außer dem Gruppennamen werden für das Beispielprojekt keine weiteren Eingaben benötigt. Sie können also die beiden anderen Reiter OPTIONEN und ERWEITERT außer Acht lassen. Speichern Sie Ihre Eingabe.

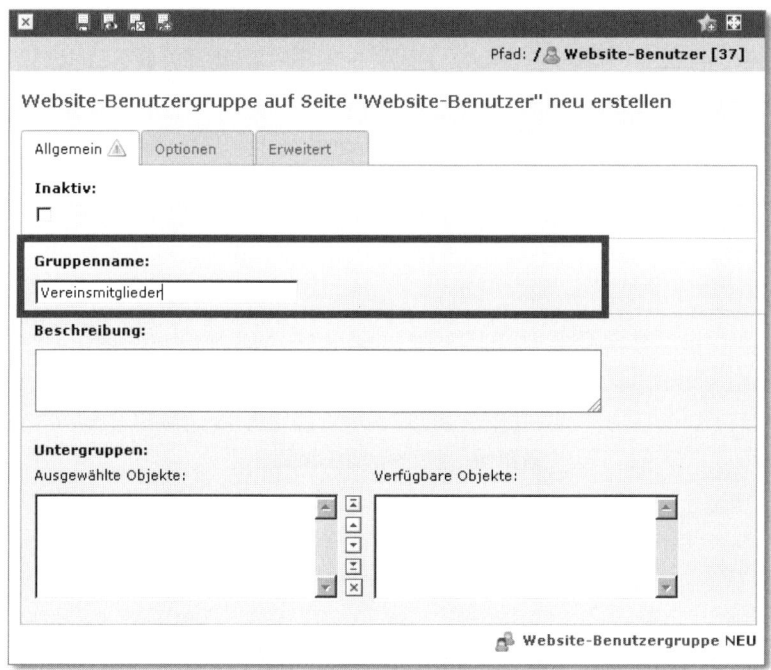

Abbildung 12.7 Website-Benutzergruppe

12.1.4 Erfassungsmaske für Frontend-Benutzer

Anschließend können Einzelbenutzer angelegt werden, die zur erstellten Benutzergruppe gehören sollen. Klicken Sie wieder auf das Icon NEUEN DATENSATZ ERSTELLEN, wählen Sie aber diesmal einen Datensatz vom Typ »Website-Benutzer«.

Abbildung 12.8 zeigt die Pflichtfelder BENUTZERNAME und PASSWORT in der Definition eines Website-Benutzers. Die Gruppenzugehörigkeit wird durch Anklicken eines oder mehrerer Gruppennamen im Feld BENUTZERGRUPPE • VERFÜGBARE OBJEKTE bestimmt. Im Reiter PERSÖNLICHE DATEN können in der Bildschirmmaske optional Name, Adresse, E-Mail-Adresse, Foto etc. des Benutzers erfasst werden. Einträge dort oder in den anderen Bereichen sind für unsere Zwecke nicht erforderlich. Werfen wir aber trotzdem einen kurzen Blick darauf.

In OPTIONEN ist neben einer Domänenbindung eine Konfigurationsmöglichkeit über ein Feld TSCONFIG geboten. In der Palette ZUGRIFF kann eine zeitabhängige Aktivierung oder Deaktivierung eingestellt werden (siehe Abbildung 12.9). Damit können Sie Benutzerzugänge schaffen, die nur während eines bestimmten Zeitraums gültig sind, beispielsweise für eine befristete Vereinsmitgliedschaft oder eine Probezeit. Die praktischen *Datepicker-Interfaces* finden Sie in TYPO3 überall dort, wo mit Kalenderdaten gearbeitet wird. Sie aktivieren sie über das Icon neben dem Datumsfeld.

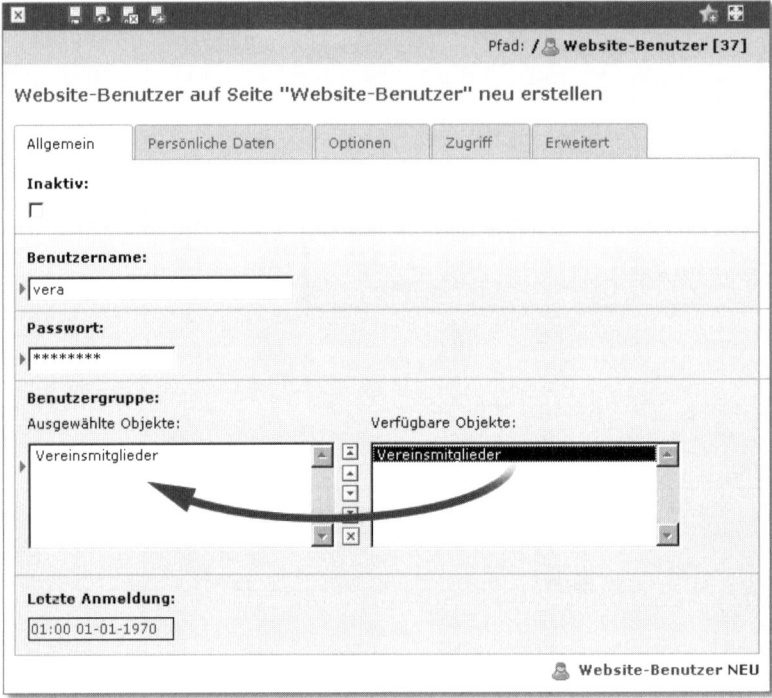

Abbildung 12.8 Gruppenzuweisung an Website-Benutzer

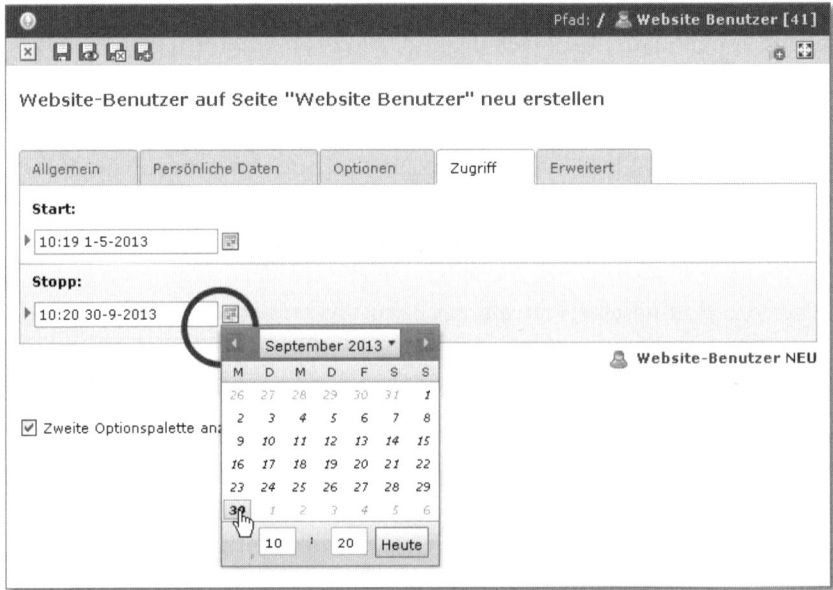

Abbildung 12.9 Aktivierungszeitraum für Website-Benutzer

Erstellen Sie jetzt einen oder zwei Benutzer. Der Benutzername muss in Kleinbuchstaben angegeben werden, was eine gewisse Einschränkung bedeutet. Das System warnt außerdem nicht, wenn ein Benutzername bereits vergeben ist, sondern fügt lediglich dem neu eingegebenen Namen eine Ziffer an. Sie müssen also selbst auf eine korrekte Vergabe der Namen achten.

Im Beispielprojekt wurden hier zwei Benutzer »vera« und »valentin« erstellt, die beide Vereinsmitglieder sind, wobei das Kennwort jeweils identisch mit dem Benutzernamen ist.[1] (Er wird also ebenfalls in Kleinbuchstaben geschrieben.)

12.1.5 Ansicht des Systemordners im Modul »Liste«

Eine gute Übersicht über die vorhandenen Benutzer und Benutzergruppen erhalten Sie in der Ansicht über das Modul WEB • LISTE. Die Aktivierung der Checkbox ERWEITERTE ANSICHT offenbart weitere Icons zur Bearbeitung der Datensätze (siehe Abbildung 12.10).

Abbildung 12.10 Benutzer-Systemordner in erweiterter Ansicht

12.1.6 Konfiguration im TypoScript-Template

Wechseln Sie nun ins Modul WEB • TEMPLATE, und öffnen Sie das Wurzel-Template im *Konstanten-Editor*. (Sie sollten hierfür das Seitenobjekt »Root« angewählt haben, da der SysOrdner kein Template trägt und auch keine Verbindung zum Wurzel-Template besitzt.)

---

1 Es versteht sich von selbst, dass man dies im »realen Leben« nicht so handhaben würde. Teilen Sie Ihren Benutzern ausgefallenere Passwörter zu, wenn es »ernst« wird.

Um TYPO3 mitzuteilen, in welchem Systemordner sich die Benutzerdaten befinden, müssen Sie dort einen entsprechenden Hinweis im Template der Website eintragen. In der Kategorie CONTENT des Konstanten-Editors befindet sich in der Rubrik CONTENT: 'LOGIN' ein Eintrag PID OF USER ARCHIVE, der die Seiten-ID des Systemordners als Ort für die Frontend-Benutzerdaten bestimmt (siehe Abbildung 12.11). Vergessen Sie auch hier das Speichern nicht!

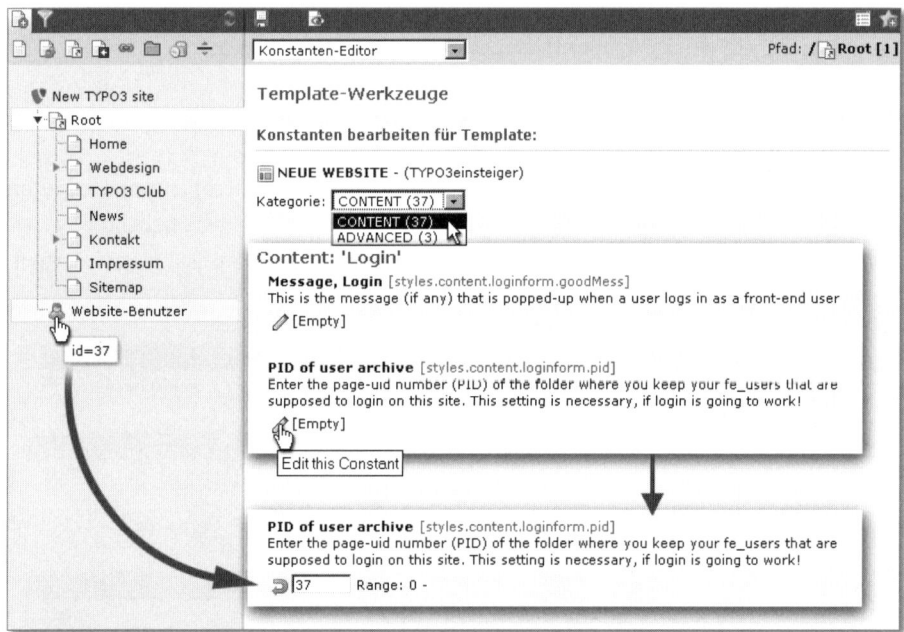

Abbildung 12.11 Verweis auf die Benutzerdaten im Konstanten-Editor

Die Eingabe bewirkt einen Eintrag im Feld KONSTANTEN des Templates, wobei 37 im Beispielprojekt die Seiten-ID des Benutzerordners ist:

```
styles.content.loginform.pid = 37
```

12.1.7 Definieren der Zugriffsbeschränkung

Nachdem nun die Benutzergruppe VEREINSMITGLIEDER im Beispielprojekt angelegt worden ist, kann der ihr vorbehaltene Seitenbereich angelegt werden. Dazu wird nach der bereits vorhandenen Seite »TYPO3 Club« eine weitere Seite mit Namen »TYPO3 Club (login)« erstellt. Die neue Seite erhält drei Unterseiten: »Tipps & Tricks«, »Clubprotokolle« und »Internes«. Legen Sie auch gleich im Modul WEB • INFO die englischsprachigen Pendants dazu an.

Wechseln Sie nun zurück nach WEB • SEITE, und bearbeiten Sie die Eigenschaften der neuen Seite »TYPO3 Club«. Für diese Seite wird der Zugriff auf die Gruppe »Vereinsmitglieder« beschränkt. Dies geschieht in der Optionspalette ZUGRIFF (siehe Abbildung 12.12). Die Seite und ihre Unterseiten werden erst im Menü sichtbar, wenn sich ein Benutzer angemeldet hat.

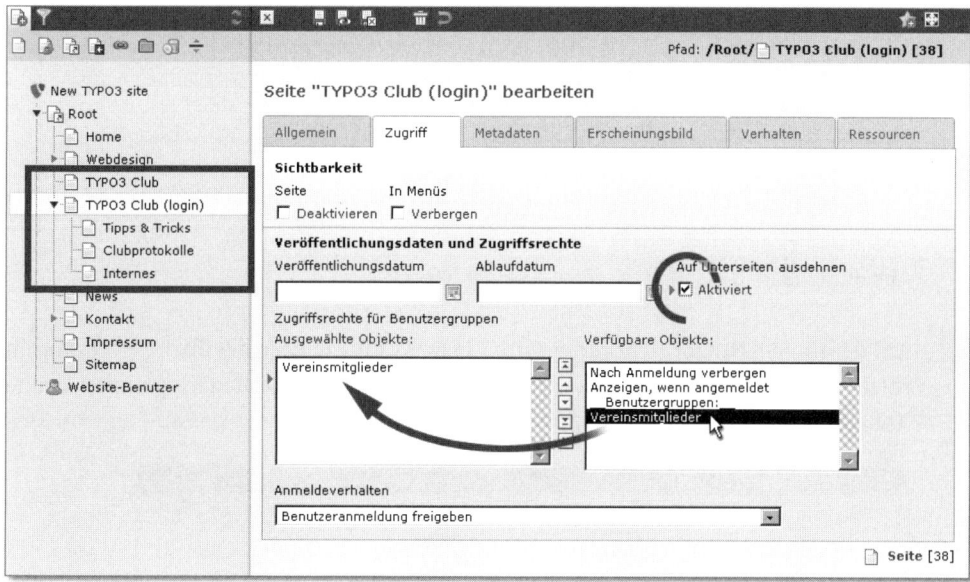

Abbildung 12.12 Festlegung der Zugriffsbeschränkung (inklusive Unterseiten)

Wählen Sie zusätzlich die Checkbox AUF UNTERSEITEN AUSDEHNEN an, um den Schutz auch auf die Unterseiten zu erweitern. Diese wären sonst zwar in der Navigation ebenfalls nicht sichtbar, könnten aber ohne Login (beispielsweise durch Angeben ihrer Seiten-IDs) dennoch direkt angesprochen werden. Im Seitenbaum sehen Sie nun ein verändertes Icon für die zugriffsbeschränkte Seite. Nähere Auskünfte erhalten Sie bei einem Mouseover über dem Seiten-Icon (siehe Abbildung 12.13).

Abbildung 12.13 Verändertes Icon für zugriffsgeschützte Seiten

12.1.8 Das Login-Formular für Frontend-Benutzer

Zur Vervollständigung des passwortgeschützten Bereichs fehlt noch eine Möglichkeit, sich über ein Formular auf der Website anzumelden. TYPO3 bietet einen vorgefertigten Inhaltstyp für diesen Zweck an (siehe Abbildung 12.14).

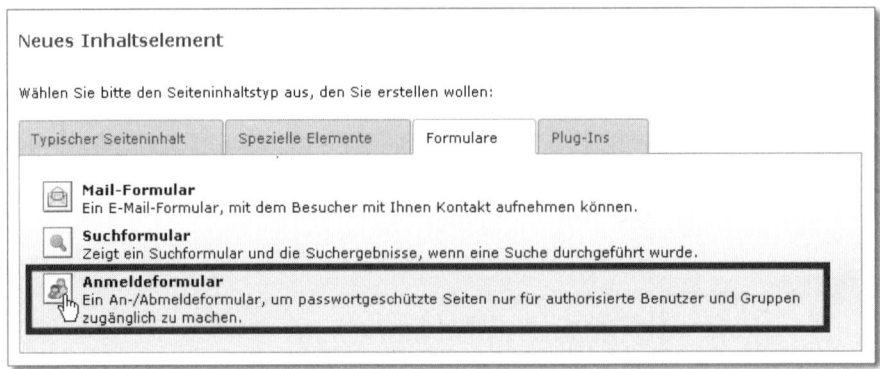

Abbildung 12.14 Das Inhaltselement »Anmeldeformular«

Auf der für alle Nutzer sichtbaren Seite »TYPO3 Club« wird in der Spalte NORMAL ein solches Login-Formular mit der Überschrift »Login für Mitglieder« platziert (siehe Abbildung 12.15).

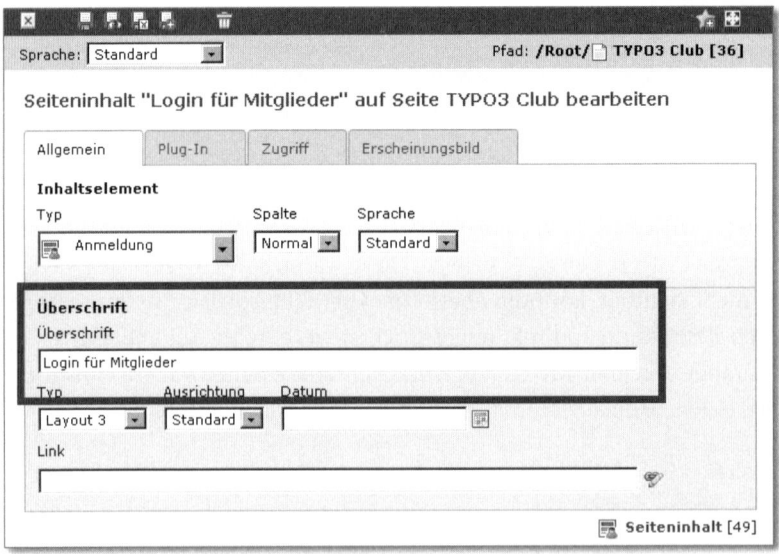

Abbildung 12.15 Anlegen des Login-Formulars in »TYPO3 Club«

Wechseln Sie nun in den Bereich PLUG-IN der Maske und dort auf den Unterbereich WEITERLEITUNGEN. Im Feld NACH ERFOLGREICHER ANMELDUNG AUF FOLGENDE SEITE WEITERLEITEN wird die Seite ausgewählt, zu der der Besucher nach dem Einloggen automatisch weitergeleitet wird (siehe Abbildung 12.16). Dies ist die Seite »TYPO3 Club (login)«.

In den Zugriffseinstellungen der Login-Seite wählen Sie anschließend NACH ANMELDUNG VERBERGEN (siehe Abbildung 12.17). Die Seite »TYPO3 Club« mit dem Anmeldeformular wird dadurch automatisch nach einer erfolgreichen Anmeldung ausgeblendet und im Menü durch die ursprünglich versteckte Seite »TYPO3 Club (login)« ersetzt (auch das Icon dieser Seite hat sich jetzt verändert).

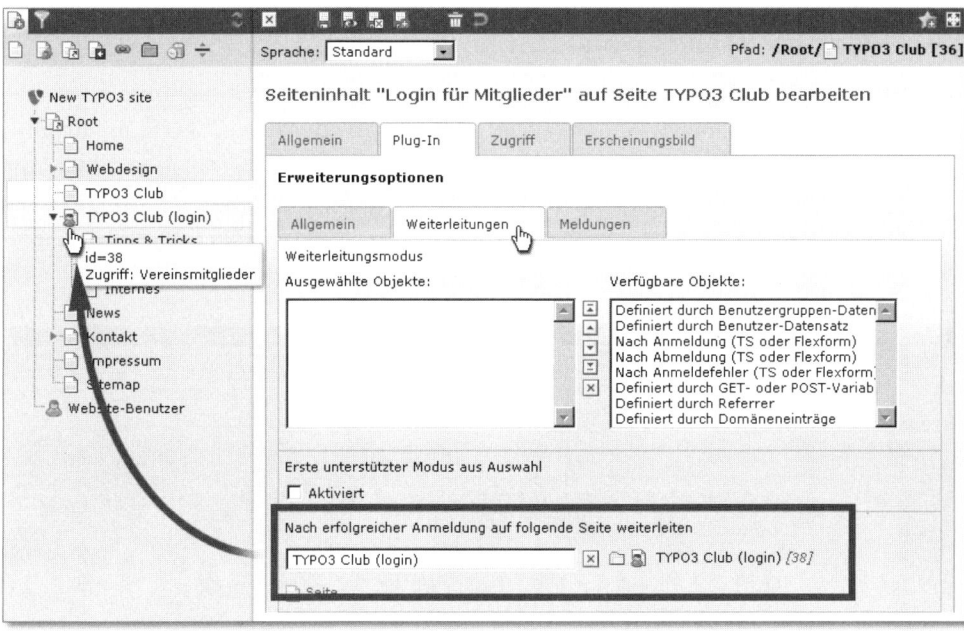

Abbildung 12.16 Anmeldeformular konfigurieren

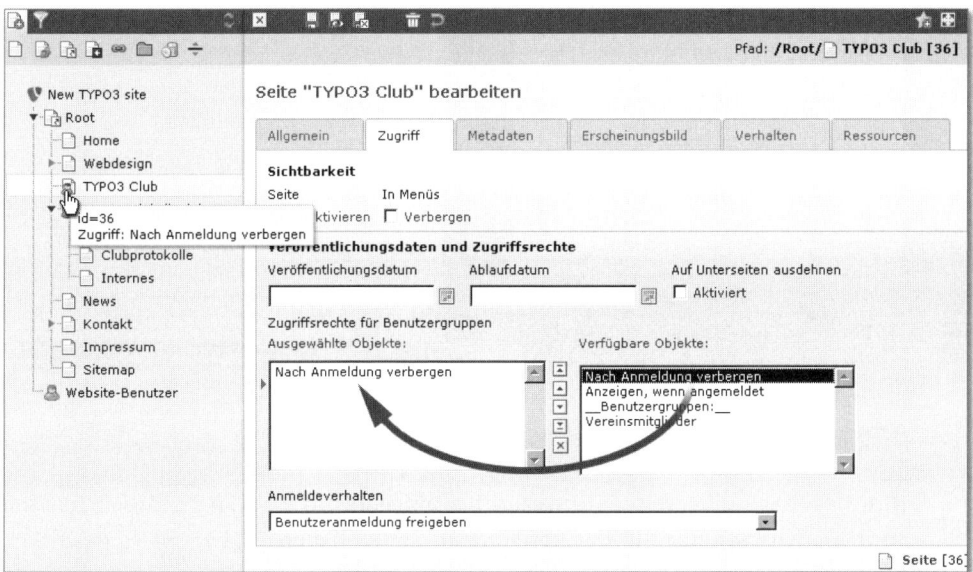

Abbildung 12.17 Seite nach Anmeldung verbergen

Das Login-Formular der Seite »TYPO3 Club« sieht daraufhin so aus, wie es die linke Seite von Abbildung 12.18 darstellt. Da die Login-Seite nun versteckt ist, besteht für den Nutzer keine unmittelbare Möglichkeit mehr, sich auszuloggen. Um dies zu gewährleisten, platzieren Sie auf der Seite »TYPO3 Club (login)« ebenfalls ein Login-Formular in der Spalte NORMAL.

Alle Menüs werden von TYPO3 nach der Anmeldung automatisch um die Einträge der nun verfügbaren Seiten erweitert. Sie springen zur Seite »TYPO3 Club (login)«, deren Login-Formular den eingeloggten Zustand widerspiegelt (siehe Abbildung 12.18, rechts). Dies betrifft auch die Sitemap. Die Anmeldung bleibt im Übrigen auch bestehen, wenn Sie in die englische Übersetzung wechseln. Sie sollten dann allerdings Übersetzungen der Login-Formulare anlegen.

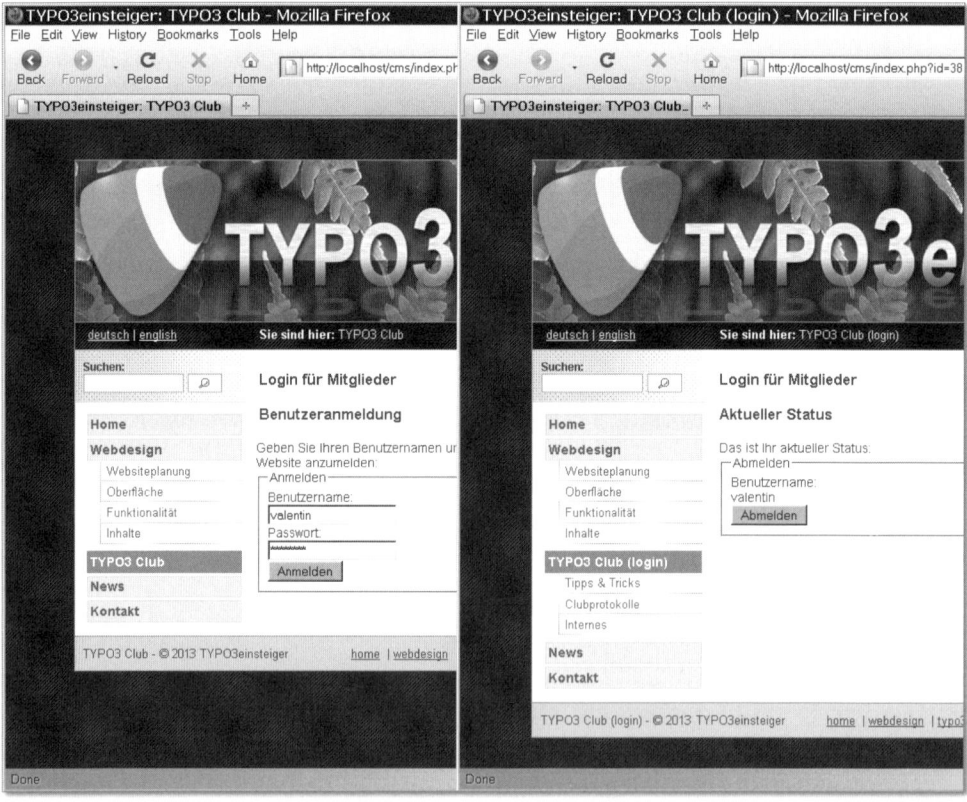

Abbildung 12.18 Anmeldeformular vor und nach erfolgtem Login

Nun wollen wir eine weitere Nutzergruppe anlegen, um ein paar der Möglichkeiten zu demonstrieren, die Sie mit geschützten Seiten haben. Zudem ist es eigentlich unpraktisch, sich zum Ein- und Ausloggen auf eine bestimmte Seite zu begeben. Da eine bislang ungenutzte rechte Inhaltsspalte zur Verfügung steht, werden wir Ihnen zeigen, wie hier ein auf allen Seiten sichtbares, permanentes Login-Formular eingebaut werden kann. Beginnen wir aber zunächst mit der zweiten Nutzergruppe, und überlegen wir, welche Seiten sie im Einzelnen sehen können soll.

12.2 Einsatz von Untergruppen

Die zweite Gruppe soll den Namen »Freunde« erhalten. Bevor wir sie anlegen, müssen wir überlegen, auf welche Bereiche der Website sie Zugriff erhalten soll. Wir wollen ihr nur einen Teil des passwortgeschützten Bereichs zuteilen. Da Freunde eben nur Freunde und keine Vereinsmitglieder sind, sollen sie die Seiten »Clubprotokolle« und »Internes« nicht sehen können. Die Seite »Tipps & Tricks« und deren eventuelle Unterseiten wollen wir ihnen jedoch nicht vorenthalten. Aus diesem Grund müssen Freunde auch Zugriff auf die Seite »TYPO3 Club (login)« bekommen.

Abbildung 12.19 Geplante Zugriffsrechte im Seitenbaum

In Abbildung 12.19 sehen Sie, dass die Gruppe »Freunde« in der Gruppe »Vereinsmitglieder« – was ihre Zugriffsrechte angeht – vollständig enthalten ist. Das bedeutet, alles, was »Freunde« sehen dürfen, dürfen »Vereinsmitglieder« ebenfalls sehen: »Freunde« kann daher als *Untergruppe* der »Vereinsmitglieder« behandelt werden.

Legen Sie nun also die Gruppe »Freunde« an, und erstellen Sie auch zwei Mitglieder mit den Logins »friedrich« und »franziska«. Sobald dies durchgeführt ist, sehen Sie bei einem Blick in den Ordner »Website-Benutzer« mithilfe des Moduls LISTE das in Abbildung 12.20 dargestellte Szenario.

Öffnen Sie nun zum Bearbeiten den Datensatz der Gruppe »Vereinsmitglieder«. Die eben angestellten Überlegungen sollen umgesetzt werden, und die Gruppe »Freunde« soll dabei dieser Gruppe als Untergruppe zugewiesen werden. Dies ist einfach, wie Sie in Abbildung 12.21 sehen. Vergessen Sie auch hier nicht, zu speichern. Nun müssen noch die Zugriffsrechte im Seitenbaum angepasst werden, um das gewünschte Ziel zu erreichen.

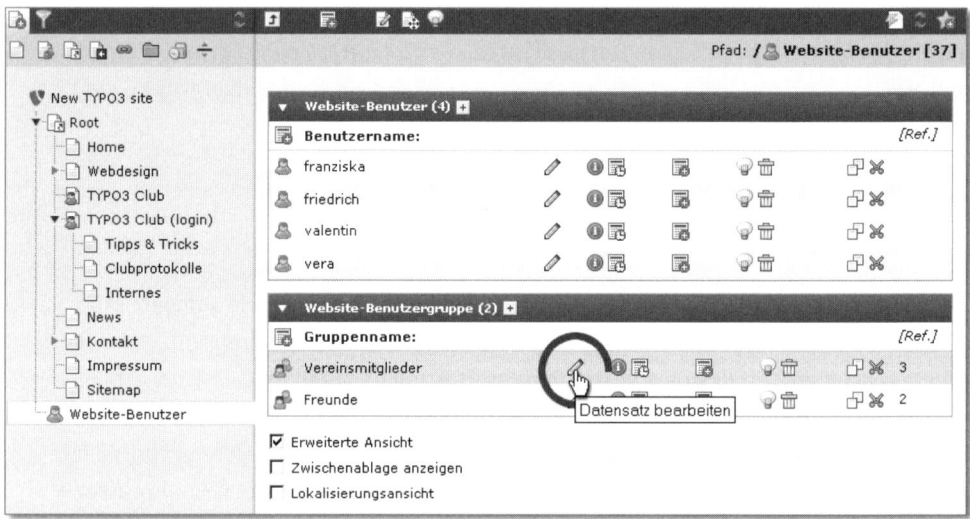

Abbildung 12.20 Die angelegten Benutzer und Gruppen im Modul »Liste«

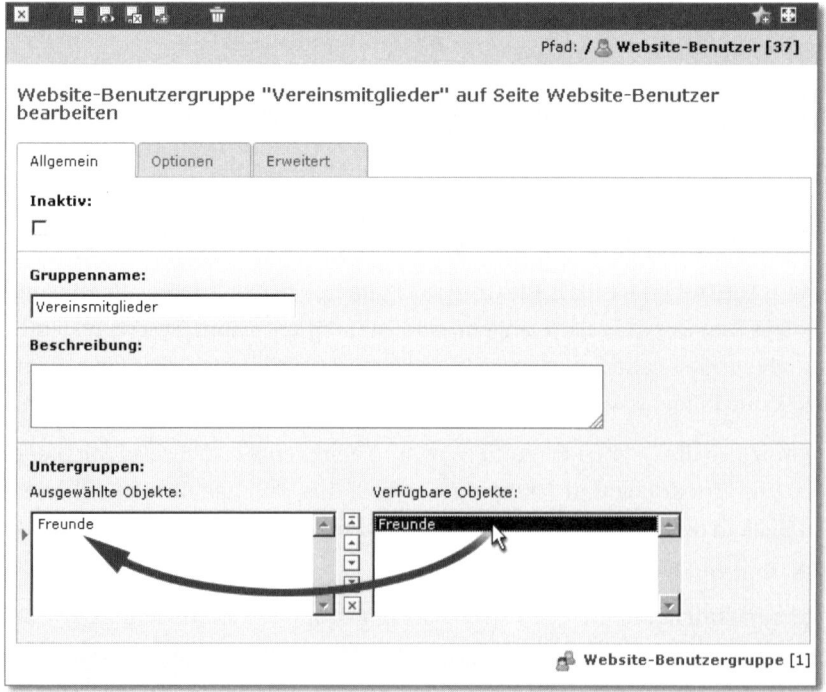

Abbildung 12.21 Zuweisen einer Untergruppe an eine Website-Benutzergruppe

Es gibt verschiedene denkbare Ansätze, die Rechte neu zu verteilen, damit die gewünschten Seiten der jeweiligen Gruppe zugänglich werden. Im Prinzip ist es möglich, eine Seite einfach mehreren Gruppen zuzuweisen. Wir entscheiden uns dafür, die Seiten »TYPO3 Club (login)« und »Tipps & Tricks« von nun an der Gruppe »Freunde« zuzuordnen, wobei wir die Ausdehnung auf die Unterseiten bei der Seite »TYPO3 Club (login)« entfernen müssen, da sich der Zugriff der »Freunde« sonst auch auf die beiden anderen Unterseiten erstrecken würde. Die Seiten »Clubprotokolle« und »Internes« werden nun explizit der Gruppe »Vereinsmitglieder« zugeteilt.

Dehnen Sie die Zugriffsrechte für »Tipps & Tricks« und »Clubprotokolle« auf die Unterseiten aus. Um zu zeigen, wozu dies gut ist, erstellen Sie jeweils ein oder zwei Unterseiten, die vielleicht »Tipps zu Frontend-Benutzern«, »Tipps zu Erweiterungen« und »Sitzung vom 1.1.2011« heißen. Da diese Seiten in der dritten Ebene liegen, werden sie im normalen Menü nicht berücksichtigt. Der Seitenbaum könnte nun etwa so wie in Abbildung 12.22 aussehen.

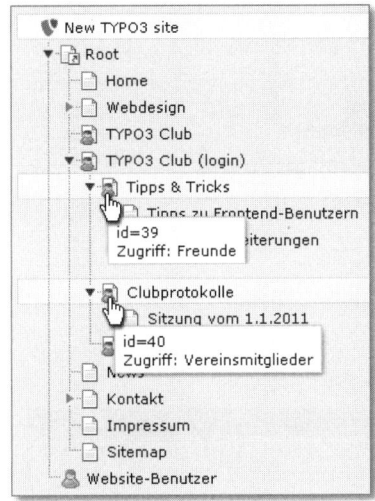

Abbildung 12.22 Der nochmals erweiterte Seitenbaum mit Zugriffsrechten

Um die Unterseiten der dritten Ebene im geschützten Bereich zugänglich zu machen, sollen auf der Seite »TYPO3 Club (login)« zwei passende Menüs im Inhalt eingefügt werden. Als hierfür geeignet bietet sich der Inhaltstyp »Sitemap« an, den wir diesmal aber nicht in seiner Default-Konfiguration einsetzen werden. Setzen Sie ihn in der Spalte NORMAL unterhalb des Login-Formulars ein.

Stellen Sie die Sitemap im Dropdown-Menü in MENÜ UND SITEMAP auf die Option MENÜ DER UNTERSEITEN DER AUSGEWÄHLTEN SEITEN. Wählen Sie als Ausgangsseite die Seite »Tipps & Tricks« aus (siehe Abbildung 12.23). Fügen Sie analog eine zweite Sitemap als darauf folgendes Inhaltselement ein, und wählen Sie diesmal die Seite »Clubprotokolle« als Ausgangspunkt.

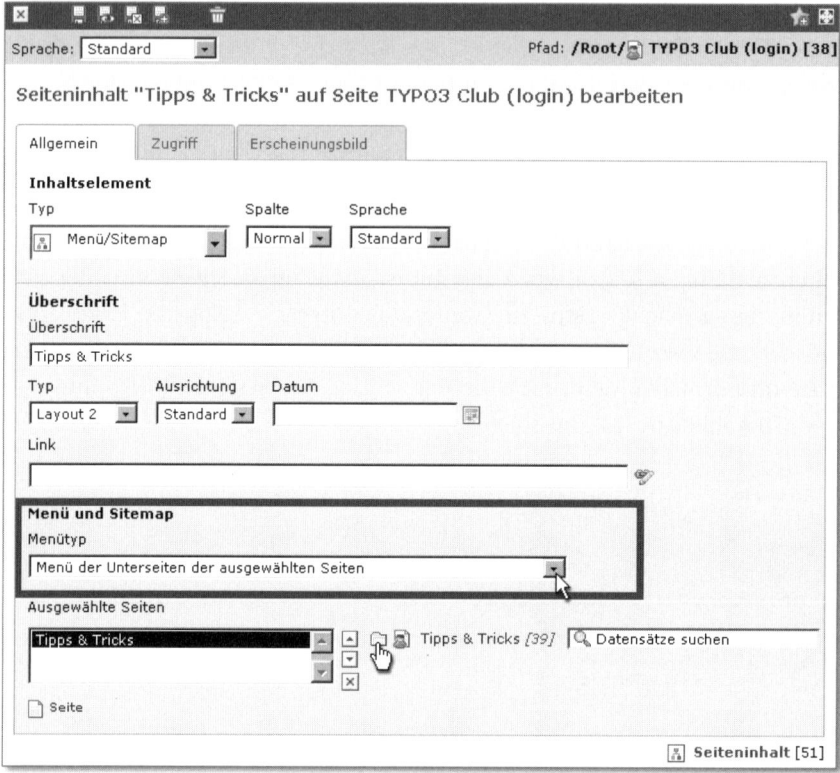

Abbildung 12.23 Die Sitemap als Menü für Unterseiten

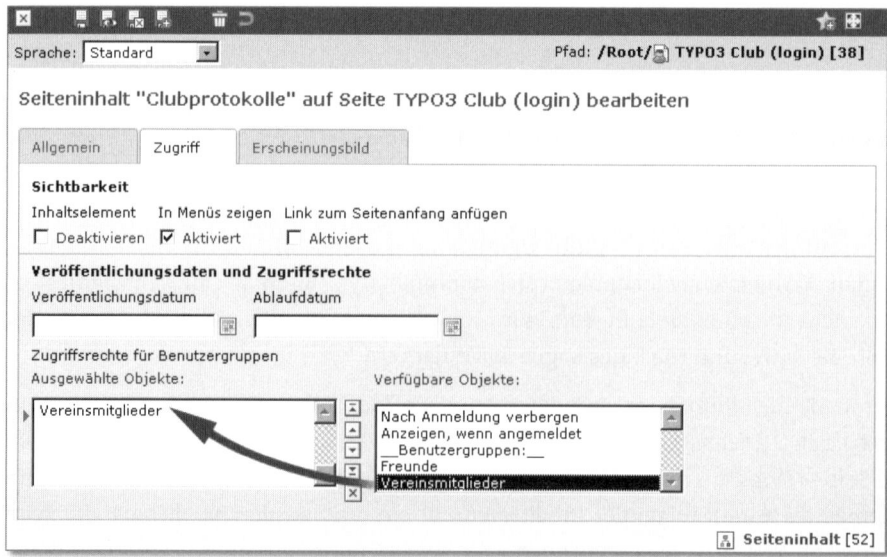

Abbildung 12.24 Zugriffsrechte eines Inhaltselements

Nun sollen Freunde zwar die Seite »Tipps & Tricks« besuchen können, mit dem Menü der Unterseiten von »Clubprotokolle« könnten sie jedoch nichts anfangen, da sie keinen Zugang zu diesem Bereich haben. Es ist demzufolge sinnvoll, dieses Menü vor ihnen zu verbergen. Dies geschieht im Reiter ZUGRIFF des Sitemap-Elements (siehe Abbildung 12.24). Es ist möglich, Zugriffsrechte auch für einzelne Inhalte zu vergeben.

Loggen Sie sich nun probeweise einmal als Freund und einmal als Vereinsmitglied ein. Sie sollten sowohl verschiedene Ansichten des Menüs als auch der Einstiegsseite in den geschützten Bereich »TYPO3 Club (login)« erhalten (siehe Abbildung 12.25).

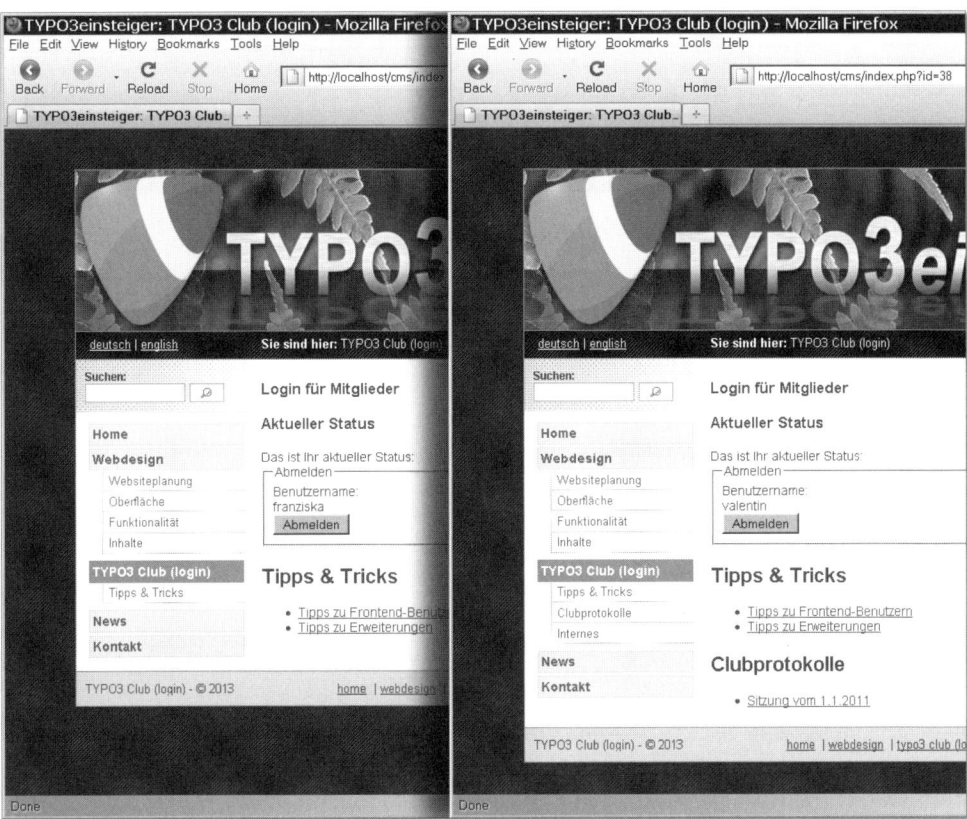

Abbildung 12.25 Die Clubseite für Freunde (links) und Vereinsmitglieder (rechts)

12.3 Ein Login-Formular auf allen Seiten

Das Login-Formular nur auf einer Seite zu haben, schränkt unnötig ein. Wünschenswert wäre, dass sich Nutzer auf jeder beliebigen Seite ein- und ausloggen könnten. Zur Platzierung eines solch globalen Logins bietet sich die rechte Inhaltsspalte an, die bereits in Kapitel 10, »Templates automatisieren«, vorbereitet wurde. Mittels Typo-Script wurde dieser Position in der Seite die Spalte RECHTS des Backends zugeordnet:

```
subparts.rechts < styles.content.getRight
```

Abbildung 12.26 Die Startseite, nun mit Login-Formular in der Kontextspalte

Nun könnte man ganz einfach einen entsprechenden Inhalt auf der Seite »Home« in der Spalte RECHTS einfügen. Also tun wir das jetzt. Setzen Sie dazu die Überschrift ohne Eingabe eines Texts auf den Typ VERBORGEN (die Login-Box besitzt selbst eine Überschrift, sodass wir keine vergeben müssen). Weitere Angaben sind nicht erforderlich. Das Ergebnis scheint auf den ersten Blick brauchbar zu sein (siehe Abbildung 12.26).

Recht unmittelbar tut sich nun leider ein eklatanter Mangel auf – das Login-Formular ist wirklich nur dort zu finden, wo wir es eingefügt haben, nämlich auf der Startseite »Home«. Zwar könnten wir jetzt hergehen und tatsächlich auf *jeder* Seite an dieser Stelle ein Formular einfügen, dies wäre jedoch ausgesprochen unökonomisch. Es sollte also ein anderer Weg möglich sein.

12.3.1 Ein Login-Formular in einem SysOrdner

Anstatt auf jeder Seite ein Login-Formular zu platzieren, erstellen wir eines, das wir keiner Seite direkt zuordnen. Es soll in einem SysOrdner abgelegt werden, den wir zu diesem Zweck erzeugen. Legen Sie diesen als Folgeelement zum Ordner »Website-Benutzer« an, und nennen Sie ihn »Allgemeine Inhalte«. Wechseln Sie in das Modul LISTE, und erstellen Sie einen neuen Datensatz über das Icon am oberen Rand des Arbeitsbereichs. Sie sehen, dass die Auswahl auch das Erstellen eines Seiteninhalts anbietet (siehe Abbildung 12.27).

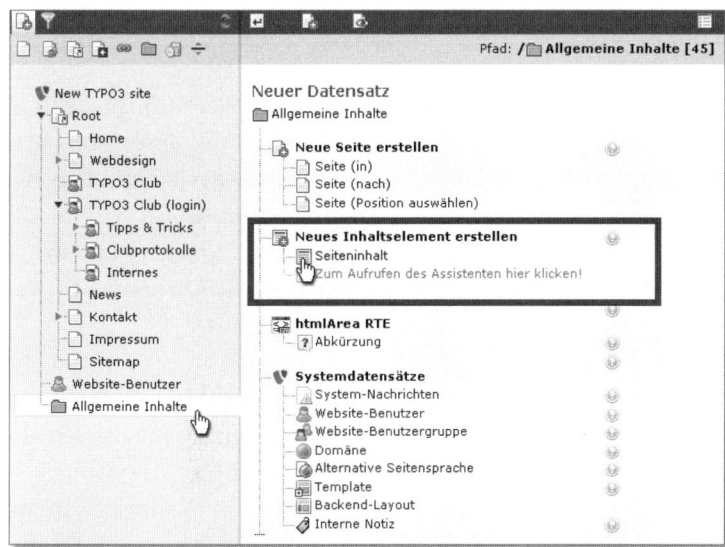

Abbildung 12.27 Erzeugen eines Seiteninhalts in einem SysOrdner

Wählen Sie jetzt das Login-Formular aus. Da zunächst ein Inhalt vom Typ »Normaler Text« angeboten wird, müssen Sie hierfür im Pulldown-Menü TYP die Option ANMELDUNG einstellen. Speichern Sie daraufhin das Element. Mehr ist nicht erforderlich. Die Listenansicht des Ordners zeigt nun das in Abbildung 12.28 dargestellte Bild – wir interessieren uns für die ID dieses Inhalts.

Abbildung 12.28 ID des Login-Formulars in der Listenansicht

Da ein Systemordner nicht zu den Objekten gehört, die im Frontend gezeigt werden, wird auch das Login-Formular nirgendwo ausgegeben. Um es zu verwenden, sind also besondere Maßnahmen erforderlich.

12.3.2 Einfügen des Login-Formulars in das Seitenlayout

Nun soll dieses Login-Formular in das HTML-Layout übernommen werden. Das Login-Formular, das auf der Seite »Home« in der rechten Spalte liegt, wurde auf *Inhaltsbasis* eingefügt, also über »css_styled_content« aus der Datenbank geholt. Das Formular im SysOrdner hingegen soll auf *struktureller Ebene*, also auf der Ebene des Layouts, eingefügt werden.

Aus diesem Grund geschieht dies direkt im TypoScript-Setup. Wechseln Sie dafür in das Modul TEMPLATE, und klicken Sie die Seite »Root« an, auf der unser Template-Datensatz liegt. Öffnen Sie das Setup. Vorhin haben wir die ID des Inhaltselements ermittelt (im Beispielprojekt ist dies die ID 54; höchstwahrscheinlich wird es bei Ihnen ein anderer Wert sein). Um einen Datensatz direkt mit TypoScript ins Layout auszugeben, gibt es das Content-Objekt RECORD. Derzeit sieht die Anweisung für das Füllen der rechten Spalte noch so aus:

```
subparts.rechts < styles.content.getRight
```

Nun soll an gleicher Stelle vor den Inhalten aus der Datenbank ein Inhaltselement auf allen Seiten ausgegeben werden. Hierfür ersetzen wir die direkte Zuweisung von styles.content.getRight durch ein COA. An dessen erster Position wird das Login-Formular ausgegeben, an der zweiten Position wieder styles.content.getRight. Verändern Sie das Setup an dieser Stelle also wie folgt:

```
subparts.rechts = COA
subparts.rechts {

    10 = RECORDS
    10.tables = tt_content
    # übergeben Sie hier die ID des Formulars:
    10.source = 54

    20 < styles.content.getRight

}
```

Das Login-Formular ist nun tatsächlich auf jeder Seite zu Beginn der Kontextspalte zu sehen, und zwar ohne dass weitere Einstellungen erforderlich sind, auch nicht in den übersetzten Seiten (siehe Abbildung 12.29).

12.3 Ein Login-Formular auf allen Seiten

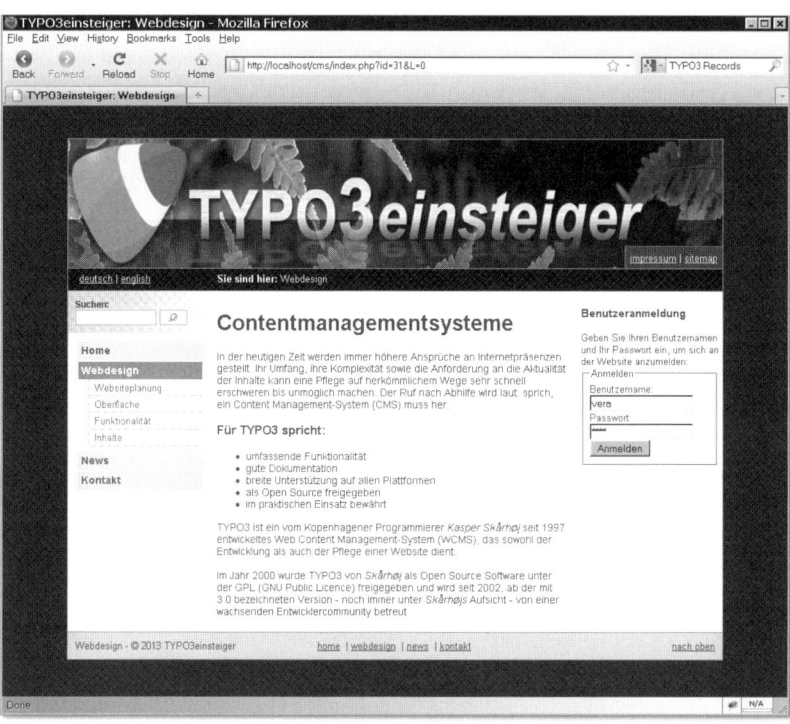

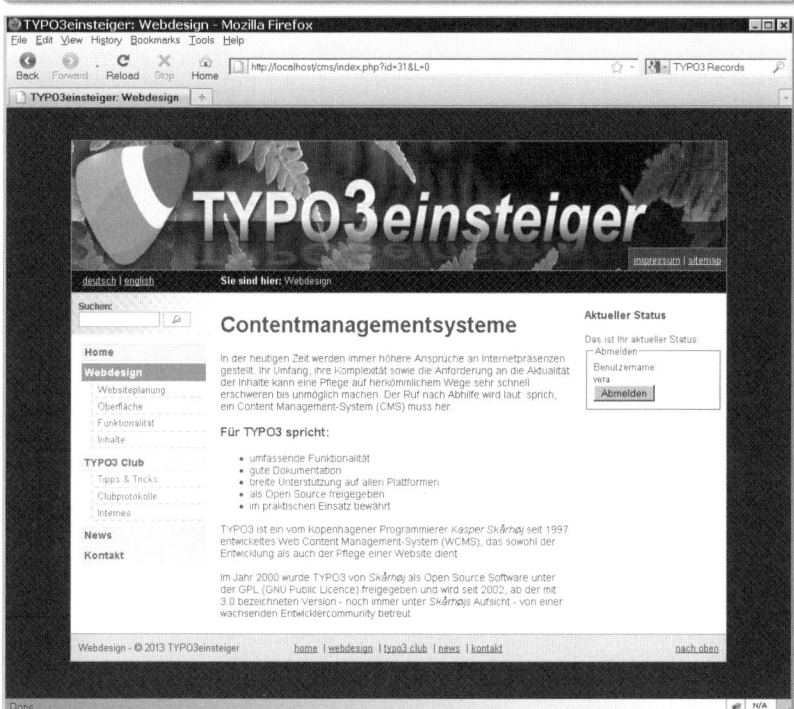

Abbildung 12.29 Die Seite »Webdesign« vor und nach dem Login als Vereinsmitglied

Vergessen Sie nicht, das nun überflüssige Formular in der Spalte RECHTS von »Home« zu löschen. Sie können auch noch weiter aufräumen, indem Sie die Seite »TYPO3 Club« verstecken (oder löschen) und ebenso das Login-Formular auf der Seite »TYPO3 Club (login)«. Letzteres können Sie auch in »TYPO3 Club« umbenennen.

12.4 Zusammenfassung und Ausblick

Sie haben in diesem Kapitel erfahren, wie Sie passwortgeschützte Bereiche einer Website anlegen und wie Sie die Zugangsberechtigung für Nutzergruppen und deren Mitglieder erteilen. Im folgenden Kapitel 13, »Integration von Erweiterungen«, wird das System durch eine Volltextsuche und eine Newsanzeige erweitert.

Kapitel 13
Integration von Erweiterungen

In diesem Kapitel werden zwei grundlegende Erweiterungen vorgestellt, die in den meisten TYPO3-Projekten Verwendung finden. Dies sind die Erweiterung »News« für die Verwaltung von Newsmeldungen und die Erweiterung »Indexed Search«, die eine Volltextsuche in der Website ermöglicht.

Der größte Teil der TYPO3-Funktionalitäten ist in Modulen untergebracht. Bei einer Standardinstallation wird bereits ein umfangreiches Paket mitgeliefert. Über den *Erweiterungs-Manager* können darüber hinaus jederzeit per Mausklick Module hinzugefügt oder entfernt werden.

Die im Folgenden vorgestellten Erweiterungen finden Sie als *t3x*-Dateien im Verzeichnis *Erweiterungen* ebenfalls auf der Begleit-DVD zum Buch. So können Sie die Erweiterungen auch manuell bzw. offline installieren, falls Sie keine Verbindung zum Online-Repository aufbauen können.

> **Hinweis**
> TYPO3 hat mit der Version 6 bzw. 6.1 im Kern des Programms einen großen Schritt gemacht. Das hat Folgen für die Installation von Erweiterungen, da viele noch nicht angepasst wurden. Wenn Sie Erweiterungen ausprobieren wollen, ist zu empfehlen, dass Sie vor der Installation ein komplettes Backup Ihrer TYPO3-Installation anlegen.

13.1 Newsmeldungen mit »tt_news«

Im Beispielprojekt soll in der rechten Kontextspalte der Startseite »Home« ein Bereich mit aktuellen Meldungen entstehen. Es werden dabei folgende Anforderungen gestellt:

- Die Nachrichten sollen in Form einer Überschrift, eines Datums und der ersten Zeilen des Meldungstexts angezeigt werden. Ein Link »[mehr]« dient dazu, den gesamten Meldungstext aufzurufen.
- In einer Einzelansicht auf einer separaten Seite soll der gesamte Nachrichtentext dargestellt werden. Es soll möglich sein, Bilder einzufügen und weitere Informationen (wie Autor und Links) zu präsentieren.

▶ Die Bilder sollen hierbei eine bestimmte Größe nicht überschreiten. Die zugeordneten Bilddateien sollen deshalb automatisch an diese Größe angepasst werden. Abschließend ist noch ein Link vorgesehen, der zur Nachrichtenübersicht zurückführt.

13.1.1 Import und Installation des News-Moduls

In TYPO3 existiert hierzu ein Erweiterungsmodul namens NEWS. Über den Erweiterungs-Manager können Sie dieses Modul – wie Sie es in Kapitel 10, »Templates automatisieren«, mit dem Template Auto-parser getan haben – zur TYPO3-Installation hinzufügen. Die jeweils aktuelle Version von NEWS können Sie aus dem Online-Repository herunterladen.

> **Achtung**
>
> Zum Zeitpunkt der Überarbeitung dieses Buches hat sich herausgestellt, dass die Erweiterung *tt_news 3.4.0* vom 27.11.2012, die im Online-Repository angeboten wird, nicht kompatibel zur aktuellen Version von TYPO3 CMS 6.1 ist. Es trat ein schwerwiegender Fehler auf. Auf der DVD finden Sie daher eine Version *tt_news 3.4.0* vom 03.04.2013, in der das Problem behoben wurde. Vielen Dank an Oliver Hader, der die gefixte Version online zur Verfügung gestellt hat. Es ist zu hoffen, dass die Aktualisierung bald vorgenommen wird. Sollten Sie im Online-Repository noch die ältere Version angeboten bekommen, nehmen Sie unbedingt zur Installation von *tt_news* die Datei *tt_news_3.4.0+46313.t3x* aus dem Ordner *Erweiterungen* auf der DVD.

Wechseln Sie im Erweiterungsmanager in die Ansicht ERWEITERUNGEN VERWALTEN. Über das UPLOAD-Symbol öffnet sich das DURCHSUCHEN-Feld, und Sie können die Datei von der DVD auswählen und mit dem Button UPLOAD installieren (siehe Abbildung 13.1).

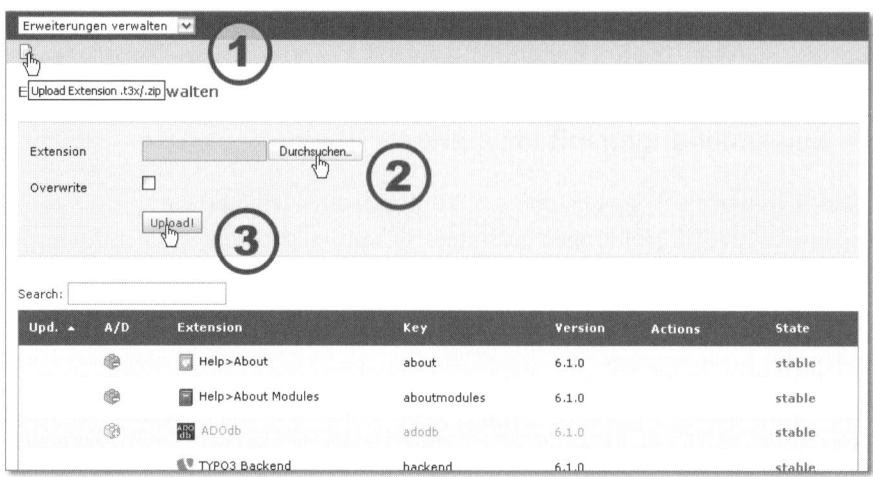

Abbildung 13.1 Upload und Installation der »News«-Erweiterung

13.1 Newsmeldungen mit »tt_news«

Das Modul NEWS erweitert die Datenbankstruktur von TYPO3 um eine Tabelle (tt_news), in der Newsbeiträge als Datensätze gespeichert werden, und um einige andere Tabellen. Nach der Installation (sie kann einen Moment dauern) finden Sie die installierte Erweiterung in der Liste ganz unten (siehe Abbildung 13.2).

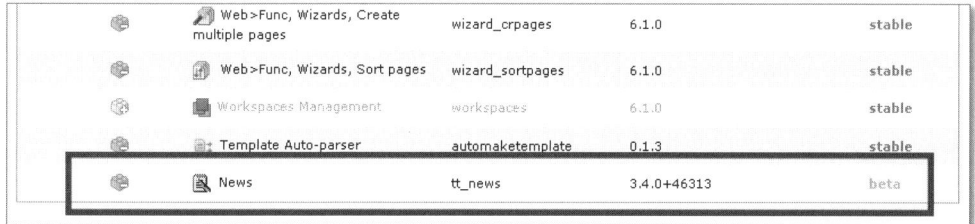

Abbildung 13.2 Die installierte Erweiterung »tt_news« in der Ansicht »Erweiterungen verwalten«

13.1.2 Anlegen des SysOrdners für Newsbeiträge

Jetzt können wir die Struktur der Website ergänzen. Wir benötigen eine zusätzliche Seite »Newsmeldung« und einen weiteren Systemordner. Erstellen Sie die Seite als Unterseite von »News«, und kennzeichnen Sie sie als IM MENÜ VERBORGEN. Legen Sie nun einen Systemordner *Newsdaten* an, der als Container für die Newsdatensätze dienen wird (siehe Abbildung 13.3).

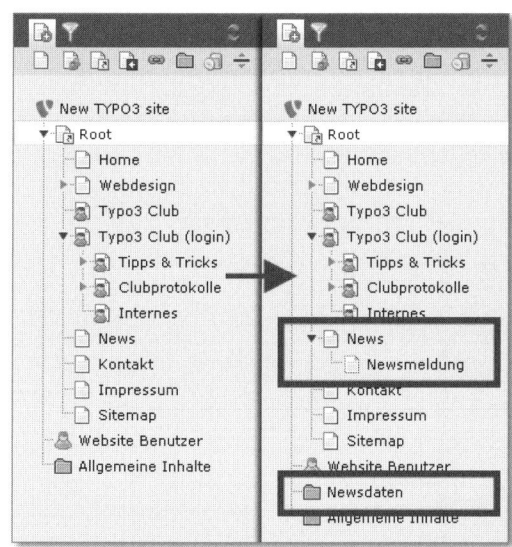

Abbildung 13.3 Ergänzung des Seitenbaums für die News

In der Modulleiste ist im Bereich WEB ein neues Modul NEWS ADMIN hinzugekommen (siehe Abbildung 13.5, links). Dies ist offensichtlich eine englischsprachige

Bezeichnung. Bevor Sie weitermachen, laden Sie kurz im Modul LANGUAGE das deutsche Sprachpaket zur News-Extension nach. In der Liste TRANSLATION finden Sie im unteren Bereich die installierte Erweiterung *tt_news*. Sie können das Sprachpaket für diese Erweiterung einzeln nachladen, indem Sie auf NOT CHECKED klicken (siehe Abbildung 13.4).

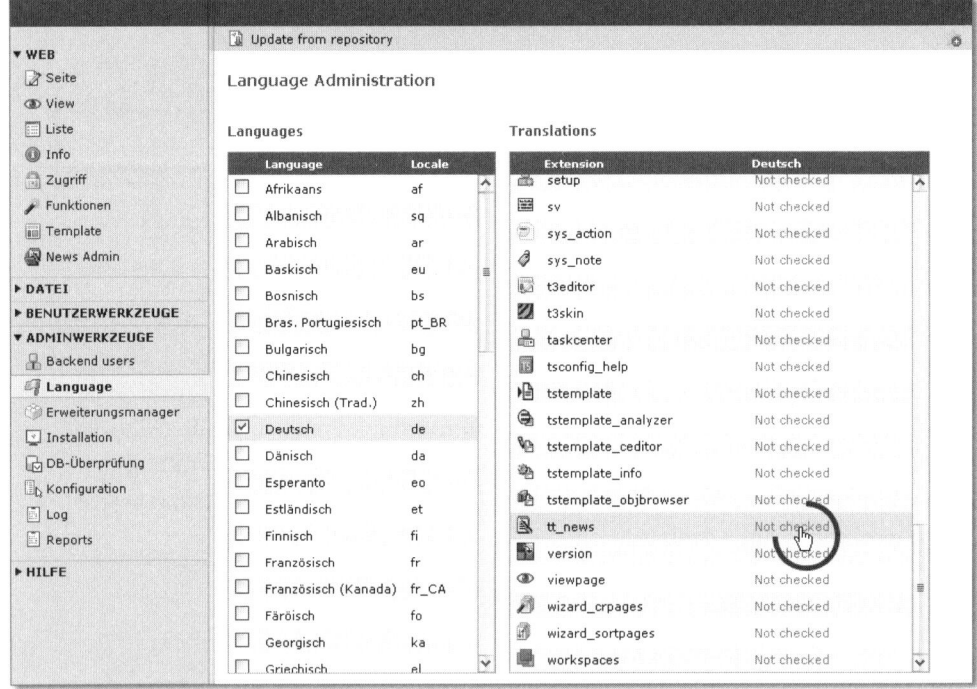

Abbildung 13.4 Übersetzung für die Erweiterung nachladen

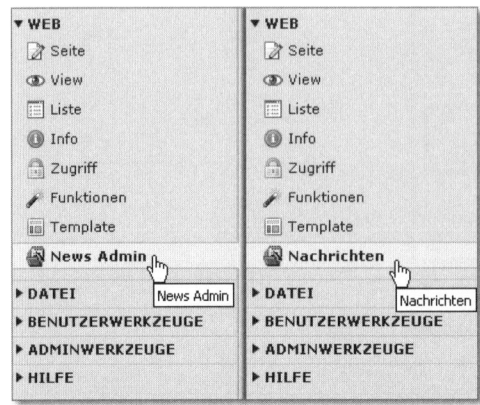

Abbildung 13.5 Das neue Modul »Nachrichten« in der Modulgruppe »Web«

Das neue Modul heißt nun NACHRICHTEN (siehe Abbildung 13.5, rechts). Sollte das noch nicht der Fall sein, löschen Sie den Konfigurations-Cache rechts oben im Backend, und aktualisieren Sie danach das komplette Browserfenster.

13.1.3 Anlegen von Datensätzen im »News«-Ordner

Über das Modul LISTE können Sie im Newsdaten-Ordner nun Newsbeiträge anlegen. Die Optionen von NEUER DATENSATZ ERSTELLEN enthalten jetzt einen Eintrag NEWS, den Sie auswählen können (siehe Abbildung 13.6). An dieser Stelle können auch sogenannte *Newskategorien* eingerichtet werden.

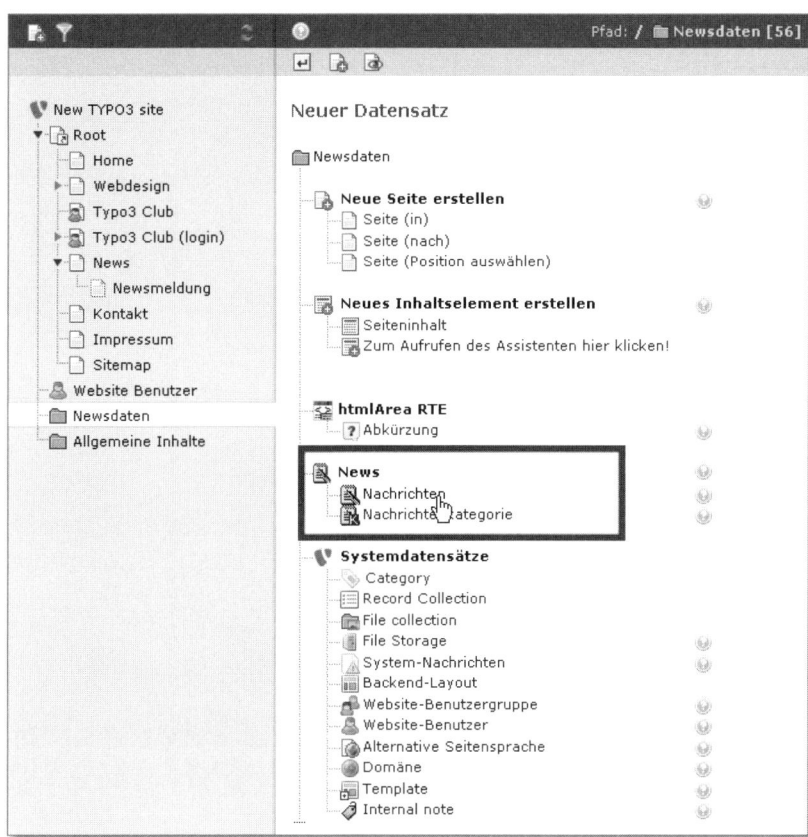

Abbildung 13.6 Datensätze für News und Newskategorien

13.1.4 Anlegen eines Newsdatensatzes

Klicken Sie auf die Option NEWS, um einen Newsdatensatz zu erzeugen. Im Arbeitsfenster öffnet sich eine längere Eingabemaske. Im Bereich ALLGEMEIN können Sie sich zunächst im Pulldown-Menü TYP für eine technische Variante der Nachricht entscheiden (siehe Abbildung 13.7, Schritt 1). Hierfür stehen drei Typen zur Auswahl (siehe Tabelle 13.1). Wählen Sie den Typ »News«. Anschließend können Sie den Nachrichtentitel in ein Feld namens TITEL eingeben (siehe Abbildung 13.7, Schritt 2). Geben Sie einen Nachrichtentitel ein, wählen Sie gegebenenfalls die Checkbox VERBERGEN ab, und speichern Sie die Eingabe.

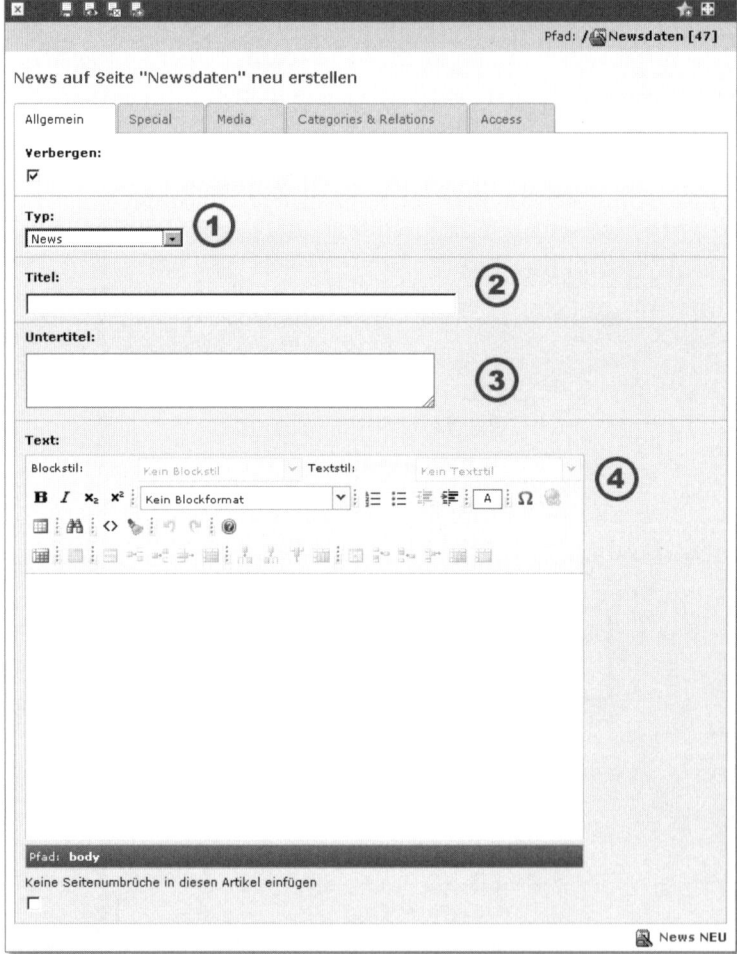

Abbildung 13.7 Newsbeitrag, Reiter »Allgemein«

Typ	Beschreibung
NEWS	Der Beitrag besteht aus Titel, Text, Bildern, Bildtext und Links, die über die Erfassungsmaske des Newsbeitrags eingegeben werden.

Tabelle 13.1 Typen für den Newsbeitrag

Typ	Beschreibung
LINK ZU INTERNER SEITE	Als Beitrag wird auf eine Seite im Seitenbaum verwiesen.
LINK ZU EXTERNER URL	Als Beitrag wird auf eine externe Seite in Form einer URL verwiesen.

Tabelle 13.1 Typen für den Newsbeitrag (Forts.)

Der etwas irreführend mit UNTERTITEL benannte Textbereich (siehe Abbildung 13.7, Schritt 3) nimmt den Text entgegen, den man landläufig als *Teaser* bezeichnet. Sie können dies als die inhaltliche Kurzfassung der News betrachten, die Sie in den Übersichtslisten erwarten würden. Das folgende RTE-Feld TEXT (siehe Abbildung 13.7, Schritt 4) wiederum entspricht dieser Erwartung. Hier geben Sie den vollständigen Text der Newsmeldung ein, wie er in der Komplettansicht gezeigt werden soll.

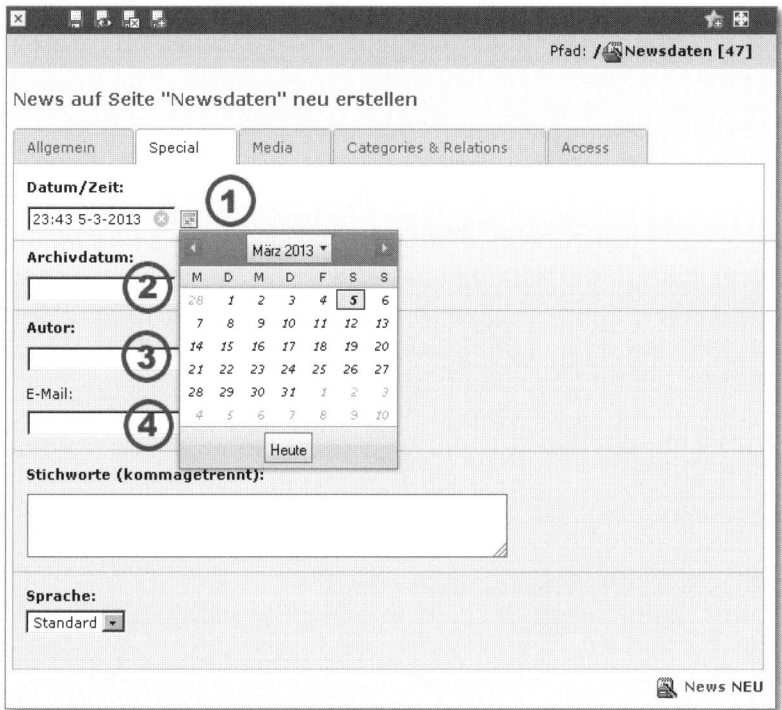

Abbildung 13.8 Newsbeitrag – Reiter »Special«

Unmittelbar von Interesse ist der Reiter SPECIAL, in dem Eingaben wie das Erstellungsdatum gemacht werden. Sofern Sie hier keine Änderung vornehmen, wird ein Zeitstempel mit aktueller Uhrzeit und Datum gespeichert (siehe Abbildung 13.8, Schritt 1). Sie können hier auch ein Archivdatum eingeben, ab dem die News nicht mehr als aktuell gewertet, sondern archiviert werden soll (siehe Abbildung 13.8, Schritt 2). Wir werden uns dies später noch genauer ansehen. Des Weiteren können hier der Autor der Meldung und dessen E-Mail-Adresse sowie jene Keywords eingegeben werden, die zur Verschlagwortung der Meldung dienen sollen (siehe Abbildung 13.8, Schritte 3 und 4).

Abbildung 13.9 Nachrichtentyp, Titel und Untertitel

Geben Sie jetzt, wieder im Reiter ALLGEMEIN, eine Meldung mit TITEL, UNTERTITEL und Fließtext ein (siehe Abbildung 13.9), und speichern Sie die Eingabe. Um eine Bildressource einzufügen, gehen Sie auf den Reiter MEDIA. Laden Sie ein Bild entweder über den Elementbrowser aus dem Fileadmin oder über das Feld UPLOAD direkt vom lokalen Rechner aus. Beides geschieht im Feld BILDER.

Abbildung 13.10 Upload eines Bildes für die Newsmeldung

In den darunterliegenden Feldern können Sie eine BILDUNTERSCHRIFT sowie den ALT-TEXT und einen TITEL DES BILDES (für das alt- bzw. title-Attribut) hinzufügen. In der Meldungsübersicht erscheint nun ein verkleinertes Vorschaubild der Ressource (siehe Abbildung 13.10). Wir werfen einen kurzen Blick in den Bereich CATEGORIES & RELATIONS, in dem jetzt jedoch keine Eingabe erfolgen muss (siehe Abbildung 13.11).

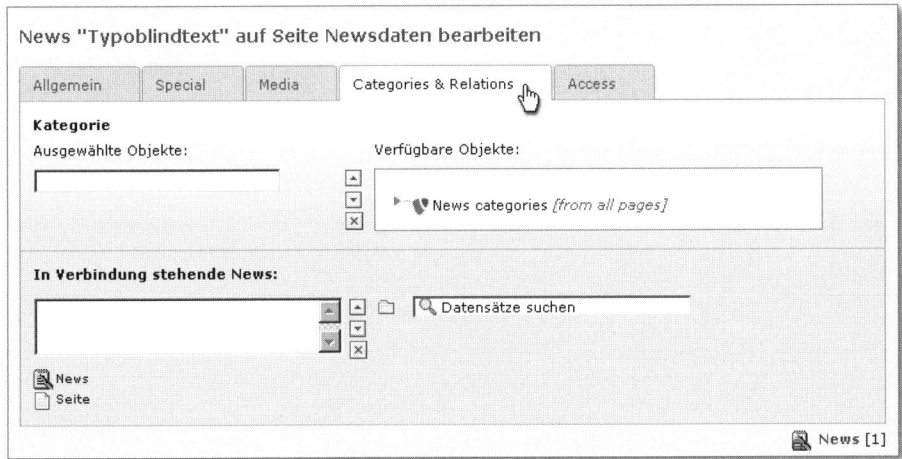

Abbildung 13.11 Der Reiter »Categories & Relations« in der Newsmeldung

Der Bereich RELATIONS enthält:

▶ eine Kategoriezuordung über das Feld KATEGORIE
▶ ein Eingabefeld für Verweise zu verbundenen Beiträgen

Ein Blick in den »News«-Ordner im Listenmodus

Im Modul WEB • SEITE zeigt der News-Ordner eine Liste aller Newsbeiträge an (siehe Abbildung 13.12). Von hier aus können die Beiträge auch per Kontextmenü bearbeitet werden. Dies betrifft oft die Sichtbarkeit der Beiträge, da man beim Erstellen der Nachricht leicht vergisst, die Checkbox VERBERGEN abzuwählen.

Der Hauptvorteil der Seitenansicht ist, dass Sie hier direkt Informationen über den Erstellungszeitpunkt und den Autor erhalten. Eine Alternative ist die Ansicht über das Modul WEB • LISTE, das in der erweiterten Ansicht zwar weniger Informationen, aber mehr direkte Bearbeitungsmöglichkeiten (wie Ein- und Ausblenden) bietet. Ein Kontextmenü für das News-Icon steht in beiden Ansichten zur Verfügung. In der Regel ist die Ansicht WEB • LISTE die geeignete Wahl zum Betrachten von SysOrdnern (siehe Abbildung 13.13).

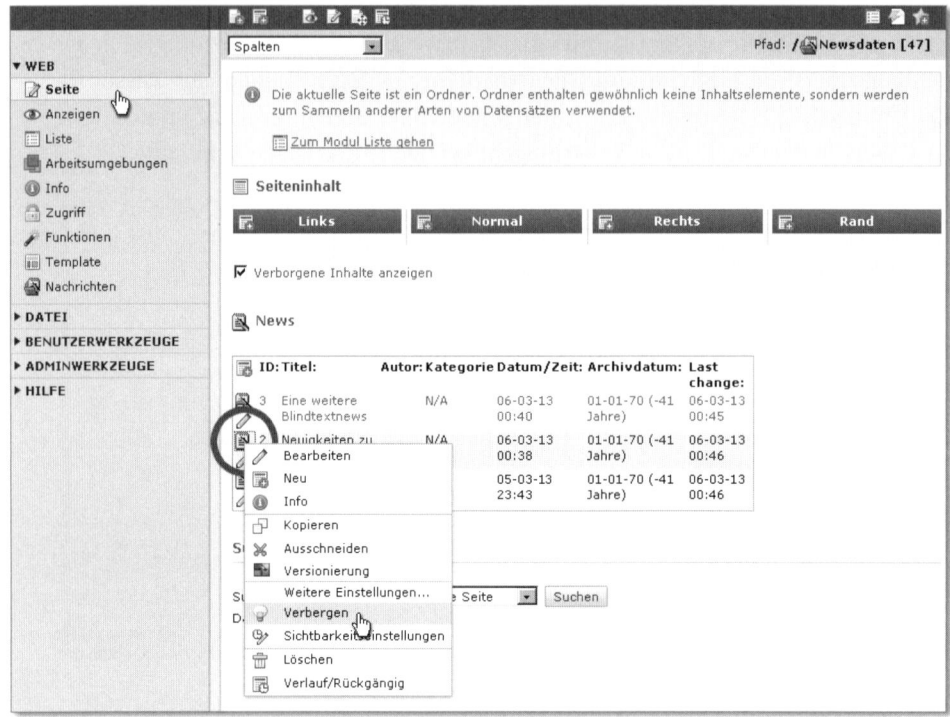

Abbildung 13.12 Liste der Newsbeiträge in der Modulansicht »Web • Seite«

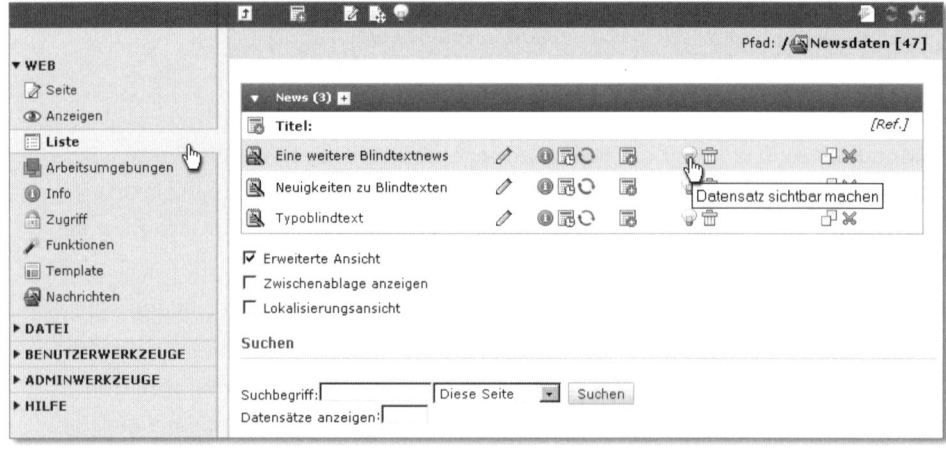

Abbildung 13.13 Kontextmenü einer Newsmeldung im Modul »Liste«

13.1.5 Einbindung des statischen Templates

Bevor der Versuch unternommen werden kann, die News auf Inhaltsseiten einzubinden, muss erst das Template-Setup erweitert werden. Bislang wäre nämlich noch keine Ausgabe einer Meldung ins Frontend möglich. Wechseln Sie in das Modul WEB • TEMPLATE, und öffnen Sie das Template der Seite »Root« in der Ansicht INFO/BEARBEITEN über den Link VOLLSTÄNDIGEN TEMPLATE-DATENSATZ BEARBEITEN.

Wechseln Sie in den Reiter ENTHÄLT. Um Newsinhalt ausgeben zu können, benötigt TYPO3 noch mindestens ein statisches Template. Nach der Installation der Newserweiterung stehen drei neue Module unter STATISCHE TEMPLATES EINSCHLIESSEN (AUS ERWEITERUNGEN) zur Auswahl. Wählen Sie im Beispielprojekt das Template NEWS SETTINGS (TT_NEWS) aus (siehe Abbildung 13.14). Sie können optional auch noch das Modul NEWS CSS-STYLES (TT_NEWS) dazuwählen. Das dritte Modul, NEWS FEEDS, lassen Sie unberücksichtigt.

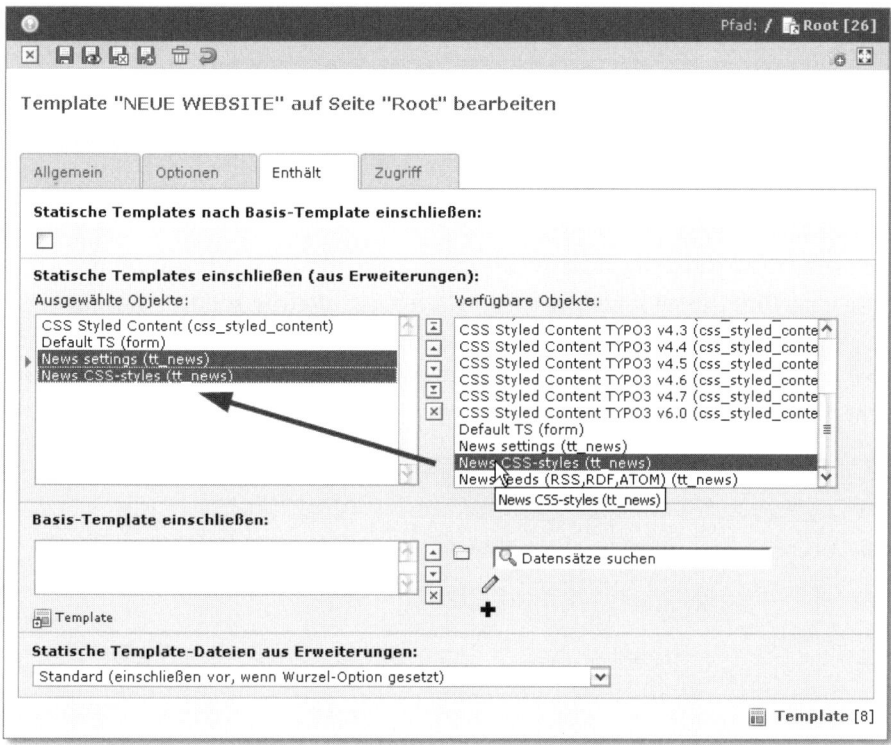

Abbildung 13.14 Statische Template-Module für News hinzufügen

13.1.6 Einfügen des News-Plug-Ins in die Startseite

Bislang haben wir einen Behälter für die Newsbeiträge (den SysOrdner) angelegt und Beiträge erzeugt. Um die Newsbeiträge anzuzeigen, können nun entsprechende Seiteninhalte angelegt werden. Dies geschieht in Form eines Seiteninhalts vom Typ »Plug-In«. Durch die Installation der Newserweiterung ist in der Liste der Seiteninhalte ein Eintrag für den Newsinhalt hinzugekommen (siehe Abbildung 13.15). Dieser dient dazu, in die Seite eine spezialisierte Funktion einzubetten, die Newsdatensätze aus dem SysOrdner bezieht und auf eine festzulegende Weise in der Seite ausgibt.

Fügen Sie nun im Beispielprojekt auf der Startseite »Home« in die *rechte Inhaltsspalte* einen Seiteninhalt NEWS ein.

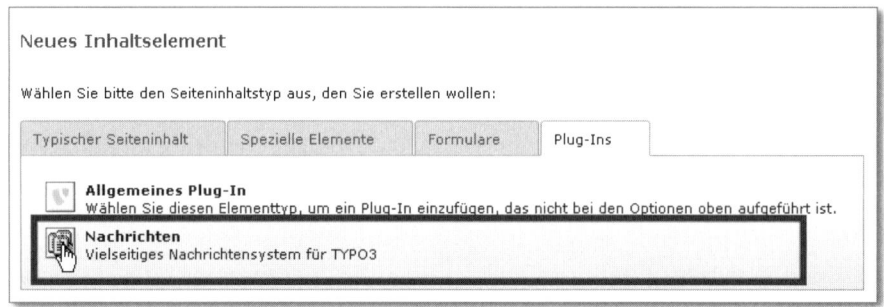

Abbildung 13.15 Ein News-Plug-In einfügen

Abbildung 13.16 zeigt den Reiter ALLGEMEIN der Erfassungsmaske für News als Seiteninhaltselement. Stellen Sie das Feld ÜBERSCHRIFT auf »Verborgen« (Sie können aber ruhig einen Text eingeben). Stellen Sie sicher, dass das Element in die rechte Spalte eingefügt ist. Sie sehen, dass beim TYP nicht »News«, sondern nur pauschal »Plug-In einfügen« steht. Dies ist grundsätzlich bei jedem Plug-In der Fall – spezielle Angaben finden Sie erst beim Blick in den Reiter PLUG-IN. Speichern Sie jetzt, und wechseln Sie dann dorthin.

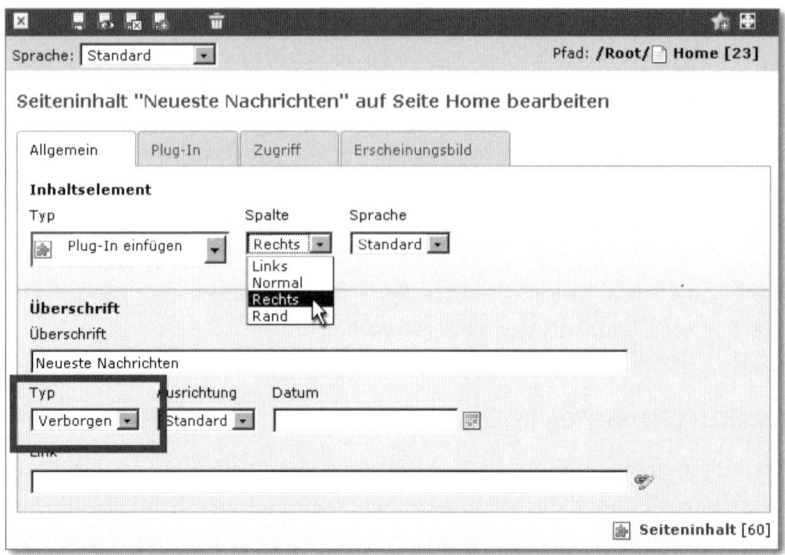

Abbildung 13.16 »News« als Seiteninhalt

Über das Feld ERWEITERUNGSOPTIONEN können Sie im Reiter ALLGEMEINE EINSTELLUNGEN die Ausgabeform ANSICHT bestimmen. Für die Datensätze der Newserweiterung stehen Ihnen verschiedene Ausgabeformen zur Verfügung, die über die Auswahlbox OBJEKTE des Moduls spezifiziert werden. Für die Startseite verwenden wir die Option LATEST VIEW (LATEST) (siehe Abbildung 13.17).

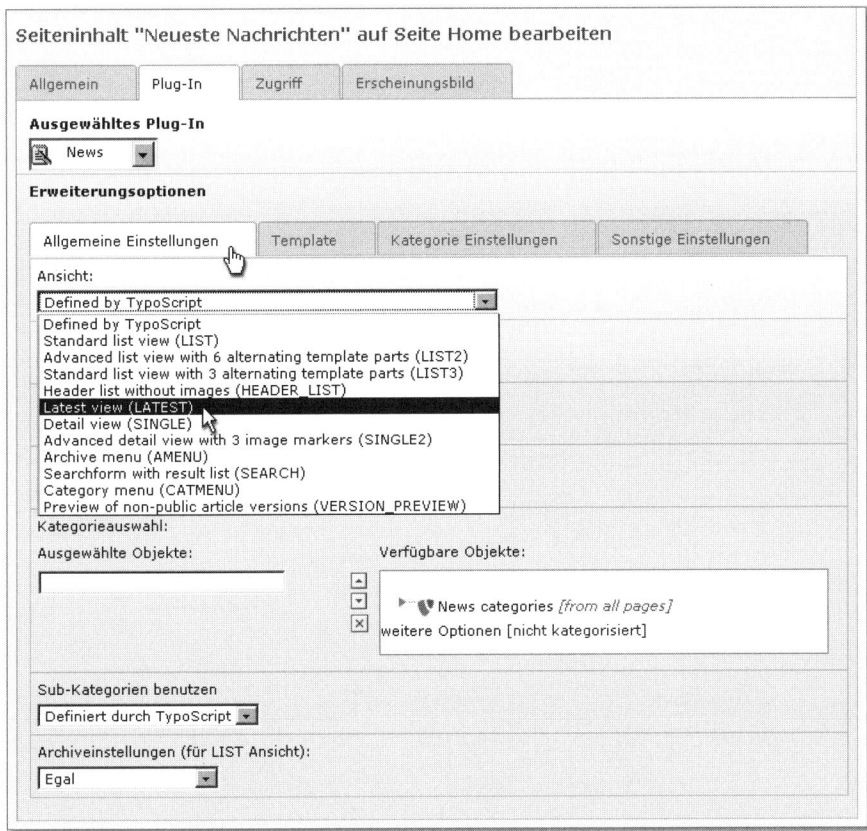

Abbildung 13.17 Auswahl der Newsansicht für die Ausgabe auf der Startseite

Sie können (unter anderem) folgende Werte angeben:

Werte	Beschreibung
LATEST	Listet die neuesten nicht archivierten Newsbeiträge auf. Die Anzahl wird in der Eigenschaft latestLimit angegeben.
AMENU	Erzeugt ein Menü mit den archivierten Newsbeiträgen, wobei die Beiträge in Zeitspannen unterteilt werden.

Tabelle 13.2 Werte der Newserweiterung

Werte	Beschreibung
LIST	Listet alle Beiträge auf. Die Anzahl kann über die Eigenschaft limit begrenzt werden.
SEARCH	Erzeugt eine Suchfunktion innerhalb der News.
SINGLE	Zeigt einen einzelnen Beitrag an.
CATMENU	Erstellt ein Menü der Newskategorien.

Tabelle 13.2 Werte der Newserweiterung (Forts.)

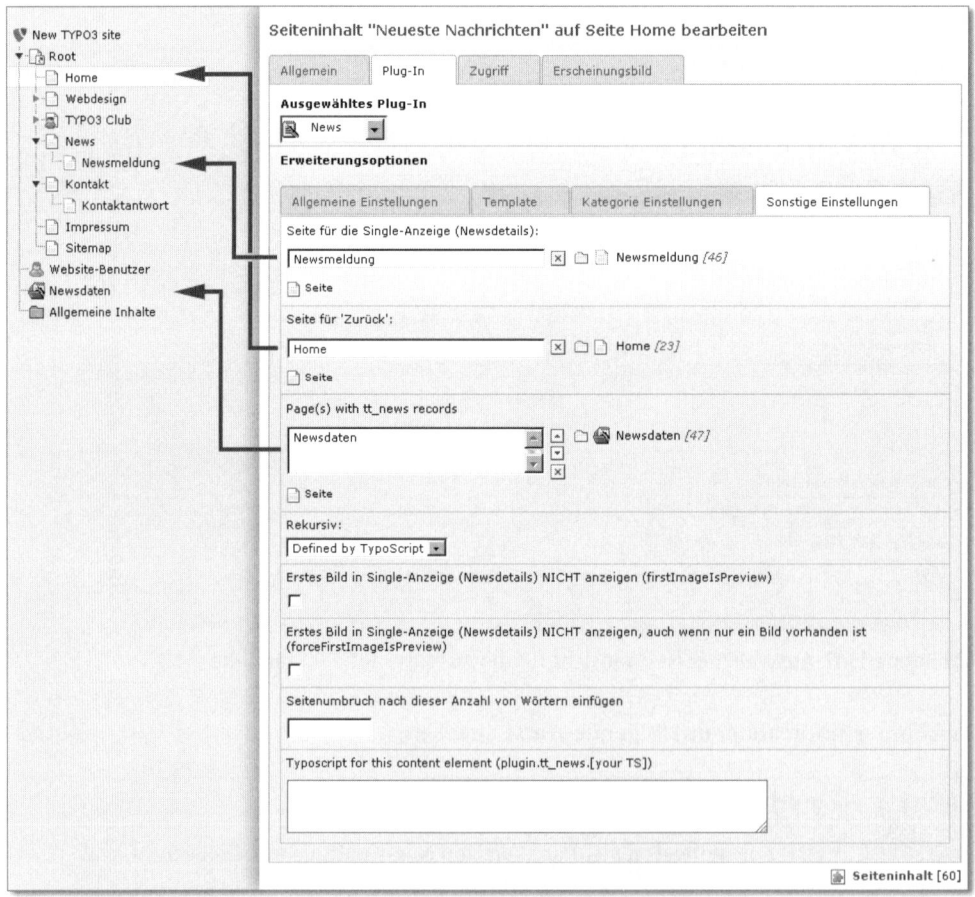

Abbildung 13.18 Setzen der Zielobjekte für das Plug-In »News«

Des Weiteren sind hier noch Angaben über Sortierung und Kategoriezugehörigkeit der anzuzeigenden Meldungen möglich. Sie können sie in aufsteigender Reihenfolge nach Erstellungsdatum (wie im Beispiel) oder nach anderen Gesichtspunkten sortieren lassen. Sofern Kategorien für News angelegt sind (dies ist hier nicht der Fall), können Sie auch nach Kategorien filtern.

Wechseln Sie nun in den Reiter SONSTIGE EINSTELLUNGEN des Plug-Ins (siehe Abbildung 13.18). Auf der Startseite wird nur eine Kurzfassung der News gezeigt werden. Natürlich soll auch eine Langversion erreichbar sein, dies jedoch auf einer anderen Seite, nämlich auf der Seite »Newsmeldung«. Dies ist die SEITE FÜR DIE SINGLE-ANZEIGE. Zu dieser Seite soll also der »Mehr«-Link zeigen. Dort wird sich auch ein »Zurück«-Link befinden. Es entspricht der allgemeinen Erwartungshaltung, dass ein solcher Link auch zur vorigen Ansicht zurückführt – dies ist in unserem Fall wieder die Startseite. Diese Einstellung treffen Sie in SEITE FÜR 'ZURÜCK'.

Weiter unten in der Maske muss dem Plug-In als AUSGANGSPUNKT (»Pages with tt_news records«) mitgeteilt werden, aus welchem SysOrdner die Nachrichtendaten zu beziehen sind. Wählen Sie den betreffenden Ordner über den Elementbrowser. Speichern Sie Ihre Eingaben. Die Startseite des Beispielprojekts sieht damit so aus wie Abbildung 13.19. Unter der Liste sehen Sie allerdings einen nicht funktionsfähigen Link, der vorgibt, auf ein Archiv zu zeigen. Um ihn werden wir uns erst später kümmern.

Abbildung 13.19 Newsteaser auf der Startseite

13.1.7 Seiten für Newsübersicht und Einzelmeldung

Jetzt, da auf der Startseite die letzten Meldungen ausgegeben werden, müssen Sie im Beispielprojekt noch dafür sorgen, dass die Meldungsübersicht auf der Seite »News« und die Einzelartikel angezeigt werden. Die Meldungsübersicht erzeugen Sie, indem Sie ein News-Inhaltselement mit der Einstellung LIST auf der Seite »News« einfügen. Stellen Sie im Pulldown-Menü ARCHIVEINSTELLUNGEN den Wert EGAL ein. Setzen Sie den AUSGANGSPUNKT wieder auf den SysOrdner »Newsdaten«, und stellen Sie »Newsmeldung« als ZIELSEITE ein.

Als SEITE FÜR 'ZURÜCK' dient diesmal die Seite »News« (siehe Abbildung 13.20). Wird eine Newsmeldung von dieser Seite aus angewählt, kommt der User daher auf die Übersicht zurück und nicht, wie es von der Startseite aus der Fall ist, auf die Startseite »Home«.

Abbildung 13.20 Die Newsübersicht auf der Seite »News«

Für die Einzelansicht NEWSMELDUNG (siehe Abbildung 13.21) wurde eine Seite vom Typ NICHT IM MENÜ angelegt, damit diese Seite nicht direkt über das Menü erreicht werden kann. Links auf die Einzelmeldungsseite müssen aus dem News-Plug-In erzeugt werden und einen Parameter zur Bestimmung der darzustellenden Nachricht enthalten. Ohne diesen Parameter ist keine Meldung sichtbar.

Auf der Seite NEWSMELDUNG platzieren Sie diesmal ein News-Inhaltselement mit der Einstellung SINGLE. Setzen Sie den AUSGANGSPUNKT des Datenbezugs.

Die Eingabe einer ZIELSEITE ist hier ebenfalls möglich. Dies ist für Fälle gedacht, in denen aus einer Newsmeldung heraus auf eine weitere Meldung verwiesen wird.

Abbildung 13.21 Eine Einzelansicht auf der Seite »Newsmeldung«

13.1.8 Das Newsarchiv für ältere Meldungen

Da nichts unaktueller ist, als die Nachricht von gestern, müssen wir dafür sorgen, dass Newsmeldungen früher oder später aus den Auflistungen der aktuellen Meldungen verschwinden. Anstatt sie zu löschen, bewahrt man sie meistens ordentlich auf – sprich, man archiviert sie.

Hierfür muss einer Neuigkeit entweder individuell ein Verfallsdatum gegeben oder aber pauschal ein Zeitrahmen gesetzt werden, nach dessen Ablauf eine Newsmeldung archiviert werden soll. Beides ist mit *tt_news* möglich. Auch archivierte Meldungen sollen dabei allerdings zugänglich bleiben. Es wird also eine eigene Seite benötigt, um eine hierfür erforderliche Auflistung älterer Meldungen auszugeben.

Fügen Sie dem Seitenbaum zwei neue Seiten hinzu, die beide als Unterseiten von News realisiert werden. Die eine nennen Sie »Newsarchiv«. Hier handelt es sich um eine gewöhnliche Seite, die demzufolge in der Navigation sichtbar sein soll. Die zweite Seite bekommt den Titel »Archivmeldung«. Es handelt sich um ein Pendant zu »Newsmeldung«; sie erhält also die Einstellung IN MENÜS VERBERGEN.

Setzen der Archivfilter bei den News-Plug-Ins

Zunächst werden weitere Newsmeldungen benötigt, um ausreichend Material zur Verfügung zu haben. Fünf Meldungen sollten aber fürs Erste genügen. Von diesen sollen zwei archiviert werden. Zuerst aber müssen die News-Plug-Ins auf den Seiten »News« und »Newsarchiv« entsprechend präpariert werden.

Fügen Sie auf der Newsarchivseite ebenfalls ein Plug-In mit Listenansicht (LIST) ein, und setzen Sie Ausgangspunkt, Zielseite (»Archivmeldung«) und Zurück-Link. Die Seite »Archivmeldung« erhält, wie »Newsmeldung«, ein News-Plug-In in SINGLE-Ansicht.

Jetzt müssen noch die Archivfilter der Plug-Ins passend eingestellt werden. Dies geschieht jeweils im Bereich ALLGEMEINE EINSTELLUNGEN des Plug-Ins. Stellen Sie den Archivfilter von »News« auf NUR NICHT-ARCHIVIERTE und den von »Newsarchiv« auf NUR ARCHIVIERTE (siehe Abbildung 13.22).

Abbildung 13.22 Archiveinstellungen in »Allgemeine Einstellungen«

Wenn Sie die Seite »Newsarchiv« jetzt betrachten, sehen Sie allerdings die Meldung »Keine Artikel in dieser Ansicht«. Dies liegt daran, dass noch keine der Meldungen ihr Verfallsdatum erreicht hat. Dies soll nun künstlich herbeigeführt werden.

Individuelles Archivieren einer Newsmeldung

Normalerweise wird man einen Archivzeitpunkt auf einen Moment in der Zukunft, irgendwann nach Erstellung der Meldung, setzen. Um dies zu simulieren, setzen wir nun das Erstellungsdatum von Hand zurück. Setzen Sie anschließend das Archivdatum (siehe Abbildung 13.23) auf einen späteren Zeitpunkt, allerdings vor das aktuelle Datum.

13.1 Newsmeldungen mit »tt_news«

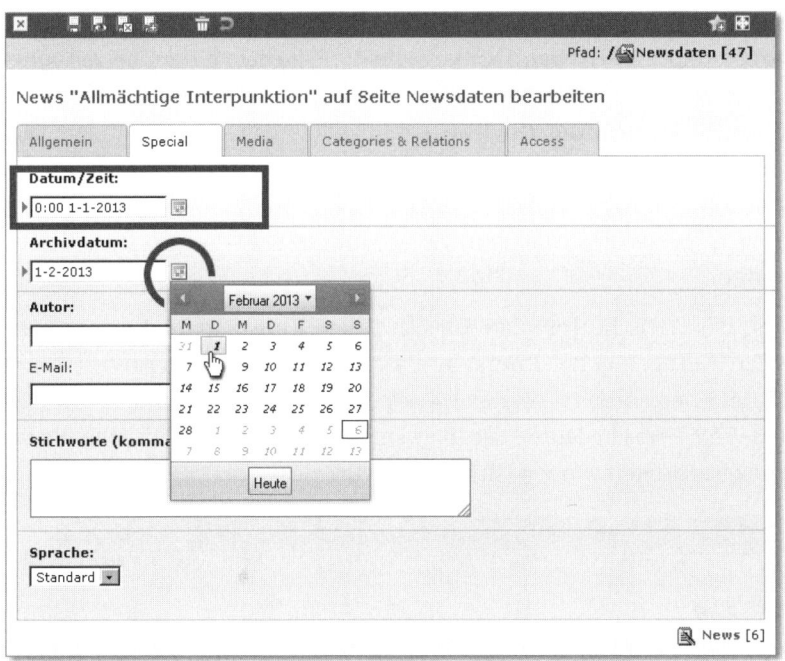

Abbildung 13.23 Archivieren einer Meldung per Archivdatum

Nach dem Verstreichen dieses Datums gilt die Meldung als archiviert und verschwindet aus den aktuellen Listen, sofern deren Filter entsprechend gesetzt sind. Dafür haben wir vorhin gesorgt. Abbildung 13.24 zeigt einen Vergleich der Seite »News« vor und nach der Manipulation einer Meldung.

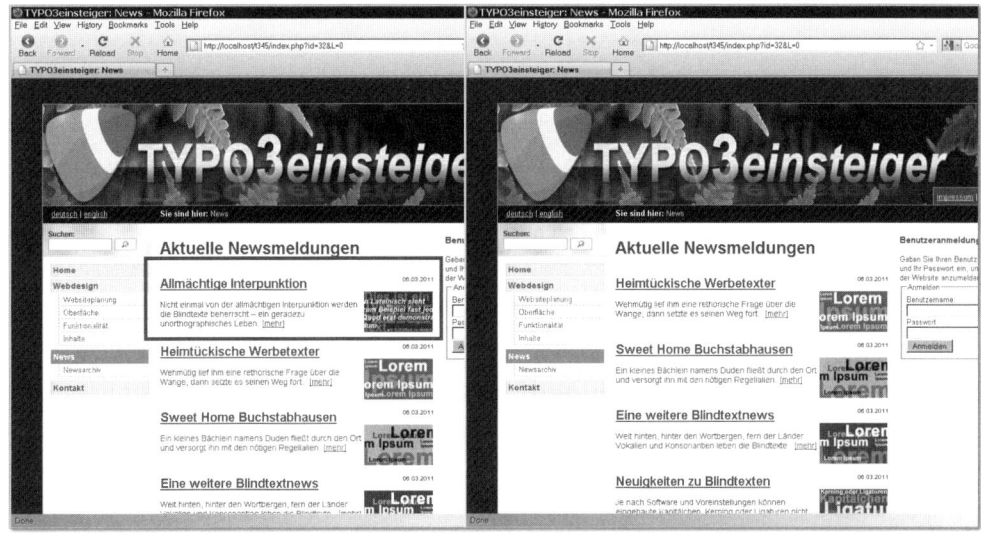

Abbildung 13.24 Die archivierte Meldung verschwindet aus der Liste (rechts).

Pauschales Archivieren über die Template-Einstellungen

Es wäre natürlich unpraktisch, wenn für jede Meldung einzeln ein Archivzeitpunkt festgelegt werden müsste. Praktischer wäre es, einen Zeitraum zu setzen, mit dessen Verstreichen eine Meldung automatisch als veraltet gilt und ins Archiv wandert. Dies ist ebenfalls möglich. Allerdings werden allgemeine Einstellungen wie diese weder in den Newsdaten selbst noch in den Plug-Ins vorgenommen, sondern in den Template-Einstellungen. Wechseln Sie daher in das Modul TEMPLATE, und öffnen Sie den Konstanten-Editor.

Sie sehen, dass das statische Template für *News* dem Konstanten-Editor mehrere neue Kategorien hinzugefügt hat. Primär interessiert uns der Bereich ADVANCED, in dem Sie nach der Konstanten DATETIME DAYS TO ARCHIVE suchen müssen. Setzen Sie sie auf den Wert 7, was bedeutet, dass Newsmeldungen, die älter als eine Woche sind, automatisch archiviert werden (siehe Abbildung 13.25).

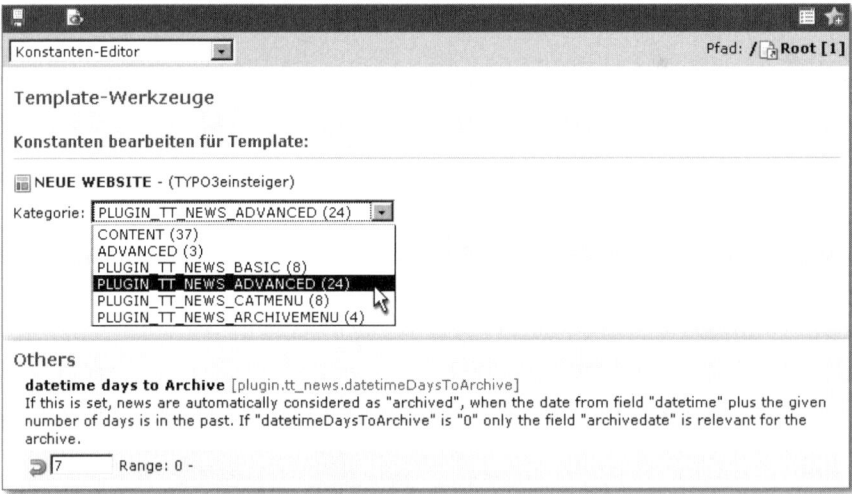

Abbildung 13.25 Setzen des Archivzeitpunkts

Weil der Moment günstig ist, soll gleich noch die Archivseite bekannt gegeben werden. Auf sie wird aus der Ansicht LATEST, die wir auf der Startseite verwendet haben, ein Link zeigen. Wechseln Sie in die Kategorie BASIC, und geben Sie bei ARCHIVE LINK PARAMETER die ID der Seite »Newsarchiv« ein. Im Beispielprojekt ist dies 48 (siehe Abbildung 13.26).

Datieren Sie jetzt eine weitere Newsmeldung, um mindestens eine Woche zurück, ohne ein Archivdatum zu setzen. Auch diese Meldung verschwindet aus der aktuellen Liste. Auf der Seite »Newsarchiv« sind nun beide archivierten Meldungen zu sehen (siehe Abbildung 13.27).

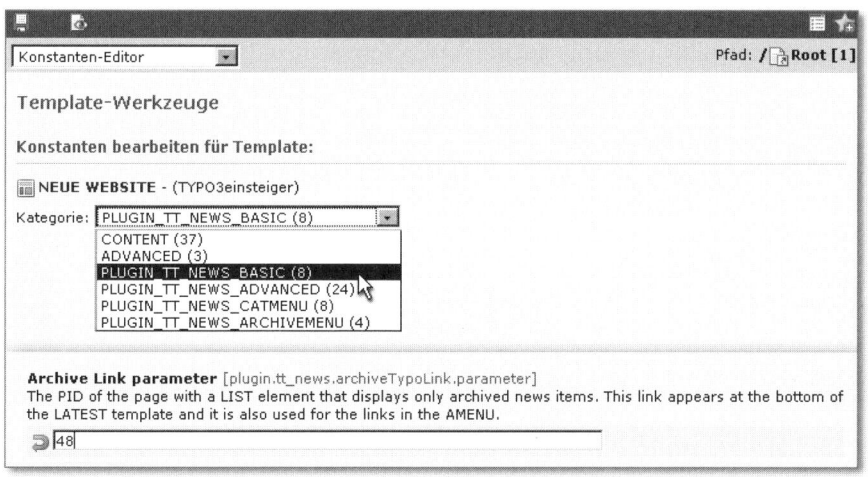

Abbildung 13.26 Festlegen der Archivseite für den Archivlink

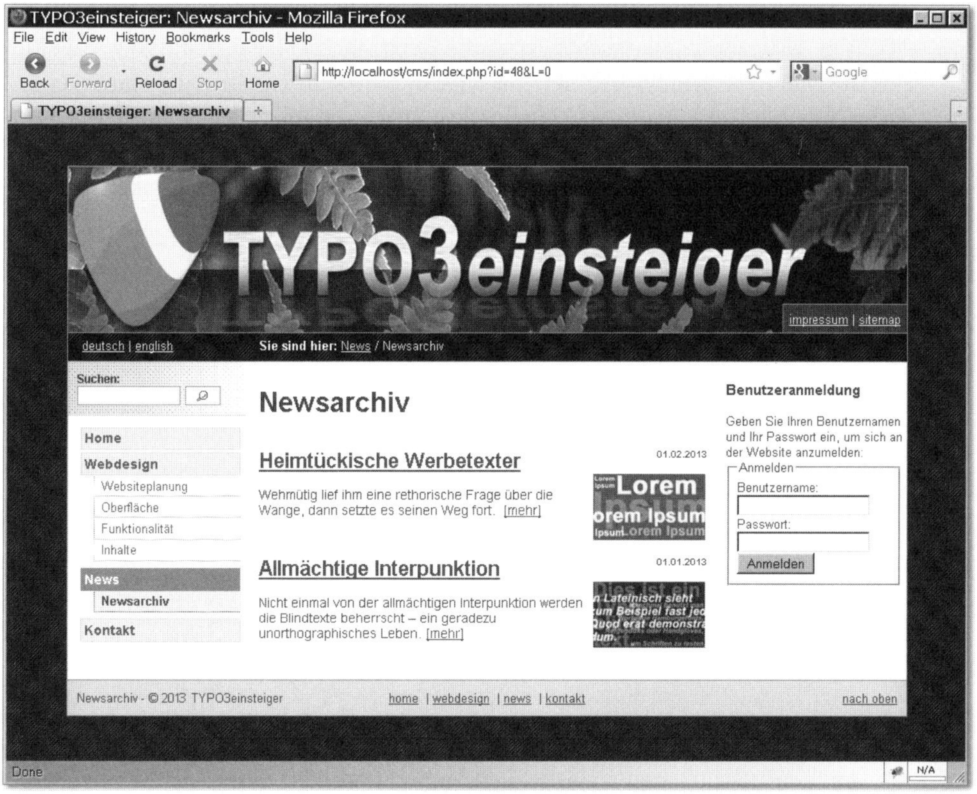

Abbildung 13.27 Die archivierten Meldungen auf der Archivseite

Auch der Archivlink auf der Seite »Home« unter den neuesten Meldungen der rechten Spalte ist nun aktiv und zeigt auf die Seite »Newsarchiv« (siehe Abbildung 13.28).

Abbildung 13.28 Der nun funktionstüchtige Archivlink auf »Home«

13.1.9 Mehrsprachige Newsmeldungen

Da die Projektwebsite seit Kapitel 11, »Die mehrsprachige Website«, auf Deutsch und Englisch vorliegt, ist es wünschenswert, die Zweisprachigkeit auch auf Newsmeldungen auszudehen. Grundvoraussetzung hierfür ist natürlich, dass alle einschlägigen Seiten ein englisches Pendant besitzen und dass auch die News-Plug-Ins, die dafür zuständig sind, die Meldungen in den Seiten auszugeben, jeweils übersetzt wurden. Kontrollieren Sie dies im Modul WEB • INFO in der Übersetzungsübersicht (siehe Abbildung 13.29), und legen Sie gegebenenfalls die Übersetzungen an. Vergessen Sie dabei nicht das Plug-In in der Spalte RECHTS auf der Seite »Home«.

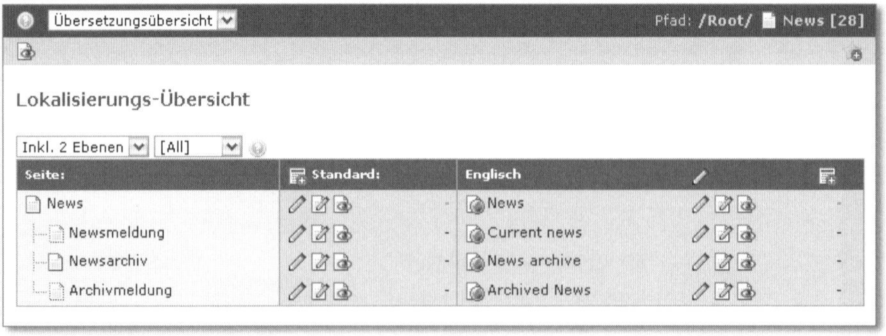

Abbildung 13.29 Newszweig mit angelegten Übersetzungen

Nachdem alle Seiten und Plug-Ins übersetzt sind, könnte man davon ausgehen, dass auf den englischsprachigen Newsseiten keine Inhalte zu sehen sind, da keine der Nachrichten bislang in Englisch vorliegt. Dies ist jedoch nicht der Fall: Die Ansicht gleicht der im deutschen Zweig; es werden dieselben Meldungen ausgegeben (siehe Abbildung 13.30).

13.1 Newsmeldungen mit »tt_news«

Abbildung 13.30 Englische Archivseite mit deutschsprachigen Meldungen

Offensichtlich fehlt noch etwas. An den Einstellungen der Plug-Ins selbst liegt es nicht – hier gibt es keine explizite Filtermöglichkeit nach Sprache. Die Lösung liegt in den Meldungen selbst, denen eine Lokalisierung fehlt. Um dies zu ändern, müssen noch ein paar Voraussetzungen geschaffen werden.

Zunächst muss die alternative Sprache mit einer offiziellen *ISO-Kennung* versehen werden. Eine entsprechende Eingabe ist jedoch nicht von vornherein möglich – der Sprachdatensatz erlaubt, wie Sie sich erinnern, lediglich die Angabe eines Titels und eines Flaggensymbols. Um eine echte Lokalisierung vornehmen zu können, muss zunächst eine Erweiterung installiert werden.

Installation der Erweiterung »static_info_tables«

Grundlage der Installation ist die Erweiterung *static_info_tables* (siehe Abbildung 13.31), die zwar nicht viel mehr als eine Reihe von Datensätzen enthält, deren Vorhandensein jedoch unabdingbar ist, wenn es um Aspekte der Lokalisierung geht. Installieren Sie sie über den Erweiterungs-Manager, indem Sie den Extension Key static_ info_tables in das Suchfeld eingeben. Alternativ finden Sie die Erweiterung in der Version *static_info_tables_2.2.0.t3x* auf der Begleit-DVD.

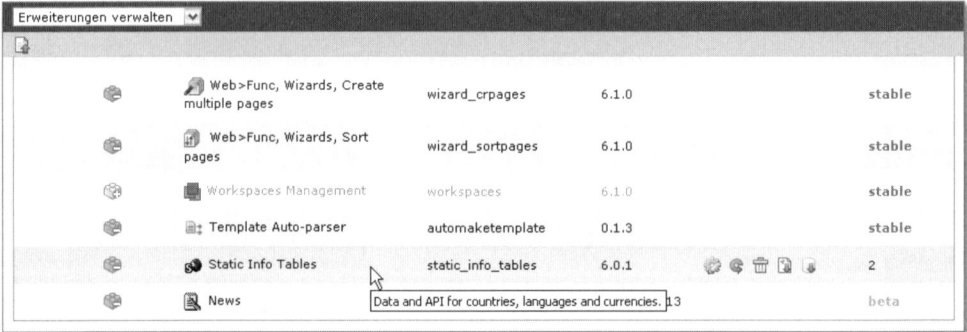

Abbildung 13.31 Die »static_info_tables« nach der Installation

Lokalisierung des Datensatzes der Website-Sprache

Nach erfolgter Installation der Erweiterung gehen Sie in der Ansicht LISTE zum Root-Icon, das auf die Sprachdatensätze verweist. Öffnen Sie den Datensatz für Englisch zum Bearbeiten. Sie sehen, dass es nun eine Einstellungsmöglichkeit für die ISO-KENNUNG gibt (siehe Abbildung 13.32). Wählen Sie in der Liste die Option ENGLISH.

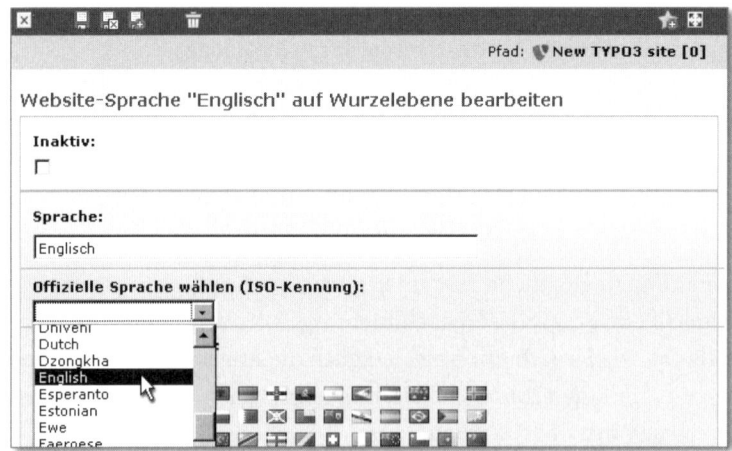

Abbildung 13.32 Wahl der ISO-Kennung für die Website-Sprache

Lokalisation und Übersetzung der Newsmeldungen

Beachten Sie, dass auch der Ordner »Newsdaten« selbst übersetzt sein muss. Prüfen Sie dies in der Ansicht INFO, und holen Sie dies dann nach (siehe Abbildung 13.33).

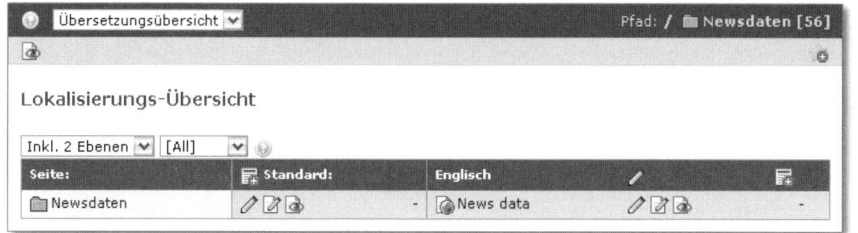

Abbildung 13.33 Der übersetzte Ordner »Newsdaten«

Öffnen Sie nun den Ordner »Newsdaten« in der Ansicht LISTE. Unter der ausgegebenen Liste sehen Sie eine Checkbox LOKALISIERUNGSANSICHT, die Sie anwählen müssen. In der Übersicht erscheint eine Spalte LOKALISIEREN, die englische Flaggensymbole enthält. Über diese lassen sich Übersetzungen der Meldungen erstellen (siehe Abbildung 13.34).

Abbildung 13.34 Die Newsdatenliste in der Lokalisierungsansicht

Die Übersetzung folgt dem gleichen Muster wie die Übersetzung der Seiteneigenschaften oder der Inhalte (siehe Abbildung 13.35). Sobald eine Meldung übersetzt ist, erscheint sie in der Listenansicht in der Spalte LOKALISIERUNG neben der Standardsprache (siehe Abbildung 13.36).

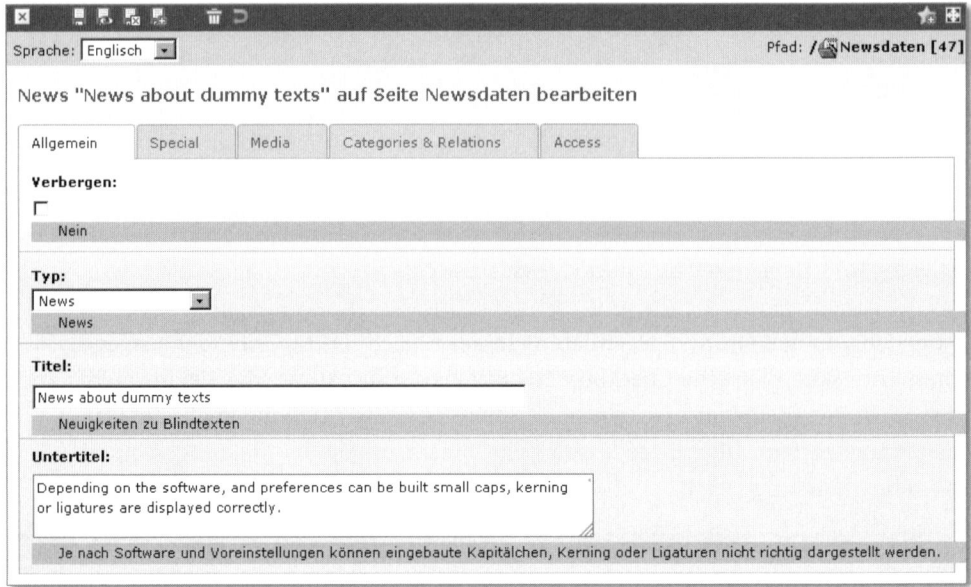

Abbildung 13.35 Übersetzung einer Newsmeldung

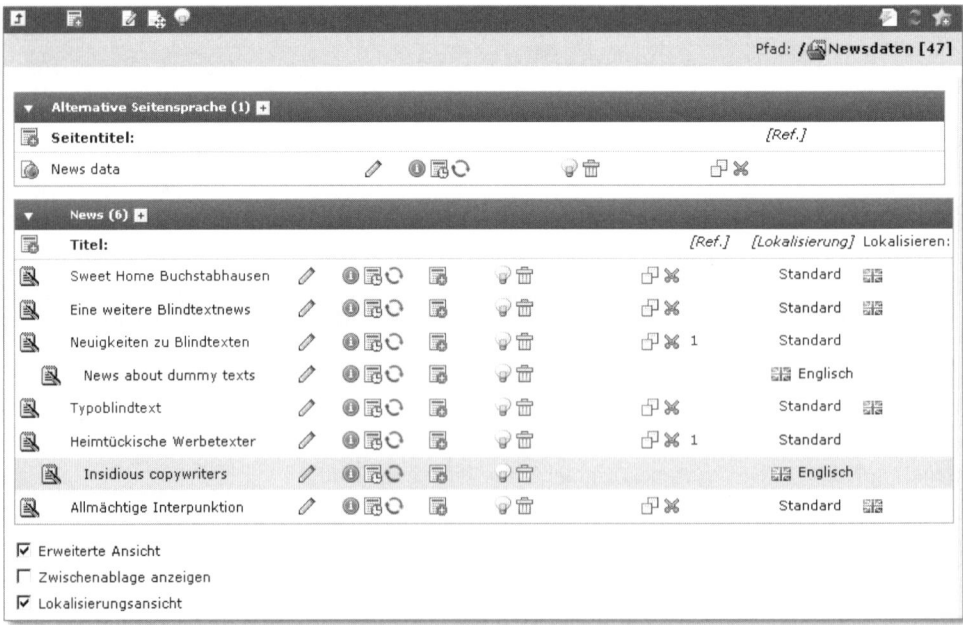

Abbildung 13.36 Listenansicht mit lokalisierten Newsmeldungen

Ein Problem, das nun offenbar wird, ist, dass ein News-Plug-In im englischen Zweig zwar eine englische Übersetzung einer Meldung darstellt, sobald die Wahl besteht. Ist eine Meldung jedoch nicht übersetzt, wird sie kurzerhand in der Standardsprache ausgegeben (siehe Abbildung 13.37). Die Lösung besteht aus einer Zeile TypoScript.

Abbildung 13.37 Fallback in die Standardsprache (untere Meldung)

Den »Strict Language Mode« mit TypoScript erzwingen

Wechseln Sie in das Modul TEMPLATE, und öffnen Sie das Setup des Root-Templates. Hier muss folgende Zeile eingegeben werden:

```
plugin.tt_news.sys_language_mode = strict
```

Dies schaltet die News-Plug-Ins in den strengen Sprachmodus um, in dem nur Meldungen mit korrekter, zum Sprachzweig passender Lokalisierung ausgegeben werden. Ist eine Meldung nicht übersetzt, wird so ihre Ausgabe in der Standardsprache unterdrückt (siehe Abbildung 13.38).

Abbildung 13.38 Nur noch englische Meldungen im »Strict Language Mode«

13.2 Volltextsuche mit »Indexed Search«

In den Entwürfen für das Beispielprojekt ist ein Suchfeld vorgesehen (siehe Abbildung 13.39), das dazu dienen soll, eine Suche in allen Texten der Website zu ermöglichen. Die Suchergebnisse sollen auf einer eigenen Seite »Suche« in Form einer Ergebnisliste ausgegeben werden. Dieselbe Seite erhält auch eine etwas komfortablere Eingabemöglichkeit für Suchanfragen und kann alternativ als Suchfeld für die Formulierung einer Suche eingesetzt werden.

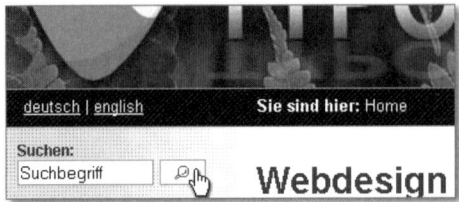

Abbildung 13.39 Das Suchfeld in der Beispielwebsite

Zunächst soll die Seite »Suche« erstellt werden. Platzieren Sie sie im Seitenbaum hinter der Seite »Kontakt« (siehe Abbildung 13.40). Legen Sie auch gleich eine englische Übersetzung unter dem Titel »Search« an.

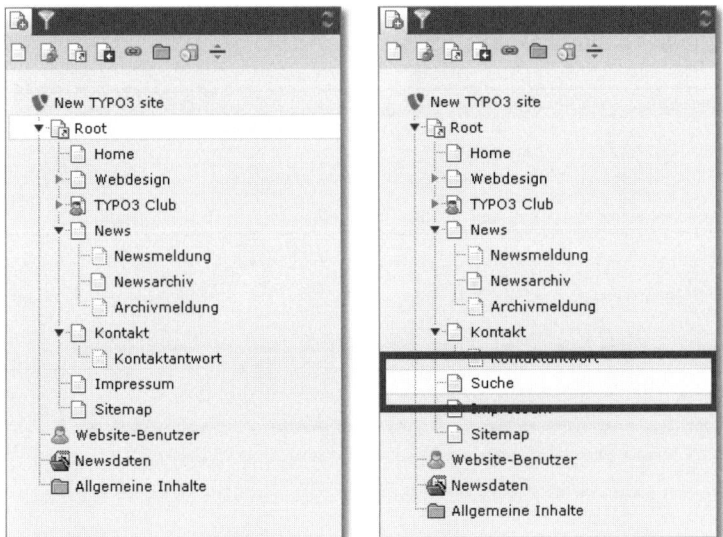

Abbildung 13.40 Ergänzung der Sitestruktur um die Seite »Suche«

13.2.1 Die Erweiterung »Indexed Search«

TYPO3 besitzt zwar auch ohne Installation von Erweiterungen eine Suchfunktion, jedoch betrifft diese nicht die Inhalte, sondern nur die Seitentitel und, sofern vorhanden, in Zusammenhang mit Seitenobjekten abgelegte Schlüsselbegriffe. Eine echte Volltextsuche stellt dies nicht dar. Da eine solche Funktion aber häufig benötigt wird, ist die hierfür erforderliche Erweiterung bereits im System vorhanden. Sie muss allerdings erst aktiviert werden.

Die Dokumentation der Erweiterung importieren

Die Aktivierung setzt allerdings das Vorhandensein der Dokumentation zur Erweiterung voraus, die wiederum nicht mitinstalliert wurde und daher zunächst importiert werden muss. Es handelt sich hierbei ebenfalls um eine Erweiterung. Ihr Extension Key lautet doc_indexed_search. Sie können sie durch Eingabe des Extension Keys aus dem Online-Repository laden und installieren (im Erweiterungs-Manager in der Ansicht ERWEITERUNGEN IMPORTIEREN) oder die Installationsdatei *doc_indexed_search_4.2.1.t3x* von der Begleit-DVD verwenden.

Die Erweiterung »Indexed Search« aktivieren

Die Erweiterung »Indexed Search« aktivieren Sie im Erweiterungs-Manager in der Ansicht ERWEITERUNGEN INSTALLIEREN. Sie finden sie in der Liste in der Rubrik FRONTEND-PLUG-INS. Um sie zu aktivieren, müssen Sie lediglich auf den grauen Legostein klicken (siehe Abbildung 13.41).

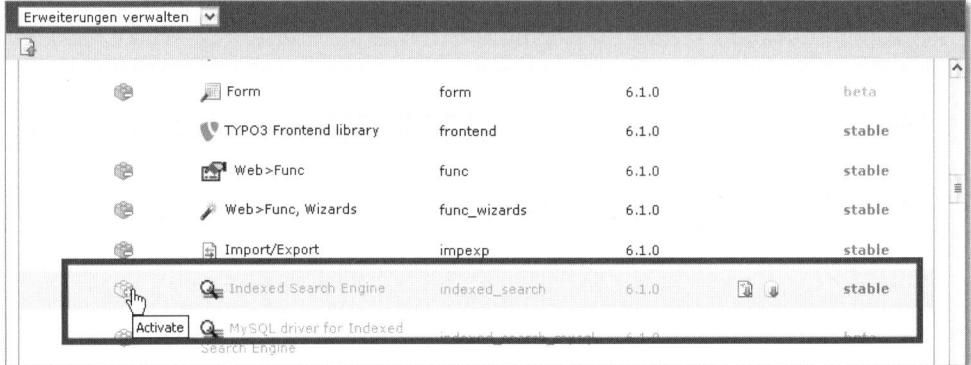

Abbildung 13.41 Aktivieren der Volltextsuchmaschine

13.2.2 Die Ergebnisseite »Suche« konfigurieren

In der soeben angelegten Seite SUCHE fügen Sie ein Inhaltselement vom Typ ERWEITERUNG: INDEXSUCHE ein, indem Sie zuerst ein ALLGEMEINES PLUG-IN auswählen (siehe Abbildung 13.42). Erst nach erfolgreichem Einfügen wird das Plug-In beim Konfigurieren auf die Option INDEXED SEARCH eingestellt.

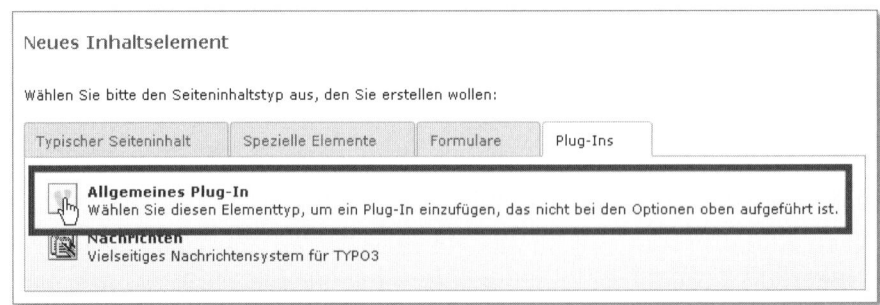

Abbildung 13.42 Inhalt »Allgemeines Plug-In«

Nicht mit dem Inhaltstyp »Suchformular« verwechseln!

Das Inhaltselement SUCHFORMULAR in der Rubrik FORMULARE kann nur für die vorhin erwähnte einfache Suche eingesetzt werden und ist für unsere Zwecke daher nicht brauchbar. Ignorieren Sie es daher einfach.

13.2 Volltextsuche mit »Indexed Search«

Geben Sie als Überschrift des Elements »Suche in TYPO3einsteiger« ein (LAYOUT 2), und wechseln Sie auf den Reiter PLUG-IN. Hier wird jetzt die Art des Plug-Ins eingestellt. Wählen Sie die Option INDEXSUCHE, und speichern Sie die Eingabe ab (siehe Abbildung 13.43). Übersetzen Sie den Inhalt anschließend für den englischsprachigen Zweig.

Abbildung 13.43 Das Plug-In auf »Indexsuche« stellen

Wenn Sie die Seite SUCHE nun im Browser betrachten, werden Sie voraussichtlich feststellen, dass die Suchmaske in englischer Sprache vorliegt, obwohl Deutsch als Systemsprache eingestellt ist (siehe Abbildung 13.44, links). Dies liegt daran, dass die Erweiterung »Indexed Search« erst nach dem Download des deutschen Sprachpakets installiert wurde und ihre Übersetzung folglich seinerzeit nicht importiert wurde.

Korrigieren Sie dies, indem Sie im Modul LANGUAGE in der Liste TRANSLATIONS neben dem Eintrag »Indexed Search« auf NOT CHECKED klicken. Verfahren Sie analog dazu, wie auch schon die Übersetzung von *tt_news* nachgeladen wurde. Die Suchseite wird nun wie gewünscht dargestellt (siehe Abbildung 13.44, rechts).

Die Suchergebnisse sollen in Form einer Liste auf Ergebnisseiten platziert werden; jede Ergebnisseite soll dabei höchstens zehn Fundstellen umfassen. Einleitend sollen die Bereiche genannt werden, aus denen die Fundstellen stammen. Die einzelnen Ergebnisse selbst werden gewichtet. Zusätzlich sollen sie mit dem Titel der Fundseite, dem Erstellungs- und Änderungsdatum, der Dateigröße und dem Pfad im Seitenbaum versehen und bereichsweise gruppiert werden. In einem kurzen Textauszug soll zudem der Suchbegriff hervorgehoben werden. Der Bequemlichkeit halber ist eine Möglichkeit zum Blättern in den Ergebnisseiten vorgesehen. Bei der Gewichtung der Ergebnisse soll nicht nur die Häufigkeit, sondern auch die Fundstelle innerhalb der HTML-Datei berücksichtigt werden. Die folgenden, ihrer Priorität nach geordneten Gewichtungskriterien spielen bei der Bewertung eine Rolle:

- Titel
- Meta-Tags für Keywords

- Meta-Tags für die Beschreibung
- Body-Text

Die Suchfunktionalität setzt folgende Schritte voraus:

- Installation der Erweiterung *Indexed Search Engine*
- Anlegen einer Seite *Suche*
- Einfügen eines Seiteninhalts vom Typ *Erweiterung: Indexsuche*
- Einschalten der Indexierung im Template
- Überprüfung der Indexierung
- Spracheinstellung
- Formatierung der Ausgabe
- Anbindung des Suchformulars in der HTML-Designvorlage

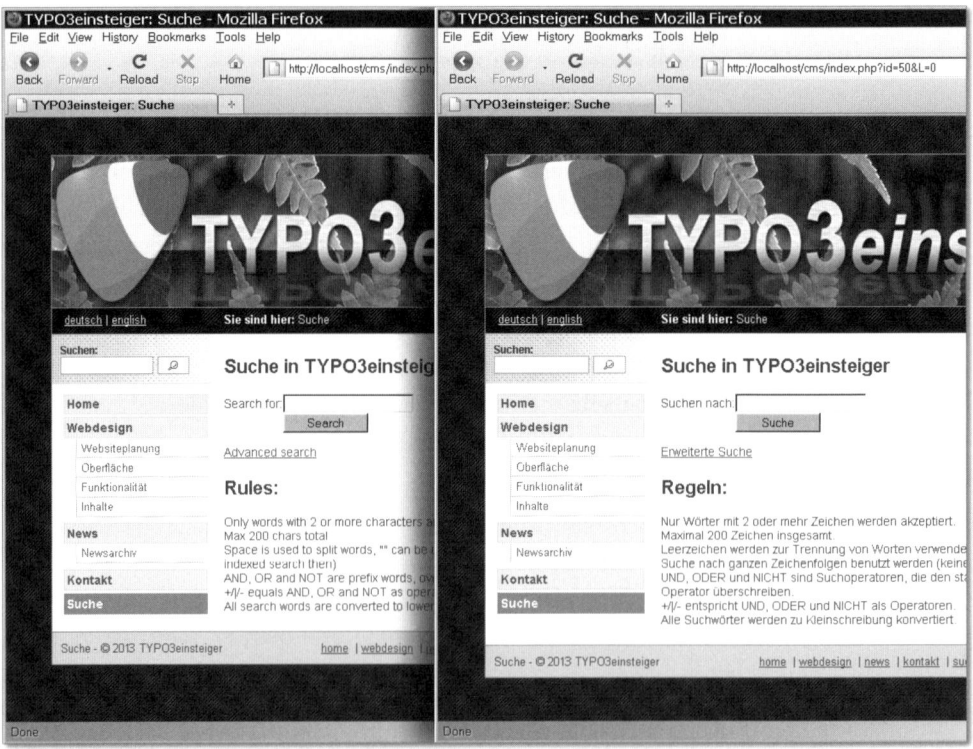

Abbildung 13.44 Die Seite »Suche«, rechts nach dem Import des Sprachmoduls

13.2.3 Die Indexierung im Template einschalten

Wechseln Sie zu WEB • TEMPLATE, und öffnen Sie das Setup des Wurzel-Templates zur Bearbeitung. Um TYPO3 anzuweisen, die Seiten in den Suchindex aufzunehmen, müssen Sie das Grund-Template des Projekts um einen TypoScript-Eintrag erweitern. Hat das PAGE-Objekt Ihres Templates den Namen page, besitzt der Eintrag folgende Gestalt:

```
# Indizieren der Website aktivieren
page.config.index_enable = 1
```

Die Indexierung erfolgt über die Cache-Tabellen von TYPO3. Damit werden nur Seiten gefunden, die bereits einmal im Frontend aufgerufen wurden.

13.2.4 Das Suchformular der HTML-Designvorlage anbinden

Im Beispielprojekt haben wir in der HTML-Designvorlage ein Formular für die Suche vorgesehen. Dieses könnte jetzt in der Vorlage angepasst werden, um die Suche anstoßen zu können. Besser ist es jedoch, das Formular im TypoScript-Setup nachzubauen und durch TYPO3 einfügen zu lassen. Hierbei kann auch gleich die aktuelle Systemsprache berücksichtigt werden.

Der Template Auto-parser hat hier einen Subpartmarker namens ###suchen### eingeführt. Dieser wird folgendermaßen ersetzt:

```
subparts.suchen = HTML
subparts.suchen.value (
<form action ="index.php?id=50&L=0"
 method="POST">
 <label for="suche">Suchen:</label><br/>
 <input type="text" name="tx_indexedsearch[sword]"
  id="suche" size="15"
  title="Suchanfrage eingeben"/>
 <input type="image"
  src="fileadmin/templates/img/suchenlupe.gif" alt="Suchen"
  title="Suchen" /></form>
)
```

Der Wert id=50 ergibt sich aus der Seiten-ID der Suchseite. Dieser Wert kann bei Ihnen also anders lauten. Überprüfen Sie ihn vorher im Seitenbaum. Den Bezeichner tx_indexedsearch[sword] verwendet TYPO3 für den zu übergebenden Parameter, der den Suchbegriff enthält. Er muss daher als Wert des name-Attributs des Eingabefelds verwendet werden.

Um die Sprachumschaltung zu berücksichtigen, wird das Element innerhalb eines Condition-Blocks am Ende des Setups gegebenenfalls überschrieben:

```
[globalVar = GP:L = 1]
page.10.subparts.suchen.value (
<form action ="index.php?id=100&L=1"
```

```
method="POST">
<label for="suche">Search:</label><br/>
<input type="text" name="tx_indexedsearch[sword]"
 id="suche" size="15"
 title="Your search here"/>
<input type="image"
 src="fileadmin/templates/img/suchenlupe.gif" alt="Search"
 title="Search" /></form>
)
[global]
```

> **Vollständiges TypoScript-Setup auf der Begleit-DVD**
>
> Sie finden das komplette Setup als *setup_02.ts* im Ordner *Kapitel_13* auf der Begleit-DVD.

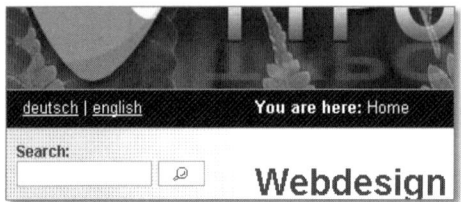

Abbildung 13.45 Das Suchfeld steht jetzt auf Englisch zur Verfügung.

13.2.5 Die Indexierung überprüfen

Um zu prüfen, ob die Indexierung durchgeführt wird, können Sie das Modul ADMIN-WERKZEUGE • INDEXIERUNG von TYPO3 aufrufen. Es bietet einen umfassenden Überblick über den Indexierungsvorgang. Abbildung 13.46 zeigt eine Liste der indexierten TYPO3-Seiten des Beispielprojekts.

Das Modul INFO im Bereich WEB wurde durch die Installation des Erweiterungsmoduls um einen Menüeintrag erweitert, über den Sie für jede Seite den Zustand der Indexierung einsehen können (siehe Abbildung 13.47). Hier werden alle der Seite »Root« untergeordneten Seiten gezeigt. Sie sehen, dass sowohl die deutsche als auch die englische Version der Seiten indiziert wird. Der passwortgeschützte Bereich hingegen wird nicht indiziert sein, sofern Sie sich nicht als Frontend-Benutzer eingeloggt haben, um diese Seiten durchzugehen.

13.2 Volltextsuche mit »Indexed Search«

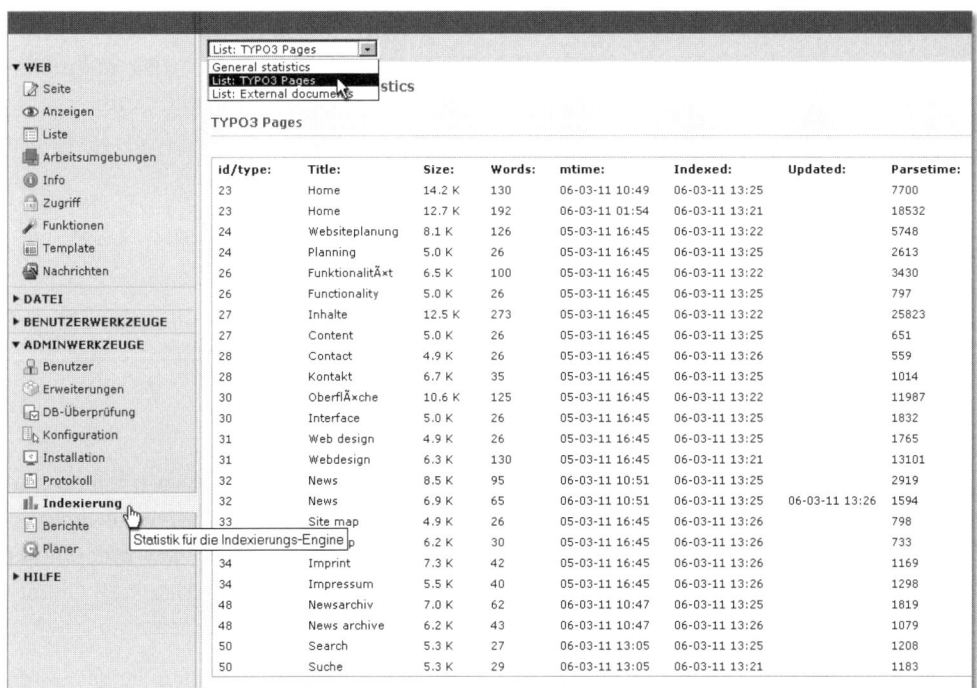

Abbildung 13.46 Das Modul »Indexierung«

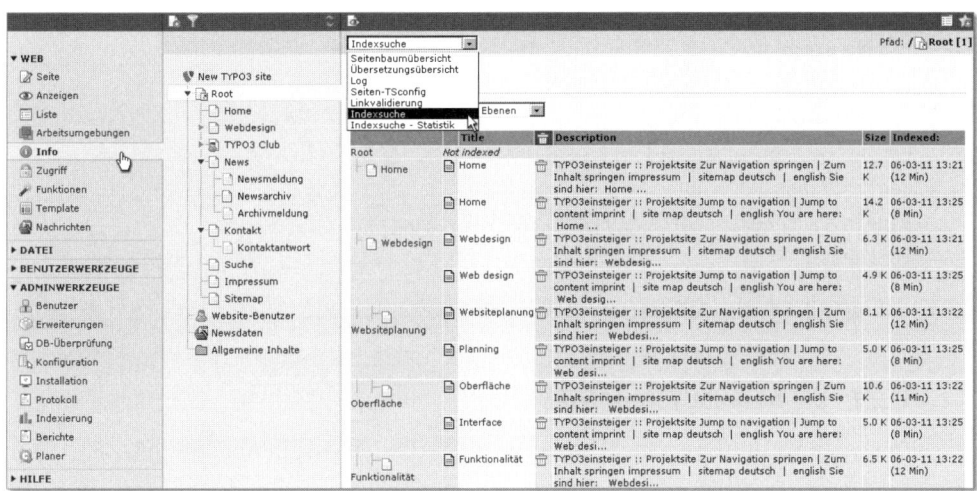

Abbildung 13.47 Indexliste im Modul »Info«

13.2.6 Spracheinstellung

Die Sprachkonfiguration im Beispielprojekt haben wir in Kapitel 11, »Die mehrsprachige Website«, durch folgende Anweisungen im Template vorgenommen:

```
config.linkVars = L
config.sys_language_uid = 0
config.language = de
[globalVar = GP:L = 1]
config.sys_language_uid = 1
config.language = en
[global]
```

Listing 13.1 Spracheinstellungen

Das Suchformular wird mit diesen Einstellungen bei einem Sprachwechsel automatisch in der richtigen Sprache präsentiert. Falls das Erweiterungsmodul nicht in Deutsch verfügbar ist, müssen Sie die Übersetzung noch über den Menüpunkt TRANSLATION HANDLING mit dem Button UPDATE FROM REPOSITORY vom Online-Repository übertragen.

Möchten Sie die Suche auf die aktive Sprache beschränken, erreichen Sie das durch eine Erweiterung des Templates:

```
config.linkVars = L
config.sys_language_uid = 0
config.language = de
plugin.tx_indexedsearch._DEFAULT_PI_VARS.lang = 0
[globalVar = GP:L = 1]
config.sys_language_uid = 1
config.language = en
plugin.tx_indexedsearch._DEFAULT_PI_VARS.lang = 1
[global]
```

Listing 13.2 Erweiterte Spracheinstellungen

13.2.7 Die Ausgabe formatieren

Die Ergebnisseite einer Suche wird jetzt so dargestellt wie in Abbildung 13.48.

Die Ausgabe erfolgt in einer Tabelle. Sie können die Formatierung der Suchergebnisse auch über das Template der Suchseite beeinflussen:

```
plugin.tx_indexedsearch.tableParams {
    secHead =   border=0 cellpadding=0 cellspacing=0 width="300"
    searchBox = border=0 cellpadding=0 cellspacing=0
    searchRes = border=0 cellpadding=0 cellspacing=0 width="300"
```

```
}
plugin.tx_indexedsearch.show.rules = 0
plugin.tx_indexedsearch.search.page_links=10
plugin.tx_indexedsearch._CSS_DEFAULT_STYLE >
```

Listing 13.3 Suchergebnisformatierung

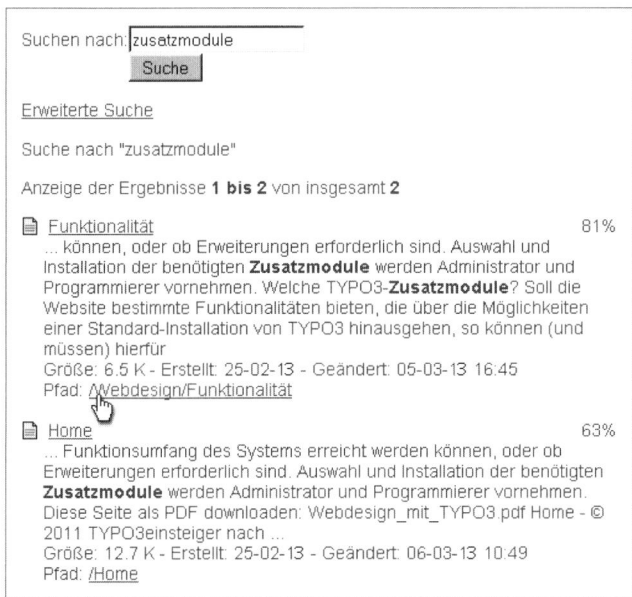

Abbildung 13.48 Die ausgegebene Suchergebnisliste

- Über das Objekt `plugin.tx_indexedsearch` sprechen Sie die Eigenschaften der Erweiterung an.
- Die Eigenschaft `tableParams` fasst die Einstellungen der Tabelle zusammen, die für die Darstellung der Suchresultate verantwortlich ist.
- Mit der `show.rules`-Eigenschaft können Sie die Anzeige der Suchregeln abschalten.
- Die Anzahl der Suchtreffer pro Seite wird über die Eigenschaft `search.page_links` gesetzt.
- Die Eigenschaft `_CSS_DEFAULT_STYLE` enthält die Stylesheet-Klassen für das Erscheinungsbild der Suchseite. Da diese Definition einigen Platz in Anspruch nimmt und im Template alle Stylesheet-Einträge in der gleichen Zeile wie der Name der Eigenschaft stehen müssen, wird die Bearbeitung sehr unübersichtlich. Wir empfehlen daher, den Inhalt von `_CSS_DEFAULT_STYLE` in das Stylesheet der Site zu kopieren und den Inhalt von `_CSS_DEFAULT_STYLE` zu löschen. Dies haben wir im obigen Skript (siehe Listing 13.3) mit dem >-Operator getan.

Die Definition der Stylesheet-Klassen kann z.B. so aussehen:

.tx-indexedsearch .tx-indexedsearch-res .tx-indexedsearch-descr P {color: #
333333; font-size:11px; font-family:Verdana; }
.tx-indexedsearch .tx-indexedsearch-res .tx-indexedsearch-descr P .tx-
indexedsearch-redMarkup { color:red; }

- Der erste Block definiert die Klasse für den Beschreibungstext einer gefundenen Seite.
- Der zweite Block definiert eine Unterklasse für den gefundenen Suchbegriff. In diesem Beispiel wird er per CSS-Anweisung rot hervorgehoben.

13.2.8 Externe Dateien indexieren

Die Volltextsuche kann sich nicht nur auf die Inhalte der Seiten in den TYPO3- Cache-Tabellen erstrecken, sondern auf Wunsch können auch Text-, HTML-, Word- und PDF-Dateien miteinbezogen werden. Die folgende Anweisung schaltet die Indexierung für externe Dateien ein:

seite.config.index_externals = 1

Um Word-, Excel-, PowerPoint- und PDF-Dateien erfolgreich zu indexieren, benötigt TYPO3 die Unterstützung von Hilfsapplikationen. Die Erweiterung benutzt die Anwendungen *pdftotext* und *pdfinfo*, um die Texte aus PDF-Dateien zu verarbeiten.[1] Die Anwendungen *catdoc*, *xlhtml* und *ppthtml* werden für Word-, Excel- und PowerPoint-Dateien benötigt.

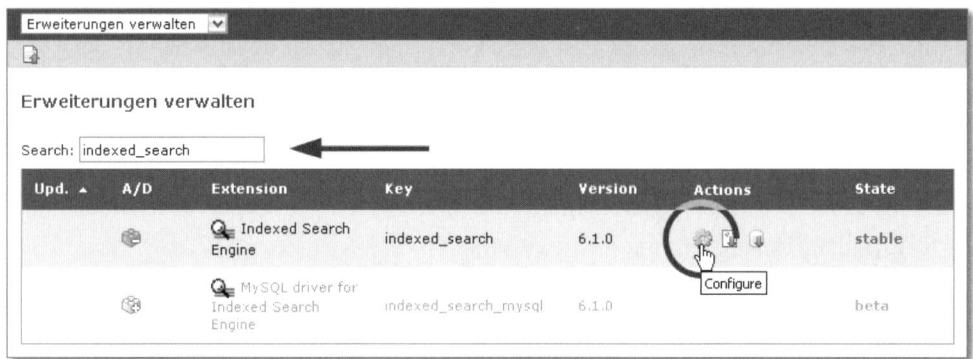

Abbildung 13.49 Aufruf der Konfiguration über den Erweiterungsmanager

Damit diese externen Anwendungen gefunden werden, müssen in der Konfiguration der Erweiterung jeweils die richtigen Pfade zu den Programmen eingetragen

---

[1] Für Windows als »xpdf« erhältlich unter *http://www.foolabs.com/xpdf/*.

sein. Dies geschieht im Erweiterungs-Manager in der Konfigurationsseite zur Erweiterung »Indexed Search« (siehe Abbildung 13.49). Um in diese Ansicht zu gelangen, klicken Sie in der Liste ERWEITERUNGEN VERWALTEN auf das Symbol CONFIGURE (Spalte ACTIONS).

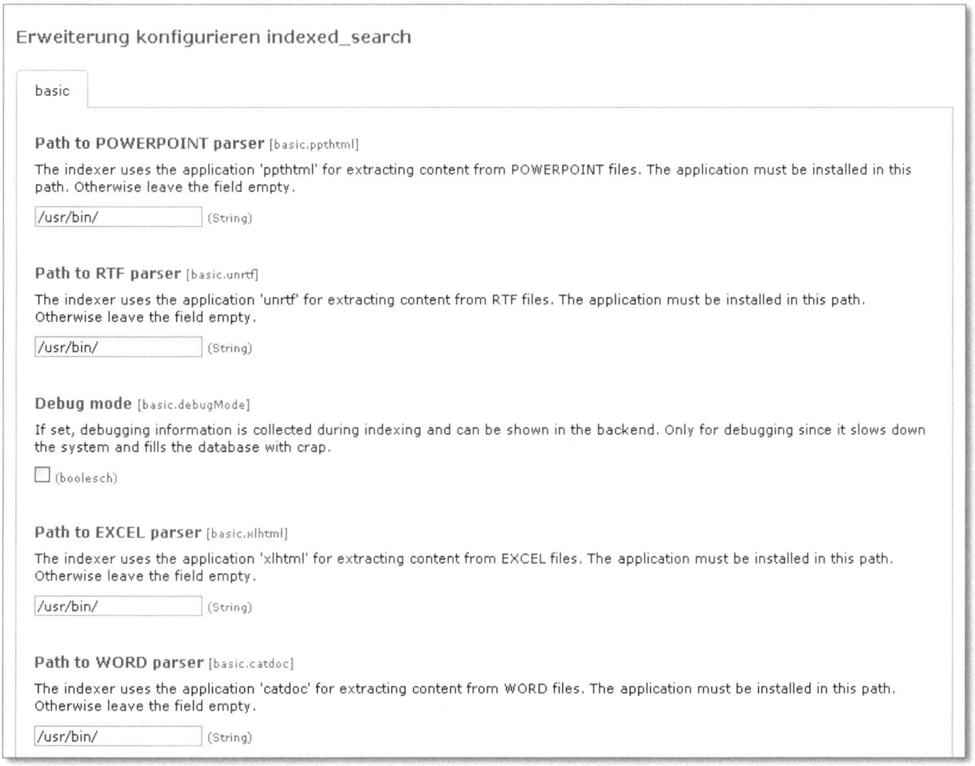

Abbildung 13.50 Konfiguration der Indexierung externer Dateien

13.3 Zusammenfassung und Ausblick

In diesem Kapitel haben Sie zwei der wichtigsten Erweiterungen kennengelernt, nämlich die Newserweiterung und die indizierte Suche.

Im folgenden Kapitel 14, »Rechtevergabe im Backend«, geht es um die Verwaltungsaspekte von TYPO3. Es sollen hier Nutzerrechte für das Backend vergeben sowie Nutzergruppen und Nutzer mit unterschiedlichen Berechtigungen für die ihnen zugedachten Aufgaben ausgestattet werden.

Kapitel 14
Rechtevergabe im Backend

Angenehm wird die Arbeit mit einer TYPO3-Site erst, sobald anstehende Aufgaben auf mehrere Mitarbeiter verteilt werden können, die entsprechend Zugang zum Backend erhalten müssen. Damit infolgedessen kein Chaos ausbricht, wird der Administrator diese Nutzer vorsichtshalber nur mit eingeschränkten Rechten versehen.

Bei einer neu erstellten TYPO3-Website ist zunächst nur ein einziger Nutzer vorhanden, nämlich der Administrator. Dieser hat auch im Vorfeld die Erstellung der Seitenstruktur und das Einpflegen erster Inhalte übernommen. Eventuelle weitere Backend-Benutzer, an die Aufgaben delegiert werden können, müssen durch den Administrator angelegt werden. Anstatt hierfür eine Reihe neuer Einzelnutzer zu erzeugen, ist es sinnvoller, zunächst *Benutzergruppen* zu definieren, da dies die anschließende Rechtevergabe übersichtlicher macht.

14.1 Benutzergruppen für das Beispielprojekt

Nutzer und Benutzergruppen sind datentechnisch der Wurzel der Website zugeordnet. Man legt sie am einfachsten ausgehend vom Modul LISTE an (siehe Abbildung 14.1). Wir gehen hier davon aus, dass drei Gruppen benötigt werden, die wir als *Chefredakteure*, *Redakteure* und *Newsredakteure* bezeichnen.

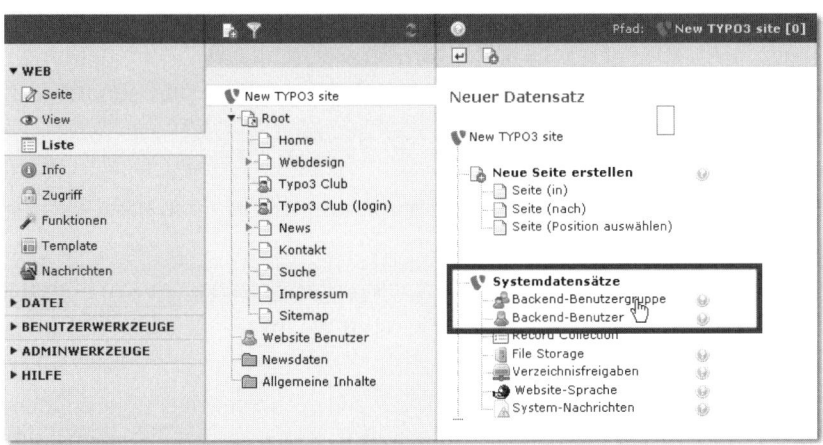

Abbildung 14.1 Anlegen einer Backend-Benutzergruppe

Innerhalb dieser Gruppen sollen die Chefredakteure Zugriff auf die gesamte Website erhalten und mit den umfassendsten Rechten ausgestattet sein. Die beiden anderen Gruppen sollen hingegen jeweils nur einen Teil der Site bearbeiten können (siehe Abbildung 14.2). Legen Sie zunächst diese Gruppen an (beachten Sie dabei, dass jede Gruppe eine eigene ID besitzt). Auf dieser Basis werden später Einzelnutzer mit den Gruppenrechten erzeugt.

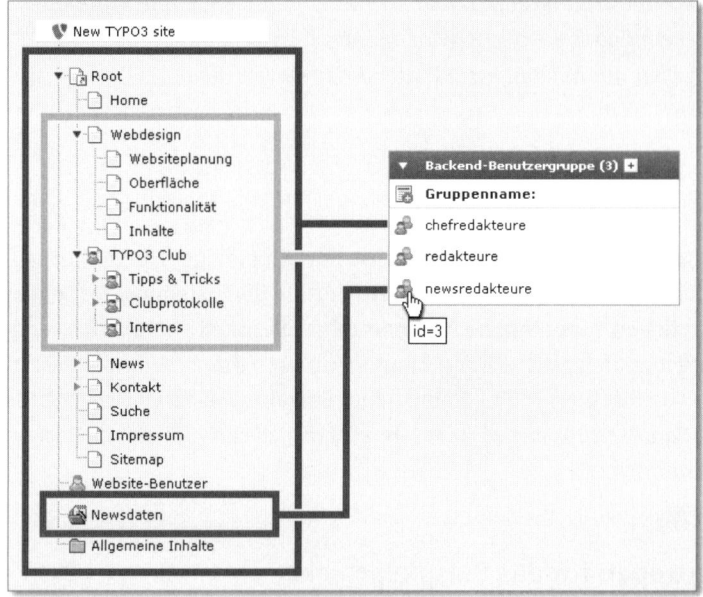

Abbildung 14.2 Schema der Zuständigkeitsbereiche im Seitenbaum

Betrachten wir kurz die Eingabemaske zur Erstellung von Benutzergruppen. In der Reihenfolge ihres Erscheinens haben die Felder die folgende Bedeutung:

▶ INAKTIV
Sie können hier eine Benutzergruppe (vorübergehend) deaktivieren. Achtung – dies deaktiviert nicht die Einzelnutzer, die Mitglied der Gruppe sind, sondern entzieht diesen lediglich die Gruppenrechte.

▶ GRUPPENNAME
Dies ist ein Pflichtfeld. Sie müssen hier einer Benutzergruppe einen Namen geben.

▶ BESCHREIBUNG
Dieses Feld ist optional. Sie können hier eine Beschreibung der Gruppe hinterlegen und beispielsweise ihren Aufgabenbereich umreißen.

▶ UNTERGRUPPEN
Weitere Benutzergruppen können als Untergruppen der aktuellen Gruppe definiert werden. Deren Mitglieder sind damit automatisch auch Mitglieder der neuen Benutz-

ergruppe. Die Einstellungen der Untergruppe addieren sich zu denen der aktuellen Gruppe. Klicken Sie die gewünschte Untergruppe im rechten Auswahlfeld an.

14.1.1 Erstellung von Verzeichnisfreigaben

Legen Sie in diesem Zusammenhang auch im *Fileadmin* drei Ordner namens *chefs*, *news* und *redakteure* an, die den Gruppen als Datenablage dienen werden (siehe Abbildung 14.3).

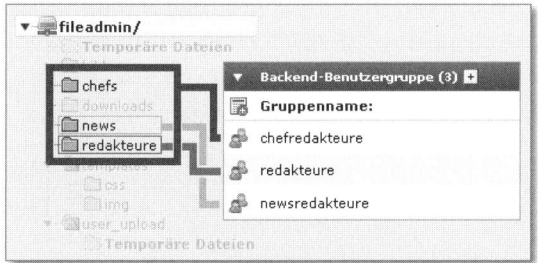

Abbildung 14.3 Dateiablageordner im Fileadmin-Bereich

Damit die eben erstellten Ordner den Gruppen zugewiesen werden können, müssen sie datentechnisch im Rahmen sogenannter *Verzeichnisfreigaben* eingebunden werden. Diese werden ebenfalls über das Modul LISTE im Root-Icon erzeugt (siehe Abbildung 14.4). Erstellen Sie jeweils eine Verzeichnisfreigabe für jeden Ordner.

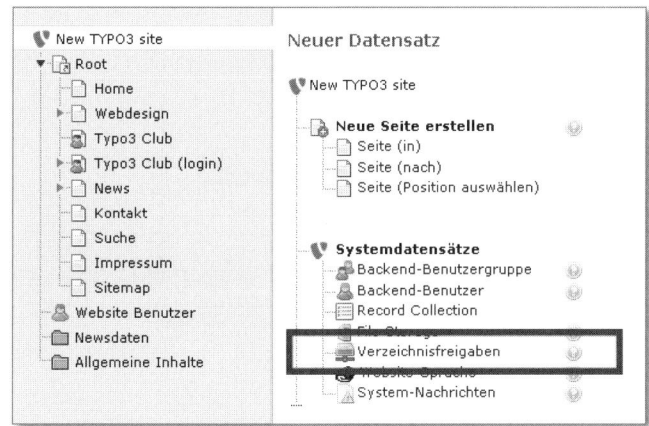

Abbildung 14.4 Anlegen einer Verzeichnisfreigabe

Als BEZEICHNUNG der Freigabe verwenden Sie der Einfachheit halber den Gruppennamen. Als STORAGE wird hier *fileadmin* angeboten. Es sieht so aus, als könne man mit mehreren sogenannten *File Storages* arbeiten. Für unsere Zwecke reicht *fileadmin*. Um nun den richtigen Ordner auswählen zu können, müssen Sie die *Verzeich-*

nisfreigabe zunächst einmal speichern. Erst dann werden Ihnen die angelegten Ordner in *fileadmin* angeboten. Wählen Sie unter FOLDER den Ordner /*redakteure*/ aus (siehe Abbildung 14.5). Damit ist der Verzeichnisfreigabe ein bestimmter Ordner zugewiesen. Speichern Sie erneut mit DOKUMENT SPEICHERN ab.

> **Wichtiger Hinweis**
> Zu dem Zeitpunkt, als dieses Buch aktualisiert wurde, hat sich herausgestellt, dass mit dem Symbol DOKUMENT SPEICHERN UND SCHLIESSEN die Auswahl des Ordners nicht gespeichert wurde. Das hatte fatale Fehler beim Testen der Benutzer zur Folge. Hier liegt noch ein Bug seitens TYPO3 vor, der bekannt ist und hoffentlich bald behoben sein wird. Speichern Sie also mit DOKUMENT SPEICHERN, und schließen Sie das Formular mit DOKUMENT SCHLIESSEN. Überprüfen Sie die Verzeichnisfreigabe, indem Sie sie erneut bearbeiten. Wenn der eben ausgewählte Ordner im Auswahlfeld FOLDER angezeigt wird, ist die Einstellung korrekt gespeichert.

Abbildung 14.5 So setzen Sie die Pfadbasis einer Verzeichnisfreigabe.

14.2 Festlegung der Gruppenrechte

Nun sollen die Rechte der Gruppen festgelegt werden. Wechseln Sie nach WEB • LISTE, und klicken Sie auf das Icon einer Gruppe, um sie zu bearbeiten (wir beginnen mit den Redakteuren, siehe Abbildung 14.6). Die Eingabemaske ist wie üblich in mehrere Bereiche (*Reiter*) unterteilt, von denen für uns derzeit nur ZUGRIFFSRECHTE und

Freigaben und Arbeitsumgebungen von Interesse sind. Die anderen Bereiche lassen Sie einstweilen außer Acht.

Abbildung 14.6 Öffnen des Datensatzes »redakteure« zur Bearbeitung

14.2.1 Einstellungen für die Gruppe »Redakteure«

Die Zugriffsrechte betreffen die Konfiguration der Backend-Oberfläche und die einsetzbaren Module (siehe Abbildung 14.7). Wählen Sie, um Einstellungen vorzunehmen, dabei zunächst die Option Zugriffslisten mit einschliessen an.

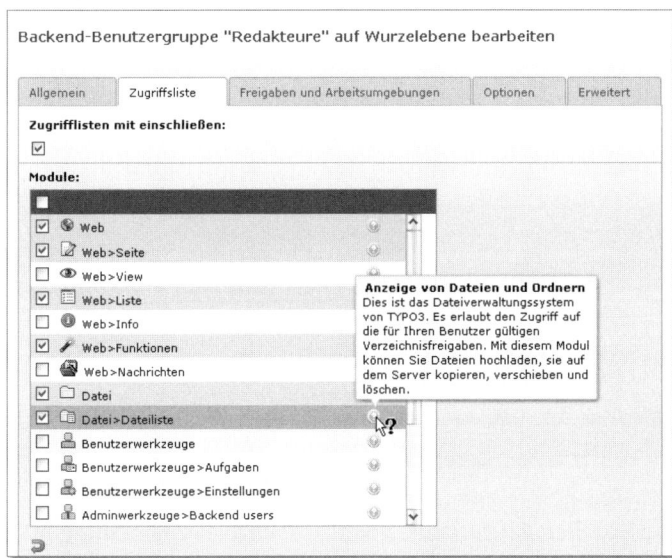

Abbildung 14.7 Zuweisen der BE-Module an Benutzergruppe »Redakteure«

Der Bereich »Zugriffsliste«

Die ersten fünf Bereiche sind »Positivlisten«, d.h., die hier gewählten Funktionen stehen der Gruppe anschließend zur Verfügung.

In MODULE bestimmen Sie die Zusammensetzung der Hauptmenüleiste. (Beachten Sie, dass Sie stets das Hauptmodul einschließen müssen, wenn Sie ein Untermodul freigeben möchten!) Die beiden Felder TABELLEN (ANZEIGEN) und TABELLEN (ÄNDERN) geben lesenden oder schreibenden Zugriff auf die jeweiligen Datenbanktabellen (siehe Abbildung 14.8).

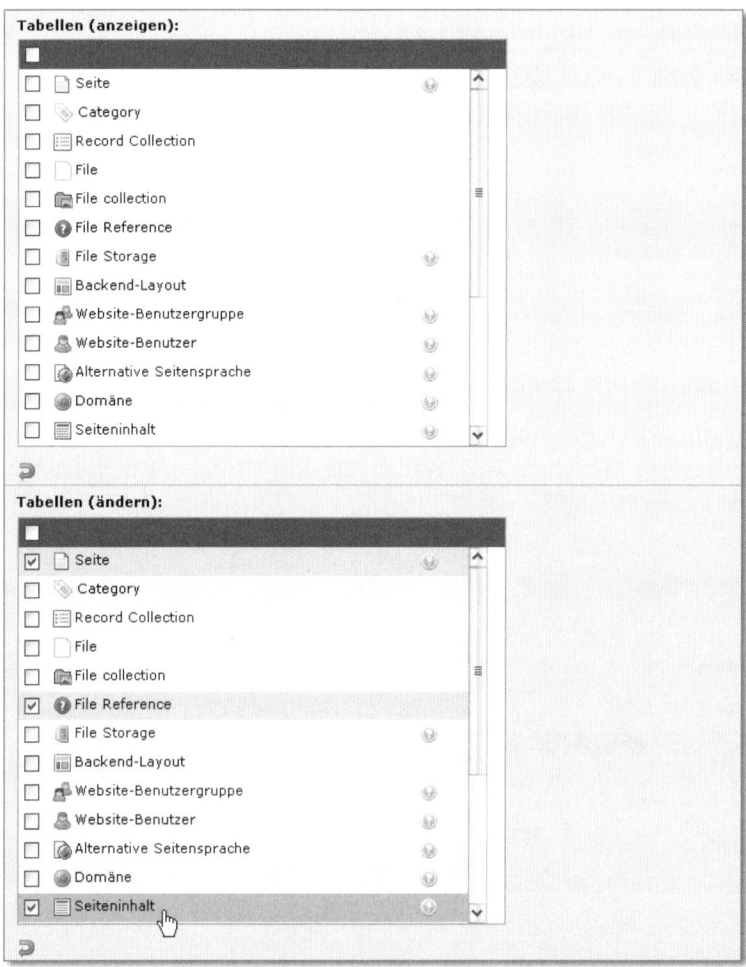

Abbildung 14.8 Setzen der Rechte an den Datenbanktabellen (Redakteure)

SEITENTYPEN erlaubt das Erstellen der gewählten Seitentypen (siehe Abbildung 14.9), und ERLAUBTE AUSSCHLUSSFELDER bestimmt die Zusammensetzung der Eingabemasken (abgesehen von stets vorhandenen Pflichtfeldern; siehe Abbildung 14.10).

14.2 Festlegung der Gruppenrechte

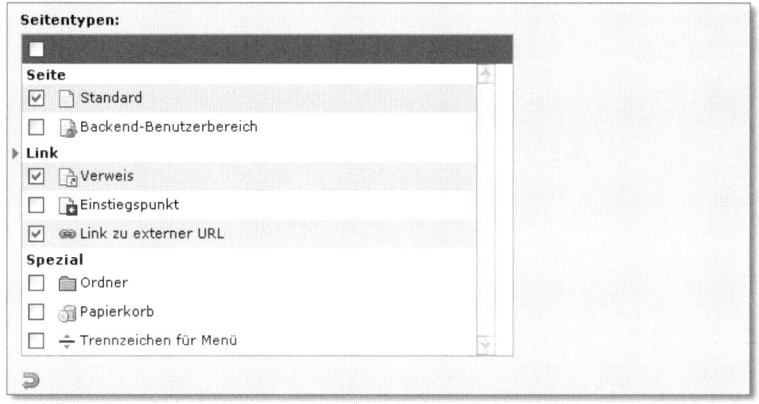

Abbildung 14.9 Setzen der Erlaubnis für bestimmte Seitentypen (Redakteure)

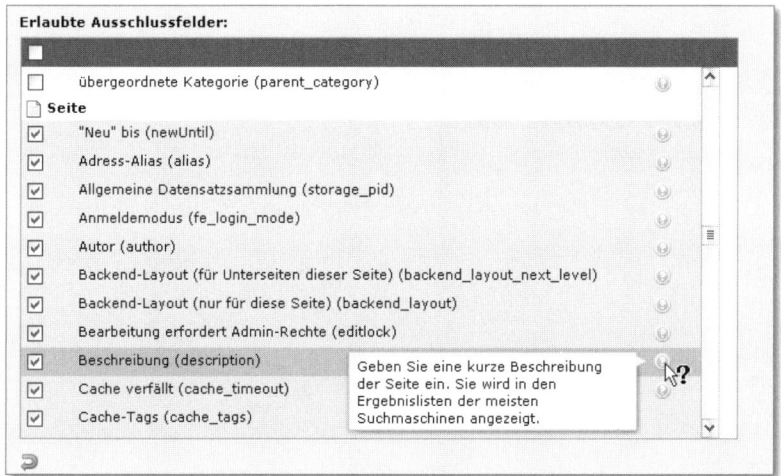

Abbildung 14.10 Erlaubte Ausschlussfelder für Redakteure (Ausschnitt)

Geben Sie den Redakteuren die Module WEB, WEB • SEITE, WEB • LISTE, WEB • FUNKTIONEN sowie DATEI und DATEI • DATEILISTE. Erlauben Sie schreibenden Zugriff auf die Tabellen SEITE, FILE REFERENCE und SEITENINHALT, und gestatten Sie die Seitentypen STANDARD, VERWEIS und LINK ZU EXTERNER URL. Geben Sie bei den erlaubten Ausschlussfeldern der Einfachheit halber alle Felder mit dem Präfix »Seite:« und »Seiteninhalt:« frei.

Eine »Negativliste« stellt der Block FELDWERTE EXPLIZIT ERLAUBEN/VERBIETEN dar (siehe Abbildung 14.11). Hier können Sie der Gruppe die Erlaubnis zum Anlegen bestimmter Inhaltstypen explizit entziehen. Redakteure sollen die Inhalte FORMULAR, SUCHEN, ANMELDUNG, MENÜ/SITEMAP, PLUG-IN EINFÜGEN, SKRIPT, TRENNER, HTML sowie das Plug-In NEWS nicht einsetzen. Wählen Sie diese also für die Verbotsliste aus.

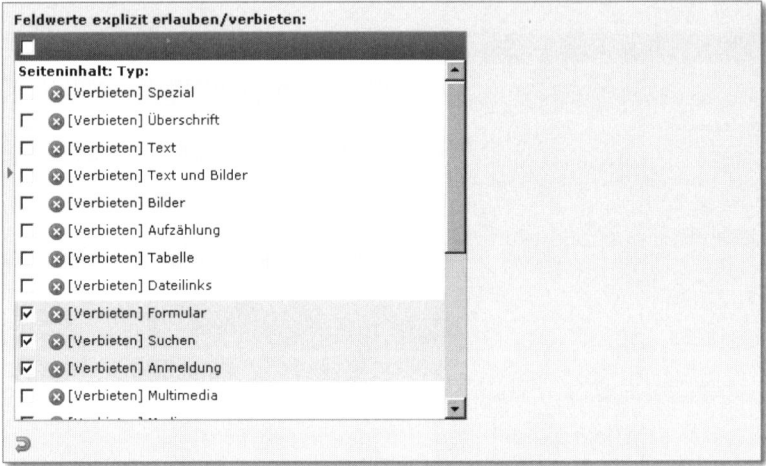

Abbildung 14.11 Explizites Verbieten von Inhaltstypen für Redakteure

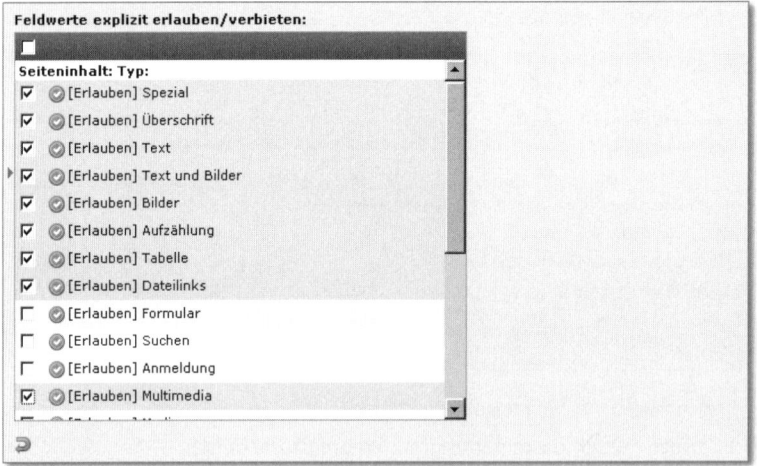

Abbildung 14.12 Explizites Erlauben von Inhaltstypen für Redakteure

Negativliste oder Positivliste für Inhaltstypen?

Als Anmerkung sei gestattet, dass die Möglichkeit besteht, aus der »Negativliste« für Inhaltstypen ebenfalls eine »Positivliste« zu machen (siehe Abbildung 14.12). Dies erfordert jedoch das Ändern einer Variablen im Install Tool. Die Variable [BE][explicitADmode] (Sie finden sie in ALL CONFIGURATION) steht per Default auf dem Wert explicitDeny. Wenn Sie ihr den Wert explicitAllow geben, wandeln Sie die Negativliste für Inhaltstypen in eine Positivliste um. Achtung – für diesen Bereich bereits getroffene Einstellungen gehen dabei verloren! Sie müssen anschließend allen Nutzergruppen jeden Inhaltstyp explizit gestatten.

Einen Vorteil mag man darin sehen, dass eventuell neu hinzukommende Inhaltstypen (z.B. durch die Installation von Erweiterungen) explizit *gestattet* werden müssten. Bei der Default-Einstellung müsste man sich daran erinnern, sie zu verbieten, da sie sonst ungewollt zur Verfügung stehen könnten. Die folgenden Ausführungen beruhen darauf, dass die Default-Einstellungen fortbestehen, was Sie berücksichtigen müssen, falls Sie diese Änderung in Betracht ziehen.

Der Bereich »Freigaben und Arbeitsumgebungen«

In FREIGABEN UND ARBEITSUMGEBUNGEN (siehe Abbildung 14.13) wird der Bereich des Seitenbaums bestimmt, der bearbeitet werden darf, und es werden Bereiche im Fileadmin genannt, in denen Daten abgelegt werden können. Wählen Sie über den Elementbrowser im Feld DATENBANKFREIGABEN für die Redakteure die Seiten »Webdesign« und »TYPO3 Club« als Einstiegspunkte (*Mountpoints*[1]) in den Seitenbaum. Dies erlaubt die Bearbeitung dieser Seiten und ihrer Unterseiten sowie das Anlegen weiterer Seiten in diesem Zweig.

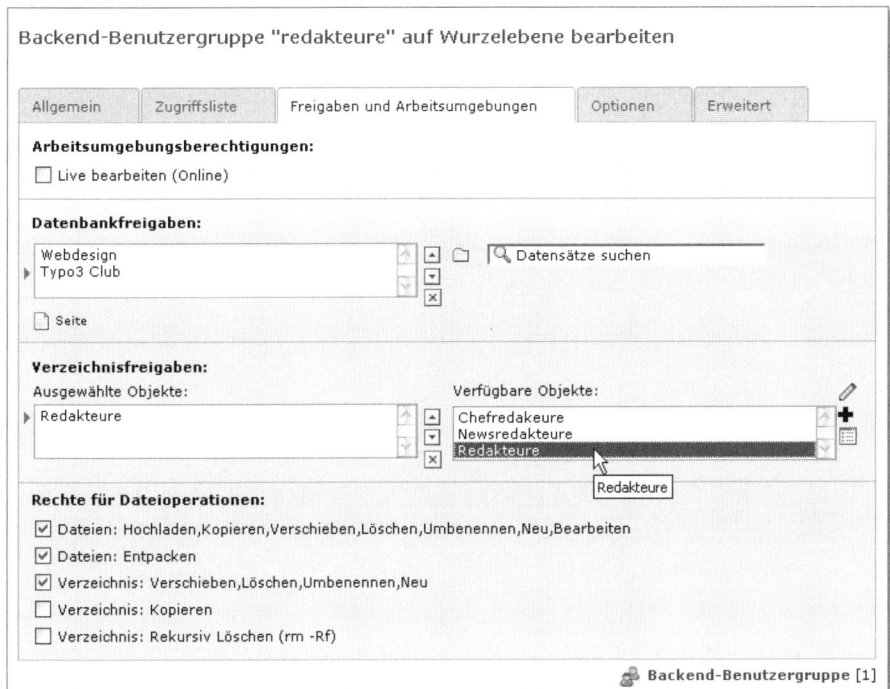

Abbildung 14.13 Freigaben und Arbeitsumgebungen für Redakteure

---

[1] Der Einstiegspunkts in eine hierarchische Struktur wird als *Mountpoint* bezeichnet. Hiermit wird also ein Punkt in der Datenbankhierarchie bezeichnet, der Zugriff auf die ihm logisch untergeordneten Datenbereiche erlaubt.

Im rechten Feld des Bereichs VERZEICHNISFREIGABEN sehen Sie alle erstellten Freigaben zur Auswahl. Wählen Sie »Redakteure«, und speichern Sie den Eintrag so ins linke Feld. Hiermit gestatten Sie den Zugriff auf den entsprechenden Ordner im Fileadmin. (Welche Operationen Sie dort gestatten, können Sie über die Checkboxliste im darunterliegenden Bereich festlegen.) Speichern Sie nun die Gruppeneinstellungen. Analog gehen Sie für die Chefredakteure und die Newsredakteure vor.

14.2.2 Die Einstellungen der anderen beiden Gruppen

Die Chefredakteure erhalten pauschal alle Zugriffsrechte (wählen Sie einfach alles aus; natürlich könnte man auch differenzierter vorgehen ...), und es wird Ihnen kein Ausschluss von Inhaltstypen zugewiesen. Um alle Einträge einer Gruppe auf einmal zu selektieren, können Sie die Mastercheckbox am oberen Rand der jeweiligen Auswahlliste anwählen (siehe Abbildung 14.14). Verbieten Sie dabei aber nicht aus Versehen alle Inhaltstypen.

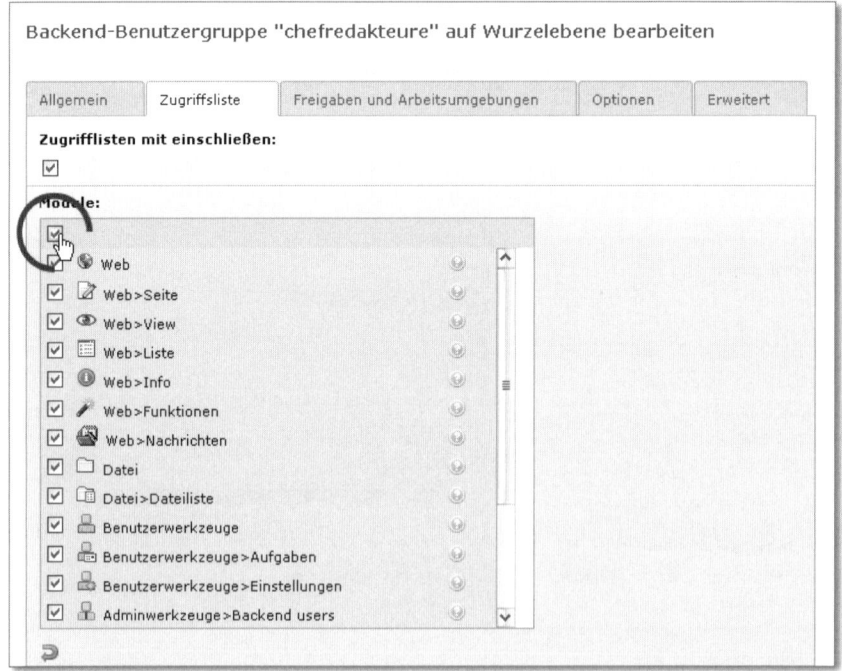

Abbildung 14.14 Pauschales Auswählen aller Module (Chefredakteure)

Als DATENBANKFREIGABE in den Seitenbaum wählen Sie die Seite »Root«. Erlauben Sie außerdem Zugriff auf den Sysfolder »Newsdaten«, in dem die Newsmeldungen abgelegt werden, und auf den Ordner für die Website-Benutzer. Weisen Sie den Chefs alle bestehenden Verzeichnisfreigaben zu (siehe Abbildung 14.15). Speichern Sie dann die Einstellungen. Fertig.

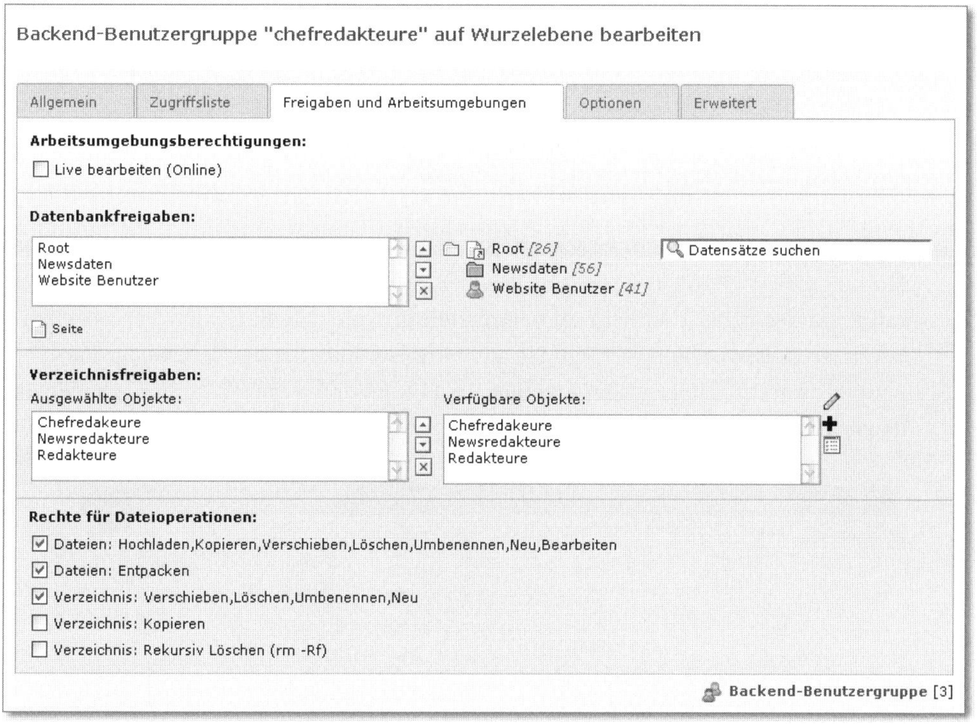

Abbildung 14.15 Freigaben und Arbeitsumgebungen für Chefredakteure

Die Newsredakteure brauchen die Module WEB, WEB • LISTE, WEB • NACHRICHTEN, DATEI sowie DATEI • DATEILISTE und außerdem schreibenden Zugriff auf die Tabellen NEWS und NEWSKATEGORIEN. Der Ausschluss von Inhalten ist für diese Redakteure irrelevant, da sie ohnehin lediglich News eingeben sollen. (Sie könnten dieser Gruppe daher auch die Erstellung aller Inhaltstypen untersagen.) Weisen Sie ihnen in den erlaubten Ausschlussfeldern pauschal alle Einträge mit dem Präfix »News:« zu. Einziger Mountpoint ist der SysFolder »Newsdaten«. Abschließend weisen Sie den Newsredakteuren noch »ihren« Ordner im Fileadmin zu. Speichern Sie dann die Einstellungen.

14.3 Anlegen der Einzelnutzer

Erzeugen Sie nun drei exemplarische Einzelnutzer, und weisen Sie jedem eine der administrativen Gruppen zu. (Wir verwenden in unserem Beispiel »carlo«, den Chefredakteur, »rudi«, den Redakteur, und »norbert«, den Newsredakteur.[2]) Der Vorname dient dabei der Einfachheit halber auch als Passwort.

Abbildung 14.16 Anlegen eines Backend-Benutzers

Das Anlegen von Einzelnutzern erfolgt, wie das Anlegen der Gruppen, über das Modul LISTE im Root-Icon. Anstatt das Icon NEUER DATENSATZ ERZEUGEN am oberen Rand des Arbeitsbereichs zu verwenden und anschließend den Typ »Backend-Benutzer« auszuwählen, können Sie auch unmittelbar aus der Tabelle der Backend-Benutzer heraus arbeiten (siehe Abbildung 14.16). Vorläufig enthält diese Tabelle nur den Administrator.

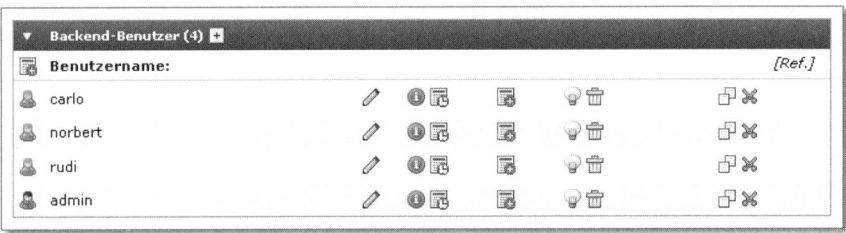

Abbildung 14.17 Die fertig angelegten Backend-Benutzer

Im Anschluss daran können Sie sich im Grunde genommen auf die Eingabe von Nutzernamen und Passwort und auf die Zuordnung zu einer Gruppe beschränken. Es ist zwar möglich, aber meist nicht sinnvoll, die Rechte noch auf Nutzerbasis zu modifizieren. Betrachten Sie trotzdem kurz die Eingabemöglichkeiten:

▶ INAKTIV
Ein Nutzer-Account kann hier deaktiviert werden. Ein Login unter diesem Account ist dann vorübergehend nicht möglich.

▶ BENUTZERNAME
Dies ist ein Pflichtfeld. Der Nutzername wird in Kleinbuchstaben gespeichert.

▶ PASSWORT
Dies ist ebenfalls ein Pflichtfeld. Das Passwort wird verschlüsselt abgespeichert und im Eingabefeld verschleiert. (Achtung: Die Anzahl der angezeigten Sterne entspricht nicht der Kennwortlänge!)

---

2 Die Nutzernamen sind hier kleingeschrieben, da TYPO3 sie ohnehin stets in Kleinbuchstaben konvertiert. Achtung – eine vergleichbare Konvertierung findet für das Passwort nicht statt!

14.3 Anlegen der Einzelnutzer

- **Gruppe**
  In dieser Liste können Sie den Benutzer einer oder mehreren Benutzergruppen zuordnen. Durch diese Zuordnung wird die Summe aller Gruppenrechte auf den Benutzer übertragen (Achtung: Auch Verbote summieren sich!).
- Der Name und die E-Mail-Adresse des Benutzers können hier erfasst werden.
- Über die Auswahlbox der Standardsprache können einem Benutzer Spracheinstellungen zugewiesen werden.
- Über die Admin-Checkbox kann der Benutzer als Administrator gekennzeichnet werden. Damit erhält er uneingeschränkten Zugriff auf das ganze System. (Weitere Einstellungen sind dann irrelevant.)
- Über die Auswahlbox Module können Sie das Hauptmenü des Benutzers konfigurieren. Module, die bereits der Benutzergruppe gestattet wurden, können hier nicht entzogen werden. Sie können hier jedoch zusätzliche Berechtigungen hinzufügen.
- **Auf Sprachen einschränken**
  Mit dieser Option kann der Benutzer auf bestimmte Projektsprachen eingeschränkt werden.
- **Arbeitsumgebungsberechtigungen**
  Hier wird bestimmt, ob der Benutzer im Live- und im Entwurfs-Workspace arbeiten darf. Darüber hinaus wird festgelegt, ob er neue Workspaces anlegen darf.
- **Datenbankfreigaben**
  Dieses Feld ist optional. Hier können Sie definieren, welche Teilbereiche (Teilbäume) des Seitenbaums für den Benutzer sichtbar sind. Diese werden zu eventuellen Gruppenrechten addiert.
- **Freigaben aus Gruppen**
  Die zugewiesenen Seiten- und Dateibereiche können von der eigenen Benutzergruppe (und von Untergruppen) übernommen werden. In der Regel sollten Sie diese Option aktivieren.
- **Verzeichnisfreigaben**
  Dieses Feld ist optional. Hier ordnen Sie dem Benutzer Verzeichnisfreigaben im Fileadmin zu, in denen er Dateien hochladen, bearbeiten oder löschen kann. Auch dies geschieht zusätzlich zu eventuell gültigen Gruppenrechten.
- **Dateioperationsberechtigungen**
  Dieses Feld ist optional. Für die Dateien in den zugewiesenen Verzeichnisfreigaben können Sie detailliert angeben, welche Operationen erlaubt sind.
- **Auf Domäne beschränken**
  Dieses Feld ist optional. Analog zu den Benutzergruppen können Sie das Login auch für einen einzelnen Benutzer auf eine *Domain* und IP-Nummer einschränken.
- **IP-Einschränkung für Benutzer deaktivieren**
  Dieses Feld ist optional. Falls für die Gruppe eine Beschränkung auf eine Domain gültig ist, kann diese hier für den einzelnen Benutzer widerrufen werden.

▶ TSCONFIG
Dieses Feld ist optional. Das TSCONFIG-Feld gestattet die Anpassung des Backends von TYPO3 für den Benutzer durch entsprechende TypoScript-Befehle.

▶ START und STOPP
Dieses Feld ist optional. Sie können hier angeben, ab oder bis wann der Account aktiv sein soll. Der Benutzer wird entsprechend aktiv oder inaktiv geschaltet.

14.4 Zugriff auf den Seitenbaum erlauben

In ADMINWERKZEUGE • BACKEND USERS sehen Sie eine Liste der angelegten Nutzer. Sie können sich hier einen Überblick über die einzelnen Benutzer und deren Berechtigungen verschaffen. Zunächst wählen Sie mit COMPARE diejenigen Benutzer aus, die Sie vergleichen wollen. Mit dem Button COMPARE USER LIST erhalten Sie eine Vergleichsliste der ausgewählten Benutzer (siehe Abbildung 14.18).

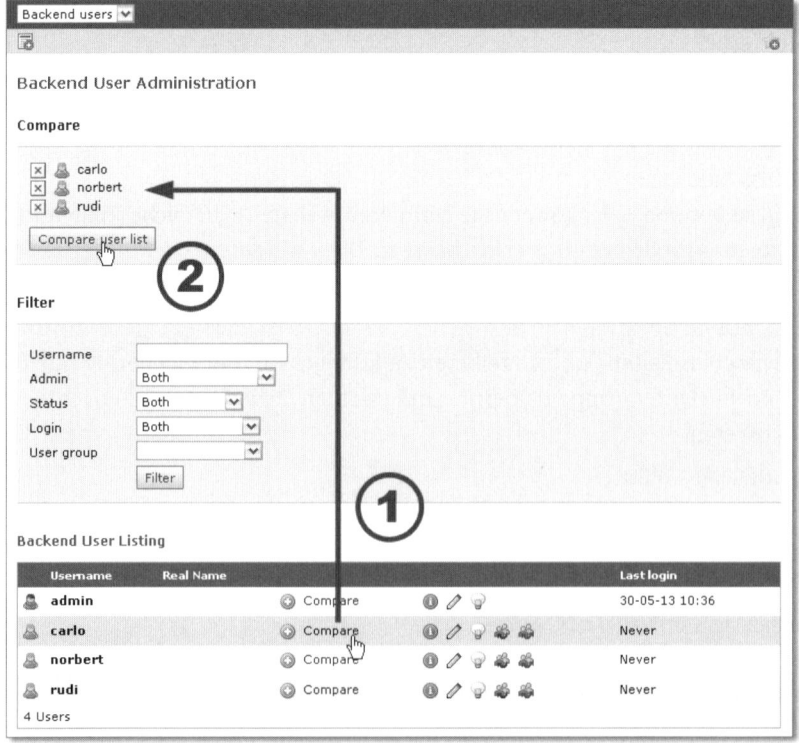

Abbildung 14.18 Auswahl der Benutzer für den Vergleich

Hier sehen Sie z.B., welcher Benutzer welcher Gruppe angehört. Hinter den Symbolen verbergen sich auch wieder Kontextmenüs, über die Sie weitere Bearbeitungsmöglichkeiten für Benutzer und Gruppen haben (siehe Abbildung 14.19). Eigentlich

14.4 Zugriff auf den Seitenbaum erlauben

sollten hier auch die vorhin eingerichteten Verzeichnisfreigaben der entsprechenden Gruppen auftauchen, die sich ja auf die Benutzer auswirken. Damit ist noch mehr Kontrolle über Berechtigungen mit dieser Vergleichsliste möglich. Leider übernimmt diese Liste noch keine Freigaben von Datenbank und Verzeichnissen aus den Gruppen. Das wird sich sicher in dem nächsten Update von TYPO3 ändern, da der Fehler im Entwicklerforum schon bekannt ist.

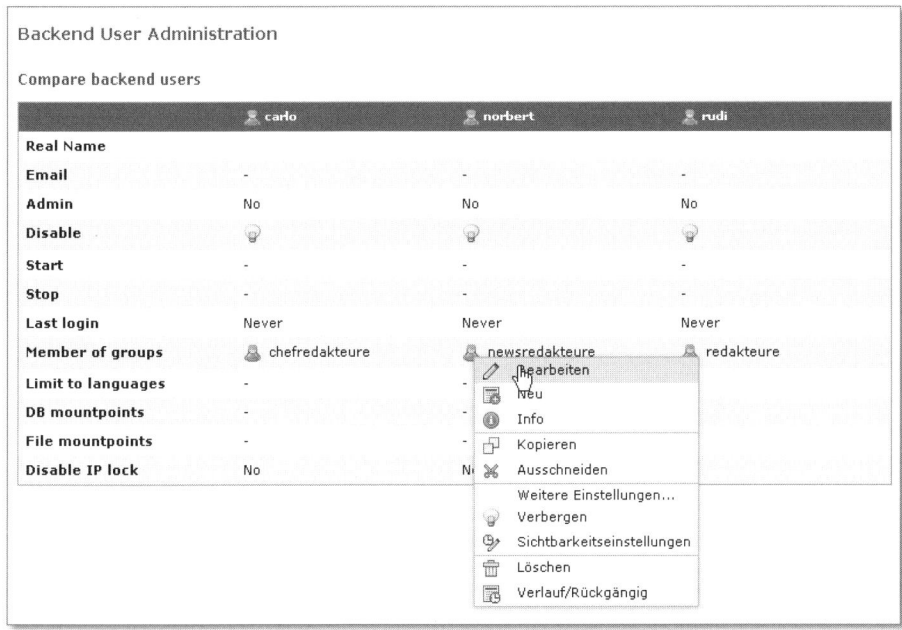

Abbildung 14.19 Vergleich der Nutzerrechte in der Benutzerverwaltung

Neben den Bearbeitungs-Icons jedes User-Accounts sehen Sie zwei Icons, mit denen Sie (als Administrator) bei Bedarf in den jeweiligen Account wechseln können (*Switch User*).

Das Icon mit dem schwarzen Pfeilsymbol (siehe Abbildung 14.20) wechselt permanent in den anderen Account. Sie müssen sich, um zum Administrator-Account zurückzuwechseln, erst ausloggen und dann wieder neu einloggen.

Abbildung 14.20 Das Icon »Switch User« (permanenter Account-Wechsel)

Abbildung 14.21 Das Icon »Switch User« (temporärer Account-Wechsel)

Das Icon mit dem roten Pfeilsymbol (siehe Abbildung 14.21) dient zum temporären Wechsel in einen anderen Account. Diesen können Sie jederzeit über einen Exit-Button (der dann anstelle des Logout-Buttons zu sehen ist) verlassen, um wieder zum Administrator-Account zurückzukehren.

Das Problem des fehlenden Seitenbaumrechts

Wenn Sie aus dem Administrator-Account in den Account eines der angelegten Einzelnutzer wechseln, sehen Sie, dass diese – trotz zugewiesener Mountpoints im Seitenbaum – die ihnen zugedachten Seiten nicht sehen können (der Zugriff auf den Fileadmin funktioniert hingegen). Das liegt daran, dass TYPO3 Zugriffsrechte auch noch auf einer anderen Ebene verwaltet, nämlich in Form der *Seitenbaumrechte*.

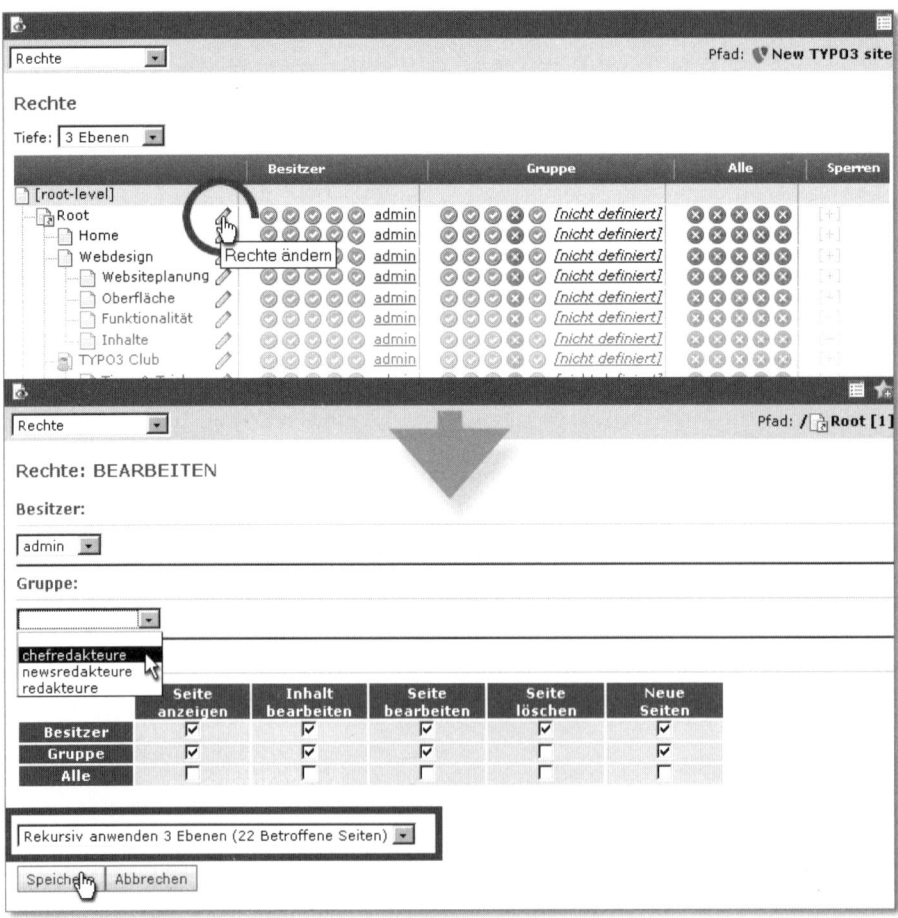

Abbildung 14.22 Rekursives Ändern der Rechte der Seite »Root«

Ähnlich wie in UNIX üblich, »gehört« ein Seitendatensatz nämlich dem Ersteller (und seiner Benutzergruppe). Bislang wurden alle Seiten vom Administrator angelegt, der aber keiner Gruppe angehört. Auf der Ebene dieser Gruppenrechte muss nun eingegriffen werden. Wechseln Sie hierfür in das Modul WEB • ZUGRIFF, und gehen Sie dann in den Bereich RECHTE.

Klicken Sie das Stift-Icon neben der Seite »Root« an (siehe Abbildung 14.22). Wählen Sie im Pulldown-Menü GRUPPE die Benutzergruppe »Chefredakteure«, und wählen Sie im unteren Pulldown-Menü die Option REKURSIV ANWENDEN 3 EBENEN. Hiermit gehört die Seite »Root« mit all ihren Unterseiten den Chefredakteuren. Achten Sie darauf, dass Sie die Gruppenrechte an den Sysfoldern »Newsdaten«, »Website-Benutzer« und »Allgemeine Inhalte« getrennt vergeben müssen, da diese nicht der Seite »Root« unterstellt sind. Eigentlich soll »Newsdaten« vielmehr den Newsredakteuren zugewiesen werden. Im Augenblick hätten sie, mangels Gruppenrecht, jedoch keinen Zugriff darauf.

14.4.1 Untergruppen und die Vermischung von Rechten

Hier tritt ein Problem auf: Gruppenrechte können nur einmal vergeben werden. Es sind jedoch drei Gruppen vorhanden. Natürlich könnte man die Baumrechte partiell zuweisen, z.B. »Webdesign« an die Redakteure, den Ordner »Newsdaten« an die Newsredakteure, den Rest an die Chefs. Die Chefs wiederum könnten die den anderen Gruppen zugeeigneten Bereiche allerdings weder sehen noch bearbeiten (diesen Zustand sehen Sie in Abbildung 14.23, links).

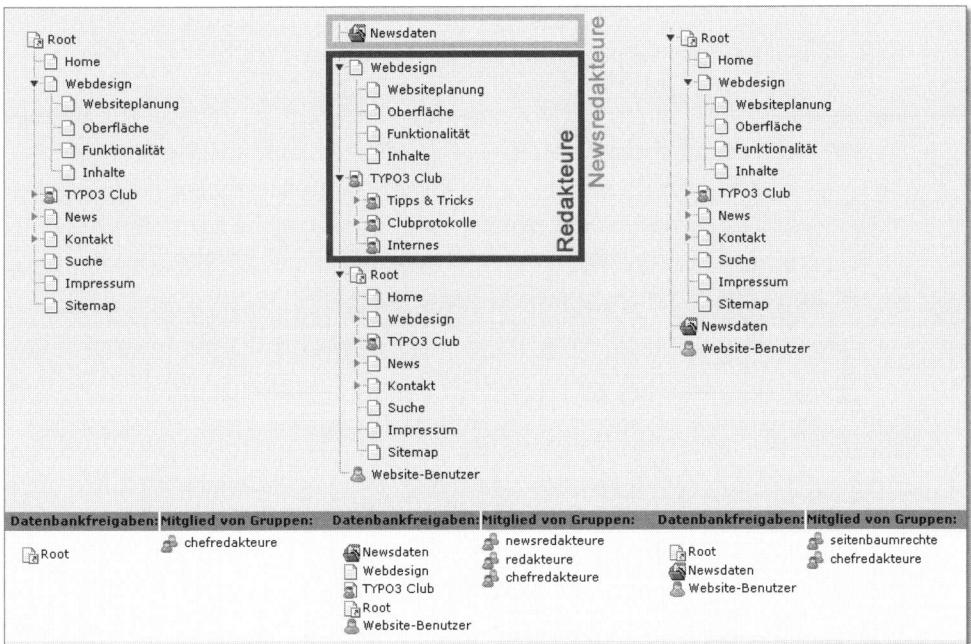

Abbildung 14.23 Rechteabhängige Sicht des Chefredakteurs auf den Seitenbaum

Lösbar ist dieses Problem, indem man die Gruppen »Redakteure« und »Newsredakteure« zu Untergruppen der »Chefredakteure« erklärt, womit sie deren Rechte »erben« (wählen Sie beide Gruppen im Bereich ALLGEMEIN der Gruppeneinstellungen aus). Das funktioniert auch so weit. Leider handelt man sich hiermit Probleme einer ganz anderen Kategorie ein.

Wie gewünscht, erhalten die Chefredakteure über ihre Untergruppen die Rechte an den Seitenbaumbereichen dieser Gruppen. Jedoch wirkt sich deren Einbindung auch bei den Backend-Rechten aus. Erinnern wir uns an die »Positiv-« und »Negativlisten« bei der Vergabe der Rechte: In der Tat erbt die Hauptgruppe von der Untergruppe auch deren Backend-Berechtigungen, Mountpoints und Dateifreigaben. Dies führt dazu, dass ein Chefredakteur neben seinem (bei »Root« beginnenden) Teil des Seitenbaums zusätzlich auch die Mounts »Webdesign« und »TYPO3 Club« (von den Redakteuren) sieht, und zwar doppelt (siehe Abbildung 14.23, Mitte).

Das könnte noch als »lästig, aber verschmerzbar« toleriert werden. Ärgerlich ist dabei aber, dass sich auch die »Negativlisten« der Inhaltsausschlüsse addieren – und zwar so, dass für die Untergruppe ausgeschlossene Typen auch für die Hauptgruppe ausgeschlossen bleiben, ohne dass dies irgendwie rückgängig gemacht werden könnte. Der Chefredakteur kann plötzlich keine Plug-Ins mehr einfügen, da dies den Redakteuren verboten wurde. Das ist nicht akzeptabel. Es gibt aber noch einen weiteren Grund, nach einer anderen Lösung zu suchen.

14.5 Eine weitere Gruppe für die Seitenbaumrechte

Beginnen mehrere Gruppen mit dem Erstellen von Seiten, wird auch die Rechtelage im Baum schnell unübersichtlich: Eine neue Seite bekommt, wie bereits angedeutet, die Gruppenrechte der Hauptgruppe des Erstellers zugewiesen. Ein Redakteur beispielsweise »sieht« die vom Chef erstellte Seite ohne nachfolgende Rechteänderung zunächst nicht, denn diese »gehört« den Chefredakteuren (probieren Sie das ruhig einmal aus). Auch dies ist zumindest lästig.

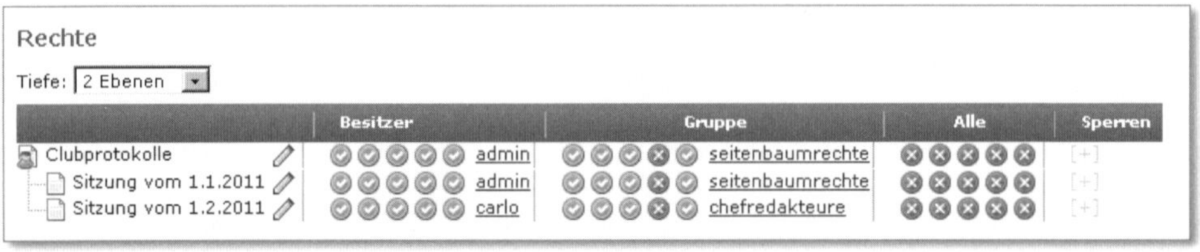

Abbildung 14.24 Eine vom Chefredakteur erstellte neue Seite

Es ist wünschenswert, dass zum einen eine Besitzergruppe für neue Seiten automatisch festgelegt werden kann und zum anderen jede Benutzergruppe auf neue Seiten

Zugriff erhält, sofern sie sich innerhalb des Mountbereichs der Gruppe befinden. Es soll also ein *Chefredakteur* eine Seite anlegen können, die ein *Redakteur* im Anschluss bearbeiten können soll, ohne dass weitere Maßnahmen erforderlich sind.

14.5.1 Eine neutrale Benutzergruppe kommt zu Hilfe

Zur Lösung des Problems führen wir eine neue *Hilfsgruppe* ein, deren Sinn ausschließlich darin besteht, die Seitenbaumrechte zu besitzen. Diese Gruppe erhält keine Backend-Rechte und auch keine Mountpoints und Verzeichnisfreigaben zugewiesen. Eine solche »neutrale« Gruppe kann jeder der anderen Gruppen als Untergruppe zugewiesen werden, ohne dass auf der Ebene der Backend-Rechte Vermischungen auftreten. Die Untergruppe gibt an ihre Hauptgruppe jedoch (und dies ist der eigentliche Clou!) die Rechte am Seitenbaum weiter.

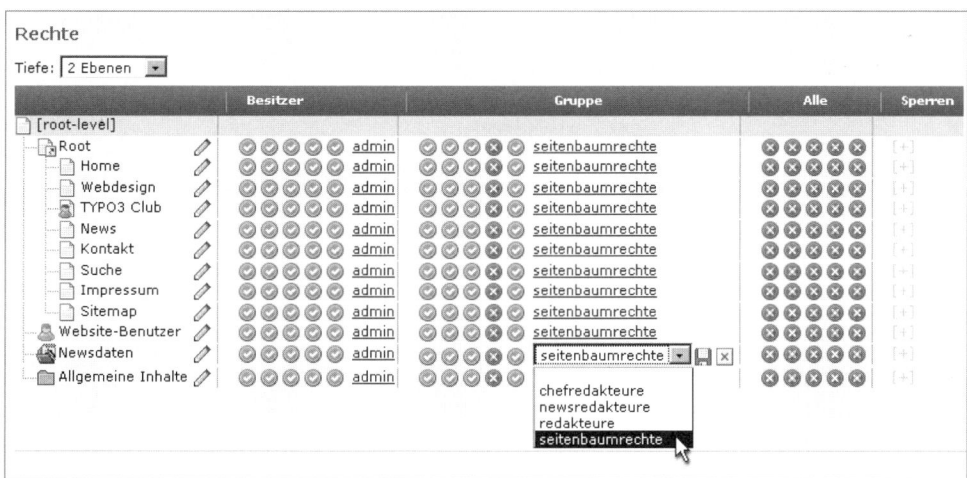

Abbildung 14.25 Vergabe der Seitenbaumrechte an die neue Hilfsgruppe

Erstellen Sie nun eine neue Gruppe namens *Seitenbaumrechte* (siehe Abbildung 14.25). Weisen Sie ihr keine weiteren Eigenschaften zu, erteilen Sie ihr aber über das Modul WEB • ZUGRIFF rekursiv ab »Root« die Rechte am Seitenbaum. (Vergessen Sie dabei nicht eventuelle Sysfolder für News etc.) Weisen Sie die neue Gruppe nun jeder einzelnen der restlichen Gruppen als (einzige) Untergruppe zu. Anschließend haben die Mitglieder der administrativen Gruppen erneut Zugriff auf den Seitenbaum, ohne dass eine Vermischung von Rechten oder eine ungewollte Addition von Mountpoints erfolgt (Sie sehen den Seitenbaum aus Sicht des Chefredakteurs in Abbildung 14.23 rechts). Nun ist lediglich noch das Eigentumsproblem neu erstellter Seiten zu lösen.

14.5.2 Eigentumsverhältnisse neuer Seiten

Die Rechte am Seitenbaum müssen auch in dessen Kontext festgelegt werden, also nicht auf Benutzer- oder Gruppenebene und ebenfalls nicht im Rahmen der Seiten-Templates. Die Eingabe des folgenden TypoScripts erfolgt daher in den *Seiteneigenschaften* eines Seitendatensatzes. Hierfür bietet sich die Seite »Root« an, da die hier vorgenommene Konfiguration sich anschließend auf den gesamten Seitenbaum erstreckt.

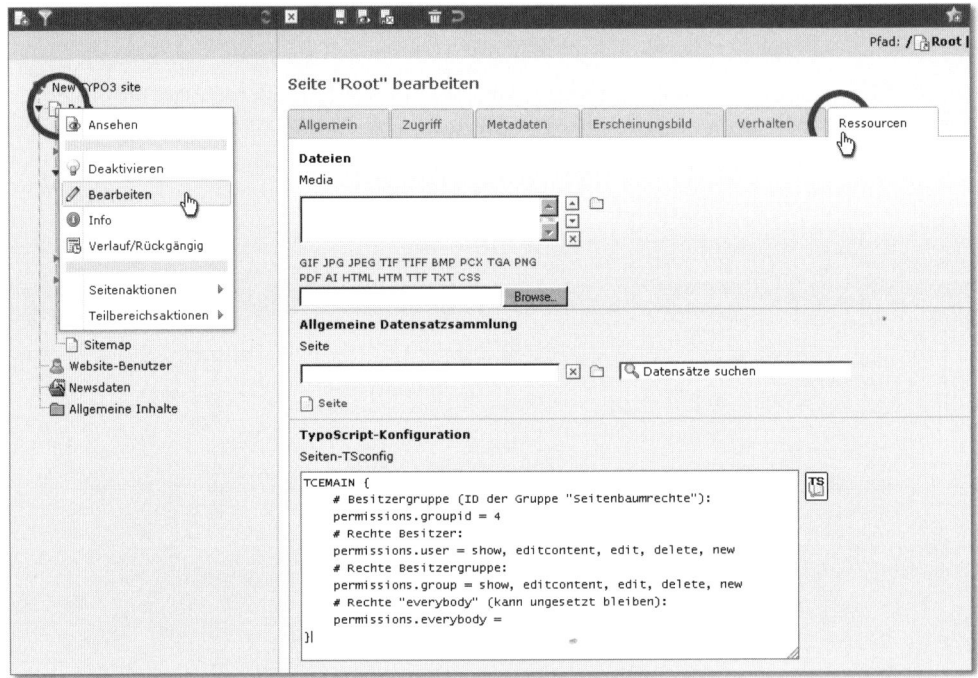

Abbildung 14.26 Setzen der Seitenbaumrechte per TypoScript

Folgendes TypoScript geben Sie im Reiter RESSOURCEN in das Feld TSCONFIG-KONFIGURATION ein (siehe Abbildung 14.26); achten Sie darauf, dass Sie die korrekte ID der neutralen Hilfsgruppe für die Seitenbaumrechte angeben):

```
TCEMAIN {
    # Besitzergruppe (ID der Gruppe "Seitenbaumrechte"):
    permissions.groupid = 4

    # Rechte Besitzer:
    permissions.user = show, editcontent, edit, delete, new

    # Rechte Besitzergruppe:
    permissions.group = show, editcontent, edit, delete, new
```

```
    # Rechte "everybody" (kann ungesetzt bleiben):
    permissions.everybody =
}
```

Erstellt nun ein Chefredakteur eine weitere neue Seite, besitzt diese automatisch die Gruppenrechte der Gruppe »Seitenbaumrechte« (siehe Abbildung 14.27). Jede neu erstellte Seite kann also unmittelbar von den zuständigen Benutzergruppen (in diesem Fall von den Redakteuren) weiterbearbeitet werden.

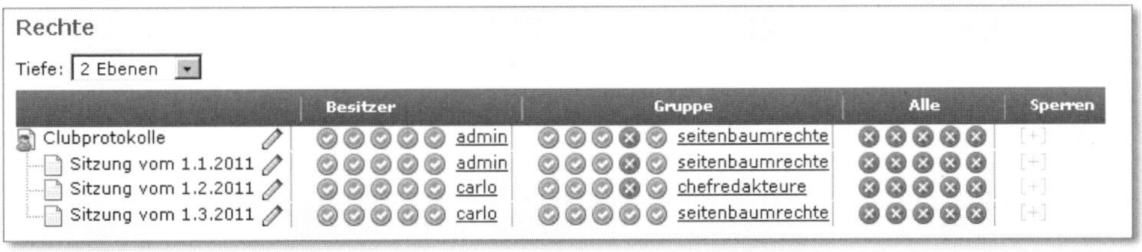

Abbildung 14.27 Die neu erstellte Seite gehört jetzt der Seitenbaumgruppe.

14.6 Zusammenfassung und Ausblick

In diesem Kapitel haben Sie einen Überblick über die Verwaltung von Backend-Benutzergruppen und Backend-Benutzern und über die Vergabe von Rechten erhalten.

Im folgenden Kapitel 15, »Layout mit TemplaVoilà«, werden wir auf das aktuellste Werkzeug eingehen, das TYPO3 in Zusammenhang mit dem Design flexibler Inhalte zu bieten hat. Wir werden das Beispielprojekt um einen Zweig erweitern, der auf einem mit TemplaVoilà erstellten Template basiert, und Sie erhalten einen detaillierten Eindruck von der Arbeit mit flexiblen Inhaltselementen.

Kapitel 15
Layout mit TemplaVoilà

Im Gegensatz zu den in Kapitel 13 vorgestellten Extensions dient TemplaVoilà nicht zur Erweiterung der Funktionalität bestehender TYPO3-Sites, sondern ist ein Werkzeug, das auf die Erhöhung der Produktivität und die Vereinfachung der Erstellung von TYPO3-Sites abzielt.

TemplaVoilà stellt so etwas wie eine »aufgebohrte Oberfläche« zum Einbinden von HTML-Dokumentvorlagen dar – das Arbeitsprinzip läuft unter der Bezeichnung *Mapping*. Das Ziel besteht darin, die Handhabung von Dokumentvorlagen zu vereinfachen, wobei ein anderer Weg als der automatisierte des Template Auto-parsers eingeschlagen wird: Bereiche der Vorlage, die Inhalte aufnehmen sollen, brauchen nicht mit Markern oder Subparts bzw. (wie für den Auto-parser erforderlich) mit id-Attributen versehen werden, sondern können in der grafischen Oberfläche von TemplaVoilà einfach per »Point & Click« markiert werden.

15.1 Installation der Erweiterung »TemplaVoilà«

So einfach die Handhabung sich prinzipiell anhört, gibt es doch einige anfängliche Hürden. Die erste Hürde besteht darin, dass TemplaVoilà als Erweiterung installiert werden muss.[1] Das zweite Hindernis besteht in der nicht gerade selbsterklärenden Handhabung – die Erweiterung bringt zwar einen *Wizard* mit, seine Flexibilität lässt allerdings zu wünschen übrig (wenn er auch zur Verdeutlichung des Arbeitsprinzips gute Dienste leistet).

Sie installieren TemplaVoilà wie beschrieben über den Erweiterungsmanager. Alle hier in Folge benötigten Erweiterungsmodule finden Sie auch als *t3x*-Dateien auf der Begleit-DVD im Verzeichnis *Erweiterungen*. Zuvor muss jedoch eine weitere Erweiterung installiert sein, nämlich »Static Info Tables«. Falls Sie es nicht bereits im Rahmen von Kapitel 13, »Integration von Erweiterungen«, installiert haben, holen Sie dies nun bitte nach. Die Reihenfolge der Installation ist dabei von Bedeutung.

---

[1] Ursprünglich war TemplaVoilà bereits für TYPO3 4.0 als integraler Bestandteil vorgesehen – die Integration wird allerdings voraussichtlich erst mit kommenden Versionen erfolgen.

15 Layout mit TemplaVoilà

1. Installieren Sie »Static Info Tables« (*static_info_tables*). Sie finden diese Erweiterung als *static_info_tables_6.0.3.t3x* auf der Begleit-DVD.
2. Vergessen Sie nicht, die Datenbankstruktur zu aktualisieren, da TemplaVoilà sonst einige der benötigten Tabellen nicht vorfindet.
3. Installieren Sie nun TEMPLAVOILA! (TEMPLAVOILA). Diese Erweiterung finden Sie als *templavoila_1.8.0.t3x* auf der Begleit-DVD.

> **Achtung: Behalten Sie das alte Modul »Seite« bei!**
>
> Da wir in einer gemischten Site arbeiten werden, in der TemplaVoilà-gestützte Seiten und »herkömmliche« Seiten nebeneinander existieren, soll das alte Modul SEITE weiterhin betrieben werden. Konfigurieren Sie die Erweiterung nach der Installation. Sie finden im Reiter BASIC die Checkbox ENABLE THE CLASSIC PAGE MODULE. Setzen Sie hier einen Haken (siehe Abbildung 15.1).

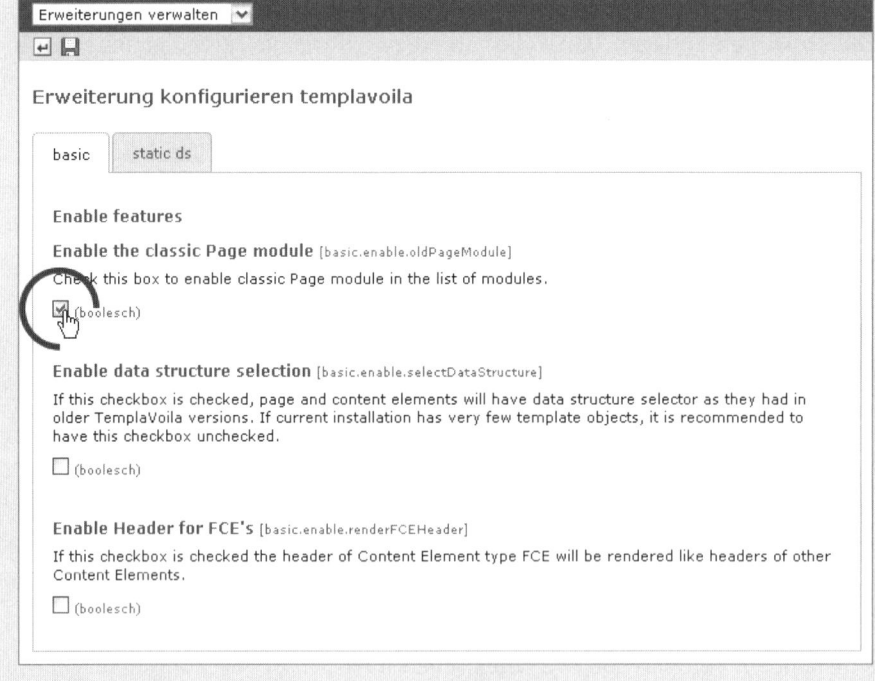

Abbildung 15.1 So aktivieren Sie das alte Modul »Seite«.

4. Nehmen Sie am besten gleich eine Aktualisierung der Backend-Übersetzung vor, um auch TemplaVoilà mit dem deutschen Sprachpaket zu versorgen. Leeren Sie den Cache, und loggen Sie sich neu ein – Sie finden nun ein leicht verändertes Menü im Backend vor (siehe Abbildung 15.2, rechts).

Wie Sie sehen, ist ein eigenes Modul TEMPLAVOILÀ hinzugekommen. Über dem bisherigen Modul SEITE erscheint außerdem ein Modul SEITE (TV).

Abbildung 15.2 Das erweiterte Modul »Web« (vorher/nachher)

15.2 Einbinden einer HTML-Designvorlage mit TemplaVoilà

Da TemplaVoilà eine Designvorlage verarbeitet, muss zunächst eine solche zur Verfügung gestellt werden, die – mit allen beteiligten Dateien – wieder im Fileadmin im Verzeichnis *template/* abgelegt wird.

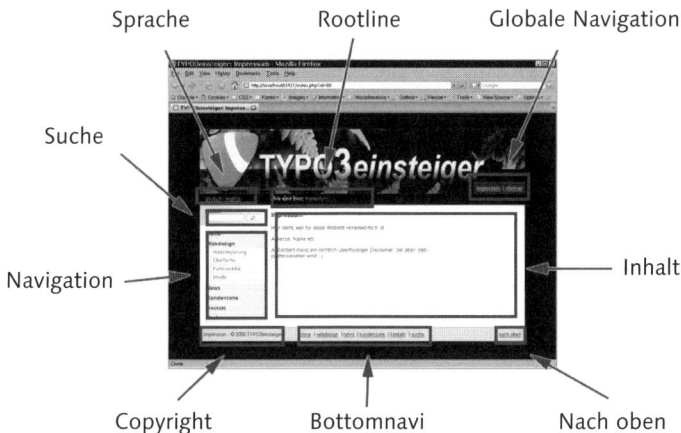

Abbildung 15.3 Schema der Designvorlage mit Planung der Bereiche

Sie finden die benötigten Dateien auf der Begleit-DVD im Unterordner *TemplaVoila/* im Verzeichnis *Kapitel_15/*. Das Design kommt Ihnen vielleicht schon bekannt vor. Sie benötigen eigentlich nur die HTML-Seite *15_dateivorlage.html* und die CSS-Datei *15_screen.css*, die im Ordner *css* abzulegen ist. Im Ordner *img* befinden sich noch drei Dateien *bg_contentXXX.gif*, die ebenfalls benötigt werden.

In TemplaVoilà sollen die bisherigen Inhaltsbereiche weiterverwendet werden. Im Screenshot sehen Sie sie nochmals markiert (siehe Abbildung 15.3). Die Dokumentvorlage selbst sieht im Inhaltsbereich etwas anders aus. Hier sind weiter unten mehrere Versionen mit mehrspaltigem Layout hinzugefügt worden. Diese Bereiche werden auch in der CSS-Datei berücksichtigt.

15.2.1 Vorarbeiten – Anlegen eines SysOrdners und neuer Seiten

TemplaVoilà benötigt zur Verwaltung der Template-Daten einen *SysOrdner* im Seitenbaum, den wir *Allgemeine Datensatzsammlung* nennen wollen. Legen Sie ihn am unteren Ende des Seitenbaums unter dem SysOrdner *Allgemeine Inhalte* an (siehe Abbildung 15.4).

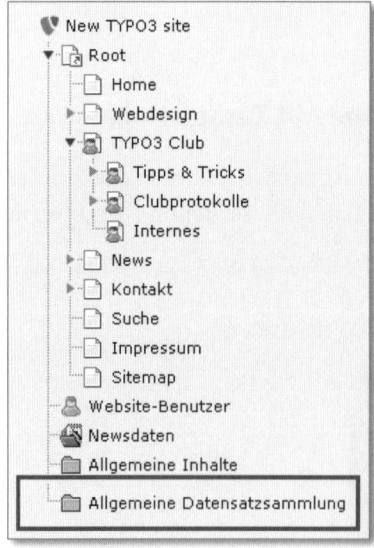

Abbildung 15.4 Der neue SysOrdner im Seitenbaum

Der in Kapitel 12, »Passwortgeschützte Bereiche«, erstellte Zweig »TYPO3 Club« soll im weiteren Verlauf dieses Kapitels ein TemplaVoilá-Template erhalten.

Wählen Sie die Seite »TYPO3 Club«, und wechseln Sie in den Modus zur Bearbeitung der Seiteneigenschaften. Wichtig ist ein Formularfeld, das Sie im Bearbeitungsdialog

RESSOURCEN finden: ALLGEMEINE DATENSATZSAMMLUNG (siehe Abbildung 15.5). Klicken Sie auf das Ordnersymbol rechts neben diesem Feld, und wählen Sie im Seitenbaum den vorhin erstellten SysOrdner gleichen Namens aus. Hiermit ist dieser Ordner als Speicherplatz für TemplaVoilà-Datensätze in Zusammenhang mit dieser Seite und ihren Unterseiten festgelegt.

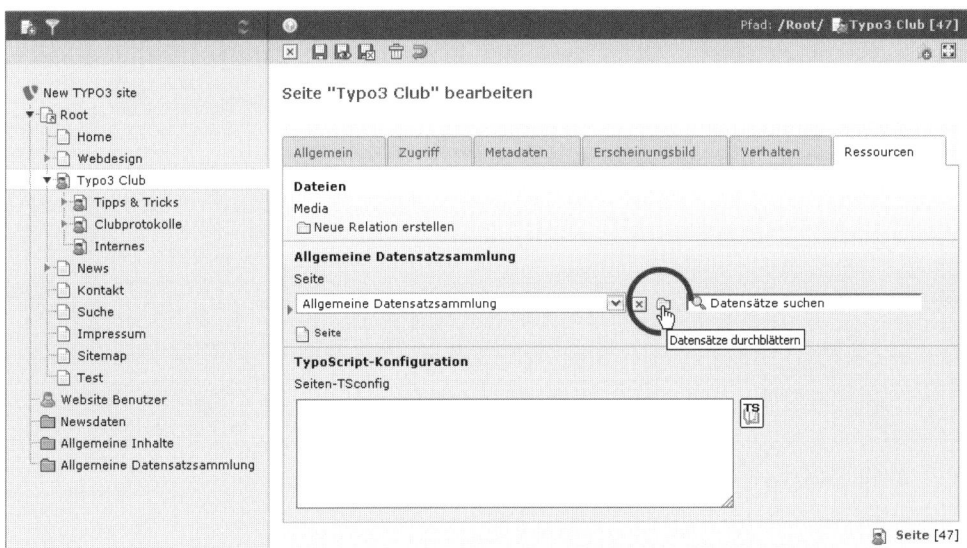

Abbildung 15.5 Die Datensatzsammlung dem SysOrdner zuordnen

15.2.2 Einbinden von TemplaVoilà ins TypoScript-Template

Nun soll die eigentliche Arbeit für TemplaVoilà beginnen, nämlich das Einbinden der Dokumentvorlage. Hierfür muss noch ein Erweiterungs-Template für die Seite »TYPO3 Club« angelegt werden. Wechseln Sie in das Modul WEB • TEMPLATE, und legen Sie per KLICKEN SIE HIER UM EIN ERWEITERUNGSTEMPLATE ZU ERSTELLEN ein solches Template an. Gehen Sie über das Dropdown-Menü in den Bereich INFO/BEARBEITEN, und klicken Sie das Stiftsymbol bei SETUP an.

Das TypoScript-Setup muss ein wenig geändert werden, um TemplaVoilà mit der Verwaltung des Templates zu betrauen. Geben Sie daher folgendes TypoScript ein:

```
# Anpassen des Objekts page.10 für TemplaVoila:
page.10 = USER
page.10.userFunc = tx_TemplaVoila_pi1->main_page
```

Prüfen Sie in der TEMPLATE-ANALYSE, ob sich auch die statischen Templates »css_styled_content« und »form« im Template-Pfad befinden (dies sollte eigentlich der Fall sein, siehe Abbildung 15.6).

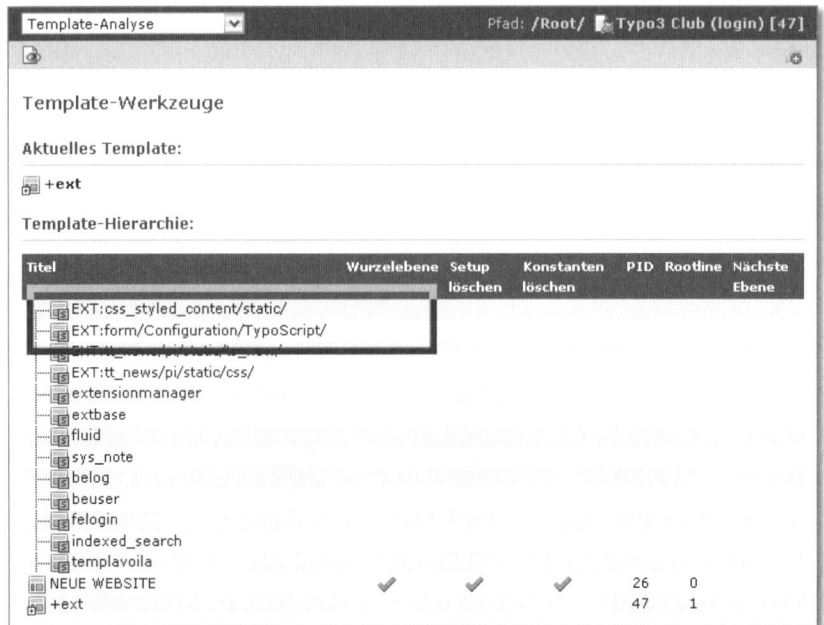

Abbildung 15.6 Die Template-Erweiterung in der Template-Analyse

15.3 Mapping der Dokumentvorlage

TemplaVoilà muss nun mitgeteilt bekommen, mit welcher Dokumentvorlage es zu arbeiten hat und wie die Inhaltsbereiche definiert werden sollen. Der erste Schritt ist etwas ungewöhnlich: Die Vorlagendatei muss nämlich im Fileadmin ausgewählt werden. Wechseln Sie zu DATEI • DATEILISTE, und wählen Sie den Ordner *Templates* an, in dem die Vorlagendateien verstaut wurden. Klicken Sie nun das Icon der HTML-Vorlage an (siehe Abbildung 15.7). Sie sehen, dass das Kontextmenü einen neuen Eintrag TEMPLAVOILÀ besitzt. Dieser Befehl öffnet die Vorlage für den Mapping-Vorgang.

> **Hinweis**
> Wenn Sie an dieser Stelle die Fehlermeldung FEHLER: KEIN ZUGÄNGLICHER SPEICHERORDNER (STORAGE FOLDER) GEFUNDEN – BITTE SOFORT EINEN ANLEGEN! erhalten, haben Sie beim Zuweisen des SysOrdners *Template* einen Fehler gemacht (Kontrolle: Haben Sie vielleicht das Speichern vergessen?). Prüfen Sie nach, ob dieser der Seite »Home« als ALLGEMEINE DATENSATZSAMMLUNG korrekt zugewiesen ist. Der Fehler tritt auf, da das Root-Template an diese Seite gebunden ist.

15.3 Mapping der Dokumentvorlage

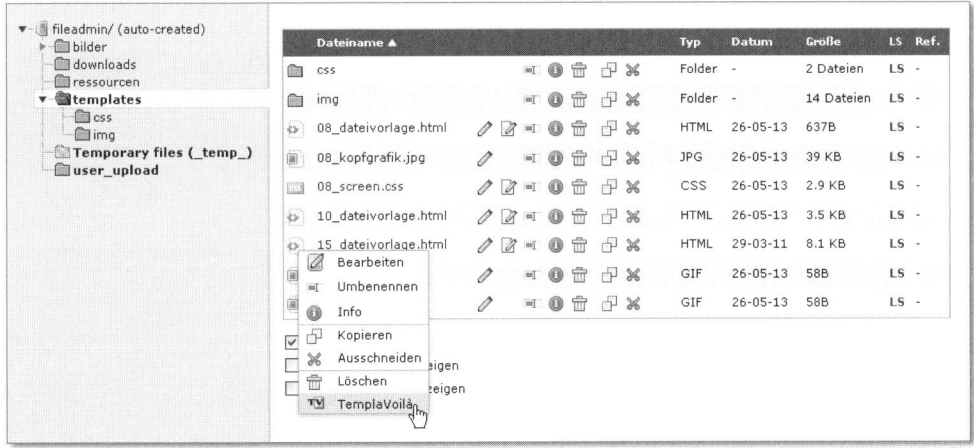

Abbildung 15.7 Bearbeiten der Vorlage mit TemplaVoilà (Fileadmin)

Klicken Sie ruhig gleich auf den Button VORSCHAU, der eine Voransicht auf die HTML-Vorlage in einen Frame unter dem Bearbeitungsdialog lädt (siehe Abbildung 15.8).

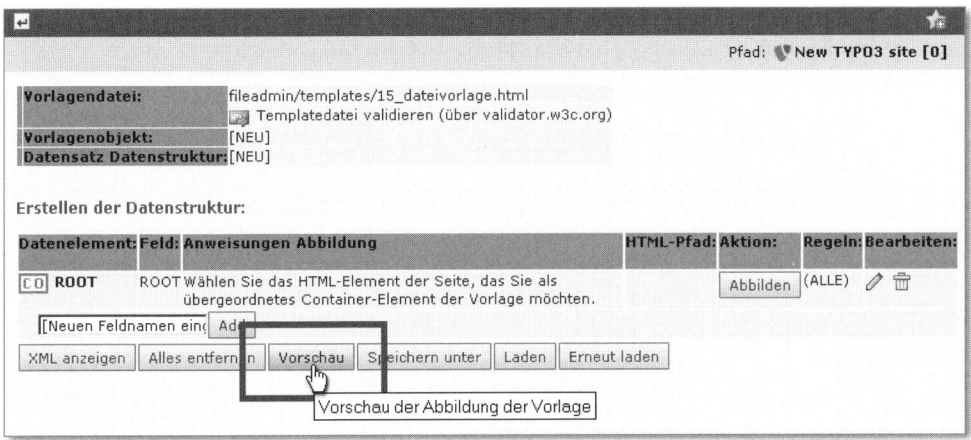

Abbildung 15.8 Anwahl der Vorschau auf die HTML-Vorlage

Sie haben die Wahl, ob Sie die Vorschau auf die Präsentation der Seite (»Exploded Visual«) oder den Quelltext (»HTML-Source«) bevorzugen. Im Dropdown-Menü können Sie zwischen beiden Ansichten wechseln (siehe Abbildung 15.9).

15 Layout mit TemplaVoilà

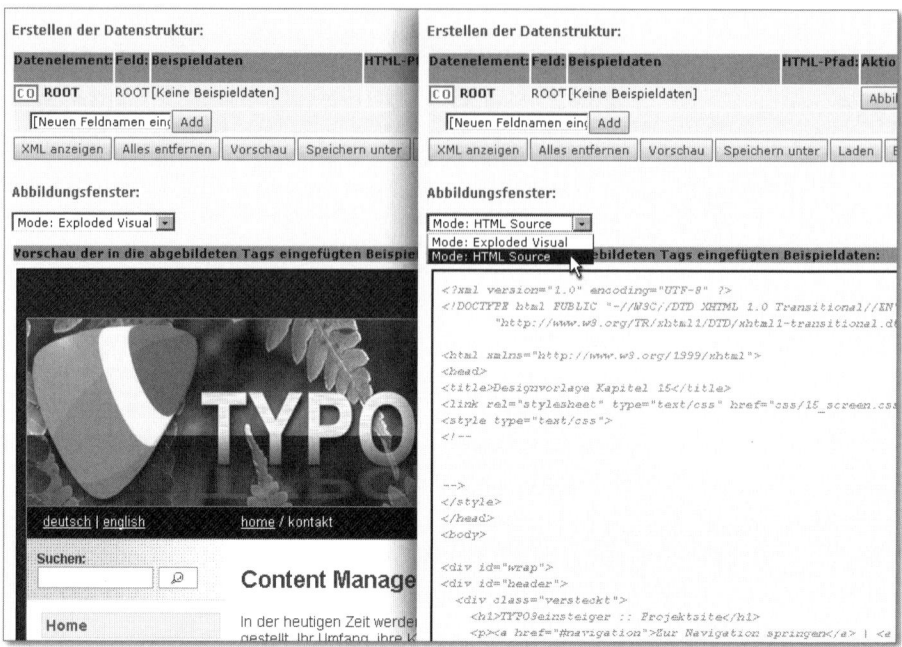

Abbildung 15.9 Wahl zwischen den Ansichtsmodi von TemplaVoilà

15.3.1 Mapping des Dokumentkörpers

Nun soll der erste Bereich gemappt werden. Das ist gewöhnlich der Dokumentkörper, den TemplaVoilà als Ausgangspunkt verwenden soll (dies entspricht dem Subpart ###DOCUMENT_BODY###, den Sie aus den Designvorlagen kennen). Dem Bereich ROOT soll also das Body-Tag zugewiesen werden. Klicken Sie hierfür auf den Button ABBILDEN (siehe Abbildung 15.10).

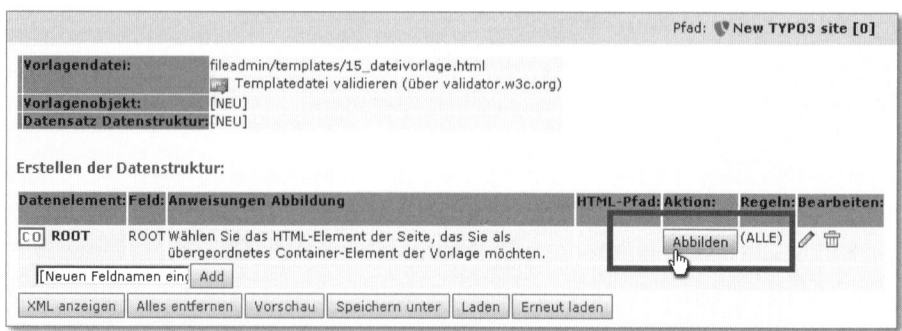

Abbildung 15.10 Mapping des »ROOT«-Bereichs (Dokumentkörper)

Das Body-Tag müssen Sie nun in der Voransicht des Dokuments durch einen Klick anwählen – wie Sie sehen, sind in der Präsentationsansicht nun auch Tag-Marken sichtbar (siehe Abbildung 15.11, links). Es handelt sich bei diesen um kleine Grafiken, die als klickbare Schalter dienen. Befinden Sie sich in der Quelltextansicht, sehen Sie, dass die möglichen Zielcontainer farblich markiert sind (siehe Abbildung 15.11, rechts). Die Tags dienen beiden Ansichten als Buttons: Klicken Sie das <body>-Element an.

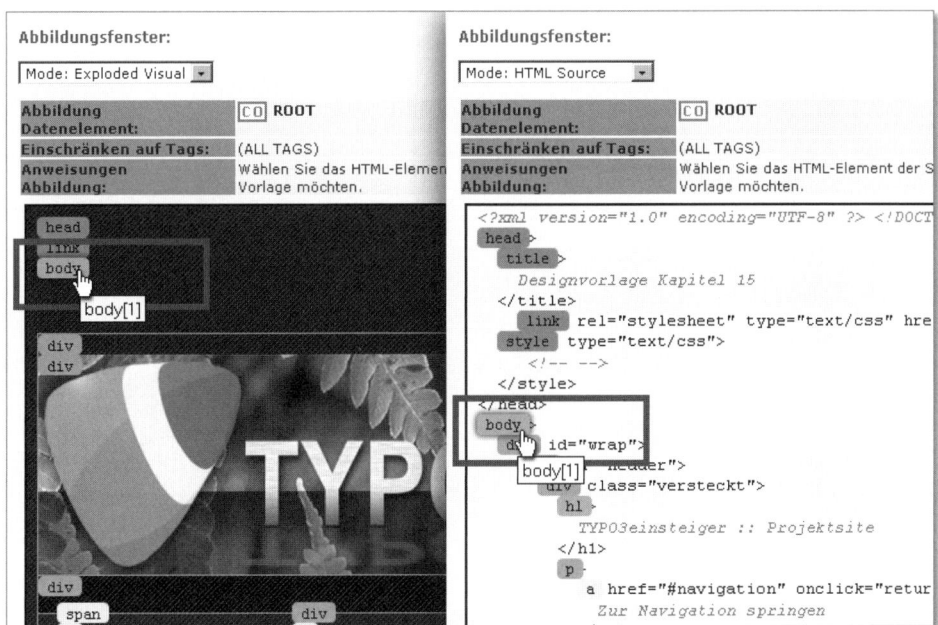

Abbildung 15.11 Auswahl des Body-Tags für den »ROOT«-Bereich

Das Body-Tag ist nun als ROOT-Bereich ausgewählt. Es muss nun noch entschieden werden, ob die Ersetzungen – TemplaVoilà bezeichnet dies als *Aktion* – im Inneren des Elements erfolgen sollen (INNER (Exclude Tag)), oder ob das Element selbst ebenfalls mit ersetzt werden soll (OUTER (Include Tag)). Die Default-Variante INNER (Exclude Tag) ist für diesen Zweck die geeignete.[2] Lassen Sie sie also stehen, und klicken Sie auf Festlegen, um das Mapping dieses Bereichs abzuschließen (siehe Abbildung 15.12).

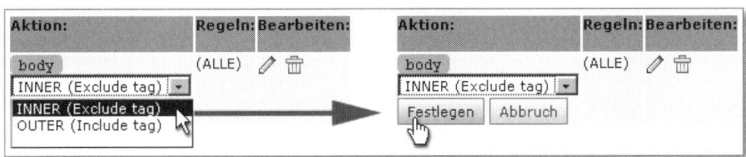

Abbildung 15.12 Wahl der Ersetzungsart; Setzen des Bereichs (rechts)

---

[2] In diesem Fall (Container-Mapping) bedeutet dies, dass das Body-Tag aus der Vorlage *nicht* übernommen, sondern durch TYPO3 erzeugt wird.

Nun ist es erforderlich, weitere Bereiche zu definieren, denen Inhalte zugeordnet werden. Da dies für jedes Design individuell erfolgen muss, kann es hier keine vordefinierten Bereiche geben, sondern jeder Bereich muss einzeln erstellt und mit den gewünschten Eigenschaften belegt werden. Im Folgenden legen wir Bereiche an für:

- **rootline**
  Der Container, der die Rootline enthält:
  `<div class="rootline">`
- **suchen**
  Der Container, der das Suchfeld enthält:
  `<div class="suchen">`
- **language**
  Der Container, der die Sprachumschaltung enthält:
  `<span class="language">`
- **globals**
  Der Container, der Impressum- und Sitemap-Link enthält:
  `<span class="globals">`
- **navigation**
  Der Container, der das Hauptmenü enthält:
  `<div id="navigation">`
- **copyright**
  Der Container, der die Copyrightangabe enthält:
  `<div class="copyright">`
- **bottomnavi**
  Der Container, der die Fußnavigation enthält:
  `<div class="bottomnavi">`
- **toplink**
  Der Container, der den Nach-oben-Link enthält:
  `<div class="toplink">`
- **inhalt**
  Der Container, der den Inhaltsbereich enthält. Wir werden hier nicht zwischen rechter und linker Spalte unterscheiden, sondern einen Bereich markieren:
  `<div id="content_wrap">`.

Dies wird jetzt exemplarisch für den Bereich »Rootline« durchgeführt.

15.3.2 Erstellen eines weiteren Bereichs

Einen neuen Bereich (TemplaVoilà spricht hier von *field*) legen Sie an, indem Sie in das (soeben erst eingeblendete) Eingabefeld unterhalb der ROOT-Definition einen geeigneten Bezeichner eingeben (da der »Rootline«-Bereich erstellt werden soll, wählen Sie den Bezeichner »field_rootline«[3]) und klicken anschließend auf ADD (siehe Abbildung 15.13).

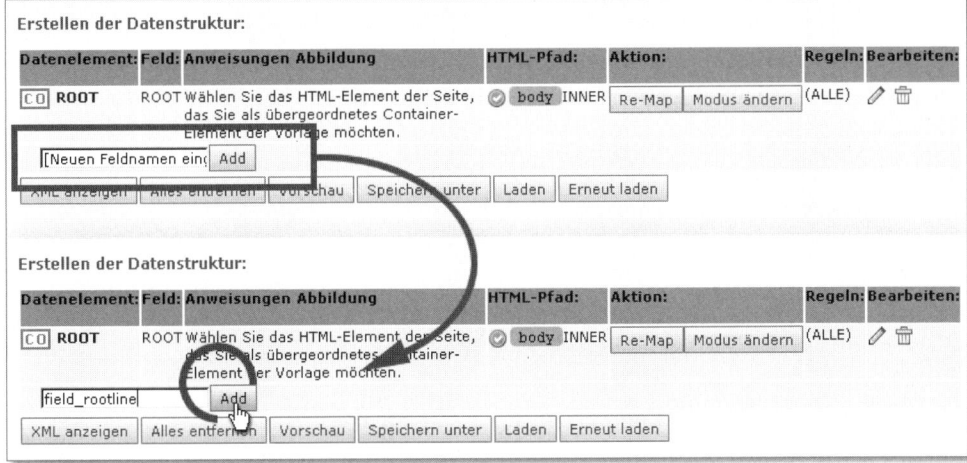

Abbildung 15.13 Anlegen eines neuen Mapping-Bereichs

Sie sehen nun eine Eingabemaske (siehe Abbildung 15.15), in der Sie die Eigenschaften des neuen Bereichs bestimmen können (TemplaVoilà spricht hier von *Element*; bezeichnen wir ihn der Klarheit halber als *Element-Mapping*).

Im Pulldown-Menü DATENELEMENT muss die Option ELEMENT ausgewählt sein. Dies wird normalerweise der Fall sein. Sie können hier allerdings auch einen anderen *Mapping Type* wählen. Dies wird später gelegentlich der Fall sein (siehe Abbildung 15.14).

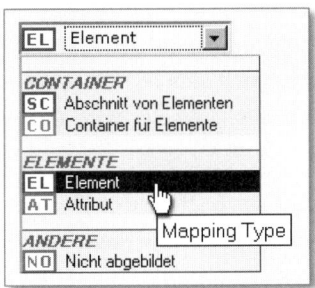

Abbildung 15.14 Wahl des »Mapping Type« (gewählt: »Element-Mapping«)

---

[3] Das Präfix »field_« erleichtert die Übersicht im erzeugten XML-Konfigurationsdokument, ist jedoch nicht zwingend. Eine konsistente Nomenklatur ist allerdings anzuraten.

In das Feld TITEL tragen Sie den Namen des Bereichs ein; in unserem Fall also »Rootline« (siehe Abbildung 15.15, Schritt 1). Das Feld ANWEISUNG ZUR ABBILDUNG besitzt beschreibenden Charakter. Was Sie hier eintragen, werden Sie später in der Übersicht über die Mappings wiederfinden. Für unser Vorhaben ist es gut, wenn Sie etwas in dieser Art eintragen: »Erzeugt eine Rootline über TypoScript (lib.field_rootline)«. In BEISPIELDATEN sollten Sie einen halbwegs sinnvollen Platzhalterinhalt eingeben. Geben Sie hier »[Rootline]« ein (siehe Abbildung 15.15, Schritt 2 und 3).

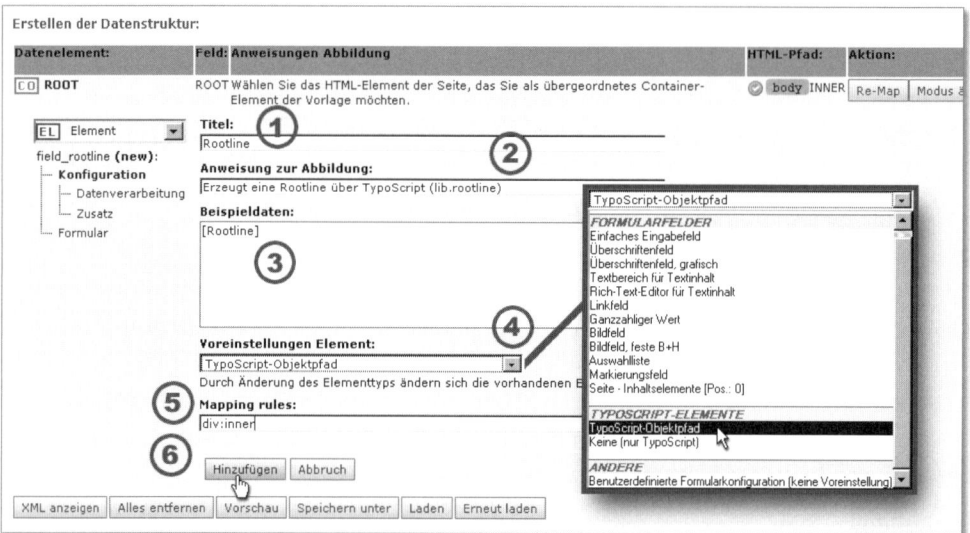

Abbildung 15.15 Voreinstellungen für den gemappten Bereich

Wählen Sie anschließend im Pulldown-Menü VOREINSTELLUNGEN ELEMENT (siehe Abbildung 15.15, Schritt 4) die Option TYPOSCRIPT OBJEKTPFAD. Da bekannt ist, dass sich die Rootline im Inneren eines Div-Containers befindet, geben Sie bei MAPPING RULES »div:inner« an. Dies bewirkt, dass der gemappte Bereich sich auf das Innere des Zielcontainers erstreckt, der Zielcontainer selbst aber nicht ersetzt wird (siehe Abbildung 15.15, Schritt 5).

Klicken Sie nun auf HINZUFÜGEN (siehe Abbildung 15.15, Schritt 6). Beachten Sie, dass sich das Hilfsmenü auf der linken Seite verändert (vorheriger Zustand siehe Abbildung 15.16, links). Wählen Sie den neu hinzugekommenen Unterpunkt TYPOSCRIPT aus, und prüfen Sie, ob im Feld ZUSATZOPTIONEN der Name lib.field_rootline steht (per Default sollte dies der Fall sein, da TemplaVoilà hier den vorhin eingegebenen Feldnamen verwendet). Klicken Sie nun sicherheitshalber auf den Button AKTUALISIEREN.

15.3 Mapping der Dokumentvorlage

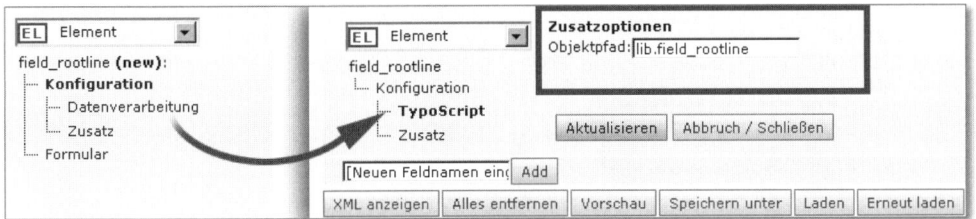

Abbildung 15.16 So bestimmen Sie die Eigenschaften des neuen Bereichs.

Der Bereich soll jetzt einem HTML-Container der Dokumentvorlage zugeordnet werden. Um dies einzuleiten, klicken Sie auf den Button ABBILDEN, der rechts in der Maske neu hinzugekommen ist, nachdem die erforderlichen Angaben gemacht worden sind. Im Abbildungsfenster erscheint nun erneut eine Vorschau des Dokuments mit darübergelegten Elementmarken (siehe Abbildung 15.17).

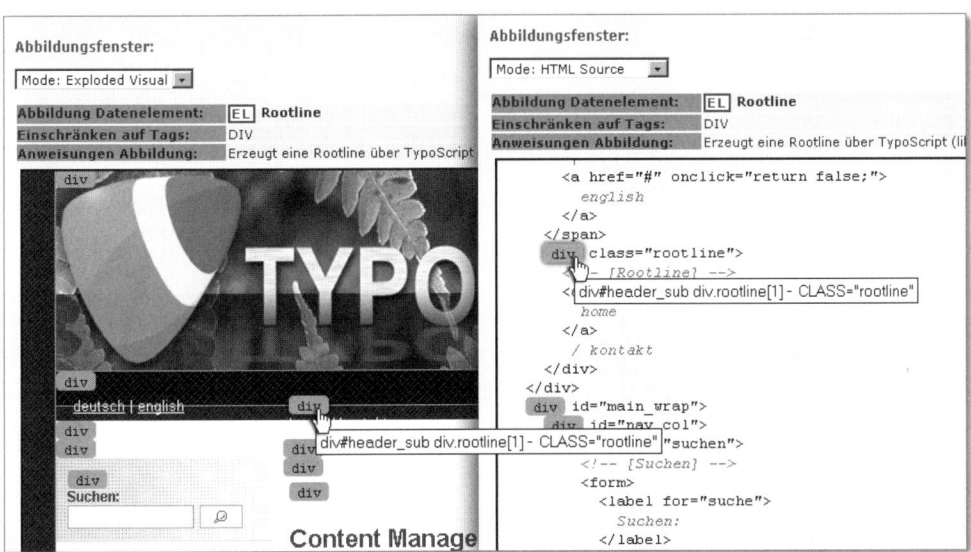

Abbildung 15.17 Mapping des Rootline-Bereichs

Wählen Sie diesmal den Container an, der die Dummy-Rootline enthält. Dies ist der Container <div class="rootline">. Wegen der gesetzten MAPPING RULES sind in der Übersicht diesmal nur Div-Container zu sehen (siehe Abbildung 15.17). Belassen Sie die Ersetzungsvorschrift wiederum bei INNER (EXCLUDE TAG), und klicken Sie auf den Button FESTLEGEN. Verschaffen Sie sich mit dem Button VORSCHAU eine Vorschau auf den Erfolg des Mappings[4] (siehe Abbildung 15.18).

---

[4] Hier scheint es gelegentlich nicht nachvollziehbare Bugs zu geben. Sollte die Vorschau misslingen, fahren Sie einfach fort.

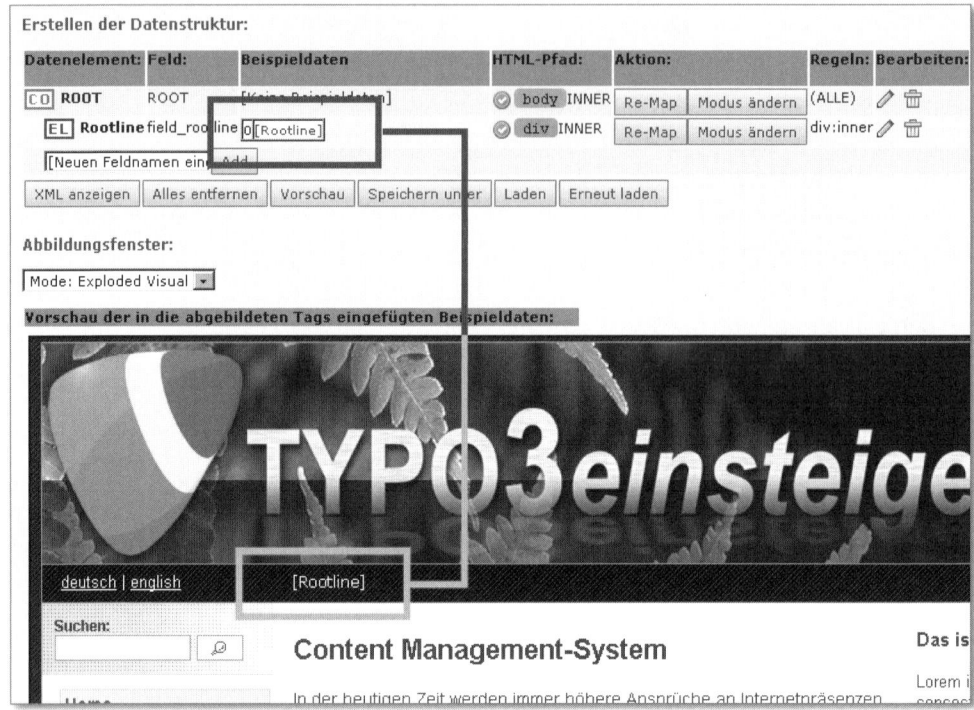

Abbildung 15.18 Der Beispielinhalt erscheint in der Template-Vorschau.

TemplaVoilà gibt hier eine Rückmeldung über den Erfolg des Bereichs-Mappings – Sie sehen in der Template-Vorschau anstelle der ursprünglich in der Template-Datei stehenden Beispiel-Rootline nun die Beispieldaten, wie sie in den Einstellungen des Bereichs eingetragen wurden (also [ROOTLINE]). Der bisherige Inhalt des Containers wurde entfernt. Er wird später mittels TypoScript wieder hinzugefügt.

15.3.3 Speichern des Mappings und Betrachten der Datenstruktur

Das Mapping der Dokumentvorlage ist zwar noch nicht abgeschlossen – es sind noch mehrere weitere Bereiche zu erstellen –, doch wir wollen hier die Arbeit kurz unterbrechen, um einen Blick auf die erstellte Datenstruktur zu werfen. Dafür muss das Ergebnis, um nicht verworfen zu werden, zwischengespeichert werden (die XML-Konfigurationsdatei, mit der TemplaVoilà arbeitet, wird erzeugt). Klicken Sie auf den Button SPEICHERN UNTER in der Mapping-Maske.

Sie gelangen nun in die Speichermaske für TemplaVoilà-Datensätze. Bevor Sie speichern, muss im Feld TITEL DS/VO ein Titel für den Datensatz angegeben werden. Im

Beispiel wurde »tp_t3club« verwendet. Den VORLAGENTYP belassen Sie bei SEITEN-
VORLAGE (siehe Abbildung 15.19).

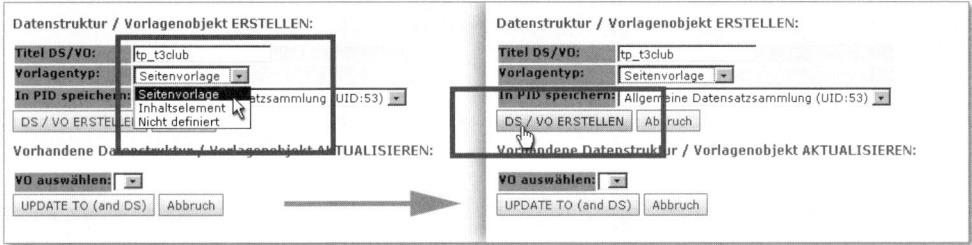

Abbildung 15.19 Speichern und Benennen des TemplaVoilà-Datensatzes

> **Hinweis**
>
> Achten Sie darauf, was im Pulldown-Menü IN PID SPEICHERN erscheint. Hier muss der Sys-Ordner *Templates* auftauchen, der zu Anfang angelegt und später dem Seiten-Template zugewiesen wurde. Er wird hier erstmals wirklich benötigt.

Klicken Sie auf DS/VO ERSTELLEN. Wurde im SysOrdner tatsächlich etwas abgelegt? Finden Sie dies heraus, indem Sie über das Modul WEB • LISTE den SysOrdner öffnen (siehe Abbildung 15.20): Sie sehen hier tatsächlich zwei Objekte, TO (ein sogenanntes *Template Object*, hier mit *Vorlagenobjekt* eingedeutscht) und DS (eine sogenannte *Datenstruktur*), die soeben abgespeichert wurden.

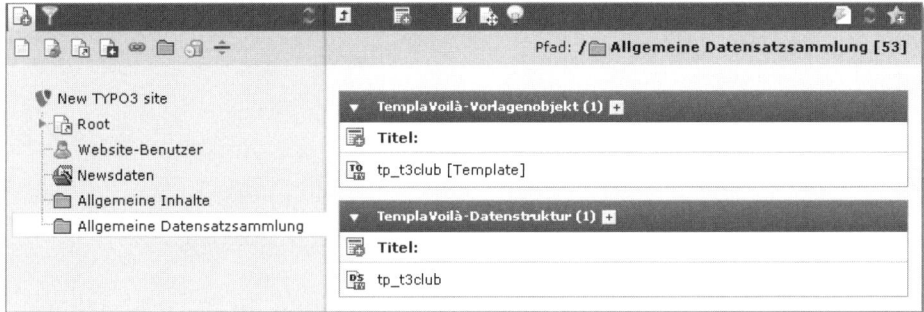

Abbildung 15.20 Vorlagenobjekt und Datenstruktur in der Listenansicht

Was es mit diesen Objekten auf sich hat, erkennen Sie, wenn Sie sie anklicken. Das Objekt-Icon trägt hier wie in TYPO3 üblich ein Kontextmenü. Wählen Sie den Befehl TEMPLAVOILÀ des Objekts TO (also des Vorlagenobjekts; siehe Abbildung 15.21).

15 Layout mit TemplaVoilà

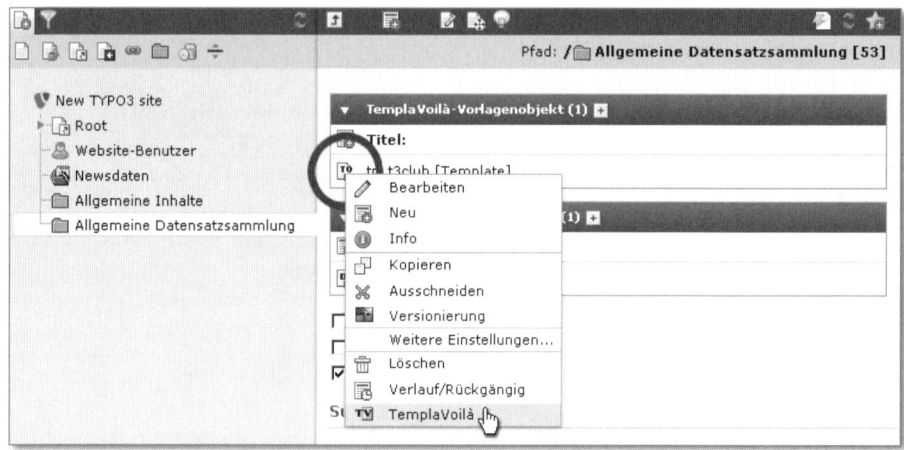

Abbildung 15.21 Das Kontextmenü des TemplaVoilà-Vorlagenobjekts

In der neuen Ansicht (siehe Abbildung 15.22) wird im Bereich ABBILDUNG eine Strukturübersicht des Vorlagenobjekts eingeblendet, in der Sie auch ein Remapping der beiden vorhandenen Bereiche vornehmen können.

Abbildung 15.22 Näherer Blick auf das Vorlagenobjekt in der Bearbeitungsansicht

Das Anlegen neuer Bereiche ist hier nicht möglich, daher ist diese Ansicht nicht direkt zur Weiterarbeit am Mapping geeignet.

Wechseln Sie wieder in die Listenansicht. Klicken Sie erneut auf das Vorlagenobjekt, wählen Sie aber diesmal das Stiftsymbol für BEARBEITEN. Es erscheint daraufhin ein Dialogfeld, in dem Sie die Eigenschaften des Vorlagenobjekts ändern können, beispielsweise den TITEL. Auch hier sollten Sie nichts weiter unternehmen (siehe Abbildung 15.23).

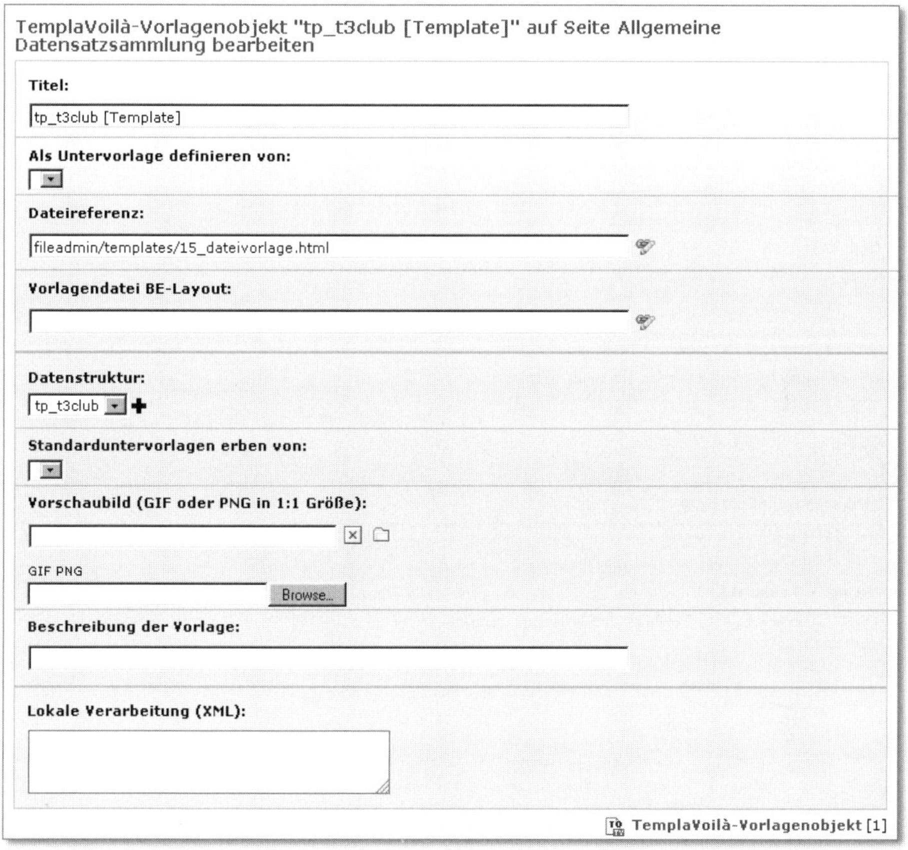

15.3 Mapping der Dokumentvorlage

Abbildung 15.23 Das Vorlagenobjekt im »Bearbeiten«-Modus

Interessanter ist in diesem Fall ein Blick auf das DS-Objekt, das im XML-Format die Datenstruktur enthält. Klicken Sie also nun auf das DS-Objekt, und wählen Sie auch hier in dessen Kontextmenü den Befehl BEARBEITEN.

Das XML-Dokument (siehe Abbildung 15.24) soll hier nicht bearbeitet werden – ein kurzer Blick darauf lohnt allerdings.

- T3DataStructure
  Dies ist das Wurzelelement und gleichzeitig der Typbezeichner für eine TemplaVoilà-Datenstruktur.
- ROOT type "array"
  Das ist der Datencontainer des Wurzelbereichs. Er ist vom komplexen Typ "array" und enthält neben seiner eigenen Meta-Beschreibung die definierten Felder.
- field_rootline type="array"
  Der Datencontainer für den Bereich Rootline. Er besitzt ebenfalls den komplexen Typ "array".

- `sample_data type="array"`
  Die Platzhalterdaten, die in der Template-Preview für den gemappten Bereich eingesetzt werden – hier ist es [Rootline]. Der Wert wird in den Container <preview> hinüberkopiert.

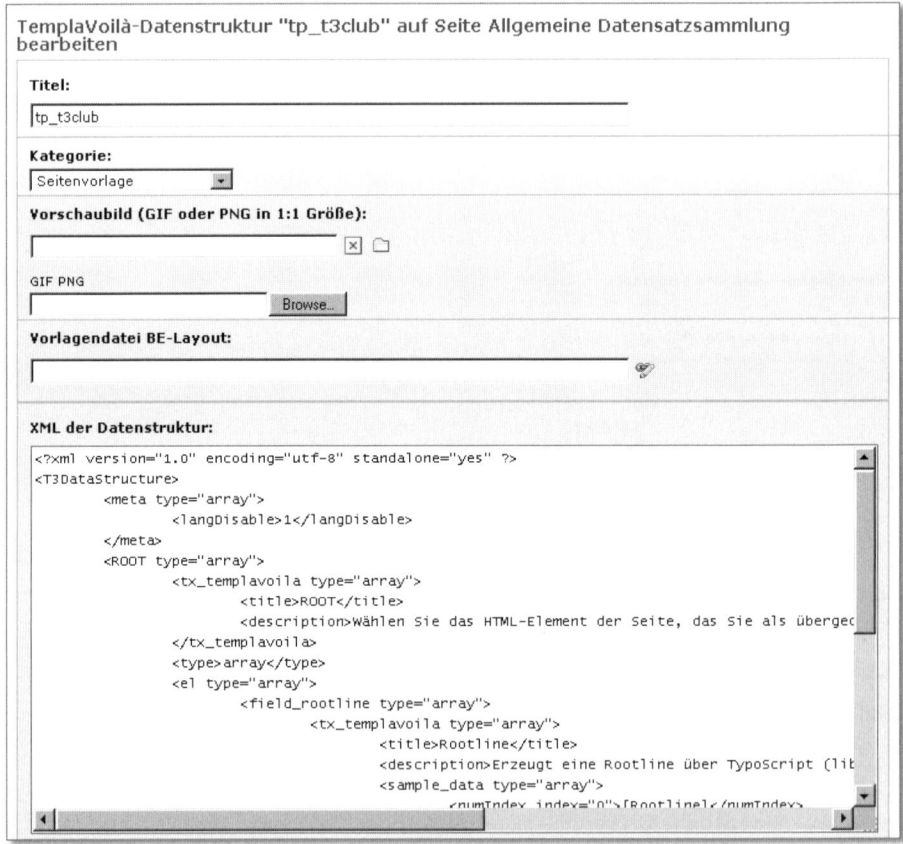

Abbildung 15.24 Zugriff auf die XML-Daten des DS-Objekts

```
<?xml version="1.0" encoding="utf-8" standalone="yes" ?>
<T3DataStructure>
   <meta type="array">
      <langDisable>1</langDisable>
   </meta>
   <ROOT type="array">
      <tx_templavoila type="array">
         <title>ROOT</title>
         <description>Wählen Sie das HTML-Element der Seite,
         das Sie als übergeordnetes Container-Element der
         Vorlage möchten.</description>
```

```xml
        </tx_templavoila>
        <type>array</type>
        <el type="array">
            <field_rootline type="array">
                <tx_templavoila type="array">
                    <title>Rootline</title>
                    <description>Erzeugt eine Rootline über
                    TypoScript (lib.field_rootline)</description>
                    <sample_data type="array">
                        <numIndex index="0">[Rootline]</numIndex>
                    </sample_data>
                    <eType>TypoScriptObject</eType>
                    <tags>div:inner</tags>
                    <proc type="array">
                        <int>0</int>
                        <HSC>0</HSC>
                        <stdWrap></stdWrap>
                    </proc>
                    <preview>[Rootline]</preview>
                    <TypoScriptObjPath>
                        lib.field_rootline
                    </TypoScriptObjPath>
                </tx_templavoila>
            </field_rootline>
        </el>
    </ROOT>
</T3DataStructure>
```

Zu diesem Zeitpunkt ist das XML-Dokument, da nur ein eigener Bereich definiert ist, nur wenig komplex. Wenn Sie im Zuge der folgenden Arbeiten gelegentlich einen Blick darauf werfen, sehen Sie, dass sich dies ändern wird.

Wenden wir uns nun wieder dem unterbrochenen Mapping-Vorgang zu. Klicken Sie erneut auf das TO-Objekt, und wählen Sie im Kontextmenü wieder den Befehl TEMPLAVOILÀ.

15.3.4 Fortführen des Mapping-Vorgangs

Wählen Sie diesmal nicht den Reiter ABBILDUNG, sondern den ersten Reiter INFORMATION. Über den Button DS/VO MODIFIZIEREN – denn eine Weiterführung des Mappings ist ja schließlich eine Modifikation – gelangen Sie wieder zur Eingabemaske des Mapping-Vorgangs (siehe Abbildung 15.25).

15 Layout mit TemplaVoilà

![Abbildung 15.25]

Abbildung 15.25 Fortführen des Mappings über »DS/VO modifizieren«

Definieren Sie ein neues Element »field_inhalt«, und weisen Sie ihm den Mapping-Typ ELEMENT und den Titel »Inhalt der Seite« zu. Als ANWEISUNG ZUR ABBILDUNG dient der Text »Inhaltselemente aus der Datenbank (über beide Contentspalten)«. Als Beispieltext geben Sie »[Beispielinhalt]« ein. Wählen Sie als VOREINSTELLUNGEN ELEMENT den Typ SEITE – INHALTSELEMENTE. Die MAPPING RULES setzen Sie wieder auf »div:inner« (siehe Abbildung 15.26).

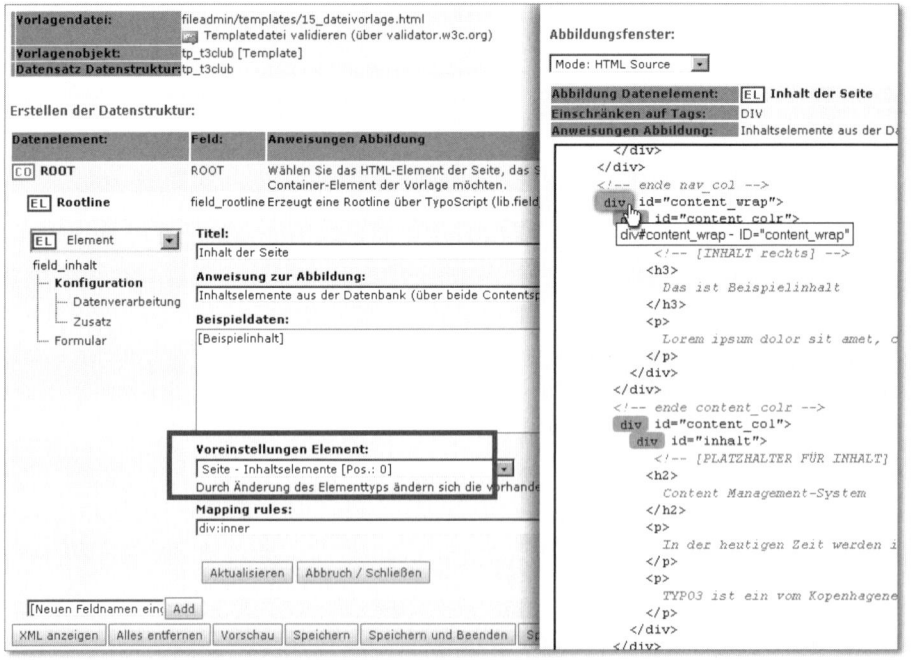

Abbildung 15.26 Mapping des Inhaltsbereichs »field_inhalt«

Klicken Sie nun auf HINZUFÜGEN und anschließend auf ABBILDEN. Weisen Sie dem Bereich den Inhaltscontainer zu (hier ist dies `<div id="content_wrap">`). Verwenden Sie am besten die Quelltextansicht.

Fügen Sie nun weitere Bereiche hinzu. Diese erhalten ausnahmslos bei VOREINSTELLUNGEN ELEMENT den Typ »TypoScript Object Path«. Setzen Sie alle auf :inner.

Bereichsname	Objektpfad	Zielcontainer
FIELD_SUCHEN	lib.field_suchen	`<div class="suchen">`
FIELD_LANGUAGE	lib.field_language	`<span class="language">`
FIELD_GLOBALS	lib.field_globals	`<span class="globals">`
FIELD_NAVIGATION	lib.field_navigation	`<div id="navigation">`
FIELD_COPYRIGHT	lib.field_copyright	`<div class="copyright">`
FIELD_BOTTOMNAVI	lib.field_bottomnavi	`<div class="bottomnavi">`
FIELD_TOPLINK	lib.field_toplink	`<div class="toplink">`
FIELD_SPRUNG	lib.field_sprung	`<p>`

Tabelle 15.1 Bereichsnamen, Objektpfade und Zielcontainer der restlichen Bereiche

Nach dem Setzen des letzten Bereichs können Sie die für das folgende Element-Mapping offene Eingabemaske über ABBRUCH/SCHLIESSEN gefahrlos beenden. Sie sollten nun ein Ergebnis wie in Abbildung 15.27 vor sich sehen. Wenn Sie die Seite vorher noch mit VORSCHAU betrachten, sehen Sie eine Vorschau wie in Abbildung 15.28.

Abbildung 15.27 Alle Bereiche sind gemappt, kurz vor dem Speichern.

Abbildung 15.28 Alle Bereiche sind mit Beispielinhalt gefüllt.

Die Änderungen, die Sie eben am Vorlagenobjekt vorgenommen haben, müssen nun noch gespeichert werden. Klicken Sie hierfür wieder auf den Button SPEICHERN UNTER.

Achten Sie darauf, dass Sie nicht aus Versehen ein neues Vorlagenobjekt erzeugen (Sie könnten die Bearbeitung durchaus auch unter neuem Namen abspeichern), sondern dass Sie das bestehende aktualisieren. Wählen Sie es als Ziel des Updates im Pulldown-Menü aus (siehe Abbildung 15.29, links), und klicken Sie anschließend auf den Button UPDATE TO (AND DS).

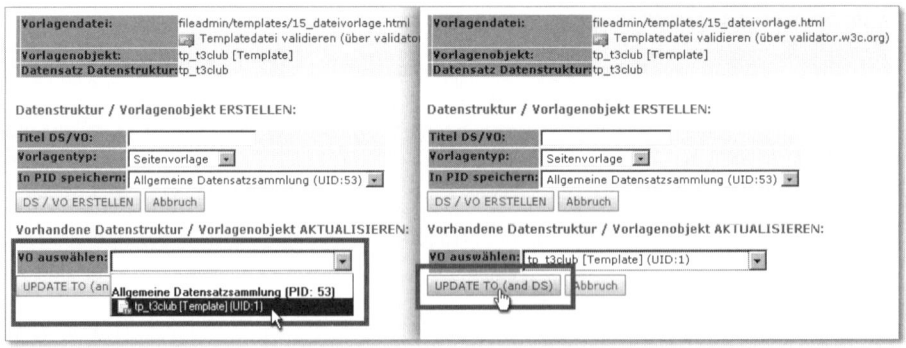

Abbildung 15.29 Aktualisieren des geänderten Vorlagenobjekts

15.4 Arbeiten mit dem TemplaVoilà-Template

Das angelegte TemplaVoila-Template steht nun der Website zur Verfügung. Der Vorteil ist, dass auch der Redakteur selbst die vorbereiteten Datenstrukturen auswählen kann.

15.4.1 Die TemplaVoilà-Datenstruktur an die Startseite zuweisen

Die erstellte und gespeicherte Datenstruktur muss nun noch der Seite zugewiesen werden. Wechseln Sie hierfür zu WEB • SEITE, wählen Sie die Seite »TYPO3 Club«, und wechseln Sie dann in den Bearbeitungsmodus für die Seiteneigenschaften.

Abbildung 15.30 Einbinden der Datenstruktur für Haupt- und Unterseiten

Sie finden im Bereich ERSCHEINUNGSBILD die Felder VORLAGEN-DESIGN BENUTZEN und UNTERSEITEN – VORLAGEN-DESIGN BENUTZEN vor, in denen Sie die im SysOrdner abgelegten TemplaVoilà-Datenstrukturen per Pulldown-Menü auswählen können. Zurzeit steht nur eine Struktur zur Auswahl, nämlich TP_T3CLUB, die Sie daher als Vorlagendesign auswählen müssen. Da eine TemplaVoilà-Vorlage vererbt wird, ist es nur dann nötig, auch eine Vorlage für die Unterseiten zu wählen, wenn diese sich von der für die aktuelle Seite zuständigen Vorlage unterscheidet. Das ist hier nicht der Fall, also kann dieses Feld leer bleiben. Speichern Sie, und verlassen Sie dann den Dialog.

15.4.2 Einbinden der Stylesheet-Datei

Jetzt muss noch das Stylesheet in das Design eingegliedert werden (tatsächlich ist bereits eines eingegliedert, aber dieses wurde vom Wurzel-Template geerbt). Erinnern Sie sich, dass TYPO3 den Dokumentkopf selbst zu generieren pflegt und daher ein in die HTML-Vorlage eingefügter Stylesheet-Link nicht automatisch in der TemplaVoilà-Vorlage erscheint. Er muss nachträglich wieder hinzugefügt werden.

Um dies vorzunehmen, wechseln Sie wieder in das Modul WEB • LISTE in den SysOrdner *Templates* und wählen im Kontextmenü des VORLAGENOBJEKTS den Befehl TEMPLAVOILÀ. Wechseln Sie den Bereich KOPFTEILE (siehe Abbildung 15.31).

Abbildung 15.31 Einbinden der Kopteile der Dokumentvorlage

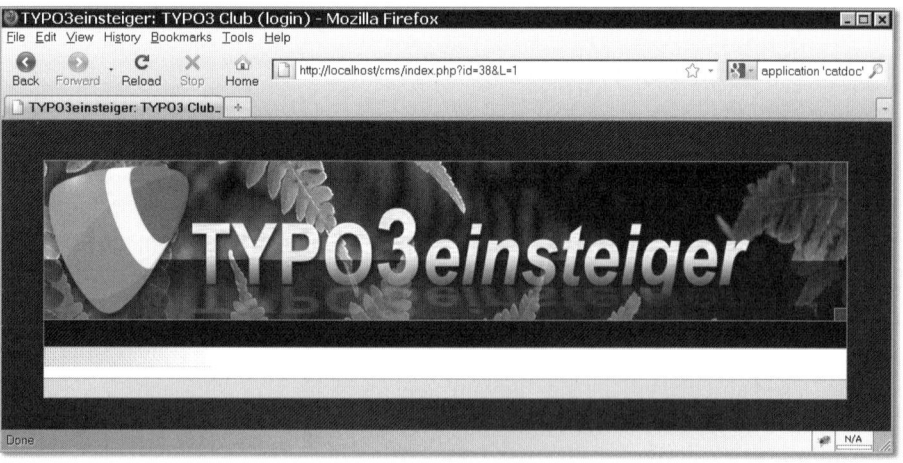

Abbildung 15.32 Das Layout ist zwar über TemplaVoilà eingebunden, aber noch ist es leer.

Setzen Sie ein Häkchen in die Checkbox des Stylesheet-Links. Den Body können Sie außer Acht lassen. Klicken Sie auf FESTLEGEN und dann auf SPEICHERN. Nun ist die TemplaVoilà-Vorlage so weit vorbereitet, dass Sie sich um die Zuweisung der Inhalte kümmern können. Bislang ist die Seite noch ziemlich leer (siehe Abbildung 15.32) – nicht einmal die im Mapping-Prozess definierten Beispielinhalte sind sichtbar (diese dienen nur der Vorschau während des Mappings).

15.4.3 Einfügen der Inhalte

Praktischerweise muss nicht bei null begonnen werden. Alle durch TypoScript definierten Inhalte sind im Wurzel-Template deklariert und können hier eingesetzt werden. Da wir für das Erweiterungs-Template dem Objekt page.10 eine TemplaVoilà-Struktur zugewiesen haben, sind alle Subpartzuweisungen des Wurzel-Templates hier zunächst einmal nicht gültig. Erinnern Sie sich – es sind keine Subparts definiert, dafür aber TemplaVoilà-Bereiche.

Nun sollen die Bereiche vom Typ »TypoScript Object Path« mit den vorhandenen TypoScript-Definitionen ihrer vorgesehenen Inhalte verknüpft werden. Dies ist relativ einfach.

Wechseln Sie in das Modul WEB • TEMPLATE, und wählen Sie das Erweiterungs-Template von »TYPO3 Club« aus. Der Ordnung halber soll zunächst der Stylesheet-Link aus dem Root-Template entfernt werden, da inzwischen das Stylesheet der TemplaVoilà-Designvorlage eingebunden wurde:

```
page.includeCSS >
```

Nun sollen die TypoScript-Definitionen für die einzelnen Seitenbestandteile recycelt werden. Sie werden hierfür einfach in die beim Mapping definierten TypoScript-Objekte kopiert. Tragen Sie in das SETUP folgende Zeilen ein:

```
lib.field_suchen < page.10.subparts.suchen
lib.field_toplink < page.10.subparts.toplink
lib.field_language < page.10.subparts.language
lib.field_copyright < page.10.subparts.copyright
lib.field_globals < page.10.subparts.globals
lib.field_bottomnavi < page.10.subparts.bottomnavi
lib.field_navigation < page.10.subparts.navigation
lib.field_rootline < page.10.subparts.rootline
lib.field_sprung < page.10.subparts.sprung
```

Betrachten Sie nun die Seite im Browser. Das Ergebnis ist *beinahe* befriedigend (abgesehen davon, dass noch keine Inhalte vorhanden sind). Im Bereich ###copyright### ist der Seitentitel verschwunden. Dies liegt daran, dass TemplaVoilà die Seitentabelle anders auswertet und mit der Angabe field=title nichts anzufangen weiß. Tragen Sie also noch folgende Zeilen zusätzlich in das SETUP ein:

```
lib.field_copyright.10.field >
lib.field_copyright.10.data = page:title
```

Hier wird die Eigenschaft field des TEXT-Objekts in lib.copyright, das aus dem Subpart stammt, gelöscht. Stattdessen wird eine Eigenschaft data eingeführt, die mit der Syntax TABELLENNAME:FELDNAME die Datenbank ausliest.

Abbildung 15.33 Das Layout mit allen TypoScript-Inhalten

15.5 Flexible Content-Elemente

Nun soll ein weiteres Feature von TemplaVoilà kurz demonstriert werden, nämlich das Erstellen *flexibler Content-Elemente* (FCE). Bislang konnten Sie nur mit den vordefinierten Seiteninhaltstypen von TYPO3 arbeiten. Mit TemplaVoilà können Sie auch eigene Inhaltstypen definieren. Dies soll hier anhand von zwei- und dreispaltigen Inhaltscontainern und anschließend an zwei weiteren Inhaltselementen gezeigt werden.

Öffnen Sie über den Dateimanager erneut die HTML-Vorlage zur Bearbeitung. Sie soll wieder gemappt werden. Hierbei wird aber keine Seitenvorlage, sondern ein Content-Element erstellt. Das Procedere ist dennoch ähnlich. Diesmal ist das ROOT-Element jedoch nicht das Body-Tag, sondern der Container eines potenziellen Content-Elements. In der Vorlage finden Sie hiervon mehrere, die später als beliebig platzierbare Container in Ihrem Layout dienen können:

▶ `<div class="content2sp_33-66">`
 Zweispaltig, wobei die linke Spalte 33% und die rechte 66% Breite besitzt

- `<div class="content2sp_66-33">`
  Zweispaltig, wobei die linke Spalte 66 % und die rechte Spalte 33 % Breite besitzt
- `<div class="content1sp_100">`
  Einspaltig mit voller Breite
- `<div class="content3sp_33-34-33">`
  Dreispaltig, mit 33 %, 34 % und 33 % Breite

Da TemplaVoilà sich an den letzten Mapping-Vorgang erinnert, muss zunächst die Ansicht gelöscht werden. Klicken Sie dazu auf den Button ALLES ENTFERNEN. Setzen Sie nun das `ROOT`-Element auf `<div class="content2sp_33-66">`. Mappen Sie es (wichtig!) als `div:outer`.

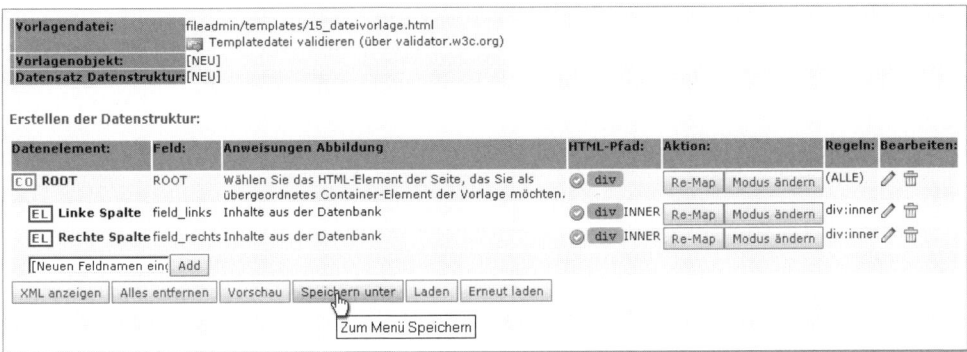

Abbildung 15.34 Mapping eines Inhaltselements

Erstellen Sie zwei Bereiche »Spalte links« und »Spalte rechts«, und mappen Sie sie mit `div:inner` als Seiteninhaltselemente jeweils auf den linken bzw. rechten Div-Container mit der Klasse `c_pad`. Speichern Sie das Mapping, aber verwenden Sie diesmal den Typ »Inhaltselement«. Nennen Sie die Content-Templates »c33-66«, »c66-33« etc. (siehe Abbildung 15.35).

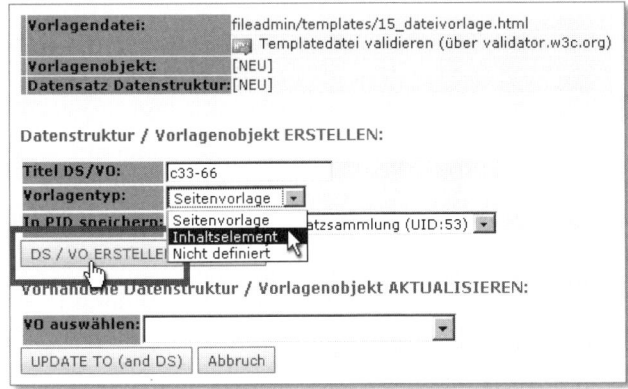

Abbildung 15.35 Speichern eines Content-Elements

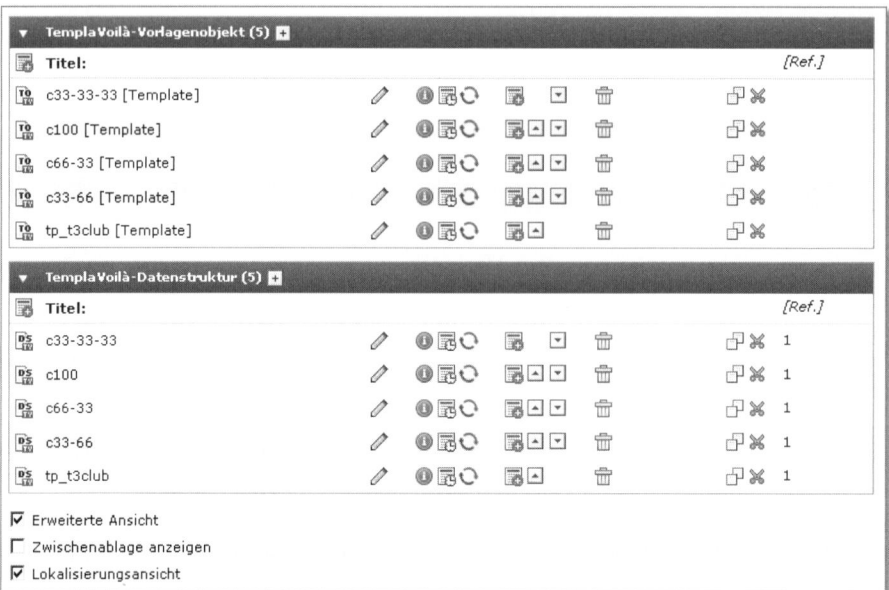

Abbildung 15.36 Die Inhaltselemente in der Listenansicht

In der Listenansicht des SysOrdners *Templates* (siehe Abbildung 15.36) sehen Sie nun die eben angelegten Elemente. Wechseln Sie jetzt in das TEMPLAVOILÀ-SEITENMODUL, und erstellen Sie Inhalte für die Seite »Designthemen«. Die Eingabemaske sieht etwas anders aus als bisher gewohnt (siehe Abbildung 15.37). Klicken Sie auf das Icon für neue Inhalte.

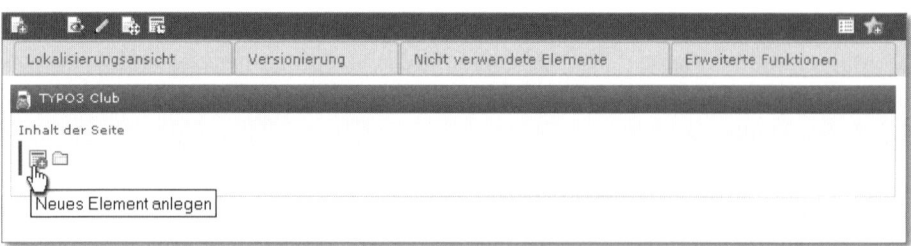

Abbildung 15.37 Die TemplaVoilà-Maske für die Seitenbearbeitung

Zusätzlich zu den bereits bekannten Inhaltselementen finden Sie hier mehrere neue vor (siehe Abbildung 15.38, je nachdem, wie viele Content-Elemente Sie eben erstellt haben).

Wählen Sie das Element C100. Die folgende Eingabemaske (siehe Abbildung 15.39) können Sie im Grunde ignorieren, da an dieser Stelle keine weitere Eingabe erforderlich ist. Klicken Sie also lediglich auf SPEICHERN.

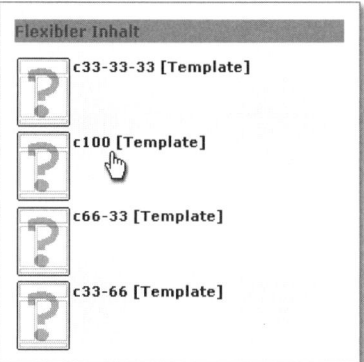

Abbildung 15.38 Die neuen Content-Elemente in den Seiteninhalten

Fügen Sie nun nach diesem Element das flexible Content Element c33-66 ein. Verfahren Sie ansonsten wie eben, machen Sie also keine Eingabe, sondern klicken Sie einfach auf SPEICHERN.

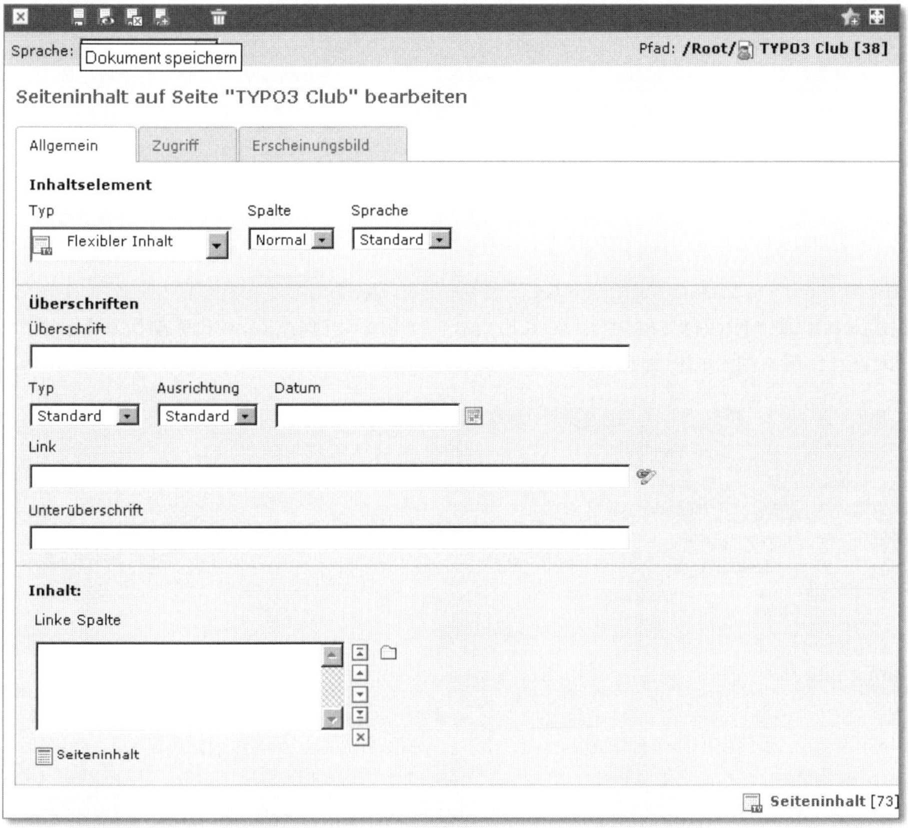

Abbildung 15.39 Eingabemaske des Content-Elements

Sie sehen nun in der Inhaltseingabemaske der Seite, dass unter dem einspaltigen Inhalt tatsächlich ein zweispaltiger Inhalt angelegt wurde (siehe Abbildung 15.40). In jeder freien Spalte befindet sich ein Icon zum Einfügen von Inhalten. Sie können hier dementsprechend alle Arten von Inhaltselementen einsetzen. Wählen Sie ein Element »Nur Bilder« für die obere breite Spalte.

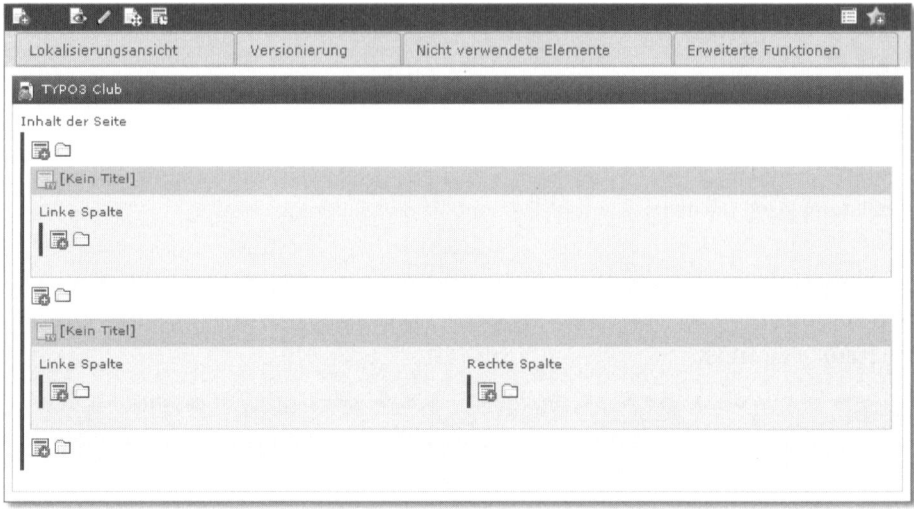

Abbildung 15.40 Die Spaltenansicht der neuen Inhaltselemente

Nun sollen die bisherigen Inhalte in das TemplaVoilà-Layout geholt werden. Von vornherein sind sie nicht zu sehen, da TemplaVoilà nicht auf die herkömmliche Art mit tt_content zusammenarbeitet. Sie können die Inhalte jedoch sehen, wenn Sie auf den Reiter NICHT VERWENDETE ELEMENTE am oberen Rand des Arbeitsbereichs klicken (siehe Abbildung 15.41).

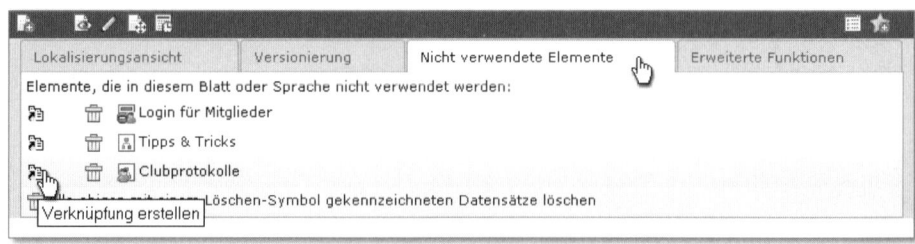

Abbildung 15.41 Verknüpfung mit alten Elementen erstellen

Sie können diese Inhalte in das aktuelle Layout übernehmen, indem Sie eine Verknüpfung erstellen, die Sie dann in die TemplaVoilà-Inhaltsbereiche einfügen. Verknüpfen Sie die beiden Sitemap-Menüs mit den beiden Spalten des zweispaltigen Elements (siehe Abbildung 15.42).

15.5 Flexible Content-Elemente

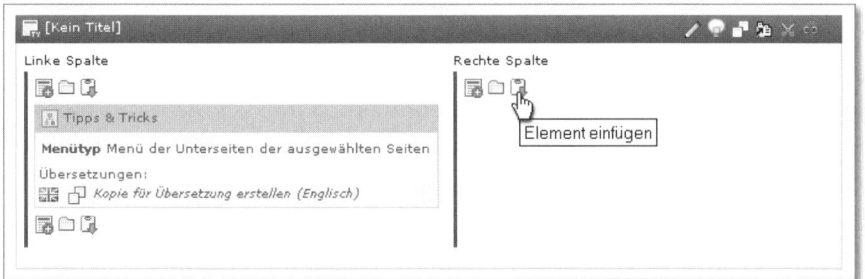

Abbildung 15.42 Einfügen einer Verknüpfung aus der Zwischenablage

Füllen Sie nun die linke und die rechte Spalte mit Beispielinhalt. Sie können beliebige Inhalte einfügen, auch das Verschachteln der flexiblen Content-Elemente ineinander ist möglich. Setzen Sie mehrere der mehrspaltigen Container in Ihr Layout ein. Sie erhalten eine Ansicht der Website, die so wie in Abbildung 15.43 aussieht.

Abbildung 15.43 TemplaVoilà-gestützte Seite mit mehrspaltigem Inhalt

481

15.6 Zusammenfassung und Ausblick

TYPO3 stellt ein hochkomplexes System dar. Daher benötigt eine vertiefende Behandlung aller Aspekte entsprechend mehr Raum. An dieser Stelle möchten wir Sie deshalb gern auf das als gute Grundlagenvertiefung noch immer unverzichtbare weiterführende Werk unserer Kollegen Laborenz et al., »TYPO3 4.0 – Das Handbuch für Entwickler«, (ebenfalls bei Galileo Press erschienen) hinweisen, das prinzipbedingt mehr in die Tiefe geht.

Im Anschluss finden Sie mit Kapitel 16, »Übersicht: TYPO3-Backend«, noch einen knappen, informativen Abriss über das Backend von TYPO3 und seine Module.

Das dann folgende Kapitel 17, »TypoScript – eine Kurzreferenz«, ist zum Nachschlagen gedacht und dient als kompakte Übersicht über alle Aspekte von TypoScript, wie sie in den bisherigen Kapiteln verstreut behandelt wurden.

Die Anhänge A bis C decken Themen wie die Installation von XAMPP, TYPO3-Installationspakete und das Erstellen von Datenbank-Backups mit phpMyAdmin ab.

In Anhang D finden Sie einen Pool von Online-Ressourcen zu TYPO3, der Ihnen helfen soll, sich selbstständig weiter zu informieren.

Das Finale?

Der in TYPO3 einführende Teil des Buches ist hiermit abgeschlossen. Wir hoffen, dass Sie bis hierher erfolgreich und mit Spaß mitgearbeitet haben, und freuen uns auf entsprechende Rückmeldungen.

Kapitel 16
Übersicht: TYPO3-Backend

Wir stellen Ihnen in diesem Kapitel die Module des TYPO3-Backends in dessen Default-Konfiguration vor. Sie erfahren hier auch Näheres über die globalen Navigationselemente wie Login, Lesezeichen-, Cache- und Workspace-Steuerung.

Es kann sein, dass sich die in diesem Kapitel gezeigte Bedienoberfläche von TYPO3 in Teilen von Ihrer Installation unterscheidet. Der Grund hierfür ist, dass sich das Aktivieren von Erweiterungen und die Konfiguration des Systems auch auf das Aussehen und die Funktionen von TYPO3 auswirken (können). Zudem hängt die Gestalt der Benutzeroberfläche stark von den Rechten des jeweiligen Users ab. Mehr zu letztgenanntem Punkt erfahren Sie in Kapitel 14, »Rechtevergabe im Backend«.

16.1 Die Modulleiste

Die linke Seite des Backend-Bereichs enthält ein Menü für die einzelnen TYPO3-Module und ist in der Grundkonfiguration[1] in folgende logische Bereiche unterteilt: WEB, FILE, USER TOOLS, ADMIN TOOLS sowie HELP. Die rechte Seite gibt eine kurze Beschreibung der Module wieder.

Jeder Moduleintrag besteht aus einem Icon und dem daneben befindlichen Funktionsbezeichner. Der Funktionsname wird defaultmäßig in Englisch wiedergegeben – dies kann jedoch geändert werden; dazu werden wir gleich noch mehr erläutern.

- Das *Icon* eines Moduls dient einerseits der Illustration und ist auch selbst anklickbar, um das betreffende Modul zu starten. Es verfügt jedoch nicht über ein Kontextmenü.
- Der *Funktionsname* dient als Link und ruft das entsprechende TYPO3-Modul auf: Die Ansicht der rechten Bildschirmseite wechselt, um die Bedienelemente anzuzeigen, die zur Steuerung der Funktion erforderlich sind.

---
[1] In den vorherigen Kapiteln haben Sie gesehen, dass Erweiterungen auch in der Modulleiste zusätzliche Module hinzufügen. Diese Module werden in den entsprechenden Kapiteln zur jeweiligen Erweiterung besprochen. Hier wird ausdrücklich nur die Default-Konfiguration behandelt.

Die Modulleiste bleibt dabei unabhängig von der gerade aktiven Funktion stets unverändert sichtbar.

16.1.1 Der modulare Aufbau des Backends

TYPO3 ist *modular* aufgebaut. Seine Funktionen (Module) sind im Backend über Einzelbefehle zugänglich. Die Befehle sind in zusammengehörige Gruppen (Modulgruppen) zusammengefasst. Ein Vorteil des modularen Aufbaus besteht in der Konfigurierbarkeit der Oberfläche: Jeder Backend-Nutzer kann die Bedienoberfläche erhalten, die er benötigt, und braucht sich nicht mit Funktionen zu befassen, die für seine Tätigkeit irrelevant sind.

Anzahl und Art der angezeigten Module hängen von der jeweiligen Installation von TYPO3 und von den Rechten des angemeldeten Nutzers ab: Administratoren erhalten Zugriff auf alle Module und Funktionalitäten, sehen daher die komplette Backend-Struktur. Im Falle von Redakteuren mit eingeschränkten Zugriffsrechten können einzelne Module oder Modulgruppen (TOOLS, FILE etc.) ausgeblendet sein. Im Realbetrieb arbeiten die Redakteure aus Gründen der Übersichtlichkeit, Sicherheit und Effizienz meist nur mit den von ihnen benötigten Funktionen.

Die in den folgenden Abbildungen gezeigten Ausschnitte aus der Bedienoberfläche geben die umfassende Sicht eines mit Administratorrechten ausgestatteten Benutzers wieder – alle Module einer Gruppe sind für den Administrator sichtbar. Es werden die Module der englischsprachigen Default-Konfiguration (links) jeweils ihrer deutschen Übersetzung (rechts) gegenübergestellt.

16.1.2 Die Modulgruppe »Web«

In der Modulgruppe WEB sind die wichtigsten Funktionen zusammengefasst, die Sie zum Erstellen, Betrachten und zur Bearbeitung von Seiten sowie zur Information über deren Eigenschaften benötigen (siehe Abbildung 16.1).

Abbildung 16.1 Die Funktionsmodule des Modulbereichs »Web«

Seite (Page)

Hiermit legen Sie in Ihrem Webprojekt neue Seiten an und bearbeiten diese. Sie werden später dieses Modul immer wieder verwenden, um sich einen Überblick über die Struktur des Gesamtprojekts zu verschaffen.

Ein Klick auf das Modul SEITE zeigt Ihnen die Struktur der Site in Form eines Seitenbaums an. Bei einer Installation des Dummypakets wird dies zunächst ein leerer Seitenbaum sein.

Anzeigen (View)

Dieses Modul zeigt Ihnen im Arbeitsbereich (also nicht in einem separaten Browserfenster) eine Voransicht der aktuellen Seite an. Sie können die Inhalte einer Seite direkt bearbeiten, indem Sie auf die Bleistiftsymbole in der Voransicht klicken.

Liste (List)

Mit dem Modul LISTE können Sie auf alle Datensätze einer Seite zugreifen und auch Datensätze jedes Typs anlegen. Während die anderen Module hauptsächlich auf Operationen mit bestimmten Inhalten spezialisiert sind, bietet dieses Modul den Zugriff auf alle Inhalte, die für den jeweiligen Benutzer zugänglich sind. Es können dies z.B. Seiten (Unterseiten der aktuellen Seite), Seiteninhalte, Templates, Benutzer oder Arbeitsumgebungen sein.

Arbeitsumgebungen (Workspaces)

Dieses Modul bedient die Workspaces auf Nutzerebene. Von hier aus können Sie aus der »Liveansicht« in eine andere, von Ihnen definierte Arbeitsumgebung wechseln. Änderungen dort sind nicht sofort im Frontend sichtbar, sondern müssen erst, bei entsprechender Berechtigung, veröffentlicht werden. So lässt sich ein redaktioneller Workflow darstellen, bei dem die eine Nutzergruppe Inhalte erzeugt, die von einer anderen Gruppe begutachtet und veröffentlicht werden. Dieses Modul ist Bestandteil der Standardinstallation, jedoch nicht gleich aktiviert. Schauen Sie im Erweiterungsmanager nach der Erweiterung »Workspaces Management«.

Info (Info)

Das Modul INFO verwaltet statistische Informationen der Seiten. Hierzu gehören beispielsweise Statistiken über Seitenzugriffe und eine Protokollierung der Änderungen.

Zugriff (Access)

Mit dem Setzen der Seitenzugriffsrechte kann der Zugriff der Backend-Benutzer auf die einzelnen Seiten gesteuert werden. Sie können damit einzelne Benutzer und Benutzergruppen als »Besitzer« der Seite sowie ihre Zugriffsrechte festlegen.

Funktionen (Functions)

Hier finden Sie spezielle Zusatzfunktionen (»Assistenten«). In der Standardinstallation können Seiten automatisiert angelegt und umsortiert werden.

Template (Template)

Hier werden die TypoScript-Templates angelegt und verwaltet. Diese Templates sind für das Erscheinungsbild und die Funktionen Ihrer Webseite verantwortlich. Über dieses Modul werden auch der TypoScript-Objekt-Browser und der Konstanteneditor erreicht. Dieses Modul kann nur von Nutzern mit Administratorenrechten benutzt werden.

16.1.3 Die Modulgruppe »Datei« (File)

Die Modulgruppe DATEI besteht aus einem Modul, das zur Dateiverwaltung innerhalb des CMS dient (siehe Abbildung 16.2).

Abbildung 16.2 Das Funktionsmodul der Modulgruppe »Datei« (File)

Dateiliste (Filelist)

Dieses Modul erlaubt den Zugriff auf das Fileadmin-Repository. Welche Bereiche von Fileadmin aus zugänglich sind, wird durch die Rechte des jeweils angemeldeten Nutzers bestimmt. Sie haben die Möglichkeit, Dateien abzulegen und Metadaten anzugeben. Im Rahmen der Freigabe können Dateien auf den Server hochgeladen und dort kopiert, verschoben, umbenannt, bearbeitet oder gelöscht werden.

16.1.4 Die Modulgruppe »Benutzerwerkzeuge« (User Tools)

Die Modulgruppe BENUTZERWERKZEUGE besitzt zwei Module, die die persönlichen Einstellungen des angemeldeten Nutzers und ihm zugeteilte Aufgaben (»Tasks«) betreffen (siehe Abbildung 16.3).

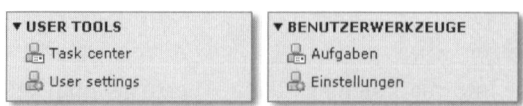

Abbildung 16.3 Die Funktionsmodule der Modulgruppe »Benutzerwerkzeuge«

Aufgaben (Task Center)

Das Modul AUFGABEN bietet Zugriff auf die interne To-do-Liste des jeweiligen Nutzers und auf an ihn gerichtete Benachrichtigungen, Notizen etc. Es erleichtert damit den Workflow und die Bearbeitung der anstehenden Aufgaben.

Einstellungen (Setup)

Dieses Modul dient zur Einstellung des aktuellen Benutzerprofils im Backend. Hier können Benutzername und E-Mail-Kontakt eingegeben werden. Auch kann die im Backend benutzte Sprache eingestellt werden.

16.1.5 Die Modulgruppe »Adminwerkzeuge«

Die Modulgruppe ADMINWERKZEUGE bietet eine Reihe von Funktionen, die der Systemkonfiguration, -überprüfung und -verwaltung dienen (siehe Abbildung 16.4). In der Regel werden diese nur von Administratoren benötigt. Sie können daher in Redakteurprofilen (d.h. für Nicht-Administratoren) aus Gründen der erforderlichen Zugriffsrechte[2] auch nicht zur Verfügung gestellt werden.

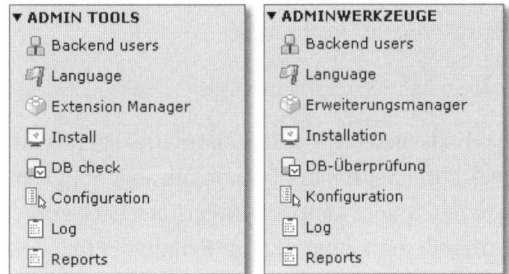

Abbildung 16.4 Die Funktionsmodule der Modulgruppe »Adminwerkzeuge«

Backend users (Backend users)

Dieses Modul bietet einen Überblick über alle Backend-Benutzer des Systems und eine entsprechende Bearbeitungsmöglichkeit der Accounts. Die Übersicht kann entsprechend der Eigenschaften der Nutzer gruppiert werden. Die Gruppierung kann in beliebigen Kombinationen gemäß Zugriffsrechten, Dateifreigaben, Konfiguration, Gruppenzugehörigkeit erfolgen. Das Modul steht nur Administratoren zur Verfügung.

Language (Language)

Das Language-Modul ist seit TYPO3 CMS 6.0 ein eigenständiges Modul für Übersetzungen im Backend. Mit ihm können für die Standardinstallation und für nachgerüstete Erweiterungen Übersetzungen zu Modulbeschriftungen, Formularbezeichnungen und Hilfetexte nachgeladen werden.

---

[2] Dies ist sinnvoll, da die Nutzung der Funktionen Systemkenntnisse erfordert, mit denen sich Redakteure ansonsten nicht zu belasten brauchen.

Erweiterungsmanger (Ext Manager)

Der *Erweiterungsmanager* verwaltet die im System zur Verfügung[3] stehenden Erweiterungen. Hierzu gehören Plug-Ins, Erweiterungsmodule und Menüübersetzungen. Der Erweiterungsmanager dient zum Installieren und Deinstallieren vorhandener Erweiterungen und kann bei Bedarf auch Kontakt zu einem Online-Repository aufnehmen, aus dem weitere Erweiterungen geladen werden können. Das Modul steht nur Administratoren zur Verfügung.

Installation (Install)

Das Modul Installation ruft das *Install Tool* direkt im Backend auf. Die Sicherheitsdatei *ENABLE_INSTALL_TOOL* lässt sich hier leicht generieren, und Sie haben Zugang zu der Konfiguration der Grundinstallation von TYPO3, wie im *Install Tool* auch. Sie benötigen zusätzlich zu den Administratorrechten auch das erforderliche Zugangspasswort. Das Modul steht nur Administratoren zur Verfügung.

DB-Überprüfung (DB check)

Mit diesem Modul können allgemeine statistische Werte (Seitenbaum und Hierarchie, Anzahl und Gattung der Seiten, auch gelöschter Seiten) der Datenbank abgefragt werden. Die Datenbank kann durchsucht werden, und es kann ein Integritätscheck vorgenommen werden. Die Zugehörigkeit vorhandener Datensätze zu Seiten, die Existenz verknüpfter Dateien etc. kann beispielsweise überprüft werden. Das Modul steht nur Administratoren zur Verfügung.

Konfiguration (Configuration)

Dieses Modul ermöglicht einen lesenden Zugriff auf die Systemvariablen in $TCA (Konfiguration der Datenbanktabellen) und $TYPO3_CONF_VARS (Systemumgebungsvariablen). Die Werte können allerdings an dieser Stelle nicht geändert werden. Das Modul steht nur Administratoren zur Verfügung.

Log (Log)

TYPO3 protokolliert die im System erfolgten Änderungen und Login-Vorgänge für Nutzer bzw. Benutzergruppen. Die entsprechenden Protokolle sind über dieses Modul zugänglich. Das Modul steht nur Administratoren zur Verfügung.

Reports (Reports)

Dieses Modul gibt dem Administrator Auskunft über installierte Services (z. B. Pfadinformationen zu GraphicsMagick und vergleichbaren Dienstprogrammen) sowie über den Status verschiedener Systemfunktionen (Sicherheit, Konfiguration u. Ä.).

---

3 Erweiterungen können lokal zur Verfügung stehen, ohne installiert zu sein, bzw. sie können deinstalliert werden, ohne dabei aus dem lokalen Vorrat gelöscht zu werden.

Planer (Scheduler)

Dieses Modul dient zum Anlegen und Verwalten von Aufgaben (»Tasks«). Diese können in Form von Cron-Jobs zeitgesteuert durch den Server abgearbeitet werden. Hierunter fallen Routinen wie das Aktualisieren der Erweiterungsliste, des Systemstatus oder der Validierung externer Links. Darüber hinaus können auch selbst Aufgaben definiert werden. Dieses Modul ist Bestandteil der Standardinstallation, jedoch nicht gleich aktiviert. Schauen Sie im Erweiterungsmanager nach der Erweiterung »Scheduler«.

16.1.6 Die Modulgruppe »Hilfe« (Help)

Die Modulgruppe HILFE besitzt vier Einträge, die Informationen zum aktuellen System bieten und einen Link zum TYPO3-Online-Handbuch enthalten (siehe Abbildung 16.5).

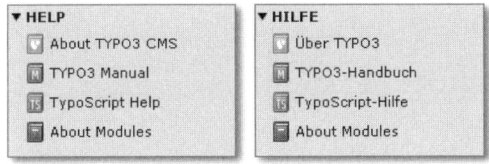

Abbildung 16.5 Die Funktionsmodule der Modulgruppe »Hilfe«

Über TYPO3 (About TYPO3)

Hier finden Sie das Impressum der TYPO3-Installation, Angaben über den Versionsstand, einen Link zum Lizenzmodell sowie zu Websites der Community und des Kern-Arbeitsteams. Dieses Modul ist rein informativ.

TYPO3-Handbuch (TYPO3 Manual)

Das lokale TYPO3-Handbuch wird dynamisch aus den Hilfetexten dieser TYPO3-Installation erzeugt (kontextabhängige Hilfe). Es enthält eine allgemeine Beschreibung der Kernmodule von TYPO3, Beschreibungen zur Installation bestimmter Backend-Module und Datenbanktabellen, die abhängig von Ihren Zugriffsrechten zur Verfügung stehen.

TypoScript-Hilfe (TypoScript Help)

Hier finden Sie eine Hilfe zu TypoScript in Form der ins System integrierten Dokumente TSREF, USER TSCONFIG und PAGE TSCONFIG.

About Modules (About Modules)

Im Arbeitsbereich wird eine Seite mit Kurzinformationen über die in der Installation vorhandenen Module gezeigt. Die Seite entspricht der Startseite beim Aufruf des Backends. Sie können die Module aus der Seite heraus direkt aktivieren.

16.2 Das globale Menü des Arbeitsbereichs

In der schmalen Leiste oberhalb des eigentlichen Arbeitsbereichs befindet sich ein globales, also stets zugängliches Menü, mit dem bestimmte Grundfunktionen von TYPO3 gesteuert werden. Am augenfälligsten ist der Logout-Button ABMELDEN, mit dem Sie sich beim System abmelden können, sowie ein Suchfeld. Die restlichen Funktionen verstecken sich hinter Icons und bedürfen daher einer näheren Erklärung.

16.2.1 Logout des aktuellen Nutzers – Wechsel des Nutzerprofils

Am oberen Rand des Arbeitsbereichs finden Sie den Logout-Button ABMELDEN (siehe Abbildung 16.6). Neben dem Button wird der *Nutzername* angezeigt, unter dem Sie sich angemeldet haben.

Abbildung 16.6 Logout-Button

Die Logout-Möglichkeit dient dazu, sich vom System ordnungsgemäß abzumelden, sobald die Arbeiten im Backend abgeschlossen sind. Dies ist die »sauberere« Methode. Natürlich könnten Sie auch einfach den Browser schließen oder die Verbindung abbrechen: Das System merkt dann nach einiger Zeit, dass keine Eingaben mehr erfolgen, und beendet Ihre Sitzung.

TYPO3 wechselt bei einer Abmeldung aus dem Backend-Fenster zum Login-Fenster. Sie können sich also unmittelbar unter einem anderen Nutzernamen wieder anmelden. Dies ist praktisch, wenn Sie als Administrator selbst Nutzerprofile anlegen und diese testen wollen.

16.2.2 Verwaltung von Lesezeichen und Shortcuts

Rechts vom ABMELDEN-Button finden Sie das Lesezeichenmenü als Icon in Form eines gelben Sterns. Es enthält sämtliche Einträge, die über das Icon LESEZEICHEN HINZUFÜGEN von verschiedenen Ansichten des Backends aus gemacht wurden.

Ein *Lesezeichen* dient dazu, ohne große Umstände in eine bestimmte Arbeitsansicht des Backends springen zu können. Sie haben die Möglichkeit, jedem Lesezeichen einen Namen zu geben. In welchem Modul es sich jeweils öffnet, sehen Sie am Icon des Eintrags (es sind dies die Module BENUTZERVERWALTUNG, SEITE und LISTE). Ordnersymbole in der Lesezeichenliste bezeichnen Lesezeichengruppen. Sie sind nicht anwählbar.

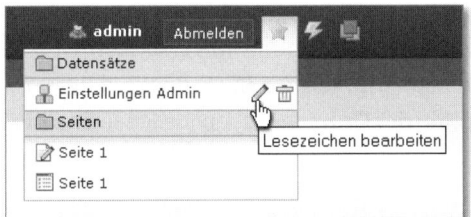

Abbildung 16.7 Bearbeiten eines Lesezeichens

Sie erstellen ein Lesezeichen stets aus der aktuellen Arbeitsansicht heraus – dort finden Sie (meist rechts oben am Rand des Arbeitsbereichs) ein Icon, das der Lesezeichenliste ein Lesezeichen hinzufügt (siehe Abbildung 16.8). Gespeichert wird dabei der bearbeitete Datensatz (beispielsweise eine Seite oder ein Benutzerdatensatz) in Verbindung mit dem hierfür eingesetzten Modul (SEITE, LISTE, BENUTZERVERWALTUNG etc.) und der dort gewählten Ansicht. Ohne weiteres Navigieren über die Modulleiste können Sie anschließend zu diesem Arbeitsfenster zurückspringen.

Abbildung 16.8 Icon »Ein Lesezeichen für diese Seite erzeugen«

Eine Liste wie die Lesezeichenliste macht nur dann Sinn, wenn Einträge genauso problemlos, wie sie erstellt wurden, auch wieder gelöscht oder geändert werden können: Hierfür bietet TYPO3 die Möglichkeit, Einträge direkt in der Liste zu bearbeiten oder auch wieder zu löschen. Dazu dienen die Bearbeitungs- und Löschsymbole in jedem Lesezeichen, die bei Mouseover über dem jeweiligen Eintrag eingeblendet werden (siehe Abbildung 16.7).

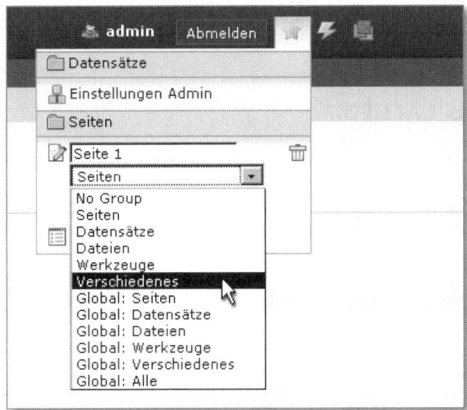

Abbildung 16.9 Zuordnung eines Lesezeichens zu einer Gruppe

Im Rahmen der Bearbeitung kann der Name eines Eintrags geändert oder das Lesezeichen einer Gruppe zugewiesen werden (siehe Abbildung 16.9). Letzteres ist ab einem bestimmten Umfang der Liste durchaus sinnvoll. Einen Einfluss auf die Position eines Eintrags in der Liste oder innerhalb der Gruppen haben Sie jedoch nicht.

16.2.3 Die Cache-Funktionen in der Arbeitsfensterleiste

Die Modulgruppe der Administratorfunktionen beinhaltet zwei Funktionen, die mit den Daten-Caches des Systems in Verbindung stehen, die von hier aus gelöscht werden können.

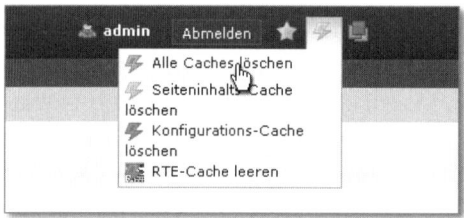

Abbildung 16.10 Die Cache-Funktionen am oberen Fensterrand

Alle Caches löschen

Diese Option kombiniert die beiden in Folge beschriebenen Cache-Funktionen für Seiteninhalte und Konfiguration in einem Befehl.

Seiteninhalts-Cache löschen (Clear FE Cache)

Diese Option zwingt TYPO3 zur Neuerstellung aller gecachten Inhalte[4] – in erster Linie von generierten Seitenansichten. Nach Betätigen dieses Links müssen die Seiten erneut aus den Quelldaten erstellt werden. Diese Option wird nicht häufig genutzt; ihre Verwendung ist allerdings nach größeren Systemaktualisierungen oder dem Hinzufügen von Erweiterungen durchaus anzuraten.

Konfigurations-Cache löschen (Clear temp_CACHED)

Diese Option löscht diejenigen Konfigurationsdateien, die TYPO3 automatisch für installierte Erweiterungen erstellt und in *ext_localconf.php* und *ext_tables.php* ablegt. Beide Dateien werden anschließend neu erstellt, indem die Originalquellen eingelesen werden. Erforderlich kann dies sein, wenn Erweiterungen installiert, aktualisiert oder deinstalliert werden oder wenn die Dateien beschädigt sind.

---

[4] Genauer gesagt wird der Inhalt der Datenbanktabelle cache_hash gelöscht.

RTE-Cache leeren

Diese Option löscht speziell den Cache (die angelegten Temp-Files) des Rich Text Editors (RTE), den TYPO3 für Inhalte vom Typ »Text« oder »Text mit Bild« zur Verfügung stellt. (Die Funktionalität basiert auf der Erweiterung `clear_rte_cache` von Steffen Kamper.)

16.2.4 Das Workspace-Menü in der Arbeitsfensterseite

Neben dem Icon zum Löschen des Caches sehen Sie ein weiteres global zugängliches Menü-Icon, sofern Sie die Erweiterung *Workspaces Management* aktiviert haben. Es öffnet das Workspace-Menü, mit dem zwischen der sogenannten LIVE-Arbeitsumgebung und dem Modul ARBEITSUMGEBUNGEN gewechselt werden kann. Unter LIVE-Arbeitsumgebung versteht man diejenige Konfiguration des Seitenbaums, die ins Frontend ausgegeben wird, die also von außen sichtbar ist. Sie ist bei der Default-Konfiguration die einzige vordefinierte Ansicht (in früheren Versionen von TYPO3 gab es per Default noch einen *Draft Workspace*).

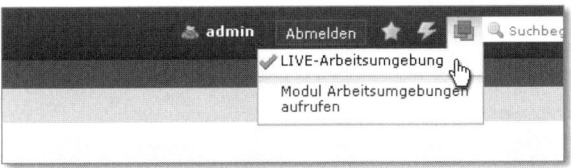

Abbildung 16.11 Workspace-Menü ohne weitere Arbeitsumgebung

Über das Modul ARBEITSUMGEBUNGEN können Sie zu einer der definierten weiteren Ansichten wechseln (Achtung: Definiert werden die Arbeitsumgebungen über das Modul WEB • LISTE).

Eine zusätzliche Arbeitsumgebung erscheint als Eintrag im Arbeitsumgebungsmenü, sodass Sie auch direkt wechseln können. Befinden Sie sich in einer der anderen Umgebungen als der LIVE-Arbeitsumgebung, wird dies im Rahmen des Arbeitsbereichs farblich gekennzeichnet. Der Name der aktuellen Umgebung erscheint unter dem Login-Namen (siehe Abbildung 16.12).

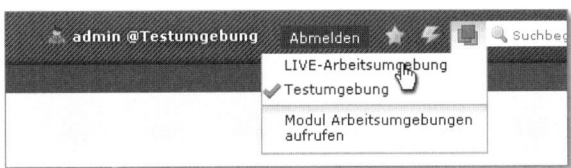

Abbildung 16.12 Das Workspace-Menü, von der Umgebung »Testumgebung« aus betrachtet

16.2.5 Das Suchfeld

Eigentlich selbsterklärend ist das Suchfeld, das die globale Navigation am rechten Rand abschließt. Hier können Sie systemweit in den Datentabellen von TYPO3 suchen, wobei auch eine Beschränkung der Suche auf bestimmte Bereiche (wie festgelegte Seiten) möglich ist.

Abbildung 16.13 Das globale Suchfeld

Anhand des eingegebenen Suchbegriffs wird, sofern die Suche nicht eingeschränkt wurde, global nach passenden Inhalten, Seiten etc. gesucht. Gefundene Ergebnisse werden im Dropdown-Feld unterhalb der Suchmaske ausgegeben. Ein Klick auf den Titel des Ergebniseintrags öffnet den Datensatz zur Bearbeitung. Wenn Sie den Button ALLE ANZEIGEN betätigen (siehe Abbildung 16.14), wird im Arbeitsbereich eine Listenansicht aller Suchergebnisse angezeigt.

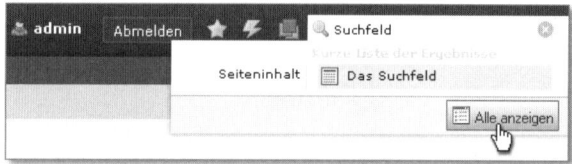

Abbildung 16.14 Ergebnisliste einer Suche mit Button »Alle anzeigen«

Kapitel 17
TypoScript – eine Kurzreferenz

Dieses Kapitel bietet eine kurze Übersicht über TypoScript und seine Grundprinzipien. Wir erläutern die wichtigsten TypoScript-Objekte und ihre Propertys. Die Erklärungen werden jeweils um kurze Beispiele ergänzt.

Trotz seines Namens, der den Programmierer an Sprachen wie JavaScript oder VBScript erinnern mag, handelt es sich bei *TypoScript* – jener Syntax, die zur Generierung von Templates in TYPO3 dient – nicht um eine Programmiersprache. Die Aufgabe von TypoScript besteht vielmehr in der baumartig hierarchisch geordneten Ablage von Informationen, die vom CMS für Darstellungs- und Konfigurationszwecke[1] genutzt werden. Hierfür kommt TypoScript ausschließlich mit ASCII-Zeichen aus.

Als Redakteur werden Sie mit TypoScript kaum in Berührung kommen – zumindest sollte dies so sein. Sobald Sie sich jedoch als Programmierer mit der Erzeugung von Templates für TYPO3 befassen (müssen), kommen Sie nicht umhin, in dieses Thema einzusteigen. Die folgenden Seiten sollen Ihnen dies ermöglichen.

> **Hinweis**
> Es handelt sich bei dieser Kurzreferenz *ausdrücklich nicht* um eine vollständige Referenz aller Objekte und Möglichkeiten, die TypoScript bietet.

Wo wird TypoScript in TYPO3 eingesetzt?

TypoScript verwendet man innerhalb von TYPO3 für drei verschiedene Aufgabenbereiche:

- **TypoScriptTemplates**
  TypoScript dient zur Definition der Templates, die als Bauplan für die Seiten innerhalb des Seitenbaums einer TYPO3-Website dienen. Gesteuert wird hiermit die Arbeit der Frontend-Engine von TYPO3 – hierfür wird das Template in PHP-Anweisungen umgesetzt. Ein TypoScript-Template bezieht sich auf die Root-Seite einer Website.

---

[1] TypoScript ist ausdrücklich nicht zur Speicherung darzustellender Information geeignet – hierfür ist die Datenbank da.

- Page TSconfig
  Innerhalb der Definition jedes Datensatzes (*page record*) einer TYPO3-Seite und (falls gewünscht) ebenfalls für die Seiten, die von eben dieser Seite im Seitenbaum abstammen, können zusätzliche TypoScript-Anweisungen eingefügt werden. Hierzu existiert pro Seite ein Eingabefeld im Backend.
- User TSconfig
  Zur Definition und Feineinstellung von Eigenschaften von Nutzergruppen und Einzelnutzern für das Front- und das Backend wird ebenfalls TypoScript eingesetzt. Hierbei können pro Nutzergruppe allgemeine und für Nutzer innerhalb der Gruppen spezielle Einstellungen vorgenommen werden.

17.1 TypoScript – die Grundlagen

Der Sinn von TypoScript ist ursprünglich die Vereinfachung einer Programmiersprache gewesen, um sowohl Designern als auch Programmierern die Entwicklung von Templates zu ermöglichen. Der Umfang an Objekten und den dazu gehörenden Eigenschaften macht den Einstieg allerdings nicht ganz leicht. Deswegen lernen Sie nun die Grundlagen kennen.

17.1.1 Ähnlichkeiten und Unterschiede zu Programmiersprachen

Obwohl TypoScript selbst, wie soeben angeführt, nicht zu den Programmiersprachen zählt, teilt es mit diesen doch einige grundlegende Konzepte. So werden die gespeicherten Informationen ebenfalls nach *Datentypen* unterschieden und behandelt, und die *Leerraumbehandlung* innerhalb des Quelltexts gleicht weitgehend dem Gewohnten. Auch das Prinzip von *Kommentaren* ist praktisch identisch mit den sonstigen Gepflogenheiten.

Kontrollstrukturen[2] in Form von Schleifen wie bei normalen Programmiersprachen sucht man dagegen vergebens. Auch das Konzept, für das TypoScript die Bezeichnung *Objekt* verwendet, ähnelt bei genauer Betrachtung eher dem des (mehrdimensionalen) assoziativen Arrays oder dem von Strukturen (*structs*) in Pascal oder C – innerhalb eines TypoScript-Objekts existieren keine Methoden (objektgebundene Funktionen), sondern lediglich Propertys als Wertespeicher.

Wie gleich gezeigt werden wird, besteht ein TypoScript-Quelltext dann auch im Wesentlichen aus einer Abfolge von Deklarationen von Objektinstanzen, deren Propertys Werte zugewiesen werden.

---

[2] Es gibt ein Konzept der »bedingten Deklaration« (*Conditions*), die man in Abhängigkeit von äußeren Bedingungen zwischen Deklarationen wählen kann – mehr dazu im entsprechenden Abschnitt.

17.1.2 Operatoren in TypoScript

Gelegentlich werden zu übergebende Werte in TypoScript berechnet – dies wird uns beispielsweise bei der Berechnung der Breite oder Höhe einer zu erstellenden Grafik begegnen. Diese Operatoren können nur für diejenigen Datentypen eingesetzt werden, für die entsprechende Berechnungen auch zulässig sind.[3] Es existieren hierfür die gängigen mathematischen Operatoren:

- `+` für Addition
- `-` für Subtraktion
- `*` für Multiplikation
- `/` für Division

Die Berechnung erfolgt für alle Operatoren strikt von links nach rechts:

`2 + 3 * 5` ergibt daher `25` und nicht, wie erwartet, `17`.

> **Hinweis**
>
> Beachten Sie, dass es *keine Operatorpräzedenz* gibt, dass also nicht, wie gewohnt, »Punktrechnung vor Strichrechnung« gilt. Es kommt bei Berechnungen allein auf die Reihenfolge der Operationen an. Klammersetzungen sind nicht vorgesehen.

Weitere Operatorsymbole

Weitere in TypoScript verwendete *Operatorsymbole* sind die geschweiften Klammern `{` und `}`, die runden Klammern `(` und `)`, die spitzen Klammern `>` und `<`, Letztere auch in Kombination mit dem als Zuweisungsoperator verwendeten Gleichheitszeichen `=`. Diese Operatorsymbole werden im Folgenden anhand von Beispielen vorgestellt.

Leerzeichen und Leerzeilen

TypoScript ignoriert Leerraum im Skript in den meisten Fällen. Hierzu gehören beispielsweise *Leerzeichen* oder *Tabulatorzeichen* am Beginn und Ende von Zeilen oder vor und nach Operatoren (wie z.B. dem Gleichheitszeichen). Etwaige Leerzeichen am Zeilenende werden entfernt, normalerweise also *nicht* einem übergebenen Wert zugeschlagen.

Auch *Leerzeilen* innerhalb des Skripts werden nicht beachtet. Zusammen mit Kommentaren kann man so längere Skripte übersichtlich gliedern und ihnen auch Erläuterungen hinzufügen (was immer von Vorteil ist, was man spätestens dann erkennt, wenn man ein kommentiertes oder ein nicht kommentiertes Skript eines anderen Autors vor Augen hat).

---

[3] Der entsprechende Datentyp muss die Zusatzeigenschaft »+calc« besitzen.

Kommentare in TypoScript

Obwohl TypoScript, wie konstatiert, keine Programmiersprache ist, kennt es die Möglichkeit, *Kommentare* in längere Skripte einzufügen. Die Kommentarzeichen gelten jeweils für die gesamte Zeile; lediglich Leerzeichen dürfen ihnen vorangehen. Unter anderem aus C kennt man den »Bourne-Shell«-Kommentartyp[4]:

```
#    dies ist ein einzeiliger Kommentar
# dies hier auch
```

Eine entsprechend auskommentierte Zeile wird ignoriert. Auch ein *Einzelslash* genügt für einen einzeiligen Kommentar:

```
/    dies ist ebenfalls ein einzeiliger Kommentar
```

Auf einen Programmierer aus der Java-Welt wirkt dies jedoch irritierend. Man kann hier ebenso den »gewohnten« *Doppelslash* einsetzen[5]:

```
//   dies ist auch ein einzeiliger Kommentar
```

Längere Passagen kann man mit *Kommentarblöcken* auskommentieren, die mit der Zeichenfolge /* begonnen und analog mit */ beendet werden. Vorsicht – Kommentarblöcke dürfen aber nicht verschachtelt werden[6]:

```
/*   (der Rest der ersten Zeile ist bereits Kommentar)

     Dies ist ein Kommentar über mehrere Zeilen.
     Er muss entsprechend beendet werden:

*/   aber auch dies gehört noch zum Kommentar. Bis hier.
```

17.1.3 Bedingungen (Conditions)

TypoScript kennt einige wenige Kontrollstrukturen, die es ermöglichen, das Einlesen des Skripts zu steuern. Mittels sogenannter *Conditions* können Skriptblöcke abhängig von der Erfüllung bestimmter Bedingungen abgearbeitet (d.h. eingelesen) oder ausgeschlossen werden. Geprüft werden kann beispielsweise der Useragent (Brow-

---

[4] Achtung: Anders als bei Shell-Commands dürfen auf der gleichen Zeile keine Instruktionen vor dem Kommentarzeichen stehen. Die Methode »den Rest der Zeile auskommentieren« ist hier also nicht gangbar.

[5] Dies ist eigentlich nur ein optischer Trick, da der zweite Slash bereits dem Kommentar zugerechnet wird. Aber erlaubt ist erlaubt. ;-)

[6] Dies bedeutet, dass ein Kommentar die Zeichenfolge */ enthielte – an dieser Stelle würde er jedoch sofort beendet. Seien Sie daher vorsichtig beim Auskommentieren von Passagen, die bereits Kommentarblöcke enthalten; diese müssen vorher entfernt werden.

ser) oder das Betriebssystem, auf dem er läuft, aber auch gesetzte Umgebungsvariablen in PHP, beispielsweise eine Sprachkennung für mehrsprachige Websites.

Formal geht dies mit folgender Syntax:

```
[bedingung]
//   bedingte TypoScript-Anweisungen
[GLOBAL]
```

oder so:

```
[bedingung]
//   bedingte TypoScript-Anweisungen
[END]
```

Ein bedingter Block wird wahlweise mit dem Statement [END] oder dem Statement [GLOBAL] beendet. Ausnahmsweise darf hier alternativ auch (in Kleinbuchstaben) [end] oder [global] geschrieben werden.

Beispiel:
```
[browser = msie]
// TypoScript speziell für Internet Explorer
[END]
```

Hier wird getestet, ob der User einen Internet Explorer (MSIE) einsetzt.

```
[globalVar = GP:L = 1]
// wenn der globale Parameter L den Wert 1 hat
[global]
```

Hier wird eine per URL übergebene Variable geprüft,[7] die die zu verwendende Sprachversion der Website bestimmt.

Condition mit Alternative

Auch ein ELSE-Zweig ist möglich, um einen alternativen TypoScript-Block einzublenden:

```
[bedingung]
//   bedingte TypoScript-Anweisungen
[ELSE]
//   alternative TypoScript-Anweisungen
[GLOBAL]
```

---

[7] Mehr dazu finden Sie in Kapitel 11, »Die mehrsprachige Website«, Abschnitt 11.2.1, »Konfiguration im Haupt-Template«.

Beispiel:
```
[browser = msie]
// TypoScript speziell für Internet Explorer
[ELSE]
// TypoScript für alle anderen Browser
[END]
```

Der ELSE-Zweig tritt dann in Kraft, wenn die vorausgehende Bedingung nicht erfüllt wurde.

Verknüpfung von Bedingungen

Mehrere Bedingungen können auch verknüpft werden, was mit AND- oder OR-Verknüpfungen geschehen kann.

AND-Verknüpfung (beide Conditions müssen erfüllt sein):

```
[browser = msie] && [system = win]
//  Internet Explorer unter Windows
[END]
```

Die Bedingung ist beispielsweise nicht erfüllt, wenn die Seite durch einen Internet Explorer aufgerufen wird, der unter Mac OS X läuft. Seit TYPO3 4.0 kann zur AND-Verknüpfung auch das Keyword AND eingesetzt werden:

```
[browser = msie] AND [version < 7]
//  Internet Explorer bis 6.xx
[END]
```

Die Bedingung ist erfüllt, wenn der Browser ein Internet Explorer älter als Version 7 ist.

OR-Verknüpfung (eine der gegebenen Conditions muss erfüllt sein):

```
[useragent = *Opera*] || [useragent = *mozilla*]
// ein Opera oder ein Mozilla
[end]
```

Die Bedingung ist erfüllt, wenn der Useragent-String des Browsers entweder die Zeichenkette »Opera« oder die Zeichenkette »mozilla« enthält. Seit TYPO3 4.0 kann zur OR-Verknüpfung auch das Keyword OR eingesetzt werden:

```
[version => 4] OR [browser  = netscape]
// ein Netscape oder mindestens ein 4er-Browser
[end]
```

Die Bedingung ist erfüllt, wenn der Browser einen Versionsstand von 4 oder höher hat oder wenn es sich um einen beliebigen Netscape-Browser handelt.

17.1 TypoScript – die Grundlagen

> **Hinweis**
>
> Die OR-Verknüpfung kann alternativ auch *ohne* Operator geschrieben werden, indem die zu verknüpfenden Bedingungen einfach hintereinandergeschrieben werden:
>
> [useragent=*Opera*] [useragent = *mozilla*]
> // ein Opera oder ein Mozilla
> [end]

Simulation der Erfüllung von Bedingungen

Die Erfüllung von Bedingungen kann zu Testzwecken mithilfe des TypoScript-Objekt-Browsers (in den Template-Werkzeugen) erzwungen werden. Hierdurch kann das Verhalten gegenüber verschiedenen Useragents oder bei bestimmten gesetzten Umgebungsvariablen simuliert werden.

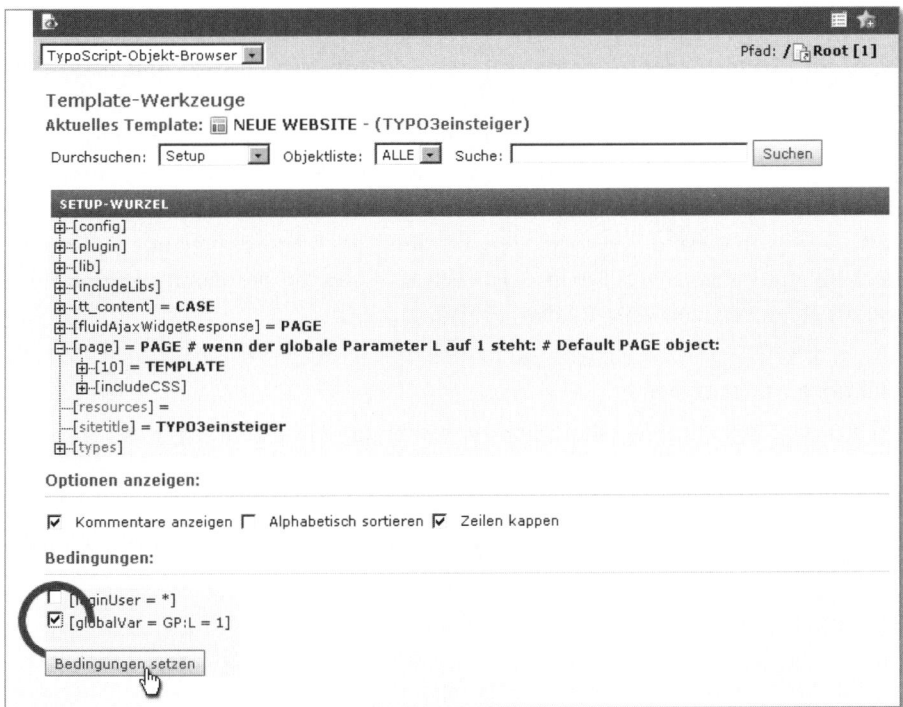

Abbildung 17.1 Erzwingen von Conditions im TypoScript-Objekt-Browser

Der TypoScript-Objekt-Browser listet automatisch alle im aktuellen TypoScript-Template enthaltenen Bedingungen auf und bietet jeweils die Option, sie per Checkbox auf true zu setzen. Im Beispiel aus Abbildung 17.1 wurde die Bedingung [GLOBALVAR

= GP:L = 1] auf `true` gesetzt, sodass die Rendering-Engine sich so verhält, als ob Englisch als Sprache gewählt worden wäre.

17.1.4 Datentypen in TypoScript

Das Konzept des Datentyps unterscheidet sich in TypoScript marginal von dem, was man von normalen Programmiersprachen oder auch Datenbanken kennt. Eine erschöpfende Darstellung bzw. Auflistung führt im Rahmen eines einführenden Werks allerdings zu weit – hier muss auf die ausführliche Referenz bei *typo3.org* verwiesen werden. So viel möchten wir an dieser Stelle aber doch dazu sagen:

Man kann, grob gesehen, einfache Datentypen, funktionale Datentypen und schließlich Objekttypen unterscheiden. Einfache und funktionale Datentypen werden in TypoScript jedoch nicht zugewiesen, sondern sind fest mit den vordefinierten Objekttypen bzw. ihren Propertys verknüpft.

Einfache Datentypen

TypoScript kennt neben *Ganzzahlen* (`int`), *Zeichenketten* (`string`) und *booleschen Werten* (`boolean`) unter anderem auch *Winkelgrad* (`degree`) und *Pixel* (`pixel`). Der Vergleich mit einfachen Datentypen bei Programmiersprachen hinkt insofern, als an Datentypen in TypoScript jeweils bestimmte Funktionalitäten oder Eigenschaften gebunden sind. So sind als Pixel bzw. Grad gespeicherte Werte zwar auch Zahlenwerte (bzw. von diesem Typ abgeleitet), werden jedoch anders behandelt. Auch von Zeichenketten abgeleitete Typen existieren und werden gesondert ausgewertet – hierzu zählen beispielsweise Pfadangaben (`path`).

Funktionale Datentypen

Das Konzept der »funktionalen Datentypen« beschreibt eigentlich, was TypoScript mit entsprechenden Daten machen kann bzw. darf. Im Grunde steht hinter einem solchen Datentyp eine PHP-Funktion, die jedoch nicht direkt aufgerufen, sondern durch das Belegen von Propertys gesteuert wird, die für den entsprechenden Datentyp vorgegeben sind.

Zu nennen sind hier die Typen/Funktionen `stdWrap`, `imgResource`, `split`, `typolink`, `makelink` und einige weitere. Im Rahmen der Funktionalität `stdWrap` steht für Zeichenketten (cObject `TEXT`) oder HTML (cObject `HTML`) beispielsweise eine Umwandlung in Groß- oder Kleinbuchstaben zur Verfügung, die durch Belegen der Property `case` mit den Werten `upper` oder `lower` gesteuert wird.

Nicht in jedem Fall kann der Programmierer die Behandlung eines Datentyps mithilfe von Propertys explizit steuern – in vielen Fällen geschieht dies »von selbst«, beispielsweise für Werte, die innerhalb eines durch TypoScript erzeugten Menüs die Menüpunkte ergeben: Diese sind vom Typ `typolink`, was dazu führt, dass um ihren

Wert automatisch ein HTML-<a>-Tag gelegt wird, das über einen Identifier mit einer Seite innerhalb des CMS verknüpft wird. Die Zuordnung des Datentyps ergibt sich einfach dadurch, dass der Wert innerhalb der Hierarchie eines HMENU-Objekts abgelegt wird, das selbst einem der Objektdatentypen von TypoScript entspricht.

Objekttypen

Viele Datentypen in TypoScript haben Objektcharakter. Das heißt, sie besitzen selbst eine hierarchische Struktur und Propertys (Eigenschaften), die ebenfalls festgelegte Datentypen innehaben. Auf den folgenden Seiten werden exemplarisch die wichtigsten in TypoScript eingesetzten Objekttypen beschrieben.

17.2 Die Objektmetapher von TypoScript

Zur hierarchischen Anordnung der zu speichernden Informationen verwendet TypoScript eine Objektmetapher, wie sie vergleichbar auch in Java zu finden ist. TypoScript greift hierfür auf eine relativ übersichtliche Zahl vordefinierter *Objekttypen* zurück, die über bestimmte festgelegte *Propertys* (Eigenschaften) verfügen, in denen die gewünschten Informationen abgelegt werden.[8]

17.2.1 Einteilung der Objekttypen

Die Objekttypen von TypoScript kann man, je nach der Hierarchiestufe, auf der sie verwendet werden, und nach ihren Aufgaben in Untergruppen einteilen:[9]

- **Top-Level-Objekte (TLOs)**
  TLOs sind für die grundlegenden Dinge in einem TypoScript zuständig – sie dienen zur Definition von Konfigurationen, Konstanten und Seiten. Nachfolgend werden exemplarisch der Objekttyp PAGE sowie die Frameobjekte (frameObj) FRAMESET und FRAME behandelt.

> **Anmerkung**
> Aus Platzmangel im Rahmen dieser Kurzreferenz nicht näher behandelt werden die TLOs lib, plugin, temp, styles, includeLibs, sitetitle, CARRAY, META, CONFIG, CONSTANTS und FE_DATA. Bitte konsultieren Sie die TSRef, wenn Sie Einzelheiten über diese Objekttypen in Erfahrung bringen möchten.

---

[8] Ein den Methoden vergleichbares Konzept existiert dagegen nicht: TypoScript-Objekte können keine Funktionen im eigentlichen Sinne ausführen, sondern nur Informationen speichern.
[9] Die Unterteilung folgt hier eher einer didaktisch motivierten Gruppierung als einer streng formalen.

▶ **Content-Objekte (cObjects)**
Content-Objekte oder cObjects enthalten und strukturieren Inhalte, die hierarchisch den Top-Level-Objekten unterstellt sind, und legen über die Datentypen ihrer Propertys gleichzeitig die Darstellung der in ihnen gespeicherten Werte fest. Nachfolgend werden exemplarisch die Objekttypen COA, FILE, TEMPLATE, HTML, TEXT, IMAGE, IMG_RESOURCE, CLEARGIF, CONTENT, OTABLE, CTABLE und HMENU vorgestellt.

▶ **Grafikobjekte (GIFBUILDER, GBObj)**
Das GIFBUILDER-Objekt und seine Unterobjekte dienen der Erstellung von Grafiken anhand der in ihnen jeweils gespeicherten Werte. Da wir diese Objekte im Buch nicht einsetzen, werden sie aus Platzgründen nicht in der Kurzreferenz aufgeführt. Konsultieren Sie hier bei Interesse bitte die TSRef.

▶ **Menüobjekte (menuObj)**
Menüobjekte sind spezielle, dem Content-Objekt HMENU unterstellte Objekttypen, die durch TypoScript die Erzeugung von Menülisten ermöglichen. Es werden die Objekte TMENU und TMENUITEM erläutert. Konsultieren Sie für die im Buch nicht behandelten Menütypen bei Interesse bitte die TSRef.

> **Hinweis**
> Achten Sie stets auf korrekte Schreibweise bei Verwendung bzw. Zuweisung der Objekttypen: TypoScript ist »case-sensitive«. Es heißt beispielsweise PAGE-Objekt und nicht page-Objekt!

17.2.2 Wertzuweisung an Objekt-Propertys

Die Propertys der Objekte dienen zur Speicherung von Werten. Dies erfolgt analog zur Speicherung von Werten in Variablen. Für alle Zuweisungsaktionen dient das Gleichheitszeichen als Operator; die Zuweisung erfolgt stets von rechts nach links:

```
das_objekt.die_eigenschaft = die Information
```

Jeder vordefinierte Objekttyp in TypoScript verfügt automatisch über diejenigen – auch entsprechend benannten – Propertys, die er für die zu speichernde Information und deren jeweiligen Datentyp benötigt. Welche Propertys bzw. Verarbeitungsmöglichkeiten eine gespeicherte Information bietet, hängt von ihrem Datentyp ab. Gegebenenfalls besitzt eine Property daher ihrerseits eigene (ebenfalls namentlich festgelegte) Sub-Propertys[10], damit in ihnen Informationen ebenfalls hierarchisch gestaffelt gespeichert werden können.

---

[10] Anders ausgedrückt ist die Property ebenfalls ein Objekt, das wiederum seinerseits Propertys besitzt. Diese Staffelung kann im Prinzip beliebig tief sein.

17.2.3 Bildung von Objektinstanzen

Wie bereits gesagt, verwendet TypoScript Objekte festgelegten Typs zum Speichern von Informationen. Wie immer, wenn mit Objekten hantiert wird, stellt der Objekttyp lediglich ein »Baumuster« dar – die eigentliche Arbeit wird von einer konkreten Instanz[11] erfüllt. Um Informationen abzulegen, muss also zunächst eine *Objektinstanz* gebildet und dieser ein Objekttyp zugewiesen werden. Hier sehen Sie das abstrakt:

```
mein_objekt = TYPOSCRIPTOBJEKT
```

Der Bezeichner der Objektinstanz

Die Objektinstanz muss benannt werden, um in Folge verwendet zu werden – hier hat sie den *Bezeichner* `mein_objekt` erhalten. Der Bezeichner ist weitestgehend frei wählbar, darf aber lediglich aus den alphanumerischen Zeichen a-z, A-Z, 0-9 sowie aus dem Bindestrich und dem Unterstrich zusammengesetzt sein. Sonderzeichen, Leerzeichen und andere Interpunktionszeichen sind verboten. In TypoScript wird zwischen Groß- und Kleinschreibung unterschieden, die Sprache verhält sich »case-sensitive«.

Verwendung der Objekt-Propertys

Nun können dessen Eigenschaften verwendet werden. Je nach Art der Property werden verschiedene *Datentypen* der zu speichernden Information erwartet; dies können einfache Typen wie Zeichenketten oder Zahlen sein, aber auch wiederum ein *TypoScript-Objekt*. Zwischen einem Objekt und seiner Property steht ein Punkt, der auch die hierarchische Zugehörigkeit verdeutlicht:

```
mein_objekt.eigenschaft1 = meine Zeichenkette
mein_objekt.eigenschaft2 = 42
mein_objekt.eigenschaft3 = TYPOSCRIPTOBJEKT
```

Beachten Sie an dieser Stelle, dass die übergebenen Werte nicht in *Anführungszeichen* gestellt werden – Anführungszeichen können jedoch gefahrlos Teil einer übergebenen Zeichenkette sein. Ein *Zeilenumbruch* wird als Ende des übergebenen Wertes angesehen.

Soll ein Wert *über mehrere Zeilen* übergeben werden, muss er *in runde Klammern* gestellt werden. In diesem Fall sind auch Leerzeichen relevant – ansonsten werden diese am Zeilenende nicht beachtet –, und auch Zeilenenden werden als Teil des Wertes übergeben:[12]

---

[11] Das spezielle Auto, das ich fahre, stellt z.B. eine konkrete Instanz der Idee »Auto«, also des allgemeinen Objekts »Auto«, dar.
[12] Im Grunde wird das normale Parsing von TypoScript innerhalb der Klammern deaktiviert.

```
mein_objekt.eigenschaft4 = (Rosen
                            Tulpen
                            Nelken)
```

Hauptsächlich wird dies für zu übergebenden HTML-Code o. Ä. benötigt, in dem Einrückungen und Zeilenumbrüche erhalten bleiben sollen.

Eine kleine Einschränkung ist anzumerken: Innerhalb von Werten, die über mehrere Zeilen übergeben werden, sind *keine TypoScript-Kommentare* möglich – sie würden hier nicht erkannt werden.[13]

```
mein_objekt.eigenschaft4 = (Rosen
                            Tulpen
                  // ein Kommentar ist hier fehl am Platz!!
                            Nelken)
```

> **Hinweis**
>
> Extrem wichtig ist es, die schließende runde Klammer nicht zu vergessen, da sonst das folgende TypoScript nicht ausgewertet wird!

Propertys von Unterobjekten

Angenommen, das in `eigenschaft3` gespeicherte Objekt besitzt wieder drei Propertys,[14] und zwar `eigenschaft1`, `eigenschaft2` und `eigenschaft3`, dann könnten diese nun folgendermaßen mit Werten belegt werden:

```
mein_objekt.eigenschaft3.eigenschaft1 = ein Wert
mein_objekt.eigenschaft3.eigenschaft2 = ein weiterer Wert
mein_objekt.eigenschaft3.eigenschaft3 = noch ein Wert
```

Alternative Schreibweise für Unterobjekte

Da dies erstens Schreibarbeit bedeutet (in jeder Zeile wird das übergeordnete Objekt `mein_objekt.eigenschaft3` benötigt) und zweitens unübersichtlich wirkt, gibt es alternativ eine *abkürzende Schreibweise*[15], die sich der geschweiften Klammern bedient:

```
mein_objekt.eigenschaft3 = TYPOSCRIPTOBJEKT
mein_objekt.eigenschaft3 {
    eigenschaft1 = ein Wert
```

---

13 Das liegt daran, dass die Zeilenenden hier nicht beachtet werden. So kann nicht festgestellt werden, ob eine Zeile mit einem Kommentarsymbol beginnt.

14 Es schadet nichts, wenn die Property-Namen identisch sind – sie sind durch ihre Zugehörigkeit zum jeweiligen Mutterobjekt eindeutig identifizierbar.

15 Die andere vorgestellte Schreibweise ist selbstverständlich ebenfalls erlaubt.

```
        eigenschaft2 = ein weiterer Wert
        eigenschaft3 = noch ein Wert
}
```

Man bezeichnet diese Methode auch als *Confinement* oder Verschachtelung von Propertys. Die hierfür verwendeten geschweiften Klammern { und } werden daher zu den Operatoren gezählt. Sie sind stets paarweise[16] zu verwenden.

Kopieren, Referenzieren und Löschen von Objekten

Zwischen den deklarierten Objektinstanzen eines Skripts können Beziehungen bestehen; so kann ein deklariertes Objekt einfach in ein anderes *kopiert* werden – hierzu dient der <-Operator (hier symbolisch beschrieben):

```
# Beispielobjekt ´gegenstand_1´ mit zwei Properties:
gegenstand_1 = TYPOSCRIPTOBJEKT
gegenstand.form = quadratisch
gegenstand.farbe = rot
# gegenstand_2 erhält alle Eigenschaften von gegenstand_1:
gegenstand_2 = TYPOSCRIPTOBJEKT
gegenstand_2 < gegenstand_1
# Propertys können nachfolgend überschrieben werden:
gegenstand_2.form = rund
```

Man verfügt nun über zwei im Wesentlichen gleichartige Objekte (gegenstand_1 ist quadratisch und rot, gegenstand_2 ist rund und rot). Lohnenswert ist dieses »Klonen« bei komplexeren Objekten, die sich nur in Einzelaspekten unterscheiden müssen. Üblicherweise wird diese Methode beispielsweise bei Menüobjekten eingesetzt (Normal- und Rollover-Zustand etc.).

> **Hinweis**
>
> Ein *kopiertes* Objekt ist *autark* – eine nachfolgende Änderung am Ursprungsobjekt zu einem späteren Zeitpunkt im Skript wirkt sich nicht auf die vorher erstellte Kopie aus! Ebenso wenig hat eine Änderung an der Kopie Einfluss auf das Originalobjekt.

Es lassen sich nicht nur vollständige Objekte, sondern bei Bedarf auch lediglich einzelne Eigenschaften kopieren:

```
gegenstand_3.form < gegenstand_2.form
```

---

16 Ein TypoScript funktioniert zwar auch mit »überschüssigen« geschweiften Endklammern, gibt dann jedoch eine entsprechende Warnung aus.

Eine weitere Möglichkeit, um Beziehungen zwischen TypoScript-Objekten aufzubauen, besteht in der *Referenzierung*, was man auch mit der Bildung eines Zeigers umschreiben könnte. Hierfür wird der Operator = < eingesetzt.

Referenzierung funktioniert allerdings *nur für vollständige Objekte* und nicht für einzelne Propertys:

```
# Bildung einer Referenz auf ein anderes Objekt:
gegenstand_4 = < gegenstand_2
```

In Folge hat man ein und dasselbe Objekt unter zwei Bezeichnern zur Verfügung. Änderungen an Original wirken sich auf *alle Instanzen* der Referenz aus.

```
# auch der referenzierte ´gegenstand_2´ ist hiernach grün:
gegenstand_4.farbe = gruen
```

> **Hinweis**
>
> Ein *referenziertes* Objekt ist *nicht autark*. Änderungen an dem Original oder der Referenz wirken sich gegebenenfalls auf beide Objekte aus. Da eine Referenz erst instanziiert wird, wenn die TypoScript-Anweisungen vollständig eingelesen sind, spiegelt sie stets den letzten Zustand des Originals wider.

Praktisch sind Referenzen dann, wenn ein Objekt mehrfach im TypoScript-Objektbaum eingesetzt werden soll, eine Änderung eines Wertes sich aber an allen Stellen auswirken soll (Aktualität!). Mit Kopien ist dies nicht möglich, da eine Änderung sich nicht auf im Vorfeld kopierte Objektinstanzen auswirken würde.

Last, but not least kann es gelegentlich opportun sein, ein Objekt oder auch nur eine Property explizit zu *löschen*. Hierzu dient der Operator >. Da in diesem Falle keine Wertzuweisung erfolgt (wozu auch), bleibt dessen rechte Seite leer:

```
# das Objekt ´gegenstand_1´ wird gelöscht:
gegenstand_1 >
```

17.2.4 Objektzugehörige Arrays

Zusätzlich zu den benannten und in ihrer Aufgabe festgelegten Propertys verfügen einige (nicht alle) Objekttypen noch über eine mehr allgemeine Speichermethode, die einem *Array* entspricht.

Informationen kann über eine frei wählbare »Fachnummer« ein Speicherplatz innerhalb des Objekts zugewiesen werden. Dieser Speicherplatz wird über seine *Fachnummer* angesprochen, die damit gewissermaßen als »Bezeichner« fungiert; abgelegt werden können hier einfache Informationen bis hin zu Objekten:

```
mein_objekt.10 = mein erster Inhalt
mein_objekt.20 = mein zweiter Inhalt
mein_objekt.30 = TYPOSCRIPTOBJEKT

mein_objekt.30 {
    eigenschaft1 = ein Wert
    eigenschaft2 = ein weiterer Wert
    eigenschaft3 = noch ein Wert
}
```

In das Arrayfeld 30 wurde ein Objekt abgelegt, dessen Propertys mithilfe der abgekürzten Schreibweise befüllt werden. Auch hier könnten selbstverständlich wieder Objekte abgelegt werden, um eine tiefere hierarchische Staffelung zu ermöglichen.

Die *Reihenfolge der Deklaration* numerischer Propertys innerhalb eines Objekts ist irrelevant (so könnte im zuletzt angeführten Beispiel die Eigenschaft 20 problemlos *vor* der Eigenschaft 10 deklariert oder nach der Eigenschaft 30 eine Eigenschaft 25 hinzugefügt werden) – ihre *Abarbeitung* während der Auswertung des Skripts hingegen erfolgt strikt in der numerischen Rangfolge der vergebenen Fachnummern.

17.3 Seiten definieren – das PAGE-Objekt

Das PAGE-Objekt besitzt in TypoScript eine zentrale Rolle. Es dient allgemein dazu, ein Seitenobjekt zu definieren, das im Browserfenster dargestellt wird. Es ist dabei nicht von vornherein festgelegt, ob ein PAGE-Objekt eine normale HTML-Seite oder ein Frameset-Dokument erzeugt, Ersteres ist jedoch die geläufigere Variante. In jedem Fall stellt ein PAGE-Objekt den Ausgangspunkt (die Wurzel) eines hierarchischen Informationsbaums dar – es wird daher auch als *Top-Level-Objekt* (TLO) bezeichnet.

17.3.1 Benennung der Objektinstanzen

Die mit dem PAGE-Objekt gebildeten Instanzen können frei benannt werden; eingebürgert hat sich für die Hauptseite jedoch der Bezeichner page. Weitere PAGE-Objektinstanzen benennt man meist funktional (z.B. oben, unten, menue oder inhalt für Framedokumente).

Mit den Propertys des PAGE-Objekts werden weitere Eigenschaften des zu erzeugenden Seitenobjekts definiert. Beispiele für ihren Einsatz sind die Einbindung von Stylesheets (mit der stylesheet-Property) oder von Meta-Tags (mit der meta-Property).

Um in TYPO3 mit PAGE-Objekten ein HTML-Design mit Frames umzusetzen, verfügt TypoScript über weitere Objekte für Frames und Framesets.

17.3.2 Das TL-Objekt PAGE

Beispiel:
page = PAGE

Hier wird ein PAGE-Objekt mit dem *Bezeichner* page erzeugt. Der Bezeichner dient zum Referenzieren dieser Objektinstanz. Sofern – wie im Falle eines Framesets – mehrere PAGE-Objekte benötigt werden, müssen diese unterschiedliche Bezeichner bekommen:

neue_seite = PAGE
noch_eine_seite = PAGE

Jedes PAGE-Objekt verfügt über eine Reihe von Propertys, mit deren Hilfe seine Eigenschaften definiert werden und denen ebenfalls weitere Inhalte in Form von Content-Objekten zugeordnet werden können. Die Propertys müssen nicht alle verwendet werden (dies ist jedoch selbstverständlich möglich) – in einigen Fällen treten bei Nichtverwendung entsprechende Default-Werte in Kraft.

Propertys (Auszug):

- typeNum
  Ein numerischer Typbezeichner
- bodyTag
  Das <body>-Tag der erzeugten Seite mit Attributen
- bodyTagMargins
  Ein Shortcut, um nur die Body-Margins zu setzen
- config
  Dient mit Sub-Propertys zur Konfiguration der Seite (z.B. DOCTYPE).
- meta
  Erzeugt Meta-Tags für die Seite.
- stylesheet
  Erzeugt einen Stylesheet-Link.
- includeCSS
  Bindet Stylesheet(s) optional mit Titel und Medientyp ein.
- includeLibs
  Bindet PHP-Bibliotheken ein.
- headerData
  Bindet Informationen in den Seitenkopf ein.
- 1, 2, 3 ... 10, 20 ... (numerische Propertys)
  Dient zur Deklaration von Positionsobjekten.
- frameSet
  Dient zur Deklaration der Seite als Frameset.

Property: typeNum (von PAGE)

Beschreibung:
Diese Typennummer dient im Wesentlichen zur Unterscheidung von Seiten in einem Framelayout. Die Seite, die dem Frameset entspricht (Top-Level), hat die Nummer 0, die restlichen Seiten haben eine jeweils andere positive Ganzzahl.

In framelosen Designs muss die `typeNum` = 0 sein. (Da dies auch der Default-Wert ist, könnte das Property auch gefahrlos undeklariert bleiben.)

Beispiel:
```
page = PAGE
page.typeNum = 0
```

Property: bodyTag (von PAGE)

Beschreibung:
Hier können Sie, mitsamt Attributen, das HTML-Body-Tag angeben, das die Seite erhalten soll. Auf diese Weise kann z.B. die Hintergrundfarbe der Webseite bestimmt werden.

Beispiel:
```
page = PAGE
page.bodyTag = <body bgcolor = "#dddddd">
```

Anmerkung:
Dies lässt sich genauso gut – und technisch sauberer – mit einem verknüpften CSS-Stylesheet bewirken. Ein Stylesheet können Sie mit der `stylesheet`-Property oder der `includeCSS`-Property an die Seite anlegen.

Property: bodyTagMargins (von PAGE)

Beschreibung:
Hier können die Margins des Body-Tags auf einen bestimmten Wert gesetzt werden. Die Property wird in Verbindung mit einem `CTABLE`-Layout eingesetzt.

Beispiel:
```
page = PAGE
page.bodyTagMargins = 0
```

Dem generierten Body-Tag werden durch diese Anweisung folgende Attribute zugewiesen:

```
<body leftmargin="0" topmargin="0"
 marginwidth="0" marginheight="0">
```

Anmerkung:
Wenn Sie statt einer numerischen Angabe hier die Sub-Property

```
page.bodyTagMargins.useCSS = 1
```

setzen, erzeugt TYPO3 eine Stylesheet-Datei mit dem Inhalt

```
BODY {margin: 0px 0px 0px 0px;}
```

und verlinkt diese automatisch (die CSS-Datei wird in *typo3temp/* abgelegt).

Property: config (von PAGE)

Beschreibung:
Mithilfe der Property `config` und ihrer Sub-Propertys kann die Seite für die Ausgabe konfiguriert werden. Unter anderem ist die Angabe eines DOCTYPE möglich oder die Umsetzung eines Outputs als XHTML 1.0 oder HTML5. Auch das eigentlich obsolete Format XHTML 2.0 wird unterstützt.

Anmerkung:
Die hier auf Seitenebene vorgenommenen Einstellungen überschreiben eventuell vorhandene gleichnamige Werte im Top-Level-Objekt CONFIG.

Beispiel: config.doctype

```
page = PAGE
page.config.doctype = xhtml_trans
```

Dieses Beispiel erzeugt einen XML-Prolog sowie die Doctype-Deklaration für eine XHTML-konforme Seite (XHTML transitional) und setzt den korrekten Namensraum im `<html>`-Container. Das Ergebnis sieht so aus:

```
<?xml version="1.0" encoding="iso-8859-1"?>
<!DOCTYPE html PUBLIC "-//W3C//DTD XHTML 1.0 Transitional//EN"
 "http://www.w3.org/TR/xhtml1/DTD/xhtml1-transitional.dtd">
<html xmlns="http://www.w3.org/1999/xhtml"
 xml:lang="en" lang="en">
...
```

Auch das neue Format HTML5 wird unterstützt:

```
page = PAGE
page.config.doctype = html5
```

Folgendes Beispiel erzeugt eine Doctype-Deklaration gemäß HTML5. Das Ergebnis sieht so aus:

```
<!DOCTYPE html>
<html lang="en-UK" xmlns="http://www.w3.org/1999/xhtml">
...
```

Anmerkung:
Als Werte sind `xhtml_frames`, `xhtml_trans`, `xhtml_strict`, `xhtml_11`, `xhtml_2`, `html5` und `none` (Unterdrückung einer Deklaration) gestattet. Ansonsten wird eine Default-Doctype-Deklaration ausgegeben:

```
<!DOCTYPE HTML PUBLIC "-//W3C//DTD HTML 4.0 Transitional//EN">
```

Beispiel: config.xmlprologue
```
page = PAGE
page.config.doctype = xhtml_trans
page.config.xmlprologue = none
```

▶ Soll in Verbindung mit einer XHTML-Doctype-Deklaration kein XML-Prolog ausgegeben werden, kann dies mit dieser Property unterdrückt werden.

Beispiel: config.xhtml_cleaning
```
page = PAGE
page.config.doctype = xhtml_trans
page.config.xhtml_cleaning = all
```

▶ Die Property veranlasst das »Aufräumen« des Quellcodes entsprechend der XML-Syntax, d.h., sie sorgt für die Kleinschreibung von Elementen und Attributen sowie für die Anführungszeichen um Attributwerte. Des Weiteren werden leere Tags mit /> beendet. Der Wert `all` bewirkt die Verarbeitung in jedem Fall, der Wert `cached` nur dann, wenn die Seite gecacht wird. Der Wert `output` bewirkt eine Verarbeitung des direkt ausgegebenen Codes.

Beispiel: config.baseURI
```
page = PAGE
page.config.baseURI = http://www.example.com
```

Dieses Beispiel erzeugt einen Basis-URI für die Seite in dieser Form:

```
<base href="http://www.example.org" />
```

Property: meta (von PAGE)

Beschreibung:
Mithilfe der Property `meta` können die Meta-Tags als weitere Subeigenschaften angegeben werden, denen die gewünschten Werte zugewiesen werden. Als Sub-Propertys werden die Bezeichner der jeweils gewünschten HTML-Meta-Tags eingesetzt.

Beispiel:
```
page = PAGE
page.meta.AUTHOR = Stöckl
page.meta.KEYWORDS = Web, Internet
page.meta.DESCRIPTION = Die Internetagentur ...
```

Dieses Beispiel erzeugt die gängigen Meta-Tags für den Seitenautor, die Seitenbeschreibung und die Schlüsselwörter. Das Ergebnis sieht so aus:

```
<meta name="AUTHOR" content="St&ouml;ckl" />
<meta name="KEYWORDS" content="Web, Internet" />
<meta name="DESCRIPTION" content="Die Internetagentur ..." />
```

Anmerkung:
Sie sind beim Meta-Namen nicht auf Großbuchstaben oder feststehende Bezeichner festgelegt. Was immer Sie hier einsetzen, erscheint (in der gewählten Schreibweise) als Wert des `name`-Attributs. Wollen Sie XHTML-konform bleiben, verwenden Sie Bezeichner in Kleinbuchstaben.

Property: stylesheet (von PAGE)

Beschreibung:
Hier kann eine einzelne Stylesheet-Datei angegeben werden. Sie wird von TYPO3 mittels des `<link>`-Tags im Header-Container eingebunden.

Beispiel:
```
page = PAGE
page.stylesheet = fileadmin/screen.css
```

Mit der erzeugten Seite wird ein CSS-Stylesheet verlinkt, das im Fileadmin-Repository abgelegt wurde. Es werden Pfad und Dateiname übergeben. Der erzeugte Quellcode sieht so aus:

```
<link rel="stylesheet" type="text/css"
    href="fileadmin/screen.css" />
```

Anmerkung:
Wollen Sie mehrere Stylesheets einbinden und diesen auch einen Titel geben oder ein Ausgabemedium bestimmen, verwenden Sie alternativ die Property `includeCSS`.

Property: includeCSS (von Page)

Beschreibung:
Mit der `includeCSS`-Property können mehrere CSS-Stylesheets eingebunden werden, wozu ein Array aus `file`-Propertys dient, die namentlich durch ein frei wählbares numerisches Postfix unterschieden werden (z.B. `file01`, `file02` ... – `fileNN`). Jeder `file`-Property kann ein Stylesheet-Titel und ein Medientyp (als kommagetrennte Liste auch mehrere Medientypen) zugewiesen werden. Hierzu dienen die Sub-Propertys `title` und `media`. Mit der dritten Sub-Property, `alternate`, kann durch Über-

gabe eines booleschen Wertes das Keyword »alternate« dem `rel`-Attribut des `<link>`-Tags hinzugefügt werden.

Beispiel:
```
page = PAGE
page.includeCSS {
    file10 = fileadmin/screen.css
    file10.title = Screenstylesheet
    file10.media = screen, projection
    file20 = fileadmin/print.css
    file20.title = Druckstylesheet
    file20.media = print
}
```

Mit der erzeugten Seite werden per `<link>`-Tag mehrere im Fileadmin-Repository abgelegte CSS-Stylesheets verknüpft und gleichzeitig Titel und Ausgabemedium genannt. Der so erzeugte Quellcodeabschnitt sieht folgendermaßen aus:

```
<link rel="stylesheet" type="text/css" title="Screenstylesheet"
 href="fileadmin/screen.css" media="screen, projection" />
<link rel="stylesheet" type="text/css" title="Druckstylesheet"
 href="fileadmin/print.css" media="print" />
```

Achtung:
Die Stylesheets müssen am bezeichneten Ort auch tatsächlich existieren, ansonsten wird keine Verknüpfung angelegt!

Property: includeLibs (von PAGE)

Beschreibung:
Mit dieser Eigenschaft können PHP-Dateien eingebunden werden.

Beispiel:
```
page = PAGE
page.includeLibs.shop = fileadmin/fx/cybershop.php
```

Hier wird an das `PAGE`-Objekt[17] eine PHP-Datei gebunden, die Shopfunktionalitäten zur Verfügung stellt. Dem Objekt können beliebig benannte Propertys zugewiesen werden (hier wurde der Deutlichkeit halber der Property-Bezeichner `shop` gewählt). Pfad und Dateiname werden übergeben.

---

17 Nicht zu verwechseln mit dem TLO `includeLibs`, das nicht den Seiten direkt zugeordnet wird. Das lokale `seite.includeLibs` kann gegebenenfalls Werte des TLO `includeLibs` überschreiben.

Property: headerData (von PAGE)

Beschreibung:
Die Eigenschaft kann dazu verwendet werden, Inhalt in den Header-Bereich der Seite auszugeben. Dies können z.B. JavaScript, Meta-Tags, Referenzen zu Stylesheets oder ganze HTML-Vorlagen sein.

Beispiel:
```
page = PAGE
page.headerData.10 = TEMPLATE
page.headerData.10 {
        template = FILE
        template.file = fileadmin/header.html
        workOnSubpart = HEADER
}
```

Die Property headerData erhält hier ein Positionsobjekt 10, dem ein Content-Objekt TEMPLATE zugewiesen wird. Über dessen file-Property wird eine HTML-Datei eingebunden, die in der Seitenvorlage in dem Bereich eingefügt wird, der durch die Markierung ###HEADER### gekennzeichnet ist. (Mehr über die Objekttypen TEMPLATE und FILE erfahren Sie bei den Content-Objekten.)

Property: 1, 2, 3 ... 10, 20 ... (von PAGE)

Beschreibung:
Hier wird ein numerisch bezeichnetes Positionsobjekt innerhalb des PAGE-Objekts deklariert, das ein Inhaltsobjekt enthält.

Die Inhalte werden von TYPO3 in PHP-Arrays abgelegt; die vergebene Positionsnummer ist der Schlüssel, über den auf das Objekt zugegriffen werden kann (er entspricht sozusagen der Fachnummer des Arrays).

Die Positionsnummer bestimmt ebenfalls über die Reihenfolge der Objekte auf der Seite. Ein Objekt an Position page.5 erscheint auf der Seite stets vor page.10, dieses wiederum vor page.20:

```
page = PAGE
page.10 = TEXT
page.10.value = Das ist
page.20 = TEXT
page.20.value = ein Beispiel
```

Erzeugt die Ausgabe:[18]

Das ist ein Beispiel

---

18   Hier nur als Hervorhebung kursiv wiedergegeben!

Hier werden zwei numerische Propertys deklariert, und es wird ihnen die Eigenschaft »Textobjekt«[19] (TEXT) zugewiesen. In diesem Fall steht anschließend jeweils eine `value`-Sub-Property zur Verfügung, die eine Zeichenkette enthalten kann.

Die absoluten Zahlen der Positionsnummer spielen dabei keine Rolle, sondern nur deren numerische Abfolge – die Reihenfolge ihrer Deklaration im Template ist dabei ausdrücklich irrelevant (es ist also möglich, wenn auch unübersichtlich, ein Objekt 20 im Template *vor* einem Objekt 10 zu definieren und beiden jeweils Inhalte zuzuweisen; ausgegeben wird dennoch in der numerisch vorgegebenen Folge):

```
page = PAGE
page.20 = TEXT
page.20.value = ein Beispiel
page.10 = TEXT
page.10.value = Das ist
```

Das erzeugt ebenfalls die Ausgabe:

Das ist ein Beispiel

Es empfiehlt sich (wie hier bei den Beispielen), ausreichend »Sicherheitsabstand« zwischen den definierten Objekten zu lassen. So können zwischen einem Objekt 10 und einem Objekt 20 im Bedarfsfall weitere Objekte 11, 12, 13 o.Ä. eingeschoben werden:

```
page = PAGE
page.10 = TEXT
page.10.value = Das ist
page.20 = TEXT
page.20.value = ein Beispiel
page.15 = TEXT
page.15.value = gelungenes
```

Das erzeugt die Ausgabe:

Das ist ein gelungenes Beispiel

17.4 Erzeugen von Framesets – FRAME-Objekte

Wie vorher schon angedeutet, kann ein PAGE-Objekt auch ein Frameset-Dokument erzeugen. Hierfür verwendet man dessen `frameSet`-Property. Darüber hinaus benötigt man in diesem Zusammenhang auch zwei weitere Objekte: das FRAME-Objekt (stets) und (seltener) das FRAMESET-Objekt.

---

[19] Mehr Informationen darüber finden Sie bei den Content-Objekten.

Property: frameSet (von PAGE)

Beschreibung:

Wird die `frameset`-Property gesetzt, ist das entsprechende PAGE-Objekt automatisch als Frameset deklariert: Die durch dieses Objekt bestimmte Seite wird mithilfe weiterer Sub-Propertys der `frameset`-Property in Bildschirmbereiche unterteilt:

Sub-Propertys:

- cols

  Spaltenbreiten des Framesets
- rows

  Reihenhöhe des Framesets
- params

  Eigenschaften des `<frameset>`-Tags
- 1, 2, 3 ...

  Numerische Propertys, denen Frameobjekte zugeordnet werden

Besitzt das PAGE-Objekt die `typeNum = 0`, entspricht dies der Position _top im Browserfenster.

Die in den Frames dargestellten PAGE-Objekte müssen in jedem Fall von Null verschiedene Typnummern haben.

Beispiel:
```
# ein PAGE-Objekt wird erzeugt ...
mein_frameset = PAGE

# ... und als Frameset deklariert
mein_frameset.frameSet.rows = 120,*

mein_frameset.frameSet.params = border="0" framespacing="0"

# ... dem Frameset werden zwei Seiten zugewiesen:
page.frameSet {
        1 = FRAME
        1.obj = oben
        1.params = scrolling="NO" noresize
        2 = FRAME
        2.obj = inhalt
        2.params = scrolling="AUTO"
            }
```

Hier wurde, um für Klarheit zu sorgen, dem Top-Level-PAGE-Objekt auch der Bezeichner »mein_frameset« gegeben. Die `rows`- und `params`-Propertys der `frameSet`-Property können unmittelbar belegt werden. Die den Framebereichen zugeordneten PAGE-Objekte »oben« und »inhalt« müssten allerdings noch deklariert werden (sie wurden hier aus Platzgründen weggelassen); die sie beherbergenden Objekte 1 und 2 werden als FRAME-Objekte deklariert (hierzu folgen gleich noch mehr Informationen).

Außer als Property frameSet des PAGE-Objekts tritt FRAMESET (man beachte die Schreibweise) auch als eigenständiger Objekttyp auf. Dies hat eher formale als technische Gründe.

17.4.1 Das TL-Objekt FRAMESET

Streng genommen besteht zwischen dem autarken FRAMESET-Objekt und der eben vorgestellten frameSet-Property des PAGE-Objekts kein Unterschied – genauer gesagt kann man sich der frameSet-Property von PAGE stets ein FRAMESET-Objekt zugeordnet denken. In bestimmten Fällen (verschachtelte Framesets) weist man ein FRAMESET-Objekt allerdings auch explizit zu, um seine Eigenschaften verwenden zu können.

Propertys:

- cols
  Spaltenbreiten des Framesets

- rows
  Reihenhöhe des Framesets

- params
  Eigenschaften des <frameset>-Tags

- 1, 2, 3 ...
  Numerische Propertys, denen Frameobjekte zugeordnet werden

Property: cols

Beschreibung:
Gibt in der gleichen Weise wie in HTML die Spaltenbreiten des Framesets an.

Beispiel:
page.frameSet.cols = 200,*

Erzeugt ein zweispaltiges Frameset mit einer festen, 200 Pixel breiten Spalte und einer weiteren Spalte von variabler Breite.

Property: rows

Beschreibung:
Gibt in der gleichen Weise wie in HTML die Zeilenbreiten des Framesets an.

Beispiel:
page.frameSet.rows = 120,*,50

Erzeugt ein dreireihiges Frameset mit einem oberen, 120 Pixel hohen Frame, einem mittleren mit variabler Höhe und einem unteren von 50 Pixel Höhe.

Property: params

Beschreibung:
Hier werden die Parameter des HTML-Frameset-Tags angegeben.

Beispiel:
```
page.frameSet.1.params = scrolling="NO" noresize
```

Doppelte Anführungszeichen dürfen unmaskiert in der Zeichenkette enthalten sein, da TypoScript sie nicht als Zeichenkettenbegrenzer benötigt.

Property: 1, 2, 3 … (Nummer des Frames)

Beschreibung:
Die einzelnen Frames innerhalb des Framesets werden über diese Nummern identifiziert. Jedes dieser Objekte ist vom Typ frameObj. Ihnen kann entweder ein FRAME-Objekt oder wiederum ein FRAMESET-Objekt zugeordnet werden – mit der letzteren Methode wird ein verschachteltes Frameset erzeugt.

Beispiel:
```
page.frameSet.1 = FRAME
page.frameSet.2 = FRAMESET
page.frameSet.2.1 = FRAME
page.frameSet.2.2 = FRAME
```

Ein verschachteltes Frameset; dem inneren Frameset werden seinerseits zwei FRAME-Objekte zugeordnet (siehe Beispiel unten).

17.4.2 Das TL-Objekt FRAME

Das FRAME-Objekt kann einem Speicherplatz vom Typ frameObj zugewiesen werden (es wird sich dabei, wie oben, um eine numerische Property eines FRAMESET-Objekts handeln). Das FRAME-Objekt generiert das <frame>-Tag innerhalb des HTML-Framesets. Es existieren zwei Propertys, aus deren Werten das src-Attribut und die restlichen Parameter des <frame>-Tags abgeleitet werden.

Propertys:
- obj
  Zuordnung eines PAGE-Objekts zum Frame
- params
  Attribute des <frame>-Tags

Property: obj

Beschreibung:
Über die Property obj wird definiert, welches vorher deklarierte PAGE-Objekt in diesem Frame darzustellen ist. Zur Zuordnung wird der Bezeichner des gewünschten PAGE-Objekts übergeben.

Beispiel:
```
# das PAGE-Objekt ´oben´
oben = PAGE
page.frameSet.1 = FRAME
page.frameSet.1.obj = oben
```

Property: params

Beschreibung:
Die Property params übernimmt eine Zeichenkette, die als Attribute des <frame>-Tags dienen, die durch das FRAME-Objekt erzeugt werden. Es dürfen alle in HTML an dieser Stelle vorgesehenen Attributbezeichner eingesetzt werden; die Attributwerte sind korrekterweise in doppelte Anführungszeichen zu setzen.

17.4.3 Quelltextbeispiel: Frameset mit TypoScript

Hierzu sehen Sie im Folgenden ein ausführliches Beispiel zur Erläuterung:

```
# das Toplevel-Dokument ´page´:
page = PAGE
page.typeNum = 0

# ein PAGE-Objekt ´oben´:
oben = PAGE
oben.typeNum = 6

# ein PAGE-Objekt ´links´:
links = PAGE
links.typeNum = 7

# ein PAGE-Objekt ´rechts´:
rechts = PAGE
rechts.typeNum = 9

# ´page´ wird als Frameset-Dokument deklariert,
# das zwei Framebereiche enthält:

page.frameSet {
   rows = 120,*
```

```
    params = border="0" frameborder="no" framespacing="0"

# den Framebereichen entsprechen frameObj 1 und frameObj 2
# wobei frameObj 1 als Frame deklariert wird ...

    1 = FRAME
# ... dem das PAGE-Objekt ´oben´ zugewiesen wird.

    1.obj = oben
    1.params = noresize scrolling="no"

# frameObj 2 wird hingegen als Frameset deklariert,

    2 = FRAMESET

# ... das in zwei Spalten geteilt ist ...

    2.params = noresize scrolling="no"
    2.cols = 180,*

# ... und seinerseits zwei frameObj 1 und 2 enthält:
    2 {
       1 = FRAME
       1.obj = links
       2 = FRAME
       2.obj = rechts
    }
}
```

Dieser Quelltext erzeugt ein verschachteltes Frameset und die den einzelnen Framebereichen zugeordneten PAGE-Objekte.

17.5 Inhalt einbinden – Content-Objekte

TypoScript stellt eine Reihe von mehr oder weniger spezialisierten Content-Objekten (*cObjects*) zur Verfügung, die unterschiedliche Inhaltstypen aufnehmen können. Deren Daten können PAGE-Objekten an unterschiedlichen Positionen zugewiesen und somit im Frontend dargestellt werden.

Je nach Art des einzubindenden Inhalts unterscheidet man die Objekttypen

- COA (Content Object Array, auch: COBJ_ARRAY)
- FILE

- CONTENT
- TEMPLATE
- FLUIDTEMPLATE
- TEXT
- HTML
- IMAGE
- IMG_RESOURCE
- CLEARGIF
- OTABLE
- CTABLE
- COLUMNS

Die Aufgabenbereiche der Objekte überschneiden sich zum Teil – so kann IMAGE als eine Spezialform des FILE-Objekts betrachtet werden, CLEARGIF (veraltet) wiederum als spezialisiertes IMAGE-Objekt, das gezielt eine transparente Grafik einfügt. Des Weiteren existieren mit OTABLE, CTABLE und COLUMNS drei cObjects, deren Aufgabe die Erstellung von HTML-Tabellen ist.

- HMENU

Das Content-Objekt HMENU, das zum Erzeugen von Navigationsmenüs dient, wird im folgenden Abschnitt über Menüs abgehandelt (es wird jedoch ebenfalls zu den cObjects gerechnet).

> **Anmerkung**
>
> Dies ist keine vollständige Referenz aller cObjects. Aus Platzgründen nicht näher beschrieben werden die cObjects RECORDS, HRULER, IMGTEXT, CASE, LOAD_REGISTER, RESTORE_REGISTER, FORM, SEARCHRESULT, USER, USER_INT, PHP_SCRIPT, PHP_SCRIPT_INT, PHP_SCRIPT_EXT und MULTIMEDIA. Entnehmen Sie Einzelheiten zu diesen Objekten bitte der TSRef. Das cObject EDITPANEL wird dort im Abschnitt »Userkonfiguration« behandelt.

17.5.1 Das cObject COA

Das Objekt COA (auch unter der Bezeichnung COBJ_ARRAY verwendet) dient der Definition von Feldern, die weitere Content-Objekte enthalten können (COA = Content Object Array). Auch weitere COAs können einem solchen Feld zugewiesen werden (Verschachtelung ist möglich).

page.10 = **COA**

Man kann das COA also als ein »übergeordnetes« Content-Objekt betrachten, das seinerseits andere Content-Objekte aufnehmen und gruppieren kann. Hierfür werden, vergleichbar mit dem PAGE-Objekt, numerische Positionsobjekte eingesetzt.

Propertys:
- 1, 2, 3 … 10 … 20
  Numerische Property als Speicherplatz
- wrap
  Quelltext, mit dem das Objekt bei der Ausgabe umgeben wird

Property: 1, 2, 3 … 10, 20 … (Position)

Beschreibung:
Hiermit wird ein Positionsobjekt innerhalb des Arrays definiert, das ein beliebiges Inhaltsobjekt aufnehmen kann.

Beispiel:
```
page.10 = COA
page.10.10 = HTML
page.10.10.value = <table border=0 cellpadding=0>
page.10.20 = TEXT
page.10.20.value = Bildtext
```

Das Positionsobjekt 10 eines PAGE-Objekts wird mit einem COA befüllt. Dieses erhält seinerseits Positionsobjekte 10 und 20, denen Content-Objekte vom Typ HTML bzw. TEXT zugeordnet werden, die anschließend über ihre value-Property entsprechende Inhalte bekommen.

```
page.10 = COA
page.10 {
   10 = HTML
   10.value = <table border=0 cellpadding=0>
   20 = TEXT
   20.value = Bildtext
}
```

Dies entspricht dem zuletzt gezeigten Beispiel, wird hier jedoch verkürzt mit Confinement-Klammern geschrieben.[20]

Property: wrap

Beschreibung:
Gibt den Code an, mit dem das Content-Array umschlossen wird.

---

20 Welche Schreibweise Sie verwenden, ist im Grunde egal – lesen können sollten Sie jedoch beide. ;-)

Beispiel:
```
page.10 = COA
page.10.wrap = <td> | </td>
```

Wenn das Objekt für die Ausgabe gerendert wird (also z.B. enthaltene TEXT-Objekte dargestellt werden), wird es von HTML-`<td>`-Tags umgeben.

17.5.2 Das cObject FILE

Dient zum Einbinden einer allgemeinen Datei in ein Template. Die Art (der Typ) der Datei ist hierbei nicht näher reglementiert.

`page.10 = FILE`

Dem Seitenobjekt wird an seiner Position 10 ein FILE-Objekt zugewiesen. Dieses kann über seine Property file eine Datei einbinden, deren Inhalt mittels einer weiteren Property wrap mit HTML-Code umgeben werden kann.

Propertys:
- file
  Pfad und Name der einzubindenden Datei
- wrap
  Quelltext, mit dem das Objekt bei der Ausgabe umgeben wird

Property: file

Beschreibung:
Dieser Property werden der Name der Datei und der Pfad zugewiesen, der zur einzubindenden Datei führt. Wie die eingebundene Datei behandelt wird, entscheidet sich anhand ihrer Dateiendung:

- Hat die Datei eine der Endungen *.jpg*, *.jpeg*, *.gif* oder *.png*, wird ein `<img>`-Tag erzeugt und die Datei über dessen src-Attribut als Grafik eingebunden.
- Bei allen anderen Dateiendungen (z.B. *.html*, *.txt*) wird der Quelltextinhalt der Datei unmittelbar in den HTML-Code der erzeugten Seite eingefügt und in Folge wie HTML ausgewertet.

Beispiele:
```
page.10 = FILE
page.10.file = fileadmin/vorlage.html
```

In diesem Fall handelt es sich bei der eingebundenen Datei um ein HTML-Dokument, das daher an der gewünschten Position in die erzeugte Seite eingefügt wird. Dies entspricht der üblichen Verwendung dieser Objekt-Property.

```
page.10 = FILE
page.10.file = fileadmin/logo.gif
```

Hier wird die eingebundene Datei aufgrund ihrer Dateiendung als Grafik erkannt und entsprechend behandelt. In der Regel wird man für diese Funktionalität jedoch den Objekttyp IMAGE vorziehen.

Property: wrap

Beschreibung:
Gibt den Code an, mit dem der Dateiinhalt umschlossen wird. Der obligatorische senkrechte Strich (|, »Pipe-Symbol«) steht stellvertretend für den Dateiinhalt. Der Code *links* des Striches wird demnach *vor* den Dateiinhalt, der Code *rechts* hiervon *nach* dem Dateiinhalt eingefügt. Wird der Code vor oder nach dem Trennstrich weggelassen, erfolgt an der betreffenden Stelle keine Einfügung (siehe folgende Beispiele).

Beispiele:
```
page.10 = FILE
page.10.file = fileadmin/mein_text.txt
page.10.wrap = <p> | </p>
```

Der Dateiinhalt (hier ein über die file-Property eingebundener Text) wird mit einem <p>-Container umgeben.

```
page.10 = FILE
page.10.file = fileadmin/mein_text.txt
page.10.wrap = | <br>
```

In diesem Fall wird nach dem Dateiinhalt lediglich ein
-Tag eingefügt.

17.5.3 Das cObject CONTENT

Dieses Objekt dient dazu, Inhalt aus der Datenbank des CMS einzufügen. Über die Eigenschaften können die Quelle des Inhalts und sein Aussehen beeinflusst werden.

```
page.10 = CONTENT
```

Propertys:
- table
  Die auszulesende Datenbanktabelle
- select
  Spezifiziert die Abfrage der Datenbanktabelle.

- renderObj
  Legt Art und Weise des Renderings fest.
- wrap
  Quelltext, mit dem das Objekt bei Ausgabe umgeben wird

Sub-Propertys (von select):

- select.where
  Bestimmt die Spalte des Inhaltsdatensatzes.
- select.orderBy
  Bestimmt, wie die Ausgabe der Inhaltsdatensätze sortiert wird.

Property: table

Beschreibung:
Gibt die Datenbanktabelle an, der der Inhalt entnommen wird. Standardmäßig ist dies die Tabelle tt_content von TYPO3.

Beispiel:
```
page.10 = CONTENT
page.10.table = tt_content
```

Property: select

Beschreibung:
Mit der select-Struktur kann die Abfrage der Inhaltstabelle definiert werden.

Beispiel:
```
page.10 = CONTENT
page.10.table = tt_content
page.10.select {
   where = colPos=0
   orderBy = sorting
}
```

Anmerkung:
Die Property select besitzt den (funktionalen) Objektdatentyp select, erzeugt also eine SQL-Abfrage. Sie hat eine Reihe von Sub-Propertys (darunter where und orderBy), um die Abfrage näher zu spezifizieren.

Sub-Property: select.where

Beschreibung:
Die Angabe colPos der Sub-Property where bestimmt die Spalte des PAGE-Inhaltsdatensatzes, aus der die Daten entnommen werden.

Beispiel:
```
page.10 = CONTENT
page.10.table = tt_content
page.10.select {
   where = colPos=0
   orderBy = sorting
}
```

TYPO3 unterscheidet bei den Inhaltselementen zwischen der Spalte NORMAL (colPos = 0), der Spalte LINKS (colPos = 1), der Spalte RECHTS (colPos = 2) und der Spalte RAND (colPos = 3).

Anmerkung:
Beachten Sie, dass die Spaltenbenennung abstrakt zu verstehen ist und nichts mit der Zuordnung der Inhalte zu einem Seitenlayout zu tun hat!

Sub-Property: select.orderBy

Beschreibung:
Die Sub-Property orderBy von select bestimmt die Sortierung der Inhaltsdatensätze.

Beispiel:
```
page.10 = CONTENT
page.10.table = tt_content
page.10.select {
   where = colPos=0
   orderBy = sorting
}
```

Wenn Sie den Wert sorting angeben, werden die Inhalte in der Reihenfolge ausgegeben, die durch die Sortierung im Backend festgelegt ist.

Property: renderObj

Beschreibung:
Die Property renderObj legt fest, wie die Daten aus der Tabelle für die Ausgabe verarbeitet werden sollen. Standardmäßig werden sie mit dem TypoScript-Objekt verarbeitet, das den gleichen Namen wie die verwendete Tabelle trägt, in der Regel also mit dem Objekt tt_content.

Wird z.B. zusätzlich zu dem im statischen Template »content (default)« definierten Objekt tt_content ein eigenes TypoScript-Objekt zur Inhaltsdarstellung definiert, wird über die renderObj-Eigenschaft bestimmt, wann es verwendet wird.

Beispiel:
```
page.10 = CONTENT
page.10.table = tt_content
page.10.renderObj = meincontent
```

Property: wrap

Beschreibung:
Gibt den Code an, mit dem ein Inhaltselement umschlossen wird.

Beispiel:
```
page.10 = CONTENT
page.10.table = tt_content
page.10.wrap = <tr align="center"> <td> | </td> </tr>
```

17.5.4 Das cObject TEMPLATE

Ordnet dem Seitenobjekt eine HTML-Designvorlage zu, bestimmt deren Abarbeitung und definiert die cObjects, die anstelle der in der Vorlage enthaltenen Marker oder Subparts einzufügen sind.

```
page.10 = TEMPLATE
page.10.template = FILE
```

Propertys:
- template
  Obligatorisch. Der Property wird ein cObject vom Typ FILE zugeordnet.
- marks
  Array der in der Vorlage erscheinenden Marker, die als Sub-Propertys zugeordnet sind. Die Schreibweise muss der im Dokument entsprechen.
- subparts
  Array der in der Vorlage erscheinenden Subparts, die als Sub-Propertys zugeordnet sind. Die Schreibweise muss der im Dokument entsprechen.
- workOnSubpart
  Der Subpart, der als Body-Bereich der Ersetzungen dienen soll; meist mit DOCUMENT bezeichnet. Verhindert Verdopplung des Body-Elements.
- relPathPrefix
  Zeichenkette. Dient als Präfix für alle relativen Pfadangaben innerhalb der Vorlage (Verknüpfungen zu Bildern, Stylesheets etc.).
- markerWrap
  Definiert die einen Marker umgebenden Zeichenketten. Wird benötigt, falls eine alternative Kennzeichnung der Marker erforderlich ist. Default: ### | ###.

- substMarksSeperatly
  Boolean (0 oder 1). Der Wert 1 bewirkt die Ersetzung der Marker im Anschluss an jene der Subparts und Wraps. Default: 0 (Marker zuerst verarbeiten).

Sub-Propertys (von `template`):

- `template.file`
  Obligatorisch. Pfad und Dateiname der einzubindenden HTML-Vorlage

Property: template

Beschreibung:
Obligatorisch. Weist dem `TEMPLATE`-Objekt ein `FILE`-Objekt zu.

Beispiel:
```
page.10 = TEMPLATE
page.10.template = FILE
page.10.template.file = fileadmin/templates/vorlage.html
```

Sub-Property: template.file

Beschreibung:
Obligatorisch. Übergibt der `template`-Property von `TEMPLATE` einen Dateipfad, der auf die einzubindende HTML-Vorlage verweist.

```
page.10 = TEMPLATE
page.10.template = FILE
page.10.template.file = fileadmin/templates/vorlage.html
```

Property: marks

Beschreibung:
Ein Array, das die in der Dokumentvorlage verwendeten Marker enthält.

Beispiel:
```
page.10 = TEMPLATE
...
page.10.marks.MENUE = HMENU
```

Die Sub-Propertys von `marks` entsprechen den Bezeichnern der Marker im Dokument. Sie müssen auch exakt in der gleichen Schreibweise verwendet werden. Großbuchstaben sind üblich, aber nicht Vorschrift.

Property: subparts

Beschreibung:
Ein Array, das die in der Dokumentvorlage verwendeten Subparts enthält.

Beispiel:
```
page.10 = TEMPLATE
...
page.10.subparts.INHALT < styles.content.get
```

Dem Subpart INHALT wird mit styles.content.get die mittlere Inhaltsspalte (NORMAL) zugewiesen. Damit dieses Beispiel funktioniert, muss das statische Template »CSS Styled Content« in die Template-Konfiguration eingebunden sein.[21] Die Inhalte anderer Spalten werden mit styles.content.getLeft (Spalte LINKS), styles.content.getRight (Spalte RECHTS) bzw. styles.content.getBorder (Spalte RAND) eingebunden.

Property: workOnSubpart

Beschreibung:
Bezeichnet denjenigen Subpartmarker, innerhalb dessen die Verarbeitung stattfinden soll.

Beispiel:
```
page.10 = TEMPLATE
...
page.10.workOnSubpart = DOCUMENT
```

Property: markerWrap

Beschreibung:
Gibt die Zeichenketten an, mit denen Marker und Subpart-Bezeichner zu ihrer Kennzeichnung umgeben werden müssen.

Beispiel:
```
page.10 = TEMPLATE
...
page.10.markerWrap = _ | _
```

In diesem Beispiel müsste ein Marker beispielsweise in der Form _INHALT_ statt wie sonst in der Form ###INHALT### in der Dokumentvorlage eingefügt werden. Normalerweise ist eine Änderung des markerWraps nicht erforderlich und daher ungebräuchlich. Default ist: ### | ###.

---

[21] Alternativ können Sie auch das statische Template »content (default)« einsetzen. Es gilt allerdings als veraltet.

Gesamtbeispiel:
```
page.10 = TEMPLATE
page.10.template = FILE
page.10.template.file = fileadmin/templates/vorlage.html
page.10 {
   workOnSubpart = DOCUMENT
   marks.MENUE = HMENU
   // Menüdefinitionen
   ...
   subparts.INHALT < styles.content.get
}
```

Bindet eine HTML-Dokumentvorlage *vorlage.html* ein, die im Ordner *templates* des *fileadmin*-Verzeichnisses liegt. Der Verarbeitungsbereich der Vorlage ist durch den Subpart ###DOCUMENT### gekennzeichnet. In ihm liegen der Marker ###MENUE### und der Subpart ###INHALT###, denen ein HMENU-Objekt bzw. die Inhaltsspalte NORMAL zugewiesen werden. (Die Definition des HMENU-Objekts haben wir der Übersichtlichkeit halber weggelassen.)

17.5.5 Das cObject FLUIDTEMPLATE

Ordnet, alternativ zum cObject TEMPLATE, dem Seitenobjekt eine HTML-Designvorlage zu. Diese wird gemäß den Fluid-Methoden abgearbeitet, was bedeutet, dass Marker anders beschrieben werden müssen. Das Zuweisen der Designvorlage kann direkt über eine file-Property erfolgen, da das cObject selbst über stdWrap-Eigenschaften verfügt.

```
page.10 = FLUIDTEMPLATE
page.10 {
    file = fileadmin/termplates/designvorlage.html
}
```

Propertys:
- file
  Die zu verwendende Designvorlage

Beschreibung:
Die Eigenschaft stammt aus stdWrap und dient zum Zuweisen der Designvorlage.

17.5.6 Das cObject TEXT

Mit diesem Objekt kann reiner Text (eine Zeichenkette ohne weiteres zu interpretierendes HTML) eingefügt werden. Das TEXT-Objekt ist vom Datentyp stdWrap – die entsprechenden Funktionen werden direkt auf das Objekt (und nicht auf eine seiner Propertys) angewendet.

```
page.10 = TEXT
```

Propertys:
- value
  Die zu speichernde Zeichenkette

Property: value

Beschreibung:
Dieser Eigenschaft wird der Wert des Textobjekts zugewiesen.

Beispiel:
```
page.10 = TEXT
page.10.value = Das ist ein Bildtext.
```

Auch hier wird die übergebene Zeichenkette nicht mit eigenen Begrenzern versehen. Sie darf deshalb auch Anführungszeichen als Zeichen enthalten. Um den Text mittels stdWrap als Großbuchstaben darzustellen, muss die Eigenschaft case (von stdWrap) auf das Objekt selbst und nicht (wie beim HTML-Objekt) auf die value-Property angewendet werden, die den Text enthält:

```
page.10 = TEXT
page.10.value = Das ist ein Bildtext.
page.10.case = upper
```

Das TEXT-Objekt wird mit Großbuchstaben gerendert.

17.5.7 Das cObject HTML

Mit diesem Objekt kann HTML-Quellcode in Form einer Zeichenkette eingefügt werden. Für längere Codeabschnitte empfiehlt sich das cObject FILE.

```
page.10 = HTML
```

Propertys:
- value
  Die zu speichernde Zeichenkette (wird als HTML behandelt)

Property: value

Beschreibung:
Der Eigenschaft value wird der HTML-Code zugewiesen.

Beispiel:
```
page.10 = HTML
page.10.value = <p>Das ist ein <br> zweizeiliger Absatz.</p>
```

Die Property `value` eines `HTML`-Objekts[22] ist vom Datentyp `stdWrap` – es stehen hier also die entsprechenden Funktionen (z. B. die Property `case`) zur Verfügung:

```
page.10.value.case = upper
```

Der durch das Objekt ausgegebene Text wird als Großbuchstaben gesetzt.

17.5.8 Das cObject IMAGE

Dient dem Einbinden einer Bilddatei in ein Template. Dieses Objekt dient dazu, in der Ausgabe ein `<img>`-Tag zu erzeugen, dessen Attributwerte mittels der Propertys festgelegt werden.

```
page.10 = IMAGE
```

Propertys:
- `file`
  Pfad und Name der einzubindenden Bilddatei
- `wrap`
  Quelltext, mit dem das `<img>`-Tag bei der Ausgabe umgeben wird
- `alttext`
  Erzeugt ein `alt`-Attribut für das `<img>`-Tag.
- `params`
  Weitere Attribute für das `<img>`-Tag

Property: file

Beschreibung:
In dieser Eigenschaft wird der Pfad zu der Datei angegeben, die eingebunden werden soll.

Beispiel:
```
page.10 = IMAGE
page.10.file = fileadmin/gfx/logo.gif
```

Hier wird eine Grafik eingebunden, die im Fileadmin-Repository in einem Unterverzeichnis *gfx* abgelegt wurde. Der Pfad und der Dateiname werden für das `src`-Attribut des erzeugten `<img>`-Tags verwendet.

---

22 Hier liegt ein wesentlicher Unterschied zum `TEXT`-Objekt: Dieses ist selbst vom Typ `stdWrap`, sodass die Funktionen auf das Objekt direkt angewendet werden können.

Property: wrap

Beschreibung:
Gibt den Code an, mit dem das `<img>`-Tag des Bildes umschlossen wird.

Beispiel:
```
page.10 = IMAGE
page.10.file = fileadmin/logo.gif
page.10.wrap =  | <br>
```

Nach dem `<img>`-Tag wird ein HTML-`<br>` eingefügt. Da vor dem Pipe-Symbol nichts steht, wird entsprechend vor dem Bild kein Code eingefügt.

Property: alttext

Beschreibung:
Gibt den Alternativtext des Bildes an.

Beispiel:
```
page.10 = IMAGE
page.10.file = fileadmin/logo.gif
page.10.alttext = Das ist das Firmenlogo.
```

Die hier übergebene Zeichenkette dient als Wert des `alt`-Attributs des Bildes.

Property: params

Beschreibung:
Gibt weitere Parameter an, die dem `<img>`-Tag des Bildes mitgegeben werden.

Beispiel:
```
page.10 = IMAGE
page.10.file = fileadmin/logo.gif
page.10.params = hspace="3" vspace="2"
```

Der Wert der `params`-Property wird dem `<img>`-Tag als Attribut mitgegeben (hier `hspace` und `vspace`). Es dürfen alle in HTML für `<img>` gültigen Attribute übergeben werden. (Für das `alt`-Attribut sollte jedoch die hierfür vorgesehene Property verwendet werden.)

17.5.9 Das cObject IMAGE_RESOURCE

Dient dazu, (lediglich) den Pfad zu einer Bilddatei in ein Template einzubinden: In diesem Fall wird kein `<img>`-Tag für die Grafik erzeugt. Dies kann z.B. nützlich sein, wenn man eine Tabelle mit einem Hintergrundbild versehen will, der Pfad also als Wert eines HTML-Attributs eingesetzt werden muss.

```
page.10 = IMAGE_RESOURCE
```

Propertys:
- file
  Pfad und Dateiname der Grafik

Property: file

Beschreibung:
In dieser Eigenschaft wird der Pfad zu der Datei angegeben, die eingebunden werden soll.

Beispiel:
```
page.10 = IMAGE_RESOURCE
page.10.file = fileadmin/img/bg.gif
```

17.6 Menüs erstellen – Menüobjekte

17.6.1 Das Objekt HMENU

Das Objekt HMENU dient zur Definition von hierarchischen Menüstrukturen und zählt zu den Content-Objekten (cObjects). Es bildet die Basis für alle Menütypen und enthält die für alle Typen gleichermaßen gültigen Eigenschaften.

Beispiel:
```
page.10.marks.MYNAVIGATION = HMENU
```

Die Menüeinträge (*items*) des HMENU-Objekts werden in unterschiedliche Zustände unterteilt:

- Der normale Zustand eines Menüeintrages wird mit NO (*normal*) abgekürzt.
- Der Rollover-Zustand wird mit RO abgekürzt. Er beschreibt das Aussehen, das der Menüeintrag annimmt, wenn sich der Mauszeiger über dem Eintrag befindet.
- ACT (*active*) ist die Abkürzung für den aktuellen Verlauf. Das sind der Menüeintrag, der aktuell ausgewählt ist, und die in der Hierarchie über ihm liegenden Einträge (die sogenannte *Rootline*).
- CUR bezeichnet die aktuelle (*current*) Seite, im Gegensatz zu ACT jedoch nur die Seite selbst.
- IFSUB definiert das Aussehen eines Menüeintrags, wenn (*if*) dieser mindestens eine Unterseite (*sub*) hat.

Propertys:
- 1, 2, 3 ...
  Numerische Property für die Hierarchieebene

- entryLevel
  Die Hierarchiestufe, ab der das Menü gilt
- special und special.value
  Umschalten auf spezielle Darstellung (z.B. Directory)
- minItems
  Mindestanzahl von Menüpunkten
- maxItems
  Höchstanzahl von Menüpunkten
- excludeUidList
  Liste nicht im Menü auftauchender Seiten
- begin
  Bestimmt den ersten Menüeintrag.
- wrap
  Quellcode, der das gesamte Menü umgibt

Property: 1, 2, 3 ... (Hierarchieebene)

Beschreibung:
Mit der Nummer wird der jeweiligen Hierarchieebene der Menütyp zugeordnet. Das Beispiel definiert die erste Ebene (unter der Seite, die das Menü enthält) von MYNAVIGATION als Textmenü und die ihr untergeordnete zweite Ebene als grafisches Textmenü.

Beispiel:
```
page.10.marks.MYNAVIGATION   = HMENU
page.10.marks.MYNAVIGATION.1 = TMENU
page.10.marks.MYNAVIGATION.2 = GMENU
```

Property: entryLevel

Beschreibung:
Diese Eigenschaft legt für ein Menüobjekt fest, ab welcher Hierarchieebene des Seitenbaums die Einträge dargestellt werden. Der Wert der Eigenschaft wird zu den Hierarchiewerten des Menüobjekts addiert und ergibt die dargestellte Ebene des Seitenbaums. Der Standardwert ist 0.

Beispiel:
```
page.10.marks.MYNAVIGATION   = HMENU
page.10.marks.MYNAVIGATION.entryLevel = 1
```

In diesem Fall stellt die Ebene 1 des HMENU-Objekts auch die erste Ebene des Seitenbaums dar.

Property: special und special.value

Beschreibung:
Ohne spezielle Einstellungen bildet ein HMENU-Objekt die Struktur des Seitenbaums ab. Mit den unterschiedlichen Werten der special-Eigenschaft und den dazugehörenden special.value-Werten kann die Darstellung des Menüs allerdings erheblich verändert werden. Als Werte können übergeben werden: directory, list, updated, rootline und keywords.

- **special** = directory

Der Wert directory führt dazu, dass alle in der special.value-Eigenschaft durch Angabe der Seiten-ID aufgeführten Seiten und deren Unterseiten das Menü bilden.

Beispiel:
```
page.10.marks.MYNAVIGATION = HMENU
page.10.marks.MYNAVIGATION.special = directory
page.10.marks.MYNAVIGATION.special.value = 14, 18
```

- **special** = list

Die Einstellung list bildet ein Menü aus den Seiten der unter special.value aufgelisteten Seiten-IDs.

Beispiel:
```
page.10.marks.MYNAVIGATION = HMENU
page.10.marks.MYNAVIGATION.special = list
page.10.marks.MYNAVIGATION.special.value = 3, 4, 5, 8
```

- **special** = updated

Mit dem Wert updated können Menüs der zuletzt geänderten Seiten erstellt werden. Die special.value-Eigenschaft gibt an, welchem Bereich des Seitenbaums die Seiten entnommen werden.

Beispiel:
```
page.10.marks.MYNAVIGATION = HMENU
page.10.marks.MYNAVIGATION.special = updated
page.10.marks.MYNAVIGATION.special {
    value = 2, 3
    mode = tstamp
    maxAge = 3600*24*3
    limit = 5
}
```

Im Beispiel umfasst der Seitenbaum die Seiten mit ID 2 und 3 sowie alle ihre Unterseiten. Die mode-Eigenschaft bestimmt, wie das Alter der Seiten berechnet wird, und maxAge definiert, wie alt sie sein dürfen. Die Anzahl der Menüeinträge wird mit limit beschränkt.

- **special** = rootline

Der Wert rootline ist gut dafür geeignet, anklickbare Pfadanzeigen zu erzeugen. Über die range-Eigenschaft wird festgelegt, welche Ebenen angezeigt werden. Die übergebene Zeichenkette darf keine Leerzeichen enthalten. Der Wert links vom Pipe-Symbol setzt den Startpunkt des Menüs – man wird hier normalerweise die 0 für die Root-Seite (Home) verwenden. Für den rechten Wert -1 (Default) wird das Menü durch alle Hierarchieebenen bis einschließlich der aktuellen Seite weitergeführt. Soll die aktuelle Seite selbst nicht dargestellt werden (eine Ebene[23] weniger), setzt man hier -2.

Beispiel:
```
page.10.marks.MYNAVIGATION = HMENU
page.10.marks.MYNAVIGATION {
   special = rootline
   special.range = 0|-1
}
```

Im Beispiel beginnt der Pfad bei »Home« (Level 0) und endet bei (diese eingeschlossen) der aktuellen Seite (Level -1).

- **special** = keywords

keywords kann verwendet werden, um Seiten ins Menü einzubinden, die bestimmte Schlüsselwörter enthalten.

Beispiel:
```
page.10.marks.MYNAVIGATION = HMENU
page.10.marks.MYNAVIGATION {
   special = keywords
   special.setKeywords = News, Aktuelles
}
```

Property: minItems

Beschreibung:

Mit minItems kann die Mindestanzahl der Menüeinträge bestimmt werden. Sind nicht genügend Seiten vorhanden, wird das Menü bis zur Mindestanzahl durch leere Menüeinträge »...« mit Link auf die aktuelle Seite ergänzt.

Beispiel:
```
page.10.marks.MYNAVIGATION = HMENU
page.10.marks.MYNAVIGATION.minItems = 5
```

---

[23] Soll auch die Ebene davor nicht dargestellt werden, setzt man den Wert -3 etc.

Property: maxItems

Beschreibung:
Mit `maxItems` kann die Maximalanzahl der Menüeinträge angegeben werden. Sind mehr Seiten vorhanden, werden die überzähligen bei der Menüerzeugung ignoriert.

Beispiel:
```
page.10.marks.MYNAVIGATION = HMENU
page.10.marks.MYNAVIGATION.maxItems = 6
```

Property: excludeUidList

Beschreibung:
In dieser Eigenschaft kann eine Liste von Seiten-IDs angegeben werden, die nicht im Menü aufscheinen sollen.

Beispiel:
```
page.10.marks.MYNAVIGATION = HMENU
page.10.marks.MYNAVIGATION.excludeUidList = 23, 55, 77
```

Property: begin

Beschreibung:
Diese Eigenschaft bestimmt den ersten Menüeintrag.

Beispiel:
```
page.10.marks.MYNAVIGATION = HMENU
page.10.marks.MYNAVIGATION.begin = 5
```

Property: wrap

Beschreibung:
Mit der `wrap`-Eigenschaft kann HTML-Code angegeben werden, der das ganze Menü umschließt.

Beispiel:
```
page.10.marks.MYNAVIGATION = HMENU
page.10.marks.MYNAVIGATION.wrap = <td class="text"> | </td>
```

17.6.2 Das Objekt TMENU

Den einzelnen Ebenen eines HMENU-Objekts können verschiedene Menütypen zugeordnet werden. TMENU ist das Objekt zur Erstellung von Textmenüs, für das es Eigenschaften gibt, die dem übergeordneten HMENU-Objekt zugewiesen werden.

Propertys:
- collapse
  Öffnen und Schließen »on Click«
- target
  Zuweisung eines Targets für Framenavigation
- expAll
  Alle oder nur aktuelle Untermenüpunkte anzeigen

Property: collapse

Beschreibung:
Wenn collapse auf 1 gesetzt wird, werden die Unterpunkte eines Menüelements bei einem Klick geschlossen.

Beispiel:
```
page.10.marks.NAVIGATION = HMENU
page.10.marks.NAVIGATION.collapse = 1
page.10.marks.NAVIGATION.1 = TMENU
```

Property: target

Beschreibung:
Hier kann das Ziel der Menülinks angegeben werden. Der Standardwert ist _self.

Beispiel:
```
page.10.marks.NAVIGATION = HMENU
page.10.marks.NAVIGATION.target = _blank
page.10.marks.NAVIGATION.1 = TMENU
```

Property: expAll

Beschreibung:
Wenn expAll auf 1 gesetzt ist, werden alle Untermenüebenen angezeigt. Bei expAll = 0 werden nur die Untereinträge der aktuellen Seite eingeblendet.

Beispiel:
```
page.10.marks.NAVIGATION = HMENU
page.10.marks.NAVIGATION.1 = TMENU
page.10.marks.NAVIGATION.1.expAll = 1
```

17.6.3 Das Objekt TMENUITEM (NO, ACT, CUR etc.)

Die weiteren Eigenschaften der Menüelemente werden den Objekten der einzelnen Hierarchieebenen zugeordnet, die formal als TMENUITEM bezeichnet werden. (Der Objekttyp TMENUITEM wird diesen jedoch nicht direkt zugewiesen.)

Hierbei können je Ebene für die Zustände NO, ACT und CUR (und für diese gegebenenfalls RO) verschiedene Eigenschaften festgelegt werden. Die im Folgenden beschriebenen Propertys sind für alle Zustände gültig.

> **Hinweis**
> In jedem Fall ist *zwingend* eine *Standardkonfiguration* NO mit allen erforderlichen Eigenschaften zu definieren!

```
# ein Menü mit dem Namen NAVIGATION:
page.10.marks.NAVIGATION = HMENU

# die erste Ebene ist ein TMENU:
page.10.marks.NAVIGATION.1 = TMENU

# die Standardkonfiguration
page.10.marks.NAVIGATION.1.NO {
    # Eigenschaften von NO
}

# die optionale Rootline-Konfiguration:
page.10.marks.NAVIGATION.1.ACT {
    # Eigenschaften von ACT
}
# der ACT-Zustand muss aktiviert werden:
page.10.marks.NAVIGATION.1.ACT = 1
```

Anstatt alle Propertys jedes Zustands einzeln zu belegen, können Sie auch einen Zustand kopieren und nur die erforderlichen Propertys neu belegen.

Propertys:
- allWrap
  HTML-Code um den kompletten Menüeintrag
- ATagParams
  Attribute für das <a>-Tag des Menüeintrags
- linkWrap
  HTML-Code um den <a>-Link des Menüeintrags
- RO
  Aktivieren eines Rollover-Zustands
- before
  Text vor jedem Menüeintrag
- beforeWrap
  HTML-Wrap um den before-Text

- beforeImg
  Grafik (z.B. Bullet) vor jedem Menüeintrag
- beforeImgTagParams
  Attribute der Grafik vor dem Menüeintrag
- beforeROImg
  Rollover-Zustand der Grafik vor dem Menüeintrag
- after
  Text hinter jedem Menüeintrag
- afterWrap
  HTML-Wrap um den after-Text
- afterImg
  Grafik (z.B. Bullet) hinter jedem Menüeintrag
- afterImgTagParams
  Attribute der Grafik hinter dem Menüeintrag
- afterROImg
  Rollover-Zustand der Grafik hinter dem Menüeintrag

Property: allWrap

Beschreibung:
Über diese Eigenschaft wird HTML-Code angegeben, der jeden Menüeintrag umschließt.

Beispiel:
```
page.10.marks.NAVIGATION = HMENU
page.10.marks.NAVIGATION.1 = TMENU
page.10.marks.NAVIGATION.1.NO.allWrap = <p> | </p>
```

Property: ATagParams

Beschreibung:
Hier können zusätzliche Parameter zum <a>-Tag der Menülinks angegeben werden.

Beispiel:
```
page.10.marks.NAVIGATION = HMENU
page.10.marks.NAVIGATION.1 = TMENU
page.10.marks.NAVIGATION.1.NO.ATagParams = style=linkstyle
```

Property: linkWrap

Beschreibung:
Mit dieser Eigenschaft wird HTML-Code angegeben, der um das <a>-Tag der Menülinks gelegt wird.

Beispiel:
```
page.10.marks.NAVIGATION = HMENU
page.10.marks.NAVIGATION.1 = TMENU
page.10.marks.NAVIGATION.1.NO.linkWrap = <div> | </div>
```

Property: RO

Beschreibung:
Mit dieser Eigenschaft kann der Rollover-Effekt des Textmenüs aktiviert werden. Das Rollover bezieht sich nicht auf den Text selbst, sondern auf die Grafiken vor und hinter dem Text des Menüs. Entsprechende Grafiken und Austauschbilder müssen daher mit den Propertys beforeImg und beforeROImg bzw. afterImg und afterROImg definiert werden.

Beispiel:
```
page.10.marks.NAVIGATION = HMENU
page.10.marks.NAVIGATION.1 = TMENU

page.10.marks.NAVIGATION.1.NO {
   beforeImg = /fileadmin/space.gif
   beforeROImg = /fileadmin/pfeil.gif
   RO = 1
}
```

Wird die RO-Eigenschaft auf 1 (true) gesetzt, ist der Effekt aktiv, ansonsten ist er abgeschaltet (Wert 0 oder Property nicht gesetzt).

Property: before

Beschreibung:
Enthält den Text, der vor jedem Menüeintrag angezeigt wird.

Beispiel:
```
page.10.marks.NAVIGATION = HMENU
page.10.marks.NAVIGATION.1 = TMENU
page.10.marks.NAVIGATION.1.NO.before = *
```

Property: beforeWrap

Beschreibung:
Hier wird der HTML-Code angegeben, der den before-Code umschließt.

Beispiel:
```
page.10.marks.NAVIGATION = HMENU
page.10.marks.NAVIGATION.1 = TMENU
```

```
page.10.marks.NAVIGATION.1.NO.before = *
page.10.marks.NAVIGATION.1.NO.beforeWrap =   |  
```

Property: beforeImg

Beschreibung:
Hier wird der Pfad zu einer Grafikdatei angegeben, die vor dem Menüeintrag angezeigt wird.

Beispiel:
```
page.10.marks.NAVIGATION = HMENU
page.10.marks.NAVIGATION.1 = TMENU
page.10.marks.NAVIGATION.1.NO.beforeImg= /fileadmin/space.gif
```

Property: beforeImgTagParams

Beschreibung:
Mit dieser Eigenschaft können zusätzliche Parameter zur beforeImg-Grafik angegeben werden. Beispiele dafür sind Höhe, Breite und Rahmen der Grafik. Die Parameter beziehen sich automatisch auch auf das Austauschbild an dieser Position, sofern ein Rollover-Effekt eingesetzt wird.

Beispiel:
```
page.10.marks.NAVIGATION = HMENU
page.10.marks.NAVIGATION.1 = TMENU
page.10.marks.NAVIGATION.1.NO.beforeImg=/fileadmin/space.gif
page.10.marks.NAVIGATION.1.NO.beforeImgTagParams = width=15
```

Property: beforeROImg

Beschreibung:
Spezifiziert den Pfad zu einer Grafikdatei, die im Rollover-Zustand anstelle des mit beforeImg definierten Bildes vor dem Menüeintrag angezeigt wird. Der Rollover-Effekt funktioniert nur, wenn die Eigenschaft RO = 1 gesetzt wird.

Beispiel:
```
page.10.marks.NAVIGATION = HMENU
page.10.marks.NAVIGATION.1 = TMENU
page.10.marks.NAVIGATION.1.NO.beforeImg=/fileadmin/space.gif
page.10.marks.NAVIGATION.1.NO.beforeImgTagParams=width=15
page.10.marks.NAVIGATION.1.NO.beforeROImg
   = /fileadmin/pfeil.gif
page.10.marks.NAVIGATION.1.NO.RO = 1
```

Property: after

Beschreibung:
Enthält den HTML-Code, der nach jedem Menüeintrag angezeigt wird.

Beispiel:
```
page.10.marks.NAVIGATION = HMENU
page.10.marks.NAVIGATION.1 = TMENU
page.10.marks.NAVIGATION.1.ACT.after = //
```

Property: afterWrap

Beschreibung:
Hier wird der HTML-Code angegeben, der den after-Code umschließt.

Beispiel:
```
page.10.marks.NAVIGATION = HMENU
page.10.marks.NAVIGATION.1 = TMENU
page.10.marks.NAVIGATION.1.NO.after = //
page.10.marks.NAVIGATION.1.NO.afterWrap =   |
```

Hinter den Linktext wird durch die Property after ein Doppelslash geschrieben. Zwischen diesen und den Linktext wird mithilfe der afterWrap-Property ein geschütztes Leerzeichen eingeschoben.

Property: afterImg

Beschreibung:
Hier wird der Pfad zu einer Grafikdatei angegeben, die hinter dem Menüeintrag angezeigt wird.

Beispiel:
```
page.10.marks.NAVIGATION = HMENU
page.10.marks.NAVIGATION.1 = TMENU
page.10.marks.NAVIGATION.1.ACT.afterImg = /fileadmin/mark.gif
```

Hinter alle Menüpunkte in der Rootline (ACT) der aktuellen Seite wird eine Markierungsgrafik mark.gif gestellt.

Property: afterImgTagParams

Beschreibung:
Mit dieser Eigenschaft können zusätzliche Parameter zur afterImg-Grafik gesetzt werden. Beispiele dafür sind Höhe, Breite und Rahmen der Grafik. Die Parameter beziehen sich automatisch auch auf das Austauschbild an dieser Position, sofern ein Rollover-Effekt eingesetzt wird.

Beispiel:
```
page.10.marks.NAVIGATION = HMENU
page.10.marks.NAVIGATION.1 = TMENU
page.10.marks.NAVIGATION.1.ACT.afterImg = /fileadmin/mark.gif
page.10.marks.NAVIGATION.1.ACT.afterImgTagParams = border=0
```

Property: afterROImg

Beschreibung:
Bestimmt den Pfad zu einer Grafikdatei, die im Rollover-Zustand nach dem Menüeintrag angezeigt wird. Der Rollover-Effekt funktioniert jedoch nur, wenn die Eigenschaft RO = 1 gesetzt wird.

Beispiel:
```
page.10.marks.NAVIGATION = HMENU
page.10.marks.NAVIGATION.1 = TMENU
page.10.marks.NAVIGATION.1.NO.afterImg = /fileadmin/mark.gif
page.10.marks.NAVIGATION.1.NO.afterImgTagParams = width=15
page.10.marks.NAVIGATION.1.NO.afterROImg = /fileadmin/mark_h.gif
page.10.marks.NAVIGATION.1.NO.RO = 1
```

17.6.4 Quelltextbeispiel: Textmenü mit TypoScript

Hier sehen Sie ein längeres, kommentiertes Beispiel zu einem Textmenü:

```
# Das HMENU-Objekt deklarieren und
# den Marker ###NAVIGATION### verwenden:
page.10.marks.NAVIGATION = HMENU

# Das Menü soll ein Textmenü sein:
page.10.marks.NAVIGATION.1 = TMENU

# Die Eigenschaften des Textmenüs
page.10.marks.NAVIGATION.1 {

   # Zunächst der Normalzustand:
   NO {
   allWrap = <tr height="20"><td class="navi">|</td></tr>
   ATagParams=class="navi"
   }

   # Die Rootline-Eigenschaften aktivieren:
   ACT = 1
```

```
    # ... mit folgenden Eigenschaften:
    ACT {
    allWrap = <tr height="20"><td class="navi_active">|</td></tr>
    ATagParams=class="navi_active"
    }
}

# die zweite Ebene des Menüs
page.10.marks.NAVIGATION.2 = TMENU
page.10.marks.NAVIGATION.2 {
   NO {
   allWrap = <tr height="20"><td class="navi">|</td></tr>
   ATagParams=class="navi"
   beforeImg = fileadmin/img/pfeilchentrans.gif
   beforeROImg = fileadmin/img/pfeilchen.gif

   # Rollover-Effekt für Ebene 2 aktivieren:
   RO = 1
   }

   # Die Rootline-Eigenschaften für Ebene 2 aktivieren:
   ACT = 1

   # ... mit folgenden Eigenschaften:
   ACT {
   allWrap = <tr height="20"><td class="navi_active">|</td></tr>
   ATagParams=class="navi_active"
   beforeImg = fileadmin/img/pfeilchen.gif
   }
}
```

17.7 Userkonfiguration – das cObject EDITPANEL

Das Content-Objekt EDITPANEL fügt für Redakteure (Backend-Nutzer) eine Bearbeitungsleiste in der Frontend-Ansicht der Seite ein. Voraussetzung für das Einblenden der Seite ist, dass der Redakteur als Backend-User eingeloggt ist und die Option DISPLAY EDIT ICONS in seinem Frontend-Admin-Panel aktiviert hat.

```
page.10 = EDITPANEL
```

17.7 Userkonfiguration – das cObject EDITPANEL

Propertys (Auswahl):

- label
- allow
- newRecordFromTable
- line

Property: label

Beschreibung:
Beschriftung für die Bearbeitungsleiste

Beispiel:
page.10 = EDITPANEL
page.10.**label** = Hier können Sie eine Unterseite zu dieser Seite anlegen

Property: allow

Beschreibung:
Definiert, welche Symbole und damit Funktionen in der Bearbeitungsleiste integriert sein sollen. Mögliche Werte sind toolbar, edit, new, delete, move, hide.

Beispiel:
page.10 = EDITPANEL
page.10.**allow** = new, hide

Property: newRecordFromTable

Beschreibung:
Gibt an, aus welcher Tabelle ein neues Inhaltselement eingefügt wird.

Beispiel:
page.10 = EDITPANEL
page.10.**newRecordFromTable** = tt_content

Property: line

Beschreibung:
Gibt den Abstand zu einer schwarzen Linie unterhalb der Bearbeitungsleiste an. Bei line = 0 wird keine Linie angezeigt.

Beispiel:
page.10 = EDITPANEL
page.10.**line** = 5

Anhang

A	Installation von XAMPP	553
B	TYPO3-Installer	565
C	Backup mit phpMyAdmin	571
D	Online-Ressourcen	585
E	Inhalt der Begleit-DVD	589

Anhang A
Installation von XAMPP

Das XAMPP-Paket, das als Grundlage für die in diesem Buch beschriebene TYPO3-Installation dient, liegt in verschiedenen Versionen für die wichtigsten Betriebssysteme vor. In diesem Anhang beschreiben wir kurz die Installation für Windows, Linux und Mac OS X.

Das XAMPP-Installationspaket wird von den *Apache Friends* als Open-Source-Projekt (GNU General Public License) gepflegt, um eine einfache und kompakte Installation des Apache Webservers mit PHP, MySQL und einigen Zusatzprogrammen zu ermöglichen. Die aktuellen Versionen sind stets unter *www.apachefriends.org* erhältlich. Die Installation, wie sie im Buch verwendet wurde, basiert auf *XAMPP 1.8.1*. Das XAMPP-Paket existiert in Varianten für Windows, Linux, Solaris und Mac OS X; das letztgenannte Paket hat derzeit (Stand: Juni 2013) noch den Stand 1.7.3.

Neben den XAMPP-Basispaketen sind für das Windows-Paket verschiedene *Add-ons* erhältlich, um die Installation mit Perl oder Tomcat zu erweitern.

A.1 XAMPP unter Windows

Die meistverbreitete Version des XAMPP-Pakets ist jene für Windows, da sie eine ebenso umfassende wie einfache Komplettinstallation aller Komponenten ermöglicht, die für den Test und die Entwicklung von Webanwendungen erforderlich sind.

Die Version für Windows liegt als gepackte ZIP-Datei und als *selbstextrahierendes Installer-Paket* vor. Dieses wurde in seiner *Version 1.8.1* als Basis für die dem Buch zugrunde liegende Testinstallation von TYPO3 eingesetzt. Der XAMPP-Installer *xampp-win32-1.8.1-VC9-installer.exe* (99 MB) befindet sich auf der Buch-DVD. Folgende Hauptkomponenten sind enthalten:

- Apache 2.4.3
- MySQL 5.5.27
- PHP 5.4.7
- FileZilla FTP Server 0.9.41
- phpMyAdmin 3.5.2.2
- XAMPP Control Panel Version 3.1.0

A Installation von XAMPP

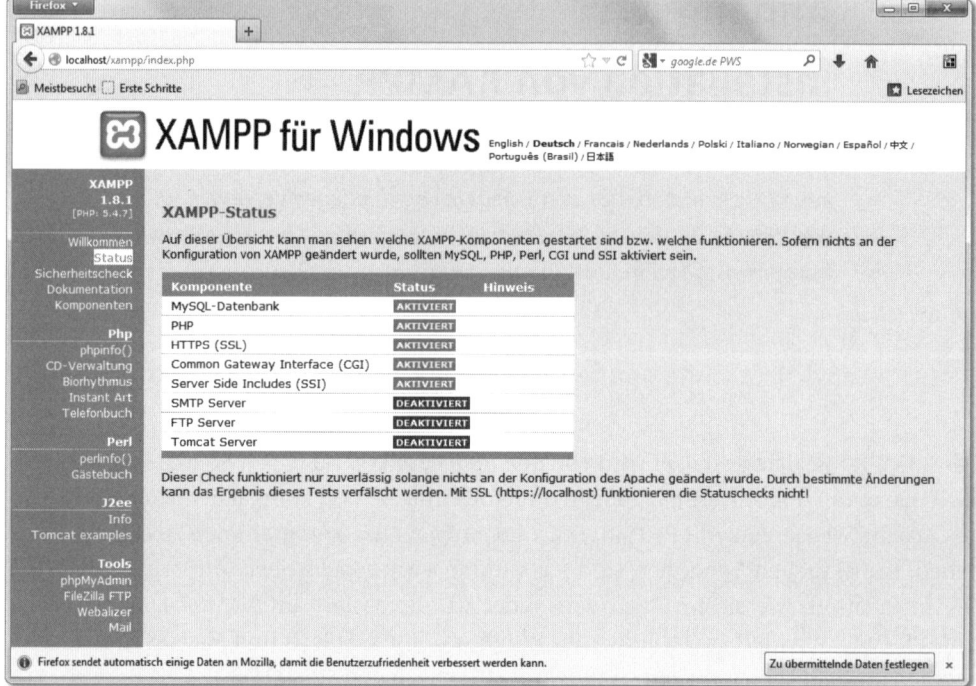

Abbildung A.1 Die Statusseite von XAMPP für Windows

A.1.1 Installation

Wenn Sie den selbstextrahierenden Installer verwenden, ist die Installation von XAMPP sehr einfach. Die Installation erfolgt standardmäßig nach *C:\xampp*.

Sie können statt *C:\xampp* ein beliebiges anderes Verzeichnis für XAMPP bei der Installation angeben. Bei der Beschreibung der folgenden Befehle wird das Installationsverzeichnis mit dem Stellvertreterkürzel [Ihr_Vz] abgekürzt. Nach der Extraktion des Installationsarchivs wird ein Setup gestartet, in dessen Verlauf Sie einige Angaben über ein Konsolenfenster machen müssen (alle vorgenommenen Einstellungen können später notfalls korrigiert werden).

A.1.2 Deinstallation

Eine Deinstallation von XAMPP ist problemlos durchführbar. Beachten Sie aber, dass mit dem Löschen der Datenbank auch deren Inhalte entfernt werden. Machen Sie trotzdem gegebenenfalls ein *Backup* Ihrer Datenbankinhalte. Wie dies mit *phpMyAdmin* erfolgen kann, wird in Anhang C, »Backup mit phpMyAdmin«, beschrieben.

> **Hinweis**
>
> Verwenden Sie zur Deinstallation von XAMPP *unbedingt* den mitgelieferten *Uninstaller*, sofern Sie die Installer-Version verwendet haben, da sonst die in die Windows-Registry geschriebenen Einträge nicht entfernt werden.

Einen Eintrag für den Uninstaller finden Sie in Ihrem Programme-Menü. Ansonsten aktivieren Sie ihn über:

[Ihr_Vz]\xampp\uninstall_xampp.bat

A.1.3 Steuerung von XAMPP unter Windows

XAMPP kann ganz einfach über das im Folgenden beschriebene Control Panel gesteuert werden. Alle in XAMPP vereinten Komponenten lassen sich allerdings auch einzeln starten:

- Start des Control Panels
  [Ihr_Vz]\xampp\xampp-control.exe
- Start von XAMPP (Apache und MySQL)
  [Ihr_Vz]\xampp\xampp_start.exe
- Anhalten von XAMPP (Apache und MySQL)
  [Ihr_Vz]\xampp\xampp_stop.exe
- Neustart von XAMPP (Apache und MySQL)
  [Ihr_Vz]\xampp\xampp_restart.exe
- Alleinstart Apache
  [Ihr_Vz]\xampp\apache_start.bat
- Anhalten Apache
  [Ihr_Vz]\xampp\apache_stop.bat
- Alleinstart MySQL
  [Ihr_Vz]\xampp\mysql_start.bat
- Anhalten MySQL
  [Ihr_Vz]\xampp\mysql_stop.bat

A.1.4 Konfiguration der XAMPP-Komponenten unter Windows

Die Struktur der XAMPP-Installation ist in sich stets gleich. Die genaue Lage der Konfigurationsdateien der Einzelkomponenten hängt lediglich vom Installationsverzeichnis ab, das Sie gewählt haben. In Tabelle A.1 finden Sie eine Übersicht über die wichtigsten beteiligten Ordner und Dateien.

Konfigurationsdateien von XAMPP	Erläuterung
[Ihr_Vz]\xampp\htdocs	Dokumentenverzeichnis
[Ihr_Vz]\xampp\setup_xampp.bat	XAMPP-Setup-Batch
[Ihr_Vz]\xampp\apache\conf\httpd.conf	Konfiguration von Apache
[Ihr_Vz]\xampp\apache\conf\ssl.conf	Apache-SSL-Konfiguration
[Ihr_Vz]\xampp\mysql\bin\my.ini	Konfiguration von MySQL
[Ihr_Vz]\xampp\php\php.ini	Konfiguration von PHP
[Ihr_Vz]\xampp\FileZillaFTP\FileZilla Server.xml	Konfiguration von FileZilla1
[Ihr_Vz]\xampp\phpMyAdmin\config.inc.php	Konfiguration von phpMyAdmin

Tabelle A.1 Konfigurationsdateien von XAMPP unter Windows

A.1.5 Das XAMPP Control Panel

Die Windows-Version von XAMPP ist über ein Control Panel steuer- und konfigurierbar. Nach der Installation ist es als Icon in der Statusleiste zu finden. Der aktuelle Versionsstand des Control Panels ist 3.1.0 (in XAMPP 1.8.1 enthalten). Innerhalb des Linux-Pakets von XAMPP existiert ebenfalls ein Control Panel – derzeit allerdings noch in der weniger mächtigen Version 0.8. Die Mac OS X-Variante von XAMPP verfügt nicht über ein Control Panel.

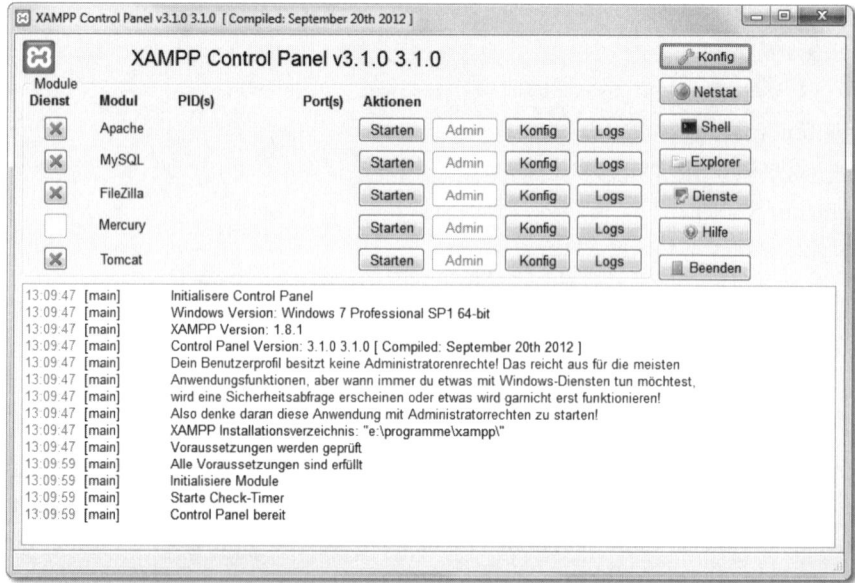

Abbildung A.2 Das XAMPP Control Panel 3.1.0 aus XAMPP 1.8.1

Das Control Panel starten Sie mit [Ihr_Vz]\xampp\xampp-control.exe.

Mithilfe des Panels (siehe Abbildung A.2) können Sie einzelne Komponenten als Services einrichten, um sie beim nächsten Start des Rechners automatisch hochzufahren. Aktivieren Sie hierfür die entsprechenden Checkboxen. Alternativ können Sie den Webserver, die Datenbank, den FTP- und den Mailserver über die START/STOP-Buttons manuell bedienen. Links neben den Buttons erhalten Sie die Information über den momentanen Zustand. Die ADMIN-Buttons öffnen die Verwaltungsschnittstellen der Komponenten für eine weiter gehende Konfiguration. REFRESH setzt alle Programme auf ihren Ausgangszustand beim Systemstart zurück; manuell gestartete Komponenten werden daher deaktiviert. EXPLORE öffnet eine Ansicht des Windows-Explorers auf die XAMPP-Installation.

A.2 XAMPP unter Linux

Auch für Linux existiert ein XAMPP-Paket, und zwar eher der Vollständigkeit halber, da sowohl Apache als auch PHP und MySQL bei gängigen Linux-Distributionen enthalten oder optional nachinstallierbar sind. Das aktuelle Paket ist der Nachfolger des ursprünglichen LAMP-Pakets, was sich noch in den Bezeichnungen der Befehlspfade widerspiegelt. Aus Gründen der Vereinheitlichung wird dieses Paket jedoch ebenfalls als XAMPP bezeichnet (siehe Abbildung A.3). Die Installation ist unter *openSUSE, Red Hat, Mandrake, Ubuntu* und *Debian* getestet, sollte aber auch unter anderen Distributionen lauffähig sein.

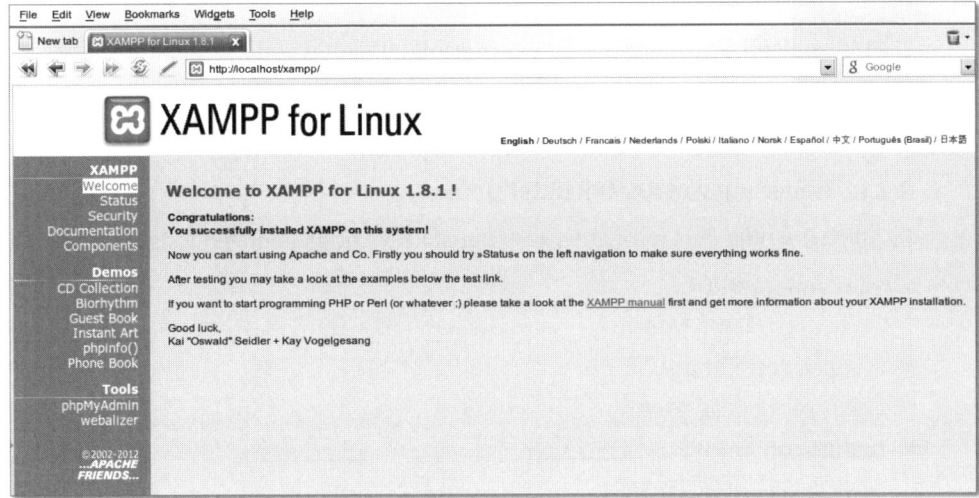

Abbildung A.3 Startseite von XAMPP für Linux

Das rund 81 MB große XAMPP-Paket für Linux befindet sich als Tar-Archiv *xampp-linux-1.8.1.tar.gz* auf der Begleit-DVD des Buches. Zusätzlich ist auch das Entwicklerpaket *xampp-linux-devel-1.8.1.tar.gz* beigefügt. Das XAMPP-Paket für Linux enthält folgende Hauptkomponenten:

- Apache 2.4.3
- MySQL 5.5.27
- PHP 5.4.7 und PEAR
- ProFTPD 1.3.4a
- phpMyAdmin 3.5.2.2
- GD 2.0.1
- FreeType2 2.1.7
- XAMPP Control Panel 0.8

A.2.1 Installation

Entpacken Sie das Paket muss (als Nutzer root) mit folgendem Shell-Kommando:

`tar xvfz xampp-linux-1.8.1.tar.gz -C /opt`

Die Installation erfolgt nach */opt/lampp*. Die Startseite von XAMPP ist nach vollständiger Installation über *http://localhost/* zu erreichen.

A.2.2 Deinstallation

Die Deinstallation von XAMPP für Linux erfolgt über folgenden Befehl:

`rm -rf /opt/lampp`

A.2.3 Steuerung von XAMPP unter Linux

XAMPP wird über die Linux-Shell gesteuert. Die wichtigsten Befehle sind:

- Start von XAMPP
  /opt/lampp/lampp **start**
- Stoppen von XAMPP
  /opt/lampp/lampp **stop**
- Restart von XAMPP
  /opt/lampp/lampp **restart**
- Alleinstart des Apache Webservers
  /opt/lampp/lampp **startapache**

- Anhalten des Apache Webservers
  /opt/lampp/lampp **stopapache**
- Alleinstart der MySQL-Datenbank
  /opt/lampp/lampp **startmysql**
- Anhalten der MySQL-Datenbank
  /opt/lampp/lampp **stopmysql**

A.2.4 Konfiguration der XAMPP-Komponenten unter Linux

Tabelle A.2 beschreibt Dateiname und Position der Dateien, die für die Konfiguration der einzelnen XAMPP-Komponenten unter Linux zuständig sind.

Konfigurationsdateien von XAMPP	Erläuterung
/opt/lampp/bin/	Befehlsverzeichnis von XAMPP
/opt/lampp/htdocs/	Apache-DocumentRoot
/opt/lampp/etc/httpd.conf	Konfigurationsdatei für Apache
/opt/lampp/etc/my.cnf	Konfigurationsdatei für MySQL
/opt/lampp/etc/php.ini	Konfigurationsdatei für PHP
/opt/lampp/etc/proftpd.conf	Konfigurationsdatei für ProFTPD
/opt/lampp/phpmyadmin/config.inc.php	Konfiguration von phpMyAdmin

Tabelle A.2 Konfigurationsdateien von XAMPP unter Linux

A.3 XAMPP unter Mac OS X

Das XAMPP-Installationspaket der Apache Friends für Mac OS X (ab Mac OS X 10.4, für Intel und PPC) liegt final derzeit noch in der Version 1.7.3 vor. (Die Beta einer aktuelleren Version können Sie jedoch auf der Website *www.apachefriends.de* herunterladen.)

Das rund 86 MB große XAMPP-Paket für Mac OS X befindet sich als Installer-Version *xampp-macosx-1.7.3.dmg* auf der Begleit-DVD des Buches und enthält folgende Hauptkomponenten:

- Apache 2.2.14
- MySQL 5.1.44
- PHP 5.3.1

A Installation von XAMPP

- phpMyAdmin 3.2.4
- GD 2.0.35
- FreeType 2.3.5

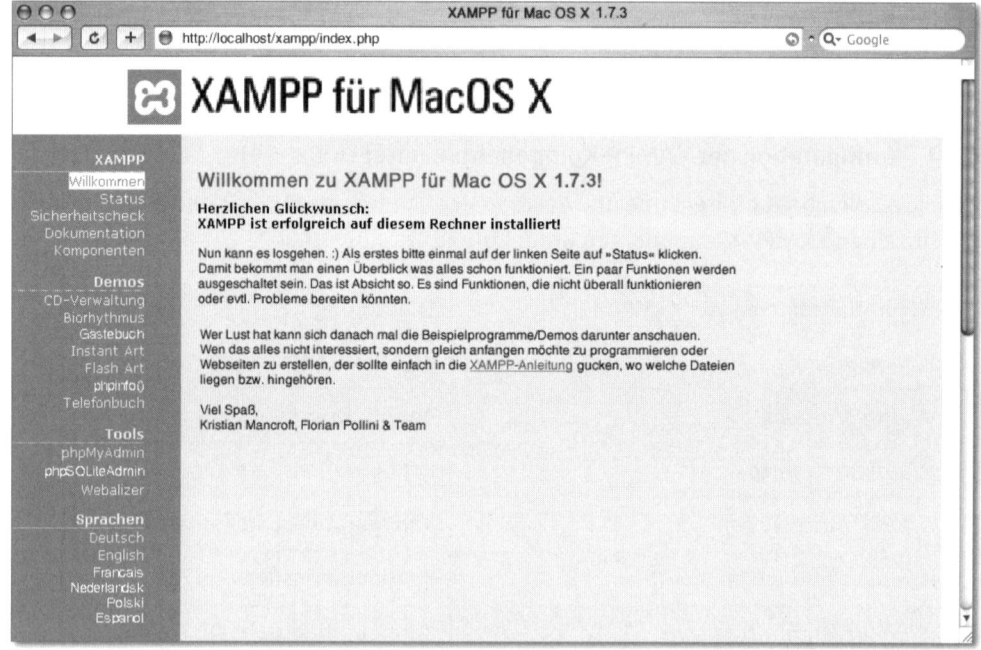

Abbildung A.4 Startseite von XAMPP unter Mac OS X

A.3.1 Installation

Zum Installieren benötigen Sie Administratorrechte. Der Installer startet automatisch. (Achtung: Eine eventuell vorliegende alte XAMPP-Installation wird überschrieben!) Die fertige Installation wird im Verzeichnis */Applications/xampp* abgelegt. Die Startseite von XAMPP (siehe Abbildung A.4) ist über *http://localhost/xampp/* zu erreichen.

A.3.2 Deinstallation

Das XAMPP-Paket muss zur Deinstallation lediglich in den Papierkorb verschoben werden. Vorher sollten Sie allerdings Server und Datenbank anhalten.

A.3.3 Steuerung von XAMPP unter Mac OS X

XAMPP kann durch Befehlseingabe an der Terminal-Shell gesteuert werden (dazu sind Administrator-Rechte erforderlich). Die wichtigsten Befehle sind:

- Start von XAMPP
  sudo /Applications/xampp/xamppfiles/mampp **start**
- Stoppen von XAMPP
  sudo /Applications/xampp/xamppfiles/mampp **stop**
- Restart von XAMPP
  sudo /Applications/xampp/xamppfiles/mampp **restart**
- Alleinstart des Apache Webservers
  sudo /Applications/xampp/xamppfiles/mampp **startapache**
- Anhalten des Apache Webservers
  sudo /Applications/xampp/xamppfiles/mampp **stopapache**
- Alleinstart der MySQL-Datenbank
  sudo /Applications/xampp/xamppfiles/mampp **startmysql**
- Anhalten der MySQL-Datenbank
  sudo /Applications/xampp/xamppfiles/mampp **stopmysql**

A.3.4 Konfiguration der XAMPP-Komponenten unter Mac OS X

Tabelle A.3 beschreibt die Dateinamen und Positionen der Dateien, die für die Konfiguration der einzelnen XAMPP-Komponenten unter Mac OS X zuständig sind.

Konfigurationsdateien von XAMPP	Erläuterung
/Applications/xampp/xamppfiles/bin	Befehlsverzeichnis von XAMPP
/Applications/xampp/htdocs/	Apache-DocumentRoot
/Applications/xampp/etc/httpd.conf	Konfigurationsdatei für Apache
/Applications/xampp/etc/my.cnf	Konfigurationsdatei für MySQL
/Applications/xampp/etc/php.ini	Konfigurationsdatei für PHP
/Applications/xampp/etc/proftpd.conf	Konfigurationsdatei für ProFTPd

Tabelle A.3 Konfigurationsdateien von XAMPP unter Mac OS X

A.4 Konfiguration und Sicherheitseinstellungen

A.4.1 Konfiguration und Statusanzeige

Der aktuelle Status der Einzelmodule von XAMPP kann außer über das Control Panel (nicht für die Mac OS X-Version) auch direkt über die XAMPP-Startseite (*http://local-*

host/xampp/) erfragt werden. Klicken Sie hierfür einfach auf der XAMPP-Startseite auf den Link STATUS.

Sie können auf einen Blick sehen, welche Komponenten von XAMPP ordnungsgemäß in Betrieb bzw. welche inaktiv oder deaktiviert sind (siehe Abbildung A.5).

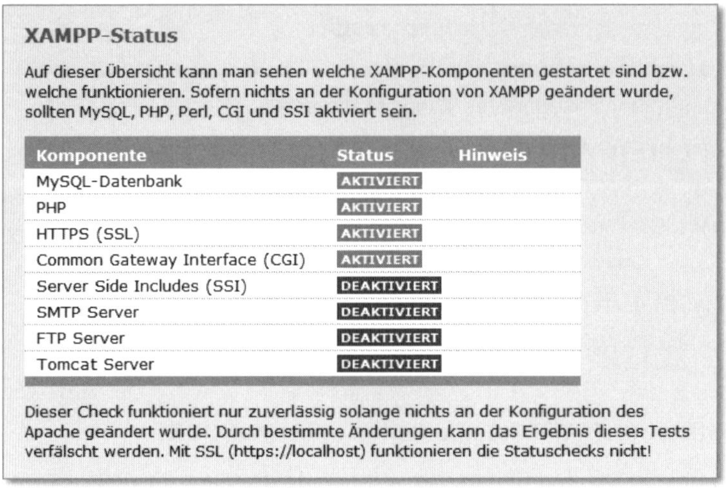

XAMPP-Status

Auf dieser Übersicht kann man sehen welche XAMPP-Komponenten gestartet sind bzw. welche funktionieren. Sofern nichts an der Konfiguration von XAMPP geändert wurde, sollten MySQL, PHP, Perl, CGI und SSI aktiviert sein.

Komponente	Status	Hinweis
MySQL-Datenbank	AKTIVIERT	
PHP	AKTIVIERT	
HTTPS (SSL)	AKTIVIERT	
Common Gateway Interface (CGI)	AKTIVIERT	
Server Side Includes (SSI)	DEAKTIVIERT	
SMTP Server	DEAKTIVIERT	
FTP Server	DEAKTIVIERT	
Tomcat Server	DEAKTIVIERT	

Dieser Check funktioniert nur zuverlässig solange nichts an der Konfiguration des Apache geändert wurde. Durch bestimmte Änderungen kann das Ergebnis dieses Tests verfälscht werden. Mit SSL (https://localhost) funktionieren die Statuschecks nicht!

Abbildung A.5 Statusanzeige der in XAMPP integrierten Programme

A.4.2 Sicherheitseinstellungen

Eine frische XAMPP-Installation ist »aus Prinzip« unsicher. Dies liegt daran, dass XAMPP als Entwicklungsumgebung und nicht primär als Produktionsumgebung ausgelegt ist. Im Heimbetrieb macht dies nicht viel aus. Will man eine XAMPP-Installation allerdings von außen zugänglich machen, sollten einige Sicherheitslücken vorher geschlossen werden.

Den Status der Installation bezüglich der Sicherheit können Sie von der Startseite aus über den Menüpunkt SICHERHEITSCHECK abfragen (siehe Abbildung A.6). Das dient dazu, etwaigen Programmtests möglichst wenige Restriktionen aufzuerlegen. Angemahnt werden:

- **Zugänglichkeit des XAMPP-Installationsverzeichnisses ohne Passwort**
  Sie können ein Passwort für Ihre XAMPP-Installation setzen. Sie benötigen es im Anschluss, um Änderungen an der XAMPP-Konfiguration vorzunehmen. Für TYPO3 ist dieses Passwort unerheblich.

- **Fehlen von Passwörtern für die Datenbank und phpMyAdmin**
  Sie können Passwörter sowohl für phpMyAdmin als auch für MySQL setzen. Das Passwort für phpMyAdmin ist für TYPO3 unerheblich. Das MySQL-Passwort hingegen muss im Install Tool eingegeben werden, falls Sie an dieser Stelle eines setzen.

▶ **Standardpasswörter für das FTP-Programm und den Mail Server**
Sie können Passwörter für FileZilla und für den Mailserver (unter Windows ist dies *Mercury*) setzen. Für TYPO3 sind diese Passwörter unerheblich.

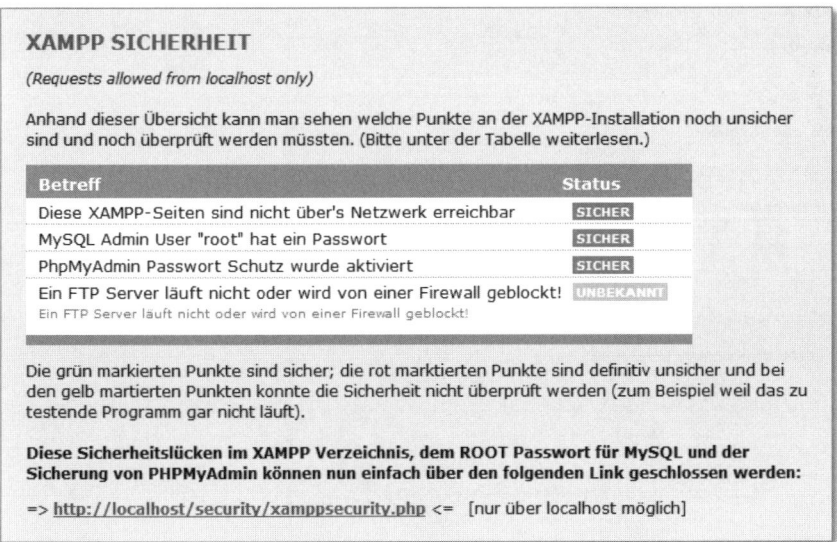

Abbildung A.6 Sicherheitsstatus von XAMPP

Sie können ein paar der monierten Sicherheitslücken schließen, indem Sie über *http://localhost/security/xamppsecurity.php* die Konfiguration von XAMPP entsprechend anpassen. Hier wird vorgeschlagen, ein Passwort für die MySQL-Datenbank einzurichten sowie das XAMPP-Installationsverzeichnis ebenfalls über Benutzername und Passwort abzusichern. (Notieren Sie sich beides irgendwo!) Der Schutz des XAMPP-Verzeichnisses wird über eine *.htaccess*-Datei gewährt. Sie können Ihr Passwort der Einfachheit halber als Klartext in eine Datei speichern, was allerdings ein gewisses Risiko darstellt (siehe Abbildung A.7).

> **Achtung**
> Sofern Sie hier ein Root-Passwort für MySQL einrichten, müssen Sie dieses bei einer nachfolgenden Installation von TYPO3 entsprechend eingeben.

Für eine rein lokale Testumgebung müssen diese Sicherheitseinstellungen nicht vorgenommen werden. Sie können XAMPP im Anschluss an die Installation bedenkenlos zu diesem Zweck nutzen.

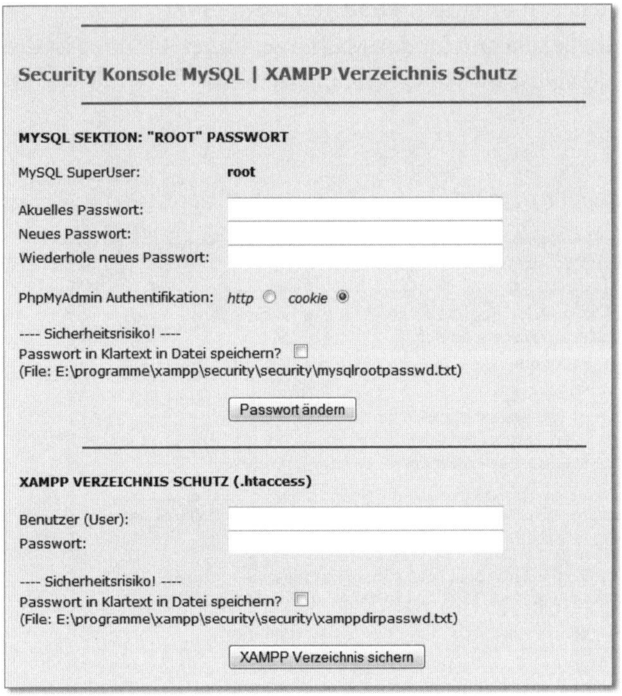

Abbildung A.7 MySQL-Passwort und Schutz des XAMPP-Verzeichnisses

A.5 Dokumentation von XAMPP

Zu allen Komponenten von XAMPP sind Dokumentationen online zugänglich. Nähere Informationen hierzu erhalten Sie in Form einer Linkliste (siehe Abbildung A.8), wenn Sie auf der Startseite von XAMPP den Menüpunkt DOKUMENTATION anwählen.

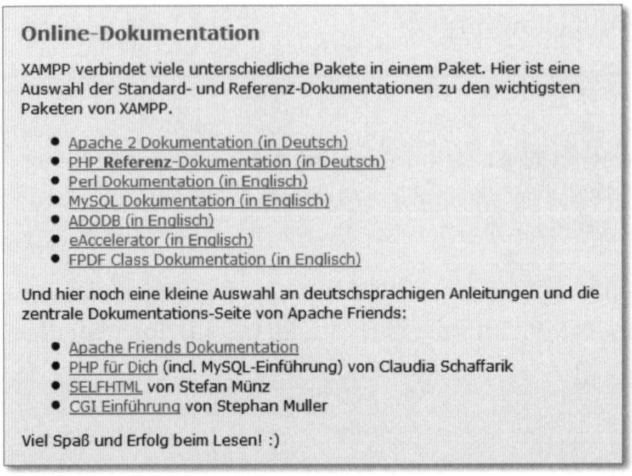

Abbildung A.8 Linkliste zur Online-Dokumentation der XAMPP-Komponenten

Anhang B
TYPO3-Installer

Die einfachste Installation von TYPO3 unter Windows oder Linux ist mit den hier beschriebenen Installationspaketen möglich. Neben Server und Datenbank wird gleichzeitig auch TYPO3 mitinstalliert.

Neben der von uns empfohlenen eigenständigen Installation eines XAMPP-Pakets als Grundlage beliebiger TYPO3-Installationen existieren für Windows zwei weitere Pakete. Diese sind zwar etwas weniger flexibel, dafür aber leicht zu handhaben: Leider nicht ganz auf dem aktuellen Stand von TYPO3 CMS 6.1 befindet sich der ansonsten vortreffliche *TYPO3Winstaller* von Andreas Eberhard. Unter Linux steht alternativlos das Paket *LAMP Testsite* von Lars Leuchter zur Verfügung, das bereits mit der TYPO3-Version 6.1.1 aufwartet. Für Mac OS X ist das zurzeit optimale Installationspaket das *t3[dmg]* von Harald Thomas, das auf MAMP aufsetzt und ebenfalls aktuell ist.

> **Versionsstände**
> Alle vier hier beschriebenen Pakete befinden sich in ihren aktuellen Versionen (Stand: Juni 2013) auf der Begleit-DVD zum Buch. Bitte vergewissern Sie sich unter den angegebenen Webadressen über möglicherweise vorhandene Updates, da dies Sicherheitsaspekte berühren kann.

B.1 TYPO3Winstaller (Windows)

Der *TYPO3Winstaller* (siehe Abbildung B.1) von Andreas Eberhard enthält als Hauptkomponenten neben einem Apache Webserver zusätzlich zu MySQL und PHP 5.2.6 die nicht ganz aktuelle TYPO3-Version 6.0.0RC2. Die Komponenten des Pakets sind aufeinander abgestimmt, entsprechen jedoch nicht in allen Fällen (z.B. bei MySQL 4.1.21) den allerneuesten Versionen. Im Gegensatz zum TYPO3 WAMP ist in dieses Paket anstelle von ImageMagick dessen (modernere) Alternative *GraphicsMagick* integriert.

Das Paket enthält folgende Hauptkomponenten (Stand: Juni 2013):

- Apache 2.0.64
- PHP 5.3.5
- MySQL 5.1.54

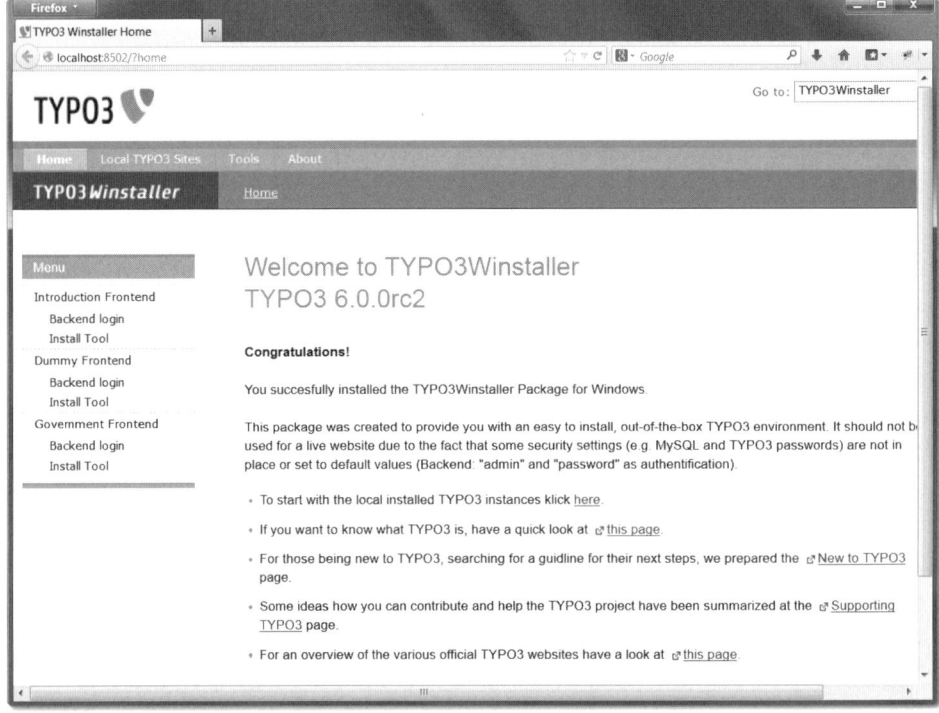

Abbildung B.1 Startscreen TYPO3Winstaller

- phpMyAdmin 3.3.9
- AFPL Ghostscript 8.53
- GraphicsMagick 1.2.5
- Perl 5.8.8.820
- TYPO3 Version 6.0.0RC2
- typo3start-Package Version 3.3.5

Die Installation des Pakets ist einfach und geht problemlos vonstatten. Als Zielverzeichnis wird bei der Installation *C:\TYPO3_6.0.0rc2* vorgeschlagen. In das *htdocs*-Verzeichnis des Webservers werden jeweils in einen eigenen Unterordner drei TYPO3-Installationen abgelegt – *Dummy 6.0.0, Introduction 6.0.0* sowie das *Government Package Version 6.0.0*. Die Installation benötigt ca. 580 MB Speicherplatz. TYPO3Winstaller wird über den Port 8502 angesprochen. Von hier aus erreichen Sie:

- das Introduction Paket über *http://localhost:8503/*
- das Dummypaket über *http://localhost:8504/*
- das Government-Paket über *http://localhost:8505/*

Das Paket verfügt über ein komfortables Bedienpanel *typo3start.exe*, mit dem Sie Webserver und Datenbank starten und stoppen. Über das Pulldown-Menü OPTIONS können Sie weitere Konfigurationen vornehmen (siehe Abbildung B.2). Eine Deinstallation ist durch den mitgelieferten *Uninstaller* jederzeit möglich.

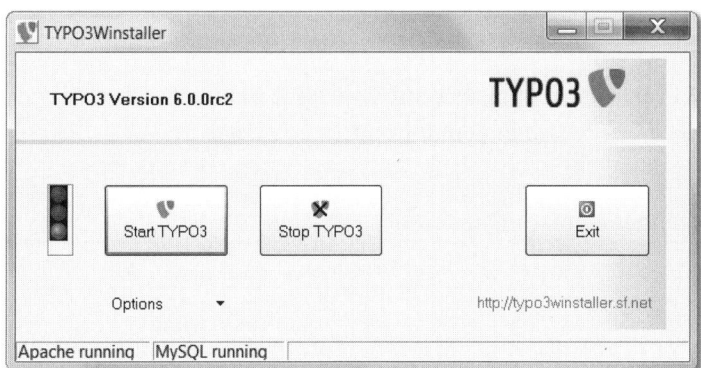

Abbildung B.2 Bedienpanel des TYPO3Winstallers

Aktualität

Die Komponenten des TYPO3Winstallers sind hinreichend aktuell. Er kann problemlos als Grundlage einer Testinstallation eingesetzt werden.

Begleit-DVD

Sie finden das Paket *TYPO3Winstaller_6.0.0rc2.exe* auf der Begleit-DVD im Verzeichnis *Installation/windows/typo3winstaller*.

Download

Sie erhalten die aktuelle Version des TYPO3Winstallers unter:

http://sourceforge.net/projects/typo3winstaller

B.2 LAMP Testsite (Linux)

Das Paket *LAMP Testsite* von Lars Leuchter ist ein Installer für Linux, der das Government- und Introduction-Package von TYPO3 6.1.1 sowie die aktuellen Versionen von Apache, PHP und MySQL enthält. Hierzu kommen FreeType und ImageMagick. Das Paket ist für OpenSUSE-Linux und Mandrake geeignet.

Auf der Website wird das Paket in drei Versionen angeboten:

- **Auto Install Script**
  Installiert TYPO3 6.1.1 unabhängig von der verwendeten Linux-Distribution direkt aus der Source. Das Script liegt in zwei Versionen für die Online- bzw. Offline-Installation als ein Full-Package-Tarball-Archiv vor.
- **VMWare Appliance**
  Installiert TYPO3 6.1.1 als Virtual Appliance auf CentOS 6.4 64 bit für VM Ware. Sie haben die Wahl zwischen dem *Introduction Package* und dem *Government Package*.
- **VirtualBox Appliance**
  Installiert TYPO3 6.1.1 als Virtual Appliance auf CentOS 6.4 64 bit für VirtualBox. Sie haben auch hier die Wahl zwischen dem *Introduction Package* und dem *Government Package*.

Das Paket enthält folgende Hauptkomponenten:

- Apache 2.2.24
- PHP 5.3.25
- MySQL 5.5.31
- FreeType 2.4.12
- GD 2.0.36RC1 (mit GIF-Support)
- ImageMagick 6.8.5-7
- TYPO3 6.1.1 plus Government- und Introduction-Package

Das Paket installiert sich – Root-Rechte sind hierfür erforderlich – per Default in */usr/local/typo3/* (inklusive des Webservers) und benötigt dafür ca. 300 MB freien Speicherplatz. Eine Besonderheit ist, dass eine Installation parallel zu einem bereits auf dem System befindlichen Apache Webserver erfolgen kann, der weiterhin normal ansprechbar bleibt. Der Webserver des TYPO3-Systems nimmt seine Anfragen auf Port 81 entgegen.

Starten Sie den Apache Webserver des TYPO3-Systems in */usr/local/typo3/* über:

```
bash apachectl start
```

Sie erreichen den Server Ihrer Testumgebung über:

```
http://localhost:81
```

> **Warnung**
> Ein bereits vorhandenes MySQL wird bei der Installation überschrieben und aktualisiert. Nehmen Sie also *unbedingt* rechtzeitig ein Backup Ihrer Datenbank vor.

Aktualität

Die Komponenten der *LAMP Testsite* sind aktuell (Stand: Juni 2013).

Begleit-DVD

Auf der Buch-DVD finden Sie im Verzeichnis *Installation/linux/lamp_installer* im Unterverzeichnis *online* das *Online-Build Script build6.1_all.sh*. Außerdem enthält das Unterverzeichnis *offline* das *Offline-Build Script build6.1_full.sh* und das dazugehörige Tarball-Archiv *fullpackage.tar.gz* (rund 185 MB; in das Root-Verzeichnis zu extrahieren) mit allen Komponenten. Für die Installation des Government-Packages verwenden Sie entsprechend *build6.1_government_all.sh* (online) oder *build6.1_government_full.sh* (offline, in Verbindung mit *fullpackage.tar.gz*).

Download

Sie erhalten die aktuelle Version des Pakets *LAMP Testsite* unter:

http://www.typo3-installer.de

> **Achtung: Project-Funding benötigt**
>
> Das Projekt *Typo3-Installer* benötigt Unterstützung, um auch in Zukunft weiterarbeiten zu können.
>
> Falls Sie sich für dieses Paket entscheiden, seien Sie so fair, und denken Sie über eine angemessene Zuwendung nach. Eine Spendenmöglichkeit mittels PayPal finden Sie auf der Projekt-Website.

B.3 t3[dmg] für Mac OS X

Der Installer *t3[dmg]* von Harald Thomas (*www.in-genia.de*) basiert auf dem MAMP-Paket 1.9 (siehe *www.mamp.info*) und enthält neben TYPO3 6.1.1 auch ImageMagick 6.7.3. Der Installer ist für Mac OS X ab Version 10.6.6 (nur Intel!) geeignet.

Das Paket enthält folgende Hauptkomponenten:

- Apache 2.0.63
- MySQL 5.1.44
- PHP 5.2.13 & 5.3.2
- FreeType 2.3.9
- ImageMagick 6.7.3
- TYPO3 6.6.1

Abbildung B.3 Installationsvorgang von t3[dmg]

Aktualität

Die Komponenten des Pakets *t3[dmg]* sind aktuell (Stand: Juni 2013).

Begleit-DVD

Sie finden das Paket *t3[dmg]-v6.1.1.dmg* im Verzeichnis *Installation/macosx/t3dmg*.

Download

Sie erhalten die aktuelle Version von t3[dmg] unter:

http://www.t3dmg.de/

Anhang C
Backup mit phpMyAdmin

Mit phpMyAdmin können Sie einen Datenbank-Dump Ihrer kompletten TYPO3-Datenbank vornehmen. Er lässt sich als Backup oder zum Einspielen Ihrer Daten in eine Neuinstallation verwenden. Ebenso leicht können die Inhalte ausgewählter Einzeltabellen gespeichert werden.

Wenn Sie Ihre TYPO3-Installation auf ein vollständiges XAMPP-Paket aufgesetzt haben, ist dort automatisch ein Tool enthalten, das Ihnen beim Backup oder Export Ihrer TYPO3-Datenbank sehr nützliche Dienste leisten kann: *phpMyAdmin*.

Sie erreichen Ihre lokale, zusammen mit XAMPP erfolgte Installation von phpMyAdmin über diese URL:

http://localhost/phpmyadmin/

> **Download und Upgrade von phpMyAdmin**
> Sollten Sie ein anderes Installationspaket gewählt haben, bei dem phpMyAdmin nicht integriert ist, können Sie die aktuelle Version des Programms stets unter der URL *www.phpmyadmin.net* herunterladen. Es lohnt sich durchaus, gelegentlich bei dieser Adresse vorbeizuschauen, um sich über Upgrades und Bugfixes auf dem Laufenden zu halten.

C.1 Was ist phpMyAdmin?

MySQL besitzt als Datenbank-Managementsystem keine eigene Oberfläche. Die Datenbank von der Kommandozeile zu bedienen (was selbstverständlich möglich wäre) ist abstrakt und umständlich. Tobias Ratschiller begann daher 1998, mit *phpMyAdmin* eine komfortablere, auf PHP basierende Bedienoberfläche für MySQL zu programmieren, die er als Open-Source-Projekt der Allgemeinheit zur Verfügung stellte. Die Version, die wir im Rahmen der XAMPP-Installation des Buches einsetzen, ist phpMyAdmin 3.3.9. Sie können mit phpMyAdmin (unter anderem):

- Datenbanken anlegen oder löschen
- bestehende Datenbanken verwalten
- Datenbanktabellen anlegen, ändern oder löschen
- Berechtigungen und Passwörter von Datenbanken verwalten
- Daten im CSV-, XML- und Latex-Format im- und exportieren
- Datenbankinhalte ein- und auslesen (SQL-Dumps)

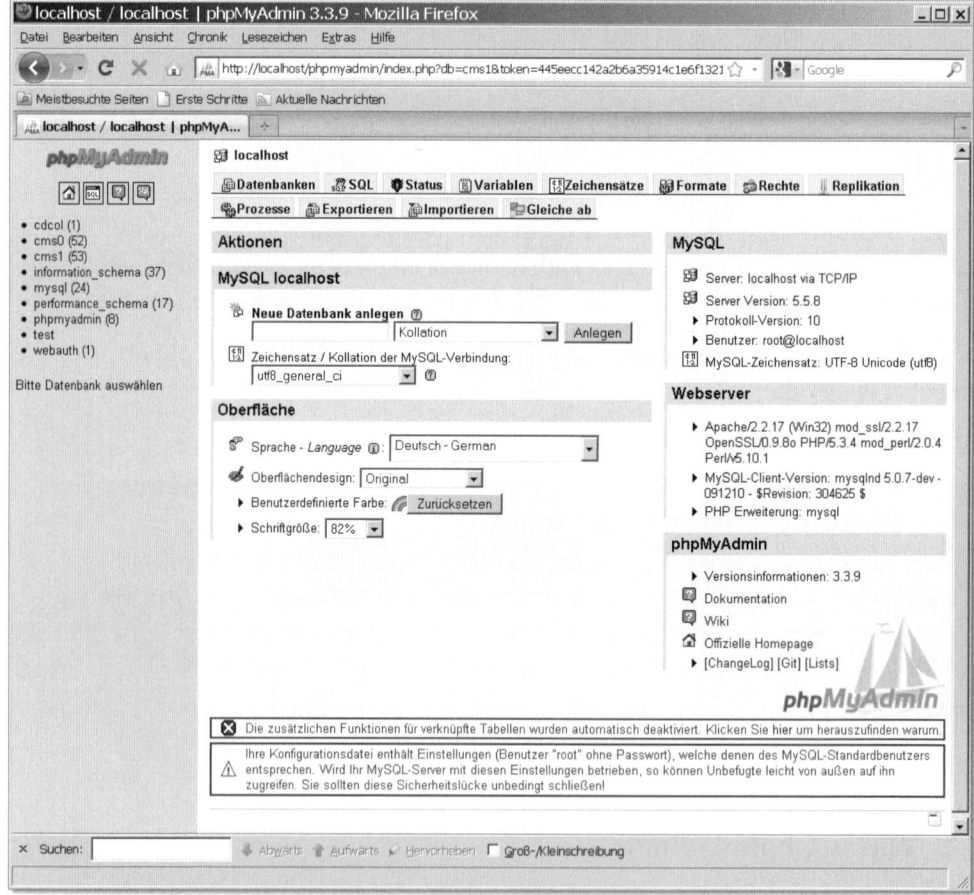

Abbildung C.1 Die Startseite von phpMyAdmin

Vor allem der letzte Punkt ist hier von Interesse. Die restlichen Möglichkeiten, die phpMyAdmin bietet, sind für den Betrieb von TYPO3 seltener von Belang. Wie Sie sich vielleicht erinnern, besteht bei der Installation von TYPO3 (beim Anlegen der Datenbankstruktur) die Alternative, einen im Dateisystem abgelegten SQL-Dump einzulesen. Dieser kann in Form von SQL-Anweisungen die gesamte Datenstruktur einer anderen TYPO3-Installation importieren.

C.1.1 Spracheinstellung von phpMyAdmin

Die Bedienoberfläche von phpMyAdmin ist per Default in Englisch gehalten. Zunächst sollten Sie der Bequemlichkeit halber die Sprache auf Deutsch umstellen. Dies können Sie auf der Startseite von phpMyAdmin im Dropdown-Menü LANGUAGE vornehmen (siehe Abbildung C.2).

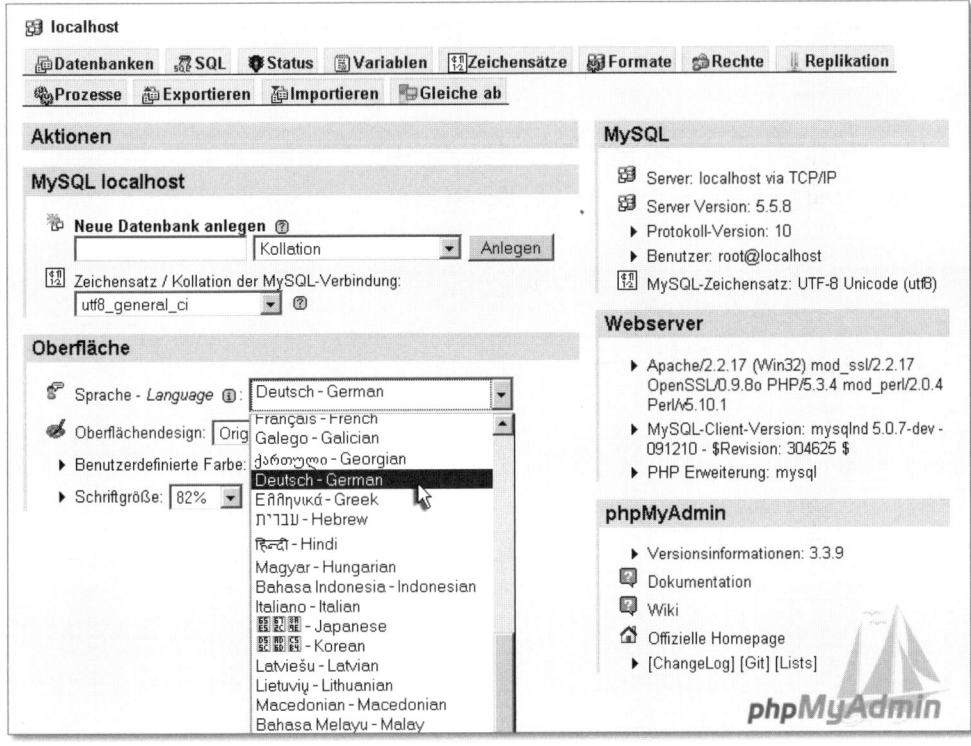

Abbildung C.2 Umstellung der phpMyAdmin-Oberfläche auf Deutsch

C.2 Dump der TYPO3-Datenbank mit phpMyAdmin

Es kann mehrere Gründe geben, warum Sie einen SQL-Dump Ihrer TYPO3-Datenbank vornehmen möchten. Ein Grund besteht in regelmäßig vorzunehmenden Backups, ein anderer darin, eine bestehende Datenstruktur in eine andere TYPO3-Installation zu verpflanzen. In jedem Fall ist phpMyAdmin das geeignete Tool, um einen solchen SQL-Dump zu erstellen.

Bestimmen Sie dafür zunächst im linken Dropdown-Menü DATENBANK die Datenbank, für die ein Dump erstellt werden soll (siehe Abbildung C.3). In diesem Beispiel wird die Datenbank »typo361 gewählt. Wählen Sie die von Ihnen erstellte TYPO3-Datenbank, die Sie in dieser Liste wiederfinden müssten.

C Backup mit phpMyAdmin

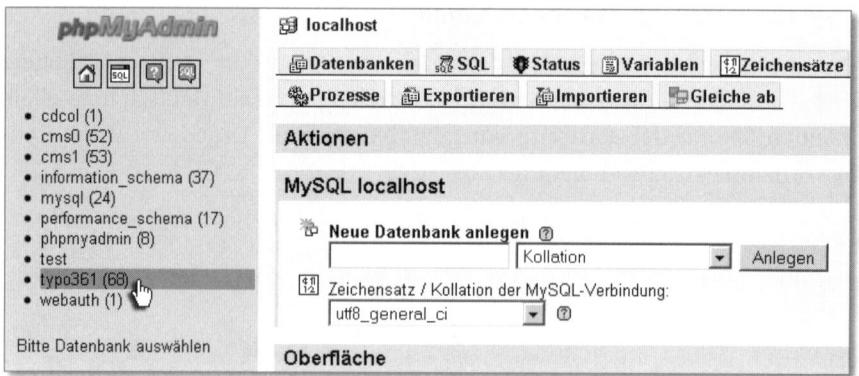

Abbildung C.3 Wahl der Datenbank in phpMyAdmin

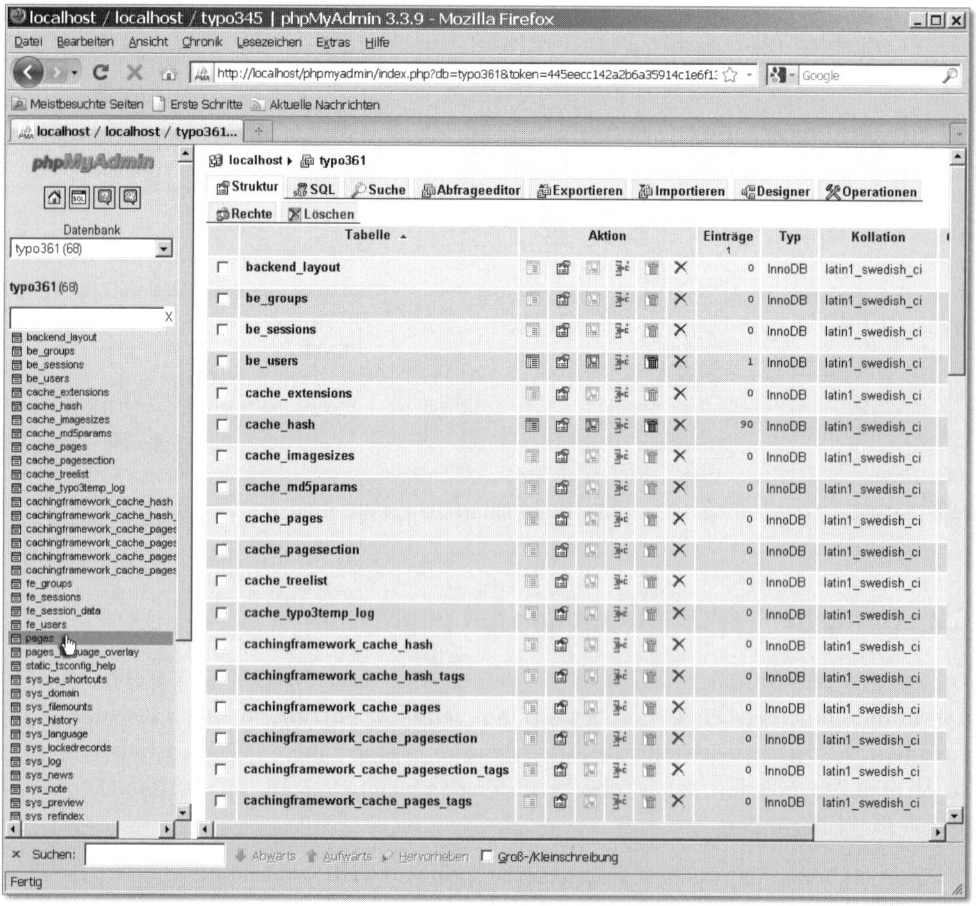

Abbildung C.4 Die TYPO3-Datenbank in phpMyAdmin

Sie werden, neben Ihrer TYPO3-Datenbank, ebenfalls eine Reihe weiterer Datenbanken vorfinden, die Sie nicht selbst eingerichtet haben. Bei diesen handelt es sich entweder um Demoanwendungen, die durch XAMPP hinzugefügt wurden (z.B. »cdcol«), oder um Datenbanken, die MySQL automatisch mitinstalliert (z.B. »mysql«, »test«). Auch phpMyAdmin selbst richtet eine eigene Datenbank ein. Sie brauchen sie allesamt nicht weiter zu berücksichtigen.

Sie sehen nun eine Übersichtsseite, die alle Datentabellen der TYPO3-Datenbank zeigt (siehe Abbildung C.4). Jede Tabelle könnte für sich bearbeitet, betrachtet, durchsucht, geleert oder gelöscht werden. Hierzu dient die Vielzahl an Icons, die sich Zeile für Zeile wiederholen. Sie können auch in der sich links öffnenden Menüliste eine Tabelle anwählen.

C.2.1 Export der vollständigen TYPO3-Datenbank

Einzelne Tabellen sollen vorerst nicht berücksichtigt werden. Von besonderem Interesse ist die Button-Leiste am oberen Seitenrand (siehe Abbildung C.5), die die Datenbank in ihrer Gesamtheit betrifft. Wählen Sie hier den Befehl EXPORTIEREN aus.

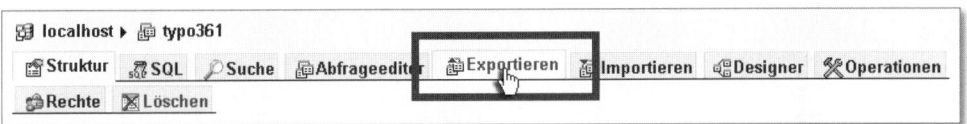

Abbildung C.5 Die Befehls-Buttons von phpMyAdmin

Auf der Folgeseite haben Sie eine große Vielzahl von Möglichkeiten, die Art des Datenexports zu bestimmen (siehe Abbildung C.6). Das Standardformat ist SQL, was in diesem Fall gewünscht ist. Unter dem Feld, das die Tabellenliste enthält, können Sie jedoch auch alternative Formate wie XML, CSV oder auch das Microsoft-Excel-Format wählen. Lassen Sie die voreingestellte Option SQL aktiviert.

Zusätzlich sind einige weitere Checkboxen im Bereich STRUKTUR der SQL-Optionen von Bedeutung.

▶ FÜGE DROP TABLE / VIEW / PROCEDURE / FUNCTION / EVENT HINZU
 Dies fügt dem Export einen SQL-Befehl hinzu, der eine bestehende gleichnamige Tabelle (oder Sicht) im importierenden System zunächst löscht. Dies beugt Inkonsistenzen durch bereits existierende Datenbanktabellen und Tabelleninhalte vor.

▶ FÜGE IF NOT EXISTS HINZU
 Wenn Sie diese Option wählen, wird eine Tabelle nur dann erzeugt, wenn keine gleichnamige Tabelle vorhanden ist. Wenn Sie die DROP-TABLE-Option gewählt haben, können Sie diese hier unberücksichtigt lassen.

▸ AUTO_INCREMENT-Wert hinzufügen

Ein Wert, der durch eine Autoinkrement-Funktion (wie automatische Nummerierungen u. Ä.) erzeugt wurde, wird in den Export eingeschlossen.

▸ Tabellen- und Feldnamen in einfachen Anführungszeichen

Dies ermöglicht es, Tabellen, deren Namen Sonderzeichen enthalten, sauber zu exportieren. Solche Tabellennamen gibt es allerdings in TYPO3 normalerweise nicht.

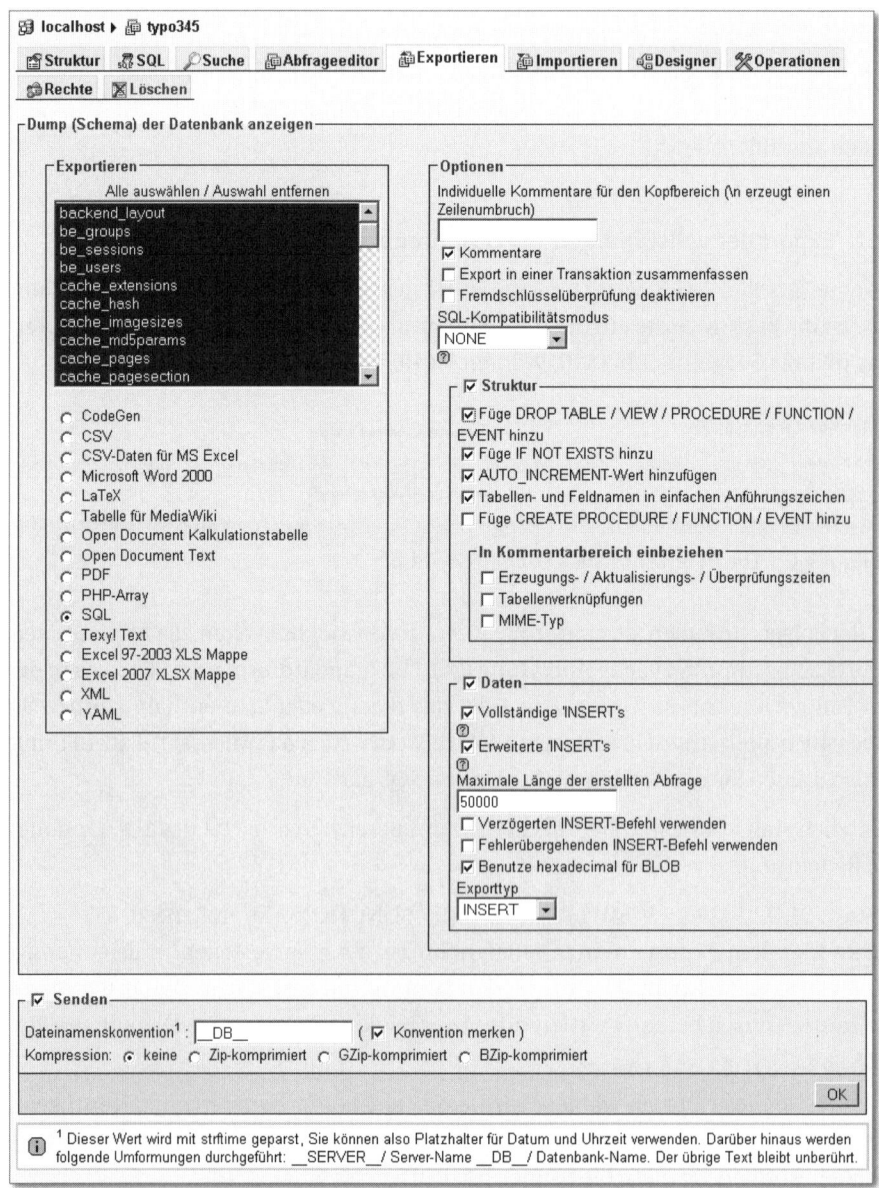

Abbildung C.6 Export-Optionen in phpMyAdmin (Struktur)

Im darunterliegenden Feld DATEN (siehe Abbildung C.7) können Sie die Art der INSERT-Befehle bestimmen, die im SQL-Dump verwendet werden sollen.

- VOLLSTÄNDIGE 'INSERT'S
  Diese Option fügt jedem INSERT-Kommando die Bezeichner der betroffenen Spalten hinzu, was das Exportfile größer, dafür aber übersichtlicher macht. Die Auswahl dieser Option ist nicht unbedingt notwendig.
- ERWEITERTE 'INSERT'S
  Der INSERT-Befehl und der Tabellenname werden nur einmal je Tabelle notiert. Die Auswahl dieser Option ist nicht unbedingt notwendig.
- MAXIMALE LÄNGE DER ERSTELLTEN ABFRAGE
  Diese Option begrenzt die Größe eines INSERT-Befehls (sql_max_query_size) auf einen Wert, der in das rechte Feld eingetragen wird. Der Default-Wert beträgt 50.000. Sollte Ihre Datenbank sehr groß werden, muss dieser Wert möglicherweise hochgesetzt werden.
- VERZÖGERTEN INSERT-BEFEHL VERWENDEN
  Daten werden nur dann in die Tabelle eingefügt, wenn für diese aktuell keine Schreib- oder Leseoperationen durch einen anderen Prozess anstehen. Die Auswahl dieser Option ist nicht unbedingt notwendig.
- FEHLERÜBERGEHENDEN INSERT-BEFEHL VERWENDEN
  Die Auswahl dieser Option ist nicht unbedingt notwendig.
- BENUTZE HEXADECIMAL FÜR BLOB
  Binärdaten aus BLOBs (*Binary Large Objects*) werden in Hexadezimalschreibweise ausgegeben. Lassen Sie diese Option angewählt.
- EXPORTTYP (Pulldown-Menü)
  Lassen Sie die voreingestellte Option INSERT angewählt.

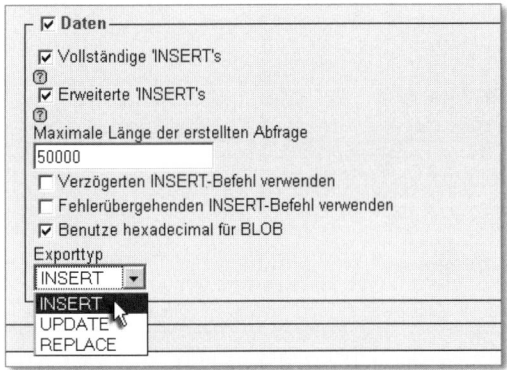

Abbildung C.7 Export-Optionen in phpMyAdmin (Daten)

Im letzten Schritt muss noch gewährleistet werden, dass der Dump als Datei gespeichert wird. Wählen Sie hierfür die Checkbox SENDEN (siehe Abbildung C.8). Lassen Sie die Voreinstellung der Dateinamenskonvention unverändert. Der Platzhalter __DB__ wird beim Export durch den Datenbanknamen ersetzt. Wichtig ist jedoch, ob Sie den Dump als komprimiertes File oder in nicht komprimierter Form speichern wollen. Sofern Sie einen Dump einer Remote-Installation vornehmen, muss die Datei über das Internet übertragen werden. Ist die Datei sehr groß, sollten Sie sie komprimieren. Wenn Sie ein lokales Backup vornehmen, das Sie nur lokal nutzen wollen, benötigen Sie keine Kompression.

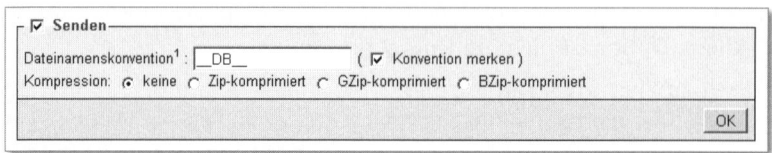

Abbildung C.8 Speichern des Datenbank-Dumps als Datei

Speichern Sie den Dump, indem Sie auf OK klicken, und wählen Sie einen geeigneten Speicherort aus.

C.3 Wichtige Tabellen der TYPO3-Datenbank

Abbildung C.9 zeigt den Ausschnitt einer Datenbanktabelle einer TYPO3-Installation mit phpMyAdmin.

Tabelle	Aktion	Einträge
backend_layout		0
be_groups		0
be_sessions		0
be_users		1
cache_extensions		0
cache_hash		90
cache_imagesizes		0
cache_md5params		0
cache_pages		0

Abbildung C.9 Einige Tabellen der TYPO3-Datenbank

> **Die Struktur der TYPO3-Datenbank hängt von Ihrer Installation ab**
>
> Die Struktur der TYPO3-Datenbank variiert von Installation zu Installation, da TYPO3-Erweiterungen bei ihrer Installation gewöhnlich neue Spalten zu bestehenden Standardtabellen hinzufügen oder eigene, neue Tabellen erstellen.

Folgende wichtige Tabellen und Gruppen von Tabellen möchten wir Ihnen nun kurz vorstellen.

C.3.1 Die Tabellengruppe »be_«

Die Gruppe von Tabellen mit vorangestelltem be_ im Namen dient dazu, Benutzer, Benutzergruppen und Session-Daten zu verwalten. Das Präfix be_ deutet an, dass es sich um Daten von **B**ack**e**nd-Benutzern (z. B. Redakteuren) handelt.

Es sind diese Tabellen:

- be_groups
- be_users
- be_sessions

Die Tabelle be_sessions enthält die Session-Daten angemeldeter Benutzer.

C.3.2 Die Tabellengruppen »cache_« und »cf_cache«

Mit cache_ und cf_cache_ sind Tabellen gekennzeichnet, die dem Zwischenspeichern von Daten dienen.

Hierzu gehören (u. a.) diese Tabellen:

- cf_cache_pages
- cf_cache_pagesection
- cache_typo3temp_log
- cache_hash
- cache_imagesizes
- cache_md5params

Die wichtigste dieser Tabellen ist cf_cache_pages, in der die TYPO3-Seiten in HTML-Form abgelegt werden, um sie nicht bei jedem Aufruf neu erzeugen zu müssen.

C.3.3 Die Tabellengruppe »fe_«

Analog zur Backend-Benutzerverwaltung existieren Tabellen mit dem Präfix fe_ (für **F**ront**e**nd). Sie dienen zur Verwaltung von Benutzern, Benutzergruppen und Session-Daten von Websitebesuchern, die sich auf der Site registriert haben. Mit diesen Daten ist es möglich, Bereiche zu schaffen, die nur bestimmten Benutzern (Gruppen) zugänglich sind, und Inhalte zu personalisieren. Zu nennen sind hier:

- fe_groups
- fe_users
- fe_sessions
- fe_session_data

C.3.4 Die Tabelle »pages«

pages dient dazu, Seiteninformationen zu speichern. Des Weiteren gibt es noch eine Tabelle zur Verwaltung von Spracheinstellungen:

- pages
- pages_language_overlay

In der pages-Tabelle befinden sich nur die Seitendatensätze selbst, also unter anderem Informationen über ihren Typ, ihre UID, Sichtbarkeit und Position im Seitenbaum. Die eigentlichen Seiteninhalte befinden sich in der Tabelle tt_content.

C.3.5 Die Tabellengruppe »sys_«

Die Gruppe der sys_-Tabellen dient dazu, Templates, Workflows, To-do-Listen, Domains, Sprachen, Login-Informationen, Notizen, Workspaces etc. zu verwalten.

Es gibt hier entsprechend viele Tabellen, hierunter:

- sys_be_shortcuts
- sys_domain
- sys_filemounts
- sys_history
- sys_language
- sys_lockedrecords
- sys_log
- sys_note
- sys_preview
- sys_refindex
- sys_template
- sys_workspace

C.3.6 Die Tabelle »tt_content«

Die tt_content-Tabelle enthält die Seiteninhalte (»Content«).

- tt_content

C.3.7 Export einer einzelnen Datenbanktabelle am Beispiel von »tt_content«

Anstatt einen vollständigen Dump der gesamten Datenbank vorzunehmen, möchten Sie vielleicht (außer Sie wollen eine Installation übertragen) nur eine einzelne Tabelle der Datenbank sichern. Dies soll am Beispiel der Tabelle tt_content exemplarisch demonstriert werden.

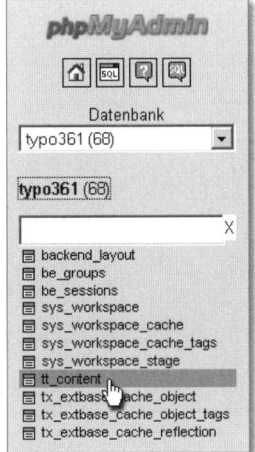

Abbildung C.10 Anwahl der Tabelle »tt_content« in der Tabellenliste (Ausschnitt)

Wählen Sie in phpMyAdmin nach Anwahl der TYPO3-Datenbank in der Liste die zu speichernde Tabelle aus (siehe Abbildung C.10), in diesem Fall TT_CONTENT. Sie gelangen auf eine Übersichtsseite, die Ihnen die Spalten der Tabelle zeigt. Am oberen Rand der Seite befindet sich wieder eine Button-Leiste (siehe Abbildung C.11), die sich diesmal jedoch auf die Tabelle bezieht. Achten Sie auf die Pfadangabe über den Buttons.

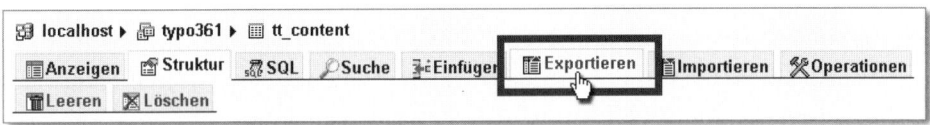

Abbildung C.11 Export der aktuellen Tabelle mit phpMyAdmin

Wählen Sie die Option EXPORTIEREN. Die nun gezeigte Übersichtsseite ähnelt derjenigen für den Datenbankexport, gilt jedoch für die aktuelle Tabelle. Wählen Sie bei STRUKTUR (siehe Abbildung C.12) auch hier zusätzlich die Option FÜGE DROP TABLE HINZU an.

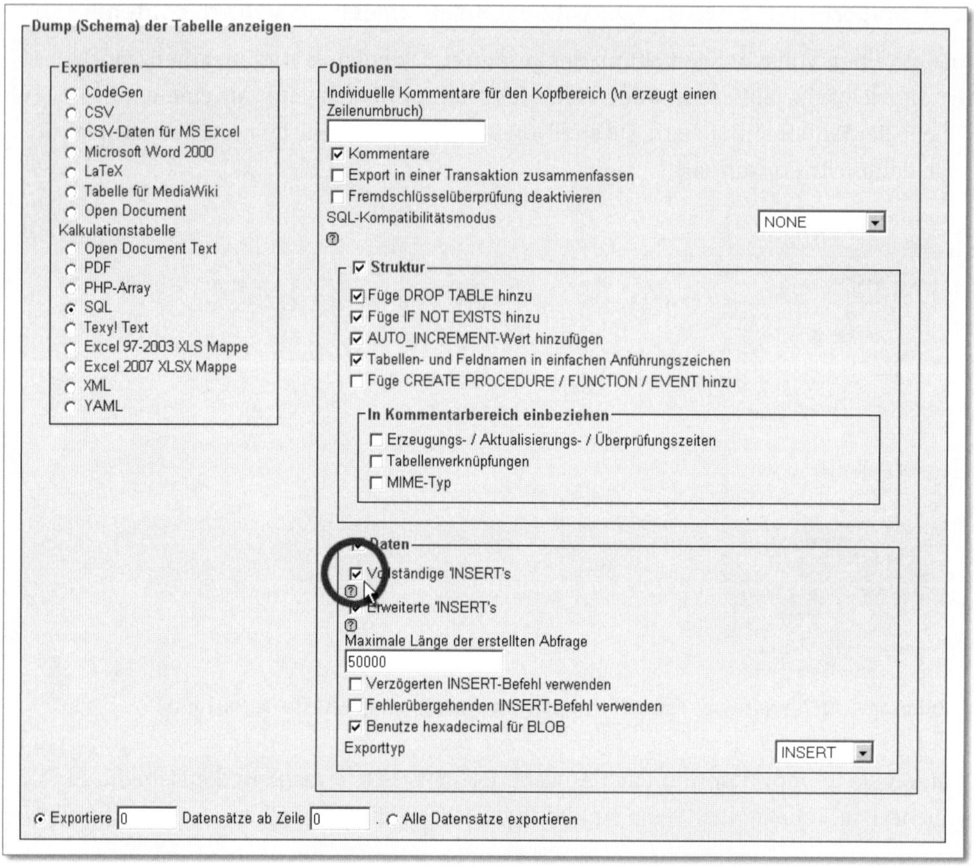

Abbildung C.12 Bestimmung der SQL-Struktur für den Tabellenexport

Der Bereich DATEN gleicht demjenigen für den Datenbankexport. Sie können hier ebenfalls die Option VOLLSTÄNDIGE 'INSERT's anwählen. Auch die SQL-Datei des Tabellenexports kann wahlweise komprimiert werden. Sie können zwischen ZIP, BZIP und GZIP wählen oder den Export unkomprimiert (Default) lassen. Wählen Sie aber auf jeden Fall die Checkbox SENDEN an (siehe Abbildung C.13).

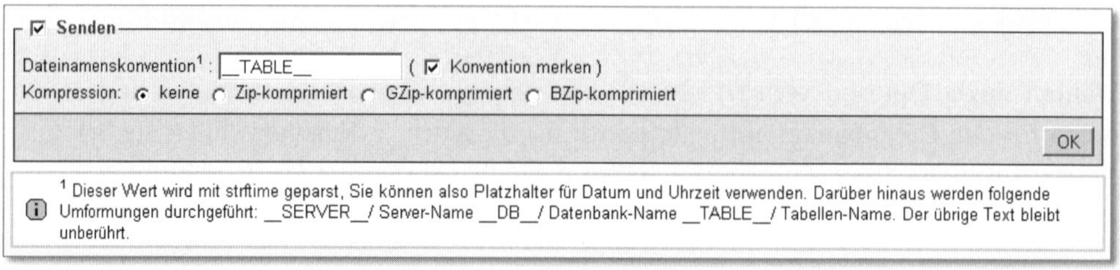

Abbildung C.13 Speichern des Tabellen-Dumps als Datei

Sie sehen, dass die Namenskonvention der Exportdatei dem Tabellenexport entsprechend angepasst wurde. Sie können (und *sollten*, falls Sie chronologische Backups machen wollen) den Dateinamen durch eine Datumsangabe vervollständigen – beispielsweise in der Form __TABLE__06-02-11. Lassen Sie den Platzhalter __TABLE__ stehen. Er wird im Dateinamen durch den Tabellennamen ersetzt. Klicken Sie nun auf OK, und wählen Sie einen Speicherort.

C.4 Einlesen eines Datenbank-Dumps bei der Installation

Einen Datenbank-Dump, wie Sie ihn eben erstellt haben, können Sie bei einer neuen TYPO3-Installation einlesen. Hierfür muss er *vor dem Start* des Install Tools im Ordner *typo3conf* abgelegt werden (siehe Abbildung C.14). Für eine Remote-Installation geschieht dies per FTP.

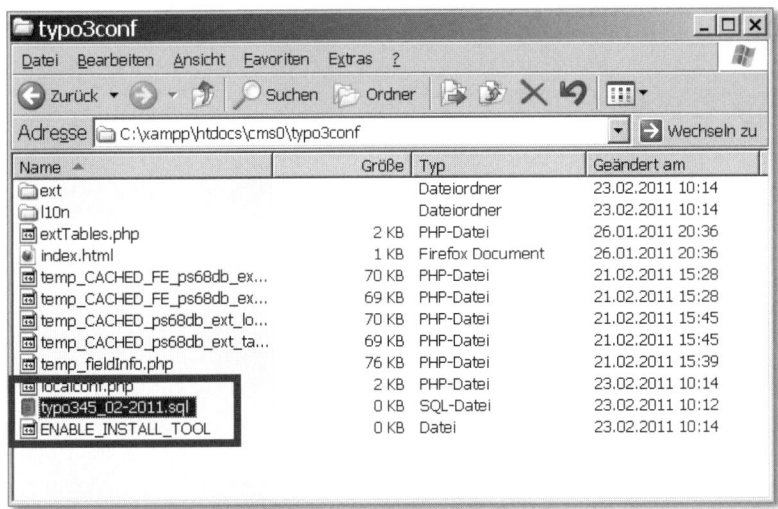

Abbildung C.14 Ablegen eines SQL-Dumps im TYPO3-Verzeichnisbaum

Starten Sie das Install Tool, und führen Sie die Installation wie gewohnt durch. Interessant ist der dritte Installationsschritt (siehe Abbildung C.15), in dem normalerweise die Datenbanktabellen Ihrer TYPO3-Datenbank angelegt werden: Alle Dateien vom Typ *.sql*, die sich zum Zeitpunkt der Installation im Ordner *typo3conf* befinden, werden im Dropdown-Menü SELECT DATABASE CONTENTS als Optionen angeboten.

Wählen Sie den Dump, der als Datenbasis für die Installation dienen soll. TYPO3 wird dann unter Verwendung der gewünschten Inhaltsdaten installiert.

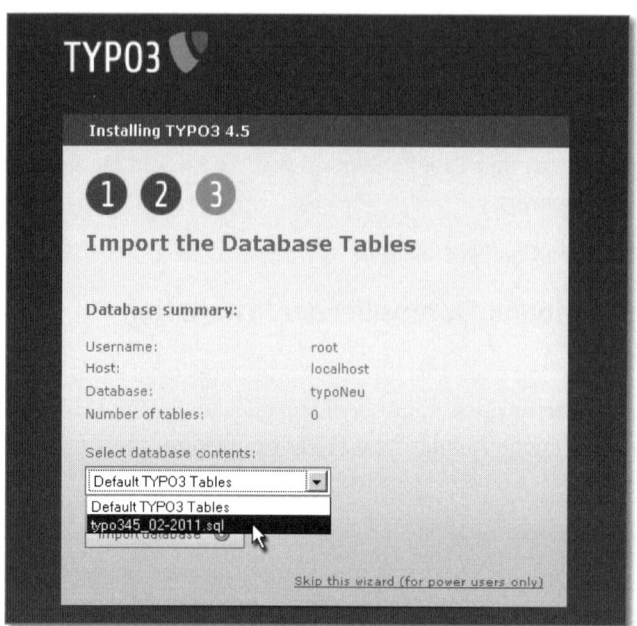

Abbildung C.15 Wahl des SQL-Dumps während der Installation

Anhang D
Online-Ressourcen

TYPO3 gilt als eines der am besten dokumentierten Open-Source-Projekte überhaupt. In der Tat existiert eine große Anzahl von Informationsquellen im Internet, von denen hier nur eine Auswahl genannt werden kann.

D.1 Online-Ressourcen zu TYPO3

Bei den Online-Ressourcen zu TYPO3 ist in erster Linie die offizielle Website zu TYPO3 zu nennen. Neben den aktuellen Installationspaketen finden Sie hier auch grundlegende und weiterführende Informationen, Tutorials und Dokumentationen.

D.1.1 Allgemeine Informationen zu TYPO3

▶ *http://typo3.org/*
Die »offizielle« TYPO3-Website mit Informationen über und für die Community sowie mit den offizellen Installationspaketen von TYPO3 CMS.

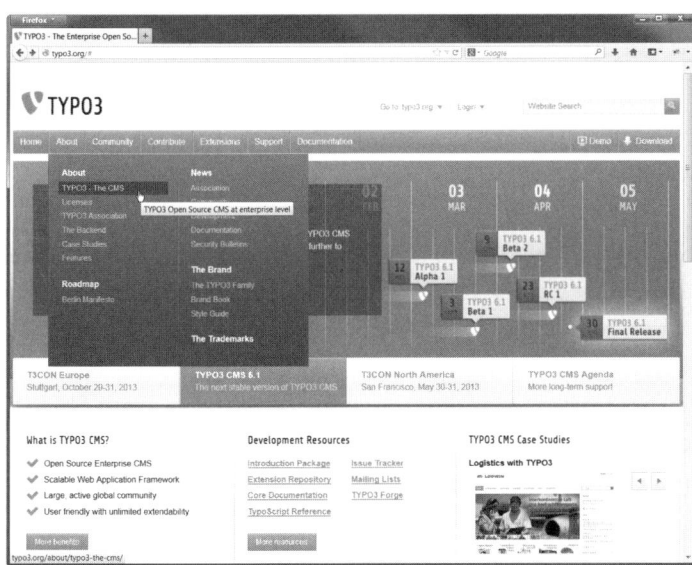

Abbildung D.1 Die Website »http://typo3.org«

D.1.2 Innerhalb von www.typo3.org

- *http://typo3.org/download/*
  Hier stehen die aktuellen Installationspakete von TYPO3 CMS zur Verfügung (Sie finden sie auch auf der Begleit-DVD des Buches) und bei Bedarf auch ältere Versionen, wie die 4.5 LTS. Es wird zwischen reinen TYPO3-Paketen und Installer-Paketen unterschieden, die auch gleich den benötigten Webserver mitinstallieren. Letztere liegen für Windows, Mac und Linux vor und werden von externen Entwicklern zur Verfügung gestellt und betreut.
- *http://typo3.org/extensions/repository/*
  Das Extension Repository mit verfügbaren Erweiterungen und zugehörigen Informationen. Die Liste ist nach Kategorien filterbar. Es ist auch von einer TYPO3-Installation aus über den Erweiterungsmanager zu erreichen.
- *http://typo3.org/documentation/*
  Die offizielle »Bibliothek« zu TYPO3 mit der Online-Dokumentation. Unter diesem Link finden Sie ein TYPO3-Wiki (auch direkt erreichbar unter *wiki.typo3.org*), eine Reihe von Video-Tutorials, aber auch aktuelle Dokumentationen als HTML-Dateien.
  Speziell für TYPO3 CMS finden Sie Dokumentationen auch unter dem Link *http://docs.typo3.org/typo3cms/*.

> **Dokumentationen zu Erweiterungen**
> Dokumentationen zu Erweiterungen finden Sie mit wenigen Ausnahmen nicht unter *typo3.org/documentation/*, sondern in Zusammenhang mit der jeweiligen Erweiterung direkt im Repository.

D.1.3 Foren und Tutorials

- *www.typo3.net*
  Gut gepflegtes, deutschsprachiges Forum zu TYPO3; betrieben vom TYPO3-Hoster *Mittwald Medien*. Behandelt werden Fragen zu Installationsproblemen, Backend-Benutzung, Erweiterungen und mehr.
- *www.typo3forum.net*
  Stark genutztes deutschsprachiges Forum mit aktuellen Beiträgen und Ausrichtung auf Entwickler. Behandelt werden Fragen zu Installation, TypoScript, Erweiterungen, aber auch zu ExtBase und Fluid.
- *www.typo3wizard.com*
  Deutschsprachiges, leider scheinbar wenig frequentiertes Forum zu TYPO3. In der Site sind verschiedene Artikel zu TYPO3-Themen sowie eine Abteilung mit TypoScript-Codesnippets zu finden.

- *www.typo3-tutorials.org*
  Sammlung von TYPO3-Tutorials. Leider nicht gerade brandaktuell, aber zu Spezialthemen, die auf *typo3.org* nicht behandelt werden, mag man hier fündig werden.

D.2 Weitere Onlineressourcen

D.2.1 XAMPP

- *www.apachefriends.org*
  Hier erhalten Sie die aktuellen XAMPP-Installationen für Windows, Linux und (geplant) Solaris. Enthalten sind neben dem Apache Webserver auch PHP und MySQL.

D.2.2 ImageMagick

- *www.imagemagick.org*
  Hier können Sie ein aktuelles Paket der ImageMagick-Bildverarbeitungsfunktionen herunterladen. Aktuell ist Version 6.8.5-10.

D.2.3 GraphicsMagick

- *www.graphicsmagick.org*
  Hier können Sie ein aktuelles Paket der GraphicsMagick-Bildverarbeitungsfunktionen herunterladen. Aktuell ist Version 1.3.18, die sich in Windows-Versionen für 32-Bit- und 64-Bit-Systeme sowie als *tar.gz* auf der DVD zum Buch befindet.

D.2.4 GDLib

- *libgd.org*
  Die Grafikbibliothek GDLib erhalten Sie hier bei Bedarf auch einzeln. Seit PHP 4.3 ist sie allerdings in jeder PHP-Installation bereits enthalten.

D.2.5 FreeType

- *www.freetype.org*
  FreeType ist für den Umgang mit Schriften verantwortlich. Hier können Sie das Paket herunterladen und finden weitergehende Informationen.

D.2.6 Apache Webserver

- *www.apache.org*
  Hier finden Sie die aktuelle Version des Apache Webservers und weiterführende Informationen (Apache 2.4.3 ist in XAMPP enthalten).

D.2.7 MySQL

- *www.mysql.com*
  Hier erhalten Sie die aktuelle Version der MySQL-Datenbank und entsprechende Hintergrundinformationen (MySQL 5.5.27 ist in XAMPP enthalten).

D.2.8 PHP

- *www.php.net*
  Die aktuelle Version von PHP und die dazugehörige Online-Dokumentation.

D.2.9 phpMyAdmin

- *www.phpmyadmin.net*
  Die aktuelle Version der MySQL-Oberfläche phpMyAdmin. Die aktuelle stabile Version ist 4.0.3. In der Beispielinstallation wird die Version 3.5.2.2 eingesetzt, die in XAMPP 1.8.1 enthalten ist.

Anhang E
Inhalt der Begleit-DVD

Sie finden auf der Begleit-DVD alle im Buch beschriebenen TYPO3-Installationspakete und Erweiterungen sowie XAMPP und weitere Programme für Linux, Windows und Mac OS X. Des Weiteren sind alle Dateien zu den Beispielprojekten enthalten.

E.1 Installation

Das Verzeichnis *Installation* enthält alle Programme und Hilfsprogramme, die zur Installation von TYPO3 oder zum Lesen der Dokumentation erforderlich sind. Sie finden die Daten für Ihr jeweiliges Betriebssystem in den Unterordnern *windows*, *macosx* und *linux*.

E.1.1 Windows

Der Ordner *windows* enthält in verschiedenen Unterordnern:

- alle TYPO3-CMS 6.1-Pakete (Introduction Package, Government Package, Blank Package, Source, Dummy, Source + Dummy)
- XAMPP 1.8.1 für Windows
- TYPO3Winstaller, Version 6.0.0RC2
- ImageMagick 6.8.5-10 (*exe*)
- GraphicsMagic (*exe*), Version 1.3.18
- Ghostscript 8.64

E.1.2 Linux

Der Ordner *linux* enthält in verschiedenen Unterordnern:

- ein TYPO3-Source- und Dummypaket (*tar.gz*), Version 6.6.1
- XAMPP 1.8.1 für Linux (Standard- und Developer-Edition; für Ubuntu, SUSE, Red Hat, Mandrake und Debian)
- TYPO3 LAMP Installer, Version 6.6.1
- GraphicsMagick 1.3.18 (*tar.gz*)

E.1.3 Mac OS

Der Ordner *macosx* enthält in verschiedenen Unterordnern:

- ein TYPO3-Source- und Dummypaket (*tar.gz*), Version 4.6.1
- XAMPP 1.7.3 für Mac OS X
- ImageMagick 4.2.9 (*tar.gz*) und ImageMagick 5.5.7 (*tar.gz*)
- t3[dmg] ver. 6.6.1 von Harald Thomas für Mac OS ab 10.4 (MAMP-basierter Komplettinstaller), TYPO3 CMS 6.6.1

E.2 Erweiterungen

Eine vollständige Liste aller Erweiterungen finden Sie bei *www.typo3.org* unter *http://typo3.org/extensions/repository/fulllist/*.

Hier können Sie die Erweiterungen als *t3x*-Dateien herunterladen, um sie manuell zu installieren. Dies kann erforderlich sein, falls Sie keine Online-Verbindung zum Repository aufbauen können oder offline arbeiten möchten. Die im Buch vorgestellten Erweiterungen finden Sie daher auf der Begleit-DVD.

E.2.1 Template Auto-parser

Diese Erweiterung kann aus dem Repository geladen werden. Alternativ finden Sie sie in der aktuellen Version 0.2 auf der Begleit-DVD:

- **Automaketemplate**
  automaketemplate_0.2.0.t3x

E.2.2 Volltextsuche

Diese Erweiterung ist in der TYPO3-Installation bereits als Systemerweiterung vorhanden und muss im Extension Manager lediglich aktiviert werden.

Für dieses Modul existiert jedoch eine separate Dokumentation als Erweiterung, die optional installiert werden kann. Sie finden sie in der aktuellen Version 4.2.1 auch auf der Begleit-DVD.

- **Doc Indexed Search**
  doc_indexed_search_4.2.1.t3x

E.2.3 News

Die aktuelle Version der Erweiterung »News« ist die 3.4.0, die aktuell mit TYPO3 CMS 6.1.1 einige Probleme hat. Sie finden sie dennoch auf der Begleit-DVD:

- News-Erweiterung
  tt_news_3.4.0.t3x
- News-Erweiterung gepatcht
  tt_news_3.4.0+46313.t3x

E.2.4 TemplaVoilà

Damit TemplaVoilà funktioniert, müssen Sie zunächst die Erweiterung »Static Info Tables« installieren, die aktuell in der Version 6.0.3 vorliegt. Installieren Sie anschließend erst die TemplaVoilà-Erweiterung. Letztere finden Sie in Version 1.8.0 auf der Begleit-DVD.

- Static Info Tables
  static_info_tables_6.0.3.t3x
- TemplaVoilà 1.5.4
  templavoila_1.8.0.t3x

E.3 Dateien zum Buch

Im Verzeichnis *Dateien_zum_Buch* finden Sie, sortiert in entsprechende Unterverzeichnisse, alle Dateien und Listings zu den Kapiteln 1 bis 16.

Index

A

Abmelden 490
Abmelden-Button 490
Administrator 429
   Switch User 443
Alternativsprache 355
Auto-parser 362

B

Backend 351
   Abmelden-Button 490
   Alle Caches löschen 492
   Cache-Funktionen 492
   Konfigurations-Cache löschen 492
   Lesezeichen verwalten 490
   Modul »About Modules« 489
   Modul »Anzeigen« 485
   Modul »Arbeitsumgebung« 485
   Modul »Aufgaben« 486
   Modul »Backend users« 487
   Modul »Dateiliste« 486
   Modul »DB-Überprüfung« 488
   Modul »Einstellungen« 487
   Modul »Erweiterungsmanager« 488
   Modul »Funktionen« 486
   Modul »Info« 485
   Modul »Installation« 488
   Modul »Konfiguration« 488
   Modul »Language« 487
   Modul »Liste« 485
   Modul »Log« 488
   Modul »Planer« 489
   Modul »Reports« 488
   Modul »Seite« 485
   Modul »Template« 486
   Modul »Typo3-Handbuch« 489
   Modul »TypoScript-Hilfe« 489
   Modul »Über TYPO3« 489
   Modul »Zugriff« 485
   Modulgruppe »Adminwerkzeuge« .. 487
   Modulgruppe »Benutzerwerkzeuge« 486
   Modulgruppe »Datei« 486
   Modulgruppe »Hilfe« 489
   Modulgruppe »Web« 484

   Modulgruppen 484
   Modulleiste 483
   RTE-Cache leeren 493
   Seiteninhalts-Cache löschen 492
Backend-Benutzer 429
Backend-Sprache 77
   Umstellung 78
Backup
   Inhaltselement 266
   Seite 259
   Website 269
Benutzer
   Account, Start 442
   Account, Stopp 442
   Admin-Checkbox 441
   Arbeitsumgebung 441
   Benutzername 440
   Dateioperationen, Berechtigung von 441
   Datenbankfreigabe 441
   Domain, Beschränkung auf 441
   E-Mail 441
   erstellen 439
   Freigaben, Übernahme von 441
   Gruppe 441
   inaktiv 440
   IP-Einschränkung, Deaktivierung .. 441
   Kennwort 440
   Module 441
   Mountpoints 441
   Name (real name) 441
   Passwort 440
   Seitenbaum 441
   Sprache, beschränken auf 441
   Standardsprache 441
   Switch User 443
   TSconfig 442
   Username 440
   Verzeichnisfreigaben 441
   Workspace 441
Benutzereinstellungen
   rekursives Kopieren zulassen 109
   rekursives Löschen zulassen 109
Benutzergruppe 429
   Ausschlussfelder 434
   Beschreibung 430
   Datenbankfreigaben 437
   erstellen 429

Index

Feldwerte 435
Freigaben 437
Freigaben und Arbeitsumgebungen 433
Gruppenname 430
Gruppenrechte 432
inaktiv 430
Inhaltstypen, Verbot von 435
Module 434
Mountpoints 437
Seitentypen 434
Tabellen (ändern) 434
Tabellen (anzeigen) 434
Untergruppe 430
Verzeichnisfreigaben 431, 438
Zugriffsrechte 432
Zugriffsrechte einschließen 433
Bildverarbeitungsfunktionen 59

C

cf_cache_ 579
clear_rte_cache 493
COA 523
  Positionsobjekt 524
  wrap 524
cObjects 132, 522
  COA 135, 523
  CONTENT 178, 526
  CONTENT table 178
  CONTENT, select.orderBy 178
  EDITPANEL 548
  FILE 172, 525
  FLUIDTEMPLATE 532
  HMENU 179, 536
  HTML 533
  IMAGE 168, 534
  IMAGE_RESOURCE 535
  Objekttypen 522
  TEMPLATE 281, 529
  TEXT 132, 532
  TEXT, wrap 132
  TMENU 180, 540
  TMENUITEM 541
Conditions 498
  AND 500
  ELSE 499
  END 499
  GLOBAL 499
  Object Browser 501
  OR 500

Set Conditions 501
Simulation 501
config 347
  doctype 348
  htmlTag_langKey 348
  language 348
  locale_all 348
  metaCharset 348
  xmlprologue 348
Constants 125
CONTENT 526
  renderObj 528
  select 527
  select.orderBy 528
  select.where 527
  table 527
  wrap 529
Content-Object-Array 135
Content-Objekte 298, 302
CSS Styled Content 301

D

Datenbankfreigaben 441
Datensätze
  einfügen 254

E

EDITPANEL
  allow 549
  label 549
  line 549
  newRecordFromTable 549
ENABLE_INSTALL_TOOL 38, 74
Erweiterungen
  aktive Erweiterungen 333
  aktivieren 335
  deaktivieren 335
  Extension Key 336
  Extension Key, Look Up 336
  Full List 336
  Indexed Search 416
  Installation, Dateiimport 337
  Installation, Datenbank-Update ... 338
  Installation, Repository 336
  lokal verfügbar 335
  Look Up 336
  News 389

Index

Erweiterungsmanager 333, 389
   Backend (Rubrik) 334
   Backend-Module (Rubrik) 334
   Dienste (Rubrik) 335
   Frontend (Rubrik) 335
   Frontend-Plug-Ins (Rubrik) 335
   Import Extensions 336, 390
   Loaded Extensions 333
   t3x-Dateien 389
   Verschiedenes (Rubrik) 334
Erweiterungstemplate 145
Export
   Ausschluss zurücksetzen 271
   Dateiausschlüsse 261
   Dateiformat 262
   Dateinamen 272
   Download auf lokalen Rechner 263
   Ebenentiefe 259
   erweiterter Baum 259, 269
   Exportebenen 259
   Exportkonfiguration 259
   Exportliste 261
   Fileadmin, Ablage in 263
   Inhaltselement 266
   Metadaten 271
   Seite 259
   Website 269, 272
Extensions
   Static Info Tables 452
   TemplaVoilà 451

F

fe_ 579
FILE 525
   file 525
   wrap 526
Fileadmin 164
   Datei-Upload 165
   Datei-Upload, Überschreiben zulassen 166
   Ordner erzeugen 165
   t3d-Importdatei ablegen 263
   t3d-Importdatei auswählen 264
   Zugriff auf 164
Fileadmin-Bereich 164
FLUIDTEMPLATE 532
FRAME
   obj 521
   params 521
FRAME-Objekt 517

FRAMESET
   cols 519
   params 520
   rows 519
FRAMESET-Objekt 519
FreeType-Bibliothek 52
Frontend-Benutzer 369
   anlegen 371
   Domainbindung 371
   Login-Formular 375
   Zugriff 371
Frontend-Benutzergruppen 369, 370
   anlegen 370
   Beschreibung 370
   deaktivieren 370
   Untergruppen 370

G

Grafikerzeugung
   GIF 60
   PNG 60
GraphicsMagick 30

H

HMENU 308
   ACT 536
   begin 540
   CUR 536
   entryLevel 309, 537
   excludeUidList 321, 342, 540
   Hierarchieebene 537
   IFSUB 536
   includeNotInMenu 322
   maxItems 540
   minItems 539
   NO 536
   RO 536
   special 325, 538
   special = directory 538
   special = keywords 539
   special = list 538
   special = rootline 325, 539
   special = updated 538
   special.range 326
   wrap 327, 540
HTML 533
   value 533

595

Index

HTML-Designvorlagen 277
HTML-Grundgerüst 305

I

IMAGE 534
   alttext 535
   file 534
   params 535
   wrap 535
IMAGE_RESOURCE 535
   file 536
ImageMagick 30, 53
   Dateiformattest 60
Import
   aus Fileadmin 264
   Bezugspunkt 264
   Dateiendungen, verbotene 265
   Datensätze aktualisieren 264, 267
   Datensätze, Unterschiede 264
   Importdatei auswählen 264
   Inhaltselement 267
   Protokollierung 265
   Seitendatensatz 263
   UID-Werte erzwingen 265
   Vorschau 264
Impressum 360
Indexed Search 416
   Aktivierung 418
   als allgemeines Plug-In 418
   Dokumentation 417
   Ergebnisliste 419
   Ergebnisseite 418
   Excel-Dateien indexieren 426
   Externe Dateien indexieren 426
   Indexierung aktivieren 420
   Indexierung überprüfen 422
   PDF-Dateien indexieren 426
   PowerPoint-Dateien indexieren 426
   Spracheinstellung 424
   Sprachmodulimport 419
   Suchergebnisse ausgeben 424
   Suchformular einbinden 421
   Word-Dateien indexieren 426
Indexed Search Engine 420
Installation
   Create new database 41
   Database-Dump 42
   Datenbank-Dump einlesen 583
   Datenbankverbindung 40

   Erzeugen der Datenbank 41
   FreeType-Fehler 52
   ImageMagick, Pfad 57
   Import database 43
   No pages are found on the rootlevel 45
   Please select a database dump 583
   Select an existing EMPTY Database 41
   select database content 42
   TYPO3 Install Tool 38
   Update localconf.php 58
Installationsbereich 46

K

Konfigurationsdatei 46
Konfigurationssprache 122
Konfigurationsverzeichnis 72
Konstanten 125

L

LAMP Testsite 565
Linux
   LAMP Testsite 565
LocalConfiguration.php 66
Logout 490
Logout-Button 490

M

Mehrsprachigkeit 351
Menü
   HMENU 179
   linkWrap 180
   mehrsprachig 362
   Normalzustand NO 180
   text-based menu 180
   TMENU 180
Menüerzeugung 307
   grafische Menüs 307
   hierarchisches Menü 308
   HMENU 308
   HMENU, entryLevel 309
   HMENU, excludeUidList 321, 342
   HMENU, includeNotInMenu 322
   HMENU, special 325
   HMENU, special = rootline 325
   HMENU, special.range 326

HMENU, wrap 327
Layer- und Aufklappmenüs 307
Rollover-Zustand 315
textbasierte Menüs 307, 310
TMENU 310
TMENUITEM 310
TMENUITEM, ACT 315, 319
TMENUITEM, after 316
TMENUITEM, afterImg 316
TMENUITEM, afterROImg 316
TMENUITEM, afterWrap 316
TMENUITEM, allWrap 315
TMENUITEM, ATagParams 316
TMENUITEM, ATagTitle 316
TMENUITEM, before 316
TMENUITEM, beforeImg 316
TMENUITEM, beforeROImg 316
TMENUITEM, beforeWrap 316
TMENUITEM, CUR 315, 316
TMENUITEM, doNotLinkIt 316, 328
TMENUITEM, linkWrap 311, 315
TMENUITEM, NO 311
TMENUITEM, RO 316
TMENUITEM, stdWrap 315
TMENUITEM, wrapItemAndSub 313, 315, 316
Zustand des TMENUITEM 315
Zustand kopieren 317
Zustand kopieren, absolut 317
Zustand kopieren, relativ 317
Modul
   Dateiliste 164
   Funktionen (Web) 189
   Template 122
   Web, Funktionen 189
   Zugriff 445
MySQL
   Datenbankbenennung 41
   Root-Passwort 40, 563

N

News 389
   Ansicht »Latest« 401
   Ansicht »List« 404
   Ansicht »Single« 405
   Ansicht im Modul »Liste« 397
   Ansicht im Modul »Seite« 397
   Ansichten 401
   Bilder in News 396
   Import der Erweiterung 390

   Installation der Erweiterung 390
   News anlegen 393
   Plug-In als Seiteninhalt 399
   statisches Template 398
   SysOrdner für Newsbeiträge 391
   Zurück-Link 403

O

Objekt
   kopieren 137
   löschen 141
   referenzieren 138
Optionsplit 328

P

PAGE 510
   bodyTag 511
   bodyTagMargins 511
   config 512
   config.baseURI 513
   config.doctype 512
   config.xhtml_cleaning 513
   config.xmlprologue 513
   frameSet 518
   headerData 516
   includeCSS 514
   includeLibs 515
   meta 513
   Positionobjekt 516
   stylesheet 514
   typeNum 511
PAGE-Objekt 509
pages 580
Passwortgeschützte Bereiche 367
phpMyAdmin 571
   Backup Einzeltabelle 581
   Exportformate 575
   Export-Optionen 575
   Spracheinstellung 573
   SQL-Dump 573
Pipe-Symbol
   als Trennzeichen 342
   Maskierung 342
Platzhalter 286

S

Schattenwurf 64
Seite
   ansehen 118
   Bearbeitungsverlauf 106
   Bearbeitungsverlauf rückgängig
      machen 106
   Betrachtungsmodus 119
   Drag & Drop, Seite erstellen 89
   Drag & Drop, Seite kopieren 103
   Drag & Drop, Seite verschieben 103
   Kontextmenü 92
   Kontextmenü, Bearbeitungsverlauf ... 106
   Kontextmenü, kopieren 100
   Kontextmenü, löschen 105
   löschen mit Unterseiten 108
   Nach Anmeldung verbergen 376
   rekursives Kopieren 108
   rekursives Kopieren, Hierarchie 109
   rekursives Löschen 108
   Zugriffsrechte, Beschränkung 374
Seite bearbeiten
   Betrachten-Button 113
   Button-Leiste 112
   Cache-Button 113
   Lesezeichen-Button 114
   Rücknahme Bearbeitungsschritt 108
   Seiteneigenschaften-Button 113
   Seitenerstellungs-Button 112
   Seiteninhalt erstellen-Button 113
Seitenbaum 83, 485
   Besitzer 444
   Gruppenrechte 444
   Gruppenrechte, pauschal 448
   Gruppenrechte, per TypoScript 448
   Gruppenrechte, Vergabe 445
   Icon 86
   Kontextmenü 86
   Kontextmenü, Neu 86
   Root-Icon 84
   Zugriff über Hilfsgruppe 447
Seitenbaumrechte 444
Seitenelement
   Anmeldeformular 375
   Anmeldeformular, Zielseite 376
Seitenerstellung
   Seite verstecken 88
   Seitentitel 87
Seiteninhalt
   anlegen 173

Assistent 173
Aufzählung 207
Ausschneiden (Kontextmenü) 251
Bild 219
bullet (cType) 207
Dateilinks 231
Dateilinks, Ressourcenauswahl 232
Datensatz einfügen 253
Datensatz einfügen, aus Zwischenablage 255
Datensatz einfügen, Objekte 254
Datenspalten 174
einblenden 249
E-Mail-Formular 234
E-Mail-Formular, Absenderadresse 247
E-Mail-Formular, Antwortseite 247
E-Mail-Formular, Formular 235
E-Mail-Formular, Formularassistent .. 235
HTML 228
html (cType) 228
image (cType) 219
kopieren 248
Kopieren (Kontextmenü) 251
löschen 248
Menü/Sitemap (cType) 344
Normaler Text 174, 192
Normaler Text, Dateilink 234
Position auswählen 174
Position Normal 174
referenzieren 253
Sitemap 344
sortieren 251
Tabelle 224
Tabelle, Barrierefreiheit 228
Tabelle, CSV-Daten 227
Tabelle, Layout 228
Tabelle, Spaltenzahl 225
Tabelle, Table wizard 225
table (cType) 224
text (cType) 192
Text mit Bild 209
Text mit Bild, Ausgabeformat 216
Text mit Bild, Bearbeitungseffekte 216
Text mit Bild, Bei Klick vergrößern 213
Text mit Bild, Bildabmessungen 215
Text mit Bild, Bildposition 214
Text mit Bild, Bildqualität 216
Text mit Bild, Bildspalten 222
Text mit Bild, Generierte Bilddatei 215
Text mit Bild, Kein Umbruch 214
Text mit Bild, Mehrere Bilder 217
textpic (cType) 209

Index

Überschrift 175
uploads (cType) 231
verbergen 249
Verborgene Inhalte anzeigen 250
Verschieben (Kontextmenü) 251
Seitenobjekt
   im Menü verbergen 321
Seitentyp
   Shortcut, TYPO3-Element-Browser 181
   Shortcut, Verweis auf Seite 181
Skårhøj, Kasper 26
Softwarevoraussetzungen 29
Sprach-ID 353
Sprachvariante 353
SQL-Dump 573
Steffen Kamper 493
Switch User 443
sys_ 580
SysOrdner 368
   Frontend-Benutzerdaten 374
Systemvoraussetzungen 29

T

TEMPLATE 529
   markerWrap 531
   marks 530
   subparts 530
   template 530
   template.file 530
   workOnSubpart 531
Template 121
   Add Object Property 152
   Anweisungen überschreiben 147
   Clear Object 152
   Constants 125
   CSS Styled Content 178
   Edit Object 149
   Edit Property 149
   Erweiterungs-Template anlegen 146
   HELLO WORLD! 124
   Include static (from extensions) 179
   löschen 160
   No TypoScript Template found! 121, 145
   Object Tree 149
   Setup 125, 127
   Template für neue Website erstellen ... 123
   Template Object Browser 149
   Template-Erstellung 122
   Template-Erweiterung 145, 146

Template-Information 125
Template-Modul 178
Template-Modul static 178
Template-Name 123
Template-Tools 125
Textressource 172
Value Updated 151
Vererbung 144
Warnmeldung KEIN TEMPLATE 123
Template Analyse 301
   Template-Hierarchie 159
Template Auto-parser
   content 339
   content.file 339
   DOCUMENT_BODY 339
   DOCUMENT_HEAD 339
   Einbindung im Setup 339
   elements 339
   elements.BODY 339
   elements.DIV 339
   elements.HEAD 339
   elements.SPAN 339
   Konfiguration 338
   Pfadkorrektur 340
   relPathPrefix 339
   Subpartmarker 341
   Subpartmarker, Schreibweise 340
Template-Analyse 157
Template-Informationstabelle 160
TEMPLATE-Objekt 282
Templates 286
TemplaVoilà 451
   Aktion 459
   Allgemeine Datensatzsammlung 455
   Ansicht Exploded Visual 457
   Ansicht HTML-Source 457
   CREATE TO and DS 465
   Editing Type (Voreinstellung Element) .. 462
   In PID speichern 465
   Installation 451
   Kontextmenü 456
   Mapping (Abbildung) 451
   Mapping speichern 464
   Mapping Type (Datenelement) 461
   ROOT-Bereich 459
   Sample Data (Beispieldaten) 462
   Static Info Tables 452
   SysOrdner anlegen 454
   Template einbinden 455
   Title of DS/TS (Titel DS/VO) 464
   TypoScript, grundlegendes 455

TEXT	532
value	533
TMENU	310
after	546
afterImg	546
afterImgTagParams	546
afterROImg	547
afterWrap	546
allWrap	543
ATagParams	543
before	544
beforeImg	545
beforeImgTagParams	545
beforeROImg	545
beforeWrap	544
collapse	541
expAll	314, 541
linkWrap	543
RO	544
target	541
TMENUITEM	310
ACT	315, 319
after	316
afterImg	316
afterROImg	316
afterWrap	316
allWrap	315
ATagParams	316
ATagTitle	316
before	316
beforeImg	316
beforeROImg	316
beforeWrap	316
CUR	315, 316
doNotLinkIt	316, 328
IFSUB	315
linkWrap	311, 315
NO	311
RO	316
stdWrap	315
wrapItemAndSub	313, 315, 316
TrueType-Schriftarten	52
TrueType-Test	59
tt_content	298, 302, 580
TYPO3	
auf eigenem Server	32
auf Managed Server	32
auf Root-Server	32
auf Virtual Server	33
Backup mit phpMyAdmin	573
Dokumentenverzeichnis	37
Geschichte	26
Hosting	30
Hostingmöglichkeiten	30
Installation	35
Installation unter Windows	565
Positionierung	27
spezialisierter Hoster	31
Systemvoraussetzungen	29
technische Hintergründe	28
typo3conf	66
TYPO3-Datenbank	
Backup	575
Export mit phpMyAdmin	575
Tabelle »pages«	580
Tabelle »tt_content«	580
Tabellengruppe »be_«	579
Tabellengruppe »cf_cache_«	579
Tabellengruppe »fe_«	579
Tabellengruppe »sys_«	580
wichtige Tabellen	578
TYPO3-Entwickler	
Eberhard, Andreas	565
Leuchter, Lars	565, 567
Skårhøj, Kasper	26
Steffen Kamper	493
Thomas, Harald	565, 569
TYPO3-Installation	
Speicherplatzbedarf	37
TYPO3Winstaller	565
TypoScript	29, 122
Bedingungen	498
Bezeichner	505
case-sensitive	128
cObjects	504
Conditions	498
Confinement	136, 507
Constant Editor	154, 156
Constant Editor, Category	156
Constant Editor, Revert to Default Constant	157
Content-Objekte	504
Datentypen	502
einfache Datentypen	502
funktionale Datentypen	502
geschweifte Klammern	507
GIFBUILDER	504
Grafikobjekte	504
in Page TSconfig	496
in Templates	495

in User TSconfig 496
Kommentar 127, 498
Konstante 153
Konstanten, Kategorie 155
Leerraumbehandlung 497
menuObj 504
Menüobjekte 504
Objekte kopieren 507
Objekte löschen 507
Objekte referenzieren 507
Objektinstanzen 505
Objekt-Propertys 505
Objekttypen 503
objektzugehörige Arrays 508
Operatoren 497
runde Klammern 505
Seitenbaumrechte 448
TLO 503
Top-Level-Objekte 503
Wertzuweisung 504
Whitespace 497
Zeichenkettenbegrenzer 137
Zuweisungsoperator 137
TypoScript-Objekt-Browser 152

V

Verzeichnisfreigaben 431, 441
 erstellen 431
Volltextsuche 416

W

Website-Benutzergruppe 369

X

XAMPP
 Add-ons 553
 Apache Friends 553
 Control Panel, Admin 557
 Control Panel, Explore 557
 Control Panel, Linux 556
 Control Panel, Refresh 557
 Control Panel, Start/Stop 557
 Control Panel, Windows 556
 Deinstallation, Linux 558
 Deinstallation, Windows 554
 Dokumentation 564
 Installation, Linux 558
 Installation, Windows 554
 Konfiguration, Linux 559
 Konfiguration, Mac OS X 561
 Konfiguration, Windows 555
 Linux 557
 Mac OS X 559
 Mac OS X, Deinstallation 560
 Mac OS X, Installation 560
 Sicherheitscheck 562
 Sicherheitseinstellungen 562
 Status 562
 Steuerung, Linux 558
 Steuerung, Mac OS X 560
 Steuerung, Windows 555
 Windows 553

Y

YouTube-Film, einbetten 230

Z

Zugriffsrechte 485

- Alle Videos auch lauffähig auf iPad und iPhone

- Flexible Webseiten erstellen für Smartphone, Tablet & Co.

- Komplettes Beispielmaterial mit HTML- und CSS-Quellcode

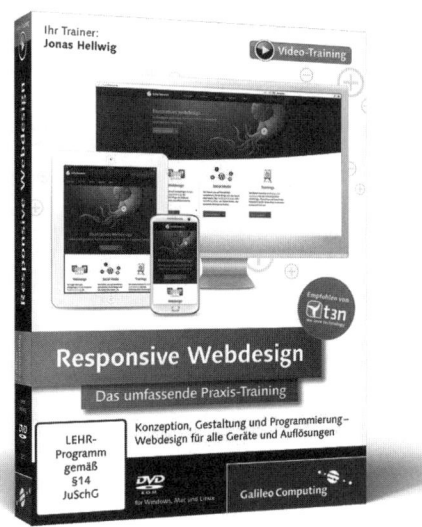

Jonas Hellwig

Responsive Webdesign
Das umfassende Praxis-Training

Das Praxis-Training für den neuen Webdesign-Standard! Der Webexperte Jonas Hellwig zeigt Ihnen, wie Sie Ihre Webseiten mit HTML, CSS und PHP für alle Geräte und Auflösungen aufbereiten. Mit diesem Training sind Sie am Puls der Zeit und lernen, wie Sie Responsive Webdesign richtig einsetzen. Machen Sie mit bei zahlreichen Praxisworkshops und entwickeln Sie flexible, attraktive Designkonzepte, mit denen Sie die Besucher auf Ihren Seiten halten – egal ob auf dem iPad, einem Android-Smartphone oder am Windows-PC.

DVD, Windows, Mac und Linux, 8:30 Stunden Spielzeit, 39,90 Euro
ISBN 978-3-8362-2312-6
www.galileocomputing.de/3347

- Von den Grundlagen zum perfekten Seitenlayout

- Navigationen, Bildergalerien, Formulare, Mikroformate, Weblogs, Online-Shops u. v. m.

- Mit DVD: Alle Beispieldateien zu den Workshops, über eine Stunde Video-Lektionen zu CSS u.v.m.

Heiko Stiegert

Modernes Webdesign mit CSS
Schritt für Schritt zur perfekten Website

In ausführlichen Praxisworkshops zeigt Ihnen Heiko Stiegert, wie Sie moderne und professionelle Webdesigns standardkonform mit CSS realisieren. Attraktive Beispiele demonstrieren sowohl die Gestaltung einzelner Seitenelemente als auch das Layout ganzer Websites. Zahlreiche Profi-Tipps und -Tricks zu CSS3 lassen garantiert keine Fragen offen!

444 S., 2011, komplett in Farbe, mit DVD, 39,90 Euro
ISBN 978-3-8362-1666-1
www.galileodesign.de/2455

Ausführliche Leseprobe im Web!

- Grundlagen, Praxisbeispiele, Referenz

- Modernes Webdesign mit CSS

- Inkl. CSS-Layouts, YAML, SASS, mobiles Webdesign

Kai Laborenz

CSS

Das umfassende Handbuch

Das vollständige Wissen zu CSS und Co. in einem Band! Einsteiger erhalten eine fundierte Einführung, professionelle Webentwickler einen Überblick über alle CSS-Technologien und Praxislösungen für CSS-Layouts sowie Tipps, um aus dem täglichen Webeinerlei herauszukommen. Inkl. HTML5, CSS3, Mobiles und Responsive Webdesign u.v.m.

795 S., 2. Auflage, mit DVD und Referenzkarte, 39,90 Euro
ISBN 978-3-8362-2313-3
www.galileocomputing.de/3348

- Suchmaschinen-Optimierung, SEM, Online-Marketing, Affiliate-Programme

- Google AdSense, Web Analytics, Social Media Marketing

- E-Mail-, Newsletter-, Video- und Mobile-Marketing u.v.m.

Esther Düweke, Stefan Rabsch

Erfolgreiche Websites
SEO, SEM, Online-Marketing, Usability

Das Buch gibt Antworten auf die großen Fragen der Verbesserung des eigenen Webauftritts: Wie nutze ich alle Marketing-Kanäle? Wie verbessere ich die Suchmaschinen-Präsenz meiner Site? Wie gestalte ich die Benutzerführung? Zahlreiche Praxisbeispiele zeigen Ihnen anschaulich den Weg zu einer besseren Webpräsenz.

866 S., 2. Auflage 2012, mit DVD, 34,90 Euro
ISBN 978-3-8362-1871-9
www.galileocomputing.de/3041

»Ein unentbehrliches Nachschlagewerk von Esther Düweke und Stefan Rabsch: für alle, die ihre Webpräsenz verbessern wollen. Die Autoren setzen sich fundiert mit allen Aspekten des Online-Marketings auseinander und bieten so eine echte Grundlage für wirklich erfolgreiche Webseiten.«
Dr. Torsten Schwarz

Das gesamte Buchprogramm: www.galileocomputing.de

- Grundlagen, Funktionsweisen und strategische Planung

- Onpage- und Offpage-Optimierung für Google und Co.

- Erfolgsmessung, Web Analytics und Controlling

Sebastian Erlhofer

Suchmaschinen-Optimierung

Das umfassende Handbuch

Der Klassiker von Sebastian Erlhofer zur Suchmaschinen-Optimierung bietet Grundlagenwissen zur Arbeitsweise von Google & Co. und zeigt in einem umfangreichen Praxisteil, wie Ihr Internetauftritt optimiert werden kann.

734 S., 6. Auflage 2013, 39,90 Euro
ISBN 978-3-8362-1898-6
www.galileocomputing.de/3077

»Das Handbuch zur Suchmaschinen-Optimierung von Sebastian Erlhofer gilt in Fachkreisen zu Recht als das deutschsprachige Standardwerk.«
Webselling

- Schreibe Webseiten für einfach alles, was einen Bildschirm hat

- Wappne dich mit AJAX und Objekten, und sprich mit den Servern des weltweiten Webs

- HTML5 und CSS3 für alle Sinne

Kai Günster

Schrödinger lernt HTML5, CSS3 und JavaScript

Das etwas andere Fachbuch

Eine runde Sache: Schrödinger wird Webentwickler! Zum Glück hat er einen Kumpel, der auf jede Frage eine Antwort weiß, wenn er nur genug Kaffee bekommt. Zusammen lernt ihr HTML, CSS und JavaScript, ohne das Buch zu wechseln - was auch zu schade wäre. Mit viel Witz, der nötigen Theorie, Unmengen an Code, Tipps, Übungen und den verdienten Pausen. Von "Hallo Webwelt" über AJAX bis zu Responsive Webdesign und TouchScreens: alles auf dem neuesten Stand und wenn du willst, mit deinem eigenen Webserver. Umwerfende Beispiele, fantastisch illustriert.

ca. 720 S., komplett in Farbe, 39,90 Euro
ISBN 978-3-8362-2020-0, August 2013
www.galileocomputing.de/3277

Immer gut informiert: Bestellen Sie unseren Newsletter!

In unserem Webshop finden Sie unser aktuelles
Programm mit ausführlichen Informationen,
umfassenden Leseproben, kostenlosen Video-Lektionen –
und dazu die Möglichkeit der Volltextsuche in allen Büchern.

www.galileocomputing.de

Galileo Computing

Wissen, wie's geht.